TEMAS DE DIREITO DOS TRANSPORTES IV

CENTRO DE DIREITO MARÍTIMO E DOS TRANSPORTES
DA FACULDADE DE DIREITO DA UNIVERSIDADE DE LISBOA

TEMAS DE DIREITO DOS TRANSPORTES IV

Coordenação de

M. JANUÁRIO DA COSTA GOMES

com a colaboração do

CENTRO DE INVESTIGAÇÃO DE DIREITO PRIVADO
DA FACULDADE DE DIREITO DA UNIVERSIDADE DE LISBOA

ALMEDINA

TEMAS DE DIREITO DOS TRANSPORTES IV

COORDENADOR
M. Januário da Costa Gomes

EDITOR
EDIÇÕES ALMEDINA, S.A.
Rua Fernandes Tomás, n.os 76-80
3000-167 Coimbra
Tel.: 239 851 904 · Fax: 239 851 901
www.almedina.net · editora@almedina.net

DESIGN DE CAPA
FBA.

PRÉ-IMPRESSÃO
EDIÇÕES ALMEDINA, SA

IMPRESSÃO E ACABAMENTO
ACD Print, S.A.

Maio, 2019

DEPÓSITO LEGAL
455762/19

ALMEDINA | GRUPOALMEDINA

BIBLIOTECA NACIONAL DE PORTUGAL – CATALOGAÇÃO NA PUBLICAÇÃO

TEMAS DE DIREITO DOS TRANSPORTES

Temas de direito dos transportes / coord. M. Januário da Costa Gomes. – v. - (Direito marítimo e dos transportes)
4º v.: p. - ISBN 978-972-40-7910-3

I - GOMES, Manuel Januário, 1954-

CDU 347

NOTA PRÉVIA

Embora sem a regularidade desejável, voltamos ao contacto com o público estudioso do Direito dos Transportes com um conjunto de estudos que percorre vários modos de transporte e os mais diversos temas.

Conforme é visível, o presente volume inclui, tal como, de resto, os anteriores, estudos de autorizados autores, nacionais e estrangeiros. O livro conta, ainda, com excelentes contributos de uma nova geração de autores.

Conforme é usual nos "Temas de Direito dos Transportes", os estudos são publicados nas línguas de escolha dos autores.

Não foi possível, por desencontros vários, inserir neste volume contributos de autores lusófonos não portugueses. Retomaremos, contudo, essa prática no V volume, em preparação.

Destaque-se a diversidade de áreas de Direito dos Transportes aqui representada. Encontramos, assim:

(i) estudos centrados na CMR e no transporte rodoviário de mercadorias, como são os de Alberto Emparanza (*La responsabilidad por daños derivados de la estiba y/o amarre de las marcancías en el transporte internacional de mercancías por carretera*) e de M.ª Paz Martín Castro (*El régimen de responsabilidad del porteador en el transporte internacional rodado (CMR)*);

(ii) estudos centrados no complexo universo da logística e ou no contrato de expedição ou trânsito, como são os de Marco Lopez de Gonzalo (*Il contrato di logistica nella giurisprudenza e nella prassi contrattuale*), de Massimiliano Musi (*A brief critical outline of the EU and international discipline on the transport of perishable foodstuffs and the role of the GS1 logistic label in the traceability along the cold chain*), de Leonida Giunta (*The intermodal corridors: a combined vision for the future of the european logistics*), de Hugo Ramos Alves (*O singular caso do transitário-transportador*) e de Camila Hoyuela (*The contract of logistics under the Convention on the Contract for the International Carriage of Goods by Road (CMR)*);

(iii) estudos centrados no universo do Direito Marítimo e Portuário, como são os de Alfredo Calderale (*Il Regolamento 2017/352 sulla fornitura dei servizi portuali: una cauta apertura alla concorrenza*), de Carlos de Oliveira Coelho (*Sobre a contribuição devida ao Fundo Internacional para Compensação pelos Prejuízos devidos à Poluição por Hidrocarbonetos (FIPOL 1992)*), de Francisco Rodrigues Rocha (*Uma tradução das Regras de Iorque-Antuérpia 2016*) e de Catarina Baptista Gomes (*Contrato de volume e transporte marítimo de mercadorias*);

(iv) um estudo sobre seguros marítimos, mais concretamente de Luís Poças (*Cobertura da responsabilidade civil do transportador marítimo e P&I Clubs – entre o contrato de sociedade e o de seguro*);

(v) estudos que percorrem diversos modos de transporte e vários quadros normativos de Direito dos Transportes, como são os de Olena Bokareva (*EU Passenger and Travel Law: regional harmonization and implications for the international regime*) e do signatário (*Sobre o sistema próprio de responsabilidade do transportador de mercadorias*).

Os estudos falem por si. Pela nossa parte, temos por firme o interesse de todos e agradecemos vivamente os contributos dos autores.

Faculdade de Direito da Universidade de Lisboa, 7 de abril de 2019

Manuel Januário da Costa Gomes
Professor da Faculdade de Direito da Universidade de Lisboa
Coordenador do Centro de Direito Marítimo e dos Transportes
e da Coleção de Direito Marítimo e dos Transportes

LA RESPONSABILIDAD POR DAÑOS DERIVADOS DE LA ESTIBA Y/O AMARRE DE LAS MERCANCÍAS EN EL TRANSPORTE INTERNACIONAL DE MERCANCÍAS POR CARRETERA*

ALBERTO EMPARANZA**

Sumario: 1. Planteamiento; 2. La responsabilidad por daños derivados de la estiba en el ordenamiento español; 3. El régimen aplicable en la regulación francesa; 4. El régimen aplicable en la regulación italiana; 5. El régimen aplicable en la regulación alemana; 6. La regulación internacional del transporte por carretera (CMR) aplicable

1. Planteamiento

El transporte de mercancías por carretera es una actividad de indudable proyección internacional en la que resulta especialmente relevante conocer la regulación jurídica aplicable a la carga y estiba de las mercancías en los vehículos de transporte en los países de nuestro entorno europeo, toda vez que es en el ámbito de la Unión Europea en el que ha emergido con fuerza estas nuevas exigencias de asegurar la correcta estiba y sujeción de las mercancías en los vehículos de transporte con la publicación de la Directiva 2014/47/UE del Parlamento Europeo y del Consejo de 3 abril de 2014 relativa a las inspecciones técnicas en carretera de vehículos comerciales que circulan en la Unión Europea (DOUE de 29 de abril de 2014).

---

* Esta contribución es el resultado de las investigaciones realizadas en el seno del Grupo de Investigación financiado por el Departamento de Educación del Gobierno Vasco (IT-1146-16) del que quien suscribe es el investigador principal y sirve de actualización de mi trabajo titulado "La responsabilidad por la estiba y amarre deficiente de las mercancías en el transporte por carretera", *Revista de Derecho del Transporte* 19 (2017), p. 13 ss.

** Catedrático de Derecho Mercantil. Universidad del País Vasco (UPV/EHU).

En un estudio de estas características, conviene ofrecer una visión general sobre la regulación aplicable en los países de nuestro entorno a las operaciones de carga, estiba y amarre de las mercancías en los vehículos de transporte, con el fin de conocer cuál es la realidad normativa existente, precisar sus características principales, observar las cuestiones que más controversia han generado, y, sobre todo, extraer enseñanzas que puedan ser utilidad para nuestro sistema, en orden tanto a corregir las disfunciones que hayan podido generarse con la aplicación de la normativa actual, como a propiciar orientaciones de interés que puedan servir como referencia para ulteriores reformas normativas en este campo.

A tal fin, el análisis se va a centrar en el examen de las normativas de los países de nuestro entorno por el decisivo grado de influencia que ejercen en el desarrollo de la normativa reguladora del transporte en el continente europeo. Así, se pretende examinar la regulación de las obligaciones de carga, estiba y amarre de las mercancías en los vehículos de transporte por carretera aplicables en nuestro ordenamiento, Francia, Italia y Alemania, países de gran tradición normativa en este campo, del análisis de cuya normativa se puede apreciar el grado de uniformidad existente en el ámbito europeo y las posibles discordancias que puedan existir al respecto. Como corolario, de esta exposición, también se va a llevar a cabo una breve exposición del régimen previsto en el CMR en el que, pese a no prever expresamente a quien corresponde la obligación de carga y estiba de las mercancías, establece en su art. 17.4.º c) CMR la exoneración de responsabilidad del porteador por los daños a las mercancías cuando hayan sido causados por la manipulación, carga o estiba incorrecta del remitente, con las importantes consecuencias que ello conlleva.

2. La responsabilidad por daños derivados de la estiba en el ordenamiento español

En principio, responde de los daños causados por la deficiente estiba de las mercancías quien la hubiera llevado a cabo por corresponderle realizar dicha tarea (art. 20.2.º LCTTM), conforme a la exigencia legal contemplada en el art. 20 LCTTM o, conforme al pacto acordado entre ambas partes que expresamente admite y delimita el mismo art. 20.1.º LCTTM. De este modo, si el cargador ha sido el responsable de proceder a su carga y, por ende, a su estiba, deberá ser quien responda de los daños que sufra las mercancías a consecuencia de la deficiente colocación y amarre en el vehículo de transporte. Este es el régimen general aplicable a todo transporte de mercancías por carretera que se haya realizado sin haberse pactado un régimen específico que atribuya la realización de la operativa de la carga y estiba al porteador[1].

En efecto, el art. 49.1.ºc) LCTTM establece que "[E]l porteador quedará exonerado de responsabilidad cuando pruebe (...) que la pérdida o avería han podido resultar (...) de la manipulación, carga, estiba, desestiba o descarga realizadas respectivamente, por el cargador o por el destinatario, o personas que actúen por cuenta de uno u otro". Es decir, que el porteador queda libre de toda responsabilidad si acredita que los daños sufridos por las mercancías han sido causados por la deficiente estiba, cuando dicha operación corresponda su realización al cargador.

Por el contrario, en los supuestos en que el transportista sea quien realice las operaciones de carga y estiba, porque así le corresponde por tratarse de un transporte de paquetería (art. 20.3.º LCTTM) o, por haberse pactado en tales términos expresamente (art. 20.1.º LCTTM), deberá responder de los daños que padezcan las mercancías por una deficiente ejecución de tales maniobras. En efecto, el transportista sólo será responsable de los daños causados por la deficiente estiba o amarre de las mercancías cuando haya asumido voluntaria y de forma expresa la realización de la carga, estiba y amarre de las mercancías o, cuando se trate de un transporte de paquetería, antes denominado carga fraccionada, en el que sus especiales características destinadas a lograr una mayor rentabilidad de los envíos, justifica su peculiar tratamiento normativo (art. 20.3.º LCTTM)[2].

[1] Sobre estas cuestiones, *in extenso*, Emparanza, "La responsabilidad por la estiba y amarre deficiente de las mercancías en el transporte por carretera", *Revista de Derecho del Transporte* 19 (2017), p. 13 ss, esp. 22-24.

[2] Merece, en este sentido, destacarse la Sentencia de la Sala Primera del Tribunal Supremo de 26 de mayo de 2011 (RJ/2011/3289) que en su FD 4.º declara que la prestación consistente en acondicionar y sujetar debidamente los voluminosos y pesados objetos dentro de cada contenedor no corresponde al porteador marítimo, sino al sujeto obligado contractualmente a ello, esto es, al transitario, quien en su condición de cargador se compromete a realizar dicha tarea, y a responder por no haber colocado debidamente las mercancías en el contenedor que fue objeto posteriormente de un transporte marítimo, y en cuyo transcurso se produjeron daños en las mercancías como consecuencia de la mala estiba y sujeción de las mercancías en el interior de dicho receptáculo, cuando se señala en su FD 1.º que "[S]e ha probado que los daños se produjeron durante el trayecto marítimo, por la acción indirecta del mar, pero que la causa primera de los mismos fue la inadecuación del

El régimen general aplicable a los transportes en los que el cargador es quien debe asumir la responsabilidad por los daños causados en las mercancías a causa de la deficiente estiba y, el régimen excepcional o particular, en el que es el porteador quien ha de soportar dicha responsabilidad cuando los daños en las mercancías se han producido por la deficiente estiba, encuentran, sin embargo, en la práctica algunas dificultades en su aplicación en los supuestos en que existe cierta descoordinación entre ambos operadores a la hora de llevar a cabo estas maniobras, especialmente cuando el transportista, llevando a cabo su deber de colaboración en la realización de tales prácticas en aras a conseguir que el transporte se desarrolle en las máximas condiciones de seguridad, advierte al cargador de que las mercancías no están adecuadamente estibadas y desaconseja emprender el transporte en tales condiciones.

a) La primera situación a examinar sería aquellos supuestos en los que el transportista ha trasladado al cargador, responsable de realizar las operaciones de carga y estiba, la conveniencia de corregir y mejorar la estiba y/o amarre de las mercancías, atendiendo a sus conocimientos técnicos y a su obligación de colaboración en aras a la consecución de una estiba adecuada, y el cargador ha hecho caso omiso de tales indicaciones, requiriendo al transportista a que realice el transporte en las condiciones existentes. Pues bien, si finalmente se producen daños en las mercancías transportadas a causa de la deficiente estiba, el transportista quedará exonerado de cualquier responsabilidad cuando, además de corresponder al cargador, la realización de dichas maniobras, quede demostrado que el transportista le advirtió de la deficiente colocación y/o amarre de las mercancías. La forma de acreditar tales advertencias será cualquiera en la que quede constancia de que se le ha trasladado dicha información, especialmente cuando hayan sido anotadas en la carta de porte en forma de reserva (art. 25 LCTTM).

b) Si, por el contrario, el cargador, encargado de llevar a cabo a cabos las operaciones de carga y estiba, las llevó a cabo de forma inadecuada, pero el transportista no alertó de la falta de seguridad que conllevaba la realización del transporte en tales condiciones, sin

trincaje empleado, esto es, de los medios de fijación de los troqueles en los contenedores, colocados en el punto de origen del transporte".

cumplir, por tanto, su deber de colaboración en la comprobación del cumplimiento de tales exigencias de seguridad, el transportista deberá responder, siquiera parcialmente de tales daños (art. 48.3.º LCTTM), cuando quede acreditado que los daños se han producido tanto por la deficiente estiba y/o amarre de la mercancía, como porque el vehículo de transporte no cumplía, en suma, las medidas de seguridad vial exigibles. Como ya se ha señalado anteriormente, el transportista, pese a no ser el encargado de realizar las tareas de carga, estiba y amarre, ha de prestar un deber de colaboración al cargador que garantice que el vehículo de transporte cumpla las exigencias de seguridad vial. Por eso, cuando no concurran tales requisitos o, si lo hacen, de forma incompleta, deberá también corresponsabilizarse de tales daños, aunque inicialmente estuviera atribuida su realización al cargador.

3. El régimen aplicable en la regulación francesa

En la normativa francesa, y pese a que no existe una regulación expresa sobre la materia en el ámbito propiamente mercantil, ya que no se prevé nada al respecto en la regulación contenida en el *Code de Commerce* (arts. 132-8, 132-9, relativos a la carta de porte, arts. 133-1, 133-2 y 133-3, reguladores del régimen de responsabilidad del transportista y arts. 133-4, 133-5 y 133-6 que inciden en el ejercicio de las acciones de reclamación), se entiende que las operaciones de carga, estiba y amarre de las mercancías corresponden al cargador, aunque se admite también la posibilidad de que se pacten otras condiciones a través de las cuales pueda corresponder al porteador la realización de dichas tareas y la consiguiente responsabilidad en el caso de que su inadecuada ejecución produzca daños en las mercancías[3].

A fin de cubrir esa laguna legal, el ordenamiento francés ha utilizado la normativa de carácter administrativo para precisar tales cuestiones. En concreto, el art. L1432-4 *Code des Transports* establece que, en defecto de regulación expresa, serán los contratos elaborados por la autoridad gubernamental los que regirán las relaciones existentes entre las partes intervinientes en los contratos de transporte de mercancías. Pues bien, en el ámbito

[3] *Vid.*, expresamente Bon Garcin/Bernadet/ Delebecque, *Droit des Transports*, 2.ª Ed., Paris 2018, p. 417

de los contratos de transporte de mercancías por carretera de carácter general, por no tratarse de mercancías peligrosas o que, por su especial naturaleza, no requieran de una regulación específica, se ha promulgado el *Décret n.º 217-461 de 31 de marzo de 2017* en el que se establece el régimen aplicable a este tipo de contratos y que resulta la normativa de referencia para todo transporte de mercancías por carretera en Francia[4].

Por lo que se refiere a las obligaciones de carga, estiba y amarre, destaca en dicha normativa la diferenciación que se realiza al respecto, en los artículos 7.1 y 7.2, por razón del tamaño del vehículo de transporte, y que, de alguna forma coincide con nuestra regulación, ya que parece distinguir entre transporte de paquetería y el resto de transporte, aunque utilizando como criterio el peso de los envíos.

a) Así, en el art. 7.1.º del contrato-tipo se establece que para los envíos inferiores a 3 Tm., el transportista ejecutará bajo su responsabilidad las operaciones de carga, estiba y amarre de las mercancías, añadiendo, a continuación, que todo auxiliar del cargador que participe en dichas operaciones se considera que actúa en nombre del transportista y bajo su responsabilidad, entendiéndose así que cualquier labor complementaria realizada en dicho ámbito recae bajo la responsabilidad del porteador aunque haya sido efectuada por personal del cargador.

b) Por el contrario, en el art. 7.2 del mencionado contrato-tipo se establece que para los envíos iguales o superiores a 3 Tm., la carga, estiba y amarre de las mercancías corresponde al cargador quien tendrá que hacerse cargo de realizar dichas operaciones, y quien deberá responsabilidad de su correcta ejecución. Pero, al margen de dicha atribución al cargador, se impone al transportista la obligación de proporcionar al cargador toda la información necesaria para conseguir una distribución equilibrada de las mercancías a fin de garantizar la estabilidad del vehículo de transporte y el cumplimiento de la carga máxima por eje. Para llevar a cabo dicha tarea, se exige al transportista que, antes de la salida, proceda a realizar un reconocimiento externo de la carga, a fin de comprobar el estado de conservación de la mercancía. De tal forma, que si apreciara

[4] https://www.legifrance.gouv.fr/telecharger_rtf.do?idTexte=LEGITEXT000034336392&dateTexte=20181118

un defecto aparente que pudiera afectar su estado de conservación, deberá formular reservas precisas y motivadas escritas en el documento de transporte, aunque también se admite que pueda probarse la existencia del daño sin haberlo reflejado en el documento de transporte (cfr. cláusula 6.4. en relación con las obligaciones de embalaje y/o etiquetado en la que expresamente se admite que también puede ponerse en duda su cumplimiento sin formular la correspondiente reserva). Si no son aceptadas o tenidas en cuenta por el cargador, podrán llevar al transportista a rechazar el transporte. El transportista, en cualquier caso, quedará exonerado de responsabilidad por los daños derivados de la pérdida o avería de las mercancías causadas por la carga, estiba o amarre de las mercancías, cuando acredite que el daño ha sido producido por las operaciones realizadas por el cargador y que éste último le impidió realizar las comprobaciones habituales mencionadas anteriormente[5].

En resumidas cuentas, la regulación francesa dibuja un régimen notablemente preciso para los envíos de más de 3 Tm. en los que, con carácter general, corresponde al cargador realizar las operaciones de carga, estiba y amarre de las mercancías en los vehículos de transporte. Pero, al mismo tiempo, obliga expresamente al porteador a proporcionar al cargador toda la información necesaria para conseguir que el vehículo de transporte cumpla las exigencias de seguridad vial. La consecución de dicho objetivo de seguridad se sustenta en la obligación del porteador a la realización de un reconocimiento externo de la carga y de la colocación de la mercancía en el vehículo de transporte, que permita asegurar que el transporte se va a poder desarrollar en plenas condiciones de seguridad vial. En tales circunstancias, si el porteador advierte que sus advertencias o recomendaciones sobre la forma de corregir la estiba y amarre realizados, no han sido tenidas en cuenta por el cargador, podrá negarse a realizar el transporte. El porteador, por tanto, cumple un relevante papel de supervisión de que las mercancías están correctamente colocadas en el interior del camión, aunque no le competa en modo alguno la ejecución de tales tareas, al tener la obligación de comprobar que han sido realizadas correctamente en aras a confirmar que cumple las exigencias de la seguridad vial.

---

[5] Sobre tales cuestiones, puede consultarse, *in extenso*, BON GARCIN/BERNADET/DELEBECQUE, *Droit des Transports* p. 420.

4. El régimen aplicable en la regulación italiana

El artículo 1683 *codice civile* establece la obligación de que el cargador indique con precisión al transportista el nombre del destinatario, la naturaleza, peso y número de las mercancías objeto de transporte y cualesquiera otros extremos necesarios para la correcta ejecución del envío. Añade, además, que si en la ejecución del transporte se requiere algún documento más se la deberá proporcionar al transportista en el momento de su entrega. De este tenor tan impreciso se ha inferido que las obligaciones de carga y, en su caso, estiba de las mercancías corresponden al cargador, y de que los daños que se produzcan como consecuencia de una realización inadecuada de tales tareas es responsabilidad del cargador[6]. Sin embargo, también se admite que dicho régimen puede ser alterado si las partes llegan a un acuerdo en tal sentido y aceptan atribuirse dichas tareas y las consiguientes responsabilidades de otro modo[7].

Pero ante esta parquedad normativa, y de similar modo que en el derecho francés, la normativa administrativa ha dibujado orientaciones más precisas sobre el particular, estableciendo el régimen de las obligaciones y responsabilidades aplicables a este tipo de operaciones. En concreto, debe acudirse al tenor del *Decreto Legislativo 21 novembre 2005 numero 286 sulla Disposizioni per il riassetto normativo in materia di liberalizzazione regolata dell'esercizio dell'attività di autotrasportatore*[8], que, aunque regula de forma más pormenorizada el régimen aplicable a este tipo de transportes no acaba de determinar el régimen aplicable a las operaciones de carga, estiba y amarre de las mercancías.

Así, por una parte, su art. 7 declara que "el cargador es siempre el responsable de cualquier violación de la norma aplicable en materia de peso máximo (...) y de la correcta sistematización de la carga en el vehículo de transporte". Por otra parte, en el art. 6 bis se establece que, para poder efectuar las operaciones de carga y estiba, el cargador está obligado a proporcionar al portador indicaciones escritas acerca del lugar y horario, en los que

---

[6] Así, Zunarelli/Comenale, *Manuale di Diritto della Navigazione e dei trasporti*, 3.ª Ed., Milano, 2106, p. 351; también BUSTI, *Contrato di trasporto terrestre*, Milano 2007, p. 753, quien lo fundamenta en los usos habituales del transporte en las distintas provincias italianas en las que lo habitual es que sean los cargadores quienes realicen estas tareas.

[7] Así, Casanova/ Brignardello, *Diritto dei trasporti* Vol. 2. La disciplina contrattuale, Firenze 2012, p. 219.

[8] http://www.mit.gov.it/normativa/Decreto_Legislativo_numero_286_21-11-2005

está previsto que tenga lugar la operación de carga, así como la modalidad de acceso del vehículo a los puntos de carga. Son, con todo, cuestiones que permiten concebir de forma aproximada cuál es el régimen jurídico aplicable a las operaciones de carga y estiba, pero que no sirven para precisar con claridad y precisión si corresponde al cargador o al porteador la realización de tales operaciones.

Es preciso por ello, acudir a los tribunales de justicia del país transalpino para poder obtener una idea cabal de la situación existente en este terreno. Pues bien, se entiende, en general, que si bien el cargador es quien ha de cargar y estibar la mercancía a bordo del vehículo de transporte, el porteador está obligado, en todo caso, a comprobar que las mercancías están correctamente colocadas en el interior del vehículo con el fin de asegurar que está en condiciones de cumplir a lo largo de todo el trayecto las exigencias de seguridad vial imperantes[9]. A este respecto, conviene referirse a una creciente orientación jurisprudencial en cuya virtud cuando se han producido daños a consecuencia de una carga y/o estiba deficiente, y no se puede averiguar con claridad sobre quien recae la consiguiente responsabilidad al haber participado en dichas labores tanto el cargador como el porteador, distingue entre los daños que se han producido en el mismo momento en que se están realizando las labores de carga y estiba, de aquellos generados cuando el vehículo de transporte ya está en movimiento y, por la deficiente estiba y/o amarre se produce su desplazamiento e, incluso, caída del propio vehículo.

Así, en los supuestos del primer grupo, esto es, cuando se han producido en el mismo momento en que se están realizando las labores de carga y estiba, se entiende que la responsabilidad es siempre del cargador, por ser la persona que lleva a cabo estas tareas o, al menos, por cuya cuenta se están haciendo, por lo que cualquier daño que sufran las mercancías durante esa fase es el cargador quien tendrá que responder desde el momento en que ha sido el único interviniente en tales operaciones. Sin embargo, cuando los daños por deficiente colocación y estiba se producen durante el traslado de la mercancía, se declara responsable al transportista por entender que es quien debía haber verificado la correcta colocación y amarre de la mercancía en el vehículo, entendiendo en tal sentido, que si los daños han sido causados

[9] *Vid.*, Zunarelli, "Del trasporto", *Comentario del Codice Civile e Codici Collegati*, Scialoja/Branca/Galgano, Bologna 2014, p. 501 ss, con apoyo en varias referencias jurisprudenciales en las que fundamenta sus opiniones.

por deficiencias en dichas labores, la responsabilidad es del porteador por no haber advertido tales deficiencias antes de emprender el viaje[10].

Esta concepción, sin embargo, y pese al apoyo recibido en los tribunales italianos, no resulta especialmente depurada ni segura porque establece la línea divisoria entre la responsabilidad del cargador y la del transportista en base al lugar dónde se ha manifestado el daño, sin tener en cuenta que dicho dato es puramente fáctico y que debería tratar de fijarse un criterio más consistente. A tal fin, y a pesar de que los resultados a los que aboca esta interpretación quizás no sean especialmente distintos de los que se producen en nuestra normativa, lo cierto es que el problema se plantea por la ausencia de una regulación expresa que delimite adecuadamente a quién corresponde cada tarea, y defina, en consecuencia, las responsabilidades que tales incumplimientos pueda generar. Atribuir la responsabilidad al porteador porque los daños se han producido durante el transporte, so pretexto de que la deficiente estiba y/o amarre debería haber sido advertido por el transportista antes de emprender el viaje y de que como no lo ha advertido, vía reserva, debe responder de tales contingencias, resulta un salto argumentativo excesivo porque produce indirectamente una transmisión de responsabilidades al margen de la normativa, al hacer responsable al porteador de algo que inicialmente le compete al cargador.

5. El régimen aplicable en la regulación alemana

En este panorama normativo, resulta de gran interés analizar la normativa alemana, por la moderna regulación del contrato de transporte terrestre con que cuenta, promulgada en 1998, y que refleja el alto grado de depuración técnica que destila[11]. En concreto, el § 412.1.º HGB establece de forma genérica que "el cargador debe cargar, depositar y sujetar las mercancías de manera segura para el transporte". Por lo tanto, el derecho alemán impone al cargador la obligación de realizar adecuadamente la estiba de las mercan-

[10] *Vid.*, Zunarelli, "Del trasporto", p. 502-503, haciéndose eco de algunas sentencias que han adoptado sus decisiones con base en estas consideraciones.

[11] *Vid.*, a modo introductorio, Martínez Sanz, "La reforma del Derecho del Transporte en Alemania", *Revista de Derecho Mercantil* 25 (1997), p. 1267 ss; Llorente, "La nueva regulación del contrato de transporte en Alemania", *Revista de Derecho Mercantil* 234 (1999), p. 1601 ss.

cías en el camión destinado a realizar el transporte[12]. En este sentido, coincide con la regulación española prevista en el art. 20 LCTTM, al atribuir al cargador la realización de estas labores y responder de los daños que por dicha causa puedan sufrir las mercancías transportadas.

Ahora bien, tras proclamar dicha responsabilidad, añade el mismo precepto una pequeña, pero importante matización. El porteador, por su parte, deberá ocuparse de que la carga se efectúe de forma segura (*betriebsichere Verladung*). De esta forma, se impone al porteador una obligación de colaboración con el cargador dirigida a conseguir la carga y estiba más adecuada. La razón de atribuir al transportista dicho deber de colaboración radica en el conocimiento técnico que posee sobre cuáles son las mejores condiciones en que deben ir las mercancías durante su transporte para que resulten protegidas adecuadamente. Esto no quiere decir que el transportista tenga que vigilar y supervisar personalmente las operaciones de carga y estiba de las mercancías en su camión. Su obligación se limita a que, una vez realizada la carga, estiba y amarre de las mercancías, deberá proceder a su examen para confirmar que tales operaciones se han realizado de forma adecuada, de forma que, si en dicha comprobación advierte que no se han llevado a cabo correctamente, deberá avisar al cargador de tal circunstancia para que corrija la situación. Lo que el transportista no está en modo alguno obligado es a cargar o estibar las mercancías en el camión por sí mismo, o a través de sus empleados[13].

En cualquier caso, conviene llamar la atención que sobre el porteador recae la obligación de que la carga se efectúe de forma segura, aunque no la tenga que realizar él. Este deber genérico atribuido al porteador no es fácil de concretar. En la práctica incluye la obligación de que el cargador cuente con un área de carga específica y suficiente en la que pueda proceder a realizar estas operaciones de manera suficiente y satisfactoria. También debe proporcionar un vehículo de transporte idóneo para que las mercancías puedan ser estibadas adecuadamente. Y sin estar obligado a ello, el porteador también ha de estar plenamente facultado para dar las instrucciones correspondientes al cargador con el fin de que realice una carga y estiba que asegure un transporte seguro[14]. Por último, en un afán de evitar los posibles perjuicios

[12] *Vid.*, en general, KOLLER, *Transportrecht* 9.Aufl. München 2016, § 412 HGB Rz. 1 ss; THUME, *Münchener Kommentar zum Handelsgesetzbuch* Bd. 7, 3. Aufl. München 2014, § 412 HGB Rn. 1 ss.

[13] Así, de manera concluyente, KOLLER, *Transportrecht*, § 412 HGB, Rz. 10

[14] Así, THUME, *Münchener Kommentar zum Handelsgesetzbuch*, § 412 HGB Rn. 13, con apoyo en distintas resoluciones judiciales.

que los deslizamientos de dichas mercancías indebidamente estibadas pueden producir en el camión, también podrá proceder a sujetar las mercancías, si comprueba que no están amarradas adecuadamente.

Las consecuencias del incumplimiento de estas obligaciones están perfectamente previstas en el derecho germano. Por un lado, se reconoce al transportista el derecho a retener las mercancías e incluso a rechazar realizar el transporte cuando compruebe que las mercancías no han sido debidamente cargadas o estibadas en el camión. Por otro lado, resulta patente que los daños producidos en las mercancías transportadas por una deficiente estiba quedan fuera expresamente de su ámbito de responsabilidad (§ 427 HGB). Incluso se le permita que pueda reclamar al cargador la correspondiente indemnización por los daños que el vehículo del transportista haya sufrido por la indebida estiba de las mercancías[15].

Sin embargo, dicho estricto y preciso régimen de responsabilidad del cargador a causa de la indebida estiba y de los daños que haya podido ocasionar, no impide que, en determinadas circunstancias, el transportista pueda tener que responder de tales daños. El hecho desencadenante de dicha responsabilidad es el incumplimiento de la obligación de procurar que las mercancías estén debidamente acondicionadas en el camión. Pues bien, se ha entendido que ello sucede cuando no lleva a cabo su obligación de confirmación de la corrección de la estiba a efectos de la necesaria seguridad vial con la que debe circular el vehículo de transporte y, en cuya virtud, debe advertir al cargador de que éste ha realizado la estiba de forma deficiente. Cuando el cargador proceda a cargar y estibar las mercancías, el transportista no deberá estar supervisando la operación, pero si deberá comprobar antes de iniciar su viaje que están debidamente amarradas. Y, en caso de que no estuviere de acuerdo con la ubicación y fijación efectuada, deberá inmediatamente decírselo al cargador para que corrija dicha situación. Porque si no lo hace, cuando resulte patente para un operador profesional que las mercancías han llegado a destino deterioradas a consecuencia de dicha estiba inadecuada, se le podrá hacer responsable de dicha omisión[16].

En definitiva, el derecho alemán regulador de la estiba de las mercancías en los vehículos de transporte es muy similar al resto de regulaciones, pero detalle se observan ciertas matizaciones propias de un derecho algo

[15] Así, KOLLER, *Transportrecht*, § 412 HGB Rz. 23; también THUME, *Münchener Kommentar zum Handelsgesetzbuch*, § 412 HGB Rn. 18.

[16] Así lo pone de relieve, KOLLER, *Transportrecht*, § 412 HGB Rz. 45.

más depurado. En tal sentido, el transportista está obligado a comprobar que las mercancías que transporta están debidamente estibadas, aunque él no tenga ninguna obligación de hacerlo materialmente, de tal forma que deberá comunicárselo al cargador cuando observe que están indebidamente estibadas. Parece, por tanto, que sobre el transportista recae una obligación de comprobación de la correcta estiba, no presente expresamente en nuestro derecho, pero que, por otra parte, resulta lógica a la vista de las obligaciones de seguridad vial que el transportista ha de cumplir.

6. La regulación internacional del transporte por carretera (CMR) aplicable

En el Convenio regulador del contrato de transporte internacional de mercancías por carretera de 19 de mayo de 1956 (en adelante CMR), se establece el régimen de responsabilidad del transportista por carretera por los daños que puedan sufrir las mercancías durante su traslado internacional. Esta norma internacional ha tenido un éxito impresionante porque desde su promulgación, hace 60 años, ha extendido su aplicación a todos los transportes internacionales de mercancías por carretera que se desarrollan en Europa, Asia y el norte de África, convirtiéndose en la normativa de referencia que regula las relaciones comerciales derivadas de esta modalidad contractual, y de las posibles responsabilidades que se deriven de su incumplimiento. Todos los transportes de mercancías en camión que se realizan hoy en día en Europa están sometidos a dicha normativa, con independencia de que los países por los que transiten formen parte o no de la Unión Europea.

Sin embargo, el CMR no establece expresamente a quién corresponde realizar la carga y estiba de las mercancías, dejando aparentemente la cuestión en manos de la regulación nacional aplicable en cada caso[17]. Ahora bien, si se escruta con detenimiento, cabe advertir que, sin inclinarse por atribuir a ningún sujeto la realización de tales tareas, proclama la exoneración de responsabilidad del transportista cuando la pérdida o los daños de las mercancías resulten de los riesgos inherentes a "la manipulación, carga, estiba o descarga de la mercancía, realizadas por el remitente o destinatario, o por personas que obren por cuenta de otro" (art. 17.4.º c) CMR). Es decir, con-

[17] *Vid.*, en lugar de muchos, Bon Garcin/ Bernadet/Delebecque, *Droit des Transports* p. 421; BUSTI, *Contrato di trasporto terrestre*, p. 752.

sagra indirectamente, y de forma quizás un tanto superflua, que el transportista no tiene que responder de lo que no ha hecho. Si los daños en las mercancías se han producido por la deficiente carga o estiba realizada por el cargador, es lógico que el transportista no tenga ninguna responsabilidad sobre lo sucedido y quede exonerado de cualquier culpa. En este sentido se ha pronunciado sin ambages la jurisprudencia de nuestro país. Así, entre otras, cabe mencionar la Sentencia de la Sala Primera del Tribunal Supremo de 5 mayo de 2008 (RJ/2008/2824) en la que se pone de relieve de manera inequívoca la responsabilidad del cargador por la deficiente estiba al quedar acreditado tanto que dicho sujeto fue quien realizó dicha operación como que los daños se produjeron por dicho motivo. En el mismo sentido lo propugna la Sentencia de la Audiencia Provincial de Barcelona (Sección 15.ª) de 22 de septiembre de 2015 (JUR/2015/243589) en la que se declara la responsabilidad del cargador al haber quedado acreditado que fue él quien realizó la carga y estiba, actuación que se realiza habitualmente por los cargadores, no sólo por corresponderle legalmente, sino también por el carácter específico de la mercancía objeto de transporte que hace que sea el propio cargador quien se encargue de llevar a cabo dicha delicada operación (FD 2.º 7).

Este régimen permite, no obstante, alumbrar alguna conclusión añadida sobre el particular. La exoneración del porteador sólo podrá tener lugar cuando pueda demostrar que los daños se produjeron o pudieron generarse por la carga o estiba. Por ello, aunque no se diga expresamente, la carga o estiba sólo podrá exonerar al transportista de la responsabilidad por los daños causados cuando la hubiera realizado el cargador, y se tratara de una carga o estiba objetivamente defectuosa. Esto significa que el porteador deberá demostrar que la realizó el cargador, que la efectuó de forma deficiente, y que tales defectos de estiba fueron advertidos por el transportista teniendo en cuenta que tiene un deber de controlar la estiba y amarre de las mercancías[18]. Este último aspecto es el que resulta más discutible, pero a su vez, es el que explica que el transportista quede exonerado de cualquier responsabilidad por lo sucedido. La existencia de defectos manifiestos en la estiba supone que el porteador ha debido comprobar antes de iniciar su viaje que las mercancías estaban debidamente estibadas y amarradas[19].

---

[18] Así se infiere, por ejemplo, de la interpretación atribuida a este respecto por los tribunales franceses, como pone de relieve Bon Garcin/Bernadet/Delebecque, *Droit des Transports*, p. 421.

[19] *Vid., in extenso*, Martinez Sanz, *La responsabilidad del porteador en el transporte internacional de mercancías por carretera (CMR)*, Granada 2002, p. 266 ss.

En definitiva, en la regulación del CMR, pese a no regular la cuestión de la carga y la estiba, aflora la exigencia implícita de que el transportista que no cargue ni estibe las mercancías deberá siempre comprobar que dichas operaciones se han realizado adecuadamente. Parece, por tanto, que sobre el transportista recae una obligación de comprobación de la correcta estiba, que resulta lógica a la vista de las obligaciones de seguridad vial que el transportista siempre ha de cumplir. Son las propias exigencias de seguridad vial las que obligan a los transportistas a extremar todas las precauciones posibles en la ejecución de los transportes y, en particular, a comprobar la correcta estiba de las mercancías, aunque no hayan sido ellos quienes lo hayan hecho[20].

Dichas razones han llevado en ocasiones a que los transportistas en un transporte sometido al CMR puedan ser responsabilizados de los daños derivados de la defectuosa estiba realizada por el cargador, cuando debiendo haberlo advertido por su manifiesta deficiencia, no lo hubieran hecho conforme a sus parámetros de diligencia profesional, y hubiera acaecido un siniestro por dicha causa. Es decir, se puede llegar a la conclusión que el transportista tenga que responder de algo que no ha hecho, esto es, de los daños causados por la mala estiba realizada por el cargador. Pero dicha responsabilidad obedece a que debería haber advertido precisamente que la estiba estaba mal hecha, porque si no lo indica, entonces no podrá invocar el art. 17.4.º c) CMR y, en tal caso, deberá responder de tales daños a pesar de no haber sido el causante directo de los mismos.

Bibliografía utilizada

Bon Garcin/Bernadet/ Delebecque, *Droit des Transports*, 2.ª Ed., Paris 2018

Busti, *Contrato di trasporto terrestre*, Milano 2007

Casanova/Brignardello, *Diritto dei trasporti* Vol. 2. La disciplina contrattuale, Firenze 2012

[20] Cabe, en este sentido, traer a colación la Sentencia de la Sala Primera del Tribunal Supremo de 22 de septiembre de 2009 (Id Cendoj 28079110012006100894) en la que expresamente se señala que "(...) la elección y colocación de los accesorios precisos para evitar que uno y otro se separasen involuntariamente antes de llegar al punto de destino (...) era una prestación básicamente profesional y de la que dependía la estabilidad del vehículo y la seguridad vial era debida por el transportista, razón por la que la responsabilidad consiguiente a su deficiente cumplimiento es exigible a la misma, conforme a la regla general del art. 17.1.º CMR".

EMPARANZA, "La responsabilidad por la estiba y amarre deficiente de las mercancías en el transporte por carretera", *Revista de Derecho del Transporte* 19 (2017), p. 13 ss

KOLLER, *Transportrecht* 9.Aufl. München 2016

LLORENTE, "La nueva regulación del contrato de transporte en Alemania", *Revista de Derecho Mercantil* 234 (1999), p. 1601 ss.

MARTÍNEZ SANZ, "La reforma del Derecho del Transporte en Alemania", *Revista de Derecho Mercantil* 25 (1997), p. 1267 ss;

MARTINEZ SANZ, *La responsabilidad del porteador en el transporte internacional de mercancías por carretera (CMR)*, Granada 2002

THUME, *Münchener Kommentar zum Handelsgesetzbuch* Bd. 7, 3. Aufl. München 2014.

ZUNARELLI, "Del trasporto", *Comentario del Codice Civile e Codici Collegati*, Scialoja/Branca/Galgano, Bologna 2014

ZUNARELLI/COMENALE, *Manuale di Diritto della Navigazione e dei trasporti*, 3.ª Ed., Milano, 2106

IL REGOLAMENTO 2017/352 SULLA FORNITURA DEI SERVIZI PORTUALI: UNA CAUTA APERTURA ALLA CONCORRENZA

ALFREDO CALDERALE*

Sommario: 1 Il regolamento (UE) 2017/352; 2. L'ambito di applicazione del regolamento 2017/352 e la concorrenza regolamentata nel mercato dei servizi portuali; 3 La fornitura dei servizi portuali; 4 La fornitura dei servizi portuali e i diritti dei lavoratori; 5 Trasparenza finanziaria e autonomia economica degli enti gestori del porto.

1. Il regolamento (UE) 2017/352

Dopo quasi venti anni di accesi dibattiti e approfondite riflessioni sull'opportunità di iniettare robuste dosi di concorrenza anche nel mercato europeo dei servizi portuali e dopo il fallimento delle due proposte di direttiva presentate dalla Commissione nel 2001[1] e nel 2004[2], il 15 febbraio 2017 è venuto finalmente alla luce il regolamento (UE) 2017/352 del Parlamento Europeo e del Consiglio. Sulla base della proposta avanzata dalla Commissione il 25 marzo 2013[3] e riformulata il 29 giugno 2016 dal Consiglio[4], esso istituisce "un quadro normativo per la fornitura di servizi portuali e norme comuni in materia di trasparenza finanziaria dei porti"[5]. Entrato in vigore il

---

* Professor da Faculdade de Direito da Universidade de Foggia.

[1] Documento COM (2001) 35 def.

[2] Documento COM (2014) 654 def. Sulle proposte della Commissione e sulle ragioni del suo fallimento, ORRÙ, *Servizi tecnico-nautici tra mercato e monopolio*, in XERRI, *Impresa e lavoro nei servizi portuali*, Milano, 2012, p. 147 ss.

[3] Documento COM (2013) 296 def.

[4] Consiglio dell'Unione Europea 10579/1/16/REV/1.

[5] In *GUUE* del 3 marzo 2017, L 57.

23 marzo 2017, ma destinato ad applicarsi a partire dal 24 marzo del 2019 (art. 22) ai 329 porti compresi nella rete transeuropea dei trasporti (TEN-T)[6], il regolamento apre con moderazione alla libera concorrenza rinnegando più radicali impostazioni precedenti[7]. Anche questa linea più cauta è stata, però, criticata da coloro i quali ritengono che, essendo, nel momento attuale, gli enti portuali impegnati essenzialmente a costruire i collegamenti con la rete logistica locale, il problema di introdurre maggiore concorrenza all'interno dei porti dovrebbe "passare in seconda linea" rispetto alla necessità di accentuare il carattere "imprenditoriale" degli enti stessi, chiamati a gestire in proprio una vasta gamma di servizi e a tessere accordi di vasta portata con le imprese per concludere i quali sarebbe utile poter assegnare i servizi portuali anche al di fuori di una rigorosa logica concorrenziale[8].

Il tema della liberalizzazione del mercato dei servizi portuali nell' Unione Europea è stato trattato nel corso delle IV *Jornadas de Lisboa de Direito Marítimo* dedicate al *porto* e tenutesi il 15 e 16 ottobre 2015 presso la Facoltà di Diritto dell'Università di Lisbona. Le relazioni sull'argomento, attente anche alle proposte della Commissione, si possono leggere nel volume che raccoglie i contributi dei convegnisti e che è stato pubblicato nel 2018 a cura dal prof. M. Januário da Costa Gomes, l'instancabile organizzatore dell'evento[9]. In queste pagine è perciò possibile dar conto del profilo generale della recente disciplina rinviando a quei lavori per ulteriori approfondimenti

---

[6] Cfr. l' Allegato II del regolamento (UE) n. 1315/2013 del Parlamento europeo e del Consiglio dell'11 dicembre 2013 *sugli orientamenti dell'Unione per lo sviluppo della rete transeuropea dei trasporti*, in *GUUE* del 20 dicembre 2013, L 348. Il programma delle reti transfrontaliere fu lanciato con il Trattato di Maastricht del 7 febbraio 1992 e prevede la realizzazione di una rete globale di infrastrutture di comunicazioni entro il 2050 e una rete centrale, entro il 2030, che della prima dovrebbe costituire la spina centrale. Sulla evoluzione di questo grandioso, ma, secondo alcuni, velleitario progetto tendente a costruire i collegamenti transfrontalieri mancanti, eliminare le strozzature, ammodernare le infrastrutture e snellire le operazioni transfrontaliere di trasporto per passeggeri ed imprese in tutta l'Unione europea, cfr. VEZZOSO, *Politica portuale europea e riforma dei porti in Italia*, in *Rivista dell'economia, dei trasporti e dell'ambiente,* 2014, p. 262 ss.

[7] Secondo l'art. 21 i contratti di servizio portuale conclusi anteriormente al 15 febbraio 2017 dovranno essere modificati per essere allineati al regolamento entro il 1 luglio 2025.

[8] VEZZOSO, *Politica portuale europea,* cit.,p. 265.

[9] LOPEZ DE GONZALO, *Pilotage, Towage and Anti-Trust Law,* in (*Coordenação*) M. Januário da Costa Gomes, IV jornadas de Lisboa de Direito Marítimo 15 e 16 de outubro de 2015, *O Porto*, Lisboa, 2018, p. 35-46; CALDERALE, *La liberalizzazione delle operazioni e dei servizi portuali nell'ordinamento italiano e nell'unione europea, ivi,* p. 67-126; NEVES, *A União Europeia e os portos, ivi,* p. 127-152. Si veda anche GIUNTA, *Safety in a*

relativi essenzialmente alle differenze tra le due proposte di regolamento all'epoca in cantiere.

2. L'ambito di applicazione del regolamento 2017/352 e la concorrenza regolamentata nel mercato dei servizi portuali

Per concorrenza portuale s'intende sia la competizione tra imprese che offrono i propri servizi all'interno di un medesimo porto o nell'ambito dei porti diversi che tuttavia costituiscono un segmento unitario di mercato, cioè "il mercato rilevante"[10], sia la competizione tra vari porti desiderosi di attrarre il maggior numero possibile di utenti[11] secondo le strategie elaborate dagli enti gestori dei porti[12]. Gli enti gestori operano utilizzando una pluralità di schemi organizzativi segnati da differenti rapporti istituzionali con i governi centrali e con le autorità locali; da un diverso grado di autonomia finanziaria; da diversi regimi di proprietà delle strutture portuali; dalla separazione o dalla concentrazione tra funzioni di regolazione e promozione dell'iniziativa economica delle imprese da un lato, e gestione diretta dell'attività imprenditoriale dall'altro[13].

Liberalized Market for Marine Services: European Cases, in Mussi (*editor*), *Port, Maritime and Transport Law Between Legacies of the Past and Modernization,* Bologna, 2018, p. 1 ss.

[10] Cfr i casi *Hutchison /RCPM/ETC*, in *GUCE*, c-39 del 7 febbraio 2001; *Hutchison/ ETC*, *id.*, c-39 del 19 ottobre 2001; *HOV –SVZ/ Maritime Container Network*, *id.*, c-104 del 3 aprile 1994; CGCE, 14 febbraio 1978, c-27/72, *United Brands vs Commissione*, in *Racc.*, p. 207, punti 11-12.

[11] Vezzoso, *La riforma dei porti italiani in una prospettiva europea*, in *Rivista dell'economia, dei trasporti e dell'ambiente,* 2015, p. 284.

[12] Sulla definizione di<<ente gestore del porto>> cfr. art. 2, n.5.

[13] Le *Comprehensive Port Authorities* sono enti pubblici responsabili dell'organizzazione e del controllo di tutte le attività che si svolgono nel porto, concepite come servizio pubblico e non come attività imprenditoriali. Sul versante opposto le *Port Companies* sono direttamente responsabili della gestione del porto e dei relativi servizi, nonché degli investimenti necessari al mantenimento e lo sviluppo delle infrastrutture e rispondono della gestione come qualsiasi operatore di mercato. Questo modello governa essenzialmente i porti inglesi investiti dal programma di privatizzazioni lanciato dalla Tachter. Nel mezzo si trovano le *Landlord Port Auhorities* che concentrano compiti di sviluppo e programmazione del territorio, mentre la gestione del traffico è lasciata alle imprese private. Questo modello è stato introdotto in Italia dalla legge 28 gennaio 1994, n. 84. In argomento, M.J. Da Costa Gomes, *O porto e o direito. Breves notas*, in (*Coordenação*) M. Januário da Costa

Alcuni fattori sono in grado di mettere a repentaglio il corretto funzionamento del mercato. A volte, uno dei più insidiosi è proprio l'azione dell' autorità portuale. Essa può tenere comportamenti sleali annacquando, per esempio, le norme di sicurezza in vigore o può spendere le sovvenzioni pubbliche ricevute allo scopo di rendere possibili agevolazioni tariffarie per le imprese che si servono di un porto determinato[14], oppure può destinarle alla costruzione di *user specific infrastructures*, ossia di opere e attrezzature concentrate in un'area riservata ad un singolo operatore affinché egli possa fornire i servizi previsti. Un altro elemento di alterazione della concorrenza è l'offerta di servizi in regime di esclusiva, giustificata da motivi di sicurezza o dall'esistenza di obblighi di servizio pubblico[15], una realtà che, a parte questi casi specifici, affonda le sue radici in una consolidata tradizione di molti ordinamenti giuridici e che è stata a lungo rispettata dallo stesso diritto dell'UE[16]. Naturalmente le distorsioni sono state, prima o poi, contrastate. La spesa di fondi pubblici è stata vagliata caso per caso alla luce delle disposizioni sulla liceità degli aiuti di Stato con riferimento all'art. 107 TFUE. A partire dagli anni Novanta del secolo scorso, giudici e la stessa Commissione, valendosi dell'art. 86 TCE (oggi art. 106 TFUE), hanno smantellato diverse offerte monopolistiche [17] sicché attualmente resi-

---

Gomes, IV Jornadas de Lisboa, cit. p. 659 ss.; VERHOEN, *Report of an current enquiry into the governance of European seaport*, in *ESPO, Fact finding Report* 2010.

[14] Trib. UE, 6 aprile 2017, c-219/14, *Regione autonoma della Sardegna vs Commissione europea* e 6 aprile 2017, c-220/14, *Samar-Sardegna Regionale Marittima SpA vs. Commissione europea,* in *Revue de droit européenne,* 2017, p. 585. Cfr. la lettera del 28 giugno 2016 con la quale la Commissione ha notificato all'Italia la decisione di aprire una procedura ai sensi dell'art. 108. 2 del TFUE concernente l'aiuto presunto in favore dell'Autorità portuale di Napoli e i Cantieri del Mediterraneo, in *GUCE*, c-369 del 7 ottobre 2016, p. 68. Si veda anche il caso delle agevolazioni tariffarie praticate dalla *Deutsche Bundes Bahn* a favore delle imprese che scalavano il porto di Amburgo, caso risolto dalla Commissione con decisione 29 marzo 1994, in *GUCE* del 18 gennaio 1994.

[15] Sulla definizione di<<obbligo di servizio pubblico, si veda l'art. 2, n. 14.

[16] Cfr. gli artt. 51, 58.1 TFUE. Anche la direttiva *Bolkenstein* ha escluso dal suo ambito di applicazione le attività che partecipano all'esercizio di pubblici poteri e ha ammesso limitazioni al principio generale della libera prestazione dei servizi quando siano in gioco ragioni di sicurezza, ordine pubblico e salute pubblica. In argomento, VEZZOSO, *Politica portuale europea*, cit., p. 238 ss.

[17] CGCE, 10 dicembre 1991, *Merci Convenzionali Porto di Genova vs Siderurgica Gabrielli,* c-179/90, in *Racc.*, p. I-5889; CGCE, 17 marzo 1994, *Corsica Ferries Italia Srl vs Corpo dei piloti del porto di Genova*, c-18/93, in *Racc.* I-1783; CGCE, 18 marzo 1997, *Diego Cali & Figli Srl e Servizio Ecologico Porto di Genoa Spa,* c-343/95, in *Racc.* p I-1547;

stono in alcuni ambienti portuali essenzialmente quelle relative ai servizi tecnico-nautici considerati di pubblico interesse e, quindi, non collocabili liberamente sul mercato. Per quanto criticata, tale posizione è strenuamente difesa delle corporazioni operanti all'interno dei porti anche se il progresso tecnologico ha reso superata la tradizionale fornitura di alcuni di essi[18].

In questo scenario, il legislatore europeo si è accorto molto presto che non era cosa facile organizzare, mediante disposizioni legali vincolanti, un mercato perfettamente concorrenziale, benché esso fosse ritenuto un fattore destinato a rendere i porti più attraenti per imprese e investitori grazie all'abbattimento dei costi di tutti i servizi reso possibile, appunto, dalla più intensa competizione dei fornitori. In effetti, si era abbracciata l'idea di emettere un regolamento imperniato sulla "concorrenza piena e l'autonomia dei porti" che avrebbe introdotto l'obbligo della presenza di almeno due operatori indipendenti e in concorrenza tra loro per ciascun servizio portuale[19]. Almeno per i servizi nautici questa impostazione non è sembrata efficiente a chi pensa che essi, a causa della loro specificità, dovrebbero essere erogati da un unico operatore per evitare problemi di coordinamento tra più fornitori o di ripartizione dei costi legati alla universalità del servizio[20].

CGCE, 18 giugno 1988, *Corsica Ferries France SA vs Gruppo Antichi Ormeggiatori del porto di Genova*, c-226/96, in *Racc.*, p .I-3949; Decisione n. 94/19/CE del 21 dicembre 1993 relativa a una procedura d'applicazione dell'art. 86 del trattato CE (IV/34.89-*Sea Containers vs Stena Sealink- Misure provvisorie*), in GUCE, n. 15/8 del 18 gennaio 1994 e Decisione n. 94/119/Ce del 21 dicembre 1993 relativo al rifiuto di accesso al porto danese di Rodby, in *GUCE*, n. 55/52 del 26 febbraio 1994. Cfr. Lopez de Gonzalo, *Pilotage, Towage and Anti-Trust Law* cit., p. 36 s.; Gueguen-Hallouet, *Activités portuaires et transport maritime à l'epreuve des libertés économiques, communication au colloque de Toulose Droit des transports et principes fondamentaux*, 31 marzo 2016, in *Rev. de jurisprudence commerciale*, 2016, n. 5, p. 543-559.

[18] Vezzoso, *La riforma dei porti italiani*, cit., p. 308 ss. L'Autore osserva, per esempio, che il rimorchio non è più un servizio di grande utilità perché le navi moderne dispongono di attrezzature che ne accrescono notevolmente la manovrabilità. Egli sottolinea, però, che la conseguenza paradossale è che il prezzo del servizio è destinato ad aumentare per la necessità delle imprese di coprire i costi a fronte di una domanda calante.

[19] *Proposta di Regolamento del Parlamento europeo e del Consiglio* 25 marzo 2013 *Documento COM (2013) 296 def*, p. 7. L'opzione in discorso prevedeva che, per assicurare il funzionamento del porto, sarebbe stato necessario rafforzare il ruolo di coordinamento centrale delle autorità portuali che sarebbero state comunque libere di determinare la struttura e il livello dei diritti d'uso della infrastruttura sulla base delle rispettive pratiche commerciali.

[20] Lopez de Gonzalo, *Pilotage, Towage and Anti-Trust Law*, cit. p.41.

Poi, però, si è dovuto tener conto del dato che il porto è di per se stesso uno spazio dove convivono interessi pubblici e privati spesso difficili da regolare per la posizione di forza di alcuni soggetti. Infatti, era stato necessario affrontare resistenze corporative più o meno giustificate e prendere atto dell'esistenza dei diversi modelli organizzativi dei gestori dei porti, i quali, di conseguenza, si sono dimostrati poco disponibili ad agire secondo regole uniformi e rigide, capaci di mortificare alcune esperienze di particolare successo economico anche se segnate da impostazioni distanti dalla logica concorrenziale [21].

Non a caso, alcuni si erano ingegnati di contrastare lo stesso ricorso al regolamento, che la Commissione aveva giustificato col richiamo all'art. 100, par. 2 TFUE[22] e avevano espresso la loro preferenza per la direttiva, strumento ritenuto più flessibile, rispettoso del principio di sussidiarietà e maggiormente appropriato *ex* art. 59 TFUE[23]. Questa posizione formale nascondeva il timore, espresso a chiare lettere dal Senato della repubblica italiana, che, in un clima di concorrenza assolutamente libera, gli investitori si sarebbero indirizzati solo sui porti più redditizi squilibrando ulteriormente tutta la catena portuale[24].

---

[21] Ci si può riferire, per esempio, alla esperienza slovena caratterizzata dalla presenza di una società per azioni pubblico-privata quotata in borsa che opera nella duplice veste di Autorità portuale e unico prestatore di servizi e che si è dimostrata tanto efficace dal punto di vista economico da riuscire a bloccare le istanze riformatrici tese a separare la gestione dei porti dalla fornitura dei servizi commerciali. Cfr. CRISMANI, *Competizione cooperativa tra modelli portuali differenziati,* in *Riv. dir. nav.*, 2015, p. 177 ss.

[22] COM (2013), cit., *Relazione.* Stando alla disposizione suddetta, il Parlamento europeo e il Consiglio possono stabilire le opportune disposizioni per la navigazione marittima e aerea deliberando secondo la procedura legislativa ordinaria all'interno della quale è prevista la previa consultazione del Comitato economico sociale e del Comitato delle regioni. Inoltre, secondo il *considerando* n. 33, il ricorso al regolamento è legittimato dal principio di sussidiarietà perché gli obiettivi del regolamento, ossia assicurare un quadro normativo adeguato per la fornitura dei servizi portuali e per attrarre gli investimenti, possono essere conseguiti meglio a livello della Unione, la quale, dunque, può intervenire in base al principio di sussidiarietà scolpito dall'art. 5 TUE. Questa impostazione è stata ribadita dal *considerando* n. 55 del regolamento 2017/352.

[23] L'art. 59 del TFUE dispone che, per realizzare la liberalizzazione di un determinato servizio, il Parlamento europeo e il Consiglio, deliberando secondo la procedura legislativa ordinaria e previa consultazione del Comitato economico sociale, emettono direttive. Sul punto cfr. CARBONE-SCHIRANO DI PEPE, *Competition, Safety and Environmental Concerns in the Emerging Ports Policy of the European Union*, in *Riv. comm. inter.*, 2014, p. 846.

[24] SENATO DELLA REPUBBLICA, *Risoluzione della VIII Commissione permanente (lavori pubblici, comunicazioni),* Estensore Floris, *approvata nella seduta del 23 luglio 2013 sulla*

Pertanto, il regolamento 2017/352 ha fatto proprio un atteggiamento più realistico e prudente, che è stato in grado di calamitare largo consenso[25]. Di questa prudenza si trovano tracce vistose già nel lungo preambolo di sette pagine dense dei cinquantasette *considerando* che precedono i ventidue articoli. Lì il legislatore dichiara, tra l'altro, di: *a*) non voler prescrivere un modello specifico di gestione dei porti (n. 10) o di proprietà delle strutture portuali (n. 9); *b*) non voler limitare alcuni poteri dell'ente gestore del porto, ossia elaborare un proprio sistema di trasparente tariffazione (n. 12) e imporre ai prestatori di servizi portuali sia i requisiti minimi necessari per garantire la fornitura di servizi in modo adeguato (n. 13), sia l'onere di dimostrare la capacità di servire un numero minimo di navi (n. 14); *c*) lasciare impregiudicato il diritto degli Stati membri di imporre obblighi di servizio pubblico[26] ai fornitori di servizi portuali (n. 23).

Coerentemente con tale impostazione tutt'altro che rigida, il regolamento concede ampi margini d'intervento agli enti portuali e agli Stati e, quindi, assume un certo grado della flessibilità tipica di una direttiva, disinnescando molte delle polemiche precedenti.

Infatti, se l' ambito di applicazione del regolamento è circoscritto, in prima battuta, ai 329 porti della rete TEN-T, gli Stati membri possono decidere di estenderlo agli altri porti marittimi come anche di escluderlo riguardo ai porti situati nelle regioni periferiche dell'Unione[27] notificando queste scelte alla Commissione. Posto che i servizi portuali soggetti alle regole della concorrenza regolata sono quelli individuati dall'art. 1.2[28] e

---

proposta di regolamento del Parlamento europeo e del Consiglio che istituisce un quadro normativo per l'accesso al mercato dei servizi portuali e la trasparenza finanziaria dei porti (Com 2013, 296 definitivo) ai sensi dell'art. 144, comma 1 e 6, del Regolamento. Comunicata alla Presidenza il 24 luglio 2013, p. 4 s. Si veda pure il *Parere della XIV Commissione permanente (Politiche dell'Unione Europea)*, Estensore Molinari, del 10 luglio 2013.

[25] Gueguen-Hallouet, *Le réglement européen du 15 février 2017 sur les services portuaires et le transparence financiére des ports: pragmatisme et petit pas*, in *DMF*, 2017, p. 917 ss.

[26] Per la definizione di "obbligo di servizio pubblico" cfr. l'art. 2, n.14.

[27] Guadalupe, Guiana francese, Martinica, Réunion, Saint-Barthélemy, Saint-Martin, Azzorre, Madeira, Isole Canarie. Sull'applicazione della normativa primaria e derivata dell'UE a queste regioni si veda l'art. 349 TFUE e CGUE, 15 dicembre 2015, *Parlamento europeo e Commissione vs Consiglio*, cause riunite da c-132/14 a c- 136/14.

[28] Rifornimento di carburante, movimentazione delle merci, ormeggio, servizi passeggeri, raccolta di rifiuti prodotti dalle navi e dai residui di carico, pilotaggio e servizi di rimorchio.

definiti dall'art. 2, gli Stati possono decidere anche di liberalizzarne completamente "una o più categorie" (art. 3.2). In questo contesto si deve sottolineare il trattamento speciale riservato a certi servizi: l'art. 10 dispone che uno dei pilastri della normativa, il capo II dedicato alla "fornitura dei servizi portuali", non si applica alla movimentazione delle merci, ai servizi passeggeri e al pilotaggio. In particolare, si è fatta buona accoglienza alle pressioni delle corporazioni dei piloti nobilitate anche dai compiti in materia di sicurezza della navigazione e di tutela dell'ambiente marino che sono stati loro affidati[29] e che ne esaltano il ruolo 'pubblico'(*considerando* 39)[30]. Tuttavia, gli Stati possono decidere di applicare il capo II del regolamento proprio al pilotaggio dandone notizia alla Commissione affinché essa possa garantire la diffusione delle informazioni pertinenti. Il dragaggio non è menzionato nella lista dei servizi portuali e di esso si occupa solo l'art. 11.2 in tema di trasparenza finanziaria degli enti gestori dei porti.

Degli altri servizi tecnico-nautici sono suscettibili, invece, di essere liberalizzati il rimorchio e l'ormeggio, utili a garantire la sicurezza della navigazione e dell'approdo. Questa scelta è stata criticata da chi, riproponendo una tradizionale opinione, pensa che essi non dovrebbero essere collocati sul mercato per le esigenze di carattere generale che soddisfano[31].

In definitiva, la denazionalizzazione del quadro giuridico è, in linea generale, modesta. Va da sé, però, che nei circa 1200 porti europei esclusi dalla TEN-T si applicano, relativamente alla fornitura dei servizi portuali, i principi di non discriminazione e di libertà di stabilimento stabiliti dal TFUE nonché le regole sulla concorrenza[32].

---

[29] Art. 23 della direttiva 2009/16/CE del Parlamento europeo e del Consiglio del 23 aprile 2009, relativa *al controllo da parte dello stato di approdo*, in *GUCE* del 28 maggio 2009, L 131.

[30] Per il servizio di pilotaggio la competizione per il mercato si colloca a monte del modello organizzativo previsto dalla legge in alcuni Stati, come, per esempio, l'Italia perché le singole persone fisiche, prima di essere inquadrate negli organici di gruppi o corporazioni, sono chiamate a sostenere un concorso pubblico per dimostrare di possedere i necessari requisiti di professionalità e capacità. Sul punto, Calderale, *La liberalizzazione*, cit., p. 97.

[31] Ragazzoni, *Il regolamento UE sulla fornitura dei servizi portuali*, in *Libro dell'anno del diritto,* Istituto dell'Enciclopedia italiana fondata da Giovanni Treccani, Roma, 2018, p. 439.

[32] Gueguen-Hallouet, *Le réglement européen,* cit., p. 921.

3. La fornitura dei servizi portuali

Il regolamento 2016/352 ha scelto il modello di "concorrenza regolamentata"[33]. Pertanto, il principio della concorrenza è inserito in un quadro nel quale la libertà di prestare servizi può essere limitata per giustificati motivi e la scelta delle imprese è soggetta a una procedura di aggiudicazione pubblica trasparente e non discriminatoria, in coerenza con i principi enunciati dall'art. 18 TFUE[34] allo scopo di realizzare almeno la corretta concorrenza per il mercato. All'interno del mercato ogni abuso va eliminato, il che implica una speciale attenzione al meccanismo di formazione delle tariffe.

Coerentemente con tale impostazione, la normativa non menziona in alcun punto la libera prestazione dei servizi portuali[35]. Intitolato significativamente «fornitura dei servizi portuali», Il capo II del regolamento, da un lato, proclama che gli Stati devono assicurare alle imprese desiderose di entrare nel mercato condizioni ragionevoli e non discriminatorie d'accesso agli impianti, alle installazioni e alle attrezzature del porto (art.3.1), ma dall'altro, prevede che le imprese stesse possano essere selezionate e gravate di certi obblighi dagli enti gestori dei porti.

Infatti, l'ente gestore del porto o l'autorità competente può:

a) richiedere che le imprese possiedano determinati requisiti minimi in modo da mettere subito fuori gioco quelle che ne sono sprovviste. I requisiti minimi sono importanti perché aprono il mercato a imprese non solo qualificate, ma anche disponibili ad addossarsi i costi della tutela di interessi più generali abbandonando la strategia, naturale nel mercato concorrenziale puro, di competere comprimendoli immediatamente. Secondo l'art. 4.2 i requisiti minimi, che devono sussistere fino a che il diritto di prestare un servizio portuale giunge a scadenza (art. 4.4 *b*), possono riguardare esclusivamente le qualifiche professionali del prestatore e del suo personale; la capacità finanziaria; il possesso di adeguate attrezzature; la

---

[33] Cfr. la proposta dalla Commissione del 25 marzo 2013, cit., *Relazione*, $ 2.2.1 (8).

[34] La disposizione in esame dice che, nel campo di applicazione dei trattati, è vietata ogni discriminazione effettuata sulla base della nazionalità.

[35] Ragazzoni, *Il regolamento UE*, cit., p. 439. È interessante notare che, nel *considerando* n. 11, la libertà delle imprese di fornire servizi portuali viene fondata sui principi generali enunciati nei trattati con la conseguenza che non è stato ritenuto necessario ribadirla nel testo del regolamento.

continuità dei servizi; la conformità ai requisiti in materia di sicurezza marittima e di sicurezza generale del porto; la conformità ai requisiti ambientali locali, nazionali, dell'Unione e internazionali; il rispetto degli obblighi in materia di legislazione sociale e del lavoro applicabili nello Stato membro di un dato porto; l'onorabilità. Poiché i requisiti minimi non devono essere discriminatori, se essi richiedono conoscenze specifiche della condizioni locali, l'autorità portuale deve aver cura di fornire un accesso adeguato a tali informazioni (art. 4.5). È prevista una specifica procedura per garantire il trattamento trasparente, obiettivo, non discriminatorio e proporzionato degli aspiranti a prestare i servizi portuali (artt. 4.6 e 5): l'ente portuale deve pubblicare i requisiti di ammissione al mercato; dar conto immediatamente di ogni modifica dei criteri e della procedura; decidere se accogliere o respingere la pretesa dell'imprenditore entro un termine ragionevole, non superiore a quattro mesi, a far tempo dal ricevimento della domanda e della documentazione; motivare "adeguatamente" il rifiuto sulla base dei requisiti stessi; motivare anche ogni decisione di limitazione o estinzione delle prestazioni dell'imprenditore diventato inidoneo.

b) limitare il numero dei prestatori di servizi portuali per le ragioni indicate dall'art. 6.1. Esse hanno a che fare con la mancanza di spazi nella zona portuale, con l'ostacolo alla esecuzione degli obblighi di servizio pubblico o con la compromissione della sicurezza e la sostenibilità ambientale. Inoltre il paragrafo 7 dell'art. 6, sulla scia di analoghe disposizioni vigenti in altri settori[36], legittima gli Stati, informata la Commissione, a limitare il numero dei fornitori di un determinato servizio in un porto della rete TEN-T segnato da un volume di traffico merci molto ridotto[37]. In tal caso la

---

[36] Art. 4 del regolamento (CEE) n. 92/1992 del Consiglio del 23 luglio 1992 *sull' accesso dei vettori aerei della Comunità alle rotte intercontinentali*, in *GUCE* del 24 agosto 1992, L 40; art. 4 del regolamento (CEE) n. 3577/1992 del Consiglio del 7 dicembre 1992 *concernente l'applicazione della libera prestazione dei servizi ai trasporti marittimi degli Stati membri*, in *GUCE* del 12 dicembre 1992, L 364.

[37] L'art. 20.2 b) del regolamento (UE) del Parlamento e del Consiglio dell' 11 dicembre 2013 *sugli orientamenti dell'Unione per lo sviluppo della rete transeuropea dei trasporti e che abroga la direttiva n. 64/2010/UE*, in *GUUE* del 20 dicembre 2013, L 348, detta le basi del calcolo. Affinché nel porto possa essere limitata la concorrenza, il volume totale annuo delle merci, per le operazioni di carico di merci sia sfuse sia non sfuse, non deve superare

costruzione di una barriera d'accesso a uno specifico segmento del mercato è giustificata dalla debolezza della domanda, che è idonea ad essere soddisfatta solo da un monopolista o da un oligopolista. Un maggior numero di imprese, infatti, dividendosi i proventi di una domanda fiacca, non raggiungerebbe l'*output* del monopolista o dell'oligopolista e, di conseguenza, ciascuna di esse, sopportando costi unitari più alti, sarebbe inevitabilmente costretta a praticare prezzi più sostenuti all'utenza, condannando il porto all'inefficienza.

La limitazione della concorrenza deve essere bilanciata da forme di regolamentazione in grado di "garantire una pressione concorrenziale" sui candidati a entrare nel mercato[38]. Per questa ragione è prevista un'articolata procedura di selezione delle imprese improntata ai soliti criteri di partecipazione e trasparenza: qualunque autorità legittimata a limitare la concorrenza è tenuta a pubblicare la propria proposta e le ragioni che la sorreggono con almeno tre mesi di anticipo, consentendo agli interessati di presentare le proprie osservazioni in un lasso di tempo ragionevole. Dopo di ciò l'autorità rende nota la sua decisione circa il numero degli imprenditori ammissibili. La successiva procedura di selezione delle imprese deve essere aperta a tutte le parti interessate, non discriminatoria e trasparente. L'autorità, infatti, deve riporre la massima cura nel pubblicare le informazioni relative al servizio da affidare, alle procedure di selezione e alla preparazione delle domande; fissare un termine per presentarle "sufficientemente lungo", almeno di 30 giorni, in modo da consentire agli interessati di valutare appieno il contenuto del bando (art. 6.2; 6.3; 6.4).

Pendendo atto della realtà esistente in molti ambienti, l'art. 6.6 ammette che lo stesso gestore del porto o l'autorità competente possa fornire servizi portuali o agire mediante un organismo giuridicamente distinto ma controllato direttamente o indirettamente[39]. L'operatore interno, però, deve essere dotato dei requisiti minimi

---

lo 0,1 % del corrispondente volume totale annuo del carico di merci movimentate in tutti i porti marittimi dell'Unione. Il valore di riferimento per questo volume totale è rappresentato dalla media triennale disponibile più recente, basata sulle statistiche pubblicate da Eurostat.

[38] Carbone-Munari, *La disciplina dei porti tra diritto comunitario e diritto interno*, Milano, 2006, p. 208.

[39] Si veda l'art. 8.2 sulle caratteristiche dell'operatore interno.

richiesti a tutti i fornitori del medesimo servizio e, se risulta essere l'unica impresa, deve limitarsi a operare nel porto o nei porti che gli sono stati assegnati (art. 8). In questo scenario, se l'ente portuale decide di limitare il numero degli altri prestatori di servizi, si viene a trovare in un chiaro conflitto d'interesse e, pertanto, lo Stato è tenuto a prendere le misure idonee a sbrogliare la matassa. Se lo Stato rimanesse inerte, i prestatori dovrebbero essere almeno due salvo che ciò sia impossibile. per le ragioni indicate dall'art. 6.1. che, quindi, legittimerebbero l'unico fornitore.

c) imporre ai fornitori di servizi, su "autorizzazione" dello Stato, obblighi di servizio pubblico purché siano chiaramente definiti, trasparenti, non discriminatori, verificabili e garantiscano parità di accesso a tutti i prestatori di servizi portuali stabiliti nell'Unione[40]. Chiamata a riparare i c.d. fallimenti del mercato, la imposizione di obblighi di servizio pubblico alle imprese, che non se li assumerebbero spontaneamente in nome della legge del massimo profitto, è tesa a soddisfare interessi di portata generale ed è di solito remunerata con la concessione di diritti speciali o esclusivi o di compensazioni, purché non configurabili come aiuti di Stato[41]. Gli interessi di portata generale sono chiaramente elencati nell'art. 7.1[42]. L'art. 7.4 disciplina il caso in cui il prestatore onerato interrompa o faccia balenare il rischio di interrompere il servizio che si è aggiudicato. Se ciò si verifica per cause diverse da "un'azione collettiva sindacale svolta in conformità del diritto nazionale", per esempio uno sciopero, l'ente gestore del porto o l'autorità competente può adottare "misure di emergenza" idonee a ripristinare il servizio oppure a evitare che venga sospeso. Tra quelle possibili spicca l'assegnazione diretta a un altro fornitore per un periodo massimo

[40] L'art. 7.3 obbliga lo Stato a notificare alla Commissione gli obblighi che ha imposto per lo stesso servizio in tutti i porti marittimi rientranti nel perimetro di applicazione del regolamento. Lo scopo è consentire alla Commissione di intervenire in caso di violazioni della normativa.

[41] *Considerando* n. 32.

[42] Le sole giustificazioni per il ricorso agli obblighi di servizio pubblico sono ragioni di interesse pubblico, ossia garantire l'accessibilità ai servizi portuali a tutti gli utenti, la disponibilità di tali servizi per tutto il corso dell'anno, la accessibilità economica ad essi per una determinata categoria di utenti, la sicurezza e la sostenibilità ambientale delle operazioni portuali, la coesione territoriale.

di due anni. Durante questo lasso di tempo l'ente gestore del porto o l'autorità ha la facoltà di scegliere se avviare un nuovo procedimento di selezione o affidare il servizio a un operatore interno.

4. La fornitura dei servizi portuali e i diritti dei lavoratori

Si sa che l'ostilità del mondo del lavoro nei confronti della liberalizzazione del mercato dei servizi portuali è alimentata dal timore, di per sé non infondato, che le imprese possano farsi concorrenza abbattendo il livello dei salari e della stessa occupazione secondo una tendenza drammaticamente in atto a causa del neo-liberismo imperante[43].

Una spia di tale preoccupazione si trovava già nel *considerando* n. 6 della proposta di regolamento del 2013, che dichiarava l'inopportunità di regolare l'autoproduzione di servizi portuali nell'ambito dell'Unione perché sarebbe stato necessario adottare "norme in ambito sociale e della sicurezza" per attutire gli inevitabili contraccolpi negativi sui lavoratori dei porti. Questa posizione è stata fatta propria dal regolamento in esame, suscitando le critiche dei sostenitori di una liberalizzazione più spinta[44]. La normativa affronta esplicitamente alcune specifiche questioni da un angolo visuale diverso da quella della difesa pura e semplice dei diritti dei lavoratori. Poiché tali diritti costituiscono un costo per le imprese, l'ottica che ha ispirato, in alcuni casi, il legislatore europeo, attento alle dinamiche concorrenziali, è stata quella di scoraggiare compressioni dei diritti dei lavoratori, che, traducendosi in un abbattimento artificioso dei costi delle imprese, comprometterebbero il corretto dispiegarsi della concorrenza. Pertanto, di fronte alla prospettiva che, per il rimorchio o l'ormeggio, nel porto possano operare navi battenti bandiere di paesi terzi o di comodo con equipaggi *law cost*, l'art. 4.3 legittima lo Stato, determinato a far rispettare gli obblighi in materia di legislazione sociale o del lavoro, a imporre, come requisito minimo, "l'obbligo di bandiera nazionale", il che significa allineare l costo del lavoro per tutti gli operatori che operano nei suoi porti. È espressione della medesima logica il dato che il regolamento non ha integrato il Comitato di dialogo sociale

[43] Per una critica puntuale all'impostazione neo-liberista del mercato unico europeo, António José Avelãs Nunes, *A constituição europeia. A constitucionalização do neoliberalismo*, in *Boletim de ciências económicas*, 2005, p. 1 ss.

[44] Ragazzoni, *Il regolamento UE*, cit., p. 439.

settoriale, istituito nel giugno 2013 *ex* art. 152 TFUE e chiamato a operare, con l'appoggio della Commissione, ance in futuro per suggerire orientamenti per la definizione di requisiti della formazione professionale adatti a prevenire gli incidenti sul lavoro e garantire la sicurezza e la salute dei portuali[45]. È stato dunque merito di questo Comitato aver posto l'accento sulla importanza della formazione continua dei lavoratori il cui costo l'art. 14 ha avuto cura di addossare alle imprese.

Un'attenzione maggiore alla tutela dei lavoratori hanno altre disposizioni. L'art. 9-3 dispone che, se l'aggiudicazione di un contratto di concessione o di un appalto pubblico determina un cambiamento del prestatore, il gestore del porto ha facoltà di pretendere che il nuovo prestatore conceda al personale alle dipendenze del prestatore di servizi "storico" gli stessi diritti che i lavoratori avrebbero potuto rivendicare nel caso di trasferimento di impresa regolato dalla direttiva 2001/23[46], tra cui il mantenimento delle condizioni di lavoro precedenti[47].

Infine, l'ente di gestione del porto può avviare consultazioni con le parti interessate per "garantire la salute e la sicurezza dei lavoratori portuali" (art. 13.2 *f*).

5. Trasparenza finanziaria e autonomia economica degli enti gestori del porto

Intitolato "trasparenza finanziaria e autonomia", il capo III intende neutralizzare le cause di alterazione della concorrenza addebitabili alla gestione non cristallina di finanziamenti pubblici e alla determinazione delle tariffe

[45] Si veda il *considerando* n. 56.

[46] Direttiva (CE) del Consiglio, del 12 marzo 2001, n. 23 *concernente il ravvicinamento delle legislazioni degli Stati membri relative al mantenimento dei diritti dei lavoratori in caso di trasferimenti di imprese, di stabilimenti o di parti di imprese o di stabilimenti*, in *GUCE*, 22 marzo 2001, L 82.

[47] Tale disposizione, però, incrementa il rischio che il gestore del porto, imposta questa soluzione, debba affrontare una lite giudiziaria in quanto alcuni giudici hanno ritenuto che il lavoratore non gode di alcuna garanzia in mancanza di un trasferimento di azienda: infatti, CGUE, 9 dicembre 2004, causa C-460/02, in *Mass. giur. lav.*, 2005, p. 377 ha ritenuto contrastante con il diritto comunitario l'obbligo posto dalla normativa italiana di assorbire i dipendenti del precedente gestore in una ipotesi di impresa subentrante nell'appalto di servizi di assistenza a terra degli aeroporti, non configurandosi nel caso, appunto, un trasferimento di azienda. Cfr. GALANTINO, *Diritto del lavoro dell'Unione Europea*,Torino, 2014, p. 250 ss.

per l'uso delle infrastrutture portuali[48] e dei servizi[49] in ambienti non concorrenziali. Ciò non significa che, di norma, tariffe e prezzi siano il risultato dell' incontro tra la domanda e l'offerta. Infatti, in molti sistemi giuridici, come, per esempio, quelli italiano[50] e francese, un ruolo determinante hanno, in numerosi casi, le amministrazioni pubbliche o, in Francia, anche il Consiglio di Stato legittimati ad intervenire dalla rilevanza pubblica degli interessi in gioco. Su queste realtà il nostro regolamento non sembra destinato ad incidere in maniera significativa[51].

In primo luogo, la normativa vuole evitare che la concorrenza esacerbata tra porti europei degeneri in una guerra di sovvenzioni pubbliche utilizzate, come si è visto, in modo distorto dagli enti portuali. Per questo il regolamento contrasta l'opacità della contabilità finanziaria di certi porti europei[52]che ostacola l'applicazione della direttiva sulla trasparenza delle relazioni finanziarie tra gli Stati membri e le imprese pubbliche[53]. Pertanto, viene imposto alle autorità portuali e agli operatori interni una serie di obblighi: essi devono indicare le risorse pubbliche che ricevono e il loro utilizzo (art. 11.1) e se forniscono in proprio servizi portuali o di dragaggio, sono tenuti a mantenere separata la contabilità relativa a ciascun servizio dalla contabilità generale affinché i costi e i ricavi siano correttamente imputati e chiaramente definiti (art. 11.2). Questi dati vanno conservati per cinque anni, a far tempo dalla fine dell'esercizio finanziario al quale si riferiscono le informazioni, e sono a disposizione dell'autorità pertinente dello Stato che li richieda o in caso di reclamo (art. 11. 4 e 5). Poiché a tale sistema di

---

48 Per la definizione di "diritti d'uso dell'infrastruttura portuale" si rinvia all'art. 2 n. 9.

49 Per la definizione di "diritti per i servizi portuali" si rinvia all'art. 2 n. 11,

50 Brignardello, *Tariffe e tributi portuali e aeroportuali*, in *Giureta* (rivista on line), 2019, p. 1 ss.

51 Rèzenthel, *La tarification des prestatios portuaires: une liberté surveillée*, in *DMF*, 2010, p. 55 ss.

52 Gueguen-Hallouet, *Le réglement européen*, cit., p. 924.

53 Direttiva (CE) della Commissione, del 25 luglio 1980, n. 80 relativa alla *trasparenza delle relazioni finanziare tra gli Stati membri e le loro imprese pubbliche e alla trasparenza finanziaria all'interno di talune imprese*, in *GUCE* , del 27 luglio 1980, L 195, applicabile ai porti dal 1985 in seguito alla direttiva (CEE) della Commissione, del 24 luglio 1985 che *modifica la direttiva 80/723/CEE*, in *GUCE* del 28 maggio 1985, L 229. Attualmente vige una nuova direttiva che ha abrogato quella del 1980, peraltro più volte modificata, ossia la direttiva (CE) della Commissione del 16 novembre 2006, n. 111, relativa *alla trasparenza delle relazioni finanziare tra gli Stati membri e le loro imprese pubbliche e alla trasparenza finanziaria all'interno di talune imprese*, in *GUCE* del17 novembre 2006, L 318.

contabilità saranno tenuti ad adeguarsi anche i porti che forniscono direttamente diversi servizi e ne contabilizzano i proventi in un bilancio unitario, alla normativa in esame è stato imputato di creare ad essi "inutili appesantimenti" e di essere poco rispettosa della loro specificità[54]. Questo rilievo critico è stato rinforzato dall'osservazione che la trasparenza finanziaria dipende più che da norme più o meno complicate sulla contabilità, da un chiaro sistema di regole sugli aiuti di stato capace di indicare con precisione le opere legittimamente finanziabili[55].Tale intervento legislativo è stato sollecitato con insistenza da quando i porti si sono dedicati, con l'inevitabile sostegno pubblico, ad aumentare il volume degli investimenti nelle infrastrutture necessarie a diventare un anello importante della catena logistica del territorio, una scelta alla quale in definitiva dipende la loro attrattiva[56] perché un porto molto competitivo per tariffe e servizi potrebbe non esserlo in caso di inefficienti collegamenti con l'entroterra[57]. Consapevole che le regole contabili adottate possano determinare "oneri amministrativi sproporzionati", il regolamento stesso esenta dall'obbligo di osservarle i porti della rete dal volume di traffico ridotto[58] purché esse vengano sostituite da sistemi di contabilità più semplici, ma ugualmente idonei ad assicurare la trasparenza nella gestione dei fondi pubblici (art. 6.8).

---

[54] Vezzoso, *La riforma dei porti italiani*, cit., p. 287.

[55] La Commissione aveva proposto di distinguere, appunto, tra *Public Port Infrastructure* e *Usur Specific Infracstructure*. Nella prima categoria erano state comprese le opere destinate al funzionamento generale del porto ai suoi rapporti con l'entroterra quali dighe, canali di accesso, fari, escavi, collegamenti stradali e ferroviari con il generale sistema del trasporto. La seconda categoria comprendeva due gruppi di opere. La prima riguardava quelle realizzate all'interno dell'area portuale per consentire la fornitura di servizi alle navi e alle merci (banchine, piazzali, reti stradali e ferroviarie). La seconda riguardava le opere e le attrezzature necessarie al singolo operatore per svolgere l'attività di fornitore di certi servizi (capannoni, magazzini, gru, collegamenti di un terminal con l'area portuale), sicché egli stesso avrebbe dovuto sopportarne il costo. Cfr. COMM (2001) 35 *final* del 13.febbraio.2001. Benché potesse essere considerata ragionevole, questa proposta è stata abbandonata. Sulle attuali strategie della Commissione, si legga il *considerando* 6. Sul punto, Neves, *A União Europeia e os portos*, cit. p.146 s.; Corruble, *Aides d'Etat et financement public des infrastructures portuaires: que vent vraiment la Commission européene?*, in *DMF* 2017, p. 253.

[56] Sulla evoluzione dei porti quali anelli importanti della catena logistica di un determinato territorio, Vezzoso, *La riforma dei porti italiani,* cit., p. 265, dove si parla di "porti di terza generazione".

[57] Vezzoso, *op. ult. cit.*, p. 285.

[58] Cfr. nota 32.

Quanto alla determinazione delle tariffe dovute dagli operatori di navi o dai proprietari dei carichi per l'uso delle infrastrutture portuali[59], il regolamento ammette che gli enti gestori del porto possano modularle in funzione della strategia economica di ciascun porto, della sua politica in materia di pianificazione degli spazi, di certe categorie di fruitori[60] o dello scopo di promuovere una utilizzazione più razionale delle infrastrutture, il trasporto marittimo a corto raggio[61] o una maggiore efficienza ambientale, energetica o di emissione di carbonio delle operazioni di trasporto. È significativo della rilevanza attribuita agli interessi generali appena elencati il fatto che l'ammontare della tariffa non sia stata ancorata soltanto "ai costi effettivi" dell'infrastruttura, come era stato proposto nel 2013[62], il che ne avrebbe consegnato la determinazione a una logica di puro calcolo economico. Le tariffe vanno comunque decise in base a criteri trasparenti, obiettivi, non discriminatori e conformi al diritto della concorrenza, ivi comprese le regole sugli aiuti di Stato. Conseguentemente, le tariffe e le modifiche delle tariffe stesse devono essere comunicate agli utenti del porto e ai loro rappresentanti o alle loro associazioni, mentre, al contrario, l'ammontare delle tariffe scontate in seguito a singole contrattazioni possono rimanere riservate per impedire che altri utenti le rivendichino per sé.

Il regolamento si occupa della formazione dei "prezzi" dei servizi portuali quando il meccanismo concorrenziale è inceppato. Infatti, nel caso in cui i servizi sono forniti da un operatore interno o da un numero limitato di imprese in regime di obbligo di servizio pubblico oppure il servizio di pilotaggio è offerto da una compagnia non esposta a una effettiva concorrenza esistono rischi elevati di tariffe abusive. Per questo l'art. 12.1 esige che i prezzi vengano fissati in modo trasparente, obiettivo, non discriminatorio e proporzionale "al costo del servizio fornito" (art. 12.1), una indicazione che suscita le note perplessità di chi ritiene solo il meccanismo del *price cap* capace di incentivare l'efficienza del fornitore[63]. In linea generale,

[59] *Considerando* n. 12.

[60] Il *considerando* n. 50 contempla la possibilità di tariffe pari a zero per alcune categorie di utenti quali navi-ospedale, navi impegnate in missioni scientifiche, culturali o umanitarie e, amcora, strutture galleggianti al servizio del porto.

[61] Sulla nozione di "trasporto marittimo a corto raggio", cfr. art. 2, n. 15.

[62] Proposta di regolamento, cit., *Relazione*, 2.2(7).

[63] Lopez de Gonzalo, *Pilotage, Towage*, cit., p. 43. Introdotto in Inghilterra negli anni Ottanta del secolo scorso, il *price cap* è un metodo di regolazione dei prezzi dei servizi pubblici per il quale il regolatore stabilisce il massimo saggio a cui un determinato

l'integrazione delle tariffe dei servizi portuali con altri pagamenti è legittima. Per esempio, la tariffa di un servizio può essere combinata con quanto dovuto per l'uso della infrastrutture portuale. In tal caso il regolamento ha creato in capo al fornitore del servizio e, se è il caso, sull'ente portuale, l'obbligo preciso di rendere ciascuna di queste somme facilmente identificabile dal cliente. Tuttavia, in alcuni ambienti, come quello francese, segnati da una consolidata prassi di segno opposto, si pronostica che l' attuazione della regola europea sarà stentata[64].

Se sono nell'aria modifiche sostanziali dei diritti d'uso delle infrastrutture o dei corrispettivi per i servizi forniti da operatori interni in regime di obblighi di servizio pubblico, l'ente di gestione del porto è tenuto a consultare gli utenti e le altre parti interessate. La consultazione riguarderà anche il coordinamento dei servizi nell'area del porto; le misure per migliorare i collegamenti con l'entroterra; l'efficienza delle procedure amministrative e le misure necessarie per la loro semplificazione; le questioni ambientali e la pianificazione; le misure per garantire la sicurezza del porto e la salute e la sicurezza dei lavoratori portuali. Coerentemente con la scelta di proteggere gli utilizzatori del porto, il regolamento, infine, impone agli Stati di apprestare garanzie procedurali, mezzi di reclamo e sanzioni efficaci al fine di colpire le violazioni delle regole (artt. 16-19).

---

prezzo è autorizzato a crescere per un certo numero di anni. Nel rispetto di questo vincolo l'impresa è libera di fissare I prezzi e le tariffe che desidera percepire. Il *price cup* favorisce l'innovazione del processo produttivo perché consente all'impresa di incamerare una parte dei benefici legati agli aumenti di produttività che essa riesca a conseguire. Al contrario, la tradizionale determinazione dei prezzi basata su un tasso di rendimento normale cui la impresa ha diritto reduce gli incentive all'innovazione di processo (perché essa avrebbe comunque conseguito il rendimento stabilito dal regolatore) e alla minimizzazione dei costi di produzione (perché è prevista la copertura dei costi di produzione indipendentemente dal loro livello). Cfr. SAPPINGTON, *Basic Elements of Price Cap Regulation,* The University of Florida, Gainesville, 1997.

[64] RÈZENTHEL, *La tarification des prestatios portuaires*, cit., p. 62.

THE CONTRACT OF LOGISTICS UNDER THE CONVENTION ON THE CONTRACT FOR THE INTERNATIONAL CARRIAGE OF GOODS BY ROAD (CMR)*

CAMILA HOYUELA**

Abstract

In the absence of case law in this respect, this paper determines the circumstances that given the present legal framework could lead to govern logistics contracts mandatorily by CMR. The abovementioned is done by analyzing the logistics contract under case law given for the typical contracts that form part of the supply chain such as freight forwarding and multimodal transport contracts. Further on, once established under which jurisdictions CMR could be applicable, the consequences arising from such compulsory regulation in the field of logistics will be analyzed. Finally, a conclusion will be drawn to remark the present state of affairs and the considerations regarding the adequacy of compulsory legislation governing the field of logistics.

---

* This article has been submitted to double blind peer review. Moreover, it has been already published in F. BERLINGIERI, M. MUSI (Eds.), *Maritime, Port and Transport Law: Current Scenarios and Emerging Issues*, Il Diritto Marittimo – Quaderni, vol. 4, Bologna, 2017, pp. 465-486.

** L.L.M Commercial Law, specialisation in Maritime and Transport Law, Erasmus Rotterdam University. Commercial Law Lecturer, University of Concepción.

1. Introduction

Nowadays, most shipping companies hire door to door transportation,[1] which will necessarily involve the use of different modes of transportation and the provision of advanced logistics services.[2] For reasons of efficiency these services are commonly outsourced to third/fourth party logistics providers (3PL or 4PL) by agreeing on a 'contract of logistics' according to which the logistic operators will assume the management of the supply chain of their clients.[3] The extension of the services offered by the logistics operator depends on the contract agreed with each costumer,[4] however a standard list of services is identifiable, the most common being the provision of multimodal transport, packaging, warehousing, invoicing and payment collection.[5] Considering the latter, the term logistics is *"used to refer to services that go beyond the simple provision of transport and warehousing, the term covers all the steps that make up the process of production and distribution"*.[6]

One of the main problems to be found in the field of logistics is that there is uncertainty regarding the determination of the legal regime applicable to a logistics contract when transportation is one of the services provided by the logistics operator.[7] Since contracts of carriage are governed mandatorily, if transport is provided in the context of a logistics contract, it could be held that such rules should apply to the whole or part of the logistics agreement. Arriving to the conclusion that logistics contracts must be governed by mandatory law is of utmost importance. In fact, the application of mandatory law will result in a restriction of freedom of the parties and will impact the liability of the logistics operator, becoming strict and limited to an amount determined by the respective legal instrument. Also, contractual stipulations that are contradictory to the provisions of mandatory law will be null and void.

---

[1] M. Hoeks, *Multimodal Transport Law: the law applicable to the multimodal contract for the carriage of goods*, The Hague, 2010, p. 2.

[2] D. Glass, *Freight forwarding and multimodal transport contracts,* London, 2007, p. 14. P. Bugden, *Freight Forwarding and Goods in Transit*, London, 1999, p. 11.

[3] J. Jané, A. de Ochoa, *The Handbook of Logistics Contract,* Houndmills, 2006, p. 2.

[4] J. Jané, A. de Ochoa, *op. cit,* p. 30.

[5] J. Jané, A. de Ochoa, *op. cit,* p. 20. M. Favaro, *Il Transporti Internazionali, Assicurazioni, Incoterms, Imballagi, Convenzioni e Logistica,* Milan, 2009, p. 69.

[6] J. Jané, A. de Ochoa, *op. cit,* p. 11.

[7] P. Vlacic, M. Pavliha, *Logistics Contract and Logistics Law: Is it an Economic Imperative?* in European Transport Law, 2006, p. 9.

This article will examine two ways that might prompt the application of The Convention on the Contract for the International Carriage of Goods by Road (hereinafter "CMR")[8] to logistics contracts that include the provision international transportation by road. The first possibility to be discussed will be if, given certain circumstances, it is possible to consider the logistics operator as a carrier, triggering the application of CMR under specific jurisdictions. The second exercise will be to determine if a logistics contract can be analyzed under the theories given for multimodal transport contracts, and therefore if it can be subject to CMR in accordance with certain approaches.

Once the circumstances that might trigger the application of mandatory law have been determined, the consequences arising from such regulation will be examined. Specifically, this article will refer to the validity of an exclusive jurisdiction clause, and of those stipulations that contain the outsourcing of services that go beyond transportation.

1.1. Absence of case law

The relationship between logistics providers and their clients is a long-term contract[9] that involves a collaborative, prolonged and inter-dependent nature.[10] Therefore, and given the high profit and benefits that these relationships represent for both parties,[11] disputes that arise in such context are solved without the necessity of judicial intervention. Therefore, currently is not possible to base our study in existing case law. However, given the considerations mentioned above, it can be foreseen that eventual conflicts arising between logistics providers and their customers will bring uncertainty regarding the applicable regime, which will depend on the interpretation adopted by the court seized.

---

[8] Convention on the Contract for the International Carriage of Goods by Road (CMR) (1978 – the CMR Convention of Geneva, 19 May 1956 as amended by the CMR Protocol of Geneva, 5 July 1978).

[9] V. Ulfbeck, *Contract of logistics under the Rotterdam Rules*, in The Journal of International Maritime Law, 2011, pp. 219-225.

[10] P. Murphy, D. Wood, *Contemporary Logistics*, New Jersey, 2004, p. 40.

[11] To see detailed benefits of outsourcing, please see J. Jané, A. de Ochoa, *op. cit*, p. 6.

2. The logistics operator as a carrier

To solve the question of whether the logistics operator can be qualified as carrier, given the absence of case law and regulations regarding the field of logistics, we should focus on the rules that are in place for a field that forms part of the nature of logistics contracts, and that have already been developed enough, this is, freight forwarding contracts. The close connection between these contracts can be explained by the fact that in pursuit to satisfy the requirement of their clients, forwarders were the first companies to offer the provision of logistics services. Therefore, freight forwarding contracts usually contain certain logistics elements that are required to plan an optimal combination between the different modes of transportation that are being used, such as warehousing.[12] In fact, it has been maintained that freight forwarding rules offer a starting point when dealing with more sophisticated services provided by a 3PL, since these complex activities can be added to the traditional services offered by the traditional freight forwarder.[13]

If for these purposes a logistics contract can be assimilated to a freight forwarding one, the rules given for the latter can be applied by analogy to the former, thus if the logistics operator can be categorized by the court seized as a carrier, in some countries the application of International Conventions would be triggered.[14]

To arrive to such a conclusion, first it should be determined if the logistics operator can be considered to be a carrier by the court seized, and secondly it should be determined if such categorization triggers the application of mandatory law under the jurisdiction of the court seized. These two elements will be analyzed under both Belgian and Dutch law.

The qualification of the person providing the logistics services as a carrier or a logistics operator depends on certain parameters, which are interpreted differently depending on the jurisdiction of the court seized.[15] In the case of a logistics contract, there are certain elements that could trigger this carrier qualification, and these will be analyzed in the following lines.

---

[12] B. Jerman, *Legal aspects of the Logistics contract and partnership in logistics* in European Transport Law: Journal of Law and Economics, 2008, p. 545. M. Favaro, *op. cit*, p. 170.

[13] J. Ramberg, *The Law of Transport Operators in International Trade* (Norsedts Juridik 2005) 181.

[14] W. Verheyen, *EEX(bis) and CMR: the return of parallel proceedings?* in European Transport Law, 2015, p. 154.

[15] W. Verheyen, *op. cit*, p. 149.

a) Contractual qualification:

Although the wording of the contract is considered in most jurisdictions, in both Belgium and the Netherlands it is not decisive. In fact, these courts have taken the words of the parties as a face value, however decisive weight needs to be attributed to the real intention of the parties.[16]

b) Method of charging the customer:

3PLs generally contract on a fixed remuneration system, where the client agrees to pay a fixed amount for the entire provision of the logistics services,[17] and the logistics operator assumes the risk of the fulfillment of the contract.[18] In the freight forwarding field, under Dutch and Belgian jurisdictions charging an "all-fee", as opposed to giving the account to the customer for the freight actually paid to the performing carriers and receiving a commission, is considered as an element to hold the freight forwarder liable as a carrier.[19]

c) Cargo consolidation:

To provide efficient and optimum door to door services, and given the benefits that this method of transportation offers to both the logistics operator and its customer,[20] 3PLs generally consolidate cargo belonging to different customers into a single consignment.[21] Under both Belgian and Dutch

---

[16] For Belgium, see Brussels 19.10.72 (1973) 8 ETL 502 Weerdt (1989) 24 ETL 523, para 71 as mentioned by M. Clarke, *International Carriage of Goods by Road: CMR*, London, 2014, p. 25. Also see Brussel 23 November 1983 (1984) TBH 316. For The Netherlands see Hof's Hertogenbosch 8 June 2004 [2005] S&S 23 and Rb Rotterdam 26 January 2005 [2007] S6S 12 as mentioned by W. Verheyen, *op. cit*, p.150.

[17] J. Jané, Alfonso de Ochoa, *op. cit*, p. 37.

[18] B. Jerman, *op. cit, p*.542.

[19] See for Belgium: Antwerpen 19 December 1990 (1992) RHA 39, Gent 7 Oktober 1993 (1994) ETL 207, Gent 5 November 2003 (2006-07) RW 177; and for The Netherlands: Hof's Hertogenbosch 10 December 2002 [2004] S&S 95; Den Bosch 8 June 2004 [2005] S&S 23,as mentioned by W. Verheyen, *op. cit*, p. 154. Also see for Belgium: Brussels 24.1.69, 1970 ULC 17; Vestre Landsret 8.7.69, 1971 ULC 291, 295; Cass Belge 17.9.87 (1988) 23 ETL 201, 204; and for The Netherlands, The Hague 17.5.68 (1968) 3 ETL 1227, as mentioned by M. Clarke, *op. cit*, p. 26.

[20] For a description of benefits reported by cargo consolidation in the field of logistics, please see H. Gleissner, C. Femerling, *Logistics: Basics – Exercises – Case Studies*, Switzerland, 2013, p. 89.

[21] M. Favaro, *op. cit.*, p. 69.

jurisdictions, cargo consolidation is an important element considered by courts to qualify a forwarder as a carrier.[22]

d) The actual performance of the carriage

A logistics provider can either subcontract the transportation of the goods, or provide the transport himself by employing his own means of transport.[23] In the field of freight forwarding, since it is recognized that both the carrier and the forwarder can subcontract carriage, the lack of performance of the carriage is not considered as an element to exclude the categorization of the forwarder as a carrier; except under French law.[24] However, the actual performance of the transport by the forwarder is considered in the Netherlands and in most jurisdictions as an element pro qualification as a carrier.[25]

If by considering the different elements present in a certain case, it is not clear how a logistics provider should be qualified; in both Belgian and Dutch jurisdictions, the contract will be interpreted against the provider, this is, qualifying him as a carrier unless he can prove otherwise.[26]

Under both Belgian and Dutch jurisdictions, the presence of the abovementioned elements will lead the court to consider that the operator is acting as a carrier; however, the consequences arising from such qualification are different. In fact, in Belgium, if the forwarder can be considered as a carrier, the application of CMR would be triggered whereas in the Netherlands this would only imply that he shall be deemed liable as a carrier.[27] Dutch law imposes carrier liability on a forwarder in two situations: if the forwarder acts as a carrier (*Selbsteintritt)* and if he breaches his mandatory information duties towards the principal.[28] The Dutch *Hoge Raad* in *GMS v Paterson* clarified that when a "carrier-like" liability is imposed upon the

[22] W. Verheyen, *op. cit*, p.155 and F. Smeele, *Legal conceptualisations of the freight forwarder: some comparative reflections on the disunified law of forwarding,* in The Journal of International Maritime Law, 2015, p. 454.

[23] P. Murphy, D. Wood, *op. cit.*, p. 210.

[24] *See* Cass. Fr. 17 November 1965, n 61-10, 968 (1966) BT 38, Cass. Fr. 22 January 2002, n 98-18. 975 as mentioned by W. Verheyen, *op. cit*, p.153.

[25] W. Verheyen, *op. cit*, p.153.

[26] For Belgium, see Kh. Antwerpen 23 November 1983 (1984) TBH 316 and Brussel 11 Oktober 1990 (1992) RGAR 11962. For the Netherlands see Hof Hertogenbosch 7 April 2009, Van Aar v. Compagnie Europeene de Construction Stone [2011] S6S 35, as mentioned by W. Verheyen, *op. cit*, p. 152. M. Hoeks, *op. cit.,* p. 44.

[27] W. Verheyen, *op. cit*, pp. 154-155.

[28] See Dutch Civil Code 8:62(3) and 8:63(4) as mentioned by F. Smeele, *op. cit,* p.455.

forwarder, *"that does not mean that the nature of the contract changes from a forwarding contract to a contract of carriage"*.[29]

It follows from the above that applying freight forwarding rules by analogy to a contract of logistics could lead to qualify the logistics operator as a carrier under both Belgian and Dutch jurisdictions. In fact, elements that normally can be found in the provision of logistics services such as the system of remuneration, the consolidation of cargo and the lack of performance of the carriage by the operator itself are considered in those jurisdictions as grounds to qualify him as a carrier. However, the mandatory application of CMR would only be prompted under Belgian courts. Yet, the network system adopted by the Dutch Civil Code among which they incorporate the provisions of CMR will make applicable rules contained in these international instruments indirectly.[30]

3. Approaches to multimodal transport as a model for logistics contracts

To regulate the flows of goods, logistics contracts necessarily involve the exploitation of multimodal transport,[31] however that does not mean that they can be assimilated to a transport contract since their objectives are different. In fact, under logistics contracts, 3PLs aim to take over part or the entire supply chain management of their clients, whereas the purpose of a transport contract is to carry goods from one point to another.[32] The outsourcing of logistics integrates the provision of different services, it is interdisciplinary and more complex than mere transport, and thus it can be classified as a mixed contract, which arises as a result of the combination of different typical contracts that depend on each other in order to fulfill the ultimate purpose of outsourcing logistics.[33]

Even though, as mentioned above, a contract of logistics cannot be categorized as a contract of carriage, it shares a common characteristic with multimodal transport contracts: they are both mixed contracts. In fact, multimodal transport contracts are also considered to be of a mixed nature, not

[29] *Hoge Raad* 25 January 2009 (ECLI:NL:HR:2008: BC2657) *Schip & Schade (S&S)* 2008 at 45, as mentioned by F. Smeele, *op. cit*, p. 455. Also, see W. Verheyen, *op. cit*, p. 155.

[30] See Book 8 Dutch Civil Code.

[31] B. Jerman, *op. cit*, p. 537.

[32] B. Jerman, *op. cit*, p. 538.

[33] J. Jané, A.de Ochoa, *op. cit*, p. 11. V. Ulfbeck, *op. cit.*, p. 220.

only because different modes of transportation are involved, but also because to perform such transport, carriers regularly perform other services beyond carriage, such as storage of the goods; therefore, this kind of contract involves two or more contracts individually regulated by law,[34] just as a contract of logistics. The problem presented by mixed contracts is the legal uncertainty they create when it comes to determining the applicable law.[35] Regarding multimodal transport, since internationally only unimodal transport is regulated by Conventions, the issue is to be solved by considering the extension of the scope of application of each international instrument. On this basis, and by interpreting the provisions contained in CMR, three theories can be found in case law and doctrine: absorption, combination and sui generis.

Considering the intimate connection between multimodal transport and logistics and given that contractually they share the same nature, the theories conceived to determine the applicable law for multimodal transport could be applied by analogy to logistics contracts. However, some limitations will be encountered in applying such rules by analogy given the special nature of logistics contracts, as will be described hereunder.

Some jurisdictions have adopted the absorption theory, according to which the predominant element determines the applicable regime to the entire contract, while secondary elements will be absorbed.[36] This theory was applied by the Commercial Court of England in the case *Quantum Corp. v Plane Trucking,*[37] since the judge considered the air leg as essential and predominant bearing in mind the distance covered by that means of transport, and therefore capable of absorbing other elements present in the contract, such as the road leg. Regarding the logistics contract, Scandinavian literature has suggested that liability provisions of International Conventions shall govern all obligations arising from these contracts, including labelling, packing, warehousing, transshipment, and all other services provided by the operator.[38] However, certain considerations shall be made,

---

[34] M. Hoeks, *op. cit.,* pp. 48-49.

[35] S. Niessen, *A new era for terminal operators,* in European Transport Law, 2014, p. 28.

[36] M. Hoeks, *op. cit,* p. 57. S. Niessen, *op. cit,* p. 28.

[37] *Quantum Corporation Inc and others v. Plane Trucking Ltd and another,* [2001] 2 Lloyd's Rep. 133. Regarding Dutch jurisdiction, also see Hof Den Haag 15 June 1979; *S&S* 1980, 41 and Rb Rotterdam 7 December 2000, *S&S* 2001, 141 as mentioned by M. Hoeks, *op. cit,* p. 49.

[38] E. Eftestöl-Wilhelmsson, *European Sustainable Carriage of Goods,* Abingdon, 2016, p. 97.

since the absorption theory can only be applied to contracts where a main obligation can be recognized,[39] and circumstances that cannot be found in a logistics contract where the different services provided to regulate the flows of goods work interdependently, in cooperation with each other.[40] The situation would be different if it would be a warehousing contract in the context of a multimodal transport operation, where given its ancillary nature, storage can be easily absorbed by transport.[41] In a contract of logistics, even though transport is very important, it is not necessarily prevalent, and is interdependent with other services provided in the context of the contract. The correlation between transportation and inventory management will help to illustrate such interdependence in the supply chain management. In fact, inventory management decisions are often a starting point for other activities such as transportation,[42] thus a vast inventory does not require intensive transport and vice versa.[43]

Belgian courts have decided to determine the applicable regime to multimodal transport contracts based on a different theory: the combination or network doctrine, according to which the rules governing each type of carriage should be applied alongside.[44] Such theory was applied by the Court of Appeal of Antwerp in 2004, when it was held that if an operation that included a voyage by sea from Brazil to Antwerp, and then by road to Russia, if the damage came into existence during the road leg, CMR is applicable.[45] The reasoning behind the extensive interpretation of CMR's scope of application has to do with the fact that article 1 of this Convention does not request literally that the entire or the predominant part of the voyage has to be made by road, it just demands that there has to be a

---

[39] S. NIESSEN, *op. cit,* p. 28. Marian Hoeks (n.1) 58.

[40] J. JANÉ, A. DE OCHOA, *op. cit,* p. 11. B. JERMAN, *op. cit,* p. 547. Also, see J. SCHELIN, *At margins of carrier liability* in Scandinavian Institute of Maritime Law Yearbook, 2011, p. 350. Also, see J. RAMBERG, *The future law of transport operators and service providers* in Scandinavian Studies in Law, 2004, pp. 135-151.

[41] S. NIESSEN, *op. cit,* p. 29. Also see HR 24 March 1995, *S&S* 1995, 72 and OLG Hamburg 28 February 2008, *TranspR.* 2008 p. 125-129 as mentioned by M. HOEKS, *op. cit.,* p. 75. Also, see J. SCHELIN, *op. cit,* p. 350.

[42] P. MURPHY, D. WOOD, *op. cit,* p. 270.

[43] B. JERMAN, *op. cit,* p. 533.

[44] M. HOEKS, *op. cit,* p. 59.

[45] Antwerpen 25 Oktober 2004 (2006) ETL 79; (2006) RHA 99; Antwerp 18 January 2005 (2006) ETL 543; Antwerpen 13 September 2010 RHA 2011, 57; Kh. Brussel 19 August 1999, (2001) RHA 242, as mentioned by W. VERHEYEN, *op. cit,* p. 160.

road leg.[46] The combination doctrine resolves the problem of determining the prevalent obligation and provides a possibility to separate the elements contained in the contract,[47] therefore in order to apply it shall be considered whether the obligations contained in the contract can be separated without detriment to the purpose of the contract as a whole.[48] Such division is impossible to make in a logistics contract where all of its elements are interdependent and subordinated to the purpose of contract: to regulate the flows of goods and materials.[49] A reference to industrial packing will serve to illustrate the interrelation between the services provided in a supply chain. In fact, industrial packing will prepare a product for storage and transit, and as such *"interfaces with the materials handling and warehousing activities."*[50] One could say this objection also applies to a multimodal transport contract, however in such case there are different unimodal contracts of carriage which, although governed by different Conventions, all regulate the same relationship: between shipper and carrier. This is not the case in a logistics contract, where the parties involved in the specific services are different, and the risks that they run also differ from a transport contract. Also, this doctrine comes with the difficulty of localizing the damage or loss that wants to be recovered under the Rules, which is basically impossible to realize in such a complex system as the one performed by a 3PL.[51]

On the other hand, Dutch courts have followed the sui generis doctrine, which conceives multimodal transport as "a contract which encompasses the complete organization of the transport chain." The proponents of such doctrine understand that multimodal transportation results in the assumption of obligations that go far beyond mere carriage, therefore it shall be considered as a contract of a new type that cannot be regulated by international unimodal conventions, but by general law.[52] This policy has also been adopted by Dutch courts in the case *The Godafoss*[53], where it was held

---

46 K. Haak, M. Hoeks, *Arrangements of international transport in the field of conflicting conventions*, in The Journal of International Maritime Law, 2004 p. 432.

47 M. Hoeks, *op. cit,* p. 60

48 S. Niessen, *op. cit,* p. 28.

49 B. Jerman, *op. cit,* p. 546. E. Eftestöl-Wilhelmsson, *op. cit,* p. 97. P. Murphy, D. Wood, *op. cit,* p. 43.

50 P. Murphy, D. Wood, *op. cit,* p. 25.

51 J. Ramberg, *op. cit,* p. 147.

52 M. Hoeks, *op. cit.*, p. 60.

53 Hoge Raad 1 June 2012, NJ 2012, 516 (*Godafoss*).

that CMR does not apply to a multimodal contract where there was a sea voyage from Iceland to Rotterdam and then a road leg to Naples where the damage occurred. This case followed the reasoning followed by the BGH of Germany in July 2008, which can be summarized as it follows: in the first place, even though according to article 1 CMR, multimodal transport is not explicitly excluded from the scope of application of the Convention, it does not expressly include it. In the second place, article 2 CMR contains rules for a specific type of multimodal transport (the so called "rorro" or "piggyback" transportation) which implies an exclusion of other types of multimodal transportation. Finally, the CMR Protocol of Signature stipulates that all contracting countries agree to negotiate a future convention on multimodal transport, therefore CMR was not meant to cover such contracts.[54]

Following the abovementioned, a Dutch court would apply national law to a logistics contract, which will be determined according to the provisions of Rome I Regulation.[55] However, uncertainty remains regarding which provisions of national law will govern such an agreement. It has been proposed that a logistics contract should be governed by the rules given the underlying partial typical contracts that form part of the agreement, such as transport, forwarding, insurance, deposit, etc.[56] If according to the Rome I Regulation, Dutch law is applicable the logistics agreement could be governed by the provisions given for insurance agreements, safe custody agreements or transport and means of transport.[57] To determine under which typical contract the logistics agreement should be redirected, the court again will have to consider which is the element in the supply chain management that could absorb the others, however problems will arise when transportation is not the prevalent element, because transport law applies mandatorily. If a network system is adopted, and the applicable law is the one given for the service that was being provided when the damage occurred, again there is the problem of separating elements that maintain an interdependent relation among each other.

---

[54] BGH 17 July 2008, *TranspR* 2008, p. 365.

[55] Regulation (EC) No 593/2008 of the European Parliament and of the Council of 17 June 2008 on the law applicable to contractual obligations (Rome I).

[56] P. Vlacic, M. Pavliha, *op. cit,* p.9.

[57] For insurance agreements see article 7:925 and following; for safety and custody agreements see article 7:600 and following; for transport law and means of transport, see article 8:1 and following.

It follows from the considerations mentioned above, that applying the theories for multimodal transport contracts to logistics contracts will result in different results depending on the jurisdiction of the court seized. In fact, under Belgian courts, if damage to the goods occurred during the road leg, CMR will be applicable. However, as has been mentioned, separating the different phases does not seem to fit the nature of a logistics contract, where the services that form part of the supply chain management are provided on an interdependent basis. On the other hand, under Dutch jurisdiction, CMR will not apply since logistics contracts are contracts of a new type that cannot be regulated by international conventions, but by general law. Given the network system adopted by the Dutch Civil Code among which the provisions of CMR are incorporated in its Book 8, the contract will nevertheless be regulated by these provisions, however they will apply indirectly instead of directly, as is the case under Belgian courts.

4. Consequences arising from the application of CMR to logistics contracts

As has been stated above, if freight forwarding principles are applicable, under Belgian jurisdictions a logistics contract that contains the transportation of goods by road, where it has been concluded that the logistics operator has been acting as a carrier, will be governed by CMR. On the other hand, if a Dutch court is seized, a logistics contract that contains the transportation of goods by road does not fall under CMR even though the elements surrounding the logistics operator suggest that he should be qualified as a carrier. In fact, Dutch courts will hold him liable as a carrier, but he will still be considered as a forwarder/operator, therefore application of the referred convention will not be prompted.

Moreover, if the theories given for multimodal transport apply to logistics contracts the situation will be different if the case is been brought before a Dutch or a Belgian court. In fact, under Belgian jurisdiction, if the logistics contract contains the transportation of goods by road, and the damage occurred in such leg, the liability of the logistics operator and the entire contract will be governed by CMR. Meanwhile, if the same case is brought before a Dutch court, the application of CMR will not be prompted, since such contract should be qualified as sui generis, and thus governed by mandatory law. However, given the network system adopted by the Dutch Civil Code, the contract will be nevertheless governed by CMR, indirectly.

These diverse outcomes might have an impact on the validity of certain contractual stipulations contained in a logistics contract, such as a possible exclusive jurisdiction clause, and contractual stipulations relieving the consignor of his obligations as will be explained in the following lines.

4.1. Exclusive jurisdiction clause

As was maintained by the court of Rotterdam, an exclusive jurisdiction clause contained in a contract that is governed mandatorily by CMR is null and void pursuant to article 41 of the Convention.[58] The reasoning behind this judgment relies on the wording of article 41 which establishes that "any stipulation which would derogate from the provisions of this Convention shall be null and void", and article 31.1 establishes that legal proceedings involving CMR cases can be brought before several courts, corresponding to the plaintiff to decide which of them would hear the proceedings. Considering such provisions, the exclusive jurisdiction clause referred to the exclusive competence of a court is a derogation of article 31.1 within the meaning of article 41, thus it should be deemed null and void.

Considering this, if a logistics contract contains an exclusive jurisdiction clause, the validity of such stipulation will depend on whether CMR is deemed to be applicable or not, and thus, it will depend on the reasoning followed by the court named in the clause.

If the exclusive jurisdiction clause refers to the exclusive competence of a Belgian court, this court must determine whether CMR is applicable or not. As has been discussed, if the logistics operator receives an all-in freight, consolidates cargo, or meets any other of the requirements listed, the court will likely consider him as a carrier, and thus if the logistics contract included the transportation of goods by road, under the Belgian perspective the application of CMR will be triggered. Also, if the damage occurred during the road stage, the court seized is likely to adopt the network approach and apply CMR to such stage. If the court either way arrives to the conclusion that CMR is applicable to the logistics contract, the exclusive jurisdiction clause contained in this agreement will be null and void pursuant to article 31.1 and article 41. However, on the other hand it must be considered that

---

[58] Rb Rotterdam 20 August 2014, ECLI:NL:RBROT:2014:7910.

Regulation 44/2001 (hereinafter: Brussels I Regulation)[59] governs jurisdiction in civil and commercial matters for EU countries, and such instrument recognizes in its article 23 recognizes the effect of exclusive jurisdiction clauses. In this case, according to article 71 Brussels I Regulation and the ECJ Ruling on *TNT v Axa,*[60] the rules contained in CMR have precedence over the ones contained in Brussels I, as long as their application results as favorable as the application of the Regulation for the accomplishment of the objectives settled in the latter. If CMR is deemed to prevail, the exclusive jurisdiction clause will be null and void.

If in the same contract, the exclusive jurisdiction clause confers exclusive competence to a Dutch court, the situation might be different. In fact, if the required circumstances are met, such as the establishment of an all-in freight or the consolidation of cargo, the court will likely qualify the logistics operator as a carrier; however, that will not prompt the application of CMR, it will only lead to the operator being held liable as a carrier. On the other hand, if the court would deal with the case as if it was a multimodal transport contract, it will follow the sui generis approach, and thus will likely determine that it should be governed by national law which is to be determined according to Rome I Regulation. If according to such Regulation, Dutch law is found to be applicable and the rules for transportation contained in article 8 are applied, according to the network system provided by such legal system, the rules of CMR will still be applicable, and so will be articles 31.1 and 41.[61] However, in this case those rules do not apply as a convention, but as part of national law, thus Brussels I Regulation should be applied with priority,[62] and the exclusive jurisdiction clause should remain valid.

4.2. Stipulations relieving the consignor of his obligations

If accepted that a logistics contract can fall under the scope of CMR, it shall be determined whether the provisions contained in the Rules fit the nature and purpose of a contract of logistics.

---

[59] Council Regulation (EC) No 44/2001 of 22 December 2000 on jurisdiction and the recognition and enforcement of judgments in civil and commercial matters (Brussels I)

[60] *TNT Express Nederland BV contra AXA Versicherung AG,* ECLI:EU:C:2010:243.

[61] W. VERHEYEN, *op. cit,* p. 162.

[62] W. VERHEYEN, *op. cit,* p. 163.

CMR regulates international carriage, thus its provisions refer to a relationship between a carrier and a cargo-interested party (such as the consignee) among which the latter assumes the obligation to carry goods by road for the former.

The relationship regulated under a contract of logistics is different. Under such contract, the customer agrees to outsource to a third party a part or the entire supply chain management of his business. Therefore, not only transport shall be arranged or performed by the logistics operator, but he also must perform the services of labelling, packing, loading, discharging and development of inventories, among others. If we assume that a logistics contract can be considered as a contract of carriage as discussed above, the logistics operator will be the carrier, and the customer will be the shipper. Considering the extension of the services provided, among a logistics contract the logistics operator assumes obligations that otherwise would remain in the customers' sphere, for example, packing and preparing goods for shipment. In other words, the result would be that the logistics services provided in addition to transport "will entail a fundamental shift in the roles of the parties under a classical contract of carriage".[63]

Under CMR, the shipper assumes certain obligations that in the context of a logistics contracts they would be assumed and performed by the logistics operator given the complexity of the services provided by him. To illustrate this issue, we will refer to some of the typical obligations that the logistics operator undertakes under a logistics contract, and thus relieves the shipper from its performance.

a) Packing, handling, stowing or unloading the goods.

Pursuant to article 10 CMR, the shipper must pack the goods in such a way that they would withstand the intended carriage without causing any damage to persons, equipment or other goods.[64] Later on, article 17.2 provides the carrier with a defense among which he will be relieved of liability if the loss or damage to the goods, or the delay in delivery was caused by the defective performance of packing, handling, stowing, or unloading the goods.[65] However, the abovementioned does not imply that the sender cannot contract out these obligations. In fact, the carrier will only be able to invoke

[63] V. Ulfbeck, *op. cit,* p. 221.

[64] See article 10 CMR.

[65] See article 17 CMR.

such defenses if he is able to prove that the task that occasioned the damage was performed by the sender/customer.[66] Therefore, these obligations can be contracted out, and such duties can be imposed on the carrier/logistics operator without being declared null and void pursuant to article 41 CMR. As a result, if CMR is deemed to apply to a logistics contracts, the provisions of the former do not conflict with the nature and purposes of the latter.

b) Provision of Information, instructions and documents on the goods

In accordance with article 7 and 6, the sender must provide the carrier with certain information regarding the goods, such as their description, number of packages, gross weight, among others. Pursuant to article 11, the sender shall attach to the consignment note, the necessary documents for the purposes or customs or other formalities. Later, pursuant to article 22 CMR, when the sender hands goods of a dangerous nature to the carrier, he must provide him with information regarding the exact nature of the danger and indicate the necessary precautions to be taken.[67] These provisions are based in the supposition that the sender is the party that has more knowledge about the goods that he is requiring to be carried, however, when it comes to logistics contracts this situation changes. In fact, the logistics operator undertakes the supply chain management of its customer and in a vast number of occasions he takes over the last part of the manufacturing process, thus he is the party that has more knowledge of the goods that are being carried.[68] The customer – sender – transferred by agreement these tasks to a third party logistics in order to make his business more efficient,[69] hence he does not have control of such specific information anymore.

The obligations contained in the referred provisions cannot be derogated by agreement since article 41 CMR declares null and void any stipulation which would directly or indirectly derogate from the provisions contained in such Convention.[70] Such provision forbids the parties to a contract of carriage governed by CMR to either increase or decrease their rights and obligations. One of the reasons behind the terms of article 41 is that it prevents a carrier from offering more favorable terms than those contained in the Convention

[66] M. Clarke, *op. cit.*, pp 264, 287.

[67] See article 22 CMR

[68] V. Ulfbeck, *op. cit*, p. 223.

[69] P. Murphy, D. Wood, *op. cit.*, p. 5.

[70] See Article 41 CMR

to his customers.[71] In the field of logistics, the provisions among which the logistics operator undertakes the performance of complex services imply an increase on the carriers'/logistics operator's liability, and therefore shall be deemed null and void. For example, if the carrier undertakes to provide documentation, and delay results from inadequacy in such documentation, he cannot be held liable because such stipulation will be null and void since it constitutes a derogation of article 11(2).[72] Such nullity contradicts the nature and purpose of a logistics contract among which the supply chain management of the client is outsourced to a third party, so the costumer can focus his resources and efforts on his main business. If the provisions among which those tasks are agreed to be undertaken by the logistics operator are null and void, the logistics contract will lose its main purpose, it will be just a contract of carriage leaving aside all the benefits that the outsourcing of logistics has been trying to achieve during the past years.

Conclusion

Given the peculiarity that transportation of goods tends to incorporate international elements, the law that regulates carriage of goods and people leans towards unification.[73] However, this harmonization has only taken place regarding unimodal transportation by the adoption of international Conventions. Given the needs of the nowadays global society, the contract for the provision of unimodal transportation has come to take place as a part of a larger and more complex contract, such as multimodal transport or logistics contracts. As a consequence, carrying goods from one place to another not only involves the relationship between a carrier and a shipper, but also includes other parties such as a freight forwarder or a logistics service provider. Multimodal transport contracts, freight forwarders and logistics operators are not specifically internationally regulated, however they all have an element in common: one of their main elements is the transportation of goods, and thus a conflict that arises under those contractual figures could trigger the application of mandatory international law.

---

[71] A. Messent, D. Glass, *CMR: Contracts for the International Carriage of Goods by Road*, London, 1995, p. 309.

[72] A. Messent, D. Glass, *op. cit.*, p. 309.

[73] F. Smeele, *op. cit*, p. 445.

The application of mandatory law to contracts of logistics is of paramount importance, since it restrains the amount of freedom that the parties enjoy however it is difficult to ascertain to what extent this is likely to occur, considering on one hand the possibilities that would trigger its application, and on the other hand the consequences.

One way to trigger the application of mandatory law, is by applying freight forwarding principles, and on these grounds, categorize the logistics operator as a carrier. The problem of uncertainty remains unsolved since it is still discussed whether freight forwarding principles are applicable to a logistics contract. In fact, logistics providers aim to regulate the flows of goods of their customers, which will be accomplished by combining interdependent complex services; whereas freight forwarders aim to arrange transport, and all the services provided beyond mere arrangement of transportation – i.e storage- are performed to fulfill this carriage; they are ancillary. If freight forwarding principles are deemed to apply, uncertainty remains a problem since the application of mandatory law will depend on the criteria followed by the court seized.

Another way to regulate the logistics contract by international conventions is by adopting certain theories given for multimodal transport that will allow to do so, such as the network and absorption theories. This approach also leads to uncertainty, since the interpretation of the scope of application of international conventions will again depend on the criteria followed by the court seized. Another issue that the adoption of such theories would bring is that they might threaten the nature and objective of the logistics outsourcing. Even more restrained the options are when it comes to the application of The Hague Visby Rules, given the concept of tackle to tackle coverage, seems that the only doctrine that can be fairly adopted is the combination theory.

The consequences followed from the fact that a logistics contract has an objective that goes far beyond mere carriage of goods can be reflected when trying to regulate the relationships arising from such a contract by the provision of international conventions. In fact, as has been discussed, CMR regulates a relationship between a shipper and a carrier, however, if the customer under a logistics contract is to be considered a simple shipper, the value added services that the logistics operator aims to provide cannot be contractually included since they contradict the provisions of mandatory law.

Even if that difficulty is solved, and thus the stipulations of a logistics contract that allow the logistics operator to take over the supply chain management are valid, the provisions of the international conventions do not regulate all the possible scenarios that could happen under a contract of logistics. In fact, international conventions regulate liability in case of loss, damage or delay, which are the issues that will typically occur under a contract of carriage; however, under a logistics contract the situation is different. In fact, outsourcing logistics adheres to business purposes, in order to make the customer's enterprise more efficient in an economical and organizational level, thus the purpose of it will not be accomplished merely by delivering the goods in time and in good order and condition to the customers, but also to reach certain levels of performance.[74] Under these circumstances, the figure of the carrier and the shipper does not seem to be enough to settle the rules that a logistics operator and a customer shall fulfill in order to reach the purpose that was bear in mind when the outsourcing of services began.

Logistics management began when a freight forwarder expanded his services to accomplish his customers' needs. The constant need for the provision of complex services lead to the creation of a different figure, the logistics operator, which kept evolving to the extent that nowadays we can even find the figure of a 4PL, which can even absorb and manage a 3PL company. In other words, this business is evolving day by day following the developments in the area of management and distribution and the needs of customers,[75] hence it is difficult to determine which services the logistics operator shall provide in order to be considered as such. Therefore, establishing a mandatory legal framework to delineate the obligations and liabilities of parties to a contract the subject of which is determined by contingence may be unfeasible, notwithstanding the fact that these contracts cater for the provision of goods, a service which, by nature, is governed by mandatory law.

Bibliography

A. Messent, D. Glass, *CMR: Contracts for the International Carriage of Goods by Road,* London, 1995

B. Jerman, *Legal aspects of the Logistics contract and partnership in logistics* in European Transport Law: Journal of Law and Economics, 2008

D. Glass, *Freight forwarding and multimodal transport contracts,* London, 2007, p. 14. P. Bugden, *Freight Forwarding and Goods in Transit*, London, 1999

[74] J. Jané, A. de Ochoa, *op. cit.*, p. 35.

[75] P. Vlacic, M. Pavliha, *op. cit*, p. 13.

E. Eftestöl-Wilhelmsson, *European Sustainable Carriage of Goods,* Abingdon, 2016.

F. Smeele, *Legal conceptualisations of the freight forwarder: some comparative reflections on the disunified law of forwarding,* in The Journal of International Maritime Law, 2015, pp. 445-459.

H. Gleissner, C. Femerling, *Logistics: Basics – Exercises – Case Studies,* Switzerland, 2013.

J. Jané, A. de Ochoa, *The Handbook of Logistics Contract,* Houndmills, 2006.

J. Ramberg, *The future law of transport operators and service providers* in Scandinavian Studies in Law, 2004, pp. 135-151

J. Ramberg, *The Law of Transport Operators in International Trade* (Norsedts Juridik 2005).

J. Schelin, *At margins of carrier liability* in Scandinavian Institute of Maritime Law Yearbook, 2011, pp. 347-357.

K. Haak, M. Hoeks, *Arrangements of international transport in the field of conflicting conventions*, in The Journal of International Maritime Law, 2004, pp.422-433.

M. Favaro, *Il Transporti Internazionali, Assicurazioni, Incoterms, Imballagi, Convenzioni e Logistica,* Milan, 2009

M. Hoeks, *Multimodal Transport Law: the law applicable to the multimodal contract for the carriage of goods*, The Hague, 2010

P. Murphy, D. Wood, *Contemporary Logistics*, New Jersey, 2004

P. Vlacic, M. Pavliha, *Logistics Contract and Logistics Law: Is it an Economic Imperative?* in European Transport Law, 2006, pp. 7-21.

S. Niessen, *A new era for terminal operators,* in European Transport Law, 2014, pp.25-30.

V. Ulfbeck, *Contract of logistics under the Rotterdam Rules*, in The Journal of International Maritime Law, 2011, pp. 219-225.

W. Verheyen, *EEX(bis) and CMR: the return of parallel proceedings?* in European Transport Law, 2015, pp. 145-170.

SOBRE A CONTRIBUIÇÃO DEVIDA AO FUNDO INTERNACIONAL PARA COMPENSAÇÃO PELOS PREJUÍZOS DEVIDOS À POLUIÇÃO POR HIDROCARBONETOS (FIPOL 1992)

CARLOS DE OLIVEIRA COELHO*

The "fund" also is, admittedly, to some extent a "fiction! Certainly it is not a fund in any actuarial sense. Nevertheless, it has, surely, most important advantage. We need to extend, rather than curtail, the theory and practice of extra-budgetary funds for state operated or supported functions.

JOHN MAYNARD KEYNES

Sumário: Introdução – O princípio do *favor laesi*; 1. Os traços gerais; 2. Questões de eficácia ressarcitória. I – Sobre o FIPOL: § 1.º Traços Gerais; § 2.º Géneses; § 3.º Natureza jurídica do FIPOL. II – Sobre a *contribuição* para o FIPOL: § 1.º Imposto; § 2.º Taxa; § 3.º Tributo. III – Uma Indemnização Social; § 1.º Recapitulação; § 2.º Uma indemnização social; § 3.º O papel do sector privado; § 4.º Enquadrando a *contribuição*. IV – Conclusão[1]

---

* Advogado.

[1] **ABREVIATURAS: CC**: Código Civil; **CJ:** Colectânea de Jurisprudência, **CLC/69**: Convenção Internacional sobre responsabilidade civil pelos prejuízos devidos à poluição por hidrocarbonetos, aprovada pelo Decreto n.º 694/76, de 21 de Setembro; **CLC/92**: Convenção Internacional sobre responsabilidade civil pelos prejuízos devidos à poluição por hidrocarbonetos, aprovada pelo Decreto n.º 40/2001, de 28 de Setembro; **CMI:** Comité Maritime International; **Conferência:** Conferência Diplomática de Bruxelas de 1969; **CRISTAL,** Contract Regarding an Interim Settlement to Tanker Liability for Oil Pollution: **CRP:** Constituição da República Portuguesa; **FUNDO/2003**: Fundo Suplementar (ao IOPCF/71), aprovado pelo decreto n.º 1/2005, de 28 de Janeiro; **FIPOL/71**, Fundo internacional para compensação pelos prejuízos devidos à poluição por hidrocarbonetos; **FIPOL/92**, Fundo internacional para compensação pelos prejuízos devidos à poluição por hidrocarbonetos, 1992) aprovada pelo Protocolo de 1992, aprovado pelo Decreto n.º 38/2001,

INTRODUÇÃO
O PRINCÍPIO DO *FAVOR LAESI*

1. Os traços gerais

I. É objectivo das linhas seguintes examinar as mais salientes facetas de uma figura que, apesar da sua importância, tem sido ignorada. Aludimos à soma, variável e anual, destinada ao *Fundo Internacional para Compensação pelos Prejuízos devidos à Poluição por Hidrocarbonetos* (FIPOL/92) de modo a habilitá-lo com os meios necessários para concretizar os fins estatutários. Ora, uma das tarefas, de importância vital como veremos, que surge antes da sua realização, aliás antecipando-a, é a obtenção de meios necessários para custear a execução das tarefas do FIPOL/92. O FIPOL/71 foi criado para actuar na área da indemnização dos danos devidos à poluição marinha por hidrocarbonetos derramados no mar a partir de petroleiros. Juntamente com a CLC/92, é parte de um sistema jurídico internacional ressarcitório criado entre 1969 e 1971 e reescrito em 1992, mas cuja estrutura institucional, nas suas grandes linhas, ainda hoje é a de 1969, tendo o objectivo de complementar a acção da CLC/92, reafirmando a intenção do *favor laesi*. As bases jurídicas da acção indemnizatória do FIPOL assentam num regime de responsabilidade civil igual ao da CLC/92 e em dada visão da poluição marítima por hidrocarbonetos.

II. No fio dos anos foram introduzidas alterações tendentes a reforçar a protecção dos lesados. Em 2003, sentiu-se a necessidade de alargar a tutela das vítimas da poluição, o que se concretizou pelo Fundo 2003, outro organismo internacional destinado a ressarcir as vítimas da poluição marinha. Criou-se, pois, um sistema indemnizatório internacional que abrange os citados tratados internacionais. Apesar de os quase cinquenta anos decorridos desde o início da vigência do FIPOL terem posto a descoberto a escassez dos seus meios, o modo de financiamento manteve-se inalterado. Hoje, em 2019, como há mais de quarenta anos em 1971, os meios materiais de que dispõe provêm da dita contribuição paga, nos termos indicados pelo Tratado respectivo, por recebedores de hidrocarbonetos. O Fundo 2003 intro-

---

de 25 de Setembro; **OCIMF**: Oil Companies international Marine Forum; **Ton.:** Tonelada; **TOVALOP:** Tanker **O**wners **V**oluntary **A**greement Concerning **L**iability for **O**il **P**ollution: **TRL:** Tribunal da Relação de Lisboa;

Neste estudo, seguiu-se a ortografia vigente antes do AO de 1990.

duziu inovações no sistema de financiamento do FIPOL, através do Fundo 2003. Mas só os Estados que aderiram ao Fundo 2003 podem beneficiar dessas alterações. Quanto aos seus resultados, só o futuro dirá se a escassez de meios do FIPOL/92, com o acréscimo do Fundo 2003, ficou superada.

III. Aludimos mais acima a um sistema ressarcitório internacional. Ao fazê-lo, usámos a terminologia oficial, pois o considerando 3 do Tratado que criou o FUNDO/2003 alude ao *système international de responsabilité et d'indemnisation pour les dommages dus à la pollution par les hydrocarbures* (itálicos nossos). A designação abrange três tratados internacionais: a CLC/92, o FIPOL/92 e o FUNDO/2003, sendo que estes dois últimos instituíram organismos internacionais. Vistos, globalmente, sugerem um todo jurídico ressarcitório internacional integrado, de modo a, se necessário, funcionar em fases próprias e complementares mas em conjunto. A conjugação dos tratados, porém, não é feita consoante as opções e critérios subjectivos dos lesados, mas, antes, segundo as regras dos tratados que prevêm mútuas e recíprocas remissões entre eles, de modo a obter uma única acção, coordenada e integrada, tendo em vista realizar o objectivo comum aos três tratados – embora cada um segundo as normas próprias – de ressarcir os danos causados aos titulares de direitos lesados pela poluição marítima devida ao derramamento por hidrocarbonetos no mar a partir de petroleiros, de modo tão célere e tão integral quanto possível. Falámos em funcionamento conjunto pois o mesmo desdobra-se em três fases, cuja verificação só ocorrerá à medida que se for constatando que a fase anterior não indemnizou integralmente. Vejamos, pois, de que forma opera o mencionado *système international de responsabilité et d'indemnisation.*

(i) A primeira das convenções referidas, a CLC/92, adaptou a figura da responsabilidade civil ao ilícito civil emergente da poluição marítima referida. Assim, quem desejar ser ressarcido por danos causados neste contexto, invocará a CLC/92, o diploma em que estão inscritos os seus direitos de reparação. Trata-se da componente inicial do sistema. (ii) Se a aplicação da CLC/92 não indemnizar completamente o lesado, agregar-se-á o segundo elemento constitutivo o FIPOL/92, anteriormente o FIPOL/71[2], criado após

[2] Para a evolução legislativa portuguesa nesta sede, cfr. Manuel Januário da Costa Gomes. *Leis Marítimas*, 2.ª edição, Almedina, Coimbra, 2007, págs., 947 e segts. – em especial a importante nota de rodapé na pagina 947 – e págs. 971 e segts., passim; cfr. também, do mesmo autor, *Limitação de Responsabilidade por Créditos Marítimos*, Coimbra, Almedina, 2010, págs. 362 e segts., aduzindo ainda amplas referências jurisprudenciais que balizam os vários momentos dessa evolução.

a entrada em vigor da CLC. A ele compete em via complementar, nos termos que indica e se necessário, as indemnizações já anteriormente satisfeitas à luz da CLC/69.

(iii) Enfim, se se concluir que os meios disponibilizados pela aplicação conjunta e sucessiva da CLC/92 e do FIPOL/92 eram parcos em vista dos fins que lhes estão confiados, é possível recorrer-se a uma terceira – e última – fonte de ressarcimento de danos: o FUNDO/2003, com o fim de atribuir aos lesados, se necessário, uma reparação suplementar. Quer-se, pois, evitar situações de uma apenas parcial reparação dos danos. Em suma: a tutela ressarcitória é garantida por uma tripla tutela jurídica dos lesados em situações de insuficiente reparação dos danos, apesar de não poder assegurar totalmente essa reparação. Criou-se, pois, um sistema jurídico regido pela tentativa de, quanto possível, concretizar integralmente a ideia – fulcral em direito privado – de *favor laesi*.

2. Questões de eficácia ressarcitória

I. O sistema adquiriu maior eficácia no que respeita à faceta quantitativa, embora no plano jurídico tenha perdido alguma nitidez. De facto, os lesados, para obterem a reparação dos danos, têm agora perante si os meios facultados pelos três tratados referidos. Vigente há mais de quarenta anos, sem prejuízo de actualizações de que nesse período foi alvo – é neste sistema ressarcitório que assentam as traves mestras da reparação dos lesados em sede de responsabilidade civil extra-contratual por estes danos. Está-se em face de um mecanismo complexo, antigo, em vias de fazer cinquenta anos e composto de normas por vezes pouco claras, a impor o recurso a uma jurisprudência criada ao seu abrigo e já hoje muito rica, mas formada, note-se, na área das jurisdições internas, a exigir o apelo às normas dos sistemas processuais dos Estados membros. Este facto repercute-se na área do direito probatório de especial relevância em casos em que assume decisiva importância a comprovação e quantificação de danos.

II. As várias fases do sistema CLC, FIPOL, FUNDO/2003 operam sucessivamente, sendo que cada uma delas só confere parcial indemnização; por sua vez, cada uma delas é paga por um responsável civil próprio dispondo de recursos e meios próprios.

(a) Na primeira fase, regida pelas normas da CLC/92, o dever de ressarcir os danos recai sobre os proprietários/armadores dos petroleiros fonte do derramamento dos hidrocarbonetos causadores da poluição. Trata-se, em princípio, de responsabilidade civil objectiva. Mas esta última pode ser afastada caso seja provada a culpa do armador. Este mecanismo tem por escopo assegurar a reparação total dos danos de todos os lesados.

(b) Mas, podendo isso não suceder, em certos casos o sistema previu uma *segunda fase* do processo ressarcitório, de modo a que os lesados possam obter uma reparação complementar. Esta segunda fase, regida pelas normas do FIPOL, pode ocorrer caso: (*i*) Os danos não sejam ressarcíveis à luz da CLC (artigo 4/1, alínea a)); (*ii*) o proprietário responsável for incapaz por razões financeiras de cumprir as suas obrigações e a garantia financeira que prestou ao abrigo da CLC não cubra os danos ou for insuficiente para os garantir e se o lesado não obteve o montante integral da indemnização que lhe é devida ao abrigo da CLC (artigo 4/1, alínea b)); (*iii*) os danos excederem a responsabilidade do proprietário, desde que limitada nos termos do artigo V/1, da CLC ou ao abrigo de qualquer outra convenção internacional (artigo 4/1, alínea c)); (*iv*) serem necessárias medidas de salvaguarda, "...para evitar ou limitar tal prejuízo [dano por poluição]" (alínea b) do artigo 3.º do FIPOL). A impossibilidade de conseguir, à luz da CLC/92 (1.ª fase) a reparação total dos danos sofridos legitima o recurso ao FIPOL por parte de lesados não ressarcidos (2.ª fase) de maneira a receberem somas reparatórias que, ou (***i***) acresçam às que já lhes foram arbitradas ou que (***ii***) os indemnizem pela primeira vez, se eventualmente, nada tiverem recebido na fase ao abrigo da CLC/92.

(c) O sistema poderá ter uma terceira fase vista como um último recurso para os lesados.

Nela (i) *alarga-se a protecção* aos danos ocorridos na ZEE, espaço que nem a CLC/92 nem o FIPOL/92 incluem e (ii) *eleva-se o quantum das somas* a arbitrar, falando-se na reparação integral e adequada dos danos, ex artigo 4/1 do Fundo 2003.

(d) A este triplo faseamento na responsabilização pela concessão das indemnizações aos lesados, por sua vez, corresponderá um triplo conjunto de responsáveis.

Assim, na *primeira fase*, o responsável é o *armador* do navio (petroleiro) causador do sinistro. Na *segunda fase*, a responsabilidade directa pertence ao FIPOL que, para cumprir tal obrigação, recebe contribuições obrigatórias dos donos dos hidrocarbonetos. Na *terceira fase*, enfim, a responsabilidade competirá aos Estados que aderirem ao *Fundo 2003*, cujas verbas terão um montante mínimo que competirá aos Estados membros assegurar.

* * *

Ainda antes de começar, vejamos a sequência que este estudo propõe. Antes de mais, veremos as grandes linhas do FIPOL/92 (I). Passaremos de seguida em revista várias figuras tributárias em que a contribuição é passível de caber (II). Mostraremos, depois, a contribuição como uma *prestação social* (III). Seguem-se, enfim, conclusões (IV).

I
SOBRE O FIPOL

De acordo com sequência acima indicada, começaremos por expor as características gerais do FIPOL (§ 1.º) Em seguida, ver-se-á de que modo é financiado (§ 2.º).

§1.º Traços gerais

I. O FIPOL, como a sua designação mostra, é um *fundo de indemnização* destinado a, em via complementar da CLC, ressarcir os lesados pelos danos devidos à poluição por derramamento no mar de hidrocarbonetos provindos de petroleiros. A categoria dos *Fundos de Indemnização* integra um conjunto de figuras que, embora pouco estudadas, são comuns no direito português. Entre outros, a título meramente ilustrativo falamos, v.g., de Fundo de *protecção dos investidores*, Fundo de *garantia automóvel* (FGA), Fundo de *acidentes de trabalho* (FAT), Fundo *salarial*, Fundo de *garantia de depósitos* (FGD), etc., enumeração que podia continuar[3]. Se procurarmos o que leva ao aparecimento da figura nos usos do legislador, diríamos que isso sucede quando o mesmo decide superar situações em que convergem (i) interesse público, (ii) responsabilidade civil e (iii) falta de

[3] Sobre estes Fundos de Indemnização, cfr., respectivamente, Decreto-lei n.º 229/99 de 22 de Junho, Decreto-lei n.º 10/09, de 13 de Junho; Decreto-lei n.º 142/99, de 30 de Abril; Decreto-lei n.º 59/2015, de 21 de Abril e Decreto-lei n.º 298/92, de 31 de Dezembro; Sobre o Fundo de Garantia de Depósitos (FGD), cfr. Calvão da Silva, *Fundo de Garantia de Depósitos em Portugal e na RAEM* in Estudos em Honra de Avelãs Nunes, Coimbra Editora, Coimbra, 2015, Vol. III, páginas 3237 e segts., passim.

meios materiais do responsável pelos danos, para, por si só, os indemnizar. Em tais caos, entendeu-se que os seus efeitos iam para além do plano individual, levando ao apelo ao interesse público para os reparar. Só que, considerando que tais danos não eram devidos a entidades públicas, entendeu-se que os mesmos deviam ser reparados pelos autores, sendo a acção do Estado meramente conformadora de especiais regimes jurídicos de responsabilidade civil adequados a tais danos. Em boa medida, foi isso o que esteve na base da decisão internacional, sob a égide do CMI, de criar o FIPOL.

Nas várias hipóteses referidas, deparamos com lesados em que a efectivação dos seus direitos pode não ter expressão prática, dada a insuficiência patrimonial do lesante. Disto é o FIPOL bom exemplo. Tome-se, v.g., o caso de um lesado por prejuízos de poluição causados por hidrocarbonetos derramados a partir de um petroleiro. Ora, a vida quotidiana mostra que um tal derramamento no mar gera tais danos a tão numerosos lesados que se torna impossível, pelas elevadas somas necessárias para tal efeito, a reparação integral de todos os danos causados. E se, para a obtenção da reparação dos danos, se recorrer aos meios ressarcitórios previstos no CC, essa impossibilidade ganha proporções ainda maiores. Perante tal quadro fáctico e jurídico, de modo a alcançar o alvo do ressarcimento integral dos danos, recorre-se a um *Fundo de Indemnização*[4], aqui o FIPOL. Trata-se de casos em que a responsabilidade civil não garante ou não garante totalmente o ressarcimento dos danos, quer porque os danos são tão elevados que não há meios para os reparar integralmente, mesmo com a intervenção de mecanismos seguradores, quer por não ter sido possível determinar o causador.

II. A presença de uma multiplicidade de organismos e de meras situações fácticas que exibem a palavra *fundo* dificulta a conceptualização de um conceito jurídico geral e operatório dos *fundos de indemnização*[5]. Também a doutrina portuguesa não faculta ao intérprete uma noção da figura dos *Fundos de Indemnização*, podendo dizer-se, como em direito francês, ser até "...possível que as incertezas que pairam sobre esta noção constituam uma das explicações do sucesso que conhecem os fundos em geral e os fundos de indemnização em especial"[6]. O que precede descreve bem o caso portu-

[4] Sobre estas eventualidades, cfr. Jonas Knetsch, *Le Droit de la Responsabilité et Les Fonds D' Indemnisation*, LGDJ, Paris, 2013, págs. 112 e segts.

[5] Jonas Knetsch, *Le Droit de la Responsabilité et les Fonds D' Indemnisation*, cit., pág. 7.

[6] Jonas Knetsch, *Le Droit de la Responsabilité et les Fonds D' Indemnisation*, cit., págs. 7/8.

guês e legitima a pergunta: o que é e em que consiste em direito português um *Fundo de Indemnização*? Perante esta interrogação, retenha-se como aspecto comum aos vários *Fundos de Indemnização* a ideia de que estamos perante organismos dotados de específicos e exclusivos fins ressarcitórios. Não pode dizer-se que exista um tipo – no sentido weberiano de *ideal Typus* – de *Fundo de Indemnização.* A criação obedece a tão diversificadas necessidades e a lógicas tão próprias e à margem de regras amadurecidas no plano jurídico que isso seria impossível. À luz de um método descritivo, diremos que os *Fundos de Indemnização* são organismos com (*i*) personalidade jurídica e judiciária, (*ii*) autonomia financeira e administrativa e (*iii*) inspirados em visões sociais da reparação do dano. Todos estes traços comparecem no FIPOL. Analisemo-los. (*i*) De acordo com a primeira parte do artigo 2/2 do FIPOL, "Em cada Estado Contratante o Fundo será reconhecido como *uma pessoa jurídica*, podendo ao abrigo das leis desse Estado, assumir direitos e obrigações, bem como ser parte em qualquer acção empreendida junto dos tribunais desse Estado". (*ii*) O FIPOL é também um organismo provido de *autonomia financeira*, faceta que reforça a da personalidade jurídica *se* esta, porventura, não tiver sido atribuída[7]. No caso do FIPOL, reconhece-se a existência de um património próprio no artigo 34/1, que alude ao "...Fundo, *o seu património*, receitas, incluindo as contribuições e outros bens serão isentos de toda a tributação directa em todos os Estados Contraentes...". (*iii*) A faceta social de um fundo de indemnização é também visível no FIPOL que, ao centrar-se na *reparação* dos danos de poluição, fá-lo à margem do reconhecimento da culpa do autor dos prejuízos.

Foi tardia a percepção de que algo devia ser feito, ao surgirem no horizonte do legislador internacional os primeiros sinais da necessidade de acautelar tal imperativo, pois estes reportam-se aos anos vinte do século XX[8]. A aguda noção de que algo tinha de ser feito só surgiu com o sinistro do *Torrey Canyon.* Enfim, adquiriu-se a noção da urgência de dispor de ins-

[7] Escrevemos "se" pois, nota Jonas Knetsch, "...a personalidade jurídica não parece (...) figurar entre os elementos obrigatórios de um fundo de indemnização", *Le Droit de la Responsabilité*, cit., pág. 182.

[8] Registe-se a iniciativa norte-americana de convocar em 1926 em Washington uma conferência internacional sobre esta matéria. Mas além da redacção de um projecto de articulado sobre o tema, a iniciativa do Governo dos EUA não teve outras concretizações. Sobre esta iniciativa, cfr. Gilbert Gidel *Le Droit International de La Mer, Le Temps de Paix, Tome I, Introduction – La Haute Mer*, Topos Verlag, Liechtenstein / Librairie Edouard Duchemin, Paris, 1981, págs. 480 e segts., passim.

trumentos jurídicos capazes de fazer face aos sinais e aos efeitos do derramamento no mar de hidrocarbonetos a partir de petroleiros. Estes os factos que estão na génese do FIPOL e cuja memória impregna as suas normas[9].

§2.º Géneses

I. O FIPOL surgiu à margem dos iniciais intuitos dos participantes na Conferência Internacional de Bruxelas de 1969 convocada para examinar esta temática. Durante os debates, recortava-se no espírito dos membros das delegações a catástrofe, então muito próxima e muito viva, ocorrida com o navio-tanque, *Torrey Canyon*. De resto, é legítimo admitir que, não fossem as ondas de choque causadas nas opiniões públicas dos Estados cujas praias e costas tinham sido afectadas pelos efeitos desse acidente, o direito marítimo não despertaria tão cedo para a inadiável e imperativa tarefa de legislar no plano internacional sobre este tipo de acidentes marítimos. De facto, não fossem as visões do mar, areais e rochedos cobertos da viscosidade dos hidrocarbonetos ou as dos cardumes de peixes mortos ou das aves com as plumagens cobertas de gordura do crude derramado, o fenómeno não teria tido o enorme impacto que teve e a consciencialização dos efeitos das marés negras por certo que tardaria. A sinistralidade devida aos derrames no mar de hidrocarbonetos bem como pelos seus efeitos não era desconhecida dos agentes governamentais ou dos operadores no quadro do transporte marítimo de crude. Inexistiam, porém, normas que pudessem reger devidamente situações como esta. Por isso, dois autores notaram: "O princípio desta história [a organização do sistema indemnizatório através da redacção dos Tratados CLC/69 e FIPOL/71] foi o naufrágio do *Torrey Canyon*"[10]. De facto, apenas um mês após o sinistro do *Torrey Canyon*, o governo inglês pediu a intervenção da IMCO (antecessora da actual IMO). Esta redigiu um projecto de convenção internacional relativo à ressarcibilidade dos danos devidos a sinistros como este. Convocada a Conferência,

---

[9] A 18 de Março de 1967, o petroleiro *Torrey Canyon*, navegando no Canal da Mancha, embateu nas Pollard's Rock entre Land's End e as ilhas de Scilly, o que levou ao derrame de cerca de 119.328 tons. de crude, poluindo as praias da Cornwall e em seguida as costas francesas deste modo também poluídas.

[10] R. Michael Gonigle, Mark Z. Zacher, *Pollution, Politics, and International Law, Tankers At Sea, Pollution, Politics, and International Law, Tankers At Sea*, University of California Press, Berkeley and Los Angeles, 1979, pág. 144.

eram árduas as dificuldades a superar Antes de mais, tinha de ser encarada a necessidade elevar os tectos ressarcitórios previstos no projecto de convenção. Estes, ainda que muito acima dos do único instrumento jurídico então disponível para fazer face a este tipo de problemas – a CB 1957 sobre a responsabilidade dos proprietários de navios de alto mar – eram insuficientes. Outrossim, os debates, dominados por posições opostas sobre quem deveria recair a obrigação de indemnizar, mostravam-se inconclusivos. No plano teórico, a alternativa residia em fazer incidir o peso ressarcitório sobre o proprietário da carga, transpondo assim para este sector a solução perfilhada no transporte de substâncias nucleares. A favor desta solução militava o facto de ser um sector composto por empresas largamente solventes, faceta a ter em conta dados os elevados danos causados pelas marés negras devidas aos hidrocarbonetos derramados. Essa solução, analisada nas primeiras sessões da Conferência de Bruxelas, acabara por ser afastada[11]. Num momento em que os preços do petróleo aumentavam, fazer incidir sobre os proprietários da carga os ónus do custo das reparações ressarcitórias elevaria o custo das importações de crude. Por tal razão, os Estados Unidos, nessa ocasião grandes importadores de hidrocarbonetos e a braços com elevadas taxas de inflação, não favoreciam esta visão.

II. O efeito conjugado das pressões das organizações ambientalistas e dos importadores de crude reforçavam a ideia de abandonar a solução de fazer recair nos proprietários dos hidrocarbonetos o ónus de solucionar os efeitos nocivos da poluição. Ao invés, esboçava-se a tendência no sentido de ser o transporte marítimo a ter de os suportar. De facto, desde o início dos trabalhos da Conferência que, sobre o sector dos transportes marítimos tinham vindo a crescer elevadas pressões. Estas provinham de quase todos os vários participantes na dita Conferência, como, v.g., organizações ambientais, Estados costeiros, cuja economia assentava nos recursos haliêuticos e, de certo modo, mesmo dos próprios interessados no transporte marítimo de crude; todos, apesar de divergirem entre si, concorriam na ideia de que o único dever a vinculá-los era a do transporte, não o da segurança de riscos inerentes à perigosidade da carga, só tendo o dever de deslocar o crude de um porto para outro, logo alheios à dita perigosidade.

III. Fortemente apoiada pelos países com interesses no armamento marítimo e longa tradição jurídica da tutela da liberdade contratual, caso

[11] Sobre o que precede, cfr. PIERRE BONASSIES, *La Loi du Pavillon et les Conflits de Lois...*, Recueil des Cours, volume 128, pág. 623.

do Reino Unido, a posição dos transportadores recebeu o apoio dos defensores do armamento marítimo bem como de seguradoras, em especial os P & I Clubs[12]. Todas estas entidades, defensoras das posições do armamento, opuseram-se a entendimentos que levassem a que o armamento marítimo fosse onerado pelas obrigações geradas por estes sinistros. Estas divergências levaram à paralisia dos trabalhos quase os fazendo falhar, dada a falta de resultados[13]. A Bélgica, perante a hipótese dos trabalhos da Conferência acabarem num beco sem saída, dada a sua qualidade de anfitrião, propôs um compromisso. Centrava-se o mesmo em, ainda que responsabilizando em primeiro lugar o armamento, limitar essa responsabilidade. A esta aditava-se um regime jurídico próximo do da responsabilidade civil por culpa presumida, pelo qual competia ao transportador provar que não actuara de modo ilícito tendo feito tudo o que estava ao seu alcance para evitar o dano.

IV. Tratava-se, bem vistas as coisas, de um regime de responsabilidade civil por actividades perigosas, vizinho do perfilhado no artigo 493/2 do CC. Ao mesmo tempo, de modo a vencer eventuais resistências resultantes da fixação de limites de responsabilidade civil do transportador que podiam ser vistos por países costeiros, por ambientalistas e pelos lesados como muito baixos, sugeria-se a criação de um *organismo* dotado de atribuições indemnizatórias. Este disporia de recursos financeiros que proviriam de *contribuições* dos proprietários dos hidrocarbonetos transportados e que complementariam – se isso, porventura, se tornasse indispensável – as indemnizações já satisfeitas por proprietários ou afretadores de petroleiros, à luz das normas aplicáveis de um tratado internacional ainda em preparação e que viria a ser a CLC/69 – mais tarde, a CLC/92. A partir desta proposta de conciliação ganhou força a ideia, até então algo vaga e inarticulada, de institucionalizar um organismo. Pensava-se pois, na criação de um *fundo de indemnização*: o FIPOL /71, antecessor do FIPOL/92[14].

---

[12] Sobre a faceta seguradora, a influência na *segurabilidade* dos danos e a intervenção dos P & I Clubs, cfr. Gonigle, Zacher, *Pollution, Politics, and International Law*, cit., pág. 176 e págs. 374 e segts.

[13] Sobre estas negociações em pormenor, cfr. Gonigle, Zacher, *Pollution, Politics, and International Law*..., cit., págs. 160 e segts., que temos vindo a seguir de muito perto.

[14] Apesar do aparecimento oficial da criação de um *Fundo de Indemnização* só ter surgido no final da Conferência de Bruxelas, quando tudo apontava para o colapso, a ideia estava presente desde o início dos trabalhos. Assim, Gonigle, Zacher, *Pollution, Politics, and International Law*..., cit., pág. 172.

O seu papel será o de responder à necessidade de, através de outros meios materiais, fazer face, quanto possível, a pedidos de reparação dos lesados não ressarcidos através da CLC. Tal necessidade decorria da CLC não assegurar a reparação total dos danos, pois o proprietário do navio tanque só responde até dado limite. Este, é certo, pode ser ultrapassado. Mas só se o lesado provar que houve por parte do proprietário, acção ou omissão cometida com a intenção de causar o prejuízo ou com imprudência e o conhecimento da possibilidade de ocorrer tal prejuízo.

V. Este regime dificilmente permitia o ressarcimento integral dos danos, o que levantava a questão de saber que papel deveriam os proprietários dos hidrocarbonetos ter na obtenção dos meios financeiros para o FIPOL. Além disso, surgira outra dúvida. Uma vez aceite que a CLC optaria pelo regime da responsabilidade civil, punha-se a questão de saber a que título responderia o FIPOL. Aparentemente, a questão só parecia incidir no problema próprio da dogmática do direito marítimo quanto ao papel da liberdade contratual na sua esfera. Ela tinha, porém, um mais vasto alcance, pois incidia na questão dos meios do FIPOL. De facto, sendo mais árduo provar a responsabilidade civil por culpa pessoal, a optar-se por esta os deveres ressarcitórios dos armadores diminuiriam, o que implicaria o concomitante aumento dos do FIPOL.

A dificuldade foi vencida através da aceitação por parte dos donos dos crudes recebidos nos portos, de financiar um organismo internacional encarregado de complementar a parte não ressarcida. O financiamento é feito pelo pagamento de uma taxa anual que recai sobre os hidrocarbonetos importados, sendo o produto dessa taxa receita própria do FIPOL. O sistema – estruturado juridicamente no tratado que o criou – é transaccional: de facto, o dono da carga não é responsabilizável, mas, em contrapartida, financia-o através do pagamento obrigatório da dita taxa[15] que, fixada e cobrada pelo FIPOL, é a taxa que denominamos de *contribuição* para o FIPOL[16].

---

[15] Artigos 12.º e 13.º do IOPCF.

[16] Pode falar-se a este respeito de um *McDougalian aproach* como, aliás, já se reparou; assim LUDWICK A. TECLAFF, nota: "Part III [do estudo que referimos de GONIGLE, ZACHER] bears the McDougalian stamp...", Natural Resources Journal, vol. 2º, pág. 953. A este respeito, cfr. GONIGLE, ZACHER, que (pág. 256) afirmam que "IMCO's [presentemente IMO] *environmental rules must be seen*, therefore, not only in relation to the necessities of the problem itself but also *as a product of the policies* of many governmental and non governmental actors" (itálicos nossos). Os debates ocorridos durante a conferência internacional de Bruxelas de 1969 da qual devia sair a CLC/69 – a antecessora da CLC/92 – e

§3.º Natureza jurídica do FIPOL

I. O que precede conflui no reconhecimento de que o FIPOL tem a missão de complementar a reparação dos danos reclamados dado o facto de os limites previstos na CLC/92 poderem ser insuficientes para indemnizar, devidamente, os lesados. Note-se que complementar não é sinónimo de completar até ao ressarcimento pleno e total, pois nem as normas da CLC/92 nem as do FIPOL prevêm a compensação integral dos danos sofridos[17] [18]. O FIPOL nasce, pois, da convergência da necessidade, eminentemente política[19], de conciliar interesses nacionais no plano internacional, em especial os que se polarizam entre os imperativos de apoiar o armamento marítimo e os que têm em vista, ao mesmo tempo, a tutela das actividades das petrolíferas e as posições dos lesados pelos efeitos da poluição. Por conseguinte, a realização deste desiderato assenta na conjugação das reparações pagas por armadores/proprietários dos petroleiros com as somas que, através do contributo dos donos de hidrocarbonetos para o FIPOL, este arbitra aos lesados, tudo vindo por assentar na divisão do ónus financeiro entre carga e transporte, dicotomia omnipresente na dogmática jus-maritimista.

II. Para fazer face a esta missão, o FIPOL foi dotado de personalidade jurídica e judiciária e de autonomia financeira, podendo até, já o vimos, liquidar e cobrar imposições a seu favor. Dados estes traços, o FIPOL deve ser visto como *pessoa colectiva de direito público internacional*, em direito português definida como a "*...criada por lei ou por um acto público com fundamento numa lei, expressamente sujeita a um específico regime jurídico de ingerência ou de controlo ou investida de poderes públicos indissociáveis da função pública que lhe está confiada*"[20]. E, embora num outro quadro

---

a ideia do IOPCF /71 – antecessor do IOPCF/92, comprovam essa filiação intelectual. Sobre o dito "McDougalian aproach", cfr. MYRES MC DOUGAL, *International Law. Power and Policy: A Contemporary Conception*, Recueil des Cours, vol. 82, págs. 133-260, em especial, págs. 165 e segts. e pág. 182.

[17] GONIGLE, ZACHER, *Pollution, Politics, and International Law...*, cit., falam no "... vague wording...", pág. 175.

[18] Aliás, é este facto que está na génese do Fundo/2003 que procura superar os limites, melhor diríamos as insuficiências do IOPCF, completando o sistema indemnizatório internacional.

[19] Cfr. supra, § 2.

[20] PEDRO COSTA GONÇALVES, *Entidades com Poderes Públicos, O exercício de Poderes Públicos de Autoridade por Entidades Privadas com Funções Administrativas,* Almedina, Coimbra 2008, págs 265 /6 (itálicos do autor).

jurídico, pode perguntar-se: "Como pode deixar de ter natureza pública uma entidade de criação pública, controlo público e financiamento público?"[21]. Aditar-se-á que as funções que lhe pertencem têm repercussão pública, pois o transporte por mar de hidrocarbonetos, indispensável no plano económico e social, é fonte potencial de danos, individuais ou colectivos, elevados sempre, a que acresce faceta internacional de relevo. Justamente por isso, os Estados sentiram ser inevitável internacionalizar o assunto.

III. É, porém, possível notar que arbitrar reparações por danos causados por terceiros é tarefa de natureza eminentemente jus-privatística. Nesta ordem de ideias, compreende-se o recurso à figura da responsabilidade civil. Pela mesma razão, nota-se o seu emprego pelo legislador internacional e algum afastamento da ortodoxia da responsabilidade civil. No entanto, ao ressarcir este dano, o direito privado tem de contar com pulsões de ordem pública. A consideração conjunta destes dois factos, ou seja a consideração de que, no fundo, embora se trate de um assunto privado, também há facetas jus-públicas em jogo, mostra que, por isso mesmo, melhor tutelados o seriam por um organismo internacional, ligando, pois, a reparação de danos a fins de ordem pública.

IV. Acrescentemos uma última palavra. Já compelidos a intervir, os Estados sentiram tal imperativo crescer, ao verem que, também bens dominiais, caso, v.g., entre outros, de praias, rochas, recursos cinegéticos ou haliêuticos, haviam sido destruídos ou lesados com gravidade. *Mutatis mutandis*, o mesmo pode dizer-se dos bens das autarquias ou de associações ou comunidades locais. O que precede, note-se, porém, não ilustra a presença de uma *convenção azul*. Da exposição supra sobre a génese do FIPOL, o que fica é que, na longa negociação que levou à sua criação, pesaram as preocupações de ordem antrópica e que faltaram as aspirações ambientais. Paradigmático é o facto de, numa negociação centrada no equilíbrio entre armamento e carga, mal se terem ouvido vozes sobre imperativos ambientais, cujo peso foi mínimo. Isto permite afirmar que o FIPOL, de modo algum pode ter-se como uma convenção ecológica, apesar de ser admissível que as suas metas centrais podem ter efeitos favoráveis no ambiente[22].

[21] Luís Filipe Colaço Antunes (com a colaboração de Juliana Ferraz Coutinho), *A Ciência Jurídica Administrativa*, Almedina, Coimbra, 2013, pág. 132.

[22] Examinámos esta questão no nosso, *Poluição por Hidrocarbonetos e Responsabilidade Civil*, Almedina, Coimbra, 2007, págs. 32 e segts., passim, para o qual nos permitimos remeter.

II
SOBRE A *CONTRIBUIÇÃO* PARA O FIPOL

Vistos os interesses que percorrem este assunto e como levaram à formação do FIPOL, é tempo de olhar para a *contribuição* de modo a saber do que falamos ao falar da mesma. A este respeito e a pedir resposta surge uma interrogação. Estamos perante uma figura tributária? Antes de responder, lancemos um olhar sobre soluções presentes em sede ambiental/tributária quanto ao *imposto* (§ 1.º), *taxa* (§ 2.º) e *tributo* público (§ 3.º).

§1.º Imposto ambiental; (i) sobre *aspectos gerais*

É tradicional no direito português a dicotomia imposto/taxa, presente na original versão da CRP[23]. Ao posicionar-se sobre essa distinção, Casalta Nabais, após notar, quanto ao imposto, que "...a sua medida tem por base o *princípio da capacidade contributiva...*", ao pronunciar-se em seguida, sobre a taxa, chama a atenção para o facto dessa medida alicerçar-se "...no *princípio* da *proporcionalidade* taxa/prestação estadual proporcionada ou taxa/custos específicos causados à respectiva comunidade"[24]. Pode dizer-se, em consonância com o dito autor, que a dicotomia, imposto/taxa olha para "...dois testes: o da *bilateralidade* e o da *proporcionalidade*" (itálicos do autor)[25]. Se aplicarmos estes testes a esta figura, vemos que nela o devedor nada recebe em retorno, pelo que nela inexiste *bilateralidade*. À sua falta junta-se a da *proporcionalidade*, pois o que é exigido a quem paga nada tem a ver com capacidade contributiva. Trata-se de uma mercadoria, hidrocarbonetos líquidos, avaliada somente pelo FIPOL segundo os seus critérios, nos quais só releva a quantidade de hidrocarbonetos recebida. Só importa assim atender ao volume da carga, tratando-se, pois, de mero padrão quantitativo, razão pela qual o FIPOL não pode ser tido como um Organismo com fins ambientais, ao que não obsta o facto de alguns seus vagos traços ambientais

---

[23] Casalta Nabais alude "...à visão dicotómica dos tributos que prevaleceu na doutrina e jurisprudência portuguesas durante toda a segunda metade do século passado...", *Sobre o regime jurídico das taxas*, RLJ, 2015, Ano 154, pág. 25.

[24] Casalta Nabais, *Direito Fiscal*, 2014, 7.ª edição. Coimbra, Almedina, págs. 46 e segts., passim, com referências à jurisprudência constitucional.

[25] Casalta Nabais, *Direito Fiscal*, cit., pág. 46.

permitirem que, na reparação dos danos, possam eventualmente ser tidos em atenção. Assim, embora indirectamente, acaba por ter algum papel na tutela do ambiente marinho. Dado o exposto, julgamos que emerge uma questão simétrica quanto à *contribuição* que lhe é destinada. Justifica-se, pois, que se averigue se a mesma tem traços ambientais. A resposta terá de ser negativa. De facto, o volume de hidrocarbonetos transportados num petroleiro pouco tem a ver com capacidade poluente. Esta depende sobretudo das condições de navegabilidade do navio-tanque em causa, do tipo poluente dos hidrocarbonetos transportados e, enfim, do local do derrame dos hidrocarbonetos. Um tal critério carece de racionalidade ambiental

O volume de hidrocarbonetos derramados no ambiente marinho não é, necessariamente, sinónimo de volumosa poluição ou directamente proporcional e, a sê-lo em igual medida, à eventual danosidade poluente. Um derrame proveniente de um petroleiro que transporte hidrocarbonetos de reconhecido potencial poluente pode ser menos danoso do que o devido a um pequeno navio-tanque objecto de um acidente mesmo menor.

Basta que o derrame de hidrocarbonetos ocorra numa área protegida e sensível em termos ecológicos – caso dos parques aquáticos, v.g. – para causar danos ecológicos quase irreparáveis, situação verificada no caso do navio-tanque *Jessica*, ao naufragar em águas marítimas circundantes do Parque Nacional das Ilhas Galápagos, na costa do Equador. No entanto, o *Jessica* transportava apenas cerca de t. 900 (600 de diesel oil e t. 300 de fuel oil), quantidade que, comparada com as do *Torrey Canyon* ou as do *Amoco Cadiz*, era, em termos relativos, muito menor. Além disso, as tais t. 900 estavam abaixo do mínimo enquadrável nas regras do FIPOL. Compreende-se e acompanha-se, pois, o desabafo de um ilustre maritimista quando o mesmo aludia ao que designava como "...l'irritante question des pétroliers de petite taille"[26]. Esta impaciência traduz ainda a ideia de que nesta área critérios quantitativos são inaplicáveis.

§1.º (cont.); (ii) a hipótese de uma *imposição sobre os produtos*

O facto que acabamos de referir torna-nos cépticos quanto aos chamados *impostos sobre os produtos*, nos quais se faz recair a contribuição sobre

[26] Laurent Lucchini, *Le procés de L'Amoco Cadiz: présent et voies du futur*; Annuaire Français de Droit International, CNRS, Paris, 1985, pág. 779.

matérias-primas. Na situação em exame, pelo menos, a potencialidade poluidora resulta, não do produto tomado em si mesmo, mas, diferentemente, do transporte marítimo, devido às possibilidades de a partir dos navios tanque ocorrer um derramamento. Este, por depender, sobretudo, do proprietário do navio-tanque, a ocorrer só o pode responsabilizar, pois ele bem conhece a perigosidade do produto que transporta, pelo que a ele cabe preparar o petroleiro para a mercadoria em causa: hidrocarbonetos líquidos. Trata-se, afinal, de uma visão presente na legislação internacional aplicável, ao menos de modo subliminar.

Os mesmos hidrocarbonetos, se, v.g., transportados por *oleoduto*, hipótese que a convenção FIPOL não só não ignora como a faz mesmo entrar em linha de conta para a noção de *recebimento* dos hidrocarbonetos, só, parcialmente estão sujeitos à *contribuição*. Mas o potencial poluidor, nesse caso, não é menor. A questão, aliás, não tem a ver só com a perigosidade da carga, pois deve ter-se ainda em conta a fragilidade do quadro marítimo em que ocorre o transporte. Mas se, porventura, assim fosse, também sobre o transportador recairia o dever de contribuir para o FIPOL, o que não é o caso, pois o transportador responde ex vi da responsabilidade civil nos termos expostos[27].

Apesar da perigosidade, a possibilidade de um sinistro ocorrer no meio marítimo agrava o seu potencial poluente. Este, porém, é o mesmo seja transportado em rodovia, em ferrovia ou via oleoduto. Mas se o crude escapar de um desses meios de transporte e ao derramar-se nas águas do mar as poluírem, o FIPOL não terá de ressarcir tais danos, pela simples razão dos hidrocarbonetos não terem saído dos tanques de um petroleiro.

Fora do transporte marítimo, o risco poluente atenua-se, mostrando ser a actividade do transporte o factor mais perigoso, levando a que a atenção do legislador internacional se tenha centrado mais no *transporte* do que no seu *objecto*. De resto, nem todos os danos de poluição devidos ao derramamento de hidrocarbonetos são ressarcíveis pelo FIPOL, o qual só está adstrito a ressarcir os devidos a hidrocarbonetos contribuintes [28].

[27] Cfr. supra 3, *i*).

[28] O Tratado FIPOL define *hidrocarbonetos contribuintes* no artigo 1/3, alíneas a) e b). A norma tem em vista, sobretudo, o petróleo bruto, o fuel-oil e os seus derivados, aliás, enunciados no Tratado como tal.

§1.º (cont.); (iii) A ideia de um *imposto sobre a carga poluente*

A figura que acabamos de ver surgir em epígrafe supra é um outro dos pretendentes a enquadrar a *contribuição*[29]. Porém, pensamos que a sua candidatura deve ser afastada, apesar de um carregamento de hidrocarbonetos ser inegavelmente poluente. Vejamos.

Antes de mais, a *contribuição* só é devida quando as importações de hidrocarbonetos – e só de hidrocarbonetos contribuintes – ultrapassem o limiar das Ton. 150.000[30]. Mas, acabamos de o ver, a perigosidade poluente dos hidrocarbonetos pouco ou nada tem a ver com a quantidade transportada. Além disso, aos recursos provindos da contribuição, para além de serem, embora só parcialmente, destinadas a custear o Secretariado do FIPOL, não foi dado qualquer objectivo ecológico. As ditas contribuições destinam-se, bem vistas as coisas, a ressarcir lesados individuais pelos danos pessoais ou materiais que, eventualmente, a poluição lhes tenha causado e não a desincentivar quer o transporte marítimo de hidrocarbonetos, o que seria, aliás, de difícil exequibilidade, quer a redução da perigosidade dos navios tanque transportadores, quer a do próprio produto carregado. É verdade que as despesas ocasionadas por medidas preventivas tomadas são também passíveis de indemnização. Mas ainda neste caso, o paradigma antrópico não é afastado. De facto, tais medidas destinam-se a prevenir ou que o Estado costeiro em causa evite a maré negra e, nessa medida, os custos de limpeza respectivos ou que os operadores económicos que operam nas orlas costeiras vejam os seus meios de auferir rendimentos da economia do mar destruídos ou inutilizados, com custos sociais inerentes para os próprios Estados, como, v.g., perdas de receitas, subsídios para reactivar actividades paralisadas, etc., ou seja, a restauração do meio marinho visa, quase exclusivamente, fins humanos.

Aliás, tal imposto não teria qualquer virtualidade, mesmo parcial, de desincentivar o transporte marítimo de hidrocarbonetos, dada a fraca elasticidade da procura, quer da matéria-prima, quer do transporte marítimo, ambas de elevada utilidade social[31]. Em tal quadro, nem sequer seriam eliminadas ou reduzidas as dificuldades na avaliação dos danos por poluição,

---

[29] A este respeito, cfr. Cláudia Dias Soares, *O Imposto Ecológico – Contributo para o Estudo dos Instrumentos Económicos de Defesa do Ambiente*, Coimbra Editora, Coimbra, 2001, pág. 407.

[30] Cfr. artigo 10, 1, do Tratado FIPOL.

[31] Sobre estas diversas dimensões, cfr. Cláudia Dias Soares, *O Imposto Ecológico*, cit. pág. 410.

pois tais efeitos podem ser minimizados ou suprimidos por emulsionação, evaporação ou volatilização dos hidrocarbonetos vertidos[32]. Acresce o que sucede com os hidrocarbonetos não persistentes que também têm na sua composição elementos poluentes. Contudo, não estão sujeitos à contribuição, o que comprova a impossibilidade de ver na *contribuição* uma forma de *imposto sobre a carga poluente*. Se, realmente, assim sucedesse, inexistiriam motivos para excluir da lista dos hidrocarbonetos indicados nas normas do FIPOL os contribuintes. Aliás, nem sequer haveria razões para a distinção pois, apesar de tais hidrocarbonetos não causarem danos da gravidade e da durabilidade dos devidos pelos contribuintes, nem por isso deixam os mesmos de ser poluidores. Mas o artigo 1/3, alíneas a) e b) do FIPOL excluiu-os.

É, pois, fácil reconhecer que esta *contribuição* nada tem de *imposto sobre carga poluente*. A esta conclusão acrescentaremos que o modo de liquidação da contribuição, ao não fazer depender do volume de carga poluente – pois, embora em medida menor, também os crudes excluídos podem ter esse efeito, ainda que só potencialmente – confirma os juízos precedentes. De facto, o FIPOL só tem em conta a acção dos hidrocarbonetos contribuintes e se ultrapassarem dado limiar quantitativo. De resto, os critérios em que se baseia a liquidação da *contribuição* não são de ordem qualitativa, ou seja não são fixados em função da capacidade de poluir – aliás, difícil de avaliar *ex ante* – de que está rígida e formalmente desligada, ao menos de modo visível do grau de nocividade dos hidrocarbonetos. Apenas após a ocorrência de um sinistro e da avaliação dos prejuízos a reparar, é que é calculada a totalidade das indemnizações que o FIPOL irá pagar em dado ano civil, pois só então estará em condições de fixar a *contribuição* e de a individualizar em função da situação de cada importador de crude[33]. Ou seja, o montante da *contribuição* resulta ainda e sobretudo da atenção do FIPOL a critérios alheios à preocupação ambiental.

Concluímos, assim, que a preocupação do Tratado FIPOL, ao criar a *contribuição*, foi a de, através da mesma lhe proporcionar os meios financeiros necessários e só em termos secundários desencorajar ou inibir comportamentos ou omissões potencialmente poluidoras por parte dos actores do sector do transporte marítimo de hidrocarbonetos. Não vemos a presença de intuito algum de tutelar as áreas marítimas. De resto, mesmo a aplicabilidade

[32] Cfr. Acórdão do TRL, 20 de Outubro de 1994, CJ, Ano XIX, 1994, Tomo IV, págs. 127 e segts..

[33] Cfr. artigos 12.º e seguintes do Tratado FIPOL.

do FIPOL a sinistros ocorridos na ZEE não é segura[34]. Em suma: as despesas de recuperação de um ambiente marinho poluído por hidrocarbonetos só são devidas pelo FIPOL se vierem a repercutir-se na esfera humana. Isto é: acarinha os objectivos antrópicos, secundariza os de natureza ambiental.

§2.º Taxa

Excluída a junção da *contribuição* ao grupo de impostos, ditos *ambientais*, seríamos tentados a vê-la no mundo das taxas. Isso, porém, é impossível pelas razões seguintes.

Já acima tivemos ocasião de observar que o beneficiário das indemnizações satisfeitas pelo FIPOL – o lesado por danos devidos à poluição marítima que recebe as quantias resultantes – não tem qualquer intervenção na realização das operações – fixação da base contributiva, liquidação e cobrança – de que resulta a *contribuição*. Na verdade, é nos recebedores de hidrocarbonetos – os chamados *oil receivers* do FIPOL – que encontramos quem, através do pagamento da *contribuição*, proporciona ao FIPOL os meios financeiros para o cumprimento dos objectivos estatutários (artigo 10.º). Nesta realidade, reside a primeira ordem de razões para recusar a *contribuição* enquanto instituto que pudesse ser tomado como uma taxa. Vejamos porquê.

Ao pagar esse tributo, o *oil receiver* não pretende para si o que quer que seja, quer agora, quer no futuro, cuja obtenção imponha o pagamento antecipado de um qualquer preço que, justamente, seria a dita *contribuição*. Deste modo, falta a reciprocidade entre o que se paga agora em contrapartida de algo a, porventura, receber-se mais tarde. Isto é, os recebedores dos crudes não pagam um serviço de que sejam ou possam vir a ser utentes ou sequer indirectos beneficiários. Na falta da característica da reciprocidade, só dificilmente nos encontraremos perante uma taxa. Um autor – Sérgio Vasques – define taxa como constituindo "...prestações pecuniárias e coactivas, exigida por uma entidade pública, em *contrapartida* de prestação administrativa presumivelmente provocada ou aproveitada pelo sujeito passivo"[35]

[34] A questão foi esclarecida em sentido afirmativo no art. 3, alínea a), ii, do FUNDO 2003, mas, pensamos, apenas para quem possa pedir a aplicação deste FUNDO. Ficou em aberto saber se se aplica a acidentes ocorridos antes do início da vigência do FUNDO 2003, ainda em curso de regularização.

[35] *Manual de Direito Fiscal*, 2.ª edição, Almedina, Coimbra, 2014, pág. 255.

(itálicos nossos). De facto, os únicos beneficiários da *contribuição* são os lesados pela poluição que se encontram à margem da dupla relação bilateral estabelecida entre, por um lado, o FIPOL/Estado membro e, por outro lado, o FIPOL/recebedor de crude. Tais relações jurídicas são entre si interdependentes, regendo-se pelas normas do FIPOL. Aliás, acresce, as indemnizações que este paga não são prestações e, a sê-lo, não têm nada de administrativo.

Assim, as pretensões ressarcitórias dos lesados contra o FIPOL não têm qualquer nexo com as relações jurídicas entre este e os seus contribuintes. O que tem a ver com a obtenção dos meios financeiros pelos quais são ressarcidos é algo que não respeita aos lesados e a que são alheios[36]. Isto significa que estamos longe da realidade que é a taxa, pois não há qualquer relação jurídica entre o indemnizador – o FIPOL – e o ressarcido – o lesado pela poluição subsequente ao derramamento no mar de hidrocarbonetos. Por conseguinte, não há qualquer relação biunívoca/comutativa entre indemnizador e indemnizado[37]. Nas pretensões de ordem ressarcitória em que o FIPOL é réu, os autores não são quem lhe proporciona os meios para, vindo o tempo, por sua vez satisfazer as correspondentes indemnizações/contrapartidas.

Já foi afirmado que o valor das taxas pode visar "...a promoção de finalidades sociais e de *qualificação* (...) *ambiental*"[38]. Mas, como já acima observámos, o critério director assenta também em pressupostos quantitativos. De facto, os danos causados, além da repercussão que possam ter na esfera patrimonial dos membros de comunidades piscatórias, recolectoras, caçadores, na das actividades balneárias ou turísticas, também podem ter directa, indiscriminada e imediatamente as águas, a fauna e a flora marinhas e bem assim os litorais do local do derrame ou os contíguos. Em especial, afectam-nos sem ter em conta os locais atingidos ou as quantidades vertidas, pelo que a *contribuição*, ao seguir padrões quantitativos optou por regra de frágil eficácia nesta área. A sua razão de ser é a *crença* de que o valor dos

---

[36] De facto, nada têm a ver com a ponderação de equilíbrios entre importadores/donos de hidrocarbonetos e transportadores, ainda que o sector económico em causa mostre a realidade da cumulação das duas qualidades. Isso explica, aliás, a cuidadosa regulamentação do FIPOL sobre grupos de sociedade.

[37] Neste sentido, cfr. Acórdão do Tribunal Constitucional de 13 de Dezembro de 2017, P.º n.º 281/287, Acórdão n.º 848/2017 in http://tribunalconstitucional.pt (Conselheiro José Teles Pereira e Acórdão do Tribunal Central Administrativo Sul, de 19 de Dezembro de 2017, P.º n.º 22/14.4BECTB (Conselheiro Joaquim Condesso, in http://www.dgsi.pt/.

[38] Suzana Tavares da Silva, *As Taxas e a Coerência do Sistema Tributário*, Coimbra Editora, Coimbra, 2.ª edição, 2013, pág. 126.

danos é directamente proporcional ao volume da carga derramada e, logo, na *fé* de que, quanto maiores os crudes derramados, maiores os danos por poluição ou de que, à medida que a taxa da *contribuição* sobe, o desincentivo quer à poluição quer à indiferença quanto à mesma também sobe. Já acima tomámos posição a este respeito. Para aí, pois, nos permitimos remeter[39].

§3.º Tributo: (i) *aspectos gerais*

Se a *contribuição* não é nem um imposto nem uma taxa, que opção resta então para a enquadrar? A resposta depende, antes de mais, de saber se essas categorias e em especial a contraposição entre elas são justificadas quer no plano constitucional quer no fiscal. Seja como for, só dificilmente, deixará de ser de sentido negativo. Com efeito, nem a actual realidade jurídica nem a presente visão do panorama do direito vigente, para além de fins de ordem meramente expositiva, a admite, se é que alguma vez isso sucedeu.

A CRP vigente na versão de 1976 ainda acolhia tal *magna divisio*. Esta última já surgia, *in nuce* na CRP de 1933, ao contrapor imposto/taxa, enquanto únicas figuras tributárias dignas de ser tidas em conta. Na verdade, então quase que monopolizavam a atenção da jurisprudência e da doutrina. Quase por completo notámos, pois, no quadro da CRP de 1933 várias figuras, sem lugar certo nessa dicotomia – caso, v.g., das somas devidas à Segurança Social ou a Organismos de Coordenação Económica –, eram fonte de dúvidas.

Entretanto, no campo dos tributos emergiram novas realidades. E estas, se permanecesse a dicotomia imposto/taxa na CRP de 1976, continuariam sem lugar certo, um pouco fora do centro do sistema tributário mas não, verdadeiramente, à sua margem.

A dicotomia que referimos estava ligada à realidade económica dos anos sessenta, início dos anos setenta do século passado. Mas a visão constitucional mudou quando passou a ser outro o olhar sobre a economia e respectivas estruturas económicas do Estado. Este, centro por excelência de atribuição de prestações sociais de modo a satisfazê-las, passou a solicitar aos beneficiários o seu custo quase total ou parcial e a criar a cargo do contribuinte ónus monetários que nada tinham de impostos. Estas novas realidades, como que tomaram conta do espaço tributário, criando condições

[39] Cfr. supra, II, § 1.º, (i), in fine.

para, também, nesse plano. serem aceites. Necessidades de racionalização do processo de cobrança de tais somas explicam que a norma constitucional passasse a olhar para esta realidade de modo a que previsse exigentes padrões de perfil e de conteúdos garantísticos. A divisão imposto/taxa, dada a emergência das "...contribuições financeiras a favor das entidades públicas" (art.º 165/1, alínea i) da CRP), passou, pois, a conter a nova categoria na qual se incluiu, por exclusão de partes, tudo o que não fosse imposto ou taxa. A CRP passou, então, a aludir à tripartição *impostos*, *taxas* e *contribuições financeiras*[40].

(*ii*) Quanto a esta última realidade, diremos tratar-se de contribuições que, notou Sérgio Vasques, "...dirigem-se à compensação de prestações que apenas presumivelmente são provocadas ou aproveitadas pelo sujeito passivo, constituindo, nessa medida, tributos paracomutativos"[41]. Na doutrina, vê-se tal realidade como a prestação a pagar por quem recebe uma dada prestação da administração que esta não consegue ou tem dificuldade em cobrar por "...dificuldades técnicas, económicas, ou administrativas em exigir o pagamento de uma taxa aos efectivos causadores ou beneficiários de certas prestações públicas"[42]. Em conclusão, notaremos, seguindo o mesmo autor, que o que as define "...é o visarem uma troca entre a administração e grupos de pessoas que se presume provocarem os mesmos custos ou aproveitarem os mesmos benefícios"[43]. Note-se, porém, que não estamos perante uma real novidade. De facto, recordemos, o texto da anterior alínea i) do artigo 168.º da CRP, antecessor da actual alínea i) do artigo 165.º, já referia esta realidade, ao aludir a *sistema fiscal*. É, pois, possível aceitar que essa norma da CRP, tal como reformulada na revisão constitucional de 1997, já permitia que se assegurasse às novas realidades *impositivas* lugar entre figuras já *constitucionalizadas*. Aliás, na 3.ª edição do Comentário à Constituição da República, ao anotarem tal passo dessa norma, Gomes Canotilho/Vital Moreira diziam que nela cabiam "...as chamadas *receitas parafiscais*, quando se apresentem com a natureza de verdadeiros impostos"[44] (itálicos dos autores), visão também expressa quanto ao artigo 106.º dessa versão da CRP. Era, pois, intuito dos constituintes que as receitas parafiscais seguis-

---

[40] Assim, CASALTA NABAIS, *Sobre o regime jurídico das taxas*, RLJ, Ano 154, pág. 28.

[41] SÉRGIO VASQUES, *Manual de Direito Fiscal*, cit., pág. 255.

[42] SÉRGIO VASQUES, *Manual de Direito Fiscal*, cit., pág. 256.

[43] SÉRGIO VASQUES, *Manual de Direito Fiscal*, cit., pág. 256.

[44] GOMES CANOTILHO/VITAL MOREIRA, *Constituição da República Portuguesa anotada*, 3.ª edição, Coimbra Editora, Coimbra, 1993, pág. 674, anotação XIV.

sem o regime jurídico dos impostos. Mas ainda permanecia a dúvida sobre os critérios que permitem saber que tais receitas "*...se apresentam com a natureza de verdadeiros impostos*". Não pode, pois, ter-se como inequívoca a redacção da norma constitucional.

§3.º (cont.); Tributos. (ii) *Limites de uma dicotomia*

Como quer que seja, o artigo 165/1, alínea i) da CRP – correspondente à anterior alínea i) do n.º 1 do artigo 168.º da CRP – esclareceu de modo seguro a solução que, já proposta na doutrina, a partir de agora é consagrada de modo explícito. Aliás, acrescentamos, tal modo de ver o assunto, é o mais próximo do espírito da norma e com o imperativo de ter em conta exigências jurídicas que não são novas e que não podem ser relegadas para uma como que terra de ninguém. Contudo, há mais de duas décadas que a doutrina constitucional nota que a parafiscalidade "...comporta figuras que são verdadeiros impostos, que como tais devem ser tratados para todos os efeitos..."[45]. Por tal razão, não nos parece ser inútil a nova redacção da norma, pois esclarece o sentido que deu à norma afirmando o princípio da legalidade tributária irrefragavelmente. Diremos, ainda, que a ordem jurídica, ao potenciar tais motivos como que justificando a equiparação, fez acrescer-lhes razões de índole económica. De facto, pode dizer-se, como já foi há muito notado, que a "...distinção entre fiscalidade e parafiscalidade é muito artificial e de ordem puramente jurídica...", não repousando "...em nenhuma base puramente financeira..."[46]. Apesar de proferida no quadro do direito francês, esta advertência pinta um quadro não muito longe do português, ao qual também é ajustado. Digamos, pois, que a dicotomia taxa/imposto inviabiliza a percepção jurídica de uma série de figuras contributivas. Mostra ainda que a CRP não rejeita tal precisão. Questionemos, pois: a *contribuição* é enquadrável no seu art. 165/1, alínea *i*)?

[45] Gomes Canotilho/Vital Moreira, *Constituição da República Portuguesa...*, 3.ª ed., pág. 460, anotação X.

[46] Paul Amselek, *Une Curiosité du Droit Public Financier: Les Impositions autres que Fiscales ou Parafiscales*, Mélanges Offerts a Marcel Waline, Le Juge et le Droit Public, LGDJ, Paris, 1974, pág. 91.

§3.º (cont.); (iii) *Superação de uma dicotomia*

Na resposta à questão posta, não temos como certo poder ver-se na *contribuição* um tributo no sentido do artigo 165/1, alínea *i*) da CRP. Na doutrina que referimos, está presente a ideia de repartição de benefícios e de custos de uma dada comunidade nacional. Mostram-no as figuras apresentadas para ilustrar as áreas económicas em que, com maior incidência, vemos aparecerem figuras contributivas. Ora, o mecanismo jurídico do FIPOL não prevê qualquer contrapartida que, de resto, nem sequer refere.

O que antecede, impede a integração da *contribuição* na realidade jurídica referida no art. 165/1, alínea i) da CRP, pois o recebedor de hidrocarbonetos pode nunca chegar a usufruir das somas do FIPOL por não ser dono de petroleiros ou apenas de modo esporádico recorrer à via marítima para o transporte de hidrocarbonetos contribuintes. Isto é, os contribuintes do FIPOL só como lesados pela poluição podem ser ressarcidos, nunca como contribuintes. Diremos, seguindo o esquema explicativo proposto por Gomes Canotilho/Vital Moreira[47], não haver troca de prestações entre o FIPOL, a quem a *contribuição* é satisfeita, e *os donos de hidrocarbonetos* que a satisfazem.

Nesta situação, só haveria troca de prestações entre, por um lado, o FIPOL, que recebe a *contribuição*, e, por outro lado, o recebedor de crude que a paga, caso este pudesse receber no futuro eventual contraprestação do que em ocasião anterior pagou através das contribuições para o FIPOL. Mas não é isso o que sucede, pois os fundos do FIPOL obtidos pela contribuição que lhe é devida são, por este revertidos a favor de um lesado – terceiro, quer em relação ao FIPOL quer em relação ao recebedor/contribuinte – não deste último. O dono *dos hidrocarbonetos como e enquanto tal* nunca será, pois, beneficiado pois na *contribuição* inexiste qualquer traço de comutatividade.

Além disto, talvez mais importante, não se vê como *arrumar*, a tratar-se da figura do tributo público, esta receita nas contas do Estado. O Estado não as recebe, ainda que no início do processo de liquidação da contribuição seja decisiva a sua acção. O resto da liquidação, a fixação e a cobrança da contribuição pertencem ao FIPOL, à luz de regras suas. Não se está, pois, perante tributos públicos na acepção constitucional.

---

[47] Constituição da República Portuguesa, Anotada, 4.ª edição, I Volume, Coimbra Editora, Coimbra, 2007, pág. 1095, anotação XIII.

Retomemos, por momentos, as várias figuras já acima visitadas, em especial os tributos ambientais. Estes, como salientámos e como Sérgio Vasques nota, só podem ter-se como tal os "...que tenham como propósito compensar os custos de que os sujeitos passivos são presumivelmente causadores"[48]. Aqui, aceitando-se que dada actividade económica contribua para um *Fundo de Indemnização*, olha-se para o objectivo eminentemente antrópico de ressarcir os lesados por este tipo de poluição. De facto, não vemos qualquer atenção a propósitos ambientais e, menos ainda, ambientais marinhos, acautelando-os[49], o que, aliás, a lógica da *contribuição* sempre impediria, pois os contribuintes do FIPOL não têm qualquer acção no iter poluidor ou qualquer intuito de atender ao ambiente marinho e seus componentes. Ao financiá-lo, os seus contribuintes, muito simplesmente, aceitam percorrer parte do caminho na fixação das indemnizações devidas à poluição por hidrocarbonetos. A regra *poluter pay* não está, pois, no seu horizonte, pois não tem ambições ambientais. O seu alvo é económico: indemnizar. Entre fins ambientais e comerciais não é difícil ver quem foi o vencedor.

III
UMA INDEMNIZAÇÃO SOCIAL

Afastámos a contribuição do *universo dos impostos*, excluímo-la do *mundo das taxas* e também constatámos qual difícil se mostra integrá-la no *grupo dos tributos públicos* a que o art. 165/1, alínea i) da CRP, alude. Isto é, a *contribuição* não cabe nas figuras tributárias da CRP. Ter a noção deste facto significa aceitar que a solução para a questão implica ter de o deslocar para outra área jurídica. É dessa faceta que, ao longo de quatro parágrafos, nos passaremos a ocupar. Faremos, em primeiro lugar, uma recapitulação (§ 1.º). Em seguida, proporemos a sua integração nas indemnizações sociais (§ 2.º). Mostraremos, depois, que se trata de solução com raízes no universo

---

[48] Sérgio Vasques, *O Princípio da Equivalência como Critério da Igualdade Tributária*, Almedina, Coimbra, 2013, pág. 213. Não é muito diferente o que ocorre na *tributação correctiva* destinada a, no campo da poluição, levar os autores da poluição a pagarem as externalidades que causam. Cfr. Jónatas Machado, Paulo Nogueira da Costa, *Manual de Direito Fiscal*, Coimbra, 2016, pág. 54.

[49] Sobre este modo de encarar a finalidade na temática tributária ambiental, cfr. Sérgio Vasques, *O Princípio da Equivalência...*, cit., pág. 213, nota n.º 158.

dos devedores (§ 3.º). Por fim, inquiriremos qual o seu lugar: sector público ou sector privado (§ 4.º).

§1.º Recapitulação

Mas ainda antes de procedermos a tal tarefa e de entrarmos no âmago do nosso tema recordemos os quatro traços principais da *contribuição* que nos acompanharão nas próximas linhas.

(*i*) Trata-se de um *tributo criado na lei internacional*; (*ii*) Destina-se a *uma entidade pública (internacional)*; (*iii*) a liquidação e cobrança pedem *(estreita) colaboração dos Estados membros*; (*iv*) As indemnizações em causa têm *cariz jus-privatístico*. Em suma: a *contribuição* proporciona meios financeiros a uma pessoa colectiva de direito público de forma a habilitá-la à tarefa de natureza jus-privatista de ressarcir os lesados pelos danos devidos à poluição marítima por hidrocarbonetos provenientes de petroleiros. Diremos, pois, que a *contribuição* surge como combinação de institutos de direito público com figuras de direito privado, tendo em vista fins de índole privada. Nesta ordem de ideias, aditaremos que, através dessa combinação de figuras, é possível uma estreita coordenação entre ordenamentos jurídicos, respectivamente, internacional e nacional, na tarefa de reparação de danos neste sector. Por muito desejável que esta situação seja, não deixa de criar algo peculiares situações. Tanto mais peculiares quanto, sendo embora tarefas com escopo e natureza privada, por via de regra, os Estados não permitem que, em eventualidades como esta, a lógica inerente ao direito privado possa prevalecer em todas as suas dimensões normativas. Ao invés, preferem uma outra forma de actuar. Fazendo-o, cindem a tarefa a levar a cabo numa dupla acção, ainda que ambas convirjam no mesmo objectivo. E assim, por um lado, os quadros dogmáticos do direito privado, entre os quais a responsabilidade civil assume a primazia, continuam a reger a matéria do ressarcimento dos danos. Por outro lado, internacionaliza a matéria relativa à obtenção de meios financeiros destinados a tornar esse ressarcimento tão integral quanto possível, obtendo fundos que possam complementar as indemnizações já recebidas.

É possível aceitar esta especial distribuição de tarefas se nos recordarmos que é essa a génese da ideia de um *fundo internacional* que seja público mas que cuide de interesses privados nacionais, dado que estão expostos a lesões que, por razões de interesse público, podem não ser totalmente reparáveis na esfera privada. O ressarcimento de danos tornou-se, pois, num fim público no plano de interesses internacionais e, por isso mesmo, entregue a uma administração pública internacional, de modo a converter fins privados em (também) objectivos internacionais. Alquimia jurídica? Veremos que não.

§2.º Uma indemnização social

I. As razões que temos vindo a expor levam-nos a considerar que a *contribuição* integra o grupo de realidades jurídicas encarregadas de assegurar o que importante sector doutrinário designa por *indemnização social*[50]. Conceptualiza-se este entendimento através da ideia de que há colectividades que, dadas as suas actividades, são devedoras de uma *indemnização social* a serem satisfeitas por tal *colectividade devedora*. Isto é, de acordo com a formulação de Jonas Knetsch, diremos que "...o que é específico da indemnização social é o facto de uma certa categoria de danos ser assumida directamente por uma colectividade"[51]. Ainda que se aceite que a ideia de indemnização social é adaptável à *contribuição*, nem por isso o seu ingresso no direito português prescinde de algumas precisões. De facto, no presente caso, a *colectividade devedora* onerada com o dever de ressarcir é a dos proprietários/importadores de hidrocarbonetos. Ora, já o vimos, a poluição marítima não lhes pode ser integralmente imputada – a sê-lo, advirta-se – porquanto a sua acção não é a central nem a única no seu eclodir. Isto justificaria que a colectividade dos transportadores marítimos também fosse incluída na dita colectividade devedora o que, é sabido, não sucede. E não o é por razões já expostas: a colectividade do transporte marítimo, ao ser chamada a contribuir para a reparação aos lesados, aceitou que isso sucedesse à luz do instituto da responsabilidade civil. Esta, porém, no âmbito de intervenção da FIPOL, só foi prevista de modo reduzido e suplementar, pois assenta na execução de uma actividade ressarcitória levada a efeito apenas através dos meios proporcionados pela *contribuição*. Aceitando tal concepção, podemos dizer que a *colectividade devedora* neste caso é a dos importadores/donos de hidrocarbonetos.

---

[50] Neste sentido, cfr. Jonas Knetsch, *Le Droit de la Responsabilité et les Fonds D´ Indemnisation...*, cit., págs 230 e segts., passim.

[51] "...le propre de l' indemnisation sociale est la prise en charge directe d'une certaine catégorie de dommages par une collectivité", Jonas Knetsch, *Le Droit de la Responsabilité et les Fonds D' Indemnisation...*, cit., pág. 264.

Assim, os meios financeiros que permitem ressarcir os lesados por danos devidos à poluição por hidrocarbonetos provêm do pagamento da *contribuição*, figura a ver como um modo de indemnização. Mas, note-se, *indemnização social*, pois, no plano jurídico, a situação destes agentes económicos não difere substancialmente da dos transportadores, pelo que, tal como eles, estão sujeitos aos efeitos da responsabilidade civil. A visão de correspectividade inerente, segundo algumas orientações, ao *tributo público*, deste modo é superada enquanto quantia satisfeita por agentes económicos à margem de qualquer concepção de correspectividade. Encarar o pagamento das indemnizações pelo FIPOL como forma de indemnização social a cargo da dita *colectividade devedora* significa, ao mesmo tempo, ver a quantia que os membros da dita colectividade pagam como uma manifestação neste sector da ideia de *contribuição social*.

II. É certo que nem todos os criadores do risco social que são as marés negras devidas à poluição são contribuintes para o FIPOL. Seja como for, só nos casos definidos de modo restrito pela jurisprudência relevante, o dito organismo indemniza os lesados pelos danos que decorram da poluição marítima ou das medidas para a evitar ou reduzir a sua perigosidade. Isto é, permanecem no FIPOL traços que permitem afirmar que os laços entre a *colectividade de devedores*, proprietários/importadores de hidrocarbonetos, e os danos não eliminam no seu quadro o lugar da responsabilidade civil[52].

Dir-se-á, porventura, que neste âmbito não é fácil seguir o fio condutor exposto. Com efeito, dir-se-á, se a reparação dos danos por poluição pode ser imputada a proprietários dos hidrocarbonetos, não o deveria ser total e exclusivamente. De facto, não pode ser esquecida a parte que na indemnização dos prejuízos devidos a esta poluição marinha, cabe obrigatoriamente aos proprietários dos petroleiros por ser a eles que pertence evitar as deficientes condições nos navios para enfrentar as áleas da navegação marítima. Não fosse a avaria do sistema de lemos que fez com que o *Amoco Cadiz* deixasse de ser manobrável durante um temporal, o encalhe não teria por certo ocorrido ou, talvez não tido as consequências que teve. Ora, a perda de manobrabilidade do navio teve origem no próprio navio, ainda que possa dizer-se que a falta de manobrabilidade num navio transportando outra mercadoria não teria tido os efeitos que em concreto teve.

---

[52] Neste sentido, num plano mais geral e não apenas no do IOPCF, Jonas Knetsch, *Le Droit de la Responsabilité et les Fonds D' Indemnisation...*, cit., pág. 265.

III. Dir-se-á, porém, que a haver um pensamento e uma lógica ressarcitória colectiva, também os donos dos petroleiros deviam ser membros dessa aludida colectividade de devedores, que suporta danos. Mas não é assim. Se os armadores são responsabilizados, isso provém apenas da sua responsabilidade civil e nada mais.

No caso dos donos da carga, trata-se da pertença a um grupo que, à margem de uma justificação jurídica, aceita a partilha da reparação dos danos. Sendo devedores, a sua acção não foi vista como fonte de responsabilidade civil mas à luz de outra teleologia: a solidarística[53]. Neste sistema ressarcitório global, a carga também responde, não em via directa mas mediante um organismo – o FIPOL – habilitado pelos donos da carga com os fundos para pagar as indemnizações. Ora, esses fundos são obtidos através da *contribuição* que não pode, pois, ser vista como figura tributária. Vemo-la, pois, como *indemnização social.*

Dir-se-á, em suma, que os contributos ressarcitórios de transportadores e de proprietários do crude, respectivamente, foram estruturados de outro modo. Os transportadores são responsabilizados em via directa, sendo os proprietários de hidrocarbonetos em via indirecta, através de uma *contribuição* a encarar como *indemnização social.*

§3.º O papel do sector privado

Um importante autor dos nossos dias, Niklas Luhmann, desenvolveu uma visão original e poderosa do Direito. De acordo com a mesma, o Direito, mais do que dado a partir de fontes externas, como que se auto-produz nas condições económicas e sociais em que os sistemas jurídicos se formam e se desenvolvem. Estamos, assim perante sistemas auto-gerados e auto-regulados do interior e em função deles mesmos e dos seus próprios e específicos imperativos normativos. Nesta visão, o Direito estatal apenas tem mera função estabilizadora de expectativas porventura criadas por tal disciplina, tudo isto à margem das tradicionais fontes de Direito. De certo modo, foi o que aqui sucedeu.

Afinal, o FIPOL limitou-se a estabilizar num quadro institucional jus-internacional, o que alguns agentes económicos desse sector haviam ante-

[53] Este sistema ressarcitório já o notámos (cfr. supra I, § 2.º, Géneses), foi erguido na base de uma visão de política marítima internacional. Isto explica as dificuldades que depara a visão jurídica das soluções consagradas.

cipado, auto-organizando-se para tal[54]. Que a iniciativa da referida classe profissional, estabilizada em instante inicial numa esfera institucional sua, intuísse que a criação de um organismo internacional vocacionada para esta tarefa era indispensável não nos deve admirar. Não obsta a isso o facto de, nessa ocasião, já ter sido tomada – mas apenas *in nuce*, e no fecho da Conferência – a decisão de instituir um organismo, que viria a ser o FIPOL, com tal objectivo[55]. De facto, essa decisão parece-nos revelar a auto-compreensão de estar-se perante um assunto que, embora de ordem privada, tinha facetas de ordem solidarística, sendo as mesmas assumidas por tal grupo profissional por sua iniciativa. Ao falar em *acordo privado*, aludimos ao acordo CRISTAL, sem esquecer que a sua existência, só desactivada nos anos noventa do século XX, constituiu forte impulso do sector privado para consolidar o então recém-criado FIPOL/71, antecessor do FIPOL/92, cuja presença, ao longo de quase cinquenta anos de vida repletos de delicadas situações de ordem ressarcitória, ilustra o relevo das suas tarefas. Assim, notou-se: "Trata-se, pois, de um sistema que permitiu por em prática e de antecipar, voluntariamente, os principais efeitos da regulamentação de direito uniforme de origem Estatal"[56]. Quanto ao que se reporta à índole jurídica do CRISTAL, notamos a presença de uma *colectividade de devedores*, neste caso definida por adesão voluntária e inspiração solidarística[57/58].

---

[54] A adesão ao CRISTAL era voluntária embora alguns dos mais importantes operadores tenham aderido.

[55] A criação do FIPOL foi prevista num acordo entre os Estados participantes já no termo da Conferência, tendo o compromisso da sua futura criação constado da *Fund Resolution – Resolution for the Establishment of tem International Compensation Fund for Oil Pollution Damage*".

[56] Sergio Carbone, *Conflits de Lois en Droit Maritime*, Recueil des Cours, cit., pág. 276. O autor, ao aludir a *regulamentação de direito uniforme*, tem presente o IOPCF.

[57] O CRISTAL resultou da acção do OCIMF, organismo criado pelas empresas petrolíferas destinado a colaborar na redacção do que viria ser o FIPOL. O dito CRISTAL foi concluído em Janeiro de 1971, antes pois do IOPCF/71, e já se encontrava em vigor em Abril de 1971. Para pormenores, cfr. Gonigle, Zacher, *Pollution, Politics, and International Law...*, cit., págs. 178 e segts., passim e Sergio Carbone, *Conflits de Lois en Droit Maritime*, cit., págs. 275 e segts., passim.

[58] Também os proprietários de navios tanque constituíram entre si um sistema contratual – o TOVALOP – com objectivos muito próximos dos do CRISTAL. Contudo, era menos ambicioso nos seus fins, por direccionado a custear apenas despesas preventivas e de limpeza. Aliás, podendo os lesados accioná-lo directamente, o seu interesse prático não podia ter o alcance do CRISTAL. Sobre o TOVALOP, cfr. Gonigle, Zacher, *Pollution, Politics, and International Law...*, cit., págs. 156 e segts., passim.

§4.º Enquadrando a *contribuição*

Dissemos que *a contribuição* devia ser vista como uma *contribuição de índole social*, asserção, porém, escassa. Voltemos, pois à pergunta: qual o seu lugar no quadro legal?

I. Equacionado deste modo o problema, recordemos, antes de mais, que a *contribuição* foi aprovada por Tratado Internacional tendo como base da sua disciplina a necessidade em algumas fases do seu funcionamento de uma estreita colaboração FIPOL/Estado. Assim, v.g., a intervenção do Estado membro é imprescindível na inicial fase da liquidação. Tal interacção, esfumando-se embora após o termo da fase inicial, nunca desaparece, ao menos potencialmente, pois pode reaparecer, caso surjam dificuldades no pagamento voluntário da contribuição. Nesse caso, o FIPOL tem o direito de requerer a colaboração dos Estados Membros para efectivar tal pagamento (artigo 13/2), incluindo a instauração nos tribunais dos Estados Membros de execução de sentença de condenação do devedor inadimplente, ainda que à margem de qualquer processo de revisão e confirmação de sentença estrangeira de condenação, se for esta última que estiver em causa, dado o disposto nos artigos 7.º e 8.º do Tratado, a instaurar nos tribunais portugueses. Além disso, assegura a legitimidade processual do FIPOL e garante a intervenção da jurisdição nacional em litígios em que seja parte. Os nexos de dependência da *contribuição* do direito interno dos Estados membros são indispensáveis para o FIPOL que carece dos sistemas judiciais e administrativos respectivos, para a liquidação e cobrança da contribuição.

II. A *contribuição* não pode ser tida como figura de direito público, enquanto instituto de direito público financeiro, pela patente impossibilidade de o enquadrar numa figura tributária. Nem imposto, nem taxa, nem tributo, a *contribuição* está fora desse mundo. Não há correspectividade na *contribuição*, o que vinca o seu cariz solidarístico, marcado pela presença de um definido *grupo de pessoas*[59] que, embora sujeitas ao dever de financiar o FIPOL, pagando a *contribuição*, não são os beneficiários – e, em termos de previsibilidade, nunca o serão – das somas geradas por um tributo que, porém, os onera.

Os meios de que o FIPOL dispõe provêm de entidades privadas, sendo geridos com o objectivo de indemnizar os lesados por factos geradores de

[59] Assim JONAS KNETSCH, *Le Droit de La Responsabilité et les Fonds...*, cit., inclui o *grupo de pessoas* no que designa de *collectivés plus réduites*, pág. 242.

responsabilidade civil. O seu regime jurídico obedece às respectivas normas, em complemento das atribuídas ao abrigo da CLC/92 que, estruturada em termos de responsabilidade civil, é regida por normas de natureza jurídica-privada. Na verdade, o FIPOL, bem vistas as coisas, é como que uma entidade intermediária entre lesados e donos/destinatários de hidrocarbonetos, no âmbito da regularização dos danos devido à poluição marítima. Trata-se de complementar a indemnização, já em precedente momento arbitrada à luz das normas da CLC/92, possuindo pois a mesma função, a saber, a ressarcitória.

III. Isto significa, ainda – não menos importante – que um *fundo de indemnização* – caso do FIPOL – terá de ser enquadrado nos fundos de *repartição*, a distinguir dos fundos de *capitalização*, ou seja na dos que somente apelam às "...contribuições que correspondem às indemnizações a pagar, senão uma vez o sinistro sobrevindo"[60]. Em síntese, diremos, nas palavras acima recordadas do Mestre de Cambridge, que "...Certainly it is not a fund in any actuarial sense"[61].

IV
CONCLUSÃO

I. As precedentes reflexões sobre a *contribuição* não esgotam o tema, mais não sendo do que breves notas sobre um assunto pouco estudado, sem embargo do seu relevo e, bem assim, como das múltiplas dúvidas que suscita. Poderemos explicar esse desinteresse pelo que há de árduo na compreensão jurídica da *contribuição*? Como quer que seja, ao situar esta figura à margem do universo impositivo/tributário do Estado e, em especial – ainda que a esse respeito não completamente – na área normativa dominada de modo soberano pelo instituto da responsabilidade civil, não perdemos de vista, como também não ignoramos, as fortes pulsões do interesse público que a percorrem. O facto de ser objecto de um tratado internacional que assenta em delicados e sempre instáveis equilíbrios de política marítima económica internacional, mostra-o inequivocamente.

[60] Para a distinção, cfr. Jonas Knetsch, *Le Droit de la responsabilité et les Fonds...*, cit., pág, 253.

[61] Cfr. supra, Introdução.

II. Ao concluir, digamos que vemos na *contribuição* uma indemnização a ser tida como *prestação social paga* pelos donos de hidrocarbonetos transportados por via marítima às *colectividades das vítimas da poluição* que dela são credoras. Mas, note-se, embora continuando na área da responsabilidade civil, não deve admirar que o interesse público paire sobre esta *prestação social* sujeitando-a à sua pressão. Esta, porém, não é razão para deixar de ser uma figura pertinente ao âmbito do direito privado e por este regido.

Lisboa, 6 de Janeiro de 2019

CONTRATO DE VOLUME E TRANSPORTE MARÍTIMO DE MERCADORIAS*

CATARINA BAPTISTA GOMES

Sumário: § 1.º Delimitação do objeto de estudo; § 2.º Origens: os *service contracts*; § 3.º Perspetiva económica. Compra e venda e fornecimento; § 4.º Conceito e características do contrato de volume. Figuras afins; 4.1. Noção e elementos sociais do tipo; 4.2. Delimitação de figuras afins; § 5.º O contrato de volume no direito português; 5.1. Noção de transporte e fretamento. Variantes do fretamento; 5.2. Diferenças entre o fretamento e o transporte; 5.2.1. Autonomia privada e imperatividade. Carta-partida e conhecimento de carga; 5.2.2. Obrigações contratuais; 5.2.3. Linhas regulares *vs.* linhas não regulares?; 5.2.4. Teorias conceptuais; § 6.º O contrato de volume no direito internacional; 6.1. Formulários internacionais; 6.2. A CB 1924 e as Regras de Hamburgo; 6.3. As Regras de Roterdão; 6.3.1. Os trabalhos preparatórios; 6.3.2. A Declaração de Montevideu; 6.3.3. Âmbito de aplicação; 6.3.4. Noção e caracterização; 6.3.5. A imperatividade das Regras de Roterdão; 6.3.6.

---

* O presente estudo corresponde, com algumas adaptações, ao Relatório de Mestrado Científico de Direito Comercial apresentado na Faculdade de Direito da Universidade de Lisboa no âmbito da disciplina de Direito Comercial I/II sob a Regência do Professor Doutor Manuel Januário da Costa Gomes, no ano letivo 2014/2015, a quem presto os meus sinceros agradecimentos. As referências bibliográficas citadas correspondem às consultadas até 31 de outubro de 2018.

Principais Abreviaturas utilizadas: Ac. – Acórdão; Al. – Alínea; CB 1924 – Convenção de Bruxelas de 25 de agosto de 1924 relativa à unificação de certas regras em matéria de conhecimentos de carga; CC – Código Civil Português; Cf., - Conferir; CRP – Constituição da República Portuguesa; CVDT – Convenção de Viena do Direito dos Tratados; DL – Decreto-Lei; Ed. – Edição; OLSA – *Ocean Liner Service Agreement*; P. – Página; PP. – Páginas; I.e. – Isto é; RR – Regras de Roterdão; STJ – Supremo Tribunal de Justiça; Vol. – Volume.

Disposições especiais aplicáveis ao contrato de volume; 6.3.6.1. A liberdade contratual. Um regime parcialmente imperativo; 6.3.6.2. Condições de derrogação; 6.3.6.3. Eficácia da derrogação perante terceiros; 6.3.6.4. Inderrogabilidade de regras absolutamente imperativas; 6.3.6.5. Cláusula do foro e de arbitragem; § 7.º Natureza jurídica; 7.1. Teses do fretamento; 7.2. Teses do transporte; 7.3. Teses do contrato misto ou *a se*; 7.4. Teses do contrato-quadro e do contrato-promessa; 7.5. Posição adotada; § 8.º Conclusões.

§1.º Delimitação do objeto de estudo

Da prática do comércio marítimo ao direito legislado, o estudo do contrato de volume pressupõe uma análise sob diferentes perspetivas, pois as soluções propugnadas nos diversos ordenamentos e práticas seguidas não seguem uma linha uniforme. Essa falta de uniformização deve-se à ausência de uma regulação específica quer no direito internacional em vigor, quer nas várias legislações nacionais, verificando-se, além disso, uma diversidade de variantes terminológicas nos vários países – *contrat de tonnage* ou *contrat au tonnage*, no direito francês; *contract of affreightment* (COA) ou *volume contract* no direito inglês; e *service contracts* no direito norte-americano[1].

Não constitui, por isso, tarefa fácil apresentar um conceito rigoroso de contrato de volume e definir a sua natureza jurídica. Não existindo um quadro legal generalizado, uniforme e obrigatório para os contratos de volume, as práticas comerciais permitem, ainda assim, identificar aspetos de harmonização que levaram ao desenvolvimento de características do tipo reconhecidas socialmente e em contratos modelo desenvolvidos por organizações internacionais. Propomos, nesta senda, a adoção de um conceito suficientemente amplo que abarque todas estas realidades, tendo sempre presente as respetivas diferenças.

---

[1] Cf., v.g., M. Januário da Costa Gomes, "Sobre a responsabilidade do transportador nas Regras de Roterdão. Breves notas", *Estudios de Derecho Marítimo*, Arandazi, 2012, pp. 648 e 649, Alfredo Calderale, "Il contratto di volume e le Regole di Rotterdam", *III Jornadas de Lisboa de Direito Marítimo – Das Regras da Haia às Regras de Roterdão*, Almedina, 2014, p. 95, Anastasiya Kozubovskaya-Pelle, "Le contrat de volume et les Règles de Rotterdam", *Le Droit Maritime Français*, n.º 712, 2010," p. 175, Francisco Carlos López Rueda, "Las Reglas de Rotterdam: un régimen uniforme para los contratos de volumen?", *Anuario de Derecho Maritimo*, Vol. XXVI, p. 105.

Pretende-se, com o presente estudo, fazer uma abordagem do contrato de volume em termos que precisem qual a sua natureza jurídica e o regime jurídico que lhe é aplicável – mormente no direito português e internacional –, tendo sempre presente a sua atipicidade, a *praxis* comercial, o regime interno e o direito internacional sobre esta matéria, por forma a chegarmos às devidas conclusões de uma forma coerente e numa visão integrada.

§2.º Origens: os *service contracts*

A origem do contrato de volume com a configuração que hoje conhecemos remonta essencialmente aos anos 80, altura em que o seu desenvolvimento proliferava nos Estados Unidos na *praxis* contratual. Já nessa época existiam contratos em que um carregador celebrava com um ou mais transportadores a deslocação de um determinado volume de mercadorias, em um ou vários navios, dentro de uma moldura temporal delimitada, mediante o pagamento de um frete.

Nos Estados Unidos, este contrato aparece sob a terminologia *service contracts* – como tal designados pelo United States Shipping Act de 1984, alterado pelo Ocean Shipping Act de 1998[2]. Desde então, operou-se a modificação do regime relativo ao transporte marítimo de linha, de modo a permitir a negociação de contratos de serviços de linha mediante abertura de concurso. A partir de então, a proliferação destes contratos levou à sua expansão no comércio internacional para além do universo espacial estadunidense[3].

Segundo o United States Shipping Act, os *service contracts* são contratos celebrados por escrito – num documento que não seja um mero recibo ou conhecimento de carga[4] –, em que os carregadores se obrigam a entregar aos transportadores um determinado volume ou quantidade de mercadorias para estes efetuarem o respetivo transporte durante um determinado período de tempo, em contrapartida do pagamento de um frete. O transporte é

[2] Cf. documento de trabalho A/CN.9/WG.III/WP.66, elaborado pelo grupo de trabalho III relativo ao 17.º período de sessões dos trabalhos preparatórios das Regras de Roterdão, p. 5.

[3] Cf. Anastasiya Kozubovskaya-Pelle, "Le contrat de volume...", cit., p. 176 e Alfredo Calderale, "Il contratto di volume...", cit., p. 96.

[4] Não se aplica, portanto, a Convenção de Bruxelas de 1924 para a Unificação de Certas Regras em Matéria de Conhecimento de Carga (CB 1924).

efetuado nos denominados "serviços de linha regular". No contrato poderão estipular-se cláusulas sobre as consequências do incumprimento de alguma das partes, tendo aqui a autonomia privada um papel central[5].

Como veremos, os *service contracts* dos Estados Unidos tiveram uma grande influência durante os trabalhos preparatórios das Regras de Roterdão (RR) para a adoção do conceito e regime do contrato de volume previsto nesta Convenção, que emergiu precisamente de uma proposta deste país tendo por base a realidade do seu tráfego marítimo.

§3.º Perspetiva económica. Compra e venda e fornecimento

A realidade económica subjacente ao contrato de volume é fundamental para perceber a sua importância no comércio marítimo. Afinal, trata-se de uma figura que se foi desenvolvendo na prática, destituída de um regime próprio, mas necessária ao comércio marítimo atentas as particularidades de determinados carregadores e as necessidades económicas de exportação e importação de produtos. A sua recente afirmação em todo o mundo está associada à globalização da economia e à crescente industrialização do transporte marítimo, bem como à necessidade de cada vez mais ligar os produtores aos consumidores e de criar economias de escala para deslocação de grandes volumes de mercadorias entre grandes distâncias[6].

Nestes contratos, o transportador é, normalmente, uma empresa de grandes dimensões, tal como os carregadores que aqui são, frequentemente, "grandes" carregadores. Pode, por isso, dizer-se que os contratos de volume estão comummente associados – mas não necessariamente – a um poder de negociação idêntico entre as partes. Daí que se afirme não haver necessidade de, nestes casos, estabelecer um regime legal imperativo que assegure

[5] Assim, nos termos da Secção 2, parágrafo (19) do United States Shipping Act, "*«service contract» means a written contract, other than a bill of lading or a receipt, between one or more shippers and an individual ocean common carrier or an agreement between or among ocean common carriers in which the shipper or shippers makes a commitment to provide a certain volume or portion of cargo over a fixed time period, and the ocean common carrier or the agreement commits to a certain rate or rate schedule and a defined service level, such as assured space, transit time, port rotation, or similar service features. The contract may also specify provisions in the event of nonperformance on the part of any party*".

[6] Cf. Alfredo Calderale, "Il contratto di volume...", cit., pp. 96 e 97.

a tutela de um contraente mais débil, tradicionalmente os pequenos carregadores num contrato de transporte marítimo[7].

É também essencial atentar na relação subjacente que está na origem do contrato de volume, usualmente uma compra e venda ou um contrato de fornecimento. Subjacente à celebração do contrato de volume encontram-se, na maior parte das vezes, compras e vendas sucessivas ou contratos de fornecimento em que os fornecedores ou exportadores de mercadorias pretendem ter a garantia de que dispõem de uma determinada capacidade de transporte para escoamento dos seus produtos[8] e para que os seus clientes com os quais haja uma relação contratual de venda ou fornecimento de bens mais ou menos estável tenham, também eles, a garantia de aprovisionamento continuado[9]. É, por isso, como nota María Teresa Gómez Prieto, um negócio jurídico que visa satisfazer uma futura necessidade de transporte[10].

É comum as partes (comprador e vendedor) recorrerem à cláusula "Franco a Bordo" (FOB) dos *Incoterms*[11/12]. Note-se que, na compra e venda FOB, o transporte é celebrado pelo comprador e não pelo vendedor das mercadorias[13]. Assim, por exemplo, os vendedores "Franco a Bordo" que celebram sucessivos contratos de compra e venda, ou contratos de fornecimento

---

[7] Cf. Francisco Carlos López Rueda, "Las Reglas de Rotterdam...", cit., p. 113.

[8] Cf. Anastasiya Kozubovskaya-Pelle, "Le contrat de volume...", cit., p. 176.

[9] Cf. Fernando Sánchez Calero, *El Contrato de Transporte Marítimo de Mercancías*, 2ª ed., Arandazi, 2010, p. 632.

[10] María Teresa Gómez Prieto, "Consideraciones sobre la naturaleza jurídica de una nueva modalidade de contrato de fletamento: el contrato de fletamento por tonelaje", *Anuario de Derecho Maritimo*, Vol. XXIV, 2007, p. 49.

[11] Cf. Anastasiya Kozubovskaya-Pelle, "Le contrat de volume...", cit., p. 176 e documento de trabalho A/CN.9/WG.III/WP.66..., cit., p. 2.

[12] *Vide*, sobre os *Incoterms* em geral, Luís de Lima Pinheiro, "Incoterms – Introdução e traços fundamentais", *Revista da Ordem dos Advogados*, Ano 65, Vol. II, 2005, disponível em www.oa.pt.

[13] Cf. cláusula B3, a), do termo FOB, onde se refere que o comprador deve celebrar, por sua conta, um contrato de transporte de mercadorias. Nem o comprador nem o vendedor têm qualquer obrigação de celebrar o seguro (cláusulas A3, b) e B3, b), do termo FOB. Quanto à entrega, o vendedor deve entregar a mercadoria ou, em alternativa, colocá-la a bordo do navio indicado pelo comprador (cláusula A4 do termo FOB). A transferência do risco do vendedor para o comprador dá-se no momento da entrega a bordo do navio (cláusulas A5 e B5 do termo FOB). Os custos com a mercadoria são suportados pelo vendedor até ao ato da entrega – i.e., até ao momento em que a mercadoria é colocada a bordo do navio (cláusulas A6 e B6 do termo FOB).

com um determinado comprador ou adquirente, asseguram a existência de uma determinada capacidade de transporte de forma prolatada no tempo, para o escoamento continuado de mercadorias, evitando a acumulação de *stocks*[14/15] e rentabilizando a fluidez e rapidez do comércio marítimo. Imagine-se os casos em que o expedidor garante a entrega ou fornecimento de bens de forma continuada, tais como legumes ou fruta à medida que vão amadurecendo[16/17].

O recurso ao contrato de volume será a forma mais eficaz de garantir o escoamento e fornecimento continuado destes produtos, cuja entrega de uma só vez não serviria os interesses e necessidades quer do lado do vendedor – que necessita de escoar os seus produtos – quer do lado do comprador – que necessita de aprovisionamento. Por isso, quer o fornecedor ou vendedor, quer o adquirente das mercadorias pretendem ter a garantia de que têm a capacidade necessária ao transporte das mercadorias que o primeiro se obriga a entregar ao segundo, durante um determinado período de tempo.

Por outro lado, se na compra e venda ou fornecimento subjacente as partes tiverem interesse em que seja o vendedor a celebrar o transporte, pode mostrar-se útil o recurso ao termo CIF – "Custo, Seguro e Frete" – dos Incoterms[18], em que é o vendedor que tem a obrigação de celebrar o contrato de transporte da mercadoria e arcar com os custos com ele relacionados[19].

---

[14] Cf. documento de trabalho A/CN.9/WG.III/WP.66..., cit., p. 2.

[15] Aludindo à finalidade de escoamento de mercadorias e de não acumulação de *stocks*, *vide* René Rodière e Emmanuel du Pontavice, *Droit Maritime*, 10ª ed., Dalloz, 1986, p. 332, Pierre Bonaisses, e Christian Scapel, *Droit Maritime*, L.G.D.J., 2006, p. 481, Giorgio Righetti, *Trattato di Diritto Marittimo*, II. Giuffrè Editore, 1990, p. 558, Francisco Carlos López Rueda, "Las Reglas de Rotterdam...", cit., p. 110.

[16] Cf. Anastasiya Kozubovskaya-Pelle, "Le contrat de volume...", cit., p. 176.

[17] Em França, o desenvolvimento do contrato de volume deu-se sobretudo a partir dos anos 80/90, para assegurar a exportação e escoamento constante de bananas ou outros frutos tropicais e legumes – cf. Pierre Bonassies e Christian Scapel, *Droit Maritime...*, cit., p. 481, Alfredo Calderale, "Il contratto di volume...", cit., p. 96.

[18] Sobre o termo CIF, *vide* Francisco Rodrigues Rocha, "Algumas notas em torno da cláusula CIF e do seguro de transporte de mercadorias", *Temas de Direito dos Transportes*, Vol. III, Almedina, 2015.

[19] Cf. cláusula A3, a) do termo CIF. Além disso, o vendedor deverá ainda celebrar um contrato de seguro que cubra a perda ou o dano das mercadorias durante o transporte (cláusula A3, b) do termo CIF). O risco de perda e danos na mercadoria transfere-se quando a mercadoria se encontrar a bordo do navio (cláusulas A5 e A4 do termo CIF). O vendedor deve pagar todos os custos relativos à mercadoria até que estas tenham sido colocadas a

É também importante perceber a questão do *quantum* do frete associado aos contratos de volume. Como refere ALFREDO CALDERALE, umas das vantagens do transporte ao abrigo deste contrato reside precisamente na determinação *ex ante* dos custos do transporte, evitando-se o risco de flutuações associadas ao decurso do tempo e à vida económica e, assim, o risco de aumento do frete. Esta estabilidade de custos é bastante apelativa[20]. Além disso, afirma-se que os transportadores "seduzem" frequentemente os carregadores para celebrarem contratos de volume oferecendo condições com responsabilidades do transportador mínimas apresentando, em contrapartida, fretes mais baixos do que seria praticado num transporte dito "normal"[21].

Outras das vantagens na celebração de um contrato de volume é o espírito de cooperação inerente às relações contratuais duradouras – que não existiria se, alternativamente, se recorresse a tantos contratos de transporte quantos os necessários à deslocação de uma determinada quantidade de mercadorias. Esse espírito mostra-se importante – ou até mesmo essencial – à resolução amigável de conflitos, evitando-se desta forma a excessiva litigiosidade[22].

Por outro lado, a celebração de um contrato de volume evita determinados custos de transação para os carregadores que existiriam se, ao invés de um único contrato para o transporte de mercadorias em viagens sucessivas num determinado período de tempo, se celebrasse, por cada viagem, um contrato de transporte[23].

Em suma, em termos económicos, o contrato de volume surge associado ao transporte marítimo de grandes quantidades de mercadorias[24], permitindo tanto ao carregador/vendedor/exportador como ao destinatário/comprador/importador obter um fluxo continuado de mercadorias que evita quer a acu-

---

bordo do navio, devendo ainda suportar o frete e outros custos necessários para a deslocação das mercadorias até ao porto de destino designado (cláusula A6 do termo CIF).

[20] Cf. ALFREDO CALDERALE, "Il contratto di volume...", cit., p. 97.

[21] Cf. PROSHANTO K. MUKHERJEE e ABHINAYAN BASU BAL, *A Legal and Economic Analysis of the Volume Contract Concept under the Rotterdam Rules: Selected Issues in Perspective*, p. 21, disponível em http://www.rotterdamrules2009.com/cms/uploads/Def.%20tekst%20Abhinayan%20Basu%20Bal%20-%20Volume%20Contract%20Final.pdf

[22] Cf. ALFREDO CALDERALE, "Il contratto di volume...", cit., p. 97.

[23] Como refere ALFREDO CALDERALE, "Il contratto di volume...", cit., p. 97, este cenário leva as grandes empresas de carregadores que estejam eventualmente tentadas a adquirir a sua própria frota a desistir da ideia.

[24] Cf. RENÉ RODIÈRE e EMMANUEL DU PONTAVICE, *Droit Maritime...*, cit., p. 332.

mulação de *stocks* quer a falta de aprovisionamento, podendo subtrair-se à instabilidade do mercado de fretes, controlando melhor os custos de transação e o preço final do produto[25].

§4.º Conceito e características do contrato de volume. Figuras afins

4.1. Noção e elementos sociais do tipo

O contrato de volume – na aceção ampla que nos propomos a adotar –, pode ser definido como o acordo mediante o qual uma das partes se obriga, em contrapartida de uma quantia pecuniária designada frete, a deslocar certa quantidade de mercadorias, em viagens sucessivas e durante um determinado período de tempo[26].

Trata-se de um contrato legalmente atípico, mas socialmente típico[27], sendo também inominado em alguns ordenamentos, como no português, e

---

[25] Cf. Francisco Carlos López Rueda, "Las Reglas de Rotterdam...", cit., p. 110.

[26] Ignacio Arroyo, *Curso de Derecho Marítimo*, 2ª ed., Aranzadi, 2005, p. 508, define o contrato de volume como aquele contrato mediante o qual um armador se compromete a transportar por mar, utilizando navios de sua propriedade ou dos que possa dispor, uma quantidade de mercadorias determinada ou determinável, no período de tempo previsto, em diversas viagens, contando com formulários próprios – Interkoa 80 e Volkoa. *Vide*, também, Francisco Carlos López Rueda, "Las Reglas de Rotterdam...", cit., p. 106. María Teresa Gómez Prieto, "Consideraciones sobre la naturaleza jurídica de una nueva modalidade de contrato de fletamento...", cit., p. 47, por sua vez, define o *contrato de fletamento por tonelaje* como aquele em que se acorda o transporte de uma quantidade determinada ou determinável de mercadorias durante um determinado período de tempo.

[27] Segundo a terminologia de Pedro Pais de Vasconcelos, *Contratos Atípicos*, 2ª ed., Almedina, 2009, que aqui subscrevemos, os contratos podem ser legalmente atípicos mas socialmente típicos. O autor procede à bipartição dos tipos contratuais entre tipos legais – os que se encontram tipificados na lei – e tipos extralegais ou sociais – que podem ou não ter um tipo legal correspondente. Para que se possa falar em tipo social há um conjunto de características mínimas apontadas pelo autor que têm de ser observadas, a saber: (i) a tipicidade não é compatível com a individualidade (ii) é necessário que essa pluralidade se traduza numa prática e que essa prática seja socialmente reconhecível – i.e., que no meio social em que é praticada, seja reconhecida como uma prática e não como uma ou mais coincidências fortuitas; (iii) é preciso que exista, no meio social em que é praticada, uma consciência assumida, em termos tendencialmente gerais e pacíficos, da vigência e da existência dessa prática como algo de vinculativo, como modelo de referência e padrão de comparação, e como norma de comportamento, isto é, é preciso que exista o reconhecimento do caráter vinculativo dessa prática e desse modelo – e, por isso, os tipos contratuais sociais

no direito internacional dos transportes atualmente vigente[28]. Nas Regras de Roterdão, o seu conceito é expressamente reconhecido e adotado para efeitos de aplicação do seu regime, embora com especificidades, como veremos *infra*.

Como características sociais do tipo podemos identificar as seguintes: (i) a existência de um determinado volume de mercadorias; (ii) a deslocação desse volume em diversas viagens sucessivas, por remessas – sendo, portanto, um contrato duradouro, por oposição a contratos de execução instantânea – normalmente (mas não necessariamente) num período temporal relativamente longo, superior a um ano[29]; (iii) a determinabilidade (não se exige a efetiva determinação *a priori*) da quantidade de mercadorias a transportar, conforme os critérios que as partes decidam fixar para a efetiva determinação das mercadorias[30]; (iv) o relevo central na quantidade global das mercadorias a transportar[31], especialmente para a fixação do frete, que é calculado em função da quantidade transportada[32]; (v) a deslocação das mercadorias pode ser efetuada no mercado de linhas não regulares ou no mercado de linhas regulares em carga contentorizada (como sucede habitualmente nos Estados Unidos através dos *service contracts*)[33]; (vi) a sua natureza marítima, embora encontremos este tipo de contratos em transportes terrestres e aéreos, adotando cada vez mais um perfil multimodal na medida em que conta com fases terrestres prévias e ou posteriores à marítima[34].

---

são direito consuetudinário. Aludindo a tipos sociais como modelos formados a partir da observação da realidade social *vide* Rui Pinto Duarte, *Tipicidade e Atipicidade dos Contratos*, Almedina, 2000, pp. 33 e 34.

[28] Como veremos, nas convenções internacionais atualmente em vigor sobre o transporte marítimo de mercadorias, não existe um regime especial nem um *nomen iuris* para o contrato de volume, que apenas veio a ser expressamente reconhecido enquanto tal nas Regras de Roterdão (ainda não vigentes) – que contêm não só a noção de contrato de volume como o seu regime.

[29] Cf. Francisco Carlos López Rueda, "Las Reglas de Rotterdam...", cit., p. 107. Refere Alfredo Calderale, Il contratto di volume...", cit., p. 102, que o normal é a duração variar entre três a cinco anos.

[30] Cf. Francisco Carlos López Rueda, "Las Reglas de Rotterdam...", cit., p. 107 e María Teresa Gómez Prieto, "Consideraciones sobre la naturaleza jurídica de una nueva modalidade de contrato de fletamento...", cit., p. 47.

[31] Cf. Francisco Carlos López Rueda, "Las Reglas de Rotterdam...", cit., p. 107.

[32] Cf. Ignacio Arroyo, *Curso de Derecho Marítimo...*, cit., p. 508, Vasconcelos Esteves, *Direito Marítimo – Volume II – Contratos de Utilização do Navio*, Livraria Petrony, 1988, p. 22.

[33] Cf. Francisco Carlos López Rueda, "Las Reglas de Rotterdam...", cit., p. 107 e Alfredo Calderale, "Il contratto di volume...", cit., p. 96.

[34] Cf. Francisco Carlos López Rueda, "Las Reglas de Rotterdam...", cit., p. 107.

Pode, portanto, dizer-se, com ALFREDO CALDERALE, que a essência do contrato de volume reside na obrigação do transportador disponibilizar ao carregador, durante um determinado período de tempo, uma determinada capacidade de transporte marítimo para a realização de diversas viagens, e na obrigação do carregador entregar as mercadorias ao transportador na quantidade e no tempo estabelecidos no contrato e de pagar o frete em contrapartida do transporte[35].

A centralidade da mercadoria é, neste contrato, evidente, desde logo para a determinação do frete e porque o recurso a esta figura contratual surge associada ao transporte de grandes quantidades (ou volumes) de mercadorias[36].

4.2. Delimitação de figuras afins

Sem querermos antecipar conclusões sobre a natureza jurídica do contrato de volume, pensamos ser útil referir, nesta fase, a existência de outros tipos contratuais que não raras vezes se confundem com este. Em especial, interessa proceder à sua delimitação face a outras figuras em que como elemento temos também a realização de viagens durante um determinado período de tempo.

Refira-se, em primeiro lugar, o *fretamento por viagens sucessivas* – ou, na terminologia inglesa, *Consecutive Voyage Charter* –, em virtude do qual um armador/fretador se compromete a realizar um determinado número de viagens num período de tempo convencionado, sendo o frete calculado em função das viagens e da mercadoria transportada[37]. A doutrina maioritária entende que estamos na presença de um único contrato de fretamento para

---

[35] Cf. ALFREDO CALDERALE, "Il contratto di volume...", cit., p. 95.

[36] Cf. ALFREDO CALDERALE, "Il contratto di volume...", cit., pp. 95 e 96. Referindo que o objeto deste contrato reside numa quantidade – geralmente grande – de mercadorias a ser transportadas durante um determinado período ou em várias viagens, *vide* MARÍA TERESA GÓMEZ PRIETO, "Consideraciones sobre la naturaleza jurídica de una nueva modalidade de contrato de fletamento...", cit., p. 51.

[37] Cf. IGNACIO ARROYO, *Curso de Derecho Marítimo...*, cit., p. 507, JOSÉ LUIS GABALDÓN GARCÍA e JOSÉ MARÍA RUIZ SOROA, *Manual de Derecho de la Navegación Marítima*, 2ª ed., Marcial Pons, 2002, pp. 543 e 544, VASCONCELOS ESTEVES, *Direito Marítimo...*, cit., p. 22. *Vide*, também, o preâmbulo do DL n.º 191/87, de 29 de abril, que estabelece o regime jurídico do contrato de fretamento.

diversas viagens e não de uma pluralidade de contratos, e entende também, de forma preponderante, que faltando a transmissão da gestão comercial do navio ao afretador, não estamos perante um fretamento a tempo determinado pelas viagens[38]. Afirma Eliane Octaviano Martins que, desta forma, permite-se assegurar a celebração de negócios continuados entre um armador/fretador e um afretador/expedidor, facilitando o escoamento constante de mercadorias entre um expedidor e os respetivos destinatários[39].

A delimitação de ambas as figuras pode mostrar-se assaz difícil em termos práticos – precisamente porque ambos podem ter como finalidade a necessidade de escoar determinados produtos de forma constante e continuada por parte dos exportadores ou expedidores de mercadorias, de modo a não comprometer a fluidez e rapidez própria do comércio em geral e do comércio marítimo em especial, posto que se mantém assegurada a realização de viagens sucessivas num determinado período de tempo. Tudo dependerá dos concretos termos contratuais estipulados e da tónica que é colocada nas mercadorias ou no tempo. Assim, enquanto no contrato de volume o cerne assenta no volume ou *quantum* das mercadorias a transportar em viagens sucessivas, no segundo o tempo figura como elemento essencial – acorda-se a realização de um específico número de viagens a ser efetuadas por um determinado navio, não se fazendo referência ao volume das mercadorias[40] – ou, fazendo-se, o mesmo consta a título acessório e não principal.

Refira-se ainda a *trip charter* para designar a convenção mediante a qual um navio é fretado para uma viagem, mas durante um certo período de tempo em que o modelo adotado é uma *time charter* e a gestão comercial entregue ao afretador, mas sendo o objeto, declaradamente, uma viagem[41]. Aqui, tendo em conta que existe apenas uma única viagem, não se colocam dificuldades quanto à sua distinção perante o contrato de volume em que, figurando embora o tempo como elemento essencial, também surge como elemento social do tipo, como vimos, a realização de viagens sucessivas, e não de apenas uma viagem. Aquele consiste na realização de uma única viagem durante um determinado período de tempo. Neste, ao invés,

---

[38] Cf. Ignacio Arroyo, *Curso de Derecho Marítimo...*, cit., p. 507.

[39] Cf. Eliane Octaviano Martins, *Curso de Direito Marítimo, Volume I – Teoria Geral*, Manole, 2013, 4ª ed., pp. 63 e 64.

[40] Cf. Eliane Octaviano Martins, *Curso de Direito Marítimo...*, cit., pp. 63 e 64.

[41] Cf. preâmbulo do DL n.º 191/87 e Vasconcelos Esteves, *Direito Marítimo...*, cit., p. 22, afirmando que, em muitos aspetos, nomeadamente no que se refere à transferência da gestão comercial para o afretador, a *trip charter* mais se assemelha a um fretamento a tempo.

verifica-se a realização de viagens sucessivas (pelo menos duas) durante um determinado período de tempo.

§5.º O contrato de volume no direito português

No direito português, não existe uma autonomização conceptual do contrato de volume. A falta de um *nomen iuris* não deve, porém, levar a conclusões precipitadas no sentido de excluir pura e simplesmente a aplicabilidade de um regime legal a este tipo de contratos. A potencialidade de aplicação do regime do fretamento e do transporte tem de ser devidamente equacionada e ponderada, para concluir por fim se algum deles merece, ou não, aplicação nos casos concretos que se coloquem.

5.1. Noção de transporte e fretamento. Variantes do fretamento

O contrato de transporte de mercadorias por mar é definido, pelo legislador português, como aquele em que uma das partes se obriga em relação à outra a transportar determinada mercadoria, de um porto para porto diverso, mediante uma retribuição pecuniária denominada frete[42].

O fretamento, por sua vez, é definido como o contrato em que uma das partes (fretador) se obriga em relação à outra (afretador) a pôr à sua disposição um navio ou parte dele, para fins de navegação marítima, mediante uma retribuição pecuniária denominada frete[43], vindo depois especificar-se três modalidades de fretamento, procedendo-se à tripartição entre fretamento por viagem, a tempo e a casco nu[44]: no fretamento por viagem o fretador obriga-se a pôr à disposição do afretador um navio, ou parte dele, para que este o utilize numa ou mais viagens, previamente fixadas, de transporte de mercadorias determinadas[45]; o fretamento a tempo é aquele em que o fretador se obriga a pôr à disposição do afretador um navio, para que este o utilize durante certo período de tempo[46]; por último, o fretamento em casco

[42] Cf. artigo 1.º do DL n.º 352/86, de 21 de outubro, que estabelece o regime jurídico do contrato de transporte marítimo de mercadorias, a nível interno.

[43] Cf. artigo 1.º do DL n.º 191/87.

[44] Cf. artigo 4.º do DL n.º 191/87.

[45] Cf. artigo 5.º do DL n.º 191/87.

[46] Cf. artigo 22.º do DL n.º 191/87.

nu é aquele em que o fretador se obriga a por à disposição do afretador, na época, local e condições convencionados, um navio, não armado nem equipado, para que este o utilize durante um certo período de tempo[47].

A tripartição do direito português entre fretamento a tempo, por viagem e em casco nu não esgota, porém, o universo de possibilidades, como salta desde logo à vista pela utilização do vocábulo "pode" no artigo 4.º do DL n.º 191/87 (a respeito das modalidades que "pode" revestir o fretamento), podendo existir outras variantes[48].

Assim, é possível conceber contratos que reúnam elementos das diversas modalidades previstas – por exemplo, um misto entre fretamento a tempo e por viagem –, conforme é expressamente reconhecido pelo legislador quando refere no preâmbulo o seguinte: "*Claro está que, para além desta trilogia, nitidamente configurada, a vida se tem encarregado de produzir outras modalidades, que as partes modelam a partir dos seus interesses. São tipos contratuais não definíveis more geomerico; aquilo que os ingleses chamam de contratos «híbridos»*".

Entre essas modalidades, dá-se como exemplos o fretamento por viagens sucessivas e a *trip charter* a que já fizemos referência[49], mas também o "*tonnage agreement*", "*contrat de tonnage*" ou "*affrètement au tonnage*" – a convenção em que um empresário (industrial, comercial, ou agrícola) estabelece com um armador que este assegurará a deslocação, em um ou vários navios, dentro de um certo período, de um volume determinado (ou determinável) de mercadorias, mediante o pagamento de um frete calculado por tonelada ou por qualquer outra unidade de medida[50/51]. Neste último caso, entende o legislador não se estar perante um fretamento a tempo, já que o período estipulado valerá apenas como limite, sendo o frete fixado em função do volume de mercadorias transportado e porque, além disso, nestes contratos o que o armador põe à disposição do outro contraente é uma certa capacidade de transporte, pelo que "*Tem-se entendido tratar-se de um fretamento por viagem, embora com uma vincada infixidez de enqua-*

[47] Cf. artigo 33.º do DL n.º 191/87.

[48] *Vide*, neste sentido, Vasconcelos Esteves, *Direito Marítimo...*, cit., p. 22, que refere precisamente o fretamento por viagens sucessivas e o "Fretamento à Tonelagem" como variantes do fretamento.

[49] Cf. preâmbulo do DL n.º 191/87.

[50] Cf. preâmbulo do DL n.º 191/87.

[51] Refere Alfredo Carderale, "Il contratto di volume...", cit., p. 94, que esta noção é muito semelhante ao conceito de contrato de volume nas Regras de Roterdão.

dramento. Daí que já se tenha pensado que melhor será situá-lo como um contrato preliminar de ulteriores transportes sucessivos"[52].

Verifica-se, portanto, no que respeita ao contrato de volume, que o mesmo não é totalmente desconsiderado no regime do fretamento que, em sede preambular, refere-o exemplificativamente como uma das suas variantes – não de fretamento a tempo, mas de fretamento por viagem –, embora afirmando-se, sob cautela, que dada a infixidez de enquadramento, melhor será qualificá-lo como um contrato preliminar de ulteriores transportes sucessivos. Por outras palavras, o legislador parece não ter querido comprometer-se, optando por não tomar uma posição clara sobre a matéria, dada a complexidade desta figura contratual. Rejeita, isso sim, e com toda a clareza, a natureza de fretamento a tempo.

Face às noções apresentadas, vejamos quais as diferenças comummente apontadas entre fretamento e transporte, dado que o legislador tomou como opção clara a autonomização de ambos.

5.2. Diferenças entre o fretamento e o transporte

A autonomização do fretamento e do transporte foi efetuada em termos inequívocos com o DL n.º 191/87, que, como vimos, veio disciplinar o regime do fretamento[53]. Até então, o DL n.º 352/86, de 21 de outubro, que veio disciplinar o contrato de transporte de mercadorias por mar, estabelecia no seu preâmbulo uma manifesta vontade de distinção entre ambos, mas como não havia ainda um regime específico para o fretamento as dúvidas quanto à sua autonomização permaneciam.

Esta é uma questão clássica e atual do direito marítimo nacional e internacional, revestindo a maior importância para a delimitação do âmbito de aplicação dos respetivos regimes, mormente as Convenções internacionais sobre o contrato de transporte.

O direito nacional, por um lado, consagrando regimes diversos para o fretamento e para o transporte, não deixa, todavia, de apresentar dificuldades de qualificação práticas e dogmáticas. Por outro lado, no direito interna-

[52] Cf. preâmbulo do DL n.º 191/87.

[53] Só então se operou, com toda a clareza, a autonomização conceptual de ambos os contratos, por influência do sistema legal francês de 1966, passando a distinguir-se as três modalidades típicas de fretamento já enunciadas.

cional, a regulação do transporte marítimo apresenta um desenvolvimento sem paralelo com o fretamento, que apenas aparece "aqui e ali" de forma pontual, sem que haja qualquer regime jurídico internacional que o regule – pelo menos de forma assumida[54]. Esta realidade atual traduz, como nota Hugo Ramos Alves, uma "*inversão de sentido*" relativamente à codificação oitocentista, verificando-se numa primeira fase uma atenção particular dedicada ao fretamento[55].

A necessidade de ter presente as distinções entre transporte e fretamento são também essenciais à determinação da natureza jurídica do contrato de volume, dado que parte da doutrina tem oscilado entre a sua recondução ao fretamento e ao transporte, o que, naturalmente, terá também consequências ao nível do regime jurídico aplicável.

Em especial, a obrigação de efetuar as viagens por parte do fretador num fretamento por viagem e a obrigação de efetuar o transporte por parte do transportador num contrato de transporte, ambas com a finalidade de deslocação de mercadorias, tem sido alvo de pensamento e controvérsias na doutrina com vista à procura de diferenças entre ambos, já que o legislador optou por expressar claramente a sua opção pela sua autonomia conceptual, com reflexos no regime jurídico aplicável a um e a outro.

Como critério determinante de distinção o legislador aponta o facto de o transporte respeitar a uma carga e o fretamento a um navio, referindo que o fretador não assume qualquer obrigação direta em relação às mercadorias transportadas, não sendo, pois, automaticamente responsável pela sua perda ou avaria. Quando se refere especificamente ao fretamento por viagem, acrescenta ainda que este "*tem a ver, como o transporte, com a deslocação de uma carga de um local para outro. O que acontece é que a prestação nuclear do fretador consiste em fornecer um navio em bom estado de navegabilidade, cuja gestão náutica lhe continua a pertencer*"[56]. Aponta também como critério distintivo a ideia de que no contrato de fre-

[54] Cf. Hugo Ramos Alves, "Em torno do contrato de transporte marítimo de mercadorias", *Temas de Direito dos Transportes*, Vol. III, Almedina, 2015, p. 318.

[55] Cf. Hugo Ramos Alves, "Em torno do contrato de transporte marítimo...", cit., pp. 318 e 321. Nas palavras do autor, "*Se, num primeiro momento, maxime na codificação oitocentista, «tudo era fretamento», atualmente avulta a regulação do contrato de transporte. O que equivale a dizer que o fretamento, apesar da respetiva autonomia, está na órbita do contrato de transporte marítimo de mercadorias*" (...) *o legislador passou da primazia do fretamento para a preponderância do transporte de mercadorias*".

[56] Cf. preâmbulo do DL n.º 352/86.

tamento prepondera a autonomia da vontade, diferentemente do que sucede no contrato de transporte em que predomina a imperatividade do regime[57].

Vejamos, esmiuçadamente, cada uma das diferenças apontadas, quer pelo legislador, quer pela doutrina.

5.2.1. Autonomia privada e imperatividade. Carta-partida e conhecimento de carga

Os regimes jurídicos do fretamento e do transporte marítimo de mercadorias divergem, fundamentalmente, no que respeita à supletividade ou imperatividade, expressa em vários preceitos jurídicos, questão esta intimamente relacionada com os documentos associados a cada tipo contratual: carta-partida, no primeiro caso, e conhecimento de carga, no segundo.

O contrato de fretamento é formalizado pelas partes através da denominada carta-partida, que constitui o documento escrito particular exigido para a sua válida celebração, o qual contém a respetiva disciplina jurídica, definida primordialmente pela vontade das partes[58]. O contrato de transporte marítimo de mercadorias (interno) está, igualmente, sujeito a forma escrita[59], mas, além disso, impõe-se que, após o início do transporte, o transportador entregue ao carregador um conhecimento de carga, o qual constitui título representativo da mercadoria nele descrita e pode ser nominativo, à ordem ou ao portador[60].

---

[57] Cf. preâmbulo do DL n.º 191/87, onde se afirma o seguinte: "*É corrente a ideia de que no contrato de fretamento prepondera a autonomia da vontade; será mesmo esse um dos traços que mais caracteristicamente o demarcam do contrato de transporte de mercadorias; neste, a preocupação de proteger os carregadores deu causa a uma disciplina jurídica quase sempre imperativa*".

[58] Cf. artigos 2.º e 3.º do DL n.º 191/87.

[59] Cf. artigo 3.º do DL n.º 352/86.

[60] Cf. artigos 8.º a 11.º do DL n.º 352/86. A emissão de conhecimento de carga, embora objeto de uma obrigação de entrega por parte do transportador ao carregador não é requisito da validade deste contrato, não dizendo respeito à sua formação, diferentemente da carta-partida. Aliás, conforme determina o artigo 8.º, n.º 2, do DL n.º 352/86, esse conhecimento de carga deve ser emitido após o início do transporte marítimo, pelo que diz antes respeito à fase de execução do contrato. Assim, a não emissão de um conhecimento de carga dá azo a incumprimento contratual do transportador e não a invalidade do contrato. Sobre a função tridimensional do conhecimento de carga, *vide* CALVÃO DA SILVA, "Crédito documentário e conhecimento de embarque", *Estudos de Direito Comercial (Pareceres)*, Almedina, 1999, pp. 53 e ss..

Assim, o transporte marítimo de mercadorias, quer para efeitos da CB 1924, quer para efeitos do diploma interno relativo ao contrato de transporte[61], refere-se apenas ao contrato de transporte provado por um conhecimento de carga[62], pelo que, em princípio não se aplica este regime quando sejam emitidas cartas-partidas[63].

O regime de responsabilidade no transporte marítimo de mercadorias apresenta importantes especificidades face ao regime comum, aqui divergindo do regime do fretamento que será, *prima facie*, moldado pela autonomia privada dos contraentes e, subsidiariamente, pelo regime geral de responsabilidade civil do direito das obrigações[64/65]. Neste sentido, estabelece-se, para o transporte, um regime legal de limitação de responsabilidade do transportador[66], primordialmente pautado pela imperatividade[67] – uma imperatividade na maioria das vezes mínima, a favor do carregador[68]. Assim, por exemplo, a limitação convencional da responsabilidade só é possível se for estabelecida em sentido mais favorável ao carregador. O regime de res-

---

[61] Por incorporação dos artigos 1.º a 8.º na Convenção no direito interno mediante o DL n.º 37:748.

[62] Ou por qualquer documento similar servindo de título ao transporte de mercadorias por mar.

[63] Apenas se aplica o regime quando, em virtude duma carta-partida, sejam emitidos conhecimentos de carga, e apenas nas relações entre o portador do título e o fretador (em virtude da circulação) e não entre este e o afretador – cf., neste sentido, M. Januário da Costa Gomes, *O Ensino do Direito Marítimo*, Almedina, 2005, pp. 241 e ss. e, Vasconcelos Esteves, "Fretamento de navio para transporte de mercadorias", *I Jornadas de Lisboa de Direito Marítimo*, Almedina, 2008, pp. 312 e 313.

[64] Cf. Calvão da Silva, "Contrato de fretamento por viagem e arresto de navio", *Estudos de Direito Comercial*..., cit., p. 130, onde refere a aplicabilidade dos artigos 798.º e ss. do Código Civil ao contrato de fretamento.

[65] No fretamento, a única especialidade prevista no regime de responsabilidade diz respeito ao prazo de caducidade para exercer o direito a indemnização decorrente da violação do contrato, que, nos termos do artigo 46.º do DL n.º 191/87, deve ser exercido no prazo de dois anos a partir da data em que o lesado teve conhecimento do direito que lhe compete.

[66] Previsto no artigo 31.º do DL nº 352/86, à semelhança do que se prevê no artigo 4.º, n.º 5, da CB 1924. Sobre o regime de responsabilidade do transportador marítimo de mercadorias, *vide*, v.g., Francisco Costeira da Rocha, "Limitação da responsabilidade do transportador marítimo de mercadorias", *I Jornadas de Lisboa de Direito Marítimo*, Almedina, 2008, pp. 249 e ss. e Hugo Ramos Alves, *Da Limitação da Responsabilidade do Transportador na Convenção de Bruxelas de 1924*, Almedina, 2008.

[67] Cf. artigo 27.º do DL n.º 352/86.

[68] Cf. artigo 3.º, § 8.º da CB 1924, norma que, como já vimos, foi incorporada também no direito interno.

ponsabilidade a que se refere o artigo 4.º da CB 1924 corresponde, ademais, a uma responsabilidade agravada e presumida[69].

5.2.2. Obrigações contratuais

No fretamento por viagem constituem obrigações do fretador apresentar o navio ao afretador na data ou época e no local acordados e em bom estado de navegabilidade, devidamente armado e equipado, bem como efetuar as viagens previstas na carta-partida[70], pertencendo-lhe a gestão náutica e comercial do navio[71] e encontrando-se o afretador adstrito à entrega ao fretador das quantidades de mercadoria fixadas na carta-partida, a efetuar as operações de carregamento e de descarga do navio dentro dos prazos estabelecidos na carta-partida, e, ainda, a pagar o frete[72].

No fretamento a tempo, obrigando-se igualmente o fretador a apresentar o navio ao afretador na data ou época e no local acordados e em bom estado de navegabilidade, devidamente armado e equipado, o mesmo não tem a obrigação de efetuar qualquer viagem[73], pertencendo-lhe a gestão náutica, mas não a gestão comercial, que compete ao afretador[74]. No fretamento em casco nu a gestão náutica e a gestão comercial pertencem ao afretador, competindo-lhe armar e equipar o navio[75].

É perante o fretamento por viagem que as dificuldades de delimitação face ao transporte se colocam com particular acuidade, visto que em ambos existe a obrigação de deslocar determinadas mercadorias por via marítima.

Por isso, tem-se considerado dever atentar-se no núcleo essencial dos respetivos contratos para os qualificar devidamente, considerando-se que enquanto no fretamento esta obrigação constitui objeto mediato, no transporte seria o seu objeto imediato[76] – i.e., enquanto no transporte a obrigação

[69] Cf., neste sentido, v.g., FRANCISCO COSTEIRA DA ROCHA, "Limitação da responsabilidade do transportador...", cit., pp. 249 e ss. e HUGO RAMOS ALVES, *Da Limitação da Responsabilidade do Transportador ...*, cit., pp. 23 e 108.

[70] Cf. artigo 7.º do DL n.º 191/87.

[71] Cf. artigo 8.º do DL n.º 191/87.

[72] Cf. artigo 9.º do DL n.º 191/87.

[73] Cf. artigos 7.º, als. a) e b) e 24.º do DL n.º 191/87.

[74] Cf. artigo 25.º do DL n.º 191/87.

[75] Cf. artigos 35.º e 36.º do DL n.º 191/87.

[76] Cf. M. JANUÁRIO DA COSTA GOMES, *O Ensino do Direito Marítimo...*, cit., p. 239.

de deslocação de mercadorias surge como o cerne da obrigação do transportador (o seu objeto imediato), no fretamento por viagem o elemento fundamental é a colocação de um navio à disposição de um afretador, estando a obrigação de deslocação de mercadorias remetida para segundo plano ou constituindo o seu objeto mediato[77].

Por outro lado, quanto à obrigação de efetuar as operações de carregamento e descarregamento associadas a cada tipo contratual, no contrato de fretamento por viagem tipicamente esta obrigação não cabe ao fretador, mas antes ao afretador[78], diferentemente do transporte, em que é o transportador que tem a seu cargo estas operações e, como vimos, o mesmo é responsável, sem possibilidade de se estipular o contrário, pelos danos causados à mercadoria no decurso destas operações mesmo que haja intervenção de terceiros[79].

Face a este desenho normativo, afirma VASCONCELOS ESTEVES que o fretador, diferentemente do transportador, "*não toma a seu cargo o carregamento, nem se obriga a transportá-lo. Pode pois dizer-se que o fretamento diz respeito a um navio que o armador-fretador se compromete a colocar à disposição do afretador. O contrato de transporte, por sua vez, diz respeito a um carregamento que o armador-transportador se obriga a transportar até um determinado porto. Ainda que a deslocação das mercadorias constitua, por assim dizer, o objectivo da operação de fretamento, o fretador não se obriga a transportá-las*"[80].

---

[77] *Vide*, neste sentido, M. JANUÁRIO DA COSTA GOMES, *O Ensino do Direito Marítimo...*, cit., p. 239, ELIANE OCTAVIANO MARTINS, *Curso de Direito Marítimo...*, cit., p. 144, FRANCISCO COSTEIRA DA ROCHA, *O Contrato de Transporte de Mercadorias, – Contributo para o Estudo da Posição Jurídica do Destinatário no Contrato de Transporte de Mercadorias*, Almedina, 2000, pp. 26-28 – que alude à *obrigação de deslocar* como o núcleo definidor do transporte, como o seu conteúdo mínimo e essencial "*que autoriza a sua abordagem como tipo contratual unitário*" e que, neste sentido, "*a obrigação terá de ser o principal da prestação do transportador*" e que quando tal não acontece, não se pode falar de contrato de transporte. Não basta, pois, uma mera deslocação, sendo necessário que esta constitua o núcleo da prestação do transportador. Refere ainda que "*O controlo que o transportador exerce sobre a deslocação tem também influência na qualificação do contrato de transporte. Exige-se que seja ele a dirigir em exclusivo a deslocação, uma vez que nenhum dos demais intervenientes no contrato interfere a sua actividade ou, dito de outro modo, o transportador tem a gestão comercial e técnica da execução material das operações de deslocação*".

[78] Cf. artigo 9.º, al. b) do DL n.º 191/87.

[79] Cf. artigo 7.º do DL nº 352/86.

[80] Cf., por todos, VASCONCELOS ESTEVES, "Fretamento de navio ...", cit., pp. 309 e 310.

Sucede que, a nosso ver, no fretamento por viagem a obrigação de carregamento e descarregamento aí configurada não constitui requisito qualificador do objeto típico do contrato, antes constituindo uma regra supletiva suscetível de ser afastada pelas partes, em nome do princípio da liberdade contratual que norteia, primacialmente, este tipo de contratação. Por isso, perante a hipótese de afastamento desta regra, em que se convencione que será o fretador que terá a seu cargo as operações de carga e descarga de mercadoria, este critério de distinção apresenta-se incipiente e incapaz de dar resposta à distinção de ambos os contratos.

5.2.3. Linhas regulares *vs.* linhas não regulares?

A procura de diferenças tem também sido feita com base no critério das linhas regulares e irregulares associadas à viagem de deslocação das mercadorias, no sentido de o fretamento por viagem se traduzir na realização de viagens em linhas não regulares e, ao invés, de no transporte a viagem ser efetuada em linhas regulares.

A este respeito, afirma-se que, no comércio internacional, o contrato de transporte instrumentaliza os transportes de mercadorias em navegação "liner" e os contratos de fretamento operacionalizam o transporte de mercadorias na navegação não regular (mercado "tramp" ou "spot")[81].

Achamos que esta diferença não pode, todavia, ser vislumbrada em termos de regime, mas antes retirada da prática dos mercados, em que o recurso às *charter parties* ou aos *bills of lading* está associado ao mercado de linhas não regulares ou regulares, respetivamente: "*enquanto que os contratos documentados por cartas-partidas são, na prática, negociados e estipulados em função das exigências do contratante, o mesmo não acontece com os contratos sujeitos ao regime do conhecimento de carga, que se insere no transporte das linhas regulares, em termos pré-anunciados e pré-determinados e com cláusulas padronizadas*"[82].

---

[81] Cf. Eliane Octaviano Martins, "Exploração de navios no transporte marítimo internacional de mercadorias", *II Jornadas de Lisboa de Direito Marítimo*, Almedina, 2012, p. 139.

[82] Cf., na esteira do afirmado por Carbone, M. Januário da Costa Gomes, *O Ensino de Direito Marítimo...*, cit., p. 239.

Ainda assim, face ao papel dos usos e costumes comerciais internacionais como fonte do direito do comércio internacional, e embora as linhas regulares e não regulares não constituam um critério estabelecido legalmente quer ao nível estadual quer supraestadual, pensamos ser de adotar esta diferença precisamente por, na prática, este critério estar bastante sedimentado. É, pois, possível conceber-se que tal configura um critério com origem nos usos, práticas e costumes do comércio internacional[83].

Neste sentido, nos contratos de volume em que seja acordada a realização das viagens em linhas regulares em que a tónica seja colocada na deslocação das mercadorias, deverá aplicar-se o regime (imperativo) do transporte marítimo – quer o transporte seja interno quer seja internacional[84]. A natureza duradoura não constitui fundamento bastante para que se excluam do seu âmbito os contratos de volume. Materialmente, também aqui a tónica é colocada nas mercadorias ao invés da disponibilização do navio.

5.2.4. Teorias conceptuais

A relação entre fretamento e transporte marítimo tem sido encarada pela doutrina e pelos vários ordenamentos jurídicos de forma bastante diver-

---

[83] Entramos aqui no campo da *Lex Mercatoria, Ius Mercatorum* ou no também denominado "direito autónomo do comércio internacional", que, na noção de Luís de Lima Pinheiro, se define pelo conjunto das regras e princípios aplicáveis às relações do comércio internacional que se formam independentemente da ação dos órgãos estaduais e supraestaduais – cf. "O direito autónomo do comércio internacional em transição: a adolescência de uma nova *lex mercatoria*", *Estudos Jurídicos e Económicos em Homenagem ao Prof. Doutor António de Sousa Franco*, Vol. II, Coimbra Editora, 2006, p. 848. Contudo, importa ter presente a forte controvérsia que existe em torno desta temática, havendo teses favoráveis e desfavoráveis ao direito autónomo do comércio internacional. Sobre o tema *vide* Luís de Lima Pinheiro, *Direito Comercial Internacional*, Almedina, 2005, pp. 179 e ss. e, do mesmo autor, "O direito autónomo do comércio internacional em transição...", cit., em especial pp. 849 e ss. O autor reconhece, a este respeito, que existe um vasto consenso sobre a existência de ramos de atividade económica marcados por um elevado grau de internacionalização, de padronização do conteúdo negocial dos contratos e de recurso à arbitragem para resolução dos litígios deles emergentes, dando precisamente como exemplo os contratos de transporte marítimo. Mas conclui que apenas podem considerar-se fontes do direito autónomo do comércio internacional, em sentido técnico-jurídico, o costume comercial internacional, o costume jurisprudencial arbitral e as regras criadas por centros autónomos no âmbito da autonomia associativa.

[84] Sobre este ponto dedicaremos mais adiante a nossa atenção.

sificada, podendo até dizer-se que as mesmas têm ido até onde a imaginação o permite.

Assim, há quem identifique todas as modalidades de fretamento com transporte; quem considere que apenas o fretamento por viagem constitui uma modalidade de transporte – e já não o fretamento a tempo (que se identificaria com o "Time-Charter" do direito e prática anglo-americanos e internacionais); quem defenda que apenas o fretamento por viagem é um contrato de transporte, não o sendo o fretamento a tempo, mas com a particularidade de se considerar que o fretamento a tempo constituiria um contrato completamente distinto do "Time-Charter"; quem, diretamente, distinga ou separe todas as modalidades de fretamento dos contratos de transporte; e, ainda, os que consideram que o contrato de transporte e de fretamento se distinguem, apenas, em função das linhas regulares e não regulares[85].

Na doutrina portuguesa, Mário Raposo sustenta a dualidade transporte-fretamento, aplaudindo a solução consagrada no direito português, afirmando inclusivamente que "*Nas modernas legislações ocorre a dualidade entre os dois tipos de contratos*"[86] e que, "*diga-se o que se disser, há especificidades inarredáveis no fretamento por viagem: é titulado por uma carta-partida, a problemática das estadias e todas as suas sequelas só nele se põe*"[87], considerando, além disso, que, nos países, como Portugal, em que vigore a CB 1924, não há razões para apregoar a indiferenciação dos contratos de fretamento e de transporte[88]. As especificidades a que o autor se

---

[85] Para uma enunciação destas teorias, *vide* José Luis García-Pita y Lastres, "Fletamento, transporte marítimo y responsabilidade contratual", *III Jornadas de Lisboa de Direito Marítimo – Das Regras da Haia às Regras de Roterdão*, Almedina, 2014, pp. 376 e ss..

[86] Como sucede no direito francês e italiano. No direito francês, o fretamento apresenta configurações muito semelhantes ao direito português, sendo moldado fundamentalmente em função da autonomia privada, distinguindo-se igualmente o fretamento por viagem, a tempo e a casco nu, todos eles com consagração autónoma em relação ao transporte. Simplesmente, atento o princípio da liberdade contratual, tal tripartição não tem caráter classificatório no sentido de esgotar as possibilidades previstas, não tendo, portanto, cariz absoluto, podendo existir tipos intermédios ou mesmo novos tipos de fretamento delineados em função da autonomia privada – cf. Pierre Bonassies e Christian Scapel, *Droit Maritime...*, cit., p. 510.

[87] Cf. Mário Raposo, "Segunda (e última) reflexão sobre um esboço de reforma do direito marítimo português", *Revista da Ordem dos Advogados*, Ano 62, Vol. III, 2002, disponível em www.oa.pt.

[88] Cf. Mário Raposo, "Sobre o contrato de transporte de mercadorias por mar", *Boletim do Ministério da Justiça*, n.º 376, 1988, p. 60.

refere dizem, essencialmente, respeito às obrigações assumidas pelas partes e ao regime de responsabilidade.

Em primeiro lugar, conforme afirma, "*não está o fretador adstrito a fazer a entrega da mercadoria, que é o fim essencial do transporte. Não está vinculado a esse resultado*"[89]. É verdade que o diploma legal relativo ao contrato de fretamento não estabelece essa obrigação. Do que temos dúvidas, porém, é que daí possa retirar-se que as partes não podem, mais uma vez ao abrigo da autonomia privada, estabelecer na carta-partida essa obrigação. Tal não desvirtuará, a nosso ver, a existência do fretamento (por viagem), pelo que não deverá tal cláusula ter-se por nula.

Em segundo lugar, acrescenta, não recai sobre o fretador, como sobre o transportador, qualquer presunção de responsabilidade, cabendo-lhe apenas provar que cumpriu com exatidão as obrigações a seu cargo[90]. Não obstante, reconhece que, para a qualificação de um contrato como de fretamento por viagem ou de transporte marítimo de mercadorias importa, fundamentalmente, aferir a motivação das partes para a celebração do contrato[91]. Embora concordemos com esta afirmação em termos teóricos, como ambos os contratos se destinam, fundamentalmente, ao mesmo fim, a verdade é que em termos práticos ocorrerão, não raras vezes, dificuldades de apurar motivações em termos que permitam tal destrinça.

A opção legislativa corre, pois, o risco de se mostrar desajustada face à realidade socioeconómica subjacente, podendo suceder que haja, em determinados casos, falta de navio de linha regular para um determinado transporte de carga, falta de espaço de um navio, necessidade de celeridade do transporte, ou vantagens na utilização contínua da afetação do navio à deslocação das mercadorias por comparação entre o valor do frete no fretamento e no transporte. Estas podem ser razões que motivem a celebração de contratos de fretamento por viagem[92]. Nem por isso se pode afirmar, sem mais, que a finalidade económica por detrás dos mesmos se apresenta com contornos distintos dos que existiriam com a celebração de um contrato de transporte.

Por outro lado, existirá sempre o risco de, sob a aparência de um contrato de fretamento, existir um verdadeiro transporte, situação que levará à preterição de regras legais imperativas – mormente quanto à responsabi-

[89] Cf. Mário Raposo, "Sobre o contrato de transporte...", cit., p. 60.

[90] Cf. Mário Raposo, "Sobre o contrato de transporte...", cit., pp. 60 e 61.

[91] Cf. Mário Raposo, "Sobre o contrato de transporte...", cit., pp. 60 e 61.

[92] Cf. Eliane Octaviano Martins, "Exploração de navios...", cit., p. 141.

lidade do transportador –, que não existem no regime jurídico do contrato de fretamento[93].

Por sua vez, a conceção unitária do transporte agrupa, no essencial, no mesmo tipo contratual o transporte sob conhecimento e o fretamento, à semelhança do que sucede no sistema *common law* e no direito alemão[94].

Na doutrina portuguesa, LIMA PINHEIRO é quem, à semelhança do que sucede nos sistemas de *common law* e no direito alemão, de forma assumida, tem sustentado, *de iure condendo*, a existência de uma unidade conceptual entre o fretamento e o transporte, não só quanto ao fretamento por viagem como também quanto ao fretamento a tempo, perfilhando como decorrência desta unidade conceptual a necessidade de, igualmente, existir uma unidade de regime[95].

O autor afirma mesmo que esta bipartição é "*errónea de um ponto de vista de construção jurídica*", visto que no fretamento por viagem o fretador obriga-se a prestar um serviço que tem por função a deslocação de mercadorias, sendo manifesto que a viagem que o armador se compromete realizar mais não é do que o serviço de transporte. Mas não se fica por aqui, defendendo que mesmo o fretamento a tempo pode ainda integrar-se no contexto do transporte, que não é um contrato de aluguer mas, antes, um contrato em que o armador/fretador conserva a disponibilidade do navio para prestar um serviço de transporte, tanto mais que segundo o clausulado usual das cartas-partidas neste tipo de contratos o "armador" assume a responsabilidade pelo transporte[96].

Sugere, nesta ordem de ideias, como noção de transporte marítimo de mercadorias quer o contrato em virtude do qual uma das partes se obriga a deslocar mercadorias quer aqueles em que uma das partes se obriga a fornecer um navio para deslocar mercadorias.

Diga-se o que se disser, o certo é que o legislador optou claramente pela autonomização, não podendo duvidar-se da existência de bipartição no

---

[93] Aliás, no seu estudo intitulado "Fretamento e transporte marítimo. Algumas questões", *Boletim do Ministério da Justiça*, n.º 340, 1984, pp. 19 e ss., MÁRIO RAPOSO reconhecia esta problemática, afirmando que o fretamento por viagem está sempre ameaçado da suspeita de encobrir um verdadeiro contrato de transporte – "*isto, como é óbvio, porque os contraentes se quererão esquivar às injuntivas regras legais do transporte*".

[94] Cf. LIMA PINHEIRO, "Contributo para a reforma do direito comercial marítimo", *Revista da Ordem dos Advogados*, Lisboa, Ano 60, n.º 3, 2000, p. 1078.

[95] Cf. LIMA PINHEIRO, "Contributo para a reforma...", cit., pp. 1078 e ss..

[96] Cf. LIMA PINHEIRO, "Contributo para a reforma ...", cit., p. 1079.

direito português. Em termos de qualificação jurídica, a procura de diferenças deverá assentar, essencialmente, naquilo que as partes estipularam (i) quanto às mercadorias; (ii) quanto ao navio – aquelas figuram como o elemento central do transporte e acessório no fretamento, ao passo que este figura como central no fretamento, onde a obrigação de colocar um navio à disposição do afretador surge como elemento qualificador do fretamento, e já não no transporte.

§6.º O contrato de volume no direito internacional

Até às Regras de Roterdão (RR), o contrato de volume não vinha definido enquanto tal em nenhuma convenção internacional. Numa primeira análise (superficial) ressalta a ausência de um regime internacional imperativo em vigor aplicável ao contrato de volume, face ao âmbito de aplicação da CB 1924 e das Regras de Hamburgo de 1978.

A existência de formulários internacionais com modelos-padrão para este tipo de contratos tem-se mostrado da maior relevância para o desenvolvimento do contrato de volume no comércio marítimo internacional, conferindo-lhe, apesar de tudo, alguma uniformização, não obstante os mesmos se circunscreverem ao transporte de granéis sólidos e ao transporte de petróleo bruto. Mas a sua utilidade não se esgota no transporte destes produtos, podendo os formulários servir de modelo para contratos de volume associados ao transporte de outros tipos de mercadorias.

6.1. Formulários internacionais

A ampla difusão do contrato de volume e a sua determinação e especificação deve-se sobretudo à proliferação de formulários elaborados por organizações internacionais que foram sendo adotados, na prática, pelos operadores económicos[97], com vista a facilitar e agilizar a contratação[98].

De facto, o desenvolvimento do contrato de volume surge associado, quanto ao transporte de granéis sólidos e petróleo bruto, ao desenvolvimento

[97] Cf. ALFREDO CALDERALE, "Il contratto di volume...", cit., pp. 98 e 99.

[98] Cf. FRANCISCO CARLOS LÓPEZ RUEDA, "Las Reglas de Rotterdam...", cit., p. 112.

de formulários sob a forma de contratos modelo desenvolvidos por associações internacionais, onde são designados por "*Contracts of Affreightment*"[99].

Assim, em 1982, o Conselho Marítimo do Báltico e Internacional (BIMCO)[100] publicou um formulário modelo para o transporte de granéis sólidos (VOLCOA), entretanto revisto e republicado em 2004 (passando a designar-se GENCOA)[101/102].

Prevê-se, *inter alia*, o preenchimento da quantidade total de mercadorias a transportar – que pode, designadamente, consistir num mínimo ou num máximo – ou, alternativamente, do número total de carregamentos a efetuar; da quantidade de mercadorias por cada viagem – que pode também consistir na fixação de um valor mínimo ou máximo –, e do período de duração do contrato, determinando-se ainda que o formulário se destina a ser utilizado conjuntamente com as cartas partidas emitidas, que todas e cada uma das viagens se regerão pelas cláusulas e condições tal como estabelecido no formulário e ainda que, em caso de conflito entre carta partida e o formulário, prevalecerão as normas deste último[103]. Como objeto do contrato estipula-se que os carregadores/afretadores se comprometem a entregar as mercadorias para carregamento e os armadores/transportado-

---

[99] Criticando esta denominação, ALFREDO CALDERALE, "Il contratto di volume...", cit., p. 99, afirma que a mesma não é rigorosa dado que na experiência inglesa o termo "affreightment" refere-se a todos os contratos de utilização do navio. Afirma MARÍA TERESA GÓMEZ PRIETO, "Consideraciones sobre la naturaleza jurídica de una nueva modalidade de contrato de fletamento...", cit., pp. 42 e 43, que a expressão *contract of affreightment* não revela muito do ponto de vista do conteúdo contratual, uma vez que a mesma é utilizada com caráter genérico para designar os contratos de fretamento e inclusive contratos de transporte de mercadorias por mar. Sem querermos antecipar juízos sobre a natureza jurídica do contrato de volume, deixa-se para já a nota de que a autora adota a denominação *fletamento por tonelaje*, o que poderá levar a conclusões precipitadas sobre a sua natureza jurídica, fazendo crer que se trata de uma modalidade de fretamento e podendo levar a que o contrato de volume se confunda com aquele, destituído de autonomia. Tal denominação decorre, como veremos, da posição da autora quanto à natureza jurídica do contrato de volume.

[100] A BIMCO é uma Organização Não-Governamental internacional, com sede em Copenhaga, e tem como objetivo principal o de facilitar as operações comerciais dos seus membros através do desenvolvimento de contratos-padrão, e fornecer informações de qualidade, aconselhamento e educação, empenhando-se no desenvolvimento de práticas comerciais justas, comércio livre e livre acesso aos mercados – cf. informação em www.bimco.org.

[101] Cf., v.g., ANASTASIYA KOZUBOVSKAYA-PELLE, "Le contrat de volume...", cit., p. 178.

[102] Disponível em https://www.bimco.org/~/media/Chartering/Document_Samples/Sundry_Other_Forms/Sample_Copy_GENCOA.ashx.

[103] Cf. preâmbulo e termos 2, 3 e 4 do formulário GENCOA. *Vide*, ainda, ALFREDO CALDERALE, "Il contratto di volume...", cit., p. 100.

res comprometem-se a transportar as mercadorias tal como acordado pelas partes e de um porto de partida a um porto de destino, bem como intercalares, tal como acordado pelas partes nos campos por elas preenchidos[104].

De forma semelhante, em 1980, a Associação Internacional de Proprietários Independentes de Petroleiros (INTERTANKO) publicou um formulário tipo para o transporte de produtos petrolíferos, denominado INTERCOA 80[105] (que a BIMCO adotou posteriormente) onde se prevê também o preenchimento da duração do contrato[106] e da quantidade total e por remessa de mercadorias a transportar[107], bem como que cada viagem se regerá pelas cláusulas que figuram no formulário INTERTANKVOY 76[108] e que em caso de conflito entre os termos da carta-partida e do formulário ("*Contract of Affreightment*"), deverá prevalecer este último[109/110].

6.2. A CB 1924 e as Regras de Hamburgo

O contrato de volume também não vem autonomizado nem como tal denominado na CB de 1924 e nas Regras de Hamburgo, mas estas Convenções não o descuram por completo.

O artigo 1.º, al. b), da CB 1924 define contrato de transporte para efeitos dessa convenção "*somente o contrato de transporte provado por um conhecimento ou por qualquer documento similar servindo de título ao transporte de mercadorias por mar; e aplica-se, igualmente ao conhecimento ou documento similar emitido em virtude duma carta-partida, desde o momento em que este título regule as relações do armador e do portador do conhecimento*".

Daqui parece resultar que a aplicação desta Convenção depende da efetiva emissão de conhecimento de carga ou documento similar, e não da

---

[104] Cf. termo 1 do formulário GENCOA.

[105] Disponível em https://www.bimco.org/~/media/Chartering/Document_Samples/Sundry_Other_Forms/Sample_Copy_INTERCOA80.ashx.

[106] Cf. preâmbulo do formulário INTERCOA 80.

[107] Cf. cláusula (A) do formulário INTERCOA 80.

[108] Disponível em https://www.bimco.org/~/media/Chartering/Document_Samples/Withdrawn/Sample_Copy_INTERTANKVOY_76.ashx.

[109] Cf. cláusula (L) do formulário INTERCOA 80.

[110] Cf. Alfredo Calderale, "Il contratto di volume...", cit., pp. 99 e 100. *Vide* também o documento de trabalho A/CN.9/WG.III/WP.66..., cit., pp. 2 e 3.

existência de um dever de emiti-lo. Independentemente da posição adotada sobre esta questão, o papel central do conhecimento de carga nesta Convenção é evidente[111]/[112].

O artigo 5.º da CB 1924, estendendo o seu âmbito de aplicação para além dos casos compreendidos no artigo 1.º, dispõe, por sua vez, que "*Nenhuma disposição da presente Convenção se aplica às cartas-partidas; mas, se no caso de um navio regido por uma carta-partida forem emitidos conhecimentos, ficarão estes sujeitos aos termos da presente convenção*".

As Regras de Hamburgo, indo mais além, fazem uma expressa referência, no artigo 2.º, n.º 4), a este tipo contratual, embora sem referirem o seu *nomen iuris* e sem que se preveja a aplicação de um regime especial. Estabelece-se que se o contrato previr o transporte de mercadorias em viagens sucessivas e durante um determinado período de tempo, se aplicam as disposições dessa Convenção a cada viagem/carregamento. No entanto, se for celebrado com recurso a carta-partida, o seu âmbito de aplicação circunscreve-se às situações em que em virtude dessa carta-partida seja emitido um conhecimento de carga e somente nas relações entre portador do título e transportador, e não entre este e o carregador.

Daqui decorre que quer a CB 1924 quer as Regras de Hamburgo podem aplicar-se aos contratos de volume em que haja emissão de conhecimentos

---

[111] Cf., v.g., M. Januário da Costa Gomes, *O Ensino do Direito Marítimo...*, cit., p. 231 e Hugo Ramos Alves, *Da Limitação da Responsabilidade do Transportador...*, cit., p.48

[112] Sobre a função do conhecimento de carga *vide*, na doutrina portuguesa, Calvão da Silva, Crédito documentário...", cit., Hugo Ramos Alves, *Da Limitação da Responsabilidade do Transportador...*, cit., pp. 49-54, Francisco Costeira da Rocha, *O Contrato de Transporte...*, cit., pp. 124 e 125, que identificam uma função tríplice desse documento, a saber: (i) funciona como recibo de entrega das mercadorias; (ii) funciona como documento probatório da celebração do contrato e do seu conteúdo; e (iii) funciona como título representativo de mercadorias, pelo que o detentor do título terá não só um direito de crédito de entrega das mercadorias como também um direito real sobre estas (fisionomia bifronte). Na doutrina estrangeira, *vide* Ignacio Arroyo, *Curso de Derecho Marítimo*, 2ª ed., Thomson-Civitas, 2005, pp. 525 e ss.., José Luis Gabaldón García e José María Ruiz Soroa, *Manual de Derecho de la Navegación Marítima...*, cit., pp. 511-516, Miguel Angel Pendon Melendez, *Los Títulos Representativos de la Mercancia,* Marcial Pons, 1994, pp. 60-66, 127 e ss., 186 e 187, Thomas Gilbert Carver, *Carver's Carriage by Sea*, 13ª ed., British shipping laws, 1982, pp. 59-89 e 1113 e ss., John F Wilson, *Carriage Goods by Sea*, 4ª ed., Pearson Longman, 2001, pp. 121 e ss., e Nicholas Gaskell, Regina Asariotis e Yvone Baatz, *Bills of Lading: Law and Contracts*, LLP, 2000, pp. 1-3.

de carga[113]. Assim, a CB 1924, embora em nenhum momento se refira ao contrato de volume, determina a sujeição ao seu âmbito de aplicação mesmo quando, nos casos regidos por uma carta-partida, "*forem emitidos conhecimentos*". Tal decorre do papel central que o conhecimento de carga assume nesta Convenção. As Regras de Hamburgo, de forma mais direta, como vimos, sujeitam expressamente os contratos que prevejam o "*transporte de mercadorias em viagens sucessivas e durante um determinado período de tempo*" ao seu regime, em duas situações: (i) quando haja emissão de conhecimento de carga apenas; (ii) quando, havendo emissão de carta-partida, seja emitido um conhecimento de carga e somente nas relações entre portador do título e transportador, e não entre este e o carregador.

O seu âmbito material de aplicação encontra-se, todavia, excluído quando haja apenas emissão de carta-partida ou quando haja carta-partida e conhecimento de carga emitido em virtude dessa carta-partida nas relações entre carregador e transportador. Ao invés, quando haja conhecimento de carga emitido em virtude dessa carta-partida e nas relações entre portador do título – que, entretanto, circulou – e transportador estas Convenções já lhes serão aplicáveis[114].

As dificuldades surgem quando não haja emissão de conhecimento de carga em virtude do incumprimento da obrigação do transportador, ou quando haja emissão de conhecimento de carga mas o título não circule. Deverá entender-se que o incumprimento da obrigação de emitir conhecimento de carga determinará, pura e simplesmente, a exclusão do âmbito de aplicação destas Regras? Será a – efetiva – emissão de conhecimento de carga *conditio sine qua non* da aplicabilidade da CB 1924, mesmo nas situações em que o mesmo devesse ser emitido mas não o foi por incumprimento? Por outras palavras, deverá entender-se que até às Regras de Roterdão o contrato de volume não estava realmente compreendido no âmbito de aplicação de um regime internacional imperativo?[115]

---

[113] Cf., neste sentido, ANASTASIYA KOZUBOVSKAYA-PELLE, "Le contrat de volume...", cit., p. 178.

[114] Tal como sucede quando em virtude de um contrato de fretamento seja emitido um conhecimento de carga que circule, tendo-se em vista a tutela dos terceiros portadores do título – cf. HUGO RAMOS ALVES, "Em torno do contrato de transporte marítimo...", cit., pp. 349 e 350.

[115] Na doutrina francesa, ANASTASIYA KOZUBOVSKAYA-PELLE, "Le contrat de volume...", cit., p. 178, afirma expressamente que até às Regras de Roterdão o contrato de volume não vinha definido em nenhuma Convenção internacional, concluindo, por isso, que o mesmo

Diga-se, desde já, que a questão de saber se é exigível a efetiva emissão de conhecimento de carga só se coloca perante a CB 1924, e já não nas Regras de Hamburgo, pois da sua letra resulta em termos expressos a sua aplicação a todos os contratos de transporte marítimo internacionais, quer haja ou não efetiva emissão de conhecimento de carga (artigos 1.º, n.º 6 e 2.º, n.º 1)[116], sendo suficiente o dever de emiti-lo para a sujeição ao seu âmbito de aplicação.

No que concerne à CB 1924, face ao seu caráter imperativo – que estabelece um regime *one way mandatoty*, i.e., um regime imperativo a favor dos carregadores, podendo existir derrogação a favor destes mas já não em prol dos transportadores – o seu âmbito de aplicação material carece de uma análise mais cuidada que deve ir além do estrito formalismo que decorre da letra da Convenção. Neste sentido, tem sido defendido que, sendo a disciplina convencional imperativa em razão da ordem pública que lhe subjaz, a mesma merecerá aplicação a outras situações, atendendo à materialidade subjacente.

O principal critério aferidor dessas situações deverá centrar-se no elemento finalístico ou teleológico de interpretação. O artigo 31.º da Convenção de Viena sobre o Direito dos Tratados (CVDT) assim o determina, ao prever que um tratado deve ser interpretado de boa fé e de acordo com o sentido comum a atribuir aos termos do tratado no seu contexto e à luz dos respetivos objeto e fim. Pode, por outro lado, nos termos do artigo 32.º da CVDT, recorrer-se a meios complementares de interpretação, designadamente aos trabalhos preparatórios e às circunstâncias em que foi concluído o tratado, com vista a confirmar o sentido à luz do objeto e fim dos tratados[117].

Ora, tendo presente o caráter imperativo da CB de 1924, cuja intenção é a de proteger o carregador (artigo 3.º, n.º 8), que normalmente está numa condição negocial mais fragilizada em relação ao transportador, dever-se-á entender que a CB 1924 merecerá aplicação também naquelas situações em

---

se encontra, atualmente, subtraído a um regime internacional imperativo. Neste sentido se pronunciou também o grupo de trabalho III nos trabalhos preparatórios das Regras de Roterdão – cf. documento de trabalho A/CN.9/WG.III/WP.66..., cit., p. 3.

[116] Cf. José Luis Gabaldón García e José María Ruiz Soroa, *Manual de Derecho de la Navegación Marítima*..., cit., p. 505. Os autores referem, porém, no âmbito da "Ley de 22 de diciembre de 1949, de unificación de reglas en los conocimientos de embarque en buques mercantes" (vigente até setembro de 2014), que, à semelhança da CB 1924, que diz respeito a transportes sob conhecimento, só se aplica se houver efetiva emissão de conhecimento.

[117] Sobre os critérios de interpretação da CVDT *vide*, em especial, Luís Barbosa Rodrigues, *A Interpretação de Tratados Internacionais*, AAFDL, 2002.

que, não havendo embora emissão de conhecimento de carga (ou documento similar), o mesmo devesse ser emitido, v.g., por via do costume ou dos usos comerciais, ou por acordo prévio das partes nesse sentido[118].

Nestes termos, deverá incluir-se aqui o transporte de linha, nos quais a emissão de um conhecimento resulta dos usos comerciais, mas também aquelas situações em que em virtude da celebração de um contrato de fretamento fosse acordada a emissão posterior de um conhecimento de carga. Numa palavra: incluem-se aqui todas as situações em que o transportador tenha a obrigação de emitir um conhecimento de carga, representando a sua não emissão o incumprimento de um dever[119].

Na verdade, a imperatividade da CB 1924, que reflete exigências de ordem pública, não se coaduna com o facto de a sua aplicação estar condicionada ao efetivo cumprimento do dever do transportador emitir o conhecimento de carga ou à dependência da vontade das partes nesse sentido[120]. Em suma, de modo a não comprometer a obtenção de soluções efetivas e a prosseguir-se a *ratio* da Convenção, a aplicação do seu regime não depende da emissão efetiva de conhecimento de carga, mas tão só da obrigação de o emitir, por força dos usos, costumes ou por acordo das partes[121].

---

[118] Cf. Nuno Manuel Castello-Branco Bastos, *Da Disciplina do Contrato de Transporte Internacional de Mercadorias por Mar*, Almedina, 2004, pp. 220 e 221.

[119] Cf. Nuno Manuel Castello-Branco Bastos, *Da Disciplina do Contrato de Transporte...*, cit., pp. 220 e 221. Outra questão prende-se com o significado de *documentos similares* para efeitos da Convenção. Têm sido identificadas algumas figuras afins ao conhecimento de carga que devem considerar-se a ele similares, e que têm proliferado no comércio marítimo com o objetivo de agilizar as operações de transporte, como o conhecimento direto, o pertence, ou o *seaway bill* (cf., v.g., Hugo Ramos Alves, *Da Limitação da Responsabilidade do Transportador...*, cit., pp. 54-56, Ignacio Arroyo, *Curso de Derecho Marítimo...*, cit., pp. 532-536). Porém, alguma doutrina entende que o documento similar deve desempenhar a função de "título representativo da mercadoria", e, assim, investir o seu possuidor num direito à entrega das mercadorias e à disposição das mesmas. Segundo esta doutrina, o *seaway bill* não cabe neste conceito – embora desempenhe a função probatória do contrato e de recibo de entrega das mercadorias, carece da natureza de título representativo. A favor desta tese, *vide* Nuno Manuel Castello-Branco Bastos, *Da Disciplina do Contrato de Transporte...*, cit., p. 223, José Luis Gabaldón García e José María Ruiz Soroa, *Manual de Derecho de la Navegación Marítima...*, cit., pp. 507 e 509, Giorgio Righetii, *Trattato di Diritto Marittimo...*, cit., pp. 692 e 693.

[120] Cf. Nuno Manuel Castello-Branco Bastos, *Da Disciplina do Contrato de Transporte...*, cit, pp. 220 e 221.

[121] Cf. Nuno Manuel Castello-Branco Bastos, *Da Disciplina do Contrato de Transporte...*, cit., p. 222.

Do exposto decorre que, quer a CB de 1924 quer as Regras de Hamburgo aplicam-se aos contratos de volume em que seja emitido um conhecimento de carga e, bem assim, aos casos em que haja a obrigação de emiti-lo. Neste sentido, estas Convenções também merecem aplicação aos contratos de volume efetuados em linhas regulares, dado que da prática e dos usos do comércio internacional resulta que as viagens efetuadas ao abrigo de um contrato de transporte são efetuadas em linhas regulares, contrariamente ao fretamento.

De facto, é nos contratos legalmente atípicos, mas socialmente típicos, que a relevância dos usos assume um papel especial. Parafraseando Francisco Pereira Coelho, "*a circunstância de as formações contratuais complexas inominadas configurarem muitas vezes verdadeiros tipos contratuais sociais, ou sociais-jurisprudenciais – surgindo portanto como uma praxis contratual não reconhecida ou não contemplada pela lei –, faz suscitar o problema do papel aplicativo que poderão desempenhar, na disciplina de tais formações, os correspondentes «usos» contratuais. E a pergunta é fundamentalmente dirigida ao apuramento de um possível papel autónomo desses usos*[122].

Sendo certo que, como afirma, a questão estará, internamente e no seio dos contratos civis, em princípio resolvida pelo artigo 3.º, n.º 1, do Código Civil, o qual exclui a relevância dos usos para além dos casos em que a lei expressamente lha atribui – não havendo, portanto, razões que justifiquem a concessão aos meros usos contratuais de um relevo geral ao ponto de tratar os usos contratuais correspondentes a tais tipos sociais como verdadeiras normas jurídicas equiparáveis a normas legais[123] –, é também certo que os usos comerciais internacionais merecem as considerações especiais *supra* expostas[124].

---

[122] Cf. Francisco Pereira Coelho, *Contratos Complexos e Complexos Contratuais*, Coimbra Editora, 2014, p. 47.

[123] Cf. Francisco Pereira Coelho, *Contratos Complexos e Complexos Contratuais...*, cit., pp. 47 e ss..

[124] Como afirma M. Januário da Costa Gomes, *Contratos Comerciais*, Almedina, 2012, pp. 26-28, se é certo que no direito interno os usos não constituem fonte imediata de direito, sendo antes uma fonte mediata que assume relevo fundamentalmente pelas remissões legislativas para os usos, no direito internacional eles assumem uma dimensão especial – assim, v.g., o artigo 1.8. dos Princípios Unidroit relativos aos Contratos Comerciais Internacionais determina que as partes estão vinculadas pelos usos por elas aceites e pelas práticas entre elas estabelecidas e ainda que as partes estão vinculadas pelos usos geralmente

O recurso ao instituto da fraude à lei para resolver estes casos mostra-se insuficiente, não sendo uma alternativa viável, desde logo pelas dificuldades probatórias associadas ao *animus* do transportador em se subtrair à aplicação de regime imperativo[125]. Mas, por outro lado, porque deixa à mercê as situações em que não haja qualquer intuito de fuga ao regime imperativo, que ficam de fora do âmbito de aplicação deste instituto[126].

Mesmo sem fazer apelo ao papel dos usos e costumes comerciais, somos do entendimento de que a aplicação destas Convenções poderá encontrar também legitimação através de um raciocínio – senão direto – pelo menos, analógico, mesmo em relação às regras imperativas prescritas diretamente para os contratos típicos de transporte.

Têm sido levantados obstáculos no sentido da sua inaplicabilidade atendendo a uma "*suposta «excecionalidade» de tais regras, nos termos do consabido «princípio» da impossibilidade de aplicação analógica das regras excecionais*", assim como à consideração de que as normas imperativas especiais associadas a um determinado tipo contratual, "*ainda que pudessem aplicar-se analogicamente, cederiam sempre no seu confronto com*

---

conhecidos e regularmente observados no comércio internacional no setor comercial em causa, salvo quando a aplicação de tais usos não seja razoável.

[125] Neste sentido, Nuno Manuel Castello-Branco Bastos, *Da Disciplina do Contrato de Transporte...*, cit., p. 222, Hugo Ramos Alves, *Da Limitação da Responsabilidade do Transportador...*, cit., p. 48, nota de rodapé 92 – que chama a atenção para a posição de Castello-Branco Bastos, à qual parece aderir –, Fernando Sánchez Calero, *El Contrato de Transporte Marítimo...*, cit., pp. 67 e 68.

[126] Não obstante, se seguirmos uma conceção objetivista, como Francisco Pereira Coelho, a questão do *animus* será facilmente ultrapassada. Isto porque, como refere o autor, a conceção objetivista da fraude à lei, longe de exigir o intuito fraudatório, reconduz-se no fundo a uma questão de interpretação da norma proibitiva (tratar-se-ia, nesta conformidade de um negócio que não cabe na letra mas cabe já no espírito dessa norma), pelo que não apresenta qualquer autonomia. Nesta conformidade, "*então a utilização de uma formulação contratual atípica com o intuito de contornar disposições legais proibitivas referentes a um tipo contratual (legal) próximo não suscita problemas especiais: uma vez apurado, por interpretação, que no âmbito de aplicação da norma proibitiva, cabe não apenas o tipo contratual (o meio) a que ela directamente se dirige, mas qualquer formação negocial – nominada ou inominada – que conduza ao mesmo resultado económico-jurídico a que aquele tipo conduzia, torna-se claro que a norma proibitiva se aplica também ao contrato atípico usado como forma de defraudar a proibição legal. E aplica-se, repete-se, independentemente da prova de uma intenção fraudatória* [...] *por parte dos agentes*" – cf. *Contratos Complexos e Complexos Contratuais...*, cit., pp. 53-56.

normas gerais – estas, sempre, de aplicação direta a quaisquer formações contratuais, típicas ou atípicas"[127].

Porém, na senda de FRANCISCO PEREIRA COELHO, o problema da excecionalidade das normas encontra-se, hoje, superado. Em primeiro lugar porque, mesmo mantendo a distinção clássica entre aplicação direta e analógica, tal aplicação nem teria forçosamente de ser analógica, pois uma vasta massa de formações inominadas (os contratos mistos) pode perfeitamente caracterizar-se como representando uma categoria intermédia entre o típico e o atípico, sendo pois lícito designar-se como direta e não analógica a aplicação a tais formações daquelas regras; em segundo lugar, porque tais regras imperativas não têm forçosamente de ser excecionais – a excecionalidade não tem que ver com a imperatividade, fundando-se ambas as características em critérios distintos; em terceiro lugar, porque mesmo sendo a regra excecional, tal não impede a aplicação analógica desde que não saia do círculo de exceção – dentro deste, na verdade, não procedem as razões em que assenta a regra da proibição da aplicação analógica das normas excecionais[128].

Assim, "*as regras imperativas predispostas para determinados contratos típicos não levantam, nos quadros da contraposição entre aplicação direta e analógica, problemas especiais: na medida em que seja possível determinar o nexo analógico apto a fundar a aplicação de tais regras a dado contrato, ainda que estes não caibam no círculo a que elas diretamente se destinam, essas regras aplicar-se-ão sem quaisquer restrições*"[129].

As considerações precedentes, transpostas para o contrato de volume, são extremamente relevantes dada a natureza imperativa das regras do contrato de transporte. Com efeito, a sua natureza atípica não constitui impedimento à aplicação das regras imperativas do contrato de transporte marítimo de mercadorias, quer porque poderá ser defensável a aplicação direta de tais normas – se considerarmos que o contrato de volume se caracteriza como representando uma "*categoria intermédia entre o típico e o atípico*" ou

[127] Cf. FRANCISCO PEREIRA COELHO, *Contratos Complexos e Complexos Contratuais...*, cit., pp. 40 e 41.

[128] Cf. FRANCISCO PEREIRA COELHO, *Contratos Complexos e Complexos Contratuais...*, cit., pp. 40 e ss..

[129] Cf. FRANCISCO PEREIRA COELHO, *Contratos Complexos e Complexos Contratuais...*, cit., p. 40. O autor dá como exemplo precisamente as regras que impõem determinada forma e as regras imperativas "de proteção" (p. 41).

mesmo que se integra na noção de contrato de transporte – quer porque a analogia das situações poderá justificar (ou impor) a aplicação daquelas regras.

6.3. As Regras de Roterdão

O grupo de trabalho III da Comissão das Nações Unidas para o Direito Comercial Internacional (UNCITRAL) levou a cabo uma importante função que desembocou na aprovação, em 11 de dezembro de 2008, da Convenção das Nações Unidas sobre transporte internacional de mercadorias, total ou parcialmente por mar – também conhecida por Regras de Roterdão (RR)[130].

Aberta a ratificação a 23 de setembro de 2009, a vigência das RR depende de 20 ratificações, entrando em vigor no primeiro dia do mês após ter decorrido o prazo de um ano após a data do depósito do vigésimo instrumento de ratificação ou adesão[131]. Um dos maiores obstáculos à sua entrada em vigor poderá ter precisamente por base o contrato de volume nos moldes "revolucionários" em que aí vem previsto, receando-se que o mesmo possa acarretar uma mudança de paradigma no seio do direito dos transportes.

A par de um regime geral para o transporte marítimo internacional de mercadorias, as RR preveem um regime especial para o contrato de volume, que passou, a partir de então, a estar "oficialmente" regulado por um instrumento de direito internacional, o que despertou um crescente interesse e aceso debate na comunidade jurídica[132]. De facto, a previsão do contrato de volume nas RR constitui uma das questões mais polémicas desta Convenção, tendo sido encarada pela doutrina como um dos conceitos mais inovadores aí previstos[133], havendo até quem afirme ser a "pedra de escândalo" das RR[134].

---

[130] Cf., v.g., Francisco Carlos López Rueda, "Las Reglas de Rotterdam...", cit., pp. 102 e 103.

[131] Cf. artigo 94.º das RR.

[132] Cf. Anastasiya Kozubovskaya-Pelle, "Le contrat de volume...", cit., p. 175, Francisco Carlos López Rueda, "Las Reglas de Rotterdam...", cit., p. 103.

[133] Neste sentido, Duarte Lynce de Faria, "As Regras de Roterdão – as alterações mais significativas", *III Jornadas de Lisboa de Direito Marítimo – Das Regras da Haia às Regras de Roterdão*, Almedina, 2014, p. 657.

[134] Assim, Mário Raposo, "Transporte marítimo de mercadorias: hoje e amanhã", *III Jornadas de Lisboa de Direito Marítimo – Das Regras da Haia às Regras de Roterdão*, Almedina, 2014, p. 21.

A sua previsão nas RR poderá também representar, como afirma MÁRIO RAPOSO, a passagem de um sistema de formulários a um regime legal estabilizado[135]. Sendo certo que, do ponto de vista da positivação jurídica ao nível internacional, poderá caracterizar-se como um conceito inovador, também é certo que "*o contrato de volume não é uma inovação das Regras mas uma prática perfeitamente caracterizável, embora com diferentes designações, desde os anos 80 do século passado*"[136], como tivemos ocasião de ver.

Face à variedade de denominações que têm proliferado nos vários ordenamentos para designar este tipo de contrato, a entrada em vigor das RR poderá contribuir para uma maior generalização e harmonização do conceito[137].

6.3.1. Os trabalhos preparatórios

O contrato de volume esteve desde cedo presente na discussão dos trabalhos preparatórios das RR, quer no que respeita ao conceito a adotar quer fundamentalmente quanto à temática da liberdade contratual.

A sua inclusão nas RR resulta de uma proposta dos Estados Unidos que, em 2003, sugeriram introduzir nestas Regras o conceito de "*Ocean Liner Service Agreement*" (OLSA)[138], e que correspondiam fundamentalmente a contratos moldados em função dos *service contracts* norte americanos, mas adaptados às especificidades das RR[139].

Segundo a proposta então apresentada[140], estes contratos incluir-se-iam no âmbito de aplicação da Convenção, sujeitando-se ao respetivo regime, mas

[135] Cf. MÁRIO RAPOSO, "Transporte marítimo de mercadorias...", cit., p. 22.

[136] Cf. MÁRIO RAPOSO, "Transporte marítimo de mercadorias...", cit., p. 21. Também DUARTE LYNCE DE FARIA, "As Regras de Roterdão...", cit., p. 657, afirma a este respeito, e não obstante aludir a "*um dos conceitos mais inovadores das RR*", que a novidade não é assim tão grande se pensarmos que os "*tariff agreements*" e os "*service contracts*" subscritos hoje já na Europa – sobretudo, nos tráfegos para os Estados Unidos – correspondem, substancialmente, em muitos casos, a verdadeiros contratos de volume.

[137] Cf. FRANCISCO CARLOS LÓPEZ RUEDA, "Las Reglas de Rotterdam...", cit., p. 106.

[138] Que podemos traduzir por "acordos de transporte marítimo por serviços de linha".

[139] Como vimos, os *service contracts* norte americanos regidos pelo United States Shipping Act permite aos carregadores e transportadores acordar uma variedade de condições contratuais, incluindo a redução dos limites de responsabilidade do transportador.

[140] Que consta do documento de trabalho A/CN.9/WG.III/WP.34, elaborado pelo grupo de trabalho III dos trabalhos preparatórios das Regras de Roterdão, de 7 de agosto

com a particularidade de as partes poderem livremente derrogá-lo, embora tais derrogações não vinculassem terceiros[141]. Aborda-se expressamente na proposta a questão da possibilidade de exclusão, por acordo, dos limites de responsabilidade previstos na Convenção, tendo os Estados Unidos manifestado a sua opinião no sentido de dever prevalecer a autonomia privada neste tipo de contratos e de, assim, dever permitir-se às partes o afastamento de qualquer norma da Convenção que as mesmas tivessem por inoportunas ou inconvenientes à satisfação dos seus interesses[142].

O grupo de trabalho estava consciente de que esta proposta conferia uma ampla margem de liberdade contratual às partes, mas aceitava a ideia de que algumas regras imperativas da Convenção não deveriam ser aplicáveis a certos tipos de contratos individualmente negociados. Haveria, então, que definir os casos e as condições em que pudesse haver uma efetiva derrogação da Convenção.

Foi então que, em 2005, se aceitou incluir estes contratos no âmbito de aplicação das RR, tendo-se no entanto decidido adotar o conceito de "contrato de volume" – ou "*volume contract*" na redação original – ao invés de OLSA, dado que este último era baseado diretamente no quadro legislativo de um único país (os Estados Unidos), enquanto aquele, sendo um conceito mais universal e mais conhecido nos vários ordenamentos jurídicos nacionais, respondia melhor às exigências do direito internacional.

Em que é que consistiam, afinal, estes acordos na proposta apresentada? Em primeiro lugar, os mesmos diziam unicamente respeito ao transporte marítimo em linhas regulares, devendo distinguir-se do fretamento (em que a deslocação de mercadorias é efetuada em linhas não regulares)[143]; em segundo lugar, deveriam ser celebrados por escrito (ou por um documento eletrónico equivalente), num documento que não fosse um mero conhecimento de carga ou título de transporte emitido no momento em que o transportador ou a parte executante recebesse as mercadorias; terceiro, os acordos OLSA obrigavam o transportador a um conjunto de serviços para além das típicas obrigações deste ao abrigo da Convenção – i.e., diferentes da mera

de 2003, pp. 6-9.

[141] Cf. documento de trabalho A/CN.9/WG.III/WP.34..., cit., p. 7. *Vide* também, sobre esta proposta, Michael F. Sturley, Tomotaka Fugita, Gertjan van der Ziel, *The Rotterdam Rules – The UN Convention on Contracts for the International Carriage of Goods Wholly or Partly by Sea*, Thomson Reuters, 2010, p. 377.

[142] Cf. documento de trabalho A/CN.9/WG.III/WP.34..., cit., p. 6.

[143] Cf. documento de trabalho A/CN.9/WG.III/WP.34..., cit., p. 7.

obrigação do transportador receber, carregar, transportar e entregar as mercadorias em bom estado; quarto, o carregador comprometer-se-ia a entregar um determinado volume de mercadorias para o transporte numa série de viagens sucessivas (ou seja, o contrato abrangeria mais de uma viagem); por último, a fixação do frete seria feita atendendo ao volume da mercadoria a transportar e aos serviços prestados[144].

Sentiu-se, desde logo, a necessidade de preparar um documento explicativo sobre a regulação dos contratos de volume no projeto da Convenção, a fim de colocar em relevo as suas repercussões jurídicas e práticas, o qual contou com a colaboração do Comité Marítimo Internacional[145].

O reconhecimento da excessiva margem de liberdade contratual da proposta dos Estados Unidos levou, então, à discussão das condições para a existência de derrogações da Convenção[146]. Chegou-se, por fim, a um consenso final no sentido de o conceito de contrato de volume não dever incluir um mínimo de mercadorias a transportar e de a existência de derrogações só ser admissível mediante a possibilidade, dada pelos transportadores aos carregadores, de celebrarem contratos de volume sem derrogações ao regime imperativo, e proibindo-se, além disso, as derrogações operadas com recurso a contratos de adesão[147].

Pode portanto dizer-se que, pelo menos em relação aos contratos de volume, as RR foram feitas à medida do tráfego marítimo dos Estados Unidos, o que tem vindo a ser alvo de críticas, por se entender que, por esta via, foi descurada a tradição marítima de outros países[148]. Não pode, por certo, negar-se a decisiva influência dos Estados Unidos nesta matéria, embora, numa solução de compromisso, se tenha chegado a um acordo que veio "refinar" o inicialmente proposto, restringindo-se a liberdade contratual que, na proposta deste país, se apresentava em termos quase absolutos.

---

[144] Cf. documento de trabalho A/CN.9/WG.III/WP.34..., cit., p. 7.

[145] Cf. documento de trabalho A/CN.9/WG.III/WP.66..., cit..

[146] Cf. Michael F. Sturley, Tomotaka Fugita, Gertjan van der Ziel, *The Rotterdam Rules...*, cit., p. 377.

[147] Cf. Michael F. Sturley, Tomotaka Fugita, Gertjan van der Ziel, *The Rotterdam Rules...*, cit., p. 378 e documento de trabalho A/CN.9/645 elaborado pelo grupo de trabalho III relativo à 41ª sessão dos trabalhos preparatórios das RR.

[148] Contra, *vide* Miquel Roca López, "Las Reglas de Rotterdam", *Estudios de Derecho Marítimo*, Arandazi, 2012, pp. 611-613, recusando esta crítica por considerar que seja ou não um "americanismo", há outros preceitos das RR e até da própria CB 1924 com influência americana, outros com influência francesa, britânica, holandesa e mais um número sem fim de Estados que trabalharam para chegar a acordo.

6.3.2. A Declaração de Montevideu

As críticas à inclusão do contrato de volume nas RR fizeram-se sentir para lá dos trabalhos preparatórios. Após a assinatura e a sua abertura à ratificação por parte dos vários Estados, foi elaborada a Declaração de Montevideu, de 22 de outubro de 2010[149]. Esta Declaração consiste num documento redigido e assinado por um grupo de cidadãos e especialistas em direito marítimo que aí manifestaram a sua oposição em relação à adesão e ratificação das RR por parte dos seus países (da América latina), criticando severamente alguns dos seus pontos, como o regime previsto para o contrato de volume e a matéria dos documentos de transporte.

Nela se afirma, em geral, que a entrada em vigor das RR será prejudicial para os países – como os países da América latina – constituídos maioritariamente por importadores e exportadores (que o mesmo é dizer, países na sua maioria de "carregadores"), comprometendo-se a igualdade e equidade das relações entre as partes no contrato de transporte[150].

Afirma-se que as RR não estabelecem soluções uniformes e universais, ao permitirem o afastamento de algumas das suas regras, como sucede no regime do contrato de volume. Refere-se, ademais, que as RR introduzem conceitos descurados de importância ou utilidade, como a noção apresentada de contrato de volume, a noção de transporte de linha regular ou não regular ou de parte executante e parte executante marítima – noções que, segundo os signatários da Declaração, não alteram o conceito nem o objeto de contrato de transporte.

Outro dos pontos focados nesta Declaração é a temática dos documentos de transporte. Afirma-se que as RR, eliminando o conceito de "conhecimento de carga", o substituem pela referência ao conceito vago de "documento de transporte" ou "documento eletrónico de transporte" e que, além disso, as Regras referem, de forma equivocada, que o substituto do conhecimento de carga – i.e., o documento de transporte ou documento eletrónico de transporte – é o próprio contrato de transporte, quando o mesmo não é mais do

[149] Publicada em *Anuario de Derecho Marítimo*, vol. XXVIII, 2011, pp. 687-691. Refere Mário Raposo, "Transporte marítimo de mercadorias...", cit., que o ponto mais significativo das críticas às RR seria alcançado na Declaração de Montevideu. Esta declaração foi subscrita, entre outros, por William Tetley, Jan Ramberg, Svante Johansson e Kay Pysden.

[150] Referindo-se, além disso, que se trata de um instrumento jurídico extremamente complexo, com muitas remissões entre as suas disposições normativas, com definições tautológicas e com uma técnica legislativa deficiente.

que uma prova da sua existência, ignorando-se as suas outras funções de recibo de mercadorias e título de crédito. Refere-se, além disso, em tom de crítica, que as RR não se aplicam a conhecimentos ou documentos de transporte emitidos na sequência de um contrato de fretamento de navio.

Em suma, os signatários da Declaração de Montevideu sustentam que se está perante um instrumento de direito que, ao invés de facilitar o comércio marítimo internacional e procurar estabelecer soluções uniformes e que procurem o máximo de harmonização possível em relação aos vários ordenamentos jurídicos e de equilíbrio entre as partes no contrato de transporte, ignora este objetivo e descura os interesses dos carregadores[151].

6.3.3. Âmbito de aplicação

A previsão do contrato de volume nas RR como uma específica modalidade de contrato de transporte importa a precisão do seu âmbito de aplicação, uma vez que esta figura também surge na prática associada ao tráfego de linhas não regulares[152]. Torna-se, assim, imperioso apelar nesta sede à distinção entre transporte e fretamento, visto que o contrato de volume é, para efeitos da Convenção, um contrato de transporte.

Concretizando, o artigo 6.º das RR exclui do seu âmbito de aplicação quer os transportes de linha não regular, quer os contratos de fretamento e outros contratos de utilização do navio ou parte de navio em linha regular[153]. A exclusão do fretamento é feita sem, contudo, se apresentar uma noção que possa clarificar o conceito, o que seria altamente desejável atenta a sua falta de uniformização nos vários ordenamentos jurídicos partes da Convenção.

[151] Esta Declaração foi, dias depois, alvo de uma resposta também latino americana, por parte de cidadãos da Colômbia, do Chile, de Espanha, do Uruguai e da Venezuela, que elaboraram um documento intitulado "Las Reglas de Rotterdam – Una respuesta Latinoamericana a la «Declaración de Montevideo», onde se responde, ponto por ponto, às críticas apresentadas pelos autores desta Declaração. Esta resposta está disponível em https://comitemaritime.org/wp-content/uploads/2018/05/Las-Reglas-de-Rotterdam-Una-respuesta-latinoamericana-a-la-Declaraci%C3%B3n-de-Montevideo-2.pdf.

[152] Como refere Duarte Lynce de Faria, "As Regras de Roterdão ...", cit., p. 557, os contratos de volume estão, na *praxis* comercial, não raras vezes associados a transportes de linhas não regulares e à emissão de diversas cartas-partidas, fenómeno que, à partida, significaria que estariam fora do âmbito das RR.

[153] O artigo 7.º das RR vem depois estabelecer algumas exceções a este regime de exclusão.

Entramos aqui num espaço de indefinição e de incerteza jurídica que deveria ter sido acautelado através da clarificação de um conceito para efeitos de aplicação destas Regras[154].

Uma coisa, porém, parece resultar: poderão existir contratos de transporte efetuados em linhas não regulares, sem que tal descaracterize o conceito. Simplesmente, nestes casos, a Convenção não se aplica. Pela negativa, dir-se-á, então, que, segundo a Convenção, o critério das linhas regulares e irregulares não é elemento distintivo, em termos de regime, do transporte e do fretamento, embora o possa ser na prática. No essencial, portanto, este instrumento de direito internacional não nos dá nenhum critério que permita, pela positiva, distinguir o transporte do fretamento, permanecendo este último no vazio para efeitos de aplicação da Convenção.

Quais as ilações que daqui podem retirar-se para efeitos do contrato de volume? Dir-se-á, em primeiro lugar, que o contrato de volume tal como concebido nas RR constitui um verdadeiro contrato de transporte, e não um fretamento – embora muitas vezes na prática seja a este que se encontre associado. Em segundo lugar, terá de ser um transporte efetuado em linhas regulares, estando os contratos de volume cujo transporte se destine a ser efetuado em linhas não regulares fora do alcance normativo das RR.

Em termos teóricos não é difícil chegar a estas conclusões. O problema está na ausência de critérios quanto à distinção entre fretamento e transporte, que aparece sem apelo a um critério substancial que permita distinguir ambas as figuras, o que ainda se torna mais problemático se tivermos presente que os vários ordenamentos consagram também soluções distintas sobre esta matéria[155].

---

[154] Como refere García-Pita y Lastres, "Fletamento, transporte marítimo...", cit., p. 375, a única coisa que parece resultar clara quanto ao conceito de *fretamento* adotado nas RR é que se trata de um contrato, não sabemos mais nada a não ser que a noção se deduza da referência feita a outros contratos para a utilização de um navio ou de qualquer espaço a bordo de um navio.

[155] Como é sabido, a interpretação das convenções internacionais não deve ser feita por referência aos ordenamentos nacionais, mas sim de forma autónoma. Corre-se assim o risco de cada Estado interpretar estes conceitos à luz do seu direito nacional, comprometendo-se a uniformidade que se visa alcançar através dos instrumentos de direito internacional.

6.3.4. Noção e caracterização

O contrato de volume vem especificamente previsto e definido nas RR as quais, logo no seu artigo 1.º – que contém um conjunto de definições –, vêm, no n.º 2, defini-lo como um contrato de transporte que prevê o transporte de uma determinada quantidade de mercadorias em diversas viagens, durante um determinado período de tempo, sendo que a especificação da quantidade de mercadorias pode incluir um mínimo, um máximo ou uma certa margem[156].

Embora tenha sido autonomizado em termos de conceito, o contrato de volume aqui previsto não constitui uma modalidade distinta do contrato de transporte, antes sendo uma específica variante deste – i.e., sendo o contrato de transporte de mercadorias por mar uma realidade ampla, este pode consistir ou não, para efeitos desta Convenção, num contrato de volume[157]. Esta interpretação é a única que se coaduna com a noção de contrato de volume prevista nas RR.

O conceito apresentado é bastante amplo, abrindo as portas ao enquadramento de diversas realidades, dado que não se estabelecem limites mínimos e máximos de viagens, nem de tempo, nem de quantidade de mercadorias a serem transportadas[158].

A ausência destes limites poderá ser propícia à existência de situações abusivas comprometedoras da própria finalidade inerente aos contratos de volume e afetar, assim, a materialidade subjacente, em violação do princípio da boa fé, que visa a obtenção de soluções efetivas e não se coaduna com

---

[156] A redação original, em inglês, determina o seguinte: *"Volume contract" means a contract of carriage that provides for the carriage of a specified quantity of goods in a series of shipments during an agreed period of time. The specification of the quantity may include a minimum, a maximum or a certain range.*

[157] Cf. M. Januário da Costa Gomes, "Introdução às Regras de Roterdão – A Convenção «Marítima-Plus» sobre transporte internacional de mercadorias," *Temas de Direito dos Transportes I*, Almedina, 2010, p. 48, e Fernando Sánchez Calero, *El Contrato de Transporte Marítimo...*, cit., p. 630.

[158] Assim, a Austrália e a França, nos trabalhos preparatórios, ainda propuseram a inclusão do limite mínimo de um ano e da menção ao transporte de uma quantidade de mercadorias "substancial", dado que o longo período de tempo e a quantidade de mercadorias a transportar são, pois, o que justificam a permissão das derrogações à Convenção quando esteja em causa um contrato de volume – cf. documento de trabalho n.º A/CN.9/612, relativo à 39ª sessão, que decorreu entre 19 de junho e 7 de julho de 2006, pp. 3 e 4, e documento de trabalho A/CN.9/WG.III/WP.88, relativo à 19ª sessão que decorreu entre 16 e 27 de abril de 2007, p. 2.

situações que só formalmente se enquadrem numa determinada previsão legal[159]. Dada a amplitude do conceito, a sua concretização jurisprudencial assumirá aqui extrema relevância, ficando aos tribunais reservado um papel de combate a situações abusivas ou fraudulentas[160].

Este ponto foi alvo de críticas e discussão nos trabalhos preparatórios das RR, tendo alguns Estados – França e Austrália – defendido a necessidade de imposição de limites quantitativos e qualitativos, quer quanto à duração do contrato de volume, quer quanto à quantidade de mercadorias e a transportar, com vista à clarificação do conceito ao abrigo da Convenção. Concretamente, estes países propuseram que, na noção de contrato de volume se inserisse a referência a uma "quantidade substancial de mercadorias" a transportar numa série de viagens durante um "período de tempo não inferior a um ano"[161].

Segundo a proposta destes países, o traço característico deste tipo de contratos reside na negociação entre as partes tendo em conta a relação duradoura que as une bem como a grande quantidade de volume de mercadorias associada[162]. Esta situação, prosseguem, distingue-se dos outros contratos de transporte em que, normalmente, não existe negociação entre as partes mas apenas um mero conhecimento de carga com condições pré estipuladas e submetidas ao carregador, que as assina[163]. Por outras palavras, é no longo período de tempo e na grande quantidade de mercadorias a transportar que, segundo estes países, reside o fundamento da celebração

[159] Resulta do princípio da primazia da materialidade subjacente, enquanto subprincípio concretizador da boa fé, que devem os sujeitos agir em termos que correspondam, substantivamente, às finalidades que o ordenamento jurídico teve em vista com determinado parâmetro normativo. Dele decorre o comando de adoção de condutas que materialmente (e não apenas formalmente) correspondem aos objetivos jurídicos pretendidos, exigindo "que os exercícios jurídicos sejam avaliados em termos materiais de acordo com as efetivas consequências que acarretem" – cf. Menezes Cordeiro, *Tratado de Direito Civil*, II, Almedina, 3ª ed., 2007, pp. 415 e 416.

[160] Theodora Nikaki e Baris Soye, "A New Internacional Regime for Carriage of Goods by Sea: Contemporary, Certain, Inclusive AND Efficient, or Just Another One for the Shelves?", *Berkeley Journal of International Law*, Vol. 30, 2012, p. 31, afirmam a este respeito que muito dependerá da construção do conceito de contrato de volume que os tribunais venham a adotar.

[161] Cf. documento de trabalho A/CN.9/612..., cit..

[162] Cf. documento de trabalho A/CN.9/612..., cit..

[163] Cf. documento de trabalho A/CN.9/612..., cit..

de contratos de volume, sendo também o que justifica a possibilidade de derrogações à convenção[164].

Estas sugestões não foram, no entanto, aceites pelo grupo de trabalho. Por isso, e não obstante o seu *nomen iuris* conter a referência a "volume", tal não exigirá, face à noção adotada, que o volume a transportar corresponda a uma quantidade substancial de mercadorias. E, por outro lado, a duração do contrato de volume dependerá daquilo que for convencionado, podendo estabelecer-se um prazo específico e determinado, ou um prazo renovável, e inclusivamente acordar-se um período de tempo indefinido com a menção de que cessará com a denúncia de qualquer das partes nos termos acordados[165].

Note-se ainda que esta noção, tal como é apresentada, é também suficientemente abrangente para se afirmar que os contratos de volume tanto podem ser efetuados em linhas regulares como não regulares[166]. Mas, atendendo ao âmbito de aplicação da Convenção, teremos de concluir que só os primeiros estão a ela sujeitos.

Questão diferente, dada a amplitude do conceito, é a de saber se cada uma das diferentes viagens previstas no contrato de volume a serem efetuadas num período delimitado de tempo têm de abranger, necessariamente, um modo de transporte marítimo ou se basta que, no seu conjunto, uma delas contenha necessariamente o modo de transporte marítimo. Imagine-se, por exemplo, que a primeira viagem efetuada ao abrigo do contrato de volume é efetuada quer por mar quer por terra mas outra das viagens é efetuada só por terra. Terá cada viagem do contrato de volume ao abrigo das RR de abranger sempre a via marítima para ser aplicável este regime? Ou basta que o contrato de volume contenha apenas, globalmente, uma viagem em que o transporte inclua a via marítima?

O contrato de volume é, nas RR, indubitavelmente reconhecido como um contrato de transporte – e é unitário, não existindo tantos contratos de transporte como as viagens realizadas[167]. As diferentes viagens realizadas ao

---

[164] Como veremos *infra*, no contrato de volume as partes podem, mediante o cumprimento de determinadas condições, derrogar disposições da Convenção, em nome da liberdade contratual.

[165] Cf. Fernando Sánchez Calero, *El Contrato de Transporte...*", cit., p. 633.

[166] Neste sentido, Cf. Proshanto K. Mukherjee e Abhinayan Basu Bal, *A Legal and Economic Analysis of the Volume Contract Concept under the Rotterdam Rules...*, cit., p. 11.

[167] Este tema irá ser objeto de mais desenvolvimentos adiante. Por ora, ficamos com esta breve referência.

seu abrigo são execução desse contrato. Sendo as RR uma Convenção marítima *plus* na medida em que tem de prever necessariamente e pelo menos o modo de transporte marítimo, basta que numa das viagens seja, pelo menos, utilizado o modo de transporte marítimo. Esta é a interpretação que mais se coaduna com a noção de contrato de volume como tal apresentada nas RR e com a sua natureza unitária.

A noção de contrato de volume tal qual como vingou nas RR resulta de uma série de compromissos e cedências, após várias discussões durante os trabalhos preparatórios e, apesar das críticas que podem apontar-se à amplitude do conceito, é certamente uma consequência da regra do consenso necessário à adoção de uma convenção internacional, tanto mais que ela é essencial para garantir a sua aplicação ao maior número de Estados possível[168].

6.3.5. A imperatividade das Regras de Roterdão

A CB de 1924 e as Regras de Hamburgo contêm um regime imperativo a favor do carregador – *one way mandatory* –[169], atendendo à necessidade de proteger os carregadores que frequentemente surgem com menor poder de negociação. Daí que, na CB 1924, os contratos celebrados ao abrigo de uma carta-partida estejam, à partida, fora do seu âmbito[170], porque aqui geralmente as partes têm igual poder de negociação e, como tal, não se vislumbra a necessidade de proteger uma das partes, não sendo necessário o estabelecimento de um regime imperativo. A técnica adotada nas Regras de Hamburgo foi a mesma, com a ressalva de que não há exceções ao caráter imperativo do regime nelas estabelecido[171].

---

168 Cf. Anastasiya Kozubovskaya-Pelle, "Le contrat de volume...", cit., p. 182.

169 O artigo 3.º, n.º 8, da CB de 1924 dispõe que "*será nula, de nenhum efeito e como se nunca tivesse existido, toda a cláusula, convenção ou acordo num contrato de transporte exonerando o armador ou o navio da responsabilidade por perda ou dano concernente a mercadorias proveniente de negligência, culpa ou omissão dos deveres ou obrigações* [do transportador], *ou atenuando essa responsabilidade por modo diverso do preceituado na* [...] *Convenção*".

170 Cf. artigo 5.º, salvaguardando-se os casos em que haja emissão de conhecimento de carga e o título circule.

171 Cf. artigo 23.º, n.º 1, das Regras de Hamburgo.

As RR, por sua vez, seguem uma dupla aproximação a estes instrumentos internacionais mas com particularidades próprias. Há quem refira, a este respeito, que as exclusões do seu âmbito de aplicação e as situações em que é permitida a liberdade contratual refletem as modernas exigências do comércio marítimo internacional[172].

Distintamente, o artigo 79.º das RR contém um regime imperativo num sentido dual ou bidirecional – *two way mandatory*[173]. Assim, no n.º 1 desse preceito prevê-se que, salvo disposição especial prevista na Convenção, são nulas as cláusulas contratuais que excluam ou limitem direta ou indiretamente as obrigações do transportador ou da parte executante marítima; ou designe como beneficiário do seguro das mercadorias transportadas o transportador[174]. Por sua vez, o n.º 2 determina que, salvo disposição especial prevista na Convenção, são nulas as cláusulas contratuais que excluam, limitem ou ampliem direta ou indiretamente as obrigações do carregador, do destinatário, da parte controladora, do portador ou do carregador documentário; ou excluam, limitem ou aumentem, direta ou indiretamente a responsabilidade do carregador, do destinatário, da parte controladora, do portador ou do carregador documentário.

A imperatividade, embora prevista num sentido bidirecional, não é todavia absoluta, sendo possível que as partes acordem no aumento das obrigações ou responsabilidade do lado do transportador ou da parte executante marítima, mas já não sendo possível que se preveja tal aumento em relação ao carregador ou outros intervenientes a ele associados. Embora de forma mais mitigada, continua a manifestar-se uma maior preocupação na tutela dos carregadores em relação aos transportadores. Em suma, não é possível limitar ou excluir as obrigações ou responsabilidade do transportador previstas na Convenção, mas pode convencionar-se o seu aumento. Já em relação ao carregador, não é possível excluir, limitar nem ampliar as suas obrigações ou responsabilidade, o que denota uma maior tutela atento o menor poder negocial de que normalmente dispõem.

---

[172] Cf. Francesco Berlingieri, "The Unicitral Draft Convention on the Carriage of Goods ("Wholly or partly) (by Sea)", *Zbornik Pravnog Fakulteta u Zagrebu*, 2008, Vol. 58, número 1-2, pp. 50 e 51.

[173] Cf. Proshanto K. Mukherjee e Abhinayan Basu Bal, *A Legal and Economic Analysis of the Volume Contract* ..., cit., p. 4.

[174] Ou alguma das pessoas mencionadas no artigo 18.º das RR, como partes executantes, o capitão do navio ou funcionários do transportador.

6.3.6. Disposições especiais aplicáveis ao contrato de volume

6.3.6.1. A liberdade contratual. Um regime parcialmente imperativo

A temática da liberdade contratual esteve fortemente presente durante a discussão nos trabalhos preparatórios das RR. Pela primeira vez no direito dos transportes internacional inclui-se uma específica norma de liberdade contratual para uma específica modalidade contratual[175]. Nunca antes uma convenção internacional de direito dos transportes tinha contemplado uma regra desta natureza, permitindo às partes o desvio a um regime legal imperativo a respeito das obrigações e responsabilidades previstas para ambas as partes – e até, como veremos, para quem esteja com elas relacionado, como a parte executante marítima – do lado do transportador –, ou o destinatário das mercadorias, do lado do carregador.

Este assunto é o que mais controvérsia e discussão tem gerado a respeito do regime do contrato de volume nas RR[176] e também por comparação ao previsto na CB e nas Regras de Hamburgo. Concorde-se ou não, o seu carácter inovador e revolucionário no direito dos transportes é uma realidade[177].

O tema não é recente nem específico dos contratos de volume. Na verdade, já vem sendo discutido desde finais do século XIX, atendendo aos abusos que então se faziam sentir do lado dos transportadores em detrimento dos carregadores. À data, o princípio da liberdade contratual vigorava na sua plenitude, como um princípio contratual "praticamente absoluto"[178] em sede de contratos – o que, no contrato de transporte marítimo de mercado-

---

[175] Cf. Rafael Illescas Ortiz, "What changes in internacional transport law after the Rotterdam Rules?", *Uniform Law Review Revue de Droit Uniforme*, 2009-4, Unidroit, p. 894.

[176] Como afirma M. Januário da Costa Gomes, "Introdução às Regras de Roterdão...", cit., p. 50, "*o relevo da liberdade contratual nas Regras de Roterdão respeita, grosso modo, e em primeiro lugar, à acentuação da especificidade do contrato de volume, que não à contraposição entre contrato de transporte e contrato de volume, já que, como vimos, este constitui uma modalidade daquele*". Sobre esta controvérsia associada ao regime parcialmente imperativo da Convenção para os contratos de volume *vide* também Anastasiya Kozubovskaya-Pelle, "Le contrat de volume...", cit., p. 179.

[177] Cf. Rafael Illescas Ortiz, "What changes in internacional transport law after the Rotterdam Rules?"..., cit., p. 894-897. Nas palavras do autor, esta norma da liberdade contratual associada ao contrato de volume representa uma forte quebra com o passado, sendo a maior inovação a respeito da regulamentação do contrato de transporte internacional de mercadorias.

[178] A expressão é de Hugo Ramos Alves, *Da Limitação da Responsabilidade do Transportador...*, cit., p. 25.

rias, levou à existência de práticas contratuais traduzidas no estabelecimento de condições gravosas para os carregadores por via de normas contratuais que previam a limitação e exclusão da responsabilidade do transportador, em termos também quase absolutos, relativamente às mercadorias que lhe eram confiadas, mesmo nos casos em que os danos sofridos derivavam de atos negligentes do transportador ou seus auxiliares[179].

Em reação a esta prática, os carregadores, que entendiam serem tais condições impostas pelos transportadores, opuseram-se. Os EUA manifestaram-se no sentido da necessidade de uma intervenção legislativa nesta matéria, a favor de uma maior limitação da autonomia contratual no transporte marítimo. Na altura, este país era uma potência emergente com um papel acentuado na exportação e expedição de mercadorias. No seio do transporte marítimo, os EUA eram, portanto, "um país de carregadores". Foi então aprovado, em 1893, o Harter Act, que estabeleceu um regime imperativo, para vigorar nos EUA, com vista a estabelecer um equilíbrio entre as partes no contrato de transporte. Por força deste documento deixou de ser possível a exclusão da responsabilidade do transportador relativamente ao bom estado de navegabilidade do navio, i.e., passou a prever-se a obrigação dos transportadores atuarem em termos diligentes no sentido de armar, equipar, provisionar e preparar convenientemente o navio, de modo a que este pudesse concluir a viagem com sucesso, sob pena de responsabilidade[180].

O Harter Act era um diploma interno dos EUA, pelo que o seu âmbito de aplicação era limitado. Fez-se sentir a necessidade de estender este regime, o que desembocou na adoção, em 1921, das Regras da Haia que praticamente assumem o conteúdo do Harter Act. Mas estas regras não continham um regime vinculativo, constituindo um documento não vinculativo que as partes poderiam ou não optar por incluir nos seus contratos, o que foi sentido como insuficiente. Daí que, em 1924, tenha sido aprovada a CB 1924 relativa à unificação de certas regras em matéria de conhecimentos de carga[181] e

[179] Cf. Hugo Ramos Alves, *Da Limitação da Responsabilidade do Transportador...*, cit., pp. 25 e 26.

[180] Prevendo-se também as situações em que o transportador não seria responsável, como nos casos de força maior ou nos casos não imputáveis ao carregador (por ex., por vícios próprios da mercadoria ou por factos imputáveis ao carregador) – cf. Hugo Ramos Alves, *Da Limitação da Responsabilidade do Transportador...*, cit., pp. 28 e 29. Sobre o Harter Act, *vide* I. L. Evans "The Harter Act and its limitations", *Michigan Law Review*, Vol. 8, N.º 8, 1910, pp. 637-655.

[181] Esta Convenção, em virtude de ter adotado as Regras da Haia de 1924, é conhecida também por Regras da Haia.

que, em termos semelhantes ao Harter Act, contém, como vimos, um regime imperativo a favor dos carregadores – *one way mandatory*.

Nas RR, o artigo 80.º consagra a possibilidade de derrogação do regime imperativo aí previsto para os contratos de transporte em geral quando as partes celebrem entre si um contrato de volume[182]. Nele se refere, no n.º 1, que, não obstante o previsto no artigo 79.º – que dispõe sobre a imperatividade das Regras –, pode o contrato de volume celebrado entre o carregador e o transportador prever mais ou menos direitos, obrigações ou responsabilidades que o imposto pela Convenção, vindo depois exigir-se uma série de condições para que possa ter lugar essa derrogação, as quais estão previstas no n.º 2 do mesmo preceito.

Torna-se, agora, possível estabelecer cláusulas limitativas e de exclusão da responsabilidade, ou que fixem limites indemnizatórios, bem como cláusulas que limitem, excluam ou aditem determinadas obrigações em relação ao previsto na Convenção.

Claro que, como é doutrina aceite no direito civil e comercial e no direito dos transportes em geral, quer nacional quer internacional, a admissibilidade de cláusulas limitativas ou de exclusão da responsabilidade está sujeita a limites, não se coadunando com situações de incumprimento que tenham origem em atuações dolosas do agente causador do dano[183].

---

[182] Para Duarte Lynce de Faria, esta situação permite que o contrato de volume seja quase um *outsider* das RR, dado o âmbito da liberdade contratual prevalecente sobre a maioria das disposições imperativas da Convenção, mas permite, por outro lado, a sua evolução e aplicação ao transporte contentorizado por linha regular, retornando, desta forma, à Convenção – cf. "As Regras de Roterdão...", cit., p. 658.

[183] No direito português, sobre a temática geral da validade das cláusulas de limitação e de exclusão da responsabilidade civil, *vide*, em especial, António Pinto Monteiro, *Cláusulas Limitativas e de Exclusão de Responsabilidade Civil*, Almedina 2003, que defende, no essencial, serem admissíveis quer cláusulas limitativas quer de exclusão desde que a responsabilidade não seja devida a conduta dolosa. Afirma o autor, em jeito de conclusão, o seguinte: "*cremos que a necessidade de salvaguardar a exigibilidade do direito de crédito e o sentido jurídico da obrigação civil, bem como a necessidade de ter em conta o princípio da boa fé e o carácter preventivo e ético-sancionatório do instituto da responsabilidade civil e, em geral, o respeito por valores de ordem pública, são razões que justificam amplamente a nulidade de cláusulas limitativas e de exclusão de responsabilidade por danos resultantes de violações contratuais dolosas ou gravemente culposas. Atitude diferente deverá merecer, parece-nos, uma exclusão ou limitação da responsabilidade respeitante a danos causados por culpa leve, excepto se a sua invalidade se justificar, no caso concreto, em atenção a princípios gerais de controlo da liberdade contratual: boa fé, ordem pública, bons costumes, proibição de negócios usurários, etc.*" (p. 245).

A razão de ser da derrogação efetuada pelo artigo 80.º prende-se essencialmente com o facto de este tipo de contratos serem (normalmente) celebrados entre transportadores e grandes carregadores, com idêntico poder de negociação, como também geralmente sucede nos fretamentos[184/185].

Mas, como o contrato de volume não pressupõe uma quantia mínima de contentores ou volume de mercadorias a ser transportada, nem sempre o poder de negociação entre as partes será equilibrado. Por isso, o estabelecimento de uma norma de liberdade contratual é encarado, e com razão, com preocupação por parte de alguma doutrina que entende que tal regime colocará os carregadores – especialmente os pequenos carregadores – numa posição débil e desvantajosa face aos transportadores, a quem está associada uma maior capacidade económica e maior poder de negociação – e, logo, com maiores condições de imposição de cláusulas contratuais.

Os representantes dos carregadores afirmaram precisamente, a este respeito, que este regime derrogatório poderá ser desvantajoso para os carregadores de menor dimensão ou capacidade económica, que tenham um poder de negociação inferior ao transportador, ou ainda os carregadores mais inexperientes, comprometendo-se a igualdade das partes[186]. Por sua vez, os países "transportadores", à cabeça os Estados Unidos, argumentaram que normalmente neste tipo de contratos não existe um desequilíbrio entre as partes, porque, na prática, quem recorre aos contratos de volume são grandes carregadores, com grande poder económico que necessitam de manter uma relação duradoura de transporte atendendo às necessidades constantes de fornecimento de mercadorias a serem exportadas[187].

Por isso, considerou-se necessário prever certas condições para a possibilidade de derrogação deste regime[188], traduzidas na necessidade de nego-

---

[184] Cf. Francesco Berlingieri, "An analysis of two recent commentaries of the Rotterdam Rules", *Il Diritto Marittimo*, Fasc. I – 2012.

[185] Referem Theodora Nikaki e Baris Soye, "A New Internacional Regime for Carriage of Goods by Sea...", cit., pp. 29 e 30, que com esta solução as RR reconheceram que, nos dias que correm, os carregadores nem sempre são a parte mais fraca num contrato de transporte – como sucede nos contratos de volume – não existindo a necessidade, nestes casos, de estabelecer um regime imperativo, dado que os carregadores têm, aqui, condições de negociar os termos contratuais com um poder negocial idêntico ao dos transportadores.

[186] Cf. Anastasiya Kozubovskaya-Pelle, "Le contrat de volume...", cit., p. 180.

[187] Cf. Anastasiya Kozubovskaya-Pelle, "Le contrat de volume...", cit., p. 180.

[188] Theodora Nikaki e Baris Soye, "A New Internacional Regime for Carriage of Goods by Sea...", cit., p. 30, referem precisamente que existe sempre o risco de a liberdade contratual plena poder afetar os pequenos carregadores, destituindo-os de mecanismos para

ciação individual do contrato e de identificação expressa das disposições contratuais que contêm derrogações à Convenção. O propósito foi garantir que ambas as partes têm plena consciência que estão a celebrar um contrato em derrogação a uma Convenção.

Esta possibilidade de derrogação acarreta o risco de as partes optarem, muitas vezes, por celebrar um contrato de volume "mascarado" de vários transportes, mas socorrendo-se deste mecanismo para se subtraírem às regras imperativas não derrogáveis se tivessem optado por um transporte "comum".

De facto, como vimos, a noção de contrato de volume é tão ampla que pode esgotar-se apenas em duas viagens e pode dizer respeito a uma ínfima quantidade de mercadorias (por ex., podem apenas ser necessários dois contentores). Pode, assim, suceder que, perante uma pequena quantidade de mercadorias cujo transporte poderia ser perfeitamente realizado apenas numa viagem, decidam antes as partes, porque se querem furtar ao regime imperativo, socorrer-se desta nova figura contratual. Formalmente, dir-se-á, incluem-se perfeitamente estes contratos na noção de contrato de volume tal como previsto nas RR. Materialmente, porém, as dúvidas da sua admissibilidade são muitas, já que o contrato de volume está associado ao transporte de grandes quantidades de mercadorias e a um certo protelar do tempo – i.e., a uma relação duradoura e continuada.

Por outro lado, como observa SÁNCHEZ CALERO, a ampla liberdade contratual concedida pode levar a que se "fuja" à aplicação do regime da Convenção mediante a celebração de contratos de volume que prejudiquem os carregadores com escasso poder económico e de negociação, ou que não estejam cientes das consequências que podem derivar da derrogação ao regime geral[189].

Uma solução seria fazer uma interpretação restritiva da norma. Porém, perante a sua amplitude, não parece que caiba ao intérprete estabelecer limites onde o legislador não o fez. Correr-se-ia o risco de estabelecer critérios interpretativos gerais que pudessem não se adequar aos casos concretos. É, pois, perante os casos concretos que se coloquem que deverá analisar se as partes atuaram, ou não, de forma fraudulenta, embora tenhamos de reconhecer as dificuldades de prova que tal poderá acarretar. Precisamente por

---

fazer face a condições contratuais impostas unilateralmente pelos transportadores e que, por isso, estas condições de derrogação vieram responder a estas preocupações, garantindo-se desta forma eventuais abusos.

[189] Cf. FERNANDO SÁNCHEZ CALERO, *El Contrato de Transporte...*, cit., p. 634.

isso será muito difícil ao juiz invalidar as cláusulas que derroguem as normas imperativas da convenção com esse fundamento.

De qualquer forma, como reflete BERLINGIERI, até que ponto irão os carregadores deixar-se "seduzir" por ofertas atrativas em termos de frete e, em contrapartida, aceitar derrogar certas disposições a favor dos transportadores – v.g., limitando-se ou até exonerando-se a responsabilidade? Se calhar, como refere, as vantagens auferidas seriam diminutas por comparação ao tempo que seria de dispensar para negociar os termos da derrogação[190]. As condições de derrogação impostas pelo regime parecem vir, assim, atenuar as fraudes temidas.

Note-se que, como já tivemos ocasião de dizer, as RR apenas se aplicam aos contratos de volume que são efetuados em transporte de linha regular, pois o transporte de linha não regular está expressamente fora do seu âmbito de aplicação, pelo que este regime parcialmente imperativo só se aplica aos contratos de volume em linha regular e não aos de linha não regular, fora do seu âmbito. Também nos Estados Unidos os *service contracts* são efetuados em transporte e serviços de linha, como vimos[191].

A autonomia privada nos contratos de volume parece romper com a clássica distinção entre o transporte e o fretamento baseada na imperatividade e supletividade de regimes, respetivamente, visto que as RR o qualificam expressamente como um contrato de transporte não obstante vigorar aqui a regra da liberdade contratual[192].

Sendo uma Convenção imperativa para os contratos de transporte em geral, pode, assim, afirmar-se "*o caráter tendencialmente dispositivo do contrato de volume*"[193] ou, por outras palavras, "*parcialmente imperativo*"[194].

[190] Cf. FRANCESCO BERLINGIERI, "An analysis of two recent commentaries...", cit., pp. 31 e ss..

[191] Cf. ANASTASIYA KOZUBOVSKAYA-PELLE, "Le contrat de volume...", cit. p. 179.

[192] Afirma HUGO RAMOS ALVES, "Em torno do contrato de transporte marítimo...", cit., p. 372 e 373, que "*...por definição, a disciplina do transporte é injuntiva, por contraposição ao fretamento, onde reina a autonomia privada. Neste particular, temos, pois, uma curiosa simbiose destas realidades. Caberá, assim, à praxis aferir da real e efetiva aplicação desta disciplina, uma vez que,* (...) *no âmbito do contrato de fretamento é comum o recurso a formulários-padrão, o que contraria a comum asserção de que no contrato de fretamento a autonomia privada impera, pois, como é sabido, o recurso a formulários e contratos de adesão corresponde ao efetivo coarctar da autonomia privada*".

[193] Esta questão foi, de resto, fonte de preocupação e largo debate nos trabalhos preparatórios "*atento, sobretudo, o receio de que o recurso ao contrato de volume se transformasse numa via de tornear ou impedir a aplicação do regime da Convenção, em*

Não obstante, as condições de derrogação que se impõem permitem, de alguma forma, esbater estas diferenças ou atenuar o receio de imposição de cláusulas por força do poderio económico associado aos transportadores. Parece-nos, por isso, com Rafael Illescas Ortiz, que o regime da liberdade contratual previsto para os contratos de volume representa um meio termo entre a tradicional dicotomia de regimes imperativos e não imperativos[195]. O regime da liberdade contratual não é, pois, absoluto.

6.3.6.2. Condições de derrogação

Para que seja possível a derrogação das normas imperativas da Convenção é necessário obedecer às condições enunciadas no artigo 80.º, n.º 2, das RR, a saber: (i) que o contrato de volume mencione expressamente e de forma inequívoca que essas cláusulas constituem derrogação da Convenção; (ii) que o contrato de volume seja individualmente negociado ou refira, de modo destacado, as cláusulas do contrato que constituem derrogações; (iii) que o transportador tenha dado a oportunidade e informado devidamente o carregador sobre a possibilidade de celebrar um contrato nos termos previstos na Convenção sem qualquer derrogação[196/197], e, por fim, (iv) que a incorporação das cláusulas que constituam derrogação não opere por remissão para outro documento, nem estejam incluídas num contrato de adesão que não seja objeto de negociação entre as partes[198]. Note-se que estas condições se impõem cumulativamente.

---

desfavor de carregadores fracos ou desprevenidos" – cf. Manuel Januário da Costa Gomes, "Introdução às Regras de Roterdão...", cit., pp. 50 e 51.

[194] A expressão é de Anastasiya Kozubovskaya-Pelle, "Le contrat de volume...", cit., p. 180 e é adotada por Alfredo Calderale, "Il contratto di volume...", cit., p. 136.

[195] Cf. Rafael Illescas Ortiz, "What changes in internacional transport law after the Rotterdam Rules?"..., cit., pp. 896 e 897.

[196] Cf. Fernando Sánchez Calero, *El Contrato de Transporte...*, cit., p. 633, refere que a possibilidade de derrogação é apenas isso – uma possibilidade, dado que a mesma não exclui que o contrato de volume possa reger-se inteiramente pelo regime das RR, o que deve ser informado ao carregador para que este tenha a oportunidade de celebrar um contrato sem qualquer derrogação, constituindo essa informação pressuposto da existência de um regime especial para o contrato de volume.

[197] Alfredo Calderale, "Il contratto di volume...", cit., p. 137, considera que esta condição constitui um instrumento para evitar o recurso abusivo ao contrato de volume.

[198] Cf. Fernando Sánchez Calero, *El Contrato de Transporte...*, cit., p. 633. Como afirmam Theodora Nikaki e Baris Soye, "A New Internacional Regime for Carriage of

Visa-se assegurar que o carregador possa celebrar um contrato de volume nos termos gerais previstos nas RR, sem qualquer derrogação, que o contrato seja negociado de forma individual, proibindo-se e evitando-se desta forma a proliferação dos contratos de adesão ou a incorporação de cláusulas por remissão para outros documentos, e que a derrogação seja feita em termos informados[199].

Se o objetivo foi a liberdade contratual, a admissibilidade de contratos de adesão contrariaria esta lógica[200]. Tutelam-se, assim, e essencialmente, os carregadores na eventualidade destes surgirem como parte mais fraca, em nome do equilíbrio contratual[201] e, ao mesmo tempo, permite-se que, informados da possibilidade de celebrar um contrato sem qualquer derrogação e dando-lhe essa oportunidade, os mesmos acordem com o transportador as cláusulas que se adaptem aos seus interesses e necessidades.

Estes requisitos, como afirma Januário da Costa Gomes, são condição *sine qua non* para a validade e vinculatividade das cláusulas de afastamento da Convenção, daí que o legislador tenha manifestado a preocupação de acolher uma norma específica sobre o ónus da prova do preenchimento destas condições, no artigo 80.º, n.º 6, da Convenção, que faz recair o ónus da prova do preenchimento destas condições do lado de quem pretenda valer-se da derrogação do regime respetivo[202].

Goods by Sea...", cit., p. 31, a interpretação destas condições de derrogação poderá ser fonte de litigiosidade nos tribunais.

[199] Cf. Anastasiya Kozubovskaya-Pelle, "Le contrat de volume..." cit., pp. 180 e 181.

[200] Com efeito, do lado do aderente, a autonomia privada circunscreve-se, nestes contratos, à liberdade de adesão, e já não à liberdade de estipulação ou liberdade de conformação do conteúdo contratual, que apenas aparece do lado da contraparte – a liberdade de estipulação é, aqui, unidirecional e não bidirecional, daí a necessidade de uma maior tutela do aderente que, normalmente, aparece colocado numa posição de inferioridade e numa posição económica mais débil. Sobre este tema *vide*, na doutrina portuguesa, Joaquim de Sousa Ribeiro, *O Problema do Contrato – As Cláusulas Contratuais Gerais e o Princípio da Liberdade Contratual*, Almedina, 1999, em especial pp. 275 e ss..

[201] Aludindo precisamente a estas condições de derrogação como permitindo o equilíbrio contratual não obstante ser distinto o poder de negociação das partes, *vide* Alfredo Calderale, "Il contratto di volume...", cit., p. 136. Também Theodora Nikaki e Baris Soye, "A New Internacional Regime for Carriage of Goods by Sea...", cit., p. 31, referem que talvez estas condições de derrogação possam contribuir para alcançar o objetivo de proteger os pequenos carregadores com pouco poder de negociação.

[202] Cf. M. Januário da Costa Gomes, "Introdução às Regras de Roterdão...", cit., p. 52.

6.3.6.3. Eficácia da derrogação perante terceiros

Uma questão que se coloca a respeito das derrogações do regime imperativo das RR é a de saber se a sua eficácia se estende perante terceiros. Esta discussão esteve também presente no grupo de trabalho da Convenção, tendo-se decidido que tal efeito vinculativo está sujeito ao cumprimento de determinadas condições [203], de que se ocupa o artigo 80.º, n.º 5, das RR.

O preceito faz depender a eficácia das normas derrogatórias (válidas por cumprirem os requisitos a que acabámos de aludir) perante terceiros do preenchimento dos seguintes requisitos cumulativos: (i) que o terceiro tenha recebido informação expressa relativamente ao facto de o contrato de volume em causa constituir uma derrogação da Convenção; (ii) que o terceiro tenha dado o seu expresso consentimento a tais cláusulas derrogatórias; e, (iii) sendo ainda necessário que tal consentimento não tenha sido expresso apenas numa lista pública de serviços do transportador, num documento de transporte ou num documento eletrónico de transporte[204].

Assim, por exemplo, as derrogações apenas terão efeitos perante um comprador CIF se o mesmo for expressamente informado, pelo carregador (vendedor) ou transportador, das derrogações efetuadas e se o mesmo consentir expressamente na derrogação perante o carregador (vendedor)[205], já que, na compra e venda CIF, não é o comprador quem celebra o contrato de transporte, mas sim o vendedor.

Como nota ALFREDO CALDERALE[206], o preceito deixa em aberto o momento em que o terceiro deve consentir na aplicação das cláusulas derrogatórias, dando conta de doutrina que considera dever ser no momento da estipulação das condições contratuais que lhe cabe dar o aludido assentimento – dado que se fosse dado num momento posterior o terceiro provavelmente não consentiria em tais derrogações. O autor dá também conta de outros autores que consideram que esta exigência vai, na prática, acabar por ter um papel marginal no sentido de apenas vir a aplicar-se aos terceiros que detenham já uma relação pré-existente e continuada com os carregadores. Parece-nos que a efetiva proteção de terceiros – em que se funda

[203] Cf. FRANCESCO BERLINGIERI, "The Unicitral Draft Convention ..." cit., pp. 53 e 54.

[204] Cf. M. JANUÁRIO DA COSTA GOMES, "Introdução às Regras de Roterdão...", cit., p. 52 e ALFREDO CALDERALE, "Il contratto di volume...", cit., p. 139.

[205] Cf. THEODORA NIKAKI e BARIS SOYE, "A New Internacional Regime for Carriage of Goods by Sea...", cit., p. 31.

[206] Cf. ALFREDO CALDERALE, "Il contratto di volume..." cit., p. 137.

a *ratio* da norma – não pode ficar comprometida no sentido de se exigir o seu consentimento aquando das negociações do contrato, pois tal iria efetivamente levar a que só aqueles que já tivessem uma relação pré-existente com os carregadores pudessem nesse momento fazê-lo.

Se atentarmos bem, a preocupação do legislador internacional neste particular não é, afinal, muito distinta daquilo que já sucede nas Convenções atualmente vigentes. Também na CB 1924 e nas Regras de Hamburgo se prevê um regime de proteção do terceiro portador quando, em virtude da emissão de uma carta-partida, seja emitido um conhecimento de carga e este circule. Nestes casos, as disposições da carta-partida não se impõem ao terceiro portador do título, ao qual se aplicam as normas da Convenção. O objetivo é, quer nas RR quer na CB 1924 e nas Regras de Hamburgo, tutelar os terceiros contra estipulações contratuais que os possam desproteger em relação ao previsto nas Convenções. Se o terceiro não esteve presente nas negociações, mas é, afinal, quem tem o direito à entrega das mercadorias parece, de facto, serem de prevalecer os seus interesses.

6.3.6.4. Inderrogabilidade de regras absolutamente imperativas

A autonomia privada no contrato de volume não é – como em todos os contratos – ilimitada. Existem matérias em relação às quais não são permitidas derrogações, atendendo ao interesse público subjacente ou à necessidade de salvaguarda da ordem pública, como as relativas a políticas ambientais, ao estado de navegabilidade do navio e ao transporte de mercadorias perigosas. Assim o dispõe o artigo 80.º, n.º 4, das RR, que refere que o n.º 1 do mesmo artigo não se aplica aos direitos e obrigações estabelecidos nos artigos 14.º, alíneas a) e b), 29.º e 32.º das RR.

Em primeiro lugar, o contrato de volume não pode derrogar as regras atinentes à obrigação do transportador manter o navio em bom estado de navegabilidade e devidamente aprovisionado, armado e equipado, durante toda a viagem – artigo 14.º, alíneas a) e b) das RR.

Em segundo lugar, o carregador está necessariamente adstrito ao cumprimento da obrigação prevista no artigo 29.º das RR, ou seja, a de facultar ao transportador a informação, instruções e documentos relativos à mercadoria, estando obrigado, desde logo e em especial, a informar o transportador se as mercadorias transportadas são perigosas, tal como estabelecido no artigo 32.º das RR – cf. artigos 28.º e 31.º das RR.

Terceiro, não podem derrogar-se as normas sobre a responsabilidade pelo incumprimento das obrigações (absolutamente imperativas) acabadas de referir[207], nem a norma que prevê a perda do benefício da limitação da responsabilidade prevista no artigo 59.º das RR por ato ou omissão previsto no artigo 61.º da Convenção, isto é, por atos dolosos ou com negligência grosseira[208].

6.3.6.5. Cláusula do foro e de arbitragem

A par do regime especial da liberdade contratual, as RR contêm normas específicas em matéria de jurisdição (artigos 66.º a 74.º), e arbitragem (artigos 15.º, e 75.º a 78.º) para o contrato de volume.

Nelas regulam-se as condições de validade dos acordos de eleição do foro e arbitragem nos contratos de volume, exigindo-se – à semelhança do previsto nas condições de derrogação das disposições imperativas da Convenção – que os contratos sejam individualmente negociados ou destaquem de maneira bem visível a existência do citado acordo, se bem que o regime é distinto para os terceiros, que não são partes no contrato de transporte (artigos 67.º e 75.º).

§7.º Natureza jurídica

Perante a ausência de regulamentação específica para o contrato de volume, a determinação da sua natureza jurídica constitui uma das ques-

---

[207] Cf. Anastasiya Kozubovskaya-Pelle, "Le contrat de volume..." cit., p. 181.

[208] A preclusão da limitação responsabilidade do transportador nos casos de dolo ou culpa grave é a solução maioritariamente defendida pela doutrina também no que respeita às convenções internacionais em vigor para o transporte internacional de mercadorias, como a CB 1924 ou as Regras de Hamburgo. Neste sentido, *vide*, na doutrina portuguesa, Ricardo Bernardes, "A conduta do transportador impeditiva da limitação da responsabilidade no direito marítimo", *Temas de Direito dos Transportes*, Vol. II, Almedina, 2013, pp. 444 e ss., que faz um excurso percorrendo as várias convenções internacionais sobre esta matéria, inclusive as Regras de Roterdão, bem como à luz do direito interno. Sobre a preclusão do limite indemnizatório no seio da CB 1924 *vide* Hugo Ramos Alves, *Da Limitação da Responsabilidade do Transportador...*, cit., pp. 124-127; Francisco Costeira da Rocha, "Limitação da responsabilidade do transportador marítimo de mercadorias"..., cit., pp. 286 e ss.., M. Januário da Costa Gomes, *Limitação de Responsabilidade por Créditos Marítimos*, Almedina, 2010, pp. 90-94, que alude a um "*comportamento preclusivo da limitação de responsabilidade*". Na doutrina estrangeira, *vide*, v.g., Rodiére, *Traité Général de Droit Maritime, Affrètements & Transports*, II, Dalloz, 1968, p. 422.

tões mais discutidas e relevantes para efeitos de alcance e determinação do regime jurídico aplicável[209].

Por um lado, a autonomia privada permite às partes "desenhar" o contrato como um "traje à medida" para a satisfação das suas necessidades particulares. Por outro, combina elementos típicos de distintas figuras contratuais típicas – do fretamento a tempo, do fretamento por viagem e do transporte[210]. Trata-se, pois, de uma figura contratual que surge na prática do comércio com o intuito de adaptar os vários tipos existentes às necessidades do tráfego marítimo[211].

Mesmo sendo moldado pela autonomia privada, a determinação do regime aplicável não pode ficar à mercê do que seja unicamente estabelecido entre as partes, na medida em que, por um lado, há que saber quais as regras supletivas que deverão aplicar-se em caso de lacunas negociais ou "obscuridades" no contrato[212], e, por outro, há, como vimos, regras imperativas do direito dos transportes cuja aplicação tem de ser devidamente equacionada.

As dificuldades de delimitação entre transporte e fretamento dificultam, ainda mais, as hipóteses de enquadramento do contrato de volume numa ou noutra figura contratual[213]. A própria natureza jurídica do fretamento – *maxime* por viagem – é, como vimos, controversa[214]– não só no plano nacional como noutros ordenamentos jurídicos –, daí que as dificuldades de integração do contrato de volume no fretamento ou no transporte tenha esta complexidade acrescida. Se as diferenças entre fretamento por viagem e transporte marítimo de mercadorias são, por vezes, difíceis de alcançar

[209] Cf. Francisco Carlos López Rueda, "Las Reglas de Rotterdam...", cit., p. 108 e María Teresa Gómez Prieto, "Consideraciones sobre la naturaleza jurídica de una nueva modalidade de contrato de fletamento...", cit., p. 45.

[210] Cf. Francisco Carlos López Rueda, "Las Reglas de Rotterdam...", cit., p. 108 e María Teresa Gómez Prieto, "Consideraciones sobre la naturaleza jurídica de una nueva modalidade de contrato de fletamento...", cit., pp. 58 e 59.

[211] Cf. María Teresa Gómez Prieto, "Consideraciones sobre la naturaleza jurídica de una nueva modalidade de contrato de fletamento...", cit., p. 58.

[212] Cf. María Teresa Gómez Prieto, "Consideraciones sobre la naturaleza jurídica de una nueva modalidade de contrato de fletamento...", cit., pp. 64 e 65.

[213] Cf. Francisco Carlos López Rueda, "Las Reglas de Rotterdam...", cit., p. 108.

[214] Sobre as divergências em torno da natureza do fretamento e as diferenças entre este e o transporte, e enunciando as principais teorias que têm sido defendidas a este respeito, *vide* Eliane Octaviano Martins, *Curso de Direito Marítimo, Volume II*, Manole, 2008, pp. 139-147.

em termos práticos, a tarefa de reconduzir o contrato de volume a um destes tipos torna-se ainda mais complexa.

Gerou-se, por isso, uma forte controvérsia em torno da sua natureza jurídica, cuja determinação exige um grande esforço interpretativo.

7.1. Teses do fretamento

A recondução do contrato de volume ao fretamento tem sido defendida por alguma doutrina, mas mesmo aqui não há unanimidade quanto à modalidade de fretamento em causa, defendendo-se quer a tese do fretamento por viagem ou por viagens consecutivas[215], quer a tese do fretamento a tempo ou, ainda, a do fretamento misto ou de uma nova modalidade de fretamento[216].

Contra a teoria do fretamento por viagem, pode apontar-se como argumento o facto de a deslocação ou o transporte das mercadorias não se encontrar especificamente afeta a um determinado navio[217]. Neste sentido, afirma-se que, se não há indicação expressa do navio a disponibilizar, "*é impossível a recondução ao contrato de fretamento, porquanto o centro gravitacional não é a disponibilização de um determinado navio*"[218]. Por

---

[215] Neste sentido, *vide* René Rodiére, *Traité Général de Droit Maritime, Affrètements & Transports*, I, Dalloz, 1967, p. 53, que, não obstante reconhecer algumas diferenças entre o contrato de volume e o fretamento por viagem, acaba por reconduzi-lo a uma modalidade deste. Por sua vez, E. du Pontavice e P. Cordier, *Transports & Affrètement Maritimes*, 2ª ed., Delmas, 1990, pp. 279 e 280, afirmam que, não proibindo a lei, que é supletiva, que as partes possam imaginar variantes das específicas modalidades de fretamento nela previstas, o contrato de volume constitui precisamente uma variante do fretamento por viagem. Afirma María Teresa Gómez Prieto, "Consideraciones sobre la naturaleza jurídica de una nueva modalidade de contrato de fletamento...", cit., p. 54, que, durante anos, esta foi a posição maioritária.

[216] Defendendo que se trata de uma nova modalidade de fretamento, *vide* María Teresa Gómez Prieto, "Consideraciones sobre la naturaleza jurídica de una nueva modalidade de contrato de fletamento...", cit., p. 67. A autora entende que, na atualidade, das legislações onde se contempla este contrato, bem como dos formulários internacionais, resulta que se trata de um fretamento, mas não de um fretamento por viagem, tratando-se antes de uma nova modalidade de fretamento.

[217] Cf. Francisco Carlos López Rueda, "Las Reglas de Rotterdam...", cit., p. 108.

[218] Cf. Hugo Ramos Alves, "Em torno do contrato de transporte marítimo...", cit., p. 371. O autor não deixa, porém, de ressalvar o facto de esta conclusão não ser absoluta, pois perante um determinado contrato de volume há que apurar em concreto se as partes

outras palavras, a indeterminação inicial do navio constitui um obstáculo à sua recondução ao fretamento por viagem[219].

Por outro lado, no contrato de volume o frete é determinado em função do volume de mercadorias transportado, o que não sucede no fretamento a tempo, em que o frete é calculado em função do tempo da disponibilização do navio[220].

Rejeitando a sua qualificação como contrato de fretamento a tempo, Mário Raposo afirma que "*Não se tratará de um fretamento a tempo, pois o período estipulado vale apenas como um limite, como uma moldura temporal, e porque o frete é calculado em função do volume de mercadorias transportado. O que o armador põe à disposição do outro contraente é uma capacidade de transporte, apta a assegurar a deslocação das mercadorias*"[221].

Aborda de seguida a eventualidade de se estar perante um fretamento por viagem ou figura a ele assimilável, como defendido por Rodière, na linha do afirmado também por alguma jurisprudência francesa – que rejeitam a sua qualificação como contrato de transporte, por considerarem que a finalidade do contrato é não a receção da mercadoria pelo armador, em vista da sua deslocação numa linha regular, mas a colocação à disposição do carregador de navios determinados em vista da execução de viagens sucessivas, segundo itinerários indicados pelo carregador, deslocando de um certo local a totalidade da produção do carregador. O autor acaba por concluir que "*o que importará para que haja um contrato de tonnage, e, portanto, um fretamento é que o armador se obrigue a pôr à disposição do afretador uma dada capacidade de transporte assegurada por um navio com determinadas características, e que não fique adstrito a tomar a seu cargo uma certa mercadoria, já que nesta hipótese o que se formará é um contrato (preliminar ou definitivo) de transporte*"[222].

---

seguiram o modelo do contrato de transporte ou, antes, o de fretamento, sendo imperioso recorrer às regras gerais de interpretação do negócio jurídico para uma adequada qualificação do negócio que tenha sido celebrado pelas partes (*ibidem*, p. 372).

[219] Cf. María Teresa Gómez Prieto, "Consideraciones sobre la naturaleza jurídica de una nueva modalidade de contrato de fletamento...", cit., p. 55.

[220] Cf. Francisco Carlos López Rueda, "Las Reglas de Rotterdam...", cit., p. 108, René Rodiére, *Traité Général de Droit Maritime, Affrètements & Transports,* I..., cit., p. 53 e Hugo Ramos Alves "Em torno do contrato de transporte marítimo...", cit., p. 372.

[221] Cf. Mário Raposo, *Estudos Sobre o Novo Direito Marítimo,* Coimbra Editora, 1999, pp. 315 e 314.

[222] Cf. Mário Raposo, *Estudos Sobre o Novo Direito Marítimo...*, cit., pp. 316-318.

Não parece, de facto, que, atendendo aos elementos sociais do tipo que vêm sendo associados ao contrato de volume, possa este reconduzir-se, em princípio, ao fretamento – quer por viagem, quer a tempo, quer a uma nova modalidade. Com efeito, o foco é colocado nas mercadorias e não no navio – e, por isso, neste particular, mais se assemelha a um transporte[223].

7.2. Teses do transporte

Outras das teorias possíveis é a recondução do contrato de volume ao contrato de transporte[224]. Em comum têm a indeterminação do navio *ab initio*[225].

Há quem afirme, contudo, que de diferente têm as regras de distribuição do risco e responsabilidade[226]. Ora, não nos parece que esta afirmação seja correta nem relevante para aferir a natureza deste contrato, desde logo porque a determinação do regime do risco e de responsabilidade não faz parte do conceito de transporte – embora em termos de regime possa haver normas imperativas, mormente de responsabilidade do transportador, que tenham de ser respeitadas. Em segundo lugar, só perante a qualificação de uma determinada figura contratual poderemos reconduzi-la às regras de um ou outro regime, pelo que afirmar que o regime é diverso encerra em si mesmo uma inversão metodológica errónea do ponto de vista jurídico. Mesmo perante contratos legalmente atípicos, é a identificação prévia das características do tipo que permitirá reconduzi-los às regras de um ou outro regime[227].

---

[223] Tanto assim é que, como nota Mário Raposo, "Transporte marítimo de mercadorias...", cit., p. 22, "*o navio usado em cada viagem não é designado no contrato e poderá não ser um só. É um elemento secundário do contrato, embora, naturalmente, o empresário possa exigir que o ou os navios que vierem a ser usados obedeçam a compreensíveis especificações de segurança e de adequabilidade à mercadoria transportada*".

[224] *Vide*, neste sentido, Ignacio Arroyo, *Curso de Derecho Marítimo...*, cit., pp. 508 e 509, José Luis Gabaldón García e José María Ruiz Soroa, *Manual de Derecho de la Navegación Marítima...*, cit., p. 544.

[225] Cf. Francisco Carlos López Rueda, "Las Reglas de Rotterdam...", cit., p. 109.

[226] Cf. Francisco Carlos López Rueda, "Las Reglas de Rotterdam...", cit., p. 109.

[227] Assim, não é por ser atípico ou misto que se descura a aplicação de normas previstas para outros tipos contratuais. Poderá, pois, ser necessário integrar lacunas contratuais e recorrer a normas dos tipos que mais se assemelham. *Vide*, sobre esta matéria, Pedro Pais Vasconcelos, *Contratos Atípicos...*, cit., e Francisco Pereira Coelho, *Contratos Complexos e Complexos Contratuais...*, cit., em especial pp. 239 e ss..

Interessa sim olhar para a figura do transporte em termos conceptuais – i.e., para os elementos que comummente são apontados como essenciais à existência de um contrato de transporte – *maxime*, a tónica colocada na obrigação de deslocação das mercadorias a título principal e não acessório. Este último elemento – a deslocação das mercadorias de um lugar para o outro como o elemento central do contrato – joga a favor da qualificação do contrato de volume como contrato de transporte[228]. De facto, o propósito essencial das partes radica, neste tipo de contratos, no transporte das mercadorias e não na disponibilização de um navio, com a particularidade de tal transporte ser efetuado em sucessivas viagens num determinado período de tempo.

Mário Raposo já se pronunciou a este respeito no sentido de que, devido ao menor poder negocial do carregador, o contrato de volume deveria estar sujeito ao regime do contrato de transporte[229]. Porém, num estudo mais recente, acaba por desdizer este argumento, referindo que nos contratos de volume normalmente o contraente com menor poder impositivo é o transportador, e os carregadores são, aqui, grandes industriais ou grandes comerciantes[230].

Refere López Rueda que, no geral, os formulários internacionais – apesar da denominação "*Contracts of Affreightment*" – atribuem-lhe a natureza de um contrato de transporte, referindo-se especificamente à "*obrigação de transportar mercadorias*" e mesmo a "*contrato de transporte de mercadorias por mar*"[231].

7.3. Teses do contrato misto ou *a se*

Há também quem considere que o contrato de volume é um contrato misto, de natureza híbrida e complexa, com elementos quer do fretamento quer do transporte, mas com traços singulares que permitem a sua individualização como contrato autónomo[232].

---

[228] Neste sentido, Ignacio Arroyo, *Curso de Derecho Marítimo*...cit., pp. 508-509.

[229] Cf. Mário Raposo, "Fretamento e transporte marítimo...", cit., pp. 27-30.

[230] Cf. Mário Raposo, "Transporte marítimo de mercadorias...", cit., pp. 22 e 23.

[231] Cf. Francisco Carlos López Rueda, "Las Reglas de Rotterdam...", cit., p. 112. Contra, como vimos, María Teresa Gómez Prieto, "Consideraciones sobre la naturaleza jurídica de una nueva modalidade de contrato de fletamento...", cit., p. 67, entende que destes formulários resulta com clareza que se trata de um fretamento.

[232] Para Alfredo Calderale, "Il contratto di volume...", cit., pp. 98 e 117, o contrato de volume integra-se na categoria dos contratos de utilização do navio e representa uma

De facto, por um lado, a obrigação de deslocação de mercadorias como o elemento central do contrato é um elemento comum ao transporte. Mas a realização de viagens sucessivas durante um determinado período de tempo corresponde a traços típicos do fretamento, o que não significa que devam deixar de se aplicar os correspetivos regimes.

Caberá, neste domínio, fazer apelo à categoria de contrato complexo por nele concorrerem normas procedentes de regimes legais de diversos contratos típicos – fretamento e transporte – suscitando-se o problema da necessidade de compatibilização ou harmonização de tais normas. Mais concretamente, o contrato de volume assim configurado, utilizando a fórmula de Francisco Pereira Coelho, integra-se na categoria daqueles negócios jurídicos complexos "*cuja «complexidade» decorre da circunstância de convocarem a aplicação de regimes legais correspondentes a diversos negócios típicos, embora se trate de estruturas negociais aparentemente unitárias*", onde se tem em vista, fundamentalmente, a categoria dos contratos mistos[233].

Como já se referiu *supra*, a natureza atípica ou mista não constitui impedimento à aplicação das regras imperativas de contratos típicos, como as do contrato de transporte marítimo de mercadorias, vislumbrando-se a possibilidade de aplicação direta ou analógica.

7.4. Teses do contrato-quadro e do contrato-promessa

O facto de o contrato de volume contemplar a realização de diversas viagens, proteladas no tempo, tem levado à discussão sobre a sua natureza de contrato-quadro ou contrato-promessa. Neste âmbito, levanta-se a questão de saber se nos encontramos perante apenas um negócio jurídico ou se, ao invés, tal contrato constitui um contrato-quadro ou preliminar de posteriores negócios jurídicos aquando da realização de cada uma das viagens.

A tese do contrato-quadro tem sido sobretudo defendida na jurisprudência e doutrina francesas[234]. Neste sentido, afirma-se que cada viagem

forma contratual híbrida onde impera a autonomia privada.

233 Cf. Francisco Pereira Coelho, *Contratos Complexos e Complexos Contratuais...*, cit., pp. 13 e 14.

234 Note-se que, como afirma Anastasiya Kozubovskaya-Pelle, "Le contrat de volume...", cit., p. 176, o contrato de volume não vem definido no direito francês, mas a

será objeto de um contrato posterior de execução – que fixará com precisão todos os elementos atinentes à concreta viagem. Entendem os partidários desta tese que um contrato de volume em que haja navios por designar, viagens para determinar, quantidades e datas a acordar, não pode considerar-se um contrato de fretamento "perfeito", sendo antes um "acordo-quadro"[235].

Há também quem afirme que, não estando antecipadamente determinada a carga a transportar, este contrato assume a natureza de uma promessa de realização de tantos contratos de fretamento ou de tantos contratos de transporte quantos os necessários ao escoamento das mercadorias[236].

Outros há que entendem tratar-se de um contrato-quadro que poderá dar azo à realização de contratos de fretamento ou contratos de transporte, consoante o que as partes tenham estipulado no contrato[237].

Opondo-se à teoria do contrato-promessa, López Rueda considera que estamos perante um único contrato que cobre a realização de diversas viagens, em vez de tantos de transportes ou de fretamentos quantas as viagens que se realizem[238]. Não obstante, considera que estamos perante um contrato-quadro, de caráter programático ou global, o que não afeta a sua autonomia, na medida em que ele próprio regula obrigações próprias e responsabilidades para as partes diferentes da obrigação de celebrar os contratos posteriores que se formalizam para cada uma das viagens. Assim, considera que os contratos posteriores (derivados) constituem negócios jurídicos autónomos

---

questão da sua qualificação jurídica já vem sendo discutida desde os anos 80 – data em que, como vimos, proliferou o desenvolvimento destes contratos.

[235] Cf. Anastasiya Kozubovskaya-Pelle, "Le contrat de volume...", cit., pp. 176-178, que dá nota de doutrina e de várias decisões jurisprudenciais nesse sentido.

[236] Como vimos *supra*, no preâmbulo do DL n.º 191/87, expressou o legislador o entendimento de que o mais correto seria considerar o *contract de tonnage* um fretamento por viagem, não deixando porém de notar que, dada a "*vincada infixidez de enquadramento*" se "*tenha pensado que melhor será situá-lo como um contrato preliminar de ulteriores transportes sucessivos*".

[237] Cf. René Rodière e Emmanuel du Pontavice, *Droit Maritime...*, cit., p. 332. Alfredo Calderale, "Il contratto di volume...", cit., p. 117, parece também apontar para esta solução. Considera que o contrato de volume, sendo moldado essencialmente pela autonomia privada, constitui uma forma híbrida entre o fretamento e o transporte e que dá azo à celebração posterior de contratos de fretamento ou de transporte. Nas suas palavras, "*Normalmente i contratti che seguono lo steering contract sono contratti di noleggio a viaggio o contratti di transporto*".

[238] Cf. Francisco Carlos López Rueda, "Las Reglas de Rotterdam...", cit., p. 110.

e independentes, mas intimamente conectados ou coligados ao contrato de volume, de tal forma que em caso de conflito deve dar-se prevalência a este[239].

Entende também que a natureza jurídica dependerá do concreto contrato-quadro celebrado: se as partes seguiram o esquema de direitos e obrigações típico do transporte, tenderá a ter esta natureza e deverá reger-se pelas leis que regulam esse tipo contratual; se adotaram a fórmula do fretamento tenderá a aplicar-se o regime próprio deste. Além disso, considera, no que respeita às diversas viagens individualmente consideradas, que estas estão sujeitas ao regime do transporte quando seja emitido um conhecimento de carga ou de fretamento se se emitir uma carta-partida. Neste contexto, prossegue, a dificuldade está não tanto no facto de determinar a prestação típica do contrato, mas antes na variedade de fórmulas que podem alcançar-se, através da autonomia privada, daí a ausência de um critério unânime na doutrina no que respeita à sua natureza jurídica[240].

De facto, a favor da tese do contrato-quadro, costuma apontar-se a circunstância de, para cada viagem, ser emitido o correspetivo documento de transporte ou uma carta-partida, levando a que alguns autores entendam tratarem-se de negócios jurídicos autónomos. Assim sucede nos formulários internacionais.

Rejeitando a tese do contrato-quadro, María Teresa Gómez Prieto considera que se trata de um contrato de execução continuada, com objeto determinável, que tem por objeto uma pluralidade de prestações de transporte e cujo conteúdo pode não estar ainda determinado em todos os seus aspetos (momento da viagem, nome do navio, quantidade exata das mercadorias a transportar), remetendo-se para momento ulterior a sua determinação mediante concretização das partes[241]. Por outras palavras, entende a autora que este contrato, prolongado no tempo, contém um determinado programa de transportes, e é documentado, para cada viagem, por um documento de transporte, sendo que o programa de carregamentos pode ser descrito com maior ou menor precisão no contrato ou fixar-se *a posteriori*[242]. Nesta conceção, os documentos de transporte (carta-partida ou conhecimento de

---

[239] Cf. Francisco Carlos López Rueda, "Las Reglas de Rotterdam...", cit., p. 110.

[240] Cf. Francisco Carlos López Rueda, "Las Reglas de Rotterdam...", cit., pp. 110 e 111.

[241] María Teresa Gómez Prieto, "Consideraciones sobre la naturaleza jurídica de una nueva modalidade de contrato de fletamento...", cit., pp. 84 e 85.

[242] A favor do contrato único de execução continuada, aponta o facto de as prestações que integram o contrato traduzidas na realização das diversas viagens, estarem ligadas de modo a que as vicissitudes relativamente a uma delas têm repercussões nas outras – cf.

carga) emitidos para cada viagem não têm aqui qualquer papel probatório de celebração de um novo contrato, provando apenas a existência de um único contrato – o próprio contrato de volume –, assim como das condições de execução de cada viagem[243].

Cabe fazer, neste particular, uma advertência: face à ausência de uma noção legal, a determinação do que deva entender-se por contrato-quadro não é, ela própria, isenta de dificuldades, pelo que vamos tentar precisar o seu conceito e proceder à sua delimitação relativamente a outros contratos, como o contrato-promessa, o contrato normativo e o contrato único de execução continuada.

Seguimos, no essencial, os ensinamentos de MARIA RAQUEL GUIMARÃES[244], defendendo que o contrato-quadro corresponde a um contrato base no sentido de estabelecer as bases ou as diretrizes genéricas das futuras relações entre os contraentes com a celebração de posteriores contratos de execução, afastando-se este esquema contratual quer do contrato-promessa quer do contrato normativo[245].

Deve entender-se que o conceito de contrato-quadro não corresponde ao conjunto do contrato base e dos posteriores contratos de aplicação ou execução – ele é, em si, o contrato base, i.e., tem autonomia e independência em relação aos contratos que venham a ser celebrados ao seu abrigo, embora entre eles haja uma "*relação de filiação, de dependência estrutural e funcional*"[246]. Daí que os contratos-quadro existam e subsistam "*independentemente da concreta celebração dos contratos posteriores que visa preparar*"[247].

MARÍA TERESA GÓMEZ PRIETO, "Consideraciones sobre la naturaleza jurídica de una nueva modalidade de contrato de fletamento...", cit., p. 82.

[243] MARÍA TERESA GÓMEZ PRIETO, "Consideraciones sobre la naturaleza jurídica de una nueva modalidade de contrato de fletamento...", cit., pp. 71-73.

[244] No seu estudo desenvolvido intitulado *O contrato-quadro no âmbito da utilização de meios de pagamento electrónicos,* Coimbra Editora, 2011.

[245] Os contratos assumem, em exclusividade, um papel programático, de projeção temporalmente diferida, sem outro efeito para além de condicionar a atuação ulterior dos contraentes – cf. MARIA RAQUEL GUIMARÃES, *O contrato-quadro...*, cit., pp. 138 e ss..

[246] Cf. MARIA RAQUEL GUIMARÃES, *O contrato-quadro...*, cit., p. 63. Aludindo também a uma "*conexão funcional e económica entre um contrato-quadro e os contratos sucessivamente celebrados entre as partes*" e reconhecendo a "*autonomia jurídico-formal dos contratos*", *vide* o Ac. do STJ de 9 de julho de 2015 (Processo n.º 1770/13.1TVLSB.L1.S1).

[247] Cf. MARIA RAQUEL GUIMARÃES, *O contrato-quadro...*, cit., p. 62. Neste sentido, conforme afirma, não é possível vislumbrar a existência de uma categoria contratual correspondente ao somatório de todos estes contratos, que são, antes, um *grupo de contratos.*

A delimitação face ao contrato normativo assenta na ideia fundamental segundo a qual o contrato-quadro, diferentemente daquele, não define concretamente e com minúcia o teor dos posteriores contratos, antes denota a "*intenção clara de prosseguir com o plano traçado ainda que, juridicamente, as partes não se obriguem a tal*" – não é, portanto, um pacto de *modo contrahendi*[248].

Não é também um contrato-promessa. Com efeito, o contrato-quadro consagra um regime que se destina a vigorar de imediato, pois as partes encontram-se, desde logo, investidas num conjunto de direitos ou deveres mais ou menos extenso, "*por uma teia tendencialmente complexa de deveres secundários e laterais, ónus e expectativas, onde os deveres de informação e de sigilo frequentemente são convocados, mas também de obrigações com um significado estrutural na economia da operação pretendida, que se impõem de forma imediata tendo em vista a relação duradoura que então se estabelece e que se mantêm durante todo o período de vigência do contrato*"[249]. O cumprimento desses deveres não está condicionado à efetiva celebração dos contratos ulteriores, começando a produzir os seus efeitos imediatamente após a sua celebração.

Por outro lado, a distinção deve assentar na identidade do objeto da promessa e do objeto prometido, que não existe no contrato-quadro e, além

---

[248] Cf. Maria Raquel Guimarães, *O contrato-quadro...*, cit., p. 153. Em sentido contrário parece ir Inocêncio Galvão Telles, *Manual dos Contratos em Geral*, Coimbra Editora, 4ª ed., 2002, pp. 242-245, que alude, por sua vez, a "*contrato-tipo*" como um contrato com "*individualidade própria*" cujo conteúdo consiste na fixação do teor de futuras convenções, obrigando-se as partes a respeitá-lo. Na opinião por si defendida, diferentemente dos contratos-promessa, os contratos tipo são *pacta de modo contrahendi* e não *pacta de contrahendo* – i.e., enquanto nos contratos-promessa se assume a obrigação de contratar no futuro, nos contratos tipo as partes obrigam-se a contratar de certo modo, caso optem efetivamente por contratar. Para o autor, é verdade que nos dois tipos contratuais aparece pré-determinado o conteúdo de subsequentes convenções, "*mas os contratos-promessa adstringem à celebração dessas convenções, ao passo que os contratos-tipo apenas obrigam a transfundir nelas aquele conteúdo, se se quiser celebrá-las. A obrigação, neste segundo caso, não é de fazer o contrato, mas de, quando se faça, respeitar a regulamentação típica contratualmente fixada.* (...) *Os contratos-tipo são contratos de eficácia sucessiva. Deles, com efeito, brotam comandos hipotéticos em que, para o caso de se celebrarem certos contratos, se assume a obrigação de neles introduzir determinadas cláusulas. Esses comandos são individuais, não têm caráter normativo, apenas vinculam os estipulantes*". Menezes Cordeiro, por sua vez, define contrato-quadro como um contrato instrumental que irá definir os termos posteriores de negócios ulteriores que – esses sim – regulação os interesses em jogo – cf. *Tratado de Direito Civil, II, Parte Geral*, Almedina, 4.ª ed., 2014, p. 112.

[249] Cf. Maria Raquel Guimarães, *O contrato-quadro...*, cit., p. 153.

disso, o contrato-promessa contém em si todo o projeto do contrato prometido, de tal forma que a celebração deste fica dependente apenas da vontade das partes nesse sentido – "*As negociações conducentes ao contrato prometido terminam com a conclusão do contrato-promessa. Os elementos essenciais (e aqueles considerados, pelas partes, como tal) do contrato prometido têm que estar já presentes na promessa de contrato. Diferentemente, no contrato normativo as partes limitam-se a dizer que «se vierem a contratar no futuro o farão – pelo menos – nos termos acordados»*"[250].

Neste sentido, no caso do contrato-quadro, não só é eventual a celebração de contratos futuros como o seu conteúdo pode ser completado no momento da celebração dos futuros contratos, pois que o contrato-quadro não concretiza de forma detalhada – antes mantém uma certa indeterminação – quanto ao conteúdo dos contratos subsequentes, sendo mantidos "espaços livres" para a negociação posterior das partes[251].

Muito importante – especialmente para o problema que temos em mãos a respeito da determinação da natureza jurídica do contrato de volume – é a distinção entre contrato-quadro e contrato único de execução continuada ou sucessiva. Enquanto naquele existe um contrato que dá azo à celebração posterior de contratos em sua execução, neste as partes celebram apenas um contrato do qual emerge uma relação duradoura. Em comum têm o facto de serem contratos cuja execução se prolonga no tempo, integrando prestações continuadas e prestações reiteradas ou sucessivas.

Contrariamente ao afirmado por Maria Raquel Guimarães, entendemos que os termos contratuais não têm de estar em todos os seus aspetos pré-determinados. Reconhecemos que, conforme afirma, o contrato-quadro surge em resposta à necessidade de ultrapassar a rigidez dos contratos únicos de execução continuada, posto que as partes nem sempre *ab initio* têm interesse em moldar concretamente todo o conteúdo da relação contratual, pretendendo adaptá-lo às suas necessidades e interesses específicos face a cada momento considerado[252].

---

250 Cf. Maria Raquel Guimarães, *O contrato-quadro...*, cit., p. 95.

251 Cf. Maria Raquel Guimarães, *O contrato-quadro...*, cit., pp. 96 e 97. Assim, "*podem ficar em aberto quantidades e modelos de produtos a comprar, créditos a adquirir, obras a editar, valores a entregar, etc.*".

252 Cf. Maria Raquel Guimarães, *O contrato-quadro...*, cit., pp. 153 e ss.. Assim, "*Através do contrato-quadro as partes têm a possibilidade de planear e organizar as suas relações duradouras. Tendo superado a falta de maleabilidade do contrato único de execução continuada, o contrato-quadro não abriu mão das virtualidades deste último,*

Achamos, todavia, que tal não constitui pressuposto essencial do contrato único de execução continuada. Não terá de ser sempre assim, podendo deixar-se, também nos contratos de execução continuada determinados aspetos por concretizar no futuro. O critério determinante é, pois, o de saber se existe ou não, como o próprio nome indica, um único contrato e, assim, se o mesmo é fonte direta da obrigação que vai ser executada ou se, ao invés, se a mesma terá como fonte direta outros contratos celebrados em execução de um primeiro. E tal constitui uma questão de interpretação do negócio jurídico.

7.5. Posição adotada

A determinação da natureza jurídica do contrato de volume não pode ser afirmada em termos absolutos e unitários para todos os casos, devendo antes, onde não exista um regime legal que o regule, ser aferida casuisticamente.

Os formulários internacionais para o transporte de petróleo e granéis sólidos parecem apontar para a sua natureza de contrato de transporte, dado que as normas neles contidas referem-se especificamente à "obrigação de transporte" das mercadorias como elemento essencial do contrato – a tónica colocada nas mercadorias aponta nesse sentido[253].

Rejeitamos a tese segundo a qual os formulários internacionais contemplam um modelo de contrato-quadro, uma vez que os mesmos contêm em si mesmo a obrigação de transportar as mercadorias durante um determinado período de tempo em viagens sucessivas e de pagar o frete em contrapartida. Também por isso se rejeita a tese do contrato-promessa, que não é compatível com o facto de estas obrigações emergirem diretamente do contrato de volume – para se defender a natureza de contrato-promessa as mesmas teriam de emergir de um contrato prometido, o que não sucede.

Ainda assim, os formulários internacionais permitem concretizar em ulterior momento determinados elementos da obrigação, tais como a quantidade exata de mercadorias, o tempo ou o número exato de carregamentos – dando-se a possibilidade de fixar, *ab initio*, um mínimo e um máximo. Na senda do *supra* exposto, tal não afetará a natureza de contrato único de

temperando-o, porém, com a abertura permitida pela conjugação do seu regime de base com o disposto nos sucessivos contratos celebrados em seu desenvolvimento" (*ibidem*, p. 163).

[253] Cf. Francisco Carlos López Rueda, "Las Reglas de Rotterdam...", cit., pp. 112 e 113.

execução continuada – deixando alguns elementos por concretizar, estará próximo do contrato-quadro, mas não se poderá confundir com este, pois não se vislumbra a existência de contratos autónomos que lhe deem execução.

Nas RR o contrato de volume é configurado como uma específica modalidade de contrato de transporte, apenas se visando os contratos de volume efetuados em linhas regulares. A Convenção refere-o expressamente no seu artigo 1.º.

O que temos, nas RR, é um contrato de volume com caráter unitário – o que não obsta a que o teor das diversas viagens seja diverso, embora com prestações de transporte continuado[254]. Afirma-se, a este respeito, que este caráter sucessivo se refere às várias remessas de mercadorias, entendendo-se que cada remessa está associada a determinado transporte de mercadorias e que, portanto, o transportador se obriga à realização de várias viagens que se concretizam no transporte dessas mercadorias de um lugar a outro. Isto não significa, porém, que estejamos perante diversos contratos de transporte sucessivos durante o período de tempo convencionado, havendo apenas um único contrato do qual deriva a obrigação do transportador realizar transportes sucessivos dentro do período convencionado[255].

À semelhança dos formulários internacionais, a noção de contrato de volume nas RR não permite afirmar a sua natureza de contrato-quadro ou, tão pouco, de contrato-promessa. Com efeito, define-se contrato de volume como um contrato de transporte que prevê o transporte de uma determinada quantidade de mercadorias em diversas viagens, durante um determinado período de tempo, sendo que a especificação da quantidade de mercadorias pode incluir um mínimo, um máximo ou uma certa margem.

Ora, daqui decorre que o contrato de volume é, em si, o contrato de transporte e, como se sabe, o contrato de transporte comporta ele mesmo a obrigação de deslocação das mercadorias. Isto significa que o contrato de volume também já comporta em si esta obrigação – o que não sucederia caso se tratasse de um contrato-quadro, que não obrigaria o transportador a efetuar o transporte, antes carecendo de contratos de execução dos quais emergisse essa obrigação.

O facto de, nas RR, a especificação da quantidade de mercadorias poder incluir um mínimo, um máximo ou uma certa margem significa que, também aqui, poderão ficar elementos por concretizar ulteriormente.

---

[254] Cf. Fernando Sánchez Calero, *El Contrato de Transporte...*, cit., p. 631.

[255] Cf. Fernando Sánchez Calero, *El Contrato de Transporte...*, cit.., p. 632.

As considerações tecidas a respeito dos formulários internacionais merecem aqui aplicação.

Trata-se, portanto, nas RR, de um contrato único de execução continuada[256], em que a execução da prestação de transporte se prolonga no tempo, mediante a realização de viagens sucessivas – a obrigação do transportador efetuar o transporte de mercadorias de um local para outro é cumprida de forma sucessiva e não numa única viagem.

Fora das RR e do seio dos formulários internacionais e onde não exista um regime legal, a sua concreta configuração dependerá do que for estabelecido no contrato. Poderá assemelhar-se mais a um fretamento ou a um contrato de transporte, consoante as obrigações concretamente estipuladas. A autonomia privada ditará o regime aplicável[257].

Assim, se o armador se obriga a colocar à disposição do carregador uma determinada capacidade de transporte durante um certo período de tempo, obrigando-se também à deslocação das mercadorias durante um certo período de tempo e se as viagens forem efetuadas em linhas não regulares, dir-se-á que esta figura se situa mais próxima do fretamento, havendo que ponderar a aplicação do respetivo regime. Se houver uma obrigação de transportar mercadorias durante um determinado período de tempo em viagens sucessivas mas não houver obrigação de colocação de um navio à disposição, estará o contrato mais próximo do transporte[258].

---

[256] Para usar a expressão de Maria Raquel Guimarães, *O contrato-quadro...*, cit., pp. 153 e ss..

[257] René Rodière e Emmanuel du Pontavice, *Droit Maritime*...cit., pp. 332 e 333, referindo que a natureza jurídica do contrato é determinada pelas partes vêm, no entanto, dizer logo a seguir que o *contrat de tonnage* é uma promessa de realização de tantos contratos de fretamento ou de tantos contratos de transporte necessários ao escoamento de mercadorias, defendendo que se trata de um contrato-quadro que poderá dar azo à realização de contratos de fretamento ou contratos de transporte, consoante o que as partes tenham estipulado no contrato.

[258] Como vimos, é elemento essencial do fretamento a colocação de um navio à disposição do afretador, pelo que não pode, nestes casos, ser este contrato reduzido a esta categoria negocial. Na mesma ordem de ideias, Hugo Ramos Alves, "Em torno do contrato de transporte marítimo...", cit., pp. 371 e 372, afirma que não obstante em princípio se estar perante um contrato de transporte, esta conclusão não pode ser absoluta, pois perante um determinado contrato de volume há que apurar em concreto se as partes seguiram o modelo do contrato de transporte ou, antes, o de fretamento, sendo imperioso recorrer às regras gerais de interpretação do negócio jurídico para uma adequada qualificação do negócio que tenha sido celebrado pelas partes.

Dependerá também do que for estabelecido no contrato saber se o mesmo se reconduz a um contrato-quadro ou a um contrato único de execução continuada. No caso de as partes deixarem em aberto a determinação dos termos contratuais, definindo para momento ulterior a sua concretização mediante a celebração de contratos autónomos, terá a natureza de contrato-quadro. Ao invés, se do contrato resultarem todos os elementos, de forma concretizada, que permitirão a sua execução, sem que se divise a necessidade de especificar os termos a seguir, ou, deixando-se alguns elementos por concretizar, a sua execução não seja efetuada mediante a celebração de novos contratos, terá a natureza de contrato único de execução continuada.

§8.º Conclusões

I. O contrato de volume, com a configuração que hoje conhecemos, surge nos EUA com a denominação *service contracts*, sobretudo a partir dos anos 80, associado ao transporte de linhas regulares, vindo depois a desenvolver-se além-fronteiras no seio do comércio marítimo internacional.

II. Numa perspetiva económica, o contrato de volume vem frequentemente associado ao transporte de grandes quantidades de mercadorias em que na relação subjacente estão contratos de fornecimento – ou compras e vendas sucessivas de mercadorias – por forma a assegurar quer o escoamento quer o seu aprovisionamento continuado (onde muitas vezes as partes adotam as cláusulas CIF ou FOB dos *Incoterms*), tendo como vantagem a não sujeição à instabilidade do mercado de fretes e um melhor controlo dos custos de transação e do preço final do produto.

III. O contrato de volume – na aceção ampla que nos propomos a adotar –, pode ser definido como o acordo mediante o qual uma das partes se obriga, em contrapartida de uma quantia pecuniária designada frete, a deslocar certa quantidade de mercadorias, em viagens sucessivas e durante um determinado período de tempo.

IV. Trata-se de um contrato legalmente atípico, mas socialmente típico – com elementos típicos do transporte e do fretamento –, sendo também inominado em alguns ordenamentos, como no português, e no direito internacional dos transportes atualmente vigente.

V. Do contrato de volume deve distinguir-se o fretamento por viagens sucessivas, i.e., a convenção em virtude da qual um fretador se obriga a realizar um determinado número de viagens num período de tempo convencionado.

VI. Do contrato de volume deve distinguir-se também a *trip charter*, ou seja, a convenção mediante a qual um navio é fretado para uma viagem mas durante um certo período de tempo, e em que a gestão comercial é entregue ao afretador, mas sendo o objeto, declaradamente, uma viagem. Este consiste na realização de uma única viagem durante um determinado período de tempo. Naquele, ao invés, verifica-se a realização de viagens sucessivas (pelo menos duas) durante um determinado período de tempo.

VII. No direito português, não há um regime diretamente aplicável ao contrato de volume, o que não deve levar a descurar pura e simplesmente a potencialidade de aplicação do regime previsto para o transporte e para o fretamento, devendo fundamentalmente atentar-se no estabelecido contratualmente para equacionar a aplicação das normas destes regimes – em especial, na tónica colocada nas mercadorias ou no navio ou no facto de as viagens deverem ou não ser efetuadas em linhas regulares.

VIII. Para o efeito, importa descortinar as diferenças entre o fretamento e o transporte, que não é isenta de dificuldades práticas. Em termos de qualificação jurídica, a procura de diferenças deverá assentar, essencialmente, naquilo que as partes estipularam (i) quanto às mercadorias; (ii) quanto ao navio – aquelas figuram como o elemento central do transporte e acessório no fretamento, ao passo que este figura como central no fretamento, onde a obrigação de colocar um navio à disposição do afretador surge como elemento qualificador deste contrato, e já não no transporte.

IX. O contrato de volume carece, ainda hoje, de um regime internacional em vigor que o regule – pelo menos em termos expressos e inequívocos –, o que exige do intérprete uma tarefa interpretativa particularmente difícil no que concerne à determinação do regime jurídico aplicável.

X. Ainda assim, determinadas organizações internacionais, empenhadas na uniformização dos contratos a nível internacional, adotaram formulários tipo ou modelos-padrão para o transporte de petróleo bruto e granéis sólidos – o que pode também servir de modelo para quem esteja interessado no transporte de outras mercadorias. Estes formulários desempenham assim um papel importante no desenvolvimento do contrato de volume no comércio marítimo internacional, já que não há um regime internacional em vigor que – pelo menos diretamente – se aplique a este tipo de contratos.

XI. A CB de 1924 e as Regras de Hamburgo não descuram por completo o contrato de volume, devendo ser reconhecida a sua aplicação quando, em virtude da celebração de um contrato de volume, seja emitido um conhecimento de carga e este circule, caso em que aplicar-se-á, nas relações com o terceiro, estas Convenções.

XII. A CB de 1924 e as Regras de Hamburgo aplicam-se aos contratos de volume em que seja emitido um conhecimento de carga e, bem assim, aos casos em que haja a obrigação de emiti-lo, mormente por força dos usos do comércio internacional.

XIII. Neste sentido, estas Convenções também merecem aplicação aos contratos de volume efetuados em linhas regulares, dado que da prática e dos usos do comércio internacional resulta que as viagens efetuadas ao abrigo de um contrato de transporte são efetuadas em linhas regulares, contrariamente ao fretamento.

XIV. Por outro lado, dada a natureza imperativa destas Convenções, não parece que as mesmas devam deixar de aplicar-se apenas pela eventualidade de o contrato de volume ter como especificidade a realização do transporte em viagens sucessivas durante um determinado período de tempo.

XV. A natureza duradoura destes contratos não constitui fundamento bastante para tal exclusão. Materialmente, também aqui a tónica é colocada nas mercadorias ao invés da disponibilização do navio, merecendo por isso as regras do transporte aplicação em caso de transporte por linhas regulares – e isto quer se trate de transporte interno quer internacional.

XVI. A aplicação destas Convenções poderá também encontrar legitimação através de um raciocínio – senão direto – pelo menos, analógico, mesmo em relação às regras imperativas prescritas diretamente para os contratos típicos de transporte.

XVII. A determinação da natureza jurídica do contrato de volume não pode ser afirmada em termos absolutos e unitários para todos os casos, devendo antes ser aferida, quando não exista um instrumento normativo que o regule, casuisticamente, podendo assumir diversas configurações consoante o que concretamente for estipulado pelas partes.

XVIII. Os formulários internacionais para o transporte de petróleo e granéis sólidos reconhecem o contrato de volume (ou, na terminologia adotada, "*Contracts of Affreightment*") como um contrato de transporte, revestindo, além disso, a natureza de contrato único de execução continuada.

XIX. Nas RR, a autonomia privada nos contratos de volume parece romper com a clássica distinção entre o transporte e o fretamento baseada na imperatividade e supletividade de regimes, respetivamente, visto que o qualificam expressamente como um contrato de transporte não obstante vigorar aqui a regra da liberdade contratual. Ainda assim, esta realidade aparece mitigada devido ao estabelecimento de condições de derrogação em nome de uma maior tutela dos carregadores.

XX. Nas RR, o contrato de volume é uma específica modalidade de transporte, apenas se visando as viagens efetuadas em linhas regulares. Trata-se de um contrato único de execução continuada, em que a execução da prestação de efetuar o transporte se prolonga no tempo, mediante a realização de viagens sucessivas.

XXI. Fora das RR e do seio dos formulários internacionais e onde não exista um regime legal, a sua concreta configuração dependerá do que for estabelecido no contrato. Poderá assemelhar-se mais a um fretamento ou a um contrato de transporte, e poderá ou não assumir a natureza de contrato-quadro ou de contrato único de execução continuada, consoante o que for concretamente estipulado.

Bibliografia

ALVES, HUGO RAMOS,

– "Em torno do contrato de transporte marítimo de mercadorias", *Temas de Direito dos Transportes*, Vol. III, Almedina, 2015.

– *Da Limitação da Responsabilidade do Transportador na Convenção de Bruxelas de 1924*, Almedina, 2008.

Arroyo Martínez, Ignacio,

– *Curso de Derecho Marítimo*, 2ª ed., Aranzadi, 2005;

– *Curso de Derecho Marítimo*, 2ªed., Thomson-Civitas, 2005.

Bastos, Nuno Manuel Castello-Branco, *Da Disciplina do Contrato de Transporte Internacional de Mercadorias por Mar*, Almedina, 2004.

Berlingieri, Francesco,

– "An analysis of two recent commentaries of the Rotterdam Rules", Il *Diritto Marittimo*, Fasc. I – 2012;

– "The Unicitral Draft Convention on the Carriage of Goods ("Wholly or partly) (by Sea), in *Zbornik Pravnog Fakulteta u Zagrebu*, 2008, Vol. 58, número 1-2.

Bonassies, Pierre, e Scapel, Christian, *Droit Maritime*, L.G.D.J., 2006.

Calderale, Alfredo, "Il contratto di volume e le Regole di Rotterdam", *III Jornadas de Lisboa de Direito Marítimo – Das Regras da Haia às Regras de Roterdão*, Almedina, 2014.

Coelho, Francisco Manuel de Brito Pereira, *Contratos Complexos e Complexos Contratuais*, Coimbra Editora, 2014.

Cordeiro, António Menezes,

– *Tratado de Direito Civil, II, Parte Geral*, 4ª ed., Almedina, 2014;

– *Tratado de Direito Civil, II*, 3ª ed., Almedina, 3ª ed., Almedina, 2007.

Duarte, Rui Pinto, *Tipicidade e Atipicidade dos Contratos*, Almedina, 2000.

Esteves, José M. P. Vasconcelos,

– "Fretamento de navio para transporte de mercadorias" *I Jornadas de Lisboa de Direito Marítimo – O contrato de transporte marítimo de mercadorias*, Almedina, 2008;

– *Direito Marítimo – Volume II – Contratos de Utilização do Navio*, Livraria Petrony, 1988.

Evans, I. L.,"The Harter Act and its limitations", *Michigan Law Review*, Vol. 8, N.º 8, 1910.

Faria, Duarte Lynce de, "As Regras de Roterdão – as alterações mais significativas", *III Jornadas de Lisboa de Direito Marítimo – Das Regras da Haia às Regras de Roterdão*, Almedina, 2014.

Gabaldón García, José Luis e Ruiz Soroa, José María, *Manual de Derecho de la Navegación Marítima*, 2ª ed., Marcial Pons, 2002.

García-Pita y Lastres, José Luis, "Fletamento, transporte marítimo y responsabilidad contractual", *III Jornadas de Lisboa de Direito Marítimo – Das Regras da Haia às Regras de Roterdão*, Almedina, 2014.

Gaskell, Nicholas, Asariotis, Regina e Baatz, Yvone, *Bills of Lading: Law and Contracts*, LLP, 2000.

Gomes, Manuel Januário da Costa,
– "Sobre a responsabilidade do transportador nas Regras de Roterdão. Breves notas", *Estudios de Derecho Marítimo*, Arandazi, 2012;
– *Contratos Comerciais*, Almedina, 2012;
– "Introdução às Regras de Roterdão – A Convenção "Marítima-Plus" sobre transporte internacional de mercadorias," *Temas de Direito dos Transportes I*, Almedina, 2010;
– *Limitação de Responsabilidade por Créditos Marítimos*, Almedina, 2010;
– *O Ensino do Direito Marítimo*, Almedina, 2005.

Gómez Prieto, María Teresa, "Consideraciones sobre la naturaleza jurídica de una nueva modalidade de contrato de fletamento: el contrato de fletamento por tonelaje", *Anuario de Derecho Maritimo*, Vol. XXIV, 2007.

Guimarães, Maria Raquel de Almeida Graça Silva, *O Contrato-Quadro no Âmbito da Utilização de Meios de Pagamento Electrónicos*, Coimbra Editora, 2011.

Illescas Ortiz, Rafael, "What changes in internacional transport law after the Rotterdam Rules?", *Uniform Law Review Revue de Droit Uniforme*, 2009-4, Unidroit.

Kozubovskaya-Pelle, Anastasiya, "Le contrat de volume et les Règles de Rotterdam", *Le Droit Maritime Français*, n.º 712, 2010.

López Rueda, Francisco Carlos, "Las Reglas de Rotterdam: un régimen uniforme para los contratos de volumen?" *Anuario de Derecho Maritimo*, Volumen XXVI.

Martins, Eliane M. Octaviano,
– *Curso de Direito Marítimo, Volume I – Teoria Geral*, 4ª ed., Manole, 2013;
– "Exploração de navios no transporte marítimo internacional de mercadorias", *II Jornadas de Lisboa de Direito Marítimo*, Almedina, 2012;
– *Curso de Direito Marítimo, Volume II*, Manole, 2008.

Monteiro, António Pinto, *Cláusulas Limitativas e de Exclusão de Responsabilidade Civil*, Almedina 2003.

Mukherjee, Proshanto K., Bal, Abhinayan Basu, *A Legal and Economic Analysis of the Volume Contract Concept under the Rotterdam Rules: Selected Issues in Perspective*, disponível em http://www.rotterdamrules2009.com/cms/uploads/Def.%20tekst%20Abhinayan%20Basu%20Bal%20-%20Volume%20Contract%20Final.pdf.

Nikaki, Theodora e Soye, Baris, "A New Internacional Regime for Carriage of Goods by Sea: Contemporary, Certain, Inclusive AND efficient or Just Another One for the Shelves?", *Berkeley Journal of International Law*, Vol. 30, 2012.

Pendon Melendez, Miguel Angel, *Los Títulos Representativos de la Mercancia*, Marcial Pons, 1994.

PINHEIRO, LUÍS DE LIMA,

– "O direito autónomo do comércio internacional em transição: a adolescência de uma nova *lex mercatoria*", *Estudos Jurídicos e Económicos em Homenagem ao Prof. Doutor António de Sousa Franco*, Vol. II, Coimbra Editora, 2006;

– "Incoterms – Introdução e traços fundamentais", *Revista da Ordem dos Advogados*, Ano 65, Vol. II, 2005, disponível em http://www.oa.pt/Conteudos/Artigos/detalhe_artigo.aspx?idc=31559&idsc=45582&ida=45612;

– *Direito Comercial Internacional*, Almedina, 2005.

PONTAVICE, EMMANUEL DU, e CORDIER, PATRICIA., *Transports & Affrètement Maritimes*, 2ª ed., Delmas, 1990.

RAPOSO, MÁRIO,

– "Transporte marítimo de mercadorias: hoje e amanhã", *III Jornadas de Lisboa de Direito Marítimo – Das Regras da Haia às Regras de Roterdão*, Almedina, 2014;

– *Estudos Sobre o Novo Direito Marítimo,* Coimbra Editora, 1999;

– "Sobre o contrato de transporte de mercadorias por mar", *Boletim do Ministério da Justiça*, n.º 376, 1988.

– "Fretamento e transporte marítimo. Algumas questões", *Boletim do Ministério da Justiça*, n.º 340, 1984.

RIBEIRO, JOAQUIM DE SOUSA, *O Problema do Contrato – As Cláusulas Contratuais Gerais e o Princípio da Liberdade Contratual*, Almedina, 1999.

ROCA LÓPEZ, MIQUEL, "Las Reglas de Rotterdam", *Estudios de Derecho Marítimo*, Arandazi, 2012.

ROCHA, FRANCISCO B. F. RODRIGUES, "Algumas notas em torno da cláusula CIF e do seguro de transporte de mercadorias", *Temas de Direito dos Transportes*, Vol. III, Almedina, 2015.

ROCHA, FRANCISCO COSTEIRA DA,

– "Limitação da responsabilidade do transportador marítimo de mercadorias", *I Jornadas de Lisboa de Direito Marítimo – O Contrato de Transporte Marítimo de Mercadorias*, Almedina, 2008;

– *O Contrato de Transporte Mercadorias – Contributo Para o Estudo da Posição Jurídica do Destinatário no Contrato de Transporte de Mercadorias*, Almedina, 2000.

RODIÈRE, RENÉ,

– *Traité Général de Droit Maritime, Affrètements & Transports,* I, Dalloz, 1967;

– *Traité Général de Droit Maritime, Affrètements & Transports*, II, Dalloz, 1968.

RODIÈRE, RENÉ e PONTAVICE, EMMANUEL DU, *Droit Maritime*, 10ª ed., Dalloz, 1986.

RIGHETTI, GIORGIO, *Trattato di Diritto Marittimo*, Vol. II, Giuffrè Editore, 1990.

RODRIGUES, LUÍS BARBOSA, *A Interpretação de Tratados Internacionais*, AAFDL, 2002.

SÁNCHEZ CALERO, FERNANDO, *El Contrato de Transporte Marítimo de Mercancías*, 2ª ed., Aranzadi, 2010.

SILVA, JOÃO CALVÃO DA, "Crédito documentário e conhecimento de embraque", *Estudos de Direito Comercial (pareceres)*, Almedina, 1996.

STURLEY, MICHAEL F., FUGITA, TOMOTAKA, ZIEL, GERTJAN VAN DER, *The Rotterdam Rules – The UN Convention on Contracts for the International Carriage of Goods Wholly or Partly by Sea,*, Thomson Reuters, 2010.

TELLES, INOCÊNCIO GALVÃO, *Manual dos Contratos em Geral*, Coimbra Editora, 4.ª ed., 2002.

VASCONCELOS, PEDRO PAIS DE, *Contratos Atípicos,* 2ª ed., Almedina, 2009.

WILSON, JOHN F., *Carriage Goods by Sea*, 4ª ed., Pearson Longman, 2001.

UMA TRADUÇÃO DAS REGRAS DE IORQUE-ANTUÉRPIA 2016

TEXTO E NOTAS EXPLICATIVAS

FRANCISCO RODRIGUES ROCHA*

1. Introdução

I. As RIA[1] constituem um conjunto de regras[2] com larga aceitação no comércio marítimo internacional e mais de século e meio de existência[3], que disciplina as avarias grossas, instituto jurídico arreigado, ainda que por vezes esquecido, na tradição jurídica portuguesa[4] e, mais amplamente, na lusófona[5].

Periodicamente revistas, foi o novo texto das RIA, após 4 anos de consultas e de revisões levadas a cabo por um grupo internacional de trabalho especificamente nomeado para o efeito[6], aprovado a 6 de Maio de 2016, na

---

* Assistente convidado da Faculdade de Direito da Universidade de Lisboa.

[1] Lista de abreviaturas infra nt. de fim 1.

[2] Aplicáveis, à luz do ordenamento jurídico português e de grande parte dos que conhecemos, por via convencional (cf. o artigo 634.º, § 2.º, do CCom). Por regra, são-no através de cláusulas remissivas inseridas em conhecimentos de carga – que não são, todavia, de identificar com o próprio contrato de transporte de mercadorias por mar –, cartas-partidas ou apólices de seguros – que também não têm de coincidir com o contrato de seguro. Dentre tantos, vd. por último RABE/BAHNSEN, *Seehandelsrecht*, 5.ª ed., Beck, Munique, 2018, apêndice I, II § 1-2 (beck-online).

[3] Quer se conte a partir das deliberações tomadas na Conferência de Glasgow de Setembro de 1860, quer das Regras de Iorque de 1864. A sucessão de versões das RIA até à penúltima versão pode ser, entre nós, consultada em MANUEL JANUÁRIO DA COSTA GOMES, *Direito marítimo*, vol. IV – *Acontecimentos de mar*, Almedina, Coimbra, 2008, 32.

[4] Sem menoscabo de outras. Vd. infra § 2.º da nt. de fim 2.

[5] Vd. infra exs. vários nas nts. de fim à tradução.

[6] Conforme deliberado na 40.ª Conferência do CMI em Pequim entre 14 e 1-Out.-2012, onde fora de resto apresentada uma proposta de alteração das RIA (cf. o documento subscrito por KARL-JOHAN GOMBRI/RICHARD SHAW/BENT NIELSEN, *Revision of the York Antwerp Rules 2004 (to be known as York Antwerp Rules 2012). Report to the National Maritime Associations*, disponível em www.fdunl.pt), que, todavia, não singrou aprovação.

conferência do CMI que teve lugar em Nova Iorque[7], e entretanto rectificado a 8 de Setembro de 2017[8] na Assembleia-Geral do CMI que decorreu em Génova. Procedeu-se, assim, à desejada alteração da versão de 2004, que menos entusiástica recepção obteve, sobretudo junto de armadores, do que a anterior de 1994[9].

Em relação à versão de 2004, procedeu-se às alterações que, reservando ocasião mais oportuna para as desenvolver, sumariamente expomos:

(i) regra B[10]: esclareceu-se que, no caso de navios ligados entre si, a desconexão pode ser, nas circunstâncias aí descritas, um acto de avaria grossa (B/2) e regulou-se a admissão de cada embarcação em avaria grossa quando, envolvidas numa aventura marítima comum, tenham recorrido a um lugar de refúgio (B/3);

(ii) regra E: regulou-se mais pormenorizadamente o ónus de informar e de documentar a avaria (E/2 e 4), de modo a tornar mais célere – como tem sido sistemática exigência de seguradores – o procedimento de liquidação, bem como as consequências caso as partes

[7] Acompanhado de um apêndice intitulado "Directrizes do CMI relativas às avarias grossas" ("*CMI Guidelines relating to General Average*"). A título de curiosidade, a IUMI, em comunicado de 9-Mai.2016, disponível em www.iumi.com, considerou esta novidade, entre outras, benéfica para os seguradores, na medida em que prevê que auxilie os envolvidos a compreender mais rapidamente o que é deles esperado, diminuindo a duração e consequentemente os custos do demorado procedimento de liquidação.

[8] E, por isso, talvez possa alternativamente chamar-se-lhes RIA16/17. Sucede, contudo, que em Génova em 2017 do que se tratou efectivamente foi de rectificar o texto da regra XVII (b), preservando um segmento que se quis manter igual à versão de 2004, mas que fora por lapso truncado na versão final de 2016: "*or fall upon the ship by virtue of an award for special compensation under Article 14 of the International Convention on Salvage, 1989 or under any other provision similar in substance*".

[9] Menos eufemístico, digamos, o teor da circular n.º 14, de Ag.-2016, do CMI, que por expressivo tomamos a liberdade de reproduzir: "*The adoption of the YAR* [= *York-Antwerp Rules*] *2016 brings to an end 12 years of uncertainty, for shipowners and marine insurers, which followed the adoption of the YAR 2004, which did not have the support of shipowners, and which were very rarely used in preference to the well-established and well understood YAR 1994*". A título de exemplo, os clausulados da BIMCO não remetiam para as RIA04.

[10] Regra B baseada no geral na regra XXV das Regras do Reno IVR 1979 intitulada precisamente "*Schiffsverbände*". Segundo Rabe/Bahnsen, *Seehandelsrecht* cit., apênd. I, II, Regel B, Nm. 5 (beck-online), a redacção de 1994 era pouco clara, levando a divergentes interpretações nos tribunais norte-americanos, ingleses e escandinavos, o que justificou se tivesse optado em 2016 por uma redacção mais analítica e clara.

o não façam tempestivamente e os meios de recorrer da decisão do regulador neste particular (E/3);

(iii) regra G: alterou-se, por razões de coerência com o acrescento de fecho, "*shall not exceed*" por "*shall be limited*" e especificou-se que o limite aí previsto não se aplica aos pagamentos feitos nos termos da regra F (regra G/4);

(iv) regra VI: esta regra constituiu o pomo da discórdia em relação às RIA04, que motivou a reacção adversa dos armadores; por isso, retomaram-se, quando não mesmo se repristinaram, algumas das soluções já consagradas na versão de 1994 na esteira da proposta de 1990, que se traduziram essencialmente: (*i*) na sujeição da regra da al. *a*)[11] às das als. *b*), *c*) e *d*); (*ii*) no aditamento de uma nova regra, constante da al. *b*)[12]; (*iii*) na manutenção da anterior al. *b*), agora al. *c*)[13], mas para afirmar a regra inversa agora de novo constante da al. *a*); (*iii*) na manutenção da al. *c*), agora al. *d*);
aditamento da al. *b*) e na sujeição da regra sob a al. *a*) às regras *b*), *c*) e *d*).

(v) regra X: a alteração foi aqui meramente formal, substituindo-se o anterior § final por um alfabetado, neste caso por *d*), cuja redacção inicial foi reformulada através da eliminação de "*But*";

(vi) regra XI: é novo a al. *c*) (*ii*), que esclarece o que se entendam por encargos portuários; foram ainda aditadas referências ao manuseio a bordo e ao combustível e provisões na al. *d*) (*iv*);

(vii) regra XIII: passou-se o prazo da al. *c*) de 12 para 24 meses;

(viii) regra XVI: dividiu-se a al. *a*) em duas subals. (*i*) e (*ii*) e esclareceu-se a disciplina relativa ao apuramento do valor da mercadoria à data da descarga a partir da factura comercial;

(ix) regra XVII: inseriu-se no final da al. *a*) (*i*) esclarecimento semelhante ao agora constante da regra XVI, estabeleceu-se no final da al. *a*) (*ii*) a possibilidade de exclusão de uma mercadoria de contribuir em avarias grossas caso o regulador considere o custo da sua inclusão na regulação desproporcional em relação à sua eventual contribuição, dispuseram-se limites às deduções por serviços de

---

[11] Onde é afirmada a regra geral segundo a qual, verificados os requisitos das avarias grossas, são as despesas de salvação como tal admitidas.

[12] Vd infra nt. de fim 133.

[13] Vd infra nt. de fim 133.

salvação nas específicas circunstâncias previstas no final da al *b*) e, por fim, adjectivaram-se os objectos de uso pessoal de acompanhados, limitando, neste particular o âmbito de aplicação da tradicional al. *e*);

(x) regra XIX: tornou-se a redacção da al. *b*) mais clara, sem modificação de conteúdo;

(xi) regra XXI: substituiu-se o conteúdo da al. *b*), passando agora a taxa de juros anuais, como regra geral, a corresponder à de doze meses da ICE LIBOR ao câmbio da moeda em que tiver sido a regulação elaborada;

(xii) regra XXII: regulou-se mais pormenorizadamente o regime dos depósitos em dinheiro, quer ao nível do âmbito de aplicação (al. *a*)), quer ao da conta especial constituída para efeito dos pagamentos por avaria grossa (als. *a*), *b*) e *c*)), e especificou-se que os referidos depósitos e pagamentos ou reembolsos não prejudicam o apuramento das obrigações das partes a final (al. *d*))

II. Das anteriores RIA existe mais de uma tradução em língua portuguesa. Surpreendentemente, porém, data a última de 1974, não se conhecendo outras das posteriores e de não somenos importância versões de 1994 e 2004[14].

Na presente tradução foram tidas em conta as anteriores traduções portuguesas, como também noutras línguas com relevo no comércio internacional e próximas da nossa em termos tais que à tradução pudessem servir de termo de comparação.

As notas são, como resulta da hendíade escolhida para subtítulo, explicativas do texto resultante da tradução, não das soluções jurídicas constantes das RIA. Não significa isto que seja possível cindir uma coisa da outra – uma tradução de um texto (neste caso, jurídico) pressupõe sempre uma (pré-)compreensão do que se quis com ele transmitir (e, portanto, neste caso, também do regime jurídico das avarias grossas) –, mas apenas que as notas não têm uma tal pretensão, pelo menos a título primário.

Um último mas muito importante esclarecimento. Sendo a introdução e as notas explicativas da responsabilidade do signatário, o coração do trabalho, precisamente a tradução, foi elaborado sob coordenação e conjuntamente pelo Prof. Doutor Manuel Januário da Costa Gomes.

[14] Vd. infra § 1.º da nt. de fim 2.

2. Texto e notas explicativas

Segue-se o texto da tradução do original inglês para o português[15], acompanhado das correspondentes notas, que podem ser consultadas no fim do documento.

REGRAS DE IORQUE-ANTUÉRPIA 2016

Regra de interpretação[1-2]

Na regulação[3] das avarias grossas[4-5], aplicar-se-ão as seguintes Regras, com exclusão[6] de qualquer lei ou[7] prática incompatíveis com as mesmas[8].

Com exceção[9] do previsto na Regra Predominante[10] e nas Regras numeradas, as avarias grossas serão[11] reguladas de acordo com as Regras alfabetadas[12].

Regra Predominante[13]

Em nenhum caso[14] será admitido[15] como avaria grossa um crédito por sacrifício[16] ou despesa[17] que não tenha sido razoavelmente[18] feito ou contraída[19-20].

Regra A

1. Há[21] um ato de avaria grossa quando, e somente quando, os sacrifícios e despesas extraordinários[22], sejam eles quais forem[23], forem intencional e razoavelmente feitos ou contraídas[24] para a segurança comum[25] com o propósito de preservar[26] do perigo os bens[27] envolvidos numa aventura marítima comum[28-29-30].

2. Os sacrifícios e as despesas de avaria grossa serão suportados pelos diferentes interesses contribuintes nos termos a seguir previstos[31-32].

---

[15] Que segue a grafia decorrente do chamado AO90, embora preservando as consoantes duplas quando grafadas de acordo com a variante brasileira (assim, por ex., "respectivo" ou "recepção"), que, neste ponto, coincide com a grafia do AO45. Importa nesta ocasião sublinhar que a presente tradução foi muito felizmente motivada pelo repto dirigido pela ABDM a que fosse elaborada uma versão única em língua portuguesa – ainda que depois com as variantes que se entendessem pertinentes de acordo com a específica tradição jurídica de cada país lusófono –, como se procedeu com muito bons resultados na tradução da CNUDM e como de resto ocorre com as versões noutras línguas faladas em mais de um país, designadamente o inglês, o francês ou o castelhano.

Regra B

1. Há[33] uma aventura marítima comum, quando uma ou mais embarcações rebocam ou empurram[34-35] outra ou outras[36] embarcações, desde que estejam todas envolvidas em atividades comerciais e não numa operação de salvação[37].

Quando forem[38] tomadas medidas para preservar as embarcações[39] e as suas cargas, se as houver[40], de um perigo comum, aplicar-se-ão as presentes Regras.

2. Se as embarcações estiverem em perigo comum e uma delas for separada[41] da outra ou outras, quer para aumento da segurança apenas da que foi separada, quer para segurança de todas as embarcações na aventura marítima comum, essa separação[42] constituirá um ato de avaria grossa.

3. Quando as embarcações envolvidas numa aventura marítima comum recorrerem[43] a um porto ou lugar de refúgio, cada uma delas poderá ser admitida[44] em avaria grossa nos termos das presentes Regras. Em conformidade com[45] o disposto nos parágrafos 3 e 4 da Regra G, as admissões em avaria grossa cessarão assim que terminar a aventura marítima comum.

Regra C

1. Somente as perdas, danos ou despesas que forem consequência direta do ato de avaria grossa serão como tal admitidos[46].

2. Em nenhum caso serão admitidas em avaria grossa perdas, danos ou despesas contraídas[47] relativamente a danos ao ambiente[48] ou em consequência de derrame ou libertação de substâncias poluentes com origem nos bens envolvidos na aventura marítima comum[49].

3. As sobrestadias[50], as perdas de mercado e quaisquer danos sofridos ou despesas contraídas em consequência de atraso, durante ou após a viagem, e quaisquer perdas indiretas, sejam de que tipo forem, não serão admitidos em avaria grossa.

Regra D

O direito à contribuição[51] em avaria grossa não será prejudicado[52], ainda que o evento que originou o sacrifício ou a despesa se tenha devido[53] a falta[54] de uma das partes interessadas na aventura marítima comum, sem prejuízo dos direitos e dos meios de defesa[55] que contra ou em favor daquela parte possam ser invocados no que a tal falta diga respeito.

Regra E

1. A parte que invoca um direito à contribuição em avaria grossa tem o ónus de provar[56] que a perda ou a despesa reclamadas[57] são efetivamente admissíveis em avaria grossa.

2. Todas as partes na aventura marítima comum deverão, logo que possível[58], fornecer informações sobre o valor do seu interesse contribuinte e, caso reclamem contribuição por avaria grossa[59], deverão notificar por escrito ao regulador de avarias[60] a perda ou a despesa relativas à contribuição reclamada, bem como fornecer prova em conformidade[61].

3. Na falta de notificação, ou caso alguma das partes não forneça informação em apoio[62] de uma contribuição reclamada[63], o regulador de avarias poderá, dentro de[64] doze[65] meses a contar do termo da aventura marítima comum ou do pagamento da despesa, avaliar[66] a extensão da admissão em avaria grossa com base na informação que lhe esteja disponível. Deverá ser fornecida informação[67] sobre o valor do interesse contribuinte[68] dentro do prazo de doze meses a contar do termo da aventura marítima comum, findo o qual[69] o regulador de avarias poderá avaliar o referido valor com base na mesma informação. Tal avaliação[70] deverá ser comunicada, por escrito, à parte em questão. As avaliações em causa apenas poderão ser impugnadas dentro de dois meses a contar da recepção[71] da comunicação e apenas com fundamento em erro manifesto[72].

4. A parte[73] na aventura marítima comum que aja[74] contra um terceiro tendo em vista a recuperação do sacrifício ou despesa reclamados em avaria grossa deverá informar[75] o regulador de avarias desse facto e, caso recupere algum valor desse terceiro, deverá fornecer ao regulador de avarias informação detalhada dentro de dois meses a contar da recepção do valor recuperado.

Regra F

Toda[76] a despesa adicional[77] realizada[78] em substituição de outra que teria sido admissível[79] em avaria grossa será como tal considerada e assim[80] admitida, mas somente[81] até ao montante da despesa de avaria grossa evitada, sem considerar a eventual economia que tenha trazido a outros interesses[82].

Regra G

1. A regulação das avarias grossas basear-se-á[83-84] nos valores ao tempo e no lugar[85] em que[86] a aventura marítima comum terminar, quer[87] no que respeita à avaliação das perdas, quer no que à contribuição concerne.

2. Esta regra[88] não prejudicará[89] a determinação[90] do local onde a regulação da avaria grossa deva ser feita.

3. Quando um navio se encontrar em qualquer porto ou lugar em circunstâncias que dariam lugar a uma admissão em avaria grossa de acordo com as Regras X e XI, e quando a carga ou parte dela tiver sido reexpedida[91] para o destino por outros meios[92], os direitos e as obrigações[93] relativos à avaria grossa manter-se-ão[94-95], desde que notificados[96], se possível, os interesses na carga, tanto quanto possível inalterados tal como o teriam sido na ausência de tal reexpedição, como se a aventura marítima comum houvesse continuado no navio original pelo tempo que seja justificável nos termos do contrato de transporte[97] e da lei aplicável.

4. A proporção relativa à carga das contribuições admitidas em avaria grossa em razão da aplicação do terceiro parágrafo[98] desta Regra limitar-se-á ao custo que teria sido suportado pelos donos[99] da carga, se a mesma tivesse sido reexpedida a expensas suas[100]. Este limite não se aplicará a qualquer das contribuições[101] admitidas nos termos da Regra F.

Regra I
Alijamento de carga

Somente será admitido[102] como avaria grossa o alijamento[103] de carga[104] transportada de acordo com os reconhecidos usos do comércio[105-106].

Regra II
Perdas ou danos causados[107] por sacrifícios para a segurança comum

Serão admitidas[108] em avaria grossa as perdas ou os danos[109] causados aos bens envolvidos na aventura marítima comum por ou em consequência de[110] um sacrifício feito para a segurança comum[111], e os causados pela água entrada através das escotilhas[112] abertas ou por qualquer outra abertura feita com o fim de se efetuar um alijamento para a segurança comum.

Regra III
Extinção de incêndio a bordo[113]

Serão admitidos[114] em avaria grossa os danos causados ao navio e à carga[115-116], ou a qualquer deles, pela água ou de outro modo, com o fim de extinguir um incêndio a bordo, incluindo os danos por varação[117] ou afundamento deliberado[118] feitos para o mesmo fim, com exceção[119] dos causados pelo fumo, independentemente[120] da causa, ou pelo calor do fogo[121].

Regra IV
Corte de destroços[122]

As perdas ou danos[123] resultantes[124] do corte de destroços ou de partes do navio que tenham sido previamente deslocados[125] ou que estejam efetivamente perdidos por acidente não serão admitidos em avaria grossa[126].

Regra V
Varação[127-128]

Quando um navio for intencionalmente encalhado na costa[129] para a segurança comum[130], quer esse navio pudesse ou não ter dado à costa, as perdas ou danos daí resultantes aos bens[131] envolvidos na aventura marítima comum serão admitidos em avaria grossa[132].

Regra VI
Remuneração de salvação[133]

(a) Sem prejuízo das disposições[134] previstas nos parágrafos[135] (b), (c) e (d)[136-137], as despesas contraídas[138] pelas partes na aventura marítima comum a título de salvação, nos termos de um contrato ou de outro modo[139], serão admitidas em avaria grossa[140] na medida em que as operações de salvação tenham sido efetuadas[141] com o propósito de preservar do perigo os bens envolvidos na aventura marítima comum[142].

(b) Não obstante o disposto no parágrafo (a), quando as partes na aventura marítima comum sejam separadamente obrigadas por contrato ou por lei perante os salvadores, a salvação só será admitida em avaria grossa se ocorrer uma das seguintes situações:

(i) um acidente subsequente ou outras circunstâncias que causem perdas ou danos aos bens durante a viagem de que resultem diferenças significativas[143] entre valores salvos e contribuintes;

(ii) sacrifícios de avaria grossa significativos;

(iii) os valores salvos estejam manifestamente incorretos[144] e ocorra uma repartição[145] de despesas de salvação consideravelmente incorreta;

(iv) uma das partes na salvação tenha pago[146] uma significativa proporção do montante de salvação devido por outra parte;

(v) uma percentagem significativa das partes[147] tenha satisfeito a pretensão de salvação em termos substancialmente diferentes, não tendo tido em conta os juros, a correção monetária[148] ou as despesas jurídicas[149] a cargo do salvador ou do interesse contribuinte;

(c) As despesas de salvação[150] referidas no parágrafo (a)[151] incluirão qualquer remuneração por salvação[152] em que tiverem sido tidos em conta[153] a perícia e os esforços dos salvadores para prevenir ou minimizar danos ao ambiente[154-155], conforme referido no artigo 13.º, parágrafo 1 (b), da Convenção Internacional sobre Salvação, de 1989.

(d) A compensação especial devida[156] pelo armador[157] a um salvador ao abrigo do artigo 14.º da Convenção Internacional sobre Salvação, de 1989, nos termos do parágrafo 4 deste mesmo artigo[158], ou ao abrigo de qualquer outra disposição substancialmente análoga[159] (como a SCOPIC) não será admitida em avaria grossa nem considerada despesa de salvação como referido no parágrafo (a) da presente Regra[160].

Regra VII
Danos nas máquinas e caldeiras[161]

Os danos causados a quaisquer máquinas ou caldeiras[162] de um navio encalhado[163] e[164] em posição perigosa[165] pelos esforços tendentes à sua reflutuação[166] serão admitidos em avaria grossa[167], quando for demonstrado terem resultado da efetiva intenção de o fazer flutuar para a segurança comum[168], sob o risco de tais danos[169]; quando, porém, o navio se encontrar a flutuar[170], as perdas ou danos[171] causados pelo funcionamento das máquinas de propulsão[172] ou caldeiras não serão, em qualquer circunstância, admitidos em avaria grossa.

Regra VIII
Despesas de aligeiramento de navio encalhado e danos subsequentes[173]

Quando um navio estiver encalhado e a carga[174], o combustível e as provisões ou qualquer um destes[175] tiverem sido descarregados como ato de avaria grossa[176], as despesas adicionais[177] com o aligeiramento[178], locação[179] de barcaças[180] e reembarque (se contraídas[181]) bem como quaisquer perdas ou danos daí resultantes aos bens envolvidos na aventura marítima comum[182] serão admitidos em avaria grossa[183].

Regra IX
Carga, material do navio e provisões utilizados como combustível

A carga[184], o material[185] do navio e as provisões ou qualquer um deles[186] que houve necessidade de utilizar como combustível[187] para a segurança comum[188] num momento de perigo[189] serão admitidos em avaria grossa[190], mas, em caso de admissão do custo do material do navio e das provisões[191], a massa de avaria grossa será creditada[192] com o custo estimado do combustível que teria, de outro modo, sido consumido[193] para continuação da viagem prevista[194].

Regra X
Despesas em porto de refúgio, etc.

(a) (i) Quando um navio tiver entrado[195] num porto ou lugar[196] de refúgio[197] ou tiver retornado[198] ao[199] porto ou lugar de carregamento[200-201] em consequência de acidente, sacrifício ou outras circunstâncias extraordinárias que tornem essa medida necessária[202] à segurança comum, as despesas de entrada nesse porto ou lugar serão admitidas em avaria grossa; e quando o navio tiver navegado a partir daí com a sua carga inicial[203], ou parte dela, as correspondentes despesas de saída do porto ou lugar subsequentes à entrada[204] ou retorno serão, de igual modo, admitidas em avaria grossa.

(ii) Quando um navio estiver num qualquer porto ou lugar de refúgio e for necessário deslocá-lo[205-206] para outro porto ou lugar, pelo facto de[207] as reparações não poderem ser feitas[208] no primeiro porto ou lugar, as disposições da presente Regra aplicar-se-ão ao segundo porto ou lugar como se o mesmo fosse um porto ou lugar de refúgio, e[209] o custo da referida deslocação, incluindo as reparações provisórias[210] e o reboque[211], será igualmente admitido em avaria grossa. As disposições[212] da Regra XI aplicar-se-ão ao prolongamento da viagem ocasionado por[213] tal deslocação.

(b) (i) O custo da manipulação[214] a bordo da carga ou da sua descarga, da do combustível ou provisões[215], num porto ou lugar de carregamento, escala ou refúgio, será admitido em avaria grossa, quando a manipulação ou a descarga tiverem sido necessárias à segurança comum ou para permitir a reparação de danos causados ao navio por sacrifício ou acidente, se tais reparações tiverem sido necessárias à continuação[216] da viagem em segurança, salvo nos casos em que os danos ao navio forem descobertos num porto de carga ou de escala sem que durante a viagem tenham ocorrido quaisquer acidentes ou outras circunstâncias extraordinárias relacionadas com tais danos[217].

(ii) O custo da manipulação a bordo da carga ou da sua descarga, da do combustível ou provisões não será admissível em avaria grossa, quando contraído[218] unicamente com o propósito de reestiva[219] devida a deslocação durante a viagem[220], a não ser que tal reestiva seja necessária à segurança comum.

(c) Sempre que o custo da manipulação da carga ou da descarga da carga, do combustível ou das provisões seja admissível em avaria grossa, os custos de armazenagem[221], incluindo os de seguro, se razoavelmente contraídos[222], de recarregamento[223] e de estiva de tal carga, do combustível e das provisões serão, de igual modo, admitidos em avaria grossa. As disposições da Regra XI aplicar-se-ão ao período suplementar[224] de imobilização[225] ocasionada pelo referido recarregamento ou reestiva.

(d) Quando o navio estiver condenado ou não prosseguir a sua viagem inicial[226], as despesas de armazenagem serão admitidas em avaria grossa apenas até à data da condenação do navio ou do abandono da viagem ou até à data da conclusão da descarga da mercadoria[227] se a condenação ou o abandono ocorrerem antes dessa data[228].

Regra XI
Salários e despesas de subsistência da tripulação e outras despesas para entrada ou durante a permanência[229] num porto de refúgio, etc.

(a) Os salários[230] e as despesas de subsistência[231] do capitão[232], oficiais[233] e tripulação razoavelmente contraídas, bem como o combustível e as provisões consumidos durante o prolongamento da viagem causado por entrada de um navio num porto ou lugar de refúgio ou por retorno[234] ao respectivo porto ou lugar de carregamento[235] serão admitidas[236] em avaria grossa[237], quando as despesas de entrada em tal porto ou lugar forem admissíveis em avaria grossa de acordo com a Regra X (a).

(b) (i) Quando um navio tiver entrado ou tiver sido retido[238] num qualquer porto ou lugar[239] em resultado de acidente, sacrifício ou outras circunstâncias extraordinárias que tornem tal entrada ou imobilização[240] necessária à segurança comum, ou de modo a permitir a reparação de dano causado ao navio por sacrifício ou acidente, se as reparações tiverem sido necessárias à continuação da viagem em segurança[241], os salários e as despesas de subsistência do capitão, oficiais e tripulação razoavelmente[242] contraídos[243] durante o período suplementar de imobilização em tal[244] porto ou lugar até o navio estar ou ter estado pronto a prosseguir a viagem, serão admitidos em avaria grossa.

(ii) O combustível e as provisões consumidos durante o período suplementar de imobilização serão admissíveis em avaria grossa, com exceção do combustível e provisões consumidos[245] durante a realização de reparações não admissíveis em avaria grossa.

(iii) Os encargos portuários contraídos durante o período suplementar de imobilização serão, de igual modo, admissíveis em avaria grossa, com exceção dos encargos contraídos somente em virtude de reparações não admissíveis em avaria grossa.

(iv) Quando[246] forem descobertos danos ao navio num porto ou lugar de carregamento ou de escala sem que tenha ocorrido durante a viagem acidente algum ou outra circunstância extraordinária relacionada com tais danos, os salários e as despesas de subsistência do capitão, oficiais e tripulação, bem como o combustível e as provisões consumidos, assim como os encargos portuários contraídos durante o período suplementar de imobilização para reparações dos danos assim descobertos não serão admissíveis em avaria grossa, ainda que as reparações sejam necessárias à continuação da viagem em segurança.

(v) Quando o navio estiver condenado ou não continuar a sua viagem inicial[247], os salários e as despesas de subsistência do capitão, oficiais e tripulação, bem como o combustível e as provisões consumidos, assim como os encargos portuários serão admitidos em avaria grossa apenas até à data da condenação do navio ou do abandono da viagem ou até à data da conclusão da descarga da mercadoria[248] se a condenação ou o abandono ocorrerem antes dessa data[249].

(c) (i) Para efeito das presentes Regras, os salários incluirão todos os pagamentos feitos ou em benefício do capitão, oficiais e tripulação, quer sejam os referidos pagamentos impostos por lei aos armadores, quer sejam feitos nos termos de contrato de trabalho[250].

(ii) Para efeito das presentes Regras, os encargos portuários[251] incluirão todas as despesas usuais ou adicionais[252] contraídas para a segurança comum ou para permitir a entrada ou a permanência de um navio num porto de refúgio ou de escala nas circunstâncias descritas na Regra XI (b) (i).

(d) O custo das medidas tomadas para prevenir ou minimizar danos ao ambiente[253-254] será admitido em avaria grossa quando contraído nalguma das seguintes circunstâncias[255]:

(i) como parte de uma operação realizada para a segurança comum que, caso tivesse sido levada a cabo por um terceiro em relação à aventura marítima comum[256], ter-lhe-ia dado direito a uma remuneração por salvação[257];

(ii) como condição[258] de entrada ou partida dalgum porto ou lugar nas circunstâncias previstas na Regra X (a);

(iii) como condição de permanência num qualquer porto ou lugar nas circunstâncias previstas na Regra XI (b), desde que, quando ocorrer uma efetiva emissão ou libertação de substâncias poluentes, o custo de quaisquer medidas adicionais necessárias a tal respeito para prevenir ou minimizar poluição ou danos ao ambiente não seja admitido em avaria grossa.

(iv) necessariamente relacionados com[259] a manipulação[260] a bordo, descarga, armazenamento[261] ou recarregamento da mercadoria, combustível ou provisões, sempre que o custo das referidas operações seja admissível em avaria grossa.

Regra XII
Danos causados à carga durante a descarga, etc.

Os danos ou perdas sofridos[262] pela carga[263], combustível ou provisões em consequência da sua manipulação, descarga, armazenamento[264], recarregamento e estiva[265] serão admitidos em avaria grossa[266] quando, e apenas quando, o custo de tais operações seja respectivamente admitido em avaria grossa[267].

Regra XIII
Deduções no custo das reparações

(a) As reparações[268] a admitir em avaria grossa não serão sujeitas a deduções de "novo por velho"[269] quando material ou partes velhos[270] forem substituídos por novos, a menos que o navio tenha mais de quinze anos, em cujo caso se procederá à dedução de um terço[271]. As deduções serão determinadas em função da idade[272] do navio, contada de 31 de dezembro do ano do termo[273] da construção até à data do ato de avaria grossa, salvo quanto ao isolamento[274], barcos salva-vidas e similares[275], aparelhos e equipamento de comunicação e de navegação[276], máquinas e caldeiras[277]; as deduções serão determinadas nestes casos em função da idade das específicas partes a que se aplicam[278].

(b) As deduções serão efetuadas somente sobre o custo do material ou das partes novos, quando terminados e prontos a serem instalados no navio. Não será efetuada dedução alguma[279] relativa a provisões, apetrechos[280], âncoras e correntes. Os encargos[281] de doca seca[282] e plano inclinado[283] bem como os custos de deslocação do navio serão admitidos por inteiro.

(c) Os custos de limpeza, pintura ou calafetagem da querena[284] não serão admitidos em avaria grossa, exceto se a querena tiver sido pintada ou calafetada nos vinte e quatro meses anteriores à data do ato de avaria grossa, em cujo caso será admitida metade desses custos.

Regra XIV
Reparações provisórias

(a) Quando forem efetuadas reparações provisórias a um navio num porto de carregamento, de escala ou de refúgio[285], para a segurança comum[286], ou por danos causados por sacrifício de avaria grossa, o custo de tais reparações será admitido em avaria grossa[287].

(b) Quando forem efetuadas reparações provisórias[288] de danos fortuitos[289] de maneira a permitir a conclusão da aventura marítima comum, o custo dessas reparações[290] será admitido em avaria grossa sem considerar[291] a eventual[292] economia[293] que tenha trazido a outros interesses, mas apenas até ao montante economizado nas despesas que teriam sido contraídas[294] e admitidas em avaria grossa, se tais reparações não tivessem sido efetuadas no porto de carregamento, de escala ou de refúgio[295].

(c) Nenhuma dedução de "novo por velho"[296] se fará sobre o custo das reparações provisórias admissível em avaria grossa.

Regra XV
Perdas de frete

As perdas de frete[297] resultantes de danos ou perdas sofridos pela carga[298] serão admitidas em avaria grossa[299], quer quando causadas por um ato de avaria grossa, quer quando os danos ou as perdas sofridos pela carga sejam como tal admitidos[300].

Ao frete bruto perdido serão abatidos os encargos[301] que o credor do frete[302] teria contraído[303] para o ganhar[304], mas que em consequência do sacrifício não contraiu.

Regra XVI
Valor a admitir pela mercadoria perdida ou danificada por sacrifício

(a) (i) O valor a admitir em avaria grossa[305] pelos danos ou perdas da mercadoria sacrificada consistirá na perda por esta sofrida, baseada no valor no momento da descarga[306], calculado a partir da fatura comercial[307] entregue[308] ao destinatário[309] ou, se a não houver, a partir do valor à data do embarque[310]. O regulador de avarias[311] poderá ter em conta tal fatura de forma a refletir o valor no momento da descarga, independentemente[312] do lugar da entrega final[313] nos termos do contrato de transporte.

(ii) O valor no momento da descarga incluirá o custo do seguro e do frete, exceto na medida em que esse frete esteja a risco de outros interesses que não os da carga[314].

(b) Quando uma mercadoria assim danificada[315] tiver sido vendida e o montante do dano não tiver sido doutra forma acordado, a perda a admitir em avaria grossa consistirá na diferença entre o produto líquido da venda e o valor líquido em bom estado, nos termos do cálculo referido[316] no primeiro parágrafo desta Regra.

Regra XVII
Valores contribuintes[317]

(a) (i) A contribuição em avaria grossa basear-se-á nos valores líquidos reais[318] dos bens[319] no termo da aventura marítima comum, mas[320] o valor da carga corresponderá ao valor no momento da descarga[321], calculado a partir da fatura comercial[322] entregue[323] ao destinatário[324] ou, se a não houver, a partir do valor à data do embarque[325]. O regulador de avarias[326] poderá considerar[327] que a referida fatura reflete o valor no momento da descarga independentemente do lugar da entrega final[328] nos termos do contrato de transporte.

(ii) O valor da carga incluirá o custo do seguro e do frete, salvo se e na medida em que o referido frete seja a risco de interesses que não os da carga[329], deduzindo daí quaisquer perdas ou danos sofridos pela carga antes ou no momento da descarga. Qualquer mercadoria[330] poderá ser excluída da contribuição[331] em avaria grossa, caso o regulador de avarias considere que o custo da sua inclusão na regulação seria provavelmente desproporcional à sua eventual contribuição.

(iii) O valor do navio será calculado sem considerar[332] os efeitos positivos ou negativos[333] de qualquer fretamento em casco nu ou a tempo[334] a que o navio se encontre vinculado[335].

(b) A estes valores acrescerá a quantia admitida em avaria grossa pelos bens sacrificados, se ainda não incluída, com dedução dos fretes e dos preços das passagens[336] a risco de tais encargos e dos salários da tripulação que não teriam tido lugar para ganhar o frete[337] no caso de[338] perda total do navio e da carga na data do ato de avaria grossa e que não teriam sido admitidos em avaria grossa; do valor dos bens serão igualmente deduzidos todos os encargos extraordinários que lhe respeitem[339] contraídos após o ato de avaria grossa, com exceção dos que sejam admitidos em avaria grossa ou recaiam sobre o navio em virtude da atribuição de uma compensação especial[340] ao abrigo do artigo 14.º da Convenção Internacional sobre Salvação, de 1989, ou de qualquer outra disposição substancialmente análoga[341]. Quando o pagamento por serviços de salvação não tiver sido admitido em avaria grossa por força do parágrafo (b) da Regra VI, as deduções relativas ao pagamento por tais serviços limitar-se-ão à quantia paga aos salvadores, incluindo juros e despesas destes[342].

(c) Nas circunstâncias previstas[343] no terceiro parágrafo da regra G, a carga e os demais bens contribuirão com base no seu valor à data da entrega[344] no destino original, salvo se tiverem sido vendidos ou de outro modo alienados antes de tal destino, e o navio contribuirá pelo seu valor líquido real no momento da conclusão da descarga da mercadoria[345].

(d) Quando, porém, for a carga vendida antes do seu destino, contribuirá pelo produto líquido real dessa venda, acrescido de qualquer quantia admitida em avaria grossa.

(e) A correspondência[346] e a bagagem dos passageiros[347] bem como os objetos de uso pessoal[348] e os veículos particulares a motor que os acompanhem[349] não contribuirão em avaria grossa.

Regra XVIII
Danos ao navio[350]

O montante a admitir[351] em avaria grossa por danos ou perdas sofridos pelo navio, pelas suas máquinas e/ou aparelhos[352] por causa de[353] um ato de avaria grossa será calculado da seguinte maneira:

(a) Quando tenham sido reparados ou substituídos[354],

O custo efetivo e razoável da reparação ou substituição de tais danos ou perdas, com as deduções[355] previstas na Regra XIII;

(b) Quando não tenham sido reparados ou substituídos,

A depreciação razoável resultante de tais danos ou perdas, que não exceda[356] o custo estimado das reparações. Mas no caso de[357] perda total efetiva do navio[358] ou quando o custo das reparações[359] exceder o valor do navio se reparado[360], o montante a admitir em avaria grossa consistirá na diferença entre o valor estimado do navio em bom estado[361], depois de deduzido[362] o custo estimado da reparação dos danos que não constituam avaria grossa, e o valor do navio no seu estado danificado, o qual pode ser avaliado pelo produto líquido da venda[363], se efetuada.

Regra XIX
Mercadorias não declaradas ou falsamente declaradas[364]

(a) Os danos ou perdas causados às mercadorias[365] carregadas sem o conhecimento do armador[366] ou do seu agente ou às[367] que tenham sido objeto de uma declaração intencionalmente falsa[368] à data do embarque[369] não serão admitidos em avaria grossa[370], mas tais mercadorias manter-se-ão obrigadas a contribuir[371], salvando-se[372].

(b) As perdas ou danos[373] de avaria grossa sofridos pelas mercadorias erradamente declaradas[374] à data do embarque por um valor inferior ao real[375] serão admitidos pelo[376] valor declarado, mas tais mercadorias[377] contribuirão pelo valor real[378].

Regra XX
Provisão[379] de fundos[380]

(a) As perdas financeiras[381] sofridas pelos[382] donos[383] das mercadorias[384] vendidas com o propósito de[385] obter[386] fundos para cobrir[387] os desembolsos[388] de avarias grossas serão admitidas em avaria grossa[389-390-391].

(b) O custo do seguro de desembolsos de avarias grossas será admitido em avaria grossa.

Regra XXI
Juros sobre as perdas admitidas em avaria grossa

(a) Serão admitidos juros sobre as despesas[392], sacrifícios e bonificações em avaria grossa[393], até três meses a contar da[394] emissão do regulamento de avaria grossa[395], considerando-se para o efeito[396] quaisquer pagamentos por conta[397] por parte dos interesses contribuintes ou a partir do fundo de depósitos de avaria grossa.

(b) a taxa para cálculo dos juros anuais a vencer será a de doze meses ICE LIBOR ao câmbio da moeda em que a regulação tiver sido elaborada[398], conforme divulgada no primeiro dia bancário desse ano, acrescida de quatro pontos percentuais. Se a regulação for elaborada numa moeda para a qual não tenha sido divulgada qualquer ICE LIBOR, a taxa será a de doze meses ICE LIBOR para dólares americanos, acrescida de quatro pontos percentuais.

Regra XXII
Regime[399] dos depósitos em dinheiro[400]

(a) Quando tiverem sido constituídos[401] depósitos em dinheiro relativos a avarias grossas, salvação[402] ou despesas especiais[403], tais quantias[404] serão imediatamente[405] entregues ao regulador de avarias[406] que as depositará numa conta especial em seu nome[407], vencendo juros[408] quando[409] possível.

(b) A conta especial será aberta[410] de acordo com o direito[411] aplicável no domicílio do regulador de avarias aos fundos do cliente ou de um terceiro[412]. A conta deverá ser mantida separada dos fundos próprios do regulador de avarias, em *trust*[413] ou em cumprimento de normas jurídicas[414] similares relativas à administração de fundos de terceiros.

(c) As quantias assim depositadas, juntamente com os juros vencidos, se os houver[415], serão mantidas[416] como garantia de pagamento às partes que ao mesmo tenham direito[417] em virtude de[418] avarias grossas, salvação ou despesas especiais relativamente às quais os depósitos tenham sido constituídos. Os pagamentos por conta ou os reembolsos de depósitos podem apenas ser feitos quando[419] confirmados[420] por escrito pelo regulador de avarias e comunicados ao depositante solicitando a aprovação daqueles[421]. Após recebida a aprovação do depositante ou, na ausência de tal aprovação, num período de noventa dias, o regulador de avarias poderá deduzir do depósito a quantia do pagamento por conta ou a contribuição final.

(d) Todos os depósitos e pagamentos ou reembolsos serão feitos sem prejuízo das obrigações das partes a final[422].

Regra XXIII
Prazo para exercício do direito à contribuição em avaria grossa[423]

(a) A não ser que[424] o direito aplicável disponha imperativamente[425] de forma contrária em matéria de tempo para o exercício dos direitos[426]:

(i) Todos[427] os direitos à contribuição em avaria grossa, incluindo os[428] resultantes de compromissos ou de garantias de avaria grossa[429], extinguir-se-ão a menos que seja intentada uma ação pela parte que reclama tal contribuição no prazo[430] de um ano a contar da data na qual o regulamento de avaria tenha sido emitido. Contudo, em caso algum, poderá ser tal ação intentada decorridos seis anos após[431] o termo da aventura marítima comum.

(ii) Estes[432] prazos podem ser prorrogados[433] mediante convenção das partes posterior ao termo da aventura marítima comum.

(b) Esta Regra não se aplicará entre as partes na avaria grossa e os respectivos seguradores.

NOTAS DE FIM

[1] Abreviaturas: al(s). = alemão(ã)(ães) ou alínea(s), consoante o contexto; AA = Adriano Anthero, por referência à tradução portuguesa da sua autoria constante do seu *Comentario ao Codigo Commercial Portuguez*, vol. II, Typ. Artes e Lettras, Porto, 1913, 575-585 = *Comentario ao Codigo Commercial Portuguez*, vol. III, 2.ª ed., Companhia Portuguesa Ed., Porto, s/d (mas posterior a 1930: cf. a 418 referência ao Aviso de 7-Fev.-1930; o autor não actualizou nesta parte a obra donde não constam referências às RIA 1924), 399-409; ABDM = Associação Brasileira de Direito Marítimo, essencialmente por referência à tradução das RIA16, datada, no documento que gentilmente nos foi dado a conhecer, a 15-Fev.-2017, actualizada a 16-Out.-2017 em razão da sobrevinda rectificação de Génova, da autoria da comissão composta por Álvaro de Almeida Júnior, Ana Clara Nascimento, Bernardo Mendes Vianna, Antônio Carlos Esteves, Iwan Jeager, Jose Spangenberg Chaves, Pedro Calmón Filho, Ricardo Coelho e Rucemah Pereira (teve-se igualmente conhecimento doutras duas versões preparatórias desta tradução brasileira, datadas, respectivamente, de 17-Jun.-2016 e de 7-Jul.-2016, que, atenta a sua natureza, não foram tidas directamente em conta nas presentes notas); AntCG = Anteprojecto de Luiz da Cunha Gonçalves, *Livro III do Código Comercial*, Imprensa da Armada, Lisboa/Comissão Permanente de Direito Marítimo Internacional, Lisboa, 1935; ASF = Autoridade de Supervisão de Seguros e Fundos de Pensões (anterior ISP = Instituto de Seguros de Portugal); BMJ = *Boletim do Ministério da Justiça*; bras. = brasileiro(a)(s), sobretudo por referência conjunta às traduções EOM e ABDM; cast. = castelhano(a)(s), designadamente por referência à tradução das RIA04 disponibilizada em linha pela JSSUSA, cit. apenas cast. ou cast. JSSUSA quando em comparação com a tradução das RIA74 da Asociación Española de Liquidadores de Averías-1975, que consultámos em Raúl González Hevia, *Manual de seguro marítimo*, Mapfre, Madrid, 2.ª ed., 1980, 235-252 (cit. cast. AELA75), com a tradução livre das RIA04 de María Rosa Gutés Pascual, *La avería gruesa o común. Especial referencia a las Reglas de York y Amberes (una distribución equitativa del riesgo en el transporte marítimo)*, Eusko Jaurlaritza, Vitoria-Gasteiz, 2008, *passim* (cit. cast. MRGP), ou com a tradução das RIA1890 de Antonio Torrents y Monner, *Averías marítimas. Reglas de York y Amberes para la liquidación de averías gruesas*, 2.ª ed. corrigida e aumentada por José A. Torrents Ballester, Casa Editorial Vda. de Luis Tasso, Barcelona, s/d, 15-37 (cit. cast. ATM-ATB/90); CB24 = Convenção Internacional para a Unificação de certas Regras em matéria de Conhecimentos de Carga, assinada em Bruxelas em 25-Ag.-1924; CB52 = Convenção Internacional para Unificação de certas Regras sobre o Arresto de Navios de Mar, assinada em Bruxelas em 10-Mai.-1952; CC66 = Código Civil português de 1966 (aprovado pelo DL 47.344, de 25-Nov.-1966); CC02 = Código Civil brasileiro de 2002 (aprovado pela L 10.406, de 10-Jan.); CCI = Câmara de Comércio Internacional; cf. = confronte(-ar), confira(-erir); CG = Cunha Gonçalves, por referência à tradução portuguesa da sua autoria das RIA90/03 constante do seu *Comentário ao CCom Português*, vol. III, José Bastos, Lisboa, 1918, 400-403; cit. = citado(a)(s); CJ = *Colectânea de Jurisprudência*; cl. = cláusula(s); CL = Convenção de Londres sobre a limitação da responsabilidade por créditos marítimos de 1976; CM = Código Marítimo cabo-verdiano de 2010; CMI = Comité Marítimo Internacional; CNav = *Codice della Navigazione* (1942); CCom33 = Código Comercial português de 1833 (Ferreira Borges); CCom88 = Código Comercial português de 1888 (Veiga Beirão); CCom50 = CCom brasileiro de 1850; CPC = Código de Processo Civil (2013); CT = Código do Trabalho (aprovado pela

L 7/2009, de 12-Fev.); D = Decreto; DL = Decreto-Lei; DM = *Il Diritto Marittimo*; ELN = Estatuto Legal do Navio (DL 201/98, de 10-Jul.); EOM = Eliane Octaviano Martins, por referência à tradução em língua portuguesa das RIA04 por si organizada, disponível em *Vade Mecum de Direito Marítimo*, Manole, Barueri, 2015, 547-553; ep. = epígrafe; fr. = francês(esa)((ese)s), designadamente por referência à tradução francesa das RIA04 disponibilizada no sítio electrónico do CMI; GM = Gago de Medeiros, por referência à tradução portuguesa da sua autoria das RIA24, disponível n'*O transporte marítimo (contratos de transporte e de seguro marítimos)*, prefácio de Marcello Caetano, Parceria A. M. Pereira, Lisboa, 1942, 96-107; GS = Grémio dos Seguradores, por referência à tradução portuguesa das RIA do Grémio dos Seguradores de 1950 (cit. GS50) e de 1974 (cit. GS74) ou a ambas em simultâneo (cit. GS50/74); hol. = holandês(esa)((ese)s); ICC82/09 = *Institute Cargo Clauses* de 1982 e/ou 2009; IIDM = Instituto Ibero-Americano de Direito Marítimo ou de Derecho Marítimo; ing. = inglês(esa)((ese)s); ISP = Instituto de Seguros de Portugal (hoje ASF = Autoridade de Supervisão de Seguros e Fundos de Pensões); it. = italiano(a)(s), designadamente por referência à tradução italiana das RIA04 da autoria de Francesco Berlingieri, disponível em *Le Convenzioni internazionali di diritto marittimo e il Codice della Navigazione*, Giuffrè, Milão, 2009, 264-370, cit. apenas it. ou it. FB quando em comparação com a tradução livre de partes das RIA04 de Rocco Lobianco disponível em *Le Regole di York e Anversa e la contribuzione alle avarie comuni*, Giuffrè, Milão, 2009, 153-277 (cit. it. RL); IVR = *Internationale Vereinigung der Rheinschifffahrtsregister*; LMMP = Lei angolana da Marinha Mercante, Portos e Actividades Conexas (aprovada pela L 27/12, de 28-Ag.); LNM = *Ley de Navegación Marítima*; LPEMM = *Ley de Puertos del Estado y de la Marina Mercante*; LOF = *Lloyd's Open Form* (2011); LSM = DL n.º 203/98, de 10-Jul. (Lei da Salvação Marítima); MIA = *Marine Insurance Act* (1906); MJCG = Manuel Januário da Costa Gomes, por referência à tradução livre da sua autoria de parte das RIA04, que consta de *Direito marítimo*, vol. IV – *Acontecimentos de mar*, Almedina, Coimbra, 2008, 27-93 e 113-117 (quando cit. directamente e noutro contexto esta obra, o nome do autor não é, porém, abreviado nestes termos; a mesma observação vale para as demais traduções em obras de conteúdo mais geral); PLNCM = Proposta de Lei da Navegação Comercial Marítima (Proposta de L 281/X de 2010); PLP = Proposta de Lei dos Portos (Proposta de L 280/X); port. = português(esa)((ese)s); pr. = proémio; RAR = Resolução da Assembleia da República; RComLx = Relação Comercial de Lisboa; RGC92/72 = Regulamento Geral de Capitanias de 1892 (RGC82, aprovado pelo D 1-Dez.) ou de 1972 (RGC72, aprovado pelo DL 265/72, de 31-Jul.); RH = Regras de Hamburgo (1978); RJAS = Regime Jurídico de Acesso e Exercício da Actividade Seguradora e Resseguradora (L 147/2015, de 9-Set.); RIA16, 04, 94, etc. = Regras de Iorque-Antuérpia 2016, 2004, 1994, etc.; RJCS = Regime Jurídico do Contrato de Seguro (DL 72/2008, de 16-Abr.); RJOP = Regime Jurídico das Operações Portuárias (DL 298/93, de 28-Ag.); RLJ = *Revista de Legislação e Jurisprudência*; ROA = *Revista da Ordem dos Advogados*; RR = Regras de Roterdão (2008); RUU600 = Regras e Usos Uniformes relativos aos Créditos Documentários da CCI de 2007 (também UCP600 = *Uniform Customs and Practice that govern the Operation of Letters of Credit*); SORCA = Regime do Sistema de Seguro Obrigatório de Responsabilidade Civil Automóvel (DL 297/2007, de 21-Ag.); trad. = tradução(ões); ún. = único; vers. = versão(ões), sobretudo por referência a versões originais dos textos normativos.

[2] Da versão de 1890/1903 conhecem-se as traduções portuguesas de Luiz da Cunha Gonçalves, *Comentário ao Código Comercial Português*, vol. III, José Bastos, Lisboa,

1918, 400-403, de Adriano Anthero, *Comentario ao Codigo Commercial Portuguez*, vol. II, Typ. Artes e Lettras, Porto, 1913, 575-585 = *Comentario ao Codigo Commercial Portuguez*, vol. III, 2.ª ed., Companhia Portuguesa Ed., Porto, s/d (mas posterior a 1930: cf. a 418 referência ao Aviso de 7-Fev.-1930; o autor não actualizou nesta parte a obra donde não constam referências às RIA24), 399-409, e de Guilherme A. Vidal Júnior, *Questionário marítimo. Direito marítimo comercial*, 2.ª ed., Moraes, Lisboa, 1927, 262-295 (também com tradução da versão de 1924). Das RIA24 conhecem-se as traduções portuguesas de G. A. Vidal Júnior, *Questionário marítimo* cit., 262-295 (também com uma tradução da versão de 1890), e de Gago de Medeiros, *O transporte marítimo* cit., 96-107 (em especial a nota em 107(1): "*A tradução destas regras, de francês para português, é do autor*"); de A. da Palma Carlos, *O contrato de fretamento* cit., 248-250, temos apenas uma tradução da regra IX. Uma tradução oficial, porém, surgiu apenas mais tarde. Assim, a do GS das RIA50 (publicada sob o título *Regras de York-Antuérpia – 1950*, no *Anuário do Grémio dos Seguradores* 3 (1952), 285-294, e, mais tarde, republicada, para fins comparativos, sob o título *Regras de Iorque-Antuérpia (1950-1974)*, s/ed., Lisboa, 1975, *per totum* (disponível na biblioteca da ASF)) que colheu, entre nós, ampla aceitação (assim, por ex., André Raffi, *Avarias marítimas*, tradução, anotações e adaptação à legislação portuguesa de Eduardo H. Serra Brandão/João P. Collares Pereira, Clássica, Lisboa, 1955, 75-86 – cf. em especial a nota em 74(3): "*Adoptou-se a tradução publicada pelo Grémio dos Seguradores*" –, Pedro Martinez, *Teoria e prática dos seguros*, 1.ª ed., Imprensa Artística, Lisboa, 1953, 148-170, *max.* 153-161 = 2.ª ed., s/ed (por vezes indicada a Petrony), Lisboa, s/d (umas vezes referido a 1961 – assim bases de dados do CEJ e SIBUL –, outras a 1964 – assim Pedro Romano Martinez, *Direito dos seguros. Apontamentos*, Principia, Cascais, 2006, 51(42), ou Jorge Sinde Monteiro/Maria José Rangel de Mesquita, *Insurance Law in Portugal*, Wolters Kluwer, Austin-Boston-Chicago-Nova Iorque, 2010, 30), 185-207, *max.* 193-202 – cf. em especial a nota em 161(1) da 1.ª ed. e 202(1) da 2.ª: "*Já foram publicadas várias traduções portuguesas das Regras de York-Antuérpia, tendo sido escolhido por nós o texto publicado pelo Grémio dos Seguradores, não por considerarmos que seja a tradução mais perfeita, mas porque achamos que esse texto deverá ser admitido como oficial pelas nossas Companhias de Seguros*" –, Azevedo Matos, *Princípios de Direito Marítimo*, vol. III – *Dos acontecimentos de mar*, Ática, Lisboa, 1958, 280-282, 311-313, 316-317, 323, 326, 329-336, 338-339, 341-344, 354, 381-384, 388-389, 380, 400, 402, 405-406 e 454 (embora diversa a redacção da regra preambular e da A; em regra, segue a vers. de 1950 do GS, com ligeiras alterações suas: cf., a título meramente exemplificativo, 323 e 400 (regra I), 326 (regras II e IV), 329-330 (regra V), 331-332 (regras VII e VIII), 333 (regra VI), 334 (regra IX), 335 (regra III), 400 (regra D, mas diferente tradução em 313), 405 (regra XX), 406 (regra XXI)), ou Joaquim Sant'Ana Silva, *Guia prático de procedimento sobre avarias marítimas*, Ed. Marítimo-Colonial, Lisboa, 1972, 311-321 (há ligeiríssimas variantes que se devem, parece-nos, a lapso de transcrição: "*classificávei*" e "*extraordinárias*" (regra A), "*de despesa*" (regra E), "*através*" (regra II), "*cota*" (regra V), omissa a al. *a*) que tem o conteúdo da al. *b*) (regra XI), "*seguintes excepções*" (regra XIII/E), "*tenham efectuado*" e omissão no § 2.º de "*por perdas e danos causados ao navio por acto de avaria grossa,*" (regra XVIII)); também José de Vasconcelos Esteves, *Direito marítimo. Acontecimentos de mar – abalroamento, assistência e salvamento e avarias*, Petrony, Lisboa, 1987, 96 e 98, usa a vers. GS50 ao transcrever as regras V e X *d*), da mesma forma que João Mata, *Seguro marítimo. Mercadorias*, 3.ª ed., Petrony, Lisboa, 1990, 222-249, no confronto genérico entre as RIA50 e as RIA74). O mesmo pode dizer-se da tradução *Regras de Iorque--Antuérpia (1950-1974)*, Ramo «Marítimo», 1975, Lisboa, s/a, disponível na biblioteca da ASF, das RIA74, que presumimos dever-se ainda ao GS (esta vers. das RIA74 acompanha *pari passu*, no que não mudou, a redacção da tradução portuguesa GS50; por outro lado, o GS, criado pelo DL 24.041, de 20-Jun.-1934, apenas foi extinto pelo DL 306/75, de 21-Jun., tendo sensivelmente na mesma altura a Inspecção de Seguros sido integrada na orgânica do Ministério das Finanças pelo DL 301/75, de 20-Jun., até à criação do Instituto Nacional de Seguros pelo DL 11-B/76, de 13-Jan.) até às conhecidas alterações de 1994 (assim, por ex., J. Vasconcelos Esteves, *Direito marítimo* cit., 86, 93-96, 98-99, 101, 103, 107-109, 111, 114 (com variante na tradução da regra A – igual à de Azevedo Matos, *Princípios* cit., III, 281-282 – e ligeiríssimos lapsos de transcrição, por ex., nas regras X e XVIII), João Mata, *Seguro marítimo. Mercadorias*, 3.ª ed., Petrony, Lisboa, 1990, 222-249, 253, 255-270 e 273-276). De lá para cá não conhecemos outras traduções portuguesas oficiais ou quasi-oficiais das RIA94 nem das RIA04, mas apenas uma tradução livre de parte das regras devida a Manuel Januário da Costa Gomes, *Direito marítimo*, vol. IV – *Acontecimentos de mar*, Almedina, Coimbra, 2008, 27-93 e 113-117, e outra em português brasileiro organizada por Eliane Octaviano Martins, *Vade Mecum de Direito Marítimo*, Manole, Barueri, 2015, 547-553. Sobre as dificuldades da tradução jurídica, as expressivas palavras de António Marques dos Santos, *Breves considerações sobre o Direito e a língua ou a ignorância dos juristas não aproveita a ninguém*, nos *Estudos de Direito Internacional Privado e de Direito Público*, Almedina, Coimbra, 2004, 427, subscritas, entre outros, por M. Januário da Costa Gomes, *Contratos comerciais*, Almedina, Coimbra, 2012, 30.

No que à relevância das avarias grossas – ou, melhor, da reflexão sobre o problema ou o instituto das avarias grossas – na tradição jurídica portuguesa concerne, sublinhamos, no plano do direito legislado, a título principal, o Regulamento das Avarias de 1820, o CCom33 (artigos 1813.º a 1854.º) e o CCom88 (artigos 634.º a 653.º). Vários outros diplomas regula(ra)m, ainda que de forma, digamos, circunstancial, a matéria em apreço, como é o caso do CPC13 (artigos 74.º e 953.º a 958.º; mas já antes também o artigo 78.º do CPC39 ou os artigos 78.º e 1063.º a 1068.º do CPC61/95), do RGC72 (artigos 210.º e 211.º entretanto revogados pela L 35/86, de 4-Set.; mas já antes também o RGC92), do Regulamento Consular aprovado e anexo ao DL 71/2009, de 31-Mar. (artigo 46.º; mas já antes também o artigo 47.º do Regulamento Consular de 1997, aprovado pelo DL 381/97, de 30-Dez., ou os artigos 365.º ss. e 385.º ss. do Regulamento Consular de 1920, aprovado pelo Decreto n.º 6.462, de 21-Mar.), do DL 384/99, de 23-Set. (artigo 13.º/2) ou da L 62/2013, de 26-Ag. (artigo 113.º/1, *j*); mas já antes os artigos 123.º/1, *j*), da L 52/2008, de 28-Ag. e 90.º *j*) da L 3/99, de 13-Jan.). Na doutrina, vd., a título meramente ilustrativo, antes e depois das RIA, Pascoal José de Mello Freire, *Instituições de Direito Civil Português tanto Público como Particular*, trad. Miguel Pinto de Meneses, *BMJ* 168 (1967), 89-90, José da Silva Lisboa, *Principios de Direito Mercantil e Leis da Marinha*, t. III – *Das avarias*, Impressão Régia, Lisboa, 1817, *per totum*, José Ferreira Borges, *Commentarios sobre a Legislação Portugueza acerca d'Avarias*, L. Thompson, Londres, 1830, *per totum*, *id.*, *Diccionario jurídico--commercial*, Typographia de Sebastião José Pereira; porto, 1856, 35 (arribada), 42-43 (avaria), 102-103 (contribuição), 342-345 (regulamento ou regulação de avarias), 345-349 (regulamento de seguros) e 421 (vício), Diogo Pereira Forjaz de Sampaio Pimentel, *Projecto de Codigo de Commercio*, 2.ª ed., Imprensa da Universidade, Coimbra, 1871, 116-123 (artigos 458.º a 457.º), *id.*, *Annotações ou Synthese Annotada ao Codigo de Commercio*, vol. III, Imprensa da Universidade, Coimbra, 1875, 420-482, FRANCISCO LUIZ DE CASTRO SOARES DA CUNHA REGO/JOÃO CASTANHO DE MENEZES, *Direito commercial portuguez ou pratica da legislação commercial do foro portuguez contendo um formulario*, Typographia da Viuva Sousa Neves, Lisboa, 1886, 61 (ac. n.º 103), 76 (ac. n.º 131), 77 (ac. n.º 133), 79 (ac. n.º 138), 80 (ac. n.º 142), 111-112 (ac. n.º 189), 118 (ac. n.º 200), 145-146 (ac. n.º 232), 328-329 (ac. n.º 390), 776-782 (ac. n.º 786), FRANCISCO ANTONIO DA VEIGA BEIRÃO, *Direito Commercial Portuguez. Esboço do Curso*, Imprensa da Universidade, Coimbra, 1912, 192-197, LUIZ DA CUNHA GONÇALVES, *Comentário ao Código Comercial português*, vol. III, José Bastos, Lisboa, 1918, 395-441, *id.*, *Livro III do Código Comercial*, Imprensa da Armada, Lisboa, 1935, 201-225 (artigos 750.º a 778.º), ADRIANO ANTHERO, *Comentario ao Codigo Commercial Portuguez*, vol. II, Artes & Lettras, Porto, 1915, 544-585 = *Comentario ao Codigo Commercial Portuguez*, vol. III, Companhia Portuguesa Ed., Porto, s/d (mas posterior a 1930), 363-409, GUILHERME A. VIDAL JÚNIOR, *Guia Mercante accomodada ao Codigo Commercial, ao Codigo do processo commercial e Organisação dos serviços dos departamentos maritimos; com diversos commentarios sobre avarias*, Typ. da Costa Braga, Lisboa, 1902, 43 ss., 109 ss. (e *passim*), *id.*, *Questionário marítimo. Direito marítimo comercial*, 2.ª ed., Moraes, Lisboa, 1927, 13-295 (e *passim*), ADELINO DA PALMA CARLOS, *O contrato de fretamento no Código Comercial português*, Moraes, Lisboa, 1931, 245-250, AURELIANO STRECHT RIBEIRO, *Código Comercial Português actualizado e anotado*, vol. III, Procural, Lisboa, 1940, 191-202, GAGO DE MEDEIROS, *O transporte marítimo (contratos de transporte e de seguro marítimos)*, A. M. Pereira, Lisboa, 1942, 87-107, MARIA DE LOURDES SOTTO MAYOR E ALMEIDA, *Das avarias*, FDL, Lisboa, 1945, *per totum*, JOÃO PEDRO COLLARES PEREIRA, *Breve crítica à doutrina corrente sobre avarias comuns*, *ROA* 11 (1951) 1/2, 213-231, *id.*, *Do acto de avaria. Contribuição. Seguro*, FDL, Lisboa, 1949, *per totum*, ANDRÉ RAFFI, *Avarias marítimas*, tradução, anotações e adaptação à legislação portuguesa de Eduardo Henrique Serra Brandão e João Pedro Collares Pereira, Livraria Clássica, Lisboa, 1955, *per totum*, PEDRO MARTINEZ, *O interesse do armador nas avarias comuns*, no *I Congresso da Marinha Mercante*, vol. II – *Teses e comunicações*, Junta Nacional da Marinha Mercante/Grémio dos Armadores da Marinha Mercante, Lisboa, 1951, 37-43 (republicado a 637-642 da obra imediatamente seguinte), *id.*, *Teoria e prática dos seguros*, 2.ª ed., Imprensa Artística, Lisboa, s/d, 182-212, AZEVEDO MATOS, *Princípios de Direito marítimo*, vol. IV – *Dos acontecimentos de mar*, Ática, Lisboa, 1958, 251-462, INOCÊNCIO GALVÃO TELLES, *Conferência de Direito Marítimo de Amsterdam*, *RFDUL* 6 (1949), 259-265 e 269-280, JOSÉ MANUEL SIMÕES DE OLIVEIRA, *Vigência das normas de conflitos contidas no Código Comercial após a entrada em vigor do Código Civil de 1966*, *SI* 19/64-72 (1970), 37-49, *max.* 46-47, ANTÓNIO NATALINO MARQUES CORDEIRO, *Modificação da redacção do art. 639.º do Código Comercial Português (avaria grossa)*, no *I Congresso Nacional de Seguros (Lisboa 25/29 Outubro 1971)* , promovido pelo Grémio dos Seguradores com o apoio do CDIS, Lisboa, 1971, 107, JOSÉ NUNO GARCÊS PALHA, *Sobre o encalhe – um dos maiores perigos do mar*, no *I Congresso Nacional de Seguros* cit., 119-122, JOAQUIM SANT'ANNA SILVA, *Guia Prático de Procedimento sobre Avarias Marítimas*, Ed. Marítimo--Colonial, Lisboa, 1972, *per totum*, JÚLIO DE ALMEIDA COSTA, *Seguros*, Banco Nacional de Angola. Formação, CBA Estrangeiro II, elaborado pelo Serviço de Formação do Banco Fonsecas & Burnay (Portugal), 1983 (transcrito de *Créditos documentários*, BPA, 1976, 222-242), 4-6, JOSÉ VASCONCELOS ESTEVES, *Acontecimentos de mar*, vol. III – *Abalroamento, assistência e salvamento e avarias marítimas*, Petrony, Lisboa, 1987, 77-143, JOÃO MATA,

Seguro marítimo. Mercadorias, 3.ª ed., Petrony, Lisboa, 1990, 221-281, Luís de Lima Pinheiro, *Contributo para a Reforma do Direito Comercial Marítimo*, *ROA* 60 (2000) 3, 1105-1112 = *Estudos de Direito Civil, Direito Comercial e Direito Comercial Internacional*, Almedina, Coimbra, 2006, 174-180, *id.*, *O Direito comercial marítimo de Macau revisitado*, *ROA* 62 (2002) 2, 435-436 = *Estudos* cit., 293-294, Mário Raposo, *Avarias*, no *Dicionário Jurídico da Administração Pública*, directores Henrique Martins Gomes/José Pedro Pereira Monteiro Fernandes, consultor da direcção Afonso Rodrigues Queiró, Atlântida, Coimbra, 1965, 641/2-645/2 (e 475 para as arribadas forçadas, onde remete para a entrada relativa às avarias), *id.*, *A nova lei marítima de Macau e os seus trabalhos preparatórios*, *ROA* 61 (2001) 3, 1192-1193 = *Sobre os trabalhos preparatórios da Lei marítima de Macau (parte segunda)*, em *Estudos sobre Arbitragem comercial e Direito marítimo*, Almedina, Coimbra, 2006, 204-205, *id.*, *Notas sobre o Dec.-Lei n.º 203/98, de 10 de Julho*, nos *Estudos sobre o novo Direito marítimo. Realidades internacionais e situação portuguesa*, Coimbra Ed., Coimbra, 2000, 43-45, José Miguel Alves de Brito, *Seguro marítimo de mercadorias. Descrição e notas ao seu regime jurídico*, Almedina, Coimbra, 2006, 102, Luís da Costa Diogo/Rui Januário, *Direito comercial marítimo*, Quid Juris, Lisboa, 2008, 97-99, Nuno Aureliano, *A salvação marítima*, Almedina, Coimbra, 2006, 79-81, ou Manuel Januário da Costa Gomes, *Direito marítimo*, vol. IV, Almedina, Coimbra, 2008, 27-93 (sem menoscabo doutros desenvolvimentos, ainda que secundariamente a respeito doutros temas, por ex. em *eiusd.*, *O Ensino do Direito Marítimo. O soltar das amarras do Direito da Navegação Marítima*, Almedina, Coimbra, 2005, 150, 272-273 e 325-328, e *eiusd.*, *Limitação de responsabilidade por créditos marítimos*, Almedina, Coimbra, 2010, 86 ou 89). Do rol de juristas pátrios que do tema se ocuparam não pode faltar, pela sua primazia, Pedro de Santarém, que, no celebérrimo *Tractatus de assecurationibus et sponsionibus*, 3.ª ed., Instituto de Seguros de Portugal, Lisboa, 2006, *passim*(existem outras várias eds. em Portugal, mas todas remontam à 1.ª do GS que incorporou a realizada do latim por Miguel Pinto de Meneses e promovida por Moses Bensabat Amzalak: cf. *O Tratado de Pedro de Santarém*, Editorial Império, Lisboa, 1958 (separata dos *Anais do I. S. C. E. F.* 26 (1958) 2)), constrói, com impressionante frequência, o seu discurso acerca do contrato de seguro sobre as doutrinas dos juristas romanos recordados em D. 14.2 em matéria de contribuição por sacrifício no mar (o que, nas edições que não a d'*O Tratado* cit., 27-148, donde constam as anotações de Miguel Pinto de Meneses ao texto traduzido, só se consegue perceber lendo o original latino fac-similado; inexplicavelmente tais notas foram eliminadas nas subsequentes edições do GS, da Bonança, da APS e do ISP). Na jurisprudência, vd., ilustrativamente, RComLx 28-Ag.-1858 (Magalhães e Avellar), RComLx 22-Mar.-1862 (Brederode), RComLx 23-Jan.-1875 (Mendes Pinheiro), RComLx 28-Mai.-1864 (Bacellar), RComLx 8-Jun.-1861 (Soure), RComLx 6-Jul.-1861 (Magalhães e Avellar), RComLx 9-Nov.-1861 (Brederode), RComLx 12-Out.-1864 (Magalhães e Avellar), RComLx 20-Mai.-1865 (A. Faria), RComLx 1-Jul.-1868 (Mendes Pinheiro), RComLx 21-Nov.-1883 (Teixeira) (todos os acs. até agora cits. de F. da Cunha Rego/J. Castanho de Menezes, *Direito commercial* cit., 61, 76-77, 79-80, 111-112, 118, 145-146, 328-329, 776-782), STJ 4-Abr.-1876 (Campos Henriques), proc. n.º 16.713, *DG* 13-Jul.-1876, n.º 153 = *RLJ* 592 (1877), 320/1-2, STJ 8-Jun.-1897 (Rocha), proc. n.º 27.343, *DG* 14-Out.-1899, n.º 1538 = *RLJ* 1607 (1900), 204/1-205/2, STJ 24-Mai.-1898 (Abranches), proc. n.º 27.857, *DG* 31-Jul.-1900, n.º 169 = *RLJ* 1647 (1900), 254/2-256/2, Comissão Arbitral 30-Jan.-1951 (Marcello Caetano), *O Direito* 83 (1951) 1, 65-81, STJ 4-Mai.-1956 (A. Baltasar Pereira), proc. n.º 56.504, BMJ 57 (1956), 380-386, com anot. de A. J. S. O., *ibid.*, 386 = P. Martinez, *Teoria* cit., 618, STJ 17-Jan.-1969 (Lopes Cardoso), proc. n.º 062422, *BMJ* 183 (1969), 265 ss., RLx 3-Jan.-1978 (Azevedo Ferreira), proc. n.º 0012115, *CJ* (1978), 14 ss., STJ 3-Out.-1978 (Rodrigues Bastos), proc. n.º 067271. Muito importante é também a actividade parecerística dos reguladores de avarias, de que destacamos os pareceres de 10-Mar.-1943 de J. C. Pereira, *Regulação da avaria grossa do vapôr «Colonial». Fogo no porão n.º 1. Em 4-11-1941. Atracado em Lisboa no Cais da Areia (Entrepôsto Colonial)*, Sociedade Tipográfica, Lisboa, s/d, *per totum*, de 30-Jan.-1940 *eiusd.*, *Regulação da avaria grossa do vapôr «Pungue». Explosão de carga e fôgo em viagem da Praia para o Príncipe no dia 31 de Maio de 1938 com um carregamento de carga geral*, Sociedade Tipográfica, Lisboa, *per totum*, de 27-Mar.-1942 de Soares Branco, *Regulação de Avaria Grossa do Vapor "Nyassa"/560. Com carga e passageiros de Lisboa e Pôrto para Funchal, S. Tomé e portos de Angola e Moçambique (Janeiro 1941)*, Lisboa, 1943, *per totum*, de 3-Dez.-1947 de Pedro Martinez, *Regulação e repartição da avaria grossa do lugre a motor «Nossa Senhora dos Anjos» na viagem n.º 103, de Lisboa a Ponta Delgada, iniciada no dia 30 de Janeiro de 1947*, em *Teoria* cit., 649-669, de 9-Mar.-1951 *eiusd.*, *Regulação e repartição da avaria grossa do vapor «Gil Eanes» por motivo de arribada forçada ao porto de Ponta Delgada, em 29 de Novembro de 1949*, em *Teoria* cit., 671-677, de 30-Jul.-1952 *eiusd.*, *Regulação e repartição da avaria grossa do lugre-motor português «Vencedor II» por arribadas forçadas a Casablanca, em Dezembro de 1951, e a Sines, em Janeiro de 1952*, em *Teoria* cit., 679-690, de 10-Abr.-1953 *eiusd.*, *Regulação e repartição de avaria grossa do n/m «São Silvestre», no mês de Outubro de 1952*, em *Teoria* cit., 691-698, de 15-Abr.-1953 *eiusd.*, *Regulação e repartição da avaria grossa do iate-motor português «Santantoninho» por arribada a Lisboa, no dia 16 de Fevereiro de 1953*, em *Teoria* cit., 699-703, de 27-Jan.-1959 de Luís Armando de Loura, *Regulação de avaria grossa do navio a turbinas «Lugela» por encalhe no rio Escalda em 18 de Maio de 1955*, Lisboa, s/d, *per totum*, de 11-Jun.-1958 *eiusd.*, *Regulação de avaria grossa do navio «Lunda» pela arribada forçada a Cuxhaven em 23 de Dezembro de 1954*, Sociedade Tipográfica, Lisboa, s/d, *per totum*, de 4-Mar.-1958 *eiusd.*, *Regulação de avaria grossa do navio «Nampula» por arribada forçada a Durban em 14 de Fevereiro de 1956*, Sociedade Tipográfica, Lisboa, s/d, *per totum*, de 10-Abr.-1957 *eiusd.*, *Regulação de avaria grossa do navio «Pebane» por encalhe na foz do rio Escalda em 7 de Novembro de 1952*, Sociedade Tipográfica, Lisboa, s/d, *per totum*.

Regra de Interpretação

3 Traduziu-se "*adjustment*" (vers. fr. "*règlement*", it. "*regolamento*" e cast. "*liquidación*") por "*regulação*", vocábulo adoptado pelas trad. GS50/74, EOM e ABDM e presente na terminologia legal lusófona (artigos 634.º, § 2.º, 648.º, § 1.º, 649.º, § 3.º, 650.º, 652.º do CCom88, e 762.º, 764.º/20, 783.º, 786.º do CCom50, 583.º do CM10, 253.º/1 e 2, 255.º, 256.º, 257.º, 258.º, 260.º/1 e 2 do DL 109/99M), sem prejuízo do uso também generalizado, embora com significados não exactamente coincidentes, dos termos "*liquidação*" (artigos 578.º/1 e 2, 588.º/1 e 2, 598.º/1, 2 e 3 do CM10) e "*repartição*" (artigos 636.º, 639.º, 643.º, 646.º, 649.º, § 1.º, 650.º, 652.º, 763.º pr. e n.º 20, título do cap. II do tít. XIII, 783.º, 786.º, 793.º do CCom50, 585.º/1, 588.º/1, 599.º/1 e 3 do CM10) ou também "*rateio*" (artigos 783.º, 784.º, 785.º, 794.º do CCom50). Manteve-se esta orientação na trad. das demais regras, bem como na trad. de palavras da mesma família, como "*average adjuster*" ("*regulador de avarias*").

4 Para trad. de "*general average*", optou-se por "*avarias grossas*" em lugar de "*comuns*", por ser expressão recorrentemente utilizada no CCom50 (artigos 449.º/1, 527.º, 599.º,

611.º, 613.º, 619.º, 620.º, 621.º, 622.º, 626.º, 714.º, 752.º, 763.º, 764.º/18, 19 e 20, 765.º, cap. II do tít. XIII, 783.º, 785.º, 786.º, 787.º, 789.º, 792.º, 793.º, 794.º), no CCom88 (artigos 607.º, 635.º pr. e § 1.º, 639.º, 641.º, 643.º, 645.º, 650.º, 651.º, 652.º), CM10 (artigos 577.º, n.os 1 e 2, 578.º, n.os 1 e 3, 580.º, 584.º, 594.º, 600.º, 601.º, n.º 2), no Projecto de Lei do Senado bras. n.º 487 de 2013, na doutrina jurídica portuguesa (por ex., M. Januário da Costa Gomes, *Direito* cit., IV, *passim*; vd. ainda, ainda que não discutamos nesta ocasião a questão sobre se uma das expressões é melhor, no sentido de mais abrangente e exacta, do que a outra – até por não nos parecer que o seja: ambas apresentam em simultâneo e em consímile medida convenientes e inconvenientes –, a observação de P. Martinez, *Teoria* cit., 155: "*Para muita gente, a expressão «avaria grossa» significa uma avaria de grandes proporções, e estaria talvez melhor empregado o termo de «avaria comum», por ser comum ao caso e à carga, mas aquela designação está consagrada pelo uso e seria inútil desarraigá-la da prática corrente do seguro marítimo*"), e por ser também o termo preferencialmente adoptado na língua cast. (*averías gruesas*; assim, expressamente, por ex., M. R. Gutés Pascual, *La avería* cit., 29) e ainda na al. (*große Haverei*). Pelo contrário, nos direitos it., fr. e ing. (também neste sentido, mas sem explicação acerca da orientação assumida, o DL 109/99/M e a PLNCM), a preferência recai, em regra, sobre o adjectivo "*comum*" ("*commune*", "*comune*") ou "*geral*" ("*general*"), em detrimento de "*grossa*".

[5] Relativamente à trad. de "*general average*" em "*in the adjustment of general average*", nota-se uma alternância nas trad. consultadas entre o plural "*avarias grossas*" (por ex., nas trad. do GS50/74 e nfr. e ainda nos artigos 580.º, n.º 6, 580.º, n.º 3, 631.º, pr. e § único, 633.º, 634.º, pr., §§ 1.º e 2.º, 635.º, pr., §§ 1.º e 2.º, 636.º, 637.º, 643.º, pr., 647.º, 650.º, 651.º, 652.º, pr., 653.º, do CCom88, 953.º/1 e 3, 956.º e 958.º do CPC (= 2013, 1961 e 1939), 527.º, 626.º, 627.º, 714.º, 752.º, 761.º, 762.º, 763.º, 764.º, pr. e n.º 20, 765.º, 766.º, 767.º, 768.º, 776.º, 780.º, 782.º, 783.º, 786.º, 787.º, 789.º, 793.º, do CCom50, 577.º/1 e 2, 578.º/1 e 3, 584.º, 594.º, 600.º, 601.º/2, do CM10), e o singular "*avaria grossa*" (o singular é usado nos artigos 613.º, 638.º, pr. e § ún., 639.º, 640.º, 641.º, 642.º, pr., 645.º, 648.º, § ún., 649.º, do CCom88, e 74.º do CPC (=2013, 1961, 1939), e 599.º, 611.º, 613.º, 619.º, 620.º, 621.º, 622.º, 752.º, 764.º/18 e 19, 772.º, 774.º, 778.º, 784.º, 785.º, 786.º, 791.º, 792.º, 794.º, 877.º/7, do CCom50, 578.º/2, 580.º, 581.º, 585.º/1 e 2, 586.º, 587.º/1, 588.º/2, 590.º/3, 592.º, 593.º/1 e 2, 596.º, 597.º, 598.º/1, 2 e 3, 599.º/1, 601.º/1 do CM10, e sempre no singular, nos artigos 228.º a 260.º do DL 109/99M). No contexto do § 1.º da regra de interpretação, entendeu-se preferível o plural "*avarias grossas*" (como nas trad. do GS e francesa) ao singular "*avaria grossa*", embora a trad. do ing. "*general average*" pelo singular ou pelo plural ao longo do texto das RIA16 dependa sempre do contexto, até porque a língua portuguesa admite com alguma fluidez variações entre o plural e o singular com valor categorial.

[6] Traduziu-se "*to the exclusion*" por "*com exclusão*" – em lugar do gerúndio "*excluindo-se*" ou de "*não sujeitas*" (trad. ABDM) –, mais frequente na linguagem corrente e jurídica port. (assim também as trad. it. "*con esclusione*", cast. "*con exclusión*", do GS50/74 "*com exclusão*" e, em sentido próximo, a fr. "*à l'exclusion de*").

[7] Traduziu-se "*law and practice*" por "*lei ou prática*", na esteira das trad. it. ("*legge o pratica*") e do GS50/74 ("*lei ou prática*"; no mesmo sentido a trad. livre de M. Januário da Costa Gomes, *Direito* cit., IV, 33), porque lei e prática são coisas diferentes, soando menos bem a trad. pela conjunção coordenada copulativa "*e*" como se uma realidade necessariamente se somasse à outra, tendo-se preferido a conjunção coordenada disjuntiva ou alternativa "*ou*", neste caso parece-nos com um sentido de certo modo inclusivo e, por

isso, "*incompatíveis*" no plural a concordar com os dois termos da coordenação. Cf., sobre a relação entre lei e prática no âmbito das RIA, Francesco Berlingieri, *Le convenzioni internazionali di diritto marittimo e il codice della navigazione*, Giuffrè, Milão, 2009, 265, *max.* 267-268.

[8] Para a trad. de "*inconsistent therewith*", optou-se por "*incompatíveis com as mesmas*" (em termos próximos, EOM: "*incompatíveis com elas*"; ABDM: "*com elas incompatíveis*"; cf. ainda fr. "*incompatibles avec elles*", it. "*con esse incompatibili*" e cast. "*incompatibles con ellas*"), sem menoscabo de ser possível equacionar alternativas como "*que lhes seja contrária*" (como nas trad. GS50/75; embora se assinale que o valor semântico no português de "*contrário a*" é mais intenso do que "*incompatível com*") ou por "*com* [*elas*] *as mesmas incompatíveis*" (assim ABDM) ou "*consigo incompatíveis*".

[9] Traduziu-se "*Except as*" por "*Com excepção de*" (assim também as trad. do GS50/74; cf. a heterogeneidade de expressões escolhidas nas trad. fr. "*À l'exception de*", it. "*Salvo quanto*", cast. "*Excepto en lo*"), em vez de, à letra, "*Excepto como*" (trad. ABDM), que é menos frequente na terminologia jurídica (esta última expressão não aparece nos CC e CCom port. e bras.; também na trad. conjunta da CNUDM e respectivos anexos, a expressão inglesa "*except as*" – que aparece 7 vezes – não foi traduzida por "*exceto como*", mas diferenciadamente por "*salvo*", "*a menos que*", "*exceptuando*", "*com excepção de*").

[10] Sobre a trad. de "*Rule Paramount*" por "*Regra Predominante*" (com maiúsculas iniciais conforme original ing., que privilegia esta forma, mas consignando-se possibilidade de serem ambas as palavras grafadas com minúscula inicial), vd. nts. à trad. da regra predominante.

[11] Traduziu-se harmonizadamente ao longo de todo o documento a conjugação perifrástica (modal) ing. "*shall*" + infinitivo pelo futuro do indicativo, como em "*shall apply*" = "*aplicar-se-ão*" (cf. também o al. "*sollen*") (assim também as trad. port. e bras. consultadas).

[12] Traduziu-se "*lettered Rules*" por "*Regras alfabetadas*" (assim, as trad. do GS50/74 e de M. Januário da Costa Gomes, *Direito* cit., IV, 33; próxima a trad. cast. "*reglas alfabetizadas*", embora este adjectivo em língua port. assuma diferente conotação de "*alfabetado*"), em lugar de "*Regras letradas*" (como na trad. de EOM; contudo, porque, em língua port., o adjectivo "*letrado*" assume outras conotações, a palavra "*alfabetado*" parece mais exacta neste contexto), "*Regras literais*" (assim, a trad. it. "*Regole letterali*"), "*Regras identificadas com letras*" (trad. ABDM) ou "*Regras precedidas de letras*" (assim, a trad. fr.: "*Règles précédées de lettres*") ou "*Regras alfabetizadas*" (assim, a vers. cast.: "*Reglas alfabetizadas*"), consignando-se a possibilidade de, em alternativa, traduzir-se por "*Regras alfabéticas*" (assim J. Vasconcelos Esteves, *Direito marítimo* cit., 84).

Regra Predominante

[13] Traduziu-se "*Paramount*" por "*Predominante*" na esteira da vers. cast. ("*Regla Predominante*") e em razão da adopção deste termo pela doutrina portuguesa (assim M. Januário Costa Gomes, *Direito* cit., IV, 33), apresentando-se como alternativa "*Preponderante*" (assim as trad. EOM e ABDM) ou ainda "*Principal*" (cf. também o ponto 3, § final, do preâmbulo do DL 352/86, de 21-Out., e, na doutrina, M. Januário da Costa Gomes, *Direito* cit., IV, 33) ou "*Soberana*" (cf. o ponto 3, § final, do preâmbulo do cit. DL 352/86), consignando-se que, na medida em que haja um termo em língua port. idóneo à trad. de determinada palavra estrangeira, como é o caso, deverá por princípio optar-se por traduzi-lo (neste sentido, a trad. EOM e, em parte, ABDM; diferentemente, a trad. it. adopta o anglicismo "*Paramount*" e, da mesma forma, a fr., embora, neste último caso, em rigor, a

palavra ing. "*Paramount*" provenha etimologicamente do fr.) para facilidade de compreensão por parte dos destinatários lusófonos.

[14] Traduziu-se "*in no case*" (nas trad. fr. "*en aucun cas*", it. "*in nessun caso*", cast. "*en ningún caso*") por "*em nenhum caso*", conforme trad. fr., it., cast. e EOM (algo diversamente a ABDM: "*Em nenhuma hipótese*"), sem prejuízo de a língua port. admitir também a possibilidade de traduzir-se por "*em caso nenhum*" ou ainda "*em caso algum*" (locução que assume valor negativo, ao contrário de "*nalgum caso*": cf. E. Estrela/M. A. Soares/M. J. Leitão, *Saber escrever* cit., 142).

[15] Para trad. de "*shall there be any allowance*" optou-se por "*será admitido como avaria grossa*" (assim também as trad. cast. "*se admitirá*"; diferentemente, a fr. "*Une admission en avarie commune ne pourra être (...) prononcée*" e a it. "*potrà avere luogo una ammissione*"), em vez de "*haverá qualquer admissão*" (trad. ABDM) ou "*haverá admissão*" (trad. EOM); a trad. de "*any*" (pronome e demonstrativo que surge 44 vezes no texto das RIA16) foi supressa por se considerar já devidamente integrada no sentido da expressão "*em caso nenhum será admitido*".

[16] Traduziu-se uniformemente ao longo do texto "*sacrifice*" (que aparece 18 vezes nas RIA16: regras predominante, A/1 e 2, D, E/4, II, VI (b) (ii), X (a) (i), X (b) (i), XI (b) (i), XIV (a), XV, XVI (a), XVII (b), XXI (a)) por "*sacrifício*" (assim também as demais trad. consultadas e os artigos 634.º e 635.º do CCom88).

[17] Traduziu-se "*expenditure*" (que aparece 9 vezes no texto das RIA16: regras predominante, A/1 e 2, D, E/4, VI (a) e (c), XXI (a)) por "*despesa*" (nas trad. fr. "*dépenses*", it. "*spese*", cast. "*gastos*"), por mais consonante com a terminologia jurídica lusófona (artigos 634.º pr. e § 1.º, 635.º, §§ 1.º e 2.º, 637.º, 646.º pr. do CCom88), ao invés de "*gastos*".

[18] Traduziu-se "*reasonably*" por "*razoavelmente*", em harmonia com as demais trad. consultadas (na fr. "*raisonnablement*", na it. "*ragionevolmente*", na cast. "*razonablemente*", nas EOM e ABDM "*razoavelmente*"; as trad. GM e GS50/74 GS são anteriores à inserção no texto das RIA da Regra Predominante, mas, para trad. do mesmo termo na regra XI, a trad. GS70 optava por "*justificadamente*"), consignando-se a possibilidade de, em alternativa, traduzir-se por "*justificadamente*" cujo valor semântico no português, neste contexto, corresponde ao de "*reasonably*", além de que é mais frequente com este sentido do que "*razoavelmente*" (cf. nts. à trad. das regras X e XI).

[19] Para trad. dos particípios passados "*made or incurred*", optou-se por "*feito ou contraída*", concordando respectivamente com "*sacrifício*" e "*despesa*", uma vez que o original ing. associa o verbo "*make*" (ou "*sustain*") a sacrifício e o verbo "*incur*" a despesa (que aparece 21 vezes nas RIA, sempre referido a despesas ou custos), sem menoscabo de no original ing. estas palavras não flectirem em género nem em número, ao contrário das línguas neolatinas, de modo que poderiam também ser traduzidos indiferenciadamente por "*feito[s] ou contraído[s]*" (assim as trad. EOM, ABDM e cast. em que, todavia, o masculino "*contraído*" se compreende em razão de concordar com "*gasto*"; as trad. fr. e it. optam por não traduzir à letra do ing.: "*un sacrifice ou une dépense qui n'a pas été raisonnablement consenti*" e "*un sacrificio o una spesa che non è stato fatto ragionevolmente*").

[20] Traduziu-se "*[expense] incurred*" (que aparece 21 vezes nas RIA16: regras Predominante, A/1, C/2 e 3, F, VI (a), VIII, X (b) (ii) e (c), XI (a) e (b) (i), (iii), (iv) e (c) (ii), e (d), XIV (b), XV, XVII (b)) por "*[despesa] contraída*" (também neste sentido a trad. ABDM, bem como a cast. "*[gasto] contraído*"; diversamente, as trad. fr. "*consenti*" e it. "*fatto*"; cf., porém, a trad. de EOM "*incorrido*"), na medida em que o verbo "*contrair*" associado

a despesa traduz fielmente o valor semântico de "*incur*" (melhor até do que as outras duas possíveis alternativas: "*efectuados*" ou "*realizados*"), porque se trata do verbo corrente na terminologia jurídica lusófona com referência a negócios e a dívidas e obrigações (assim no CCom50 regista-se 8 vezes o verbo *incorrer* sempre com referência a penas e multas, mas 35 vezes o uso do verbo *contrair* com referência, fundamentalmente, a obrigações ou dívidas e, ainda, negócios, nos artigos 26.º, 59.º/1, 85.º, 125.º, 129.º/5, 167.º, 264.º, 306.º, 317.º, 338.º, 339.º, 340.º, 432.º, 438.º, 442.º, 456.º, 470.º/6 e 8, 471.º, 472.º, 473.º, 481.º, 482.º, 494.º, 515.º, 650.º, 653.º, 802.º/4, 827.º/2, 828.º, 872.º, 898.º, e do CCom88, na parte ainda vigente, consta 9 vezes o verbo *contrair* – contra nenhuma vez que surge *incorrer* –, nos artigos 5.º, 15.º, 251.º, 269.º, 578.º § ún. e 632.º pr. e § ún.; no CC02 *incorrer* só aparece 9 vezes, relacionado fundamentalmente com responsabilidade, mora, crime, nos artigos 247.º, 396.º, 408.º, 414.º, 415.º, 562.º, 1564.º, 184.º/II, mas contrair surge 32 vezes, essencialmente relacionado com negócios, dívidas, obrigações; no CC66 *incorrer* só aparece 8 vezes, sempre a respeito de incorrer em responsabilidade, mora, indignidade ou sanções, mas nunca incorrer em dívidas, nos artigos 541.º, 691.º/3, 741.º, 768.º/1, 813.º, 2038.º/1, 2096.º/1, 2209.º/2, mas *contrair* aparece 55 vezes, ligado, essencialmente, a negócios, dívidas, obrigações; estranhamente, talvez por alguns dos artigos em questão consistirem em trad. do ing., o verbo *incorrer* surge 20 vezes no DL 109/99/M nos artigos 19.º, *j*), 70.º/2, 101.º/2, 228.º/2, 231.º, *a*) e *e*), 233.º, 234.º, 235.º, 242.º/2, 245.º/2, 248.º, 280.º/2, 283.º/1, *f*), 284.º/2 e 3, 298.º/3 e 6, e na PLNCM nos artigos 367.º/1, *d*), 414.º/5, 417.º/4, 82.º/2, *a*) e *e*), 84.º, 86.º, 92.º/2, 95.º/2, 98.º, 173.º/3, 243.º/2, 244.º/3; no CM10 o verbo *incorrer* encontra-se, ainda, fundamentalmente, acantonado a responsabilidade, mora e sanções nos artigos 51.º/4, 84.º, 118.º, 251.º e 46.º/3, mas a sua associação a despesas surge nos artigos 90.º, 275.º, 518.º/2 e 653.º/1) e porque não é possível traduzir à letra "*incur*" por "*incorrer*" pois, além de não terem significado idêntico, não é frequente na terminologia jurídica lusófona dizer-se "despesas incorridas" e porque, ao contrário do ing., em port. o verbo "incorrer" é transitivo indirecto, de modo que é sempre acompanhado da preposição "*em*" ("incorrer em algo"), dificultando a trad. e impedindo construções na voz passiva frequentes no ing. e nas RIA (as dificuldades na trad. de "incorrer" fazem-se sentir em todas as outras línguas neolatinas, o que pode constatar-se pelo facto de as trad. fr. e it. não terem traduzido literalmente o vocábulo ing. e por a cast. ter optado pelo termo "*contraído*").

Regra A

[21] Traduziu-se "*there is*" por "*há*" por ser mais consonante com a maioria das outras trad. (fr. "*il y a*", it. "*vi è*", cast. "*existe*", GM "*há*"; diferentemente, EOM "*caracteriza-se*" e GS74 "*são classificáveis*"), consignando-se, porém, a possibilidade de, em alternativa, traduzir-se por "*ocorre*" (trad. ABDM) ou "*verifica-se*".

[22] Traduziu-se "*extraordinary*", atributo tanto dos sacrifícios como das despesas, que no original ing. não flecte em género nem em número, por "*extraordinários*".

[23] Traduziu-se "*any*", neste contexto, por "*sejam eles quais forem*", em vez de "*um*" (trad. fr. e it.), "*qualquer*", "*todos*" (artigo 635.º/§1.º do CCom88) ou de omitir a sua trad. (assim trad. ABDM), consignando-se em alternativa a possibilidade seguir qualquer uma destoutras hipóteses.

[24] Sobre a trad. de *incurred* cf. a nt. à trad. da Regra Predominante.

[25] Traduziu-se "*for the common safety*" (que surge 14 vezes no texto das RIA16: regras A/1, II, V, VII, IX, X (a) (i), (b) (i) e (c), XI (b) (i), (c) (ii), (d) (i), XIV (a)) por "*para a segurança comum*", na esteira das trad. do GS50/74, porque é expressão arreigada

na terminologia jurídica lusófona (artigos 635.º/§1.º do CCom88 – "*segurança comum do navio e carga*" –, 66.º/1 da LMMP, 577.º/2 do CM, e 81.º/2 da PLNCM), bem como para desambiguação com o instituto da *salvação* marítima, não obstante seja igualmente possível traduzir, sem desprimor, pela expressão, também recorrente, "*salvação comum*", igualmente usada em sede de avarias grossas (artigos 639.º/§1.º/2 do CCom88, 621.º, 752.º e 764.º/2 e 3 do CCom50; de "*salvamento comum*" falam os artigos 764.º/4 e 21, 736.º e 790.º do CCom50, mas a mesma expressão não aparece no CCom88).

[26] Traduziu-se "*preserving from peril*" por "*preservar do perigo*" como nas demais trad. e porque se adapta bem ao pronome "*from*" no original ing. no sentido de "preservar algo *de* algo" = "salvar algo *de* algo", apesar do uso do termo tradicional "*evitar um perigo*" nos artigos 635.º, § 1.º, do CCom88, 577.º/2 do CM e 228.º/1 do DL 109/99/M (que, embora mais exacto e mais frequente no português, não permite a construção sintáctica "salvar algo *de* algo", como o verbo "preservar").

[27] Traduziu-se "*property*" (11 vezes no texto das RIA16: regras A/1, C/2, II, V, VI (a), (b) (i), VIII, XVII (a) (i), (c)) por "*bens*" (vers. fr. "*propriétés*", na it. "*beni*", na cast. "*propiedades*", de EOM e ABDM "*propriedade(s)*" e "*bens*", do GS74 "*bens*") por corresponder ao termo técnico jurídico port.

[28] Traduziu-se "*common maritime adventure*" (que surge 24 vezes nas RIA16: regras A, B/1, 2, 3, C/2, D, E/2, 3, 4, G/1, 3, II, V, VI (a), (b), VIII, XI (d) (i), XIV (b), XVII (a) (i), XXIII (a) (i) e (ii)) por "*aventura marítima comum*" (na trad. fr. "*aventure maritime commune*", na it. "*comune avventura marittima*", na cast. "*aventura marítima común*").

[29] Cf. a redacção do artigo 66.º/2 do MIA 1906 em que se inspiraram as RIA 1924, e ainda, no direito lusófono, as dos artigos 635.º/§1.º do CCom88, 764.º *in fine* do CCom50, 577.º/2 do CM, e 228.º/1 do DL 109/99/M.

[30] Para o n.º 1, optou-se por seguir a estrutura sintáctica da redacção original ing. e das trad. fr., it., cast., EOM e ABDM, embora também se tenha equacionado e se consigne como alternativa uma estrutura sintáctica mais próxima das trad. do GS50/74 ("*Só se consideram actos de avaria grossa os sacrifícios ou despesas extraordinários, intencional e razoavelmente feitos ou contraídos, para salvação [segurança] comum, com o propósito de preservar do perigo os bens envolvidos numa aventura marítima comum*"), que não lhe alteraria o sentido e seria possivelmente mais próxima da normal redacção jurídica port.

[31] Traduziu-se "*on the basis hereinafter provided*" por "*nos termos a seguir previstos*" (de forma similar, a trad. it. "*sulle base previste qui di seguito*"), em lugar de "*nas bases a seguir estipuladas*" (trad. ABDM).

[32] Para trad. de "*provided*" optou-se por "*previstos*" (vers. fr. "*déterminés*", it. "*previste*" e cast. "*establecidas*") em lugar de "*estipulados*" (como na trad. EOM e ABDM) ou "*estabelecidos*" (termo por que se optou na trad. conjunta da CNUDM, que, embora mais utilizado na terminologia legal, é-o menos em instrumentos jurídicos como as RIA cuja aplicação depende de convenção nesse sentido), em razão de o termo "*previstos*" ser mais neutro e igualmente frequente na linguagem jurídica.

Regra B

[33] Para trad. de "*there is*", optou-se por "*há*", conforme nts. à trad. da regra A/1.

[34] Porque o português europeu e africano privilegiam na conjugação perifrástica com o verbo "*estar*" o uso da preposição "*a*", ao passo que o português brasileiro privilegia o gerúndio (ex.: (port. eur.) estão a trabalhar / (port. bras.) estão trabalhando), propõe-se que a expressão inglesa "*are towing or pushing*" (no n.º 1) seja traduzida pelo presente do

indicativo/futuro do conjuntivo simples (que tem, de resto, sentido equivalente à conjugação perifrástica com o verbo "*estar* [*a*]"), como nas trad. fr. e it.

[35] Para trad. de "*push*" em "*are (...) pushing*", optou-se por "*empurrar*", que, embora tenha o inconveniente de não ser propriamente uma expressão marítima, tem em seu favor as trad. EOM e ABDM ("*empurrar*"), fr. ("*pousser*"), cast. ("*empujar*") e it. ("*spingere*").

[36] Em vez de "*outro navio ou navios/embarcações*", optou-se por "*outro ou outros navios/embarcações*", de forma a evitar uma menos eufónica repetição do substantivo.

[37] Traduziu-se "*salvage*" (19 vezes nas RIA16: regras B/1, VI (a), (b) pr., (iii), (iv), (v), (c), (d), XI (d) (i), XVII (b), XXII (a) e (c)) por "*salvação*" (fr. "*sauvetage*", it. "*salvataggio*", cast. "*salvamento*"), pois corresponde à terminologia jurídica lusófona (tit. VIII do liv. III "*Da salvação e assistência*" do CCom e artigos 578.º, 580.º, 618.º, 642.º, § 1.º, 677.º, 678.º, 679.º pr., 680.º, § 1.º, 681.º, 683.º, 685.º, 686.º pr. e § 1.º, 688.º, 689.º, 690.º, 691.º do mesmo Código, em todo o articulado do DL 203/98, de 10-Jul., ou ainda nos artigos 3.º/70 e 81.º a 97.º da LMMP; na doutrina, *colorandi causa*, Mário Raposo, *Notas sobre o Dec.-L 203/98, de 10 de Julho*, in *Estudos sobre o novo Direito marítimo*, Coimbra Ed., Coimbra, 1999, 11-59, Id., *Convenção Internacional de 1989 sobre salvação*, in *Estudos* cit., 61-74, *id.*, *Assistência marítima. Evolução e problemas*, in *Estudos* cit., 75-107, M. Januário da Costa Gomes, *O ensino do Direito marítimo. O soltar das amarras do Direito da navegação marítima* Almedina, Coimbra, 2005, 177-124, Nuno Aureliano, *A salvação marítima*, Almedina, Coimbra, 2006, *per totum*; diferentemente, por ex., J. Vasconcelos Esteves, *Direito marítimo* cit., 48 e ss., opta por salvamento, embora também utilize salvação).

[38] Nas orações temporais e condicionais (introduzidas por "*quando*" e "*se*"), privilegiou-se o uso do futuro do indicativo e do conjuntivo (ex.: em vez de "*Quando medidas são tomadas*" ou "*Se os navios estão em perigo comum*" por "*Quando forem tomadas medidas*" ou "*Se os navios estiverem em perigo comum*"; assim também a trad. ABDM) que melhor exprime uma acção concebida como potencial (em vez do indicativo, que exprime uma acção concebida como realidade).

[39] Traduziu-se "*vessel*" (que surge apenas nas regras B/1, 2, 3, e XI, (c)(ii)) por "*embarcação*", devido à opção intencional no original ing. pela diferente terminologia "*vessel*" e "*ship*" (diversamente, não diferenciam os dois termos as vers. fr. "*navire*" e it. "*navi*"). Para a trad. de "*ship*" (que aparece 54 vezes nas RIA16: regras G/3, II, III, IV, V, VII, VIII, IX, X, (a)(i) e (ii), (b)(i), (d), XI, (a), (b)(i) e (iv) e (v), XIII, (a) e (b), XIV, XVI, (a)(i), XVII, (a)(i) e (iii), (b), (c), XVIII, (b)) optou-se por "*navio*", em harmonia com as demais trad. (assim a fr. "*navire*", it. "*nave*" e cast. "*buque*") e porque corresponde ao termo genérico e tradicional na terminologia jurídica lusófona (artigos 634.º pr. e § 1.º, 635.º, §§ 1.º e 2.º, 636.º, 637.º, 639.º pr., 641.º pr., 642.º pr. e §§ 1.º e 3.º, 643.º, § 3.º, 644.º, 647.º, 649.º, § 1.º, 652.º pr. e § 1.º do CCom88, 1.º do DL 201/98, de 10-Jul., e 1.º, *a*), do DL 202/98, 2.º/1, *f*), da L 146/2015, de 9-Set., 761.º, 763.º, 764.º, n.ºs 1, 6, 7, 8, 11, 12, 13, 14, 15, 17 e *in fine*, 765.º, n.ºs 3, 5 e *in fine*, 767.º, 768.º, 770.º, 771.º, 772.º, pr., n.º 3 e *in fine*, 773.º, 776.º, 777.º, 784.º, 786.º, 787.º, n.º 2 e *in fine*, 788.º, 792.º do CCom50), tendo sido também essa a orientação seguida na trad. conjunta da CNUDM, na trad. portuguesa dos *Incoterms* 2010 (regras A4 dos termos FAS, FOB, CFR e CIF "*ship*" por "*navio*" e a própria designação de FAS por "*Franco ao longo do navio*"), bem como na trad. oficial doutras Convenções de que Portugal é parte (cf., por ex., os artigos 1.º, *d*), e 8.º da CB24), não obstante as oscilações entre "*navio*" e "*embarcação*" como termo genérico no direito lusófono (cf., por ex., para a opção por "*navio*", o artigo 1.º do DL 201/98, de 10-Jul., e 1.º, *a*), do DL 202/98, e para a

opção por "*embarcação*" o artigo 19.º, n.º 3, do RGC72 e o artigo 15.º da PLNCM, e para a adopção dos dois termos os artigos 1.º/1, *a*), 9.º/1, 11.º/2 e 16.º do DL 203/98, sobre a qual, neste particular, M. Raposo, *Notas* cit., 41, *id.*, *Transporte marítimo de mercadorias: hoje e amanhã* cit., 2014, 48, M. Januário da Costa Gomes, *Entre a salvação* cit., 22 = 1066, *id.*, *O ensino* cit., 215[(898)], e N. Aureliano, *A salvação* cit., 64). Cf. também, *e. g.*, Diogo Pereira Forjaz de Sampaio Pimentel, *Annotações ou Synthese Annotada ao Codigo de Commercio*, vol. III, Imprensa da Universidade, Coimbra, 1875, 3-4, Humberto Leitão/José Vicente Lopes, *Dicionário da Linguagem de Marinha Antiga e Actual*, 3.ª ed, Ed. Cult. Marinha, 1990, 221, Rodrigo Machado, *Nau*, in *Verbo – Enciclopédia Luso-Brasileira de Cultura*, vol. XIII, 1746, *Glossário Marítimo-Comercial*, Sociedade de Geografia de Lisboa, Lisboa, 2003, 95-100 e 126-128, Ana Mineiro, *O papel da metáfora na construção da terminologia náutica portuguesa*, FLUL, Lisboa, 2005, 14[(17)] e 38, *id.*, *As metáforas que constroem a terminologia náutica portuguesa*, pref. Margarita Correia, Academia de Marinha, Lisboa, 2007, 71[93)] (optando, ainda que noutro contexto disciplinar, por barco como termo genérico, embora note que: "*Curiosamente os especialistas que consultei referem-se a embarcação como um genérico que engloba barcos (embarcações pequenas) e navios (embarcações de maior porte) sendo, portanto, a consciência dos especialistas e a realidade documentada em ambos os* corpora *diversos*").

[40] Optou-se por traduzir "*if any*" por "*se as houver*" (próxima a trad. ABDM: "*se houver*") em lugar de "*se quaisquer*", consignando-se a possibilidade de, em alternativa, traduzir-se por "*caso as haja*" ou "*havendo-as*" (a orientação das vers. fr. e it. é também uma alternativa, tendo-se aí optado por adjectivar o substantivo: "*et leurs éventuelles cargaisons*", "*e i loro eventuali carichi*").

[41] Optou-se por traduzir "*disconnect* [*a vessel/ship*]"/"*disconnected* [*vessel/ship*]" (na vers. fr. recorre-se ao verbo "*détacher*", na it. "*eliminare la connessione*" e na cast. "*simple separación entre ellos*") por "*separado*", em lugar de "*desconectado*" (e "*desconexão*") (EOM e ABDM).

[42] Traduziu-se literalmente por "*essa separação*" em vez de "*esse acto*" (equacionou-se também traduzir por "*esse acto de separação*", mas depois corria-se o risco de repetir-se "*acto [de avaria grossa]*", o que seria pouco eloquente, ou então omitir-se "*acto*" em "*acto de avaria grossa*", o que se afastava do original).

[43] Traduziu-se "*resort to*" por "*recorrerem a*" em vez de "*se dirigirem a*", por ser expressão mais idónea a exprimir o verbo ing. e por aproximação à vers. ABDM (o verbo "recorrer", todavia, é mais utilizado com referência a (recorrer a) pessoas ou serviços, que não tanto a lugares, como um porto, mas não o desvirtua o uso neste contexto).

[44] Traduziu-se "*allowances*" por "*poderá ser admitida em avaria grossa*" e "*as admissões [em avaria grossa]*", em harmonia com orientação geral de traduzir as expressões "*shall be allowed as general average*" (33 vezes nas RIA16), "*shall be allowed in general average*" (15 vezes nas RIA16) e similares por "*será(ão) admitido(s)(as) em avaria grossa*", eventualmente com variações entre "*em*" e "*como*", em consonância com orientação assumida nas vers. fr. e it., em detrimento de "*bonificado em*" (GM), "*considerado em*" (CM10), "*compensável em*" (DL 109/99/M e PLNCM), "*alocado em*", "*permitido em*" (EOM e por vezes MJCG), consignando-se a necessidade de os referidos termos serem uniformemente traduzidos ao longo de todo o texto das RIA.

[45] Trad. de "*Subject to the provisions of paragraphs 3 and 4 of Rule G*" por "*De acordo com o disposto nos parágrafos 3 e 4 da Regra G*", em vez de "*Sujeito a estipulação dos*

parágrafos 3 e 4 da regra G" (trad. EOM) ou "*respeitadas as disposições dos parágrafos 3 e 4 da Regra G*" (trad. ABDM), adaptando a expressão à terminologia jurídica lusófona (da análise que pudemos empreender nos Códigos Civil e Comercial brasileiro e português não aparece esta construção frásica inglesa "*Sujeito a*" / "*Subject to*", mas antes outras como "*de acordo com*", "*conforme a*", etc.).

Regra C

[46] Sobre a trad. de "*shall be allowed as general average*" por "*serão admitidas em/ como avaria grossa [= como tal admitidas]*" cf. nts. à trad. regra B, evitando aqui o "*como tal*" a repetição pouco eloquente na língua portuguesa (similarmente EOM; a vers. cast. contornou este inconveniente passando a primeira referência a avaria grossa para o início da frase).

[47] Sobre a trad. de "*incurred*" por "*contraídas*" cf. nts. à trad. das regras predominante e A/1.

[48] Traduziu-se "*damage to the environment*" por "*danos ao ambiente*" (trad. fr. "*dommage à l'environment*" e it. "*danni all'ambiente*"), embora também pudesse traduzir-se por "*danos ao meio ambiente*" (trad. EOM) ou "*danos ambientais*" (trad. cast. "*daños medioambientales*", ABDM "*dano ambiental*" ou a trad. de Mário Raposo da CL89 "*danos ambientais*").

[49] Sobre a trad. de "*for the common maritime adventure*" por "*para a aventura marítima comum*" cf. nts. à trad. da regra A/1.

[50] Traduziu-se "*demurrage*" (trad. fr. "*surestaires*", it. "*controstallie*", cast. "*sobreestadías*") optou-se por "*sobrestadias*" (sem hífen), termo adoptado pelo legislador português e pelas trad. GS50/74, EOM e ABDM.

Regra D

[51] Traduziu-se o plural "*rights to contribution in general average*" pelo singular "*o direito à contribuição em avaria grossa*" (como na trad. it. "*il diritto a contribuzione in avaria comune*" e EOM "*o recurso à contribuição*").

[52] Para trad. de "*is affected*", optou-se por "*é prejudicado*" em vez de "*é afectado*" (apesar das trad. de GM, GS50/74, EOM e ABDM), dado que o verbo "afectar" poucas vezes se usa na terminologia jurídica lusófona neste contexto com o sentido de "prejudicar um direito de alguém", sendo mais frequentemente usado para esse fim o verbo "prejudicar" (assim, no CC66, o verbo "prejudicar" – abstraindo do adjectivo "prejudicial" e do substantivo "prejuízo" – é utilizado cerca 50 vezes com o sentido de prejudicar direitos, validade, responsabilidade, meios de defesa, efeitos jurídicos, normas, estados jurídicos, interesses, etc., ao contrário do verbo "afectar" que nenhuma vez é utilizado com esse significado: assim, *v. g.*, artigos 6.º do DL 47344, 72.º/2, 170.º/2, 179.º, 226.º, 228.º/2, 241.º/1, 242.º, 244.º, 275.º/2, 277.º/2, 291.º/1, 382.º, 435.º/1, 484.º, 485.º, 527.º, 552.º, 593.º/2, 617.º, 635.º/2, 668.º, 767.º/2, 871.º/1, 896.º/2, 944.º/2, 1366.º/2, 1394.º/1, 1410.º/2, 1422.º/2, *a*), 1425.º/2, 1453.º/2, 1455.º/2, 1568.º/1 e 2, 1640.º/1, 1701.º/1, 1719.º/2, 1858.º, 1862.º, 1907.º/2, 1939.º/3, 2001.º, 2037.º, 2047.º, 2078.º/2, 2085.º/2, 2091.º/2, 2138.º, 2230.º/1, 2241.º, 2252.º/2 do CC66; da mesma forma, no CCom88, os artigos 488.º/§ 2.º e 673.º; no direito brasileiro, a conclusão é idêntica: o verbo "prejudicar" é utilizado no CCom50 nos artigos 160.º, 343.º, 359.º, 371.º, 437.º, 618.º, 847.º, e no CC02 (donde o verbo "afectar" consta apenas 5 vezes, sempre a propósito de "afectar estados de saúde" ou "estados emocionais", como por ex. no artigo 1583.º/§ 5.º) nos artigos 144.º, 184.º, 204.º/§ 2.º e 3.º e pr., 560.º, 563.º, 688.º, 844.º, 848.º/§ único, 1115.º, 1122.º pr. e § 1.º, 1128.º/§ 2.º, 1342.º, 1384.º, 1440.º, 1445.º/§ único, 1563.º, 1577.º/§ único, 1813.º, 1817.º, 1822.º, 1960.º, 2018.º). Deve, porém, notar-se que o uso

do verbo "prejudicar" (assim como "afectar") é frequentemente activo (voz activa) que não passivo (voz passiva) (ex.: "prejudica direitos", mas menos frequentemente "direitos são prejudicados"), sobretudo se não for acompanhado do agente da passiva (como é o caso). O problema radica não propriamente na língua port., mas na ing., que regista com maior frequência o uso verbos na voz passiva (que, por vezes, têm mesmo sentido activo = aos verbos depoentes lat.). Por esse motivo, as trad. noutras línguas neolatinas optaram por "contornar" essa redacção adaptando-a ao seu léxico e estruturas sintácticas (vers. fr. "*Lorsque (...), il n'y aura pas moins lieu à contribution*", it. "*Il diritto a contribuzione in avaria comune non viene meno*", cast. "*Cuando (...), subsistirá la obligación de contribuir*", GM "*Se (...), não deixará de ser devida a contribuição*", GS "*Se (...) os direitos à contribuição não serão afectados*"). Há ainda outro problema na trad. que consiste no recurso a uma oração concessiva (introduzida pela conjunção "ainda que") a seguir a uma negação ("não será prejudicado", que tem um sentido próximo de dupla negação = afirmação equivalendo a "mantém-se"), o que prejudica, dalgum modo, o sentido da oração concessiva que vem a seguir (por ex., seria mais facilmente compreensível se a 1.ª frase fosse afirmativa: "O direito à contribuição manter-se-á [= não será prejudicado], embora (...)", pois neste caso fica mais bem realçada a ideia da oração concessiva como aquela em que se admite um facto contrário à acção principal, mas incapaz de impedi-la). Todavia, como as gramáticas não impõem esta restrição (cf. o 1.º ex. da *Nova gramática do Português contemporâneo* de C. CUNHA/L. CINTRA, 727), manteve-se esta estrutura sintáctica do ing.

[53] Traduziu-se "*may have been due*" por "*se tenha devido*" (ou "*tenha sido causado*"), em lugar de "*possa ter sido causado*" (trad. ABDM), pois, ao contrário do ing., que apenas residualmente o conserva, o port. dispõe e usa regularmente o modo conjuntivo, que traduz fielmente a perífrase "*may have*" (também se nota uma diversidade de trad. nas vers. fr. e it.).

[54] Traduziu-se "*fault*" por "*falta*" (assim também as trad. fr. "*faute*", cast. "*falta*", GM e GS50/74 "*falta*") em lugar de "*culpa*" (assim as trad. it. "*colpa*", EOM e ABDM "*culpa*"), devido à não correspondência jurídico-dogmática exacta entre "*fault*"/"*faute*" e "*culpa*" no direito port. e porque "*falta*" é um termo mais amplo que melhor reflecte a maior amplitude do termo ing. "*fault*", remetendo, desta forma, o intérprete à dilucidação exacta do conceito no ordenamento de origem, bem como evitando que, recorrendo aos esquemas mentais próprios do direito lusófono, associe "*fault*" a "*culpa*".

[55] Traduziu-se "*defenses*" por "*meios de defesa*", em lugar, por ex., de "*excepções*", por mais idónea a traduzir o original ing. "*defenses*" e mais conforme às demais trad. (nas vers. fr. "*defenses*", it. "*difesa*", EOM e ABDM "*defesas*"; cf. sobretudo a cast. "*medios de defensa*") e porque mais conforme à terminologia jurídica lusófona (artigos 427.º, 449.º, 514.º/2, 519.º, 525.º/1 e 2, 538.º/2, 574.º/2, 585.º, 598.º, 637.º/1 e 2, 642.º, 647.º, 698.º/1, 682.º do CC66, 767.º do CCom50, 618.º do CC02).

Regra E

[56] Optou-se por uma redacção do n.º 1 mais próxima da original ing. e que conservasse a expressão "ónus da prova" ou "ónus de provar", assim se se harmonizando também a trad. proposta com as de EOM e da ABDM (que optam por "*incumbe (...) o ônus da prova*" e "*cabe (...) o ônus da prova*", respectivamente). Fez-se, todavia, notar a redundância na utilização na mesma frase do verbo "incumbir" e "ónus", pois a semântica do primeiro já abrange a ideia de "onerar", "carregar alguém com", de modo que evitam tal construção as vers. fr. "*La preuve (...) incombe*", it. "*La prova (...) incombe*" e GM "*A prova (...) incum-*

be". A outra hipótese, que se deixa em aberto, seria, em vez da utilização do verbo "*ter*", a de "*recair*", que pode ser redobrado, sem perigo de redundância, com a expressão "ónus da prova" (assim, as trad. GS50/74: "*O ónus da prova recai*") ou, ainda, a de "*caber*" (assim, a trad. da ABDM "*Cabe (...) o ónus da prova*").

[57] Aqui é duvidoso até que ponto o "*or*" é disjuntivo exclusivo ou inclusivo, parecendo assumir valor exclusivo, o que apontaria no sentido de "*claimed*" ser traduzido por "*reclamada*" e "*is*" por "*é*" (assim também trads. fr., it., cast., bras.), em lugar de "*reclamadas*" e "*são*", como consta da redacção final desta trad. Ainda assim, nada impede que em abstracto haja despesas e também perdas.

[58] Traduziu-se "*as soon as possible*" – expressão que só aparece uma vez nas RIA16 – por "*logo que possível*", podendo também equacionar-se alternativas como "*assim que possível*", ou possivelmente "*tão cedo quanto possível*" ou "*tão logo quanto possível*" (ABDM).

[59] Traduziu-se "*and, if claiming in general average*" por "*e, caso reclamem contribuição por avaria grossa*" (também a trad. fr. contorna a expressão ig.: "*Les parties qui réclment une admission en avarie comune*"; da mesma forma, a it.: "*Le parti che presentano domanda di ammissione in avaria comune*"; diferentemente, a trad. ABDM "*e, se reclamado na avaria grossa*").

[60] Sobre a opção geral pela expressão "*regulador de avarias*", vd. nt. à trad. da regra de interpretação, a propósito de "*adjustment*" e palavras da mesma família, como "*adjuster*", sublinhando-se novamente a necessidade de harmonização em todo o documento das RIA da trad. da expressão "*average adjuster*" (15 vezes nas RIA16: regras E/2, 3, 4, XVI (a) (i), XVII (a) (i) e (ii), XXII (a), (b) (c)) por "*regulador de avarias grossas*", pois a trad. pelo termo "*regulador [de avarias]*" é consonante com a trad. de "*general average adjustment*" por "*regulação de avarias grossas*", porque é o termo mais frequente na doutrina específica sobre o tema (por ex., Gago de Medeiros, *O transporte marítimo* cit., 90 ("*reguladores de avarias) (dispatch men, dispacheurs)*"; diferentemente a 93 designa o representante do segurador "*comissário de avarias (average commissioner, commissaire d'avaries)*"), P. Nicolás Martinez, *O interesse do armador* cit., 37-43, *id.*, *Teoria e prática* cit., 161 e ss. (que também exerceu precisamente a profissão de regulador de avarias, conforme o mesmo dá nota), J. Vasconcelos Esteves, *Direito marítimo* cit., 114-116; os artigos 634.º e ss. do CCom88 não designam por um nome específico os reguladores de avarias – ao contrário da doutrina portuguesa –, mas o CPC chama-lhes "*repartidores*" nos artigos 953.º/1, 2, 3, 4, 955.º/1 e 956.º/1), porque é trad. próxima do termo ing. "*average adjuster*", não se afastando muito do it. e do cast. ("*liquidatore*" e "*liquidador de averías*", respectivamente) e é também aquela por que opta a trad. de EOM ("*regulador de avarias*"), diferentemente, por ex., dfr. ("*dispacheur*") e da trad. ABDM (que privilegia o termo "*Árbitro Regulador*" (em maiúsculas); cf. também do CCom50 os artigos 772.º "*arbitrador perito*", 776.º "*arbitradores espertos*", 783.º "*árbitros*"; na jurisprudência mais antiga port., durante a vigência do CCom33, cf. ac. STJ 4-Abr.-1876 (Campos Henriques), proc. n.º 16.713, *Diário do Governo* n.º 153, de 13-Jul.-1876 = *RLJ* 592, 320/1-2: "*arbitradores*").

[61] Traduziu-se "*supply evidence in support thereof*" por "*fornecer prova em conformidade*", em lugar do anglicismo "*em seu suporte*", consignando-se como alternativas "*fornecer a respectiva prova*" (trad. ABDM), "*fornecer disso mesmo prova*" ou "*fornecer prova disso mesmo*".

[62] Traduziu-se "*in support of*" por "*em apoio de*" (cf. trad. EOM), evitando-se o anglicismo "*em suporte de*" (trad. ABDM).

[63] Traduziu-se "*in support of a notified claim*" por "*em apoio de uma contribuição reclamada*", em vez de "*em apoio à reclamação notificada*" (cf. trad. EOM), devido à semântica da palavra "*claim*" que assume significado próximo de "pretensão" ou "direito (subjectivo)" sob perspectiva processual ou dinâmica.

[64] Traduziu-se "*within [12/2] months of (...)*" por "*dentro de [12/2] a contar de (...)*" (possivelmente também "*dentro do prazo de [...] a contar de (...)*", como sugerido para o "*within 2 months of*" no n.º 3, em que se inseriu "*prazo*" em "*dentro do prazo*", de modo a estabelecer ligação com a oração seguinte: "*findo o qual* [= prazo] *(...)*").

[65] Opção pela uniformização dos numerais por extenso ("doze" em vez de "12", "dois" em vez de "2"), que, no original ing., vinham tanto duma forma como doutra.

[66] Preferiu-se "*avaliar*" e "*avaliação*" por mais frequentes e inequívocos na língua portuguesa, em lugar de "*estimar*" e "*estimação*" (cf. trad. ABDM: "*estimar*" e "*estimativas*", este último vocábulo com um sentido no port. europeu que não se coaduna com o contexto), embora se consignem estes dois últimos vocábulos como alternativas.

[67] Optou-se por harmonizar "*particulars*" por "*informação*" (no singular) (e "*full particulars*" por "*informação detalhada*"), evitando-se oscilações entre singular ("*informação*") e plural ("*informações*").

[68] Optou-se por especificar "*informação sobre o valor contribuinte*" em vez de apenas "*informação sobre o valor*" (como no original ing. "*particulars of value*"), porque, numa segunda leitura, notou-se que seria preferível indicar logo a que se referia o valor (tornava-se de difícil compreensão, ao ler, perceber a que se referia o "*valor*" se se escrevesse apenas, como estava, "*informação sobre o valor*"). Por coerência e de forma a evitar repetições, a expressão "*contributory value*" constante do final dessa mesma segunda frase do n.º 3 passaria apenas a "*referido valor*".

[69] Traduziu-se "*Failing* [the 2 months deadline to provide particulars] *which*" por "*findo o qual* [prazo para fornecer informações]", por mais consonante à linguagem jurídica portuguesa (em vez de "*falhando o qual*" ou "*falhando os detalhes*" ou "*não havendo o [tal] fornecimento de particularidades*": trad. ABDM), podendo equacionar-se, por paralelismo com a trad. da mesma palavra no início do n.º 3 ("*failing notification*" por "*na falta de notificação*"), trad. por "*em cuja falta*" ou "*na falta da qual* [informação]".

[70] Opção por "*Avaliação*" (no singular) em trad. de "*Estimates*" (em vez de oscilar entre plural e singular).

[71] "*Recepção*" com *p* porque, mesmo após o AO90, mantém-se no Brasil tal como se escrevia e escreve ainda muito frequentemente em Portugal à luz do AO45 e noutros países lusófonos, como Angola e Moçambique.

[72] Traduziu-se "*they are manifestly incorrect*" por "*com fundamento em erro manifesto*", à semelhança das trad. it. "*contestata soltanto se manifestamente errata*, fr. "*qu'en cas d'erreur manifeste*", por mais idónea à terminologia jurídica, em vez de "*manifestamente*", "*claramente*" ou "*evidentemente incorreta[s]*" (trad. EOM e ABDM) ou "*por razón de su manifiesta incorrección*" (vers. cast.).

[73] Dificuldades na trad. de "*any*" (tal como ocorre noutras regras e que se fez notar a propósito da trad. da regra A, por ex.), em razão do valor semântico *sui generis* de "*any*" e de não ser frequente em português, neste contexto, começar uma frase por "*qualquer*" (palavra que, em princípio, seria o equivalente literal de "*any*"). Optou-se, a final, por "*A parte*" em lugar de "*qualquer parte*" (trad. ABDM), na medida em que a referência em abstracto a uma parte ("*A parte (...) que*") serve, frequentemente, em português, para

exprimir semântica idêntica ao "*any*", mantendo-se, todavia, em aberto a possibilidade de trad. também por "*As partes*" ou "*Todas as partes*".

[74] Dificuldades na trad. de "*pursuing a recovery from a third party in respect of sacrifice or expenditure claimed*" que não consente, em português, trad. literal que mantenha a semântica originária, pelo que se optou, a final, por "*agir contra um terceiro tendo em vista a recuperação do sacrifício ou despesa reclamados*" (diferentemente a trad. ABDM: "*buscando recuperação de terceiro, em relação a um sacrifício ou gasto reclamado em avaria grossa*").

[75] Trad. de "*shall so advise*" por "*informar*" (assim também trad. ABDM), em lugar de "*dar notícia*" ou "*avisar*".

Regra F

[76] Para trad. de "*any*" em "*any additional expense*", optou-se por "*toda*" em "*toda a despesa adicional*", na esteira das trad. EOM ("*[T]oda despesa adicional*"), GM, GS50/74 ("*[T]oda a despesa suplementar*") e fr. ("*[T]oute expense supplémentaire*"); diferentemente, as trad. ABDM ("*[Q]ualquer despesa adicional*"), cast. ("*[C]ualquier gasto añadido*") e diferente ainda a it. ("*[O]gni spesa addizionale*"), tendo-se também equacionado como alternativa escrever-se "*a despesa adicional*" (devido ao valor semântico do "*any*" que, em português, também consente a trad. pelo mero artigo definido), "*As despesas adicionais, sejam quais forem*" (por paralelo com regra A, embora noutro contexto) ou "*qualquer*" (*ut* ABDM).

[77] Para trad. de "*additional*", optou-se por "*adicional*", em detrimento de "*suplementar*" (assim a vers. fr. "*toute dépense supplémentaire*" e as trad. GM, GS50/74 "*toda a despesa suplementar*"), pois o termo ing. "*extra*" foi intencionalmente substituído em 1994 por "*additional*", de maneira a objectivizar o conceito de extraordinariedade ("*extra*"), de modo que se entendeu pertinente que, ao invés do que ocorreu nas trad. fr. e it. (que continuam a utilizar "*supplémentaire*" e "*supplementare*"), se adoptasse outro termo correspondente e mais próximo a "*additional*" do que "*extra*", apesar de coincidentes em grande medida (optam também por "adicional" as trad. EOM e ABDM).

[78] Optou-se por traduzir "*incurred*" por "*realizada*" conforme nts. à trad. da regra predominante, consignando-se a possibilidade de, em alternativa, traduzir-se por "*contraída*".

[79] Para a trad. de "*which would have been allowable*" (fr. "*qui aurait été admissible*", it. "*che sarebbe stata ammissibile*", cast. "*que hubiera sido admisible*", GM, GS50/74 e ABDM "*que teria sido admitida*", EOM "*que seria permitido*") optou-se por "*que teria sido admissível em avaria grossa*", posto que também se pudesse traduzir apenas por "*admissível* [ou *admitida*]" ou "*quando admissível [*ou *admitida] em avaria grossa*".

[80] Para trad. de "*and so allowed*", optou-se por "*e assim admitida*" (similmente a trad. ABDM: "*e assim considerada*", a it. "*e così ammessa*" e, em certa medida, a fr. "*et admise, à ce titre*"), tendo-se também equacionado, em alternativa, trad. por "*e a esse título admitida*" (como na vers. fr.).

[81] Propõe-se alteração da ordem das orações finais "*mas somente (...)*" e "*sem ter em conta*", para mais escorreita compreensão.

[82] Para trad. do ing. "*saving (...) of other interests, if any*", que se revelou problemática não só no português como nas trad. fr. ("*économie*"), it. ("*risparmio*") e cast. ("*economía*") e conforme dá também conta a orientação da ABDM ("*benefício*"), optou-se por "*sem considerar a eventual economia que tenha trazido a outros interesses*" conforme nts. à

trad. da regra XIV (com igual redacção nesta parte), consignando-se, porém, em alternativa, a expressão "*sem considerar [*ou *ter em conta] o facto de terem sido poupados outros [eventuais] interesses [, se os houver]*".

Regra G

[83] Para trad. de "*General average shall be adjusted as*" optou-se por "*A regulação das avarias grossas basear-se-á*", mantendo-se, dessa forma, a ordem das palavras adoptada nas demais trad. (fr. "*Le règlement des avaries communes doit être établi*", it. "*Il regolamento di avaria comune sarà effettuato*", cast. "*La liquidación de avería gruesa se establecerá*", GM e GS74 "*A regulação das avarias grossas deve ser baseada*"), em vez da estrutura ing. "*General average shall be adjusted*" e por comparação e em harmonia com trad. de "*shall apply*" na regra de interpretação por "*aplicar-se-ão*", conquanto possa em alternativa traduzir-se por "*As avarias grossas deverão ser [ou serão] reguladas*" (neste sentido, a trad. ABDM "*A avaria grossa será regulada*").

[84] Optou-se pelo futuro do indicativo "*basear-se-á*" em vez de do presente "*baseia-se*" ou "*deve basear-se*" (da mesma forma, traduziu-se o presente do indicativo "*ends*" pelo futuro do conjuntivo "*terminar*", também usado justamente nas trad. EOM e ABDM), assim como pela forma simples "*basear-se-á*" em vez da perifrástica modal "*deverá basear-se*" (como de resto sucede, por ex., na regra de interpretação para "*shall aplly*" por "*aplicar-se-ão*", no n.º 2 da regra G para "*shall not affect*" por "*não prejudicará*" e no n.º 3 para "*shall (...) remain*" por "*manter-se-ão*").

[85] Optou-se por "*ao tempo e no lugar*" ao invés "*no momento e no local*" por mais recorrente na língua portuguesa e por ser também a expressão adoptada pelas trad. EOM e ABDM (adicionou-se apenas o "*no*" antes de "*lugar*" pois a preposição "*em*" tem sentido locativo, que quadra bem com a palavra "*lugar*").

[86] Optou-se por traduzir "*when and where*" apenas por "*em que*" que abrange perfeitamente ambos os antecedentes sem necessidade de usar para o efeito dois termos "*quando e onde*" (assim, porém, trad. ABDM).

[87] Dificuldades na trad. de "*both loss and contribution*" conforme atesta a heterogeneidade de expressões por que optaram as demais trad. (fr. "*tant pour l'estimation des pertes, que pour la contribution*", it. "*tanto con riguardo alle perdite quanto con riguardo alla contribuzione*", cast. "*tanto con respecto a la pérdida, como para la contribución*", GM "*tanto para a avaliação das perdas, como para a contribuição*", GS74 "*quer para a avaliação das perdas, quer para a contribuição*", EOM "*para a estimação dos danos e para a contribuição*", ABDM "*no que se refere tanto [à] perda como contribuições*"), tendo-se optado, a final, por "*quer no que respeita à avaliação das perdas, quer no que à contribuição concerne*".

[88] Manteve-se uso de maiúscula e minúscula em "*regra*" e "*Regras X e XI*" conforme vers. original e demais trad. consultadas.

[89] Para trad. de "*shall not affect*" (vers. fr. "*est sans influence*", it. "*non influisce*", cast. "*no afecta*", GM "*não tem influência*", GS74 "*não influi*", ABDM "*não afectará*", EOM "*não prejudicará*") optou-se por "*não prejudicará*", em detrimento dos verbos "afectar" ou "influir" (assim também EOM), em harmonia com orientação tomada na trad. do mesmo vocábulo na regra D para cujas nts. se remete.

[90] Optou-se por traduzir "*determination*" por "*determinação*" (assim também as trad. GM, GS50/74, EOM e ABDM "*determinação*", fr. "*détermination*", it. "*determinazione*" e cast. "*determinación*").

[91] Optou-se nos n.os 3 e 4 por traduzir "*forwarded*" e "*forwarding*" por "*reexpedida*" e "*reexpedição*" (neste sentido também a trad. cast. "*reexpidiera*" e "*reexpedición*" e, em parte, quanto ao n.º 4, a fr. "*acheminer*", "*acheminement*" (n.º 3) e "*reexpédiée*" (n.º 4); cf. também a it. "*inoltrato*" e "*inoltro*" (n.º 3) e "*spedito*" (n.º 4)), atento o contexto em que surge e atenta a ligação entre "*forwarding*" e "expedir" (contrato anglo-saxónico de *freight forwarding* correspondente ao contrato de expedição ou de trânsito), embora "reexpedir" em sentido técnico possa também significar expedir novamente mas para destino diverso do inicial (esta ambiguidade é contudo sanada pela especificação no n.º 3 de que é "*reexpedida para o destino*", "*forwarded to destination*"), de modo que pode ponderar-se traduzir-se apenas por "*reenvio*" ou "*envio*" (assim a trad. ABDM "*enviada ao destino*", "*envio*" e "*enviada*") ou "*encaminhar*" (como na trad. fr. "*acheminer*" = a/à + chemin + er / caminho + ar), mas o substantivo "*encaminhamento*" é pouco usado neste contexto além de que seria oportuno, por motivos de congruência, que as palavras "*forward*"/"*forwarding*" fossem traduzidas por vocábulos da mesma família e não de famílias diversas como "*encaminhar*" e "*reexpedição*" ou "*reenvio*")). Sugere-se que a palavra por que se opte contenha o prefixo *re-* ou seja acompanhada de advérbio com idêntico significado, como "*novamente*", ou "*de novo*" (reexpedir/expedir de novo, novamente; reenviar/enviar de novo, novamente; reencaminhar/encaminhar de novo, novamente), de maneira a exprimir a ideia de que a mercadoria já fora inicialmente expedida e se trata agora de um novo acto de expedição, conquanto para o mesmo destino.

[92] Trad. de "*by any other means*" por "*outros meios*" em lugar de "*por quaisquer outros meios*", optando-se por suprimir o idiomático "*any*" dado ter parecido pouco elegante em português escrever "*quaisquer outros [+ substantivo]*", que se bastaria com a simples referência a "*outros*" para exprimir o mesmo valor semântico que "*any*".

[93] Para trad. de "*liabilities*" em "*rights and liabilities*", optou-se por "*obrigações*" em "*direitos e obrigações*" em lugar de "*direitos e responsabilidades*" (assim trad. EOM e ABDM "*direitos e responsabilidades*", e cast. "*los derechos y responsabilidades*"), por ser a expressão preferencialmente adoptada pela terminologia jurídica portuguesa e brasileira, que opta pela locução, com idêntico valor semântico, "*direitos e obrigações* [ou *deveres*]" (cf. os artigos 33.º/2, 94.º, 110.º, 160.º/1 e 2, 167.º/2, 412.º/1, 431.º, 759.º/3, 987.º/1, 1057.º, epíg. sec. II cap. X liv. II, 1445.º, 1671.º/1, 1795.º-C/1, 1935.º/1, 1971.º/1 e epíg., 1994.º, 1997.º, 2074.º/1 e 3, 2153.º, 2284.º, 2290.º, 2307.º, do CC66, e os artigos 1.º, 53.º, § único, 54.º/III, 78.º, 890.º, tít. sec. II direitos e obrigações dos sócios subtit. II, tit. II da sociedade liv. II, 1046.º, § único, 1116.º, 1119.º, título subsec. I sec. I cap. VI condomínio, 1511.º, 1579.º pr. e § único, 1583.º, § 1.º, do CC02, e os artigos 302.º/7, tít. sec. VI cap. III tit. XV, título do título XV parte II, tit. cap. III tit. VI parte II, do CCom50, e artigos 3.º, 267.º, 377.º, § 2.º, 406.º do CCom88), e que, neste e em similares contextos, não utiliza a palavra "*responsabilidade*" no plural mas no singular (o CC66 só uma vez utiliza a palavra "responsabilidade" no plural, no artigo 1674.º, num sentido próximo do corrente, a propósito de "*responsabilidades inerentes à vida da família*"; o CC02 também apenas utiliza a palavra "responsabilidade" no plural 3 vezes, no artigo 1001.º a propósito de "*responsabilidades sociais*", no 1047.º a propósito de "*responsabilidades de sócio comanditado*" e no 1800.º, n.º 2, a propósito de "*responsabilidades do curador*"; sobre a origem e polissemia do termo, vd., *e. g.*, SANDRO SCHIPANI, *Schede sull'origine del termine 'responsabilità' (contributo per una riflessione sui problemi dell'elaborazione del concetto sistematico generale designato da tale termine)*, em *Le ragioni del diritto. Scritti in onore di Luigi Mengoni*, vol. I, Giuffrè, Milão, 1995,

885-918 = *Contributi romanistici al sistema della responsabilità extracontratrattuale*, Giappichelli, Turim, 2009, 1-28), bem como militam neste sentido as vers. fr. ("*[D]roits et obligations*") e it. ("*[I] diritti e gli obblighi*").

[94] Para trad. de "*shall (...) remain*", optou-se por "*manter-se-ão*" em lugar de "*permanecerão*" (trad. EOM e ABDM), pois, embora fosse em abstracto possível a trad. por ambos os termos, atento o contexto pareceu mais exacto usar o verbo "manter" (um estado, etc.) do que permanecer (em certo local: perspectiva estática e de lugar) (neste sentido também, a vers. cast. "*se mantendrán*"; cf. também as vers. fr. "*demeureront*" e it. "*rimangono*").

[95] Dificuldades na trad. da expressão ing. "*remain (...) the same*", devidas essencialmente ao facto de, em port., soar pleonástico (dado o verbo "manter" comportar já o sentido de determinada coisa não mudar), o que é também atestado pela heterogeneidade das locuções por que optaram as demais trad. (fr. "*demeureront (...) de ce qu'ils auraient été*" (omite "*the same*"), it. "*rimangono (...) vicino a quelli che sarebbero stati*" (omite "*the same*"), cast. "*se mantendrán en lo posible*" (omite "*the same*")), de modo que se sugere a trad. de "*the same*" por "*inalterados*", que, embora não elimine a redundância, soa menos cacofónico.

[96] Dificuldade na trad. de "*subject to cargo interests being notified*", atestada pela heterogeneidade de expressões por que optou grande parte das demais trad. (fr. "*sous réserve*", it. "*purché*", cast. "*siempre que*") e uma vez que não é frequente o uso deste tipo de oração introduzida por "*sujeito a*" na linguagem jurídica port. (cf., porém, trad. ABDM), de maneira que se optou, a final, por "*desde que notificados (...) os interesses na carga*".

[97] Para trad. de "*contract of carriage*" optou-se por "*contrato de transporte*" (no mesmo sentido as trad. fr., it. e ABDM; diversamente, trad. EOM "*contrato de afretamento*").

[98] Manteve-se trad. de "*paragraph*" por "*parágrafo*" (assim as trad. fr. "*paragraphe*", it. "*paragrafo*", cast. "*párrafo*", EOM e ABDM "*parágrafo*"), consignando-se a necessidade de harmonização da trad. do termo em questão (que surge 10 vezes nas RIA16: regras B/3: "*Subject to the provisions of paragraphs 3 and 4 of Rule G*"; G/4: "*applying the third paragraph of this Rule*"; VI (a): "*subject to the provisions of paragraphs (b), (c) and (d)*"; VI (c): "*in paragraph (a) above*" e "*in Article 13 paragraph 1(b)*"; VI (d): "*specified in paragraph 4 of that Article*" e "*as referred to in paragraph (a) of this Rule*"; XVI (b): "*in the first paragraph of this Rule*"; XVII (b): "*by reason of paragraph (b) of Rule VI*"; XVII (c): "*in the third paragraph of Rule G*"), embora, na terminologia jurídica port., se distingam, mais concretamente, *números* e *alíneas*, para cuja realidade a técnica jurídica anglo-saxónica das RIA não emprega termos diferenciados.

[99] Trad. de "*owners*" por "*donos*" (assim também as trad. EOM e ABDM "*donos*") em lugar de "*proprietários*" (assim as trad. fr. "*propriétaires*", it. "*proprietari*" e cast. "*propietarios*"), dado que o conceito de "*ownership*" no direito anglo-saxónico é mais vago e lato do que o de propriedade nos direitos romano-germânicos, em particular no port. (cf., *e. g.*, Mário Raposo, *O novo Direito comercial marítimo português*, 253, e M. Januário da Costa Gomes, *Limitação de responsabilidade por créditos marítimos*, Almedina, Coimbra, 244; curioso a este respeito notar que o termo ing. *owner*, por ex., na Directiva n.º 2002/59/CE é o correspondente do termo do port. *armador*, do fr. *armateur*, do it. *armatore*, do cast. *armador*, do al. *Reeder*, do hol. *reder*), e porque a palavra "*dono*", embora sinónima de proprietário, pode ser, ao mesmo tempo, usada de forma um tanto mais vaga e imprecisa e, por conseguinte, mais apta, em termos aproximados, à trad. daquele termo ing., ao mesmo tempo que "*dono*" é também uma palavra arreigada na tradição jurídica port. e bras. (cf.,

no CCom88, os artigos 275.º, 599.º, 638.º § único, 641.º § único, 646.º pr. e § único, 657.º, 659.º pr. e § único, 675.º; no CCom50, os artigos 69.º, 88.º/5, 100.º/1, 102.º, 118.º, 222.º, 232.º, 239.º, 461.º, 499.º, 514.º, 517.º, 520.º, 523.º, 525.º, 527.º, 531.º, 535.º, 547.º, 553.º, 554.º, 558.º, 565.º, 569.º, 581.º, 586.º, 608.º, 611.º, 617.º, 652.º, 676.º, 690.º, 712.º, 726.º, 732.º, 734.º, 745.º, 775.º, 787.º/3, 790.º, 794.º, 791.º, 873.º/7).

[100] Trad. de "*at their expense*" por "*a expensas suas*", consignando-se em alternativa "*às suas expensas*" (trad. ABDM).

[101] Traduziu-se "*allowances made in general average*", que aparece duas vezes nesta regra, por "*contribuições admitidas*" em vez de "*admissões feitas*" (contudo, na senda da vers. ing., as trad. fr. "*la part des admissions en avarie commune*", it. "*ammissione in avaria commune*", em parte também, a cast. "*aplicación de las bonificaciones hechas en avaría gruesa*"; cf. também as trad. EOM "*permissões em avaria grossa*" e ABDM "*admissões feitas em avaria grossa*"), pois a palavra "admissão" (ou também "permissão") soou menos bem neste contexto e é menos frequente a sua utilização no plural em linguagem corrente e técnica e porque o significado do original é o de "admissões [à contribuição] em avaria grossa" = "contribuições admitidas", locução que parece mais idónea à trad.

Regra I

[102] Optou-se por traduzir "*shall be allowed as general average*" por "*será admitido como avaria grossa*", conforme nts. à trad. da regra B.

[103] Optou-se por traduzir "*jettison of cargo*" (trad. fr. "*jet de cargaison*", it. "*getto del carico*" e cast. "*echazón de la carga*") por "*alijamento de carga*" (assim também nas demais trad. em língua port.; cf. também os artigos 604.º, pr., 641.º, § único, 642.º, pr., §§ 1.º e 2.º, 646.º, pr. e § único, e 648.º do CCom88, 13.º/2 do DL 384/99, 764.º/5, 770.º e 792.º do CCom50, 363.º, *h*), 580.º, *a*), *b*), *c*), 582.º, 589.º, 590.º/1, 593.º/1, 595.º, do CM, 51.º/1 e 210.º do DL 109/99/M, 68.º, 75.º/2, 314.º, 383.º da PLNCM; outras expressões equivalentes a "*alijar*" são "*aligeirar*" (artigos 634.º do CCom88 e 767.º e 771.º do CCom50) e "*aliviar*" (artigos 643.º, pr. e § 1.º, do CCom88, e 764.º/13 do CCom50)), consignando-se a necessidade de traduzir o termo "*jettison*" (que também aparece na regra II) de modo uniforme ao longo de todo o texto.

[104] Optou-se por traduzir "*cargo*" (que surge 39 vezes nas RIA 2019 (regras B/1, G/3 e 4, I, II, VIII, IX, X (a) (i), (b) (i) e (ii), (c), (d), X (b) (v), (d) (iii), XII, XIV, XV, XVI (a) (i) e (ii), (b), XVII (a) (i) e (ii), (b), (c), (d), e XIX; trad. fr. "*cargaison*", it. "*carico*" e cast. "*carga*", trad. em língua port. "*carga*", no artigo 231.º/1 do DL 109/99/M "*mercadorias*", no artigo 759.º do AntCG "*objectos*") pela expressão "*carga*", reservando-se, desta forma, a expressão "*carregamento*" para o acto de carregar, por oposição a "*descarga*" ou, menos frequente, "*descarregamento*", também amiúde "*desembarque*", ao passo que a expressão "*mercadoria(s)*" seria reservada ao termo "*goods*", embora "*carga*" e "*mercadoria(s)*" possam funcionar como sinónimos dependendo do contexto.

[105] Optou-se por traduzir "*recognised custom of the trade*" por "*reconhecidos usos do comércio*" (trad. fr. "*usages reconnus du commerce*", it. "*usi riconosciuti del commercio*", cast. "*usos reconocidos del comercio*", GM "*usos comerciais admitidos*", GS50/74 e MJCG "*reconhecidos usos do comércio*", EOM "*costume reconhecido no comércio*", ABDM "*costume reconhecido no comércio marítimo*"; no artigo 231.º/3 do DL 109/99/M "*uso do tráfego*", no artigo 759.º, § 1.º, do AntCG "*usos reconhecidos do comércio marítimo*").

[106] Optou-se pela estrutura sintáctica adoptada pelas trad. GS50/74 (neste sentido também o artigo 231.º/3 do DL 109/99/M) por mais frequente na redacção jurídica port. e

bras. (no CC02, encontra-se o pronome "*nenhum*" 20 vezes das quais 4 vezes é dobrado por uma oração introduzida por "*salvo*", "*ressalvado*", "*excepto*", "*a menos que*": artigos 58.°, 276.°, 1190.°, 1647.°, ao passo que os advérbios "*só*", "*somente*" e "*apenas*" aparecem 73, 129 e 10 vezes, respectivamente; da mesma forma, no CC66, o pronome "*nenhum*" encontra-se 30 vezes das quais apenas em 2 dobrado por oração introduzida por "*salvo*" ou expressão equiparada, ao passo que os advérbios "*só*", "*somente*" e "*apenas*" se encontram 15, 360 e 77 vezes, respectivamente), sem menoscabo de se consignar, como alternativa, uma redacção do seguinte jaez: "*Nenhum alijamento de carga será admitido em avaria grossa, salvo se esta for transportada conforme os reconhecidos usos do comércio*".

Regra II

[107] Optou-se por traduzir a ep. "*Loss or Damage by Sacrifices for the Common Safety*" (nas trad. fr. "*Perte ou dommage causé par sacrifices pour le salut commun*", it. "*Perdita o danno causato da sacrificio per la salvezza comune*", cast. "*Daño por echazón sacrificio para la seguridad común*", GM "*Dano causado pelo alijamento e sacrifício para a salvação comum*", GS50/74 "*Dano causado por alijamento e sacrifício para a segurança comum*", EOM e ABDM "*Perda ou dano por sacrifícios para a segurança comum*") por "*Perdas ou danos causados por sacrifícios para a segurança comum*", tendo-se colocado o particípio passado "*causado*" (no mesmo sentido as trad. fr., it. e GS50/74) porque, se a preposição "*por*" vier desacompanhada do verbo na forma de particípio passado, pode dar azo a significar "através de" (*through* em ing.) em vez de agente da passiva (que em ing. é indicado pela preposição *by*).

[108] Trad. de "*shall be allowed as general average*" por "*serão admitidos em avaria grossa*" (podia ser "*admitidas*" para concordar por atracção com o primeiro e mais próximo termo da disjunção "*as perdas ou os danos*", mas é preferível "*admitidos*" para concordar com ambos e harmonizar-se com o particípio passado "*[as perdas ou os danos] causados*" que vem logo a seguir no texto).

[109] Optou-se por traduzir "*loss or damage*" (singular) no início da frase por "*perdas ou danos*" (plural), conforme trad. GS74, MJCG e ABDM, e porque se trata de expressão arreigada na terminologia port. e bras. (assim, no CC02, a expressão "*perdas e danos*" surge 73 vezes, mas nunca no singular), sugerindo-se uniformização da trad. desta expressão ao longo de todo o documento.

[110] Optou-se por traduzir "*or in consequence of*" por "*ou em consequência de*", consonante com as demais trad. consultadas, embora se tenha ponderado como possível alternativa a expressão "*resultantes deste*", como consta das trad. GS74 e MJCG.

[111] Optou-se por traduzir "*for the common safety*" (que aparece 14 vezes no texto das RIA16: regras A/1, II, V, VII, IX, X (a) (i), (b) (i) e (c), XI (b) (i), (c) (ii), (d) (i), XIV (a); trad. fr. "*pour le salut commun*", it. "*per la salvezza comune*", cast. "*para la seguridad común*") por "*para a segurança comum*", pois (*i*) é também o termo utilizado nas demais trad. em língua port. (à excepção da GM), (*ii*) é a expressão utilizada no artigo 635.°, § 1.°, do CCom88 ("*para a segurança comum do navio e da carga*") e no artigo 81.°/2 PLNCM, (*iii*) porque é também a expressão usada no direito angolano no artigo 66.°, n.° 1 da LMMP ("*segurança comum*") e no direito cabo-verdiano no artigo 577.°/2 do CM ("*segurança ou salvamento comum*"), (*iv*) e para desambiguação com o instituto da *salvação (marítima)*; embora também fosse possível traduzir pela expressão, também recorrente, "*salvação comum*", igualmente utilizada em sede de avarias grossas (artigo 639.°, § 1.°, n.° 2, do CCom88, e artigos 621.°, 752.° e 764.°, n.os 2 e 3, do CCom50, que também usa "*salvamento comum*"

nos n.os 4 e 21 do artigo 764.º, e nos artigos 736.º e 790.º). Consigna-se ainda a necessidade de harmonização ao longo de todo o documento da trad. da referida expressão.

112 Traduziu-se "*hatches*" por "*escotilhas*" em lugar de "*escotilhas do navio*", em harmonia com as trad. fr., it., cast. (respectivamente, "*écoutilles*", "*boccaporti*" e "*escotillas*"), GM, GS50/74, MJCG e EOM (diferentemente na trad. ABDM: "*escotilhas do navio*"), bem como com o AntCG, e em face do entendimento de que se trata de uma palavra composta com um só significado (como também sucede, com frequência, no al.; cf. também, na terminologia ing., outros termos como "*ship yard*" também escrito "*shipyard*", "*dockyard*" ou "*dock yard*", "*ship board*" ou "*shipboard*", etc.) e o de que poderia ser redundante inserir "navio" depois de "escotilhas", dado que, atento o contexto, é notório que as "escotilhas" em causa são as do navio.

Regra III

113 Optou-se por traduzir "*fire on board*" por "*incêndio a bordo*", na esteira das vers. fr., it. cast., EOM e ABDM e por articulação com o regime dos seguros (de incêndio e com a cobertura de incêndio do seguro marítimo), ao contrário das trad. GS50/74 ("*fogo a bordo*").

114 Optou-se por traduzir "*shall be allowed as general average*" por "*serão admitidos em avaria grossa*", conforme nts. à trad. da regra B.

115 Optou-se por traduzir "*to a ship and cargo, or either of them*" por "*ao navio e à carga, ou a qualquer [*ou também: *um] deles*" (trad. ABDM), tendo-se, de igual modo, ponderado, como alternativa, traduzir como nas trad. GS74 e MJCG simplesmente por "*ao navio ou à carga*" ou, ainda, como segunda alternativa, trad. próxima das vers. GM e EOM, na sequência da locução tradicional, ainda hoje utilizada no CCom50 e 88, por "*ao navio e à carga, conjunta ou separadamente*".

116 Optou-se por traduzir "*cargo*" conforme nts. à regra I.

117 Optou-se por traduzir "*beaching*" (trad. fr. "*en submergeant*", it. "*arenamento*", cast. "*al varar*", ABDM "*varação*", EOM: "*encalhe*", GM "*imersão forçada*", GS50/74 "*imersão*") por "*varação*", com o significado de encalhe voluntário do navio (cf. Luiz da Cunha Gonçalves, *Comentário* cit., III, n.º 892, 344, Adriano Anthero, *Comentário* cit., II, 486, e Azevedo Matos, *Princípios de Direito marítimo*, vol. IV – *Do seguro marítimo*, Ed. Ática, Lisboa, 1958, 241-242; e, para efeito de avarias grossas, em cujo regime só relevará a varação intencional, Azevedo Matos, *Princípios de Direito marítimo*, vol. III – *Dos acontecimentos de mar*, Ed. Ática, Lisboa, 1958, 328-331, J. Vasconcelos Esteves, *Direito marítimo* cit., 97, e M. Januário da Costa Gomes, *Direito* cit., IV, 87; também o *Glossário Marítimo-Comercial* da Sociedade de Geografia de Lisboa, 2003, 172-173, que considera equivalentes de *varação* – enquanto "acto de colocar um barco em seco, geralmente numa praia, às vezes num terreno lodoso" – os termos ing. *beaching* e fr. *échouage*, da mesma forma que considera *to beach* e *échouer volontairement* equivalentes do termo português *varar* – definido como "acto de colocar voluntariamente um navio em seco para o reparar, manter ou proteger do mau tempo"; cf. ainda Humberto Leitão/J. Vicente Lopes, *Dicionário*[3]..., 527, que definem "varar" como "levar uma embarcação a encalhar na praia, ou para a retirar do mar ou para ser consertada. // Encalhar", e M. Alexandra Tavares Carbonell Pico, *A terminologia* cit., 515-516, que sinonimiza o termo com "encalhar").

118 Optou-se por traduzir "*scuttling*" (trad. fr. "*en sabordant*", it. "*sommersione*", cast. "*hundir*", EOM e ABDM "*afundamento propositai*", GM e GS50/74 "*rombo*") por "*afundamento deliberado*", adoptando-se, em lugar do adjectivo "*propositai*", cujo uso no port. europeu é de muito rara frequência, o adjectivo "*deliberado*" ou "*propositado*" ou

"*intencional*". Consigna-se ainda a possibilidade de, em alternativa, traduzir o termo por "*rombo*" (como nas trad. GM e GS50/74) com o sentido de "*abertura de forma irregular no costado do navio, resultante de encalhe, colisão, tiro de artilharia, etc.*" (Humberto Leitão/J. Vicente Lopes, *Dicionário da Linguagem de Marinha antiga e actual*, 3.ª ed., Ed. Culturais da Marinha, Lisboa, 1990, 465). A língua portuguesa regista também, desde o séc. xv, segundo o *Dicionário Houaiss da Língua Portuguesa*, t. II, Temas e Debates, Lisboa, 2005, 314, o uso do substantivo "*afundamento*" (acto ou efeito de se afundar, de ir para o fundo) também escrito à cast. "*afundimento*" (H. Leitão/J. Vicente Lopes, *Dicionário* cit., 16).

[119] Optou-se por traduzir "*except*" (vers. fr. "*toutefois*", it. "*escluso*", cast. "*sin embargo*", ABDM "*excluídos*", EOM "*entretanto*", GM "*todavia*", GS50/74 "*ficam, porém, exceptuados*", MJCG "*contudo*") por "*com excepção de*" (à semelhança do proposto também para a regra de interpretação), consignando-se, em alternativa, possibilidade de traduzir-se por "*exceptuando*".

[120] Optou-se por traduzir "*however caused*" (vers. fr. "*quelle qu'en soit la cause*", it. "*qualsiasi ne sia la causa*", cast. "*cualquiera que fuese su causa*", EOM "*não interessando a causa*"; optam por não a traduzir as vers. GS74 e ABDM; omissas as de GM e GS50 por se reportaram a vers. anteriores à de 1974 que continham redacção diversa) por "*independentemente da causa*", podendo também equacionar-se, como alternativa, "*independentemente da sua causa*", "*independentemente da respectiva causa*", ou, ainda, "*qualquer que seja a causa*", "*qualquer que seja a respectiva causa*", "*qualquer que seja a sua causa*", "*seja qual for a [sua] causa*", na medida em que "*however*" seguido de adjectivo particípio passado, neste contexto, tem valor adverbial (= de qualquer maneira, seja como for), que não de conjunção coordenada adversativa (= contudo, porém, todavia) (ex.: *however hard he works, he is not rich*, por mais que trabalhe, não é rico; *however money he spends*, por muito dinheiro que gaste: exs. retirados de *Dicionário de Inglês-Português*, por Armando de Morais, Porto Ed., Porto, 1995, 440; assim também no *Oxford Learner's Dictionaries online*: "adv. (1) used with an adjective or adverb to mean 'to whatever degree': ex.: *he wanted to take risks, however small*; *she has the window open, however cold it is outside*; *however carefully I explained, she still didn't understand* (note: When *ever* is used to emphasize *how*, meaning 'In that way or manner?', it is usually written as a separate word *How ever did you get here so quickly?*), (2) in whatever way (ex.: *however you look at it, it's going to cost a lot*"; cf. também *Collins Cobuild English Grammar*, Harper Collins Publishers, 2000, 8.42, 353: "When you want to say that something is the case and that it does not matter which person, place, cause, method, or thing is involved, you use 'whoever', 'wherever', 'however', 'whatever', or 'whichever'. Ex: *Whoever wins this civil war there will be little rejoicing at the victory*; *Wherever it is, you aren't going*; *However it began, the battle was bound to develop into a large-scale conflict*. Another way of saying that it does not matter who or what is involved is to use 'no matter' followed by 'who', 'where', 'how', 'what', or 'which'. *Most people, no matter who they are, seem to have at least one*; *Our aim is to recruit the best person for the job, no matter where they are from*; *No matter how I'm playing, I always get that special feeling*").

[121] Optou-se por traduzir "*by the heat of fire*" (trad. fr. "*par la chaleur de l'incendie*", it. "*dal calore dell'incendio*", cast. "*por el calor del fuego*", GS50/74 "*pelo calor*", MJCG "*pelo calor do fogo*", ABDM "*por calor do fogo*") por "*pelo calor do fogo*", não obstante na ep. se ter optado por traduzir "*fire*" por "*incêndio*", dado que, em virtude do contexto, é

mais frequente na língua port. referir-se o calor ao fogo (em concreto) do que ao incêndio (conceito que assume um significado mais genérico e abstracto do que fogo).

Regra IV

[122] Optou-se por traduzir "*Cutting away wreck*" (trad. fr. "*Coupement de debris*", it. "*Taglio di rottami*", cast. "*Corte de restos*", artigo 752.º/2 do AntCG "*corte de fragmentos*") por "*Corte de destroços*" (como nas trad. GM e GS50/74; também traduz "*wreck*" por "*destroços*", entre outros, Cláudia Madaleno, *A Convenção de Nairobi sobre destroços de navios*, nas *II Jornadas de Lisboa de Direito Marítimo (11 e 12 de Novembro de 2010) – O navio*, org. M. Januário da Costa Gomes, Almedina, Coimbra, 2012, 365-411), em lugar de "*Remoção de destroços por corte*" (trad. EOM e ABDM), consignando-se, todavia, como alternativa, esta última redacção.

[123] Optou-se por traduzir "*loss or damage*" pelo plural "*As perdas ou danos*" (como nas trad. GS50/74, EOM e ABDM), em vez do singular "*A perda ou dano*" (como as trad. fr., it., cast. e GM).

[124] Optou-se por traduzir "*sustained by*" (vers. fr. "*éprouvé*", it. "*sostenuto*", GM "*resultante*", cast., GS50 "*causados*", GS70 e ABDM "*sofridos*") por "*resultantes do*", atento o contexto em questão ("sofridos por cortar"?), consignando-se a possibilidade de, em alternativa, traduzir por "*sofridos por*".

[125] Optou-se por traduzir "*carried away*" (trad. fr. "*enlevés*", it. "*asportati*", cast. "*arrancados*", GM "*arrebatados*", GS50/74 "*arrancados*", EOM e ABDM "*deslocados*", artigo 752.º/2 do AntCG "*quebrados*") por "*deslocados*", equacionando-se, de igual modo, alternativas como "*removidos*", "*arrebatados*" (vers. GM) ou "*arrancados*" (vers. GS50/74 e cast.; embora, à letra, "*carried away*" signifique "levados para fora/para caminho", mas este verbo em port. não é totalmente idóneo neste contexto, além de que pressupõe normalmente que a acção tenha sido praticada por alguém, o que não é o caso).

[126] Trad. de "*shall not be allowed as general average*" por "*não serão admitidos em avaria grossa*", em harmonia com nts. à trad. da regra B.

Regra V

[127] De acordo com a regra V, quando, por manobra voluntária, um navio der à costa para a segurança comum, quer pudesse ou não ter dado à costa, as perdas ou danos daí resultantes aos bens envolvidos na aventura marítima comum serão admitidos em avaria grossa. A norma sofreu inúmeras vicissitudes desde a sua redacção originária, tendo-se alterado a sua inicial orientação em 1974, quando passou a admitir-se em avaria grossa a varação, ainda que o navio tivesse, de qualquer forma, dado à costa. As razões basearam-se no facto de (*i*) o apuramento do que teria acontecido ao navio caso não tivesse sucedido a varação é extremamente difícil, (*ii*) podendo, ainda, incrementar a litigância (F. Berlingieri, *Le Convenzioni* cit., 304). O que conta para efeito desta regra é apenas a *intenção* de varar o navio para a segurança comum sua e da carga, não obstante o mesmo resultado poder verificar-se de qualquer forma (G. Righetti, *Trattato* cit., III, 213, R. Lobianco, *Le Regole* cit., 196, que consideram que tal sistema parece conforme aos princípios gerais, dado que deve considerar-se, em qualquer caso, que permanece voluntária a manobra do último momento que dirige o navio até terra, ainda que acabasse por aí chegar fosse como fosse). Diversa orientação é ainda hoje seguida em vários ordenamentos jurídicos. Assim, em face do artigo 469.º do CNav42 (com a seguinte redacção: "*Le spese e i danni direttamente prodotti dai provvedimenti ragionevolmente presi, a norma dell'articolo 302, dal comandante, o da altri in sua vece, per la salvezza della spedizione, sono avarie comuni*

e vengono ripartiti fra tutti gli interessati alla spedizione stessa, sempre che il danno volontariamente prodotto non sia quello stesso che si sarebbe necessariamente verificato secondoil corso naturale degli eventi"), são apenas considerados os danos ou despesas para segurança comum da expedição, sempre que o dano voluntariamente produzido não seja aquele mesmo que se verificaria necessariamente segundo o curso natural dos eventos (Assim também R. Lobianco, *Le Regole* cit., 196). Também assim em face do direito português, embora o ponto não seja pacífico – na medida em que pressuponha aplicável *tout court* uma regra da responsabilidade civil à contribuição em avaria grossa e ainda também porque é muito debatida a própria existência de uma tal regra geral no próprio direito privado –, se tem considerado aplicável às avarias grossas, com as necessárias adaptações, a doutrina da relevância negativa da causa virtual na responsabilidade civil (neste sentido, M. Januário da Costa Gomes, *Direito* cit., IV, 54; sobre a causa virtual, por todos, F. Pereira Coelho, *O problema da relevância negativa da causa virtual na responsabilidade civil*, 56 ss.), dobrada pela consideração segundo a qual não se descortinam razões para tratar de modo diferente bens que se teriam perdido por facto fortuito daqueles que o teriam também sido, com segurança, se não tivesse havido um sacrifício ou despesa anteriores, voluntariamente feitos para a segurança comum do navio e da carga (M. Januário da Costa Gomes, *Direito* cit., IV, 54).

[128] Para trad. da ep. "*voluntary stranding*" (trad. fr. "*échouement volontaire*", it. "*arenamento volontario*", cast. "*varada voluntaria*", GM, GS50/74, EOM e ABDM "*encalhe voluntário*"), optou-se por "*varação*". Fez-se notar também o paralelismo entre os termos "*stranding*" (regra V) e "*beaching*" (regra III; aí traduzida, nas vers. fr. por "*en submergeant*", it. "*arenamento*", cast "*al varar*", GM e GS50/74 "*imersão*", EOM "*encalhe*", ABDM "*varação*").

[129] Optou-se por traduzir "*is intentionally run on shore*" (trad. fr. "*est intentionnellement mis à la côte*", it. "*viene intenzionalmente portata sulla costa*", cast. "*es varado intencionalmente*", GM "*deu à costa em conseqüência de manobra voluntária*", GS50/70 "*por manobra voluntária der à costa*", MJCG "*por manobra voluntária, der à costa*", ABDM "*é intencionalmente encalhado em um ponto de terra*", EOM "*é deliberadamente encalhado*") por "*for intencionalmente encalhado na costa*", na medida em que se assume como locução equivalente, neste particular, a "varado na costa", evitando usar este termo porque no original ing. também se optou por usar expressões diferentes mas semanticamente equivalentes (*stranding/run on beach = beaching*; assim, *Lowndes and Rudolf*[12], 5.20: "*"run on shore" These words are equivalent to stranded and mean going with the bottom to the shore*"), e porque esta expressão permite manter o advérbio "intencionalmente" que se adapta menos bem a "varado" que soaria pleonástico se dele acompanhado. Consigna-se, todavia, a alternativa de traduzir por "*for intencionalmente varado na costa*" ou "*for deliberadamente varado na costa*" (preferência por "intencional", pois "deliberado" em termos técnico-jurídicos pode dar a entender decorrer a decisão de deliberação colegial). Faz-se também notar dever manter-se o termo "*na costa*", embora possa parecer redundante, pois permite mais expressamente excluir choque contra outras estruturas ou objectos juntos à costa, com o navio ainda em flutuação (cf. *Lowndes and Rudolf*[12], 5.20).

[130] Optou-se por traduzir "*for the common safety*" por "*para a segurança comum*".

[131] Optou-se por traduzir "*property*" por "*bens*", à imagem das trad. it. e cast. ("*[B]eni*" e "*bienes*"), ao contrário das restantes (vers. fr. "*propriétés*", EOM e ABDM "*propriedade*").

[132] Trad. de "*shall be allowed as general average*" por "*serão admitidos em avaria grossa*".

Regra VI

[133] A regra VI regulou até à versão de 1974 o forçamento de pano e os danos nas velas. Em 1974, foi o conteúdo da regra VI alterado de forma a regular as despesas de salvação e os termos em que deveriam as mesmas ser admitidas em avaria grossa, consagrando-se a seguinte redacção: "As despesas efectuadas pelas partes interessadas na aventura por conta de salvamento, quer por contrato, quer doutro modo, serão admitidas em avaria grossa, na medida em que as operações de salvamento tenham sido empreendidas com o fim de preservar do perigo a propriedade envolvida na aventura marítima comum" (trad. GS; original ing.: "*Expenditure incurred by the parties to the adventure on account of salvage, whether under contract or otherwise, shall be allowed in general average to the extent that the salvage operations were undertaken for the purpose of preserving from peril the property involved in the common maritime adventure*"). Após a aprovação da Convenção de Londres de 1989, sobre salvação, em cujo Anexo 2 a Conferência Internacional adoptou uma "Resolução solicitando a alteração das Regras de Iorque-Antuérpia de 1974", para que a compensação especial paga nos termos do artigo 14.º da referida Convenção não fossem considerados avaria grossa, foram aprovadas na Conferência de Paris de 1990 propostas de alteração às RIA 1974, prevendo, *grosso modo*, a manutenção do primeiro parágrafo, substituindo-se "*on account of salvage*" por "*in the nature of salvage*", o aditamento de um segundo parágrafo admitindo em avaria grossa a remuneração por salvação mesmo quando majorada pelo cômputo dos esforços dos salvadores para evitar ou minorar danos ao ambiente, e o aditamento de um terceiro parágrafo excluindo da admissão em avaria grossa a compensação especial. Na Conferência de Sidnei, foram aprovadas e insertas no texto das RIA 1994 as alterações propostas em 1990, consagrando a seguinte redacção:"a*) as despesas contraídas pelas partes na aventura marítima comum a título de salvação, nos termos de um contrato ou de outro modo, serão admitidas em avaria grossa na medida em que as operações de salvação tenham sido efectuadas com o propósito de preservar do perigo os bens envolvidos na aventura marítima comum. | As despesas admitidas em avaria grossa incluirão qualquer remuneração por salvação em que tiverem sido tomados em conta a perícia e os esforços dos salvadores para evitar ou minorar danos ao ambiente, nos termos do artigo 13.º, parágrafo 1 (b), da Convenção Internacional sobre Salvação, de 1989.* | b*) A compensação especial devida pelo armador a um salvador ao abrigo do artigo 14.º da Convenção Internacional sobre Salvação, de 1989, nos termos do parágrafo 4 deste mesmo artigo, ou ao abrigo de qualquer outra disposição substancialmente similar não será admitida em avaria grossa*". Em relação à versão de 1974, foi desde logo alterada a expressão constante do primeiro parágrafo "*on account of salvage*" por "*in the nature of salvage*", excluindo-se, desta forma, outras despesas que o não sejam, como, por exemplo, custos de defesa jurídica contra uma pretensão de pagamento de salário de salvação (assim, D. J. Wilson / J. H. S. Cooke, *Lowndes* cit., 6.18; cf. também o artigo 65 (2) do MIA 1906). Outras alterações sem diferenças de conteúdo foram a substituição de "*were undertaken*" por "*were carried out*" e de "*to the extent*" por "*provided*". Em relação à versão de 1974, foram, ainda, aditados um parágrafo à al. *a*) e uma al. *b*), contemplando, respectivamente, a admissão em avaria grossa da remuneração por salvação ainda que majorada pela perícia e os esforços dos salvadores para evitar ou minorar danos ao ambiente, bem como a exclusão da compensação especial (optou-se, no 2.º parágrafo da al. *a*) e na al. *b*) da regra VI das RIA 1994 por se remeter expressamente para os específicos preceitos em questão da Convenção de Londres de 1989, à imagem da redacção aprovada pelo Conselho do Lloyd's e vertida

na LOF 1990 e de maneira a que não houvesse dúvidas sobre o respectivo conteúdo e correlação; assim também G. Righetti, *Trattato di diritto marittimo*, vol. III, Giuffrè, Milão, 1994, 240). Na revisão de 2004, mudou a orientação a propósito da admissão das despesas de salvação em avaria grossa, tendo-se introduzido consideráveis alterações à regra VI, sugeridas pelo Subcomité Internacional da CMI na sequência da proposta da *International Union of Marine Underwriters* (IUMI), com base nos seguintes argumentos, que se sumariam: (*i*) inútil duplicação da repartição da remuneração entre os interesses contribuintes, (*ii*) o custo da revisão para efeito da liquidação de avaria grossa da repartição efectuada em sede de salvação, tanto mais que os critérios para liquidação do valor dos bens é diferente (na salvação, vale o valor no fim das operações de salvação, nas avarias grossas, o valor no termo da viagem), (*iii*) a exigência de obtenção de duas garantias distintas para o mesmo crédito (*iv*) e a maior morosidade das operações de liquidação (vd. o *CMI Yearbook 2001 – Vancouver*, I, 191, F. Berlingieri, *Le Convenzioni* cit., 309, Antonini, *Trattato* cit., III, 209-210). Assim, a regra consagrada na al. *a*) passou a ser a de que, como princípio, os pagamentos de salvação, incluindo juros e honorários jurídicos associados àqueles, serão a cargo do respectivo devedor e não serão admitidos em avaria grossa. Consagrou-se, todavia, uma aparente "excepção" a esta regra: tais pagamentos, juros e honorários serão admitidos em avaria grossa quando uma das partes na salvação tiver pago todas essas despesas ou uma das quotas da salvação devida a outra parte na mesma expedição (calculadas com base nos valores salvos que não nos contribuintes em avaria grossa), caso em que a parte por pagar pelo respectivo devedor será creditada na regulação de avarias grossas à que tiver a tiver pago, e debitada à parte em cujo interesse o pagamento tiver sido feito. A excepção é aparente, porque, em rigor, tal despesa não é admitida a contribuição em avaria grossa, mas apenas inserida nos cálculos da liquidação das avarias grossas, o que é confirmado pelo facto de a mesma não ser repartida por todos os interessados na expedição marítima, mas apenas pelos respectivos devedores (neste sentido, a parte final da al. *a*) refere que a quota não paga será debitada à parte em cujo interesse o pagamento foi feito) (assim, Antonini, *Trattato* cit., III, 211-212). A al. *b*) manteve-se praticamente inalterada, mas para fim diverso: o da sua exclusão da avaria grossa ao invés da respectiva admissão. A al. *c*) não sofreu alterações de relevo: foi-lhe apenas acrescentado que a compensação especial não é considerada um pagamento por salvação nos termos da al. *a*) e especificou-se como exemplo de disposição similar a cláusula SCOPIC.

A nova al. *b*) constituiu um compromisso entre a versão de 1994 e a de 2004, regulando o problema para que, já há algum tempo, a doutrina alertava das discrepâncias nas avaliações dos bens salvos. Estas discrepâncias podem ocorrer nas seguintes situações: (*a*) quando os valores salvos ao tempo e lugar do termo das operações de salvação forem substancialmente diferentes dos valores ao tempo e lugar de destino final (por ex., quando ocorrerem flutuações do valor dos interesses sobre o navio e a carga, ou em razão de danos supervenientes a algum dos interesses entre o lugar onde terminaram as operações de salvação e o porto final de destino) (D. J. Wilson/J. H. S. Cooke, *Lowndes* cit., 6.08); (*ii*) quando o armador e os interessados na carga contratam separadamente com os salvadores diferentes remunerações por salvação (D. J. Wilson/J. H. S. Cooke, *Lowndes* cit., 6.08). A IUMI manifestara já a sua opinião à data das reuniões que levaram à redacção de 2004, relativamente aos tipos de salvação a pagar separadamente pelo navio e pela carga por ex. nos termos do *Lloyds Open Form* (por oposição ao contrato de salvação pago pelo armador), no sentido de que era oneroso o recálculo deste tipo de despesas no cômputo das avarias grossas, quando a mesma já tivesse sido separadamente paga pelas partes. Por esse motivo, a al. *a*) estabelece não serem admitidas em avaria grossa as despesas de salvação pagas ao abrigo de um *LOF* e o respectivo recálculo, salvo se a respectiva desconsideração conduzir a um resultado injusto. Não basta demonstrar que se verifica determinada hipótese. Para se reabrir o cálculo das despesas em avaria grossa, é necessário demonstrar que, se essas despesas não forem consideradas, o resultado final será significativamente injusto.

Segundo a al. *c*), as despesas de salvação referidas na al. *a*) incluirão toda a remuneração por salvação em que tiverem sido tidos em conta a perícia e os esforços dos salvadores para evitar ou minorar danos ao ambiente, conforme referido no artigo 13.º, parágrafo 1 (b), da Convenção Internacional sobre Salvação, de 1989. Esta regra – que admite em avaria grossa despesas que, pelos princípios gerais, não o seriam (assim também Emilio Piombino, *Salvataggio e avaria comune nelle Regole di York e Anversa*, DM XCV (Out./Dez. 1993), IV, pp. 945-946 ("*nella nuova formulazione* [de 1990], *essa* [Regola VI] *impone di ammettere in avaria comune una spesa che avaria comune non è. Il maggior compenso riconosciuto ai salvatori per la loro opera a salvaguardia dell'ambiente non concerne infatti in alcun modo un pericolo gravante sui beni componenti la spedizione marittima, e neppure un pericolo gravante sugli interessati alla spedizione intesi nel loro insieme, ma unicamente la responsabilità di quello tra essi (per regola, l'armatore-vettore) che potrebbe essere chiamato a rispondere dei danni arrecati all'ambiente*") – foi prevista nas RIA 1994 e 2016 em razão de a remuneração por salvação, apurada segundo os vários critérios do artigo 13.º/1 da CL 1989, consistir num valor global, sem discriminação das quantias especificamente referidas a cada um desses critérios, e em razão da discricionariedade subjacente à avaliação dalguns desses critérios, de maneira que seria dificilmente exequível separá-los para efeito da admissão da remuneração por salvação em avaria grossa (*hoc sensu*, F. Berlingieri, *Le Convenzioni* cit., 310).

[134] Optou-se por traduzir "*provision*" nas alíneas (a) e (d) (que surge 9 vezes no texto das RIA16: regras B/3, G/3, VI (a) e (d), X (a) (ii), e (c), XIII (b) e XX; nas duas últimas regras com diferente sentido e contexto; à excepção da trad. ABDM "*desde que observado o disposto*", as demais vers. não contêm trad. da al. *a*) porque anteriores às RIA16, mas apenas para a actual *d*): fr. "*disposition*", it. "*disposizione*", cast. "*disposición*" e EOM "*provisão*") por "*disposições*" (cf. também em sentido similar as trad. fr., it. e cast. da regra VI, *d*)), de modo a adoptar um termo suficientemente abrangente, que não se restrinja unicamente a disposições contratuais (cláusulas) nem a disposições legais (normas) (embora se consigne que o seu significado é muito próximo do de cláusula, na *praxis* contratual inglesa – daí a sua associação na al. (d) à SCOPIC –, ainda que não inteiramente coincidente), e de modo a evitar o anglicismo "*provisão*" que, em português, tem significado diverso (designadamente, (1) provimento, (2) fornecimento , abastecimento, (3) conjunto de alimentos de reserva (mais usado no plural) = mantimento, vitualhas, víveres). Cf. também nts. à trad. das regras B e VI.

[135] Optou-se por traduzir "*paragraph*" por "*parágrafo*", conforme nts. à trad. da regra G.

[136] Optou-se por traduzir "*and subject to the provisions of paragraphs (b), (c) and (d)*", por "*sem prejuízo das disposições previstas nos parágrafos (b), (c) e (d)*" (trad. ABDM "*desde que*"), por ser o complemento circunstancial "*sem prejuízo de*" mais correntemente usado na linguagem jurídica port. para exprimir a semântica da expressão inglesa "*subject to*", e porque a trad. por "*sujeito*", além de raramente usada neste contexto, coloca um problema na língua portuguesa que não existe na inglesa, pois tem de flectir em género e

em número concordando com o sujeito, o que no presente caso não é possível pois o ing. "*subject*" não concorda com nenhum sujeito e mesmo quando concorda não flecte (assim por ex. numa trad. por "*sujeita a*" colocar-se-ia o problema de saber qual o substantivo com que concorda, se "finalidade", se "propriedade", se "aventura", se "avaria grossa"). Optou-se também por colocar a expressão no início da frase, por mais expressivo, ao invés de no final, consignando-se a possibilidade de, em alternativa, mantê-la no final da frase.

[137] Optou-se na grafia dos parágrafos alfabetados (alíneas) por se manter a grafia ing. e it. (a), (b), (c), (d) (apesar de as trad. GS74 e EOM grafarem *a*), *b*), *c*), e a fr. e a cast. a), b), c)), consignando-se, todavia, a possibilidade de, de acordo com a legística oficial portuguesa, se adoptar a grafia *a*), *b*), *c*), etc. (conforme se procedeu na trad. oficial da CNUDM, aprovada, para ratificação, pela RAR 60-B/97, de 3-Abr.).

[138] Optou-se por traduzir "*expenditure incurred*" (expressão, de resto, não directamente traduzida nas vers. fr., it. e cast.) por "*as despesas contraídas*", conforme orientação geral seguida na trad. do verbo *incur* nas RIA16 e expressa a respeito da trad. da regra predominante.

[139] Optou-se por traduzir "*whether under contract or otherwise*" (trad. ABDM "*quer sob contrato ou por qualquer outra forma*"; as outras trad., porque anteriores às RIA16, não contêm trad. desta expressão) por "*nos termos de um contrato ou de outro modo*", consignando-se, todavia, alternativas como "*seja nos termos de um contrato seja de outro modo*" ou "*quer nos termos de um contrato quer de outro modo*".

[140] Optou-se por traduzir "*shall be allowed as general average*" por "*serão admitidas em avaria grossa*", conforme nts. à trad. das regras A e B.

[141] Optou-se por traduzir "*were carried out*" (vers. ABDM "*efetuadas*"; esta expressão não consta das RIA 2004) por "*efectuadas*", tendo-se ponderado também, em alternativa, "*levadas a cabo*" ou "*executadas*".

[142] Optou-se por traduzir "*preserving from peril the property involved in the common maritime adventure*" por "*preservar do perigo os bens envolvidos na aventura marítima comum*", em consonância com formulação adoptada para a trad. desta expressão na regra A/1 (com a diferença de se traduzir aqui o "*the*" por "*a*", ao passo que na regra A/1 está "*a*" traduzido por "*uma*"), para cujas nts. explicativas se remete, e em consonância com trad. de "*property*" (que surge 11 vezes no texto das RIA16, nas regras A/1, C/2, II, V, VI (a), (b) (i), VIII, XVII (a) (i), (c)); trad. ABDM "*propriedade*"; as demais trad., porque anteriores a 2016, não contêm trad. do termo neste passo) por "*bens*", conforme nts. à trad. da regra A.

[143] Optou-se por traduzir "*there is a subsequent accident or other circumstances resulting in loss or damage (…) that results in significant differences*" (trad. ABDM "*acontecer um acidente subsequente ou outras circunstâncias resultantes em perda ou dano (…) que resultem em diferenças significativas*") por "*um acidente subsequente ou outras circunstâncias que causem perdas ou danos (…) de que resultem diferenças significativas*", de forma a evitar repetir a mesma locução (*v. g.* "*de que resultem*" – ex.: "*um acidente subsequente ou outras circunstâncias de que resultem perdas ou danos (…) de que resultem diferenças significativas*" –, sendo que a expressão "*resultantes de*" no port. não é forçosamente equivalente exacto de "*resulting in*" (nem é comum neste contexto escrever-se "*resultante/resultar em*"), optando-se pelo termo "*causar danos ou perdas*", frequente na linguagem jurídica com esse significado (assim, a expressão "causar danos"/"danos causados" = "danos que foram causados" consta dos artigos 227.º, 484.º, 490.º, 491.º, 492.º, epíg. e 1, 493.º, ep. e 2, 494.º, 500.º/1, 501.º, 502.º ep., 503.º, 504.º/1, 508.º/1, 509.º ep. e 3, 580.º/1, 621.º, 629.º,

723.º/3, 754.º, 804.º/1, 806.º/3, 876.º/2, 990.º, 1322.º, 1792.º; "acto causador dos danos" artigo 489.º/1, "dar causa a danos": artigos 466.º/1, 2209.º/2 e 2332.º/2 do CC66).

[144] Optou-se por traduzir "*manifestly incorrect*" em (b) (iii) por "*manifestamente incorrectos*", consignando-se, todavia, a possibilidade de, em alternativa e em harmonia com a orientação assumida a respeito da trad. da regra E/3, se traduzir também por "*manifestamente errados*" (conquanto ligeiramente diversos os contextos).

[145] Optou-se por traduzir "*apportionment*" (que aparece 4 vezes na CL89, especificamente no artigo 15.º/1 e 2 e apenas 1 vez nas RIA, precisamente na regra VI sobre salvação; na trad. ABDM "*rateio*") por "*repartição*", em harmonia com a terminologia adoptada na trad. da CL89 por Mário Raposo (que opta por "*repartição*", a respeito da regra 15.º) e com a terminologia do DL 203/98 (artigo 8.º), do DL 109/99/M (artigos 281.º e 282.º) e do CM (artigos 630.º e 631.º), consignando-se a possibilidade de, em alternativa, traduzir-se por "*rateio*", bem como, para desambiguação com o termo técnico rateio em sede de responsabilidade patrimonial, por "*distribuição*".

[146] Optámos por "pago" em vez de "pagado", porque esta segunda e irregular forma do particípio passado do verbo "pagar" corresponde à forma hoje mais corrente no port. europeu e que, por isso, melhor soou, e ainda porque a directriz do uso dos particípios irregulares com os verbos auxiliares "ser" e "estar" é meramente tendencial e dependente do uso. De resto, por "pago" optam também ambas as trads. em port. bras. que consultámos.

[147] Optou-se por traduzir "*significant proportion of the parties*" na al. *b*) (*iv*) (trad. ABDM "*proporção significativa das partes*") por "*percentagem significativa das partes*", em lugar de "*proporção significativa das partes*" (conforme se optou por traduzir na al. *b*) (*iii*) "*significant proportion of salvage*"), devido à utilização pouco frequente do substantivo "*proporção*" com referência a pessoas (proporção de pessoas?), consignando-se a possibilidade de, em alternativa, se traduzir por "*número*".

[148] Optou-se por traduzir "*currency correction*" por "*correcção monetária*" (trad. ABDM "*taxa de câmbio*"), consignando-se, todavia, a possibilidade de, em alternativa, traduzir por "*correcção cambial*".

[149] Optou-se por traduzir "*legal costs*" (vers. ABDM "*despesas judiciais*") por "*despesas jurídicas*", em lugar de "*despesas por serviços jurídicos*", que assumiria um âmbito demasiado restritivo (cf. também o artigo 167.º do RJCS, quando, a propósito do seguro de protecção jurídica, menciona os "*custos de prestação de serviços jurídicos*"; no jargão forense, fala-se também, com relativa frequência, em "*custos de defesa jurídica*"), e em lugar de "*custos legais*", na medida em que, em ing., o adjectivo "*legal*" assim como o substantivo "*law*" têm o significado mais amplo de *jurídico* que não apenas de *legal*, bem como ao invés de "*custos judiciais*" por "*judicial*" de "*juiz*" (lat. *iudex, -icis*) se referir a custos com tribunais, o que seria demasiado restritivo em face do teor do texto ing.

[150] Optou-se por traduzir "*salvage expenditure*" (a expressão surge na regra VI *c*) e *d*) – e nas RIA04 também na al. *a*); outra expressão que também aparece é "*salvage expenses*" na al. *b*) (*iii*); cf. trad. ABDM "*despesa(s) de salvamento*") por "*despesas de salvação*", à semelhança de idêntica expressão genérica nos artigos 618.º e 642.º, § 1.º, do CCom88 e nos artigos 9.º/1, 2 e 3, 11.º/2 e 13.º/2 da LSM (cf. também o revogado artigo 734.º do CCom50 "*despesas com os salvados*", e o artigo 10.º, § 2.º, da L 7.203, de 3-Jul.-1984, sobre a assistência e salvamento; cf. também os artigos 283.º/1, *f*), e 284.º/1, 2 e 3 do DL 109/99/M).

[151] Optou-se por traduzir "*paragraph (a) above*" (trad. fr. "*paragrafe (a) ci-dessus*", it. "*precedente paragrafo (a)*", cast. JSSUSA "*párrafo a), anterior*", cast. RGP "*párrafo*

a)", EOM "*parágrafo (a) acima*", ABDM "*alínea (a) acima*") por "*parágrafo (a)*", por redundante inserir "*acima*" e por adaptação à linguagem jurídica port., consignando-se, contudo, a alternativa de traduzir por "*parágrafo (a) acima referido*" (não é comum usar apenas "*parágrafo (a) acima*") ou "*parágrafo (a) acima mencionado*".

[152] Optou-se por traduzir "*salvage remuneration*" na ep. e na al. *c*) (que aparece 2 vezes nas RIA, precisamente no título e na al. *c*) da regra VI; trad. fr. "*rémunération d'assistance*", it. "*compenso di salvataggio*", cast. "*remuneración por salvamento*", EOM e ABDM "*remuneração de salvamento*") por "*remuneração por [de] salvação*", em parte porque foi também essa a orientação de Mário Raposo na trad. da mesma palavra nos artigos 1.º, *e*), e 16.º/1, da CL89, e porque foi também a orientação das trads. GS74, EOM e ABDM, consignando-se a necessidade de se traduzir diferentemente as expressões inglesas "*salvage expenditure*" e "*salvage remuneration*" (diversamente, por ex., a trad. it. para a al. *c*)), e consignando-se ainda a hipótese alternativa de traduzir por "*salário de salvação*". Cf. também nt. à trad. de "*salvage reward*" a respeito da regra XI.

[153] Optou-se por traduzir "*have been taken into account*" (trad. "*ont été pris en compte*", it. "*è stato tenuto conto*", cast. JSSUSA "*se tenga en cuenta*", cast. RGP "*se haya tenido en cuenta*", EOM "*tiverem sido levados em consideração*" e ABDM "*tenham sido levados em consideração*") por "*tiverem sido tidos em conta*", de modo a manter na trad. o vocábulo "*conta*" como nas demais trad. e no artigo 8.º/1 da LSM (assim também a trad. de Mário Raposo do artigo 8.º/1 da CL89), consignando-se, porém, as alternativas "*tiverem sido tomados em conta*", "*tiverem sido tidos em consideração*" (locução adoptada no artigo 6.º/1 da LSM e na trad. de Mário Raposo do artigo 6.º/1 da CL89) ou "*tiverem sido levados em consideração*". Optou-se, de igual modo, por colocar a trad. de "*have been taken into account*" no início da oração completiva (assim também as trad. it. e cast.), porque mais consonante com a estrutura sintáctica port. ao mesmo tempo que facilita a compreensão.

[154] Optou-se por traduzir a expressão constante da al. *c*) "*any salvage remuneration in which the skill and efforts of the salvors in preventing or minimising damage to the environment (…) have been taken into account*" (vers. fr. "*toute rémunération d'assistance dans la fixation de laquelle l'habilité et les efforts des assistants pour prévenir ou limiter les dommages à l'environnement (…) ont été pris en compte*", it. "*ogni compenso nel quale è stato tenuto conto della abilità e degli sforzi dei soccorritori per prevenire o ridurre il danno all'ambiente*", cast. "*cualquier remuneración por salvamento en la que se haya tenido en cuenta la destreza y los esfuerzos de los salvadores para evitar o aminorar los daños al medio ambiente*", EOM "*qualquer remuneração de salvamento na qual as perícias e os esforços dos salvadores em prevenir ou minimizar danos ao meio ambiente, (…) tiverem sido levados em consideração*", ABDM "*qualquer remuneração de salvamento, na qual a capacidade e esforços dos salvadores em prevenir ou minimizar os danos ao meio ambiente (…) tenham sido levados em consideração*") por "*qualquer remuneração por salvação em que tiverem sido tidos em conta a perícia e os esforços dos salvadores para prevenir ou minimizar os danos ao ambiente*", tendo-se optado pelos verbos "*prevenir*" e "*minimizar*" em lugar de "*evitar*" e "*minorar*" por aproximação à terminologia adoptada no artigo 6.º/1, *b*), da LSM (que acompanha textualmente os dizeres do artigo 13.º, n.º 1, al. *b*), da CL89, tal e qual a al. *c*) das RIA16 e já antes a al. *b*) das RIA04 e 94; cf. a trad. do artigo 13.º/1, *b*), da CL89 de M. Raposo, *Convenção internacional* cit., 67: "*A remuneração é fixada (…) tendo presentes os seguintes critérios (…) a perícia e os esforços do salvador para evitar ou minorar os danos ambientais*", seguida pelo artigo 235.º do DL 109/99/M e, na

doutrina, também, por M. Januário da Costa Gomes, *O ensino* cit., 192 e ss.; cf. também a trad. fr. do artigo 13.º/1, *b*), da CL89: "*La rémuneration est fixée (...) compte tenu des critères suivants (...) l'habilité et les efforts des assistants pour prévenir ou limiter les dommages à l'environment*", cast.: "*La recompensa se determinará (...), teniendo en cuenta los siguientes criterios (...) la pericia y los esfuerzos desplegados por los salvadores para evitar o reducir al mínimo los daños al medio ambiente*", a suíço-it.: "*Il compenso è stabilito (...) in base ai seguenti criteri (...) la competenza e gli sforzi profusi da coloro che hanno prestato assistenza al fine di prevenire o limitare i pregiudizi causati all'ambiente*", it. FB: "*Il compenso di salvataggio è stabilito (...) tenendo conto dei seguenti criteri: (...) l'abilità e gli sforzi dei soccorritori per prevenire o ridurre danni all'ambiente*") e em aproximação à trad. proposta pela ABDM (sem esquecer o reparo de Mário Raposo, *Convenção* cit., 36 e 42, secundado por M. Januário da Costa Gomes, *O ensino...*, 192, de que "*A expressão* minimizar*, embora incorporada na nossa língua (e na nossa linguagem), (...) ressoa a castelhanismo ou a anglicismo*"), e optando por traduzir "*damage to the environment*" por "*danos ao ambiente*", também em conformidade com trad. da mesma expressão na regra C/2 e com as demais trad. (em lugar do singular "*dano ambiental*" como na vers. ing., e ao contrário da trad. por "*na prevenção e minimização [mitigação] do dano ambiental*" de N. Aureliano, *A salvação* cit., 132), tendo-se, ainda, optado pela trad. dos gerúndios por "*para evitar ou minorar os danos ambientais*".

[155] Optou-se por traduzir "*damage to the environment*" (vers. fr. "*dommages à l'environnement*", it. "*danno all'ambiente*", cast. "*daños al medio ambiente*", EOM e ABDM "*danos ao meio ambiente*") por "*danos ao ambiente*", na sequência da orientação assumida a respeito da trad. da regra C/2, consignando-se a possibilidade de, em alternativa, traduzir-se por "*danos ao meio ambiente*" (vers. cast., EOM e ABDM) ou "*danos ambientais*" (trad. de Mário Raposo da CL89 e terminologia adoptada no artigo 3.º/1, 4.º/*b*), 5.º/2 e 3, e 6.º/1, *b*), da LSM).

[156] Optou-se por traduzir "*payable*" (trad. fr. "*payable*", it. "*pagabile*", cast. "*haya de satisfacer*", EOM "*pagável*" e ABDM "*devida*") por "*devida*" (assim também a trad. de Mário Raposo ao artigo 14.º/2 da CL89), consignando-se a possibilidade de, em alternativa, sê-lo por "*a pagar*", "*que haja de ser paga*" (cf. vers. cast.) ou "*exigível*".

[157] Optou-se por traduzir "*shipowner*" (que surge 3 vezes nas RIA (regras VI (d), XI (c), e XIX (a)); vers. fr. "*armateur*", it. "*proprietario della nave*", cast. "*armador*", EOM "*dono da embarcação*", ABDM "*armador*") por "*armador*", na esteira das trad. fr., cast. e ABDM (cf. também, entre outros, S. Carbone /P. Celle /M. Lopez de Gonzalo, *Il diritto* cit., 108), em lugar de "*proprietário do navio*" (opção seguida na vers. it. e na trad. de Mário Raposo do artigo 14.º/1 e 2 da CL89 e no artigo 9.º/1 do DL 203/98), não obstante a reconhecida ambivalência do termo.

[158] Optou-se por traduzir "*under Article 14 of the International Convention (...), to the extent specified in paragraph 4 (...)*" por "*ao abrigo do artigo (...), nos termos do n.º 4 (...)*", por parecer pouco elegante a trad. literal do ing. "*na extensão especificada [no] pelo n.º [parágrafo] 4*" e por a expressão "*ao abrigo de*", embora já acusada de galicismo, se encontrar consagrada na terminologia jurídica portuguesa legal e doutrinária e servir bem para o efeito desta trad. (sob = ao abrigo de).

[159] Optou-se por traduzir "*similar in substance*" (trad. fr. "*de portée semblable*", it. "*similare*", cast. "*de alcance similar*", EOM e ABDM "*similar em conteúdo*") por "*substancialmente similar*", consignando-se, em alternativa, "*de conteúdo similar*".

[160] Optou-se por traduzir "*as referred to in paragraph (a) of this Rule*" (vers. fr. "*au sens du paragraphe (a) de la présente Règle*", it. "*ai sensi del paragrafo (a) di questa Regola*", cast. "*en los términos indicados en el párrafo 4 del mismo*", EOM "*como mencionado no parágrafo a) desta Regra*", ABDM "*como referido na alínea (a) desta Regra*") por "*como referido no parágrafo (a) da presente Regra*", consignando-se, em alternativa, "*para efeito do parágrafo (a) da presente Regra*" (tendo em atenção que "*as referred to in*" é diferente de "*as referred in*").

Regra VII

[161] Optou-se por traduzir a ep. "*damage to machinery and boilers*" (trad. fr. "*dommage aux machines et aux chaudières*", it. "*danno alle macchine e alle caldaie*", cast. "*daños causados a las máquinas y calderas*", GM "*avaria nas máquinas, desencalhando um navio*", GS50/74 "*avaria nas máquinas ao desencalhar um navio*", EOM "*avaria às máquinas*", ABDM "*avaria às máquinas e caldeiras*") por "*danos nas máquinas e caldeiras*" à semelhança das vers. ing., fr., it. e cast., diferentemente das trad. GM, GS50, ISP, EOM e ABDM, que optaram por "*avaria às/nas máquinas [e caldeiras]*". O termo "*máquinas e caldeiras*" encontra-se arreigado na terminologia náutica port. (assim, por ex., os livros de registo do serviço diário das máquinas e caldeiras da Canhoneira Diu entre 1929/1966: disponíveis no Arquivo Histórico da Marinha). Embora na língua port. os danos nas máquinas surjam frequentemente sob a designação de *avarias*, optou-se pela trad. por *danos*, porque a expressão "*avarias em máquinas*" pode induzir a ideia de que se trata apenas de avarias nas máquinas, no sentido comum que tem a expressão, que não no sentido amplo de dano, e porque a escolha do termo "*danos*" serve para efeito de desambiguação com o próprio termo *avaria(s) grossa(s)*.

[162] Optou-se por traduzir "*Damage caused to any machinery and boilers*" (trad. fr. "*Le dommage causé à toute machine et chaudière*", it. "*Il danno causato a qualsiasi macchina e caldaia*", cast. "*El daño que se cause a toda máquina y caldera*", GM "*O prejuïzo causado às máquinas e caldeiras*", GS50/74 "*os danos nas máquinas e caldeiras*", EOM "*Os danos que sofrerem as máquinas e caldeiras*", ABDM "*Danos causados (...) a qualquer máquina e caldeira*"; cf. também o uso da expressão no artigo 752.º/2 do AntCG "*danos às (...) máquinas e caldeiras*") por "*Os danos causados a quaisquer máquinas ou caldeiras*", pois, embora em português pudesse e fosse mais frequente dizer apenas "*às máquinas e caldeiras*" (assim a vers. GS50/74: o artigo definido no plural, neste contexto, compreende frequentemente o significado de "*quaisquer/todas*"), impõe-se reflectir, dalguma forma, no texto da regra VII o vocábulo "*any*" (conforme o fazem as vers. fr., it., cast. e ABDM), aí adrede introduzido em 1974 precisamente para esclarecer que são abrangidas todas e quaisquer máquinas (ao contrário do que sucede na 2.ª parte da regra em questão).

[163] Optou-se por traduzir "*is ashore*" (trad. fr. "*échoué*", it. "*incagliata o arenata*", cast. "*encallado*", GM, GS50/74, EOM e ABDM "*encalhado*") por "*encalhado*", de forma similar àquela a que se procedeu na regra V para "*run on shore*", expressão equivalente a "*stranding*".

[164] Optou-se por colocar "*e*" entre "*encalhado*" e "*em posição perigosa*", conforme original ing. e trad. it., cast., EOM e ABDM, e diferentemente das fr., GM e GS50.

[165] Optou-se por traduzir "*position of peril*" por "*posição perigosa*" como nas trad. fr., it. e GS74 ("*position périlleuse*", "*posizione pericolosa*", "*posição perigosa*"), ao contrário das cast., EOM e ABDM ("*situación de peligro*" e "*posição de perigo*").

[166] Dificuldades na trad. de "*in endeavouring to refloat*" (trad. fr. "*par les efforts faits pour le renflouer*", it. "*nel tentativo di disincagliarla*", cast. "*con el fin de reflotarlo*", GS74

"durante a tentativa de desencalhe", EOM *"para a reflutuação"*, ABDM *"em esforções para reflutuação"*), que se traduziu por *"pelos esforços de desencalhe para reflutuação"*.

[167] Optou-se por traduzir *"shall be allowed as general average"* por *"serão admitidos em avaria grossa"*, conforme nts. à trad. da regra B.

[168] Optou-se por traduzir *"for the common safety"* por *"para a segurança comum"*, conforme nts. à trad. da regra A.

[169] Diferentemente das trad. GS50/74, manteve-se o ponto e vírgula, em vez de se transformar em ponto final seguido de nova frase.

[170] Dificuldades de trad. de *"where a ship is afloat"* (trad. fr. *"lorqu'un navire est à flot"*, it. *"quando una nave è galleggiante"*, cast. *"cuando el buque está a flote"*, EOM *"quando está flutuando"*, ABDM *"quando o navio estiver flutuando*), optando-se por *"a flutuar"*, consignando-se, para harmonização das variantes port. que privilegia a construção com a preposição a + infinitivo (*"a flutuar"*) e a brasileira que privilegia a construção com gerúndio (*"flutuando"*), que pode, alternativamente, traduzir-se por *"em flutuação"* ou, ainda, na sequência das trad. GM e GS50/74 *"a nado"*.

[171] Optou-se por traduzir *"no loss or damage"* (trad. fr. *"aucune perte ou avarie"*, it. *"nessuna perdita o danno"*, cast. *"ninguna pérdida o daño"*, GM *"nenhuma perda ou avaria"*, GS50/74 *"as perdas ou danos"*, EOM *"uma perda ou avaria"*, ABDM *"nenhuma perda ou dano"*) por *"as perdas ou danos (...) não"*, na esteira das trad. GS50/74 e EOM, deixando-se consignada, de igual modo, a alternativa *"nenhuma perda ou dano"*.

[172] Optou-se por traduzir *"causing by working the propelling machinery"* por *"funcionamento das máquinas"* como nas trad. fr., it., cast., em vez de à letra por *"causado pelo trabalho/funcionamento das máquinas"* como nas trad. bras.

Regra VIII

[173] Optou-se por traduzir, na ep., *"consequent damage"* (trad. fr. *"dommage résultant de cette mesure"*, it. *"danno consequenziale"*, cast. *"daños consiguientes"*, GM *"dano daí resultante"*, Gs50/74 *"danos resultantes"*, ABDM *"danos consequentes"*) por *"danos subsequentes"*, atento o uso pouco frequente do particípio presente adjectivo *"consequente"* neste contexto, ao contrário de *"subsequente"*, e em razão da equivalência semântica, para o efeito, do ing. *"consequent"* e do port. *"subsequente"* (com raiz etimológica comum à excepção dos prevérbios *cum-* e *sub-*), consignando-se, todavia, a possibilidade de, em alternativa, traduzir-se por *"consequentes"*.

[174] Optou-se por traduzir *"cargo"* por *"carga"*, conforme nts. à trad. da regra I.

[175] Optou-se por traduzir *"or any of them"* (vers. fr. *"ou l'un d'eux"*, it. *"o alcuni di essi"*, cast. *"o cualquiera de ellos"*, GM *"ou qualquer destas coisas"*, GS50/74 *"conjunta ou isoladamente"*, EOM *"conjuntamente ou não"*, ABDM *"ou quaisquer destes"*) por *"ou qualquer um destes"* (*"destes"* em vez *"deles"* para que se refira a carga, o combustível e as provisões, que não ao navio), consignando-se, de igual modo, a possibilidade de, em alternativa, traduzir pela expressão tradicional *"conjunta ou separadamente"* (cf. os artigos 639.º/3, 761.º e 764.º/1 do CCom50, e 628.º e 634.º, pr., do CCom88) ou *"conjunta ou isoladamente"* (neste sentido as trad. GS50/74 e, em parte, a de EOM).

[176] Optou-se por traduzir *"discharged as a general average"* (vers. fr. *"déchargés dans des circonstances telles que cette mesure constitue un acte d'avarie commune"*, it. *"sono sbarcati come atto di avaria comune"*, cast. *"constituya un acto de avería gruesa"*, GM *"descarregadas em circunstâncias tais que uma tal medida constitua um acto de avaria comum"*, GS50/74 *"descarregadas em acto de avaria grossa"*, EOM e ABDM *"descar-*

regados como um ato de avaria grossa") por "*descarregados como acto avaria grossa*", consignando-se, de igual modo, a possibilidade de traduzir por "*descarregados em acto de avaria grossa*" (na esteira das trad. GS50/74) ou "*descarregados em circunstâncias tais que tal medida constitua um acto de avaria grossa*" (na esteira das vers. fr., it., cast. e GM).

[177] Optou-se por traduzir "*extra cost*" (vers. fr. "*dépenses supplémentaires*", it. "*costo supplementare*", cast. "*gastos extra*", GM e GS50/74 "*despesas extraordinárias*", EOM "*gastos extraordinários*", ABDM "*custo adicional*") por "*despesas adicionais*", em lugar de "*custos adicionais*", pois, embora o termo "*custos*" se revelasse idóneo, à partida, a desambiguar e a traduzir diferenciadamente os termos ingleses "*cost*" e "*expense*"/"*expenditure*" por "*custos*" e "*despesas*" (o que possibilitaria reservar-se os termos "*expenditure*", fr. "*dépenses*", it. "*spese*", cast. "*gastos*", que aparece 9 vezes (regras predominante, A/1 e 2, D, E/4, VI (a) e (c), XXI (a)), e "*expenses*", que aparece 20 vezes (regras C/1, 2 e 3, E/1, 2 e 3, F, G/4, VI (b) (iii), VIII, X (a) (i) e (d), XI (a) e (c) (ii), XIV (b))), a expressão "*custos adicionais*" não conjuga tão bem com o verbo "contrair" usado para trad. de "*incurred*" (que flectiria em género e número com "*custos*"), além de "*despesas*" ser o termo mais corrente e mais consonante, de resto, com a terminologia do CCom88 (artigos 634.º pr. e § 1.º, 635.º, §§ 1.º e 2.º, 637.º, 646.º pr.; mas só uma vez aparece "*custo*" no CCom port. e 2 vezes no bras.: artigo 601.º, pr., e artigos 776.º e 779.º, respectivamente; a palavra "*gasto*" nenhuma vez aparece nos CCom50 e 88).

[178] Optou-se por traduzir "*lightening*" (vers. fr. "*allègement*", it. "*allibo*", cast. "*alijo*", GM e GS50/74 "*aligeiramento*", EOM "*descarga*", ABDM "*alívio*") por "*aligeiramento*", na esteira das trad. GM e GS50/74 e da adopção deste termo com a semântica do vocábulo ing. no direito legislado lusófono (cf. o uso do verbo *aligeirar* nos artigos 634.º, § 1.º, do CCom88, 767.º e 771.º do CCom50, 576.º/2 do CM, 75.º/2, 78.º/2 e 314.º da PLNCM) e uma vez que os demais termos alternativos, como sejam "*alívio*" e "*alijamento*" (com a mesma raiz etimológica), apresentam inconvenientes, o primeiro porque, no português corrente, adquire uma conotação sobretudo ligada a um estado físico ou emocional, o segundo porque conotado com a acção de alijar carga ou outros bens a bordo do navio (no sentido de acto de lançar, semelhante a *iactus*).

[179] Optou-se por traduzir "*lighter hire*" (trad. fr. "*location des allèges*", it. "*noleggio delle chiatte*", cast. "*alquiler de gabarras*", EOM e ABDM "*aluguel de barcaças*", GM e GS50/74 "*aluguer de barcaças*") por "*locação de barcaças*", em lugar de "*aluguer/aluguel de barcaças*", pois, embora ambas as expressões "*aluguer*" e "*aluguel*" sejam idênticas e estejam dicionarizadas, porque na variante europeia portuguesa se escreve predominantemente "*aluguer*", em vez de "*aluguel*", que se manteve e é hoje frequente na variante bras., harmonizou-se a diferente terminologia através da adopção do termo neutro e sob a perspectiva do CC66 mais amplo "*locação*" (também adoptado na trad. fr.: "*location des allèges*").

[180] Optou-se por traduzir "*lighter*" (vers. fr. "*allèges*", it. "*chiatte*", cast. "*gabarras*", GM, GS50/74, EOM e ABDM "*barcaças*") por "*barcaças*", termo por que optaram todas as vers. em língua port. consultadas, consignando-se, todavia, em alternativa, os termos "*barcas*" (de que, de resto, "*barcaça*" provém por adição do sufixo aumentativo, por vezes depreciativo – o que não parece ser o caso –, *-aça*; cf., por ex., os artigos 643.º, pr., §§ 1.º e 2.º, e 645.º do CCom88, e 118.º, 764.º/16 e 767.º do CCom50) e "*embarcações*" (termo abundantemente usado no CCom50, onde surge 114 vezes com este sentido, a par de navio, bem como 1 vez no artigo 602.º, § 2.º, do CCom88, e mais recentemente 570 vezes no RGC72),

embora se desaconselhe o uso deste último termo, que, mais exactamente e assumindo ele hoje um carácter mais genérico, foi adoptado para a trad. de "*vessel*" (cf. a trad. à regra B).

[181] Optou-se por traduzir "*if incurred*" (vers. fr. "*le cas échéant*", it. "*se avviene*", cast. "*si se realizan*", ABDM "*ocorrido*", EOM "*se for o caso*", GM "*eventualmente*"; GS50/74 omitem trad. desta expressão) por "*caso contraídos*", em coerência com as directrizes gerais de traduzir *incur* (cf. nts. à trad. da regra predominante) e respectivos derivados por *contrair* e seus correlatos, embora consignando-se que a palavra *custos* pode utilizar-se com o verbo *incorrer* (ex.: "incorrer em custos", mas menos frequente: "contrair custos" – os custos referem-se a um momento subsequente, em que o contrair já está pressuposto, estando-lhes a montante). Consigna-se também que *incurred* concorda com os três custos adicionais antes referidos, e não apenas com o de reembarque (diversamente, trad. fr. e GM), pois, caso contrário, teria sido colocado antes de "*reshipping*" (diversamente, F. Berlingieri, *Le Convenzioni* cit., 315), de modo que deverá constar aí no plural.

[182] Optou-se por traduzir, como nas demais regras, "*common maritime adventure*" (que surge 24 vezes nas RIA 2019 (regras A, B/1, 2, 3, C/2, D, E/2, 3, 4, G/1, 3, II, V, VI (a), (b), VIII, XI (d) (i), XIV (b), XVII (a) (i), XXIII (a) (i) e (ii)); vers. fr. "*aventure maritime commune*", it. "*comune avventura marittima*" e cast."*aventura marítima común*") por "*aventura marítima comum*", consignando-se a necessidade de uniformização da trad. deste vocábulo ao longo de todo o texto das RIA16.

[183] Optou-se por traduzir "*shall be allowed as general average*" por "*serão admitido em avaria grossa*", conforme nts. à trad. das regras B e C.

Regra IX

[184] Optou-se por traduzir "*cargo*" (que aparece 39 vezes nas RIA16: regras B/1, G/3 e 4, I, II, VIII, IX, X (a) (i), (b) (i) e (ii), (c), (d), X (b) (v), (d) (iii), XII, XIV, XV, XVI (a) (i) e (ii), (b), XVII (a) (i) e (ii), (b), (c), (d), e XIX); vers. fr. "*cargaison*", it. "*carico*", cast. "*cargamento*", GM, GS50/74 e ABDM "*carga*", EOM "*mercadorias*") por "*carga*", em vez de "*carregamento*" (expressão que é mais idónea a traduzir o acto de carregar, por oposição a "*descarga*" ou, menos frequentemente, "*descarregamento*", também amiúde "*desembarque*"), reservando-se o termo "*goods*" para "*mercadoria(s)*" (ou "*fazendas*").

[185] Optou-se por traduzir "*materials*" (que surge 5 vezes nas RIA: regras IX e XIII (a) e (b); trad. fr. "*objets*", it. "*materiali*", cast. "*efectos*", GM e GS50/74 "*material*", EOM "*materiais*", ABDM "*equipamentos*") por "*material*", ao invés de "*materiais*", na esteira das trad. port. e porque mais frequente, neste contexto, o uso do singular "*material*" com valor categorial em vez do plural (cf. também o uso do singular "*material*" nos artigos 567.º/7 e 570.º do CCom50, 13.º, *b*), *c*), *d*), *g*), 14.º, *b*), 16.º, *s*) e *u*) 1), 98.º, epíg. e 1, 166.º, *b*), 167.º/1, *b*), 2 e 3, 189.º, 190.º/1 e 2, 193.º, 235.º, ep., 1, *b*) 1), 2 e 3, do RGC72, 140.º/2 da PLNCM, e 140.º/2, 633.º/2, 649.º/1, 651.º/4, 652.º/1, 653.º/1 e 2, e 759.º, *k*)), consignando-se em alternativa "*equipamento*" (cf. trad. ABDM).

[186] Optou-se por traduzir "*or any of them*" (vers. fr. "*ou l'un d'eux*", it. FB "*o alcuni di essi*", it. RL "*o uno di essi*", cast. "*o cualquiera de ellos*", GM "*ou qualquer destas coisas*", EOM "*ou qualquer delas*", ABDM "*ou quaisquer deles*"; nas vers. GS50/74 não se traduziu esta expressão; cf. também a regra VIII) por "*ou qualquer um deles*", em harmonia com a trad. adoptada para a regra VIII (com *deles* em vez *destes* por não haver necessidade de, como na regra VIII, distinguir um conjunto de elementos doutro), consignando-se, de igual modo, a possibilidade de, em alternativa, traduzir pela expressão tradicional "*conjunta ou separadamente*" (cf. os artigos 639.º/3, 761.º e 764.º/1 do CCom50, e 628.º e 634.º, pr., do

CCom88) ou "*conjunta ou isoladamente*", desde que se adopte igual locução para trad. da mesma expressão na regra VIII.

[187] Optou-se por traduzir "*necessarily used for fuel*" (trad. fr. "*qu'il a été nécessaire d'utiliser comme combustibles*", it. FB "*che è stato necessario usare come combustibile*", it. RL "*bruciato per necessità come combustibile*", cast. "*que hubiera sido necesario consumir como combustible*", EOM e ABDM "*necessariamente utilizados como combustível*", GM "*que foi forçoso queimar como combustível*", GS50/74 "*que houve necessidade de utilizar como combustível*") por "*que houve necessidade de utilizar como combustível*", adoptando estrutura próxima das vers. fr., it. FB, cast., GM e GS50/74, consignando-se, porém, a possibilidade de, em alternativa, traduzir também por "*necessariamente utilizados* [ou: *usados*] *como combustível*", como nas vers. bras. e it. RL.

[188] Optou-se por traduzir "*common safety*" por "*segurança comum*", conforme nts. à trad. da regra A.

[189] Optou-se por traduzir "*at a time of peril*" (trad. fr. "*en cas de peril*", it. FB "*in un momento di pericolo*", it. RL "*nel momento di pericolo*", cast. "*en caso de peligro*", GM e GS50/74 "*num momento de perigo*", EOM "*numa ocasião de perigo*", ABDM "*por ocasião de perigo*") por "*num momento de perigo*".

[190] Optou-se por traduzir "*shall be allowed as general average*" por "*sera admitido em avaria grossa*", conforme nts. à trad. da regra B.

[191] Optou-se por traduzir "*but when such allowance is made for the cost of ship's materials and stores*" (trad. fr. "*mais en cas d'admission du coût des objets et approvisionnements du navire*", it. FB "*ma nel caso di ammissione del costo dei materiali della nave e delle scorte*", it. RL "*ma in tal caso il costo degli oggetti e degli approvvigionamenti della ave ammesso in avaria comune*", cast. "*pero cuando tal admisión se haga por el importe de los efectos y las provisiones del buque*", ABDM "*porém, quando tal admissão é feita para compensar o custo dos materiais do navio e provisões*", EOM "*porém quando tal permissão é feita para compensar o custo dos materiais da embarcação e provisões*"; as trad. GM e GS50/74 reportam-se a vers. anteriores a 1994 quando era outra a redacção) por "*mas, em caso de admissão do custo do material do navio e das provisões*", consignando-se também a possibilidade de, em alternativa, traduzir por "*mas, quando como tal admitido o custo do material do navio e das provisões*" ou "*mas, caso admitido o custo do material do navio e das provisões*".

[192] Optou-se por traduzir "*the general average shall be credited*" (trad. fr. "*l'avarie commune sera créditée*", it. FB "*sarà portato a credito dell'avaria comune*", it. RL "*sarà valutato*", cast. "*la masa de avería gruesa será acreditada*", GM "*deve ser levado a crédito da avaria comum*", GS50/74 "*devendo (…) levar-se a crédito da avaria grossa*", EOM "*a avaria grossa será permitida com*", ABDM "*a avaria grossa será creditada*") por "*a massa de avaria grossa será creditada*", consignando-se a possibilidade de, em alternativa, traduzir por "*o capital da avaria grossa será creditado*".

[193] Optou-se por traduzir "*consumed*" (vers. fr. "*consommé*", it. "*consumato*", cast. "*consumido*", GM, GS50/74, EOM e ABDM "*consumido[a]*") por "*consumido*", em vez de "*utilizado*" ou "*usado*" (como acima a trad. de "*used*") porque referido a "*combustível*" ("*fuel*").

[194] Optou-se por traduzir "*in prosecuting the intended voyage*" (trad. fr. "*pour la poursuite du voyage*", it. FB "*per la prosecuzione del viaggio previsto*", it. RL "*per la prosecuzione del viaggio*", cast. "*para proseguir el viaje previsto*", EOM "*no prosseguimento*

da viagem intentada", ABDM "*no prosseguimento da viagem planejada*"; a expressão não surgia antes das RIA 1994) por "*para continuação da viagem prevista*", na medida em que, na terminologia jurídica e corrente port., embora se utilize tanto o verbo *continuar* como *prosseguir* com o complemento directo *viagem*, fala-se mais frequentemente em *continuação da viagem* que em *prossecução* da mesma (ou seja, a substantivação de *prosseguir* é menos frequente do que a de *continuar*; cf., neste sentido, os artigos 628.º, 642.º, § 1.º, e, em certa medida, mas falando de navegar/navegação, os 654.º/3 e 658.º, § 3.º, do CCom88 – no qual não se encontra a palavra *prosseguir* –, o 1.º/*f*) do DL 202/98, os 756.º, 764.º/11, 792.º e, em certa medida, mas falando de navegar, o 741.º/2 do CCom 50 – no qual o verbo *prosseguir* só aparece uma vez no artigo 830.º em matéria falimentar –, os 47.º/1 e 48.º/1 do DL 109/99/M, os 273.º/1, *i*), 580.º, *m*), 595.º do CM, e os 42.º/1, 65.º/1, 84.º/1, *c*) e *e*), 98.º/1, e, em certa medida, mas falando em navegar e transporte, os 116.º/2, *d*), 118.º/3, *c*) e 281.º/2 da PLNCM; diversamente, falam em "*prosseguimento*" os artigos 18.º do DL 191/87, 580.º, *h*), *k*) e *l*), do CM, e 96.º/2, *b*) e *c*), 99.º/1, 158.º/1, 218.º/1, 220.º/4 e 227.º/1, *e*), do DL 109/99/M, e os 84.º/2, 210.º, 312.º/1, *d*), 321.º/1 e 322.º/4 da PLNCM), consignando-se a possibilidade de traduzir, em alternativa, por "*para continuação da viagem pretendida*". De notar que, na língua portuguesa, o adjectivo "*intentado*" (cf. a trad. de EOM) é de uso menos frequente e assume semântica diversa do equivalente termo ing. e "*planeado*" (port. bras. "*planejado*") assume igualmente sentido ligeiramente diverso.

Regra X

[195] Optou-se por traduzir "*when a ship shall have entered a port*" por "*quando um navio tiver entrado num porto*" (vers. fr. "*quand un navire sera entré dans un port*", it. "*quando una nave è entrata in un porto*", cast. "*cuando un buque haya entrado en un puerto*", ABDM "*quando um navio tiver entrado em um porto*", EOM "*quando um navio recorrer a um porto*", GM "*quando um navio entrar num pôrto*", do GS50/74 "*entrada de um navio num porto*").

[196] Optou-se por traduzir "*place*" preferentemente por "*lugar*" e, em alternativa, por "*local*" (o primeiro termo é, com efeito, a palavra vernacular portuguesa e mais frequente: cf., por ex., o CC66 em que "*lugar*" aparece 152 vezes, contra as 15 vezes que aparece "*local*"; no CCom88 aparece 51 vezes contra as 3 que aparece "*local*"; no CCom50 aparece 211 vezes contra as 4 que aparece "*local*"; no CC02 87 vezes contra as 19 que aparece "*local*").

[197] Optou-se por traduzir "*port of refuge*" (que surge 10 vezes nas RIA16, sempre associada a "*port*" ou a "*place*": regras X (a) (i) e (ii), (b) (i), XI (a), (c) (ii), XIV (a); cf. trad. fr. "*port de refuge*", it. "*porto di rifugio*", cast. "*puerto de refugio*", EOM, MJCG e ABDM "*porto de refúgio*", GM e GS50/74 "*porto de arribada*") por "*porto de refúgio*", dado *refúgio* traduzir mais exactamente o ing. "*refuge*" do que *arribada*, e porque o termo "*local [ou porto] de refúgio*" entrou recentemente na terminologia jurídica port. por força do direito da UE (Cf. DL 180/2004, de 27-Jul., sucessivamente alterado até ao DL 121/2012, de 19-Jun., e ao DL 3/2016, de 12-Jan., em transposição da Directiva n.º 2002/59/CE, de 27-Jun., relativa à instituição de um sistema comunitário de acompanhamento e de informação do tráfego de navios, em cujo articulado o termo "*local(is) de refúgio*" aparece 14 vezes (preâmbulo e artigos 3.º, *o*), 19.º, n.ºs 1, 2 e 4, *b*), 19.º-A, n.º 2, *b*), *c*), *d*) e *g*), 19.º-B, n.ºs 1 e 2, 19.º-C, n.ºs 1 e 2 e na al. *d*) do Anexo IV), apresentando a seguinte definição: "*«Local de refúgio» um porto, parte de porto, outro espaço abrigado para manobrar, um fundeadouro ou qualquer outra área identificada em plano de acolhimento de navios em dificuldade*" (a mesma terminologia "*port (lieu) de refuge*", "*porto (luogo) di rifugio*", "*puerto de refugio*"

foi adoptada nas vers. oficiais fr., it. e cast. da Directiva n.º 2002/59/CE; cf. também M. JANUÁRIO DA COSTA GOMES, *Direito* cit., IV, 113-117 e 121-124), consignando-se, todavia, a possibilidade de, em alternativa, se traduzir pela expressão tradicional "*porto de arribada*" (cf. os artigos 614.º "*porto de arribada forçada*", 632.º, § único "*porto de arribada forçada*", 655.º, § 2.º "*porto da arribada*", 660.º "*porto da arribada*", 663.º "*porto da arribada*", 670.º "*porto da arribada*", todos do CCom português, não havendo, nesse mesmo diploma, referência a "*refúgio*" ou "*abrigo*"; de igual modo, no Direito brasileiro, nos artigos 549.º "*porto de arribada*", 629.º "*porto da (...) arribada*", 631.º "*porto de (...) arribada*", 705.º "*porto (...) de arribada forçada*", 743.º "*porto de arribada*", 746.º "*porto de arribada*", 748.º "*porto da arribada*", 751.º "*porto de arribada*", 764.º, n.ºs 10, 11 e 19 "*porto de arribada forçada*", todos do CCom brasileiro, que também não regista, a este respeito, os vocábulos "*refúgio*" e "*abrigo*"; e, no Direito cabo-verdiano, nos artigos 580.º, *j)* "*porto de arribada forçada*", *k)* "*porto de arribada*", *l)* "*porto por arribada forçada*", 137.º "*porto de (...) arribada*", 363.º, *j)* "*portos (...) de arribada*", 469.º, n.º 4 "*porto de arribada*", 513, n.º 4 "*porto de arribada*", todos do Código Marítimo, que só regista uma vez o vocábulo "*porto de refúgio*" no âmbito da entrada e estadia de navios em caso de riscos especiais, no artigo 121.º, n.º 1; cf. também a definição de "*arribada*" de H. LEITÃO/J. VICENTE LOPES, *Dicionário* cit., 61: "*acto ou efeito de arribar. // guinada para sotavento*" e *arribar* como "*guinar para sotavento, ficando, assim, a receber o vento mais largo. // desviar-se da derrota que leve, em razão das condições de tempo. // regressar ao porto de saída ou seguir para outro diferente daquele a que se destine*", vd. igualmente o *Glossário Marítimo-Comercial*, Sociedade de Geografia de Lisboa, Lisboa, 2003, 26, e M. A. TAVARES CARBONELL PICO, *A terminologia naval* cit., 489).

[198] Optou-se por traduzir "*shall have returned*" e "*return*" (al. *a*)) (trad., fr. "*qu'il sera retourné*"/"*retour*", it. "*è tornata al suo porto*"/"*ritorno*", cast. "*haya vuelto a su porto*"/"*retorno*", GS50/74 e MJCG "*[despesas de entrada no] lugar onde carregou*"/"*retorno*", GM "*voltar ao seu pôrto*"/"*retôrno*", EOM "*retornar ao de carga*"/"*retorno*", ABDM "*tiver retornado ao seu porto*"/"*retornar*") por "*tiver retornado*" e "*retorno*", por mais próxima ao original ing., a cuja semântica corresponde, e em harmonia com as trad. fr., it., bras. e, em parte, cast. e as port., consignando-se também a possibilidade de, em alternativa, traduzir por "*tiver regressado*" e "*regresso*" (devendo, sempre que possível, traduzir por palavras da mesma família e raiz etimológica, para harmonização e para preservar a mesma orientação do original; assim, evitando-se, por ex., construções do seguinte tipo: "*tiver regressado*"/"*retorno*" ou "*tiver retornado*"/"*regresso*").

[199] Optou-se por traduzir "*to her port*" na al. *a*), *i*), por "*ao porto*" (vers. fr. "*à son port*", it. "*al suo porto*", cast. "*a su puerto*", GM "*ao seu pôrto*", GS50/74 "*num porto*", MJCG "*num porto*", ABDM "*ao seu porto*"), consignando-se a possibilidade de, em alternativa, traduzir-se por "*ao respectivo [= seu] porto*".

[200] Optou-se por traduzir "*port or place of loading*" (que aparece 6 vezes nas RIA16: regras X (a) (i), (b) (i), XI (a) e (b) (iv), e XIV (a); cf. trad. fr. "*port ou lieu de chargement*", it. "*porto o luogo di caricazione*", cast. "*puerto o lugar de carga*", ABDM "*porto ou lugar de carregamento*", EOM "*porto ou lugar (...) de carga*", GM e GS50/74 "*porto ou lugar onde carregou*") por "*porto ou lugar de carregamento*", conforme trad. do termo "*loading*" por "*carregamento*", reservando para a trad. do termo "*cargo*" a palavra portuguesa "*carga*".

[201] Optou-se por traduzir "*loading*" (que surge, a par dos seus derivados "*reload(ing)*", 10 vezes nas RIA16: regras X (a) (i), (b) (i), (c), XI (a), (b) (iv), (d) (iv), XII, XIV (a); cf. as

demais trad.: "*chargement*", "*carico*"/"*caricazione*", "*carga*") por "*carregamento*" (com este sentido de "acto de carregar", os artigos 578.º, n.º 9, 609.º, 635.º, § 1.º, 641.º, § único, 643.º, §§ 1.º e 2.º, do CCom88), reservando para a trad. do termo "*cargo*" a palavra port. "*carga*" (no mesmo sentido, sinonimizando *carga* com *mercadorias* em lugar do *acto de carregar*, os artigos 488.º, § 1.º, 580.º, 599.º, 601.º, 634.º, 635, § 1.º, 636.º, 638.º, § ún., 639.º, pr. e § 1.º, n.º 3, 642.º, § 3.º, 644.º, 650.º, 655.º, § 1.º, 661.º, 662.º e 663.º do CCom88, e artigos 6.º/1, al. *e*), 9.º, al. *b*), e 12.º/2 e 3 do DL 191/87; mas vd. artigo 618.º, § ún., do CCom88, e "*porto de carga e descarga*" nos artigos 6.º, n.º 1, d), e 47.º, n.º 1, al. a), do DL 191/87, bem como "*conhecimento de carga*" e "*declaração de carga*" no DL 352/86). Consigna-se também que, na trad. da expressão inglesa "*port or place of loading*" se optou por um substantivo ("*de carga*") em lugar do infinitivo do verbo carregar (cuja trad. resultaria em "*porto ou lugar de carregar*"), à semelhança, por ex., da trad. do gerúndio (genitivo) lat. (no mesmo sentido, as demais trad. em línguas neolatinas) (*idem* para "*expenses of leaving*" e "*expenses of entering*").

[202] Optou-se por traduzir "*which render that necessary*" (trad. fr. "*qui auront rendu cette mesure nécessaire*", it. "*che rendano ciò necessario*", cast. "*que exijan esta determinación*", GM "*tornando-se esta medida necessária*", GS50/74 "*e tais medidas tenham sido necessárias*", MJCG "*que tornem essa entrada necessária*", ABDM "*que se façam necessárias*") por "*que tornem essa medida necessária*", consignando-se a possibilidade de, em alternativa, traduzir por "*que o tornem necessário*".

[203] Optou-se por traduzir "*original cargo*" (trad. fr. "*cargaison primitive*", it. "*carico originale*", cast. "*cargamento primitivo*", GM e GS50/74 "*carga primitiva*", MJCG "*carga inicial*", EOM e ABDM "*carga original*") por "*carga inicial*", consignando-se a possibilidade de, em alternativa, se traduzir também por "*carga primitiva*" ou, ainda, "*carga originária*" ou "*carga original*" (não obstante, o adjectivo "*original*" adquiriu uma conotação específica cujo uso neste contexto poderia ser menos adequado).

[204] Optou-se por traduzir "*consequent upon such entry*" (trad. fr. "*qui auront été la conséquence de cette entrée*", it. "*che sono state la conseguenza di tale entrata*", cast. "*que sean consecuencia de la entrada*", MJCG "*após tal entrada*", GM e GS50/74 "*que forem consequência da dita entrada*", EOM "*como consequência daquela entrada*", ABDM "*as respectivas despesas para deixar tal porto ou lugar em que fora necessário entrear ou a que fora necessário retornar*") por "*subsequentes à entrada*", consignando-se a possibilidade de, em alternativa, traduzir-se também por "*subsequentes a essa* [ou *tal*] *entrada*" ou "*que tenham sido consequência dessa [de tal] entrada*".

[205] Optou-se por traduzir "*and is necessarily removed*" (trad. fr. "*et qu'il est nécessairement déplacé*", it. "*ed è necessario trasferirla*", cast. "*y haya de ser trasladado necessariamente*", GS74 "*e for necessário removê-lo*", MJCG "*e tenha, necessariamente, de ser removido*", EOM "*e se, por necessidade, for removido*", ABDM "*e for necessariamente removido*") por "*e for necessário deslocá-lo*", consignando-se a possibilidade de traduzir por "*e for forçadamente deslocado*" (cf. infra nt. à trad. de "*removed*"/"*removal*").

[206] Optou-se por traduzir "*removed*" e "*removal*" (al. *a*), *ii*); palavras que surgem 3 vezes nas RIA, precisamente na regra X (a) (ii). Cf., trad. fr., "*déplacé*" e "*déplacement*", it. "*trasferire*" e "*spostamento*", cast. "*trasladar*" e "*traslado*", GM e GS50 "*rebocado*" e "*reboque*", GS74, EOM e ABDM "*removido*" e "*remoção*") por "*deslocar*" e "*deslocação*", em lugar de "*remover*" e "*remoção*", que surgem normalmente associados a destroços. Cf. os artigos 1.º, 2.º/1, 3.º/1, *a*), *b*), *f*), e 3, 7.º/1 e 2, 9.º/1 e 2, 10.º/1, *b*) e *c*), do DL 54/2005; o DL

431/86 não fala em *remoção*, mas em *auxiliar manobra* e *deslocar de um local para outro diferente* (artigo 1.º/1), bem como em *execução* do reboque (4.º, 7.º, 8.º/3, 9.º/1, *b*), 10.º/1, 12.º/1, 14.º/1, 2 e 3) e em *cumprimento* do reboque (11.º, epíg., 13.º/1); o CM menciona 23 vezes *remoção* e 3 vezes *remover* e derivados, sobretudo a respeito de naufrágios (artigos 87.º/4, 130.º/2, 275.º/1, 654.º, 655.º/1 e 2, 656.º/1 e 2, 657.º, 658.º, 659.º, 661.º/1 e 2, 662.º epíg., 663.º/1, 677.º, *c*), 822.º/3); também no DL 109/99/M o termo e seus derivados aparecem no mesmo contexto (31.º/1, *d*) e *e*), 71.º e 275.º/1); a PLNCM menciona 20 vezes *remoção* sempre a propósito de destroços e, uma vez, a respeito de hidrocarbonetos (assim, no preâmbulo, no cap. VIII, e nos artigos 155.º, 156.º/1, 157.º, ep. e 1, *a*), *b*), *f*), e 3, 161.º, ep. 1 e 2, 162.º/1 e 2, 367.º/1, *e*)); no mesmo sentido o termo só aparece 2 vezes no RGC72 a propósito de remoção de ferro para terra (197.º/2 e 3); o verbo *remover* e respectivos derivados também não se encontram, a respeito desta matéria, referido nos CCom50 ou 88.

[207] Optou-se por traduzir "*because*" (al. *a*), *ii*); vers. fr. "*parce que*", it. "*in quanto*", cast. "*porque*", GS50/74 "*em virtude de*", MJCG "*pelo facto de*", EOM "*para*", ABDM "*porque*") por "*pelo facto de*", consignando-se a possibilidade de, em alternativa, traduzir-se por "*porque*".

[208] Optou-se por traduzir "*carried out*" por "*efectuadas*", em harmonia com orientação assumida e expressa nas nts. à trad. da regra VI.

[209] Optou-se por traduzir "*and the cost*" (trad. fr. "*et le coût*", it. "*e il costo*", cast. "*y los gastos*", EOM e ABDM "*e o custo*", MJCG "*sendo admitidas como avaria grossa as reparações provisórias e o reboque*", GS74 "*As despesas*") por "*e o custo*", consignando-se a possibilidade de, em alternativa, traduzir por "*sendo o custo*", transformando-se a oração coordenada copulativa da al. *a*), *ii*), numa oração gerundiva, atento o facto de em português poder soar menos bem continuar, naquele contexto, uma nova oração começada por "*e*" (cf. também a opção seguida pela trad. GS74 de a transformar numa nova frase).

[210] Optou-se por traduzir "*temporary repairs*" (que surge 5 vezes no texto das RIA16: regras X (a) (ii), XIV (a), (b) e (c)); trad. fr. "*réparations provisoires*", it. "*riparazioni provisorie*", cast. "*reparaciones provisionales*", GS74 e MJCG "*reparações provisórias*", EOM e ABDM "*reparos temporários*"; as outras trad. reportam-se a vers. anteriores da regra) por "*reparações provisórias*", na esteira das trad. GS74 e MJCG, na senda das demais línguas neolatinas e por o termo "*reparos*" ter outra conotação, assim como não soer ser o adjectivo "*temporário*" usado neste contexto.

[211] Optou-se por traduzir "*towage*" (trad. fr. "*remorquage*", it. "*rimorchio*", cast. "*remolque*", GM, GS50/74, EOM e ABDM "*reboque*") por "*reboque*" (cf. também "*towing*" na regra B/1).

[212] Optou-se por traduzir "*provision*" por "*disposição*", em harmonia com orientação assumida e expressa nas nts. à trad. da regra VI.

[213] Optou-se por traduzir "*occasioned by*" na al. *a*), *ii*), por "*ocasionado por*" (o termo aparece 3 vezes nas RIA, das quais 2 na regra X e 1 na regra XI; vers. fr. "*occasionnée par*", it. "*dipendente da*", cast. "*producido por*", ABDM "*ocasionada por*" e EOM "*decorrente de*", MJCG "*determinado por*"), consignando-se a possibilidade de, em alternativa, traduzir por "*determinado por*".

[214] Optou-se por traduzir "*handling*" (trad. fr. "*manutention*", cast. "*manipulación*", it. "*movimentazione*", GM, GS50/74 e MJCG "*manutenção*", EOM e ABDM "*manipulação*") por "*manipulação*" (embora também tenha o inconveniente de trazer consigo outras acepções diversas da semântica que se procura neste contexto; a palavra em questão não

consta do *Glossário marítimo-comercial* da Sociedade de Geografia de Lisboa) em lugar do galicismo "*manutenção*" (Cf. A. SOARES/M. J SANTOS, *Francês – Português. Dicionário do Tradutor,* Ed. Noémio Ramos, Faro, 2003, 448, 1.ª col., ou *Le petit Larousse compact 2004,* Larousse, Paris, 2003, 624-625, e *Dicionário de Francês-Português,* 2.ª ed., Porto Ed., Porto, 2000, 505/1; a palavra portuguesa "*manutenção*" corresponderá, antes, mais exactamente, à palavra fr. "*maintenance*", e não "*manutention*") cujo sentido no port. corrente se afasta do correspondente a "*handle*", posto que o termo "*manipulação*" por que se optou também assuma outros significados figurados, correntes, que se afastam de "*handle*", consignando-se, por isso, a possibilidade de, em alternativa, traduzir-se por "*movimentação [de carga]*" (cf. o disposto nos artigos 2.º, *a*), *c*), *d*), *e*), *g*), 3.º/1 e 2, 4.º, 5.º/1, 2 e 3, 6.º, 7.º/1, 8.º/3, *a*), 15.º/1 e 2, 19.º/3, 22.º/1, 25.º/1 e 2, 26.º/1, 29.º/1, 30.º, 31.º/1, *a*) e *b*), 35.º/1 e 36.º/1 do DL 298/93, 34.º do DL 74/73, de 1-Mar., 16.º da L 146/2015, de 9-Set.) ou "*manuseio*".

[215] Optou-se por traduzir "*or discharging cargo, fuel or stores*" (trad. fr. "*ou pour décharger la cargaison, le combustible ou les approvisionnements*", it. "*o dello sbarco del carico, del combustibile e delle scorte*", cast. "*o descarga del cargamento, combustible o provisiones*", GM, GS50/74 e MJCG "*ou de desembarque da carga, do combustível e provisões [do navio]*", EOM "*ou da descarga das mercadorias, do combustível ou das provisões*", ABDM "*ou de descarregamento de carga, combustível ou provisões*") por "*ou da sua descarga, da do combustível ou provisões*", em lugar de "*ou da descarga da carga, do combustível ou das provisões*", que teria a vantagem de manter harmonia na trad. do termo *discharge* e seus derivados ao longo do texto das RIA (que aparecem 17 vezes, nas regras VIII, X (b) (i) e (ii), (c) e (d), XI (b) (v) e (d) (iv), XII, XVI (a) (i) e (ii), XVII (a) (i), (ii) e (c)) por "*descarga*" (em lugar de "*descarregamento*"), mas o inconveniente da repetição ("*descarga da carga*"), consignando-se, ainda, a possibilidade de, em alternativa, traduzir por "*desembarque da carga, do combustível ou das provisões*" ou "*descarregamento da carga, do combustível ou das provisões*".

[216] Optou-se por traduzir "*prosecution*" por "*continuação*", em harmonia e conforme nts. à regra IX.

[217] Optou-se por traduzir "*without any accident or other extraordinary circumstances connected with such damage having taken place during the voyage*" na al. *b*), *i*) (trad. ABDM: "*sem que qualquer acidente ou ou outras circunstâncias extraordinárias ligadas a tal dano tenham ocorrido durante a viagem*"), por "*sem que durante a viagem tenham ocorrido quaisquer acidentes ou outras circunstâncias extraordinárias relacionadas com tais danos*", consignando-se a possibilidade de, em alternativa, traduzir-se por "*sem [durante a viagem] terem ocorrido durante a viagem quaisquer acidentes ou outras circunstâncias extraordinárias relacionada[o]s com tais danos*".

[218] Optou-se por traduzir "*incur*" e formas verbais derivadas por "*contrair*" e respectivas formas verbais, conforme nts. à trad. da regra predominante.

[219] Optou-se por traduzir "*stowage*"/"*stowing*" (que aparece 2 vezes nas RIA16: regras X (c) e XII) e os seus derivados "*restowage*"/"*restowing*" outras 3 vezes (na regra X (b) (ii) e (c)); cf. trad. fr. "*arrimage*"/"*réarrimage*"/"*désarrimage*", it. "*stivaggio*", cast. "*estiba*"/"*reestiba*"/"*desestiba*", GM, GS50/74 e MJCG "*estiva*", EOM e ABDM "*estivagem*"/"*reestivagem*") por "*estiva*"/"*estivar*" e "*reestiva*"/"*reestivar*", por corresponder ao termo tradicionalmente adoptado na terminologia jurídica port. (cf. o ponto 3 do preâmbulo do DL 352/86, os artigos 63.º/2, *b*), 84.º/1, *e*) "*reestiva*", 157.º/1, *f*), da PLNCM, e 6.º, *a*), do DL 384/99; no direito cabo-verdiano, os artigos 562.º, 563.º "*estiva e desestiva*",

580.º, *f*), "*re-estiva*", 759.º, *l*), 101.º, 121.º "*re-estivas*", 124.º/2, 363.º, *a*), 383.º, 384.º/1, 394.º/4 do CM; no direito macaense, os artigos 90.º/3, 127.º, 128.º/2, 132.º/1, 233.º/1, *e*) "*reestiva*" do DL 109/99/M; cf. também o Assento n.º 6/94) e na terminologia náutica (atesta-se o uso da palavra "*estiva*" desde o séc. XV como "*a primeira leva de carga colocada no porão de um navio, ger. a mais pesada, para dar equilíbrio à embarcação*", "*processo de carregamento e descarregamento de uma embarcação*" ou "*método de acondicionamento de carga, em porão ou compartimento de navio, para evitar deslocamento ou danificação da carga*": em M. A. Tavares Carbonell Pico, *A terminologia naval* cit., 231-232, H. Leitão/J. Vicente Lopes, *Dicionário* cit., 251, *Dicionário Houaiss da Língua Portuguesa*, Instituto Antônio Houaiss de Lexicografia – Portugal, Temas e Debates, Lisboa, 2005, 3609/2). Consignam--se, todavia, dúvidas na grafia de *reestiva*, designadamente se "*reestiva*" (termo que não se encontra dicionarizado no *Vocabulário Ortográfico Comum da Língua Portuguesa*, nem no *Dicionário da Linguagem de Marinha antiga e actual*, nem no *Glossário Marítimo--Comercial*, nem no *Dicionário Houaiss* nem na *Enciclopédia Verbo*, mas que aparece na PLNCM, no CM e no DL 109/99/M) ou "*restiva*" (termo dicionarizado no *Vocabulário Ortográfico Comum da Língua Portuguesa* e em *Priberam*, com o significado de cultivar segunda vez um terreno no mesmo ano) ou ainda se "*nova estiva*" (conforme trad. GS74).

[220] Optou-se por traduzir "*restowage due to shifting during the voyage*" (vers. fr. "*remédier à un désarrimage survenu au cours du voyage*", it. "*dovuto ad uno spostamento del carico durante il viaggio*", cast. "*a consecuencia de cualquier alteración en la estiva sobrevenida durante el viaje*", GS74 "*nova estiva devido a deslocação durante a viagem*", ABDM "*reestivagem, em consequência do deslocamento da carga durante a viagem*", EOM "*reestivagem em razão do deslocamento da carga durante a viagem*") por "*reestiva devida a deslocação durante a viagem*", optando-se por traduzir "*due to*" por "*devida a*", pois, embora as palavras inglesas não flictam em género, de modo que a locução prepositiva (construída de um particípio passado) *due to* também não flecte, ao contrário do português, retira-se do sentido do texto que *due to* se refere a *restowage*, devendo na trad. port. concordar em género e em número com tal palavra (*reestiva*), e optando-se por traduzir "*shifting*" por "*deslocação*", pois trata-se aqui não de alteração de rota mas de deslocação da carga (trad. fr. "*désarrimage*", it. "*spostamento del carico*", cast. "*alteración en la estiva*", GS74 "*deslocação*", ABDM "*deslocamento da carga*", EOM "*deslocamento da carga*"; cf. também Leslie J. Buglass, *General average* cit., 61, que especifica tratar-se de "deslocação da carga" ("*shifting of cargo*"): "*There had been considerable controversy over this expense in the United States and it will be seen that the last paragraph of the Rule X(b) – which is new – makes it quite clear that any handling or discharging of cargo, fuel or stores which is incurred* solely *for the purpose of restowage due to the shifting of cargo during the voyage, is not allowable in general average. The rule goes on to make it clear that the allowance of any restowage which may be necessary for the common safety (...) is not prohibited. However once safety has been attained, the amount of any additional restowage would come within the exclusion. The cost of restowing cargo at a port of refuge merely to enable the voyage to be completed is an obligation of the shipowner under his contract of carriage and it follows that the expense should fall on him*").

[221] Optou-se por traduzir "*storage*" (trad. fr. "*magasinage*", cast. "*almacenaje*", it. "*maggazinaggio*", GM, GS50/74 e EOM "*armazenagem*", MJCG "*armazenamento*", ABDM "*armazenagem*" e "*armazenamento*") por "*armazenagem*", porque esta palavra port., ao contrário de "*armazenamento*", comunga do mesmo sufixo que "*storage*" (donde uma ten-

dencialmente maior proximidade semântica entre os dois, embora em português os sufixos *-agem* e *-mento* sejam amiúde fungíveis: cf. nts. à trad. da regra XII), porque é a expressão exclusivamente consagrada no CCom88 (artigos 578.º/6, 580.º/5; mas cf. o 1387.º/1, *a*), do CC) e no DL 109/99/M (artigos 101.º/2 e 233.º/1, *d*), *g*), e 2) na trad. do ISP das ICC82 (cláusula 8.1, 8.1.1 e 8.1.2: "*armazém ou local de armazenagem*") e preferentemente usada no CM (artigos 101.º/1, 568.º/2, 580.º/*f*); mas diferentemente o 562.º/1, *b*)) e na PLNCM (artigos 84.º/1, *d*), *e*), *g*), e 2, 360.º/1, *f*), 362.º/1, *e*); mas diferentemente 412.º), e por similitude com os demais termos das línguas neolatinas em que foi a regra traduzida (em particular, no que ao sufixo adoptado concerne: *magasinage*, *almacenaje*, *maggazinaggio*), preferindo-se reservar o termo "*armazenamento*" para "*storing*" (cf. nts. às regras XI e XII), embora se consigne, todavia, a possibilidade de, em alternativa, se traduzir "*storage*" por "*armazenamento*", desde que uniformemente traduzida a expressão ao longo do texto das RIA. Cf. tb. a definição de armazenagem em J. Ferreira Borges, *Diccionario* cit., 32.

[222] Optou-se por traduzir na al. *c*) "*reasonably incurred*" (cf. trad. fr. "*raisonnablement*", it. "*ragionevolmente*", cast. "*razonablemente*", MJCG "*em termos razoáveis*", EOM e ABDM "*razoavelmente*") por "*razoavelmente contraídos*", por congruência sistemática com a trad. de "*reasonably*" por "*razoavelmente*" na regra predominante e em harmonia com a maioria das trad. em língua estrangeira e em língua port. bras., mas consignando-se a possibilidade de, em alternativa, traduzir-se por "*justificadamente contraídos*" na senda das trad. port. do GS50/74 (na trad. do ISP das ICC82 (A) a expressão "*properly and reasonably incurred*" nas cláusulas 12.ª e 16.ª foi traduzida por "*justificada e razoavelmente feitas*" e "*reasonably*" na cláusula 13.ª por "*razoavelmente*"; o advérbio "*razoavelmente*" e o adjectivo "*razoável*" não surgem na actual redacção do CCom88 mas no CC66 ocorrem 11 vezes, nos artigos 236.º/1 "*salvo se este [declarante] não puder razoavelmente contar com ele*", 260.º/1 "*dentro de prazo razoável*", 436.º/2 "*prazo razoável*", 808.º/1 "*prazo que razoavelmente for fixado pelo credor*", 924.º/3 "*prazo razoável para a resolução*", 1162.º "*quando seja razoável supor*", 1218.º/2 "*dentro do período que se julgue razoável*", 1636.º "*se mostre que sem ele, razoavelmente, o casamento não teria sido celebrado*", 1880.º "*seja razoável exigir aos pais*", 1974.º/1 "*seja razoável supor*". O advérbio "*justificadamente*" e o adjectivo "*justificado*" surgem 3 vezes na actual redacção do CCom88 nos artigos 245.º "*A revogação e a renúncia do mandato, não justificadas*", 658.º/2 "*temor de inimigos não for justificado*", 663.º "*demora injustificada*", e no CC66 22 vezes, nos artigos 101.º "*justificada a ausência*", 102.º "*a ausência esteja justificada*", 109.º/1 "*justificada a ausência*", 245.º/2 "*aceitar justificadamente a sua seriedade*", 256.º "*seja grave o mal e justificado o receio*", 282.º "*benefícios excessivos ou injustificados*", 337.º/1 e 2 "*Considera-se justificado o acto*" e "*O acto considera-se igualmente justificado*", 466.º "*injustificada interrupção dela*", 621.º "*Se o arresto for julgado injustificado*", 647.º "*lhe não der conhecimento injustificadamente*", 793.º/2 "*o credor que não tiver, justificadamente, interesse*", 813.º "*incorre em mora quando, sem motivo justificado*", 1424.º/2 "*desde que devidamente especificadas e justificados os critérios*", 1569.º/4 "*aproveitamento justificado*", 1638.º "*justificado o receio da sua consumação*", 1845.º "*No caso de ausência justificada*", 1887.º-A "*não podem injustificadamente privar*", 1957.º/4 "*falta injustificada*", 1990.º/1, *d*) "*justificado o receio*", 2103.º-A/3 "*quando o [tribunal o] considere justificado*", 2246.º "*O tribunal, quando o considere justificado*"), termo que é, de resto, mais ajustado à terminologia port. (porquanto soa menos bem e frequente a associação do advérbio "razoavelmente" e o adjectivo "razoável" a despesas contraídas, quando comparado com "justificadamente" ou "justificado";

por outro lado, o adjectivo "*razoável*" em port. assume, por vezes, no português corrente, acepções diversas consoante os contextos em questão – como, por ex., "acima do medíocre, aceitável" ou "considerável, importante" – que divergem do sentido nestas regras visado) ou "*arrazoadamente*" (embora com o perigo de associação a "arrazoado", substantivo que assume diverso ligeiramente significado).

[223] Optou-se por traduzir "*reloading*" na al. *c*) por "*recarregamento*" em harmonia com orientação paralela seguida a respeito de "*loading*" (*vide supra*) e por a palavra "*recarga*" em português corrente poder assumir outras conotações.

[224] Optou-se por traduzir "*extra period*" na al. *c*) (vers. fr. "*période supplémentaire*", it. "*periodo supplementare*", cast. "*periodo extraordinario*", MJCG, EOM e ABDM "*período extra*") por "*período suplementar*", ao invés de "*extraordinário*" (de que "*extra*" é, a um tempo, forma sincopada e, a outro, anglicismo), dado que o termo "*suplementar*" é usado na linguagem corrente e jurídica (por ex., no direito do trabalho) com esse sentido (ao contrário de "*extraordinário*", adjectivo reservado a outras situações), consignando-se a possibilidade de, em alternativa, traduzir-se por "*tempo excedente*" (cf. o disposto no artigo 13.º/1 do DL 191/87: "*suplemento do frete proporcional ao tempo excedente*").

[225] Optou-se por traduzir "*detention*" (que aparece 6 vezes, respectivamente, ao longo das RIA16: regras X (c), XI (b) (i), (ii), (iii) e (iv); trad. fr. "*immobilisation*", it. "*detenzione*", cast. "*paralización*", EOM "*detenção*", ABDM "*retenção*") por "*imobilização*" (cf. o disposto no artigo 1.º/2 da CB52 "*"Arresto" significa a imobilização de um navio (...)*", e os artigos do CPC 768.º/2 "*A penhora de veículo automóvel pode ser precedida de imobilização deste (...)*", 768.º/2 "*Após a penhora e a imobilização*", e o artigo 17.º/1 da vers. originária do DL 149/2014 "*sanção acessória de imobilização de embarcação*", o preâmbulo do DL 195/98, Anexo II n.º 2, e Anexo XI/1 n.º 3.10 e 7 "*imobilização de navios*", 17.º/2, *e*), *ii*) do DL 2/2017, o artigo 21.º/3 do DL 352/86 "*indemnização por danos resultantes da imobilização do navio*"), em lugar de "*retenção*" (termo usado pela trad. ABDM e pelas trad. GM e GS50/74 para a regra XI; cf. também o artigo 12.º/2 da L 35/86: "*guarda e retenção*", os artigos 73.º/4 (*apresamento ou retenção de embarcações estrangeiras*" como trad. de "*arrest or detention of foreign vessels*") e 97.º/3 ("*nenhum apresamento ou retenção do navio*" como trad. de "*arrest or detention of the ship*"; mas, diferentemente, o artigo 101.º, *a*) "*acto ilícito de violência ou de detenção*" = "*ilegal acts of violence or detention*", 220.º/2 e 6 "*detenção da embarcação*" = "*detention of the vessel*", 2 292.º/1 "*liberação*" = "*release of detention*" e "*momento da detenção*" = "*time of detention*") da CNUDM), por necessidade de desambiguação com "*detenção*" que tem semântica própria quer de direitos reais quer de direito criminal (ligado a prisão, encarceramento), consignando-se a possibilidade de, em alternativa, traduzir-se por "*estadia*" (com o inconveniente embora de servir o termo preferencialmente à trad. da palavra ing. "*laytime*"; cf. também as nts. à trad. da regra XI).

[226] Optou-se por traduzir "*original voyage*" (trad. fr. "*voyage primitif*", it. "*viaggio originale*", cast. "*viaje original*", GM e GS50/74 "*viagem primitiva*", ABDM "*viagem original*") por "*viagem inicial*", por paralelismo com trad. de "*original cargo*" por "*carga inicial*", e uma vez que o adjectivo "*original*" assume várias conotações que desaconselham a trad. por este termo (cf. também a orientação assumida a respeito de "*original cargo*" por "*carga primitiva*" na regra IX; cf. também "*original ship*" na regra G), consignando-se, todavia, a possibilidade de, em alternativa, se traduzir também por "*viagem primitiva*", "*viagem originária*" ou "*viagem de origem*".

[227] Optou-se por traduzir "*discharge of cargo*" na al. *d*) por "*descarga da mercadoria*", em lugar de "*descarga da carga*" (consímiles as trad. fr. "*déchargement de la cargaison*", it. "*sbarco del carico*" e ABDM "*descarregamento da carga*") ou de apenas "*descarga*" (trad. GM, GS50/74, MJCG, EOM e cast.), que teria a vantagem de evitar a repetição, pouco elegante, na língua portuguesa, de "*descarga da carga*", mas o grave inconveniente de, neste caso, não se especificar o objecto da própria descarga.

[228] Optou-se por traduzir "*before that date*" no final da al. *d*) (cf. também a al. *b*), *v*), da regra XI) por "*antes dessa data*", o que é exacto e correspondente ao valor semântico de "*that*" e, ao mesmo tempo, suficientemente impreciso de modo a não tomar partido (se se traduzisse por "*antes desta data*" far-se-ia o texto referir à da descarga, que é a última mencionada, o que faz sentido, mas não corresponde ao sentido exacto de "*that*" mas de "*this*"; se se traduzisse por "*antes daquela data*" far-se-ia o texto referir aparentemente a uma das primeiras datas mencionadas, ou seja, da condenação do navio ou do seu abandono, o que faz pouco sentido atento o disposto na parte final da al. *d*) e atento o facto de se tratar de duas datas o que significa que ou era uma das duas precisada ou então usar-se-ia o plural "*those*" em vez do singular "*that*"; de facto, a referência a "*that date*" refere-se, em rigor, à data da descarga da mercadoria, depondo neste sentido a vers. da regra X *c*) das RIA50, em que, tal como na regra XI *b*), a frase em questão não vinha sintetizada, mas antes decomposta em duas, em termos mais claros: "*But when the ship is condemned or does not proceed on her original voyage, no storage expenses incurred after the date of the ship's condemnation oro f the abandonment of the voyage shall be admitted as general average. In the event of the condemnation of the ship or of the abandonment of the voyage before completion of discharge of cargo, storage expenses, as above, shall be admitted as general average up to the date of completion of discharge*"; neste sentido também L. J. Buglass, *General average* cit., 58: "*In the event that the original voyage is abandoned, all general average allowances cease as from the time to the abandonment or the completion of the discharge, whichever is the later. (...) The rewording of Rule X(c) in the 1974 Rules does not change the substance of the Rule in any way*"), em lugar de "*antes desta data*" (assim, a trad. fr. "*avant cette date*") e em lugar de "*antes daquela data*" (assim as trad. EOM e ABDM, que se compreendem atenta a sinonimização semântica frequente no port. bras. entre "este" e "esse", ao contrário do port. europeu que distingue para o efeito) ou "*anteriormente*" (como na trad. MJCG), consignando-se a possibilidade de, em alternativa, traduzir-se por "*antes de tal data*" (neste sentido as trad. it. "*prima di tale data*" e cast. "*antes de dicha fecha*").

Regra XI

[229] Optou-se por traduzir a expressão "*putting in to or at a port of refuge*" (trad. fr. "*pour se rendre au port de refuge, et dans ce port*", it. "*per l'entrata in un porto di rifugio, la sosta in tale porto*", cast. "*para ganar puerto de refugio en este puerto*", EOM "*nos períodos de desvio e arribada*", ABDM "*para entrada [ou] permanência no porto de refúgio*") por "*para entrada ou durante a permanência num porto de refúgio*", tendo em conta o valor semântico das preposições "*to*" e "*at*" em ing. e na senda das trad. fr. e it., consignando-se também, em alternativa, trad. por "*para entrada num porto de refúgio ou num tal porto*".

[230] Optou-se por traduzir "*wages*" (que aparece 7 vezes no texto das RIA16: regras XI *a*), *b*) (i), (iv) e (v), *c*) (i), e XVII *b*); cf. trad. fr. "*salaires*", it. "*retribuzione(i)*", cast. "*salários*", EOM e ABDM "*soldadas*", GM e GS50/74 "*salários*") por "*salários*", por ser actualmente a expressão mais frequente no léxico corrente e jurídico port. (cf. também os artigos 276.º, *d*), 458.º, *c*), 580.º, *l*) e *p*), 586.º do CM; cf. também, fora do contexto do

salário por salvação marítima, os artigos 79.º, 81.º, 154.º, 232.º, 241.º, 448.º, 449.º/4, 470.º/1, 565.º, 764.º/13 e 876.º/3 do CCom50, e 230.º/3, 263.º, § ún., 264.º/2, 265.º pr., do CCom88), sem menoscabo da possibilidade de, em alternativa, se traduzir pelo termo tradicional "*soldadas*" (consagrado nos artigos 578.º/7, 582.º/2, 583.º, 600.º/1, 639.º, § 2.º, do CCom88, e nos artigos 467.º/3 e 4, 470.º/5, 503.º, 515.º, 531.º, 535.º, 543.º, 545.º/2, 5, 6, 7, 546.º, 547.º, 548.º, 549.º, 550.º, 552.º, 554.º, 556.º/3, 558.º, 559.º, 560.º, 561.º, 563.º, 564.º, 565.º, 647.º, 657.º, 686.º/3, 759.º, 760.º, 764.º/9, 12, 17, 876.º/3, 4, do CCom50; o DL 109/99/M optou pela palavra "*vencimento(s)*" nos artigos 19.º, *c*), 233.º/1, *f*), e 2, e 237.º; o CT port. opta pelo termo "*retribuição*" nos artigos 258.º e ss., assim como os artigos 69.º ss. do DL74/73, revogado e hoje substituída a sua disciplina pelo 19.º da L 146/2015).

[231] Optou-se por traduzir "*maintenance*" (que aparece 5 vezes no texto das RIA16: regras XI *a*), *b*) (i), (iv) e (v); cf. trad. fr. "*frais d'entretien*", it. "*mantenimento*", cast. "*manutención*", GM "*alimentos*" e "*despesas de subsistência*", GS50/74 "*manutenção*", EOM "*sustento*", ABDM "*manutenção*") por "*despesas de subsistência*", termo corrente na linguagem corrente com semântica equivalente à do termo ing., consignando-se ainda a possibilidade de, em alternativa, se traduzir por "*sustento*" (termo também corrente e com semântica idêntica, que é adoptado por EOM e no artigo 580.º, *p*), do CM, que, não obstante, também regista como sinónimo "*alimentação*" no artigo 580.º, *l*)), ou, ainda, "*manutenção*" (na esteira das trad. GS50/74, it. e cast., e que também mereceu consagração, por ex., nos artigos 233.º/1, *f*), e 2, e 237.º do DL 109/99/M), embora esta última expressão tenha em seu desfavor o seu uso frequente em contextos diversos deste que a tornam mais ambígua.

[232] Optou-se por traduzir "*master*" por "*capitão*", depondo em favor da adopção deste termo, em detrimento de "*comandante*", os seguintes argumentos: (*i*) ser o termo que se encontra ainda hoje consagrado no CCom88 (cf. também trad. fr. "*capitaine*", it. "*comandante*", cast. "*capitán*", GM, GS50/74 e EOM "*capitão*"; cf. o termo ing. "*captain*" e al. "*Kapitän*"), do qual não consta referência ao vocábulo "*comandante*", bem como no CCom50 (em que surge 206 vezes, sendo-lhe dedicado o cap. III da prt. II do Código intitulada "*Dos capitães ou mestres de navio*", em que o termo "*comandante*", que só aparece 2 vezes, surge precisamente no artigo 497.º deste diploma, a respeito da definição daquele: "*O capitão é o comandante da embarcação; toda a tripulação lhe está sujeita, e é obrigada a obedecer e cumprir as suas ordens em tudo quanto for relativo ao serviço do navio*"); (*ii*) ser o termo consagrado no DL 384/99, de 23-Set., cujo artigo 3.º/1 define "*capitão da marinha mercante*", entre os marítimos, como "*a categoria mais elevada do escalão dos oficiais*" e cujo articulado do diploma cita 24 vezes o nome "*capitão*", sem referência ao termo "*comandante*"; (*iii*) ser o termo consagrado noutros diplomas de relevo de direito interno port. que regulam institutos centrais de direito marítimo, como, por ex., a LSM (menções a capitão, que não a comandante, nos artigos 2.º, n.º 4, 3.º, n.º 1, 8.º, n.ºs 2, 3 e 4, 13.º, n.ºs 2 e 3), o DL 191/87, de 29 de Abril, sobre o contrato de fretamento (em que aparece 6 vezes: uma no preâmbulo e 5 vezes nos artigos 28.º, 43.º, n.º 2, e 44.º), o DL 352/86 (mencionado 4 vezes: 2 no preâmbulo e outras 2 nos artigos 28.º, n.º 2, e 31.º, n.º 3), no DL 202/98, de 10 de Julho (onde aparece 7 vezes, nos artigos 1.º, *f*), 3.º, n.ºs 1 e 2, 4.º, n.º 1, al. *a*), 8.º, n.º 1, 17.º, n.º 1); (*iv*) corresponder ao termo tradicional port. (segundo M. A. Tavares Carbonell Pico, *A terminologia naval portuguesa* cit., 368 ss., o termo *capitão* encontra-se já sob várias expressões até à data da morte de D. Henrique (1460) – capitão de navio (documentos de 1433, 1438, 1445, 1450, 1453, 2.ª metade do séc. XV), capitão da armação, capitão da armada, capitão de barinel, capitão de caravela, capitão de frota, capitão de

fusta, capitão de galé, capitão de galeota, capitão de lenho, capitão-mor da frota, capitão de nau (documentos da 1.ª e 2.ª metade do séc. XV), capitão de urca –, ao contrário do termo *comandante*, de que a mesma autora não dá registo; na obra de Fernando Oliveira, *Arte da Guerra do Mar. Estratégia e Guerra Naval no Tempo dos Descobrimentos*, introdução de António Silva Ribeiro, Edições 70, Lisboa, 2008, 49-52 (e *passim*), publicada em 1555, o termo usado é igualmente capitão, sendo-lhe especificamente dedicado o cap. III da parte I, intitulado "*Dos capitães do mar e do seu poder*" (sobre a importância da obra de Fernando Oliveira para o estudo do léxico náutico português Ana Mineiro, *O papel da metáfora* cit., 18-22, que aponta a *Ars nautica* de 1570 e o *Livro de Fabrica de Naos* de 1580 de Fernando Oliveira, o *Livro Primeiro de Arquitectura Naval* de c. 1600 de João Baptista, e o *Livro de Traças de Carpintaria* de 1616 reed. 1989 pela Academia de Marinha; ainda de acordo com *eiusd.*, *O papel da metáfora* cit., 22-26, são as seguintes as principais obras lexicográficas nacionais: *Diccionario de Marinha* de 1841 de João Pedro Amorim, *Dicionário de Marinha de Guerra e Mercante* de 1885 de António Gregório de Freitas, *A terminologia naval portuguesa* cit. de Sara Carbonell Pico, o *Dicionário* cit. de H. Leitão e J. Vicente Lopes e o *Dicionário ilustrado de Marinha* de António Marques Esparteiro e J. Matias da Silva, 2.ª ed., 2002, a que juntaríamos, pelo menos, neste registo – abstraindo de obras importantes como os levantamentos de léxico náutico de José Ferreira Borges em *Commentarios sobre a legislação portugueza ácerca de seguros marítimos*, 1841, e no *Diccionario jurídico-commercial* de 1856 –, o *Glossário* cit. da Sociedade de Geografia de Lisboa de 2003); cf. também H. Leitão/J. Vicente Lopes, *Dicionário da Linguagem de Martinha antiga e actual*, 3.ª ed., Ed. Culturais da Marinha, Lisboa, 1990, 135-136, definem, genericamente, "*capitão*" como "*O comandante dum navio mercante*", mas reservam o de "*comandante*" para a marinha militar: "*O oficial de Marinha que comanda um navio, o Corpo de Marinheiros, as Reservas de Marinha, etc. // Tratamento dado a todos os oficiais superiores de Marinha – capitães-tenentes, de fragata e de mar-e-guerra*"; também o *Diccionario*[2] cit., 82, só regista "*commandante do porto*" enquanto "*a autoridade militar maritima, que tem a seu cargo quanto respeita a sua policia, e guarda. (...) Tãobem se designa por* Capitão do porto, *e em alguns paizes por* official do porto – *e* Mestre de caes – *e* Intendente", mas, pelo contrário, regista, a 66, o termo "*capitão de navio mercante*", que define como "*o commandante d'um navio de commercio (...) synonimo de* Mestre *e de* Patrão *(...) com a diferença que entre nós capitão designa o Mestre d'um navio empregado em viagens de longo curso; em quanto que Mestre importa o capitão de cabotagem, e Patrão o capitão de pequena cabotagem, que se faz com lanchas, cahiques, ou qualquer género de barcas*"; segundo o *Dicionário Houaiss*, o primeiro registo do termo *comandante* data de 1744, e o de capitão de 1344. O *Glossário Marítimo-Comercial*, coord. Arlindo Barbosa Henriques/Bento de Assunção Leite/Fernando Castell-Branco/Joaquim Ferreira da Silva, Sociedade de Geografia de Lisboa, Lisboa, 2003, 39 e 65, não deixando de registar o uso do termo capitão como a mais alta categoria dos oficiais náuticos da marinha mercante, mostra, todavia, inclinação pela denominação de "comandante"); (*v*) o termo *capitão* tem em seu favor as equivalentes expressões noutras línguas neolatinas próximas do port., como o cast. "*capitán*" (termo predominante e oficialmente adoptado, por ex., na recente *Ley de Navegación Marítima* – L 14/2014, de 24-Jul.), o cat. ("*capità*") e o fr. ("*capitaine*") (ao invés, o termo "*comandante*" é frequente no it., em parte, cremos, devido à unificação do direito marítimo e aéreo), bem como em línguas germânicas, como o al. ("*Kapitän*") e o ing. ("*captain*") (assim também Mário Raposo, *Sobre os trabalhos prepa-*

ratórios da Lei marítima de Macau, ROA 62 (2002) 3, 683 ss. = *Estudos sobre Arbitragem Comercial e Direito Marítimo*, Almedina, Coimbra, 2006, 230). Não obstante arreigado o uso da palavra na terminologia náutica port., nota-se, em tempos mais recentes, certa oscilação terminológica, aparecendo nos seguintes diplomas o termo "*comandante*": (*i*) no artigo 26.º, n.º 7, 32.º, n.º 2, 35.º, n.º 3, *d*), do DL 200/98, de 10-Jul. (que não regista o termo "*capitão*"), na PLNCM, na qual se optava pelo termo *comandante* nos seguintes moldes: "*a opção pelo conceito uniforme de comandante, o qual, não eliminando o conceito de capitão, tem em vista atribuir a dois conceitos diversos uma designação distinta: enquanto "comandante" indica o exercício uma actividade, "capitão" indica a titularidade de uma categoria dentro da tripulação*"; (*ii*) no direito angolano, a L 27/12, de 28-Ag., também privilegiou o termo *comandante* em detrimento de *capitão* – cf. o artigo 3.º/26 -, mas depois, tal como na PLNCM, o artigo 58.º/1 determina que "*entre os marítimos, a categoria mais elevada do escalão dos oficiais designa-se por capitão da marinha mercante*"; (*iii*) também o DL 109/99/M, de 13-Dez. – artigo 45.º – privilegia o termo *comandante* (mas no texto oficial surgem 18 referências a *capitão*); (*iv*) igualmente, o RGC72 privilegiou o termo *comandante* em detrimento de *capitão* (que reservou essencialmente para *capitão de porto* ou *capitania*), que utiliza cerca de 30 vezes (artigo 10.º, n.º 2, *f*), 117.º, n.º 1, 114.º, n.º 3, 149.º, 150.º, n.ºs 1, 2 e 3, 151.º, n.º 1, 161.º, n.ºs 1 e 3.º, *a*), 163.º, 164.º, n.º 1, 166.º, 169.º, n.ºs 3, 4 e 5, 175.º, n.ºs 2, 3 e 4, 194.º, n.º 1, 195.º, 196.º, n.º 1, 197.º, n.º 1, 205.º, n.º 1); (*v*) também optam por capitão o DL 74/73, de 1-Mar. sobre o regime jurídico do contrato individual de trabalho do pessoal da marinha de comércio, e a L 146/2015, de 9-Set. Sobre o tema, entre nós, *e. g.*, José Vasconcelos Esteves, *Direito marítimo. Introdução*, Petrony, Lisboa, 1990, 137, Diogo Pereira Forjaz de Sampaio Pimentel, *Annotações ou Synthese Annotada ao Codigo de Commercio*, vol. III, Imprensa da Universidade, Coimbra, 1875, 5, Mário Raposo, *Sobre os trabalhos preparatórios da Lei marítima de Macau, ROA* 62 (2002) 3, 683 ss. = *Estudos sobre Arbitragem Comercial e Direito Marítimo*, Almedina, Coimbra, 2006, 230, Luís de Lima Pinheiro, *O Direito Comercial Marítimo de Macau revisitado, ROA* 62 (2002) 2, 437 = *Estudos de Direito Civil, Direito Comercial e Direito Comercial Internacional*, Almedina, Coimbra, 2006, 295, José Vasconcelos Esteves, *Direito marítimo*, vol. I – *Introdução. Armamento (navio, comandante e piloto)*, Petrony, Lisboa, 1990, 137 ss.

[233] Optou-se por traduzir "*officers*" por "*oficiais*".

[234] Optou-se por traduzir "*returning*" por "*retorno*" (trad. do gerúndio ing. por substantivo, à semelhança do genitivo do infinitivo latino), em harmonia e conforme nts. à trad. da regra X.

[235] Optou-se por traduzir "*port or place of loading*" (que aparece 6 vezes nas RIA16: regras X *a*) (i), *b*) (i), XI *a*) e *b*) (iv), e XIV *a*)); trad. fr. "*port ou lieu de chargement*", it. "*porto o luogo di caricazione*", cast. "*puerto o lugar de carga*", GM, GS50/74 "*porto ou lugar de carregamento*", EOM "*porto ou lugar de carga*", ABDM "*porto ou local de carregamento*") por "*porto ou lugar de carregamento*", conforme trad. do termo "*loading*" (que surge, a par dos seus derivados "*reload(ing)*", 10 vezes nas RIA16: regras X *a*) (i), *b*) (i), (c), XI *a*), *b*) (iv), *d*) (iv), XII, XIV *a*); fr. "*chargement*", it. "*carico*"/"*caricazione*", cast. "*carga*") por "*carregamento*" (com este sentido de "acto de carregar", os artigos 578.º, n.º 9, 609.º, 635.º, § 1.º, 641.º, § ún., 643.º, §§ 1.º e 2.º, do CCom88), reservando para a trad. do termo "*cargo*" a palavra port. "*carga*" (no mesmo sentido, sinonimizando *carga* com *mercadorias* em lugar do *acto de carregar*, os artigos 488.º, § 1.º, 580.º, 599.º, 601.º, 634.º, 635, § 1.º, 636.º, 638.º, § único, 639.º, pr. e § 1.º, n.º 3, 642.º, § 3.º, 644.º, 650.º, 655.º, § 1.º, 661.º,

662.º e 663.º do CCom88, e artigos 6.º, n.º 1, al. e), 9.º, al. b), 12.º, n.os 2 e 3, do DL 191/87; mas vd. artigo 618.º, § ún., do CCom88, e "*porto de carga e descarga*" nos artigos 6.º, n.º 1, d), e 47.º, n.º 1, al. a), do DL 191/87, bem como "*conhecimento de carga*" e "*declaração de carga*" no DL 352/86). Consigna-se também que, na trad. da expressão ing. "*port or place of loading*" se optou por um substantivo ("*de carga*") em lugar do infinitivo do verbo carregar (cuja trad. resultaria em "*porto ou lugar de carregar*") (à semelhança, por ex., da trad. do gerúndio (genitivo) latino (no mesmo sentido, as demais trad. em línguas neolatinas) (*idem* para "*expenses of leaving*" e "*expenses of entering*").

[236] Optou-se por traduzir "*admitted*" por "*admitidas*" e "*allowable*" por "*admissíveis*", preservando no port. a diferente matiz das duas palavras ing.

[237] Optou-se por traduzir "*shall be allowed as general average*" por "*serão admitidas em avaria grossa*", conforme nts. à trad. da regra B.

[238] Optou-se por traduzir "*detain(ed)*" e "*[extra period of] detention*" (que aparecem 1 e 6 vezes, respectivamente, nas RIA16: regras X *c*), XI *b*) (i), (ii), (iii) e (iv); cf. trad. fr. "*retenu*"/"*période supplémentaire d'immobilisation*", it. "*trattenuta*"/"*periodo supplementare di fermo*", cast. "*detenido*"/"*período extraordinario de detención*", GM e GS50/74 "*reter(ido)*" /"*[período suplementar de] retenção*", EOM "*detido*"/ "*tempo suplementar de detenção*", ABDM "*detido*"/"*período extra de detenção*") por "*reter(ido)*" e "*[período suplementar de] imobilização*", por necessidade de desambiguação com "*deter(ido)*" e "*detenção*" que na língua portuguesa corrente e jurídica têm semântica própria quer de direitos reais quer de direito criminal (ligado a prisão, encarceramento), assumindo o risco de "*reter*" ter também um específico significado na linguagem jurídica, e optando por "*imobilização*" para evitar o recurso ao termo "*retenção*" que tem diferentes significados jurídicos em direitos reais e das obrigações e no direito fiscal (embora esta opção tenha o inconveniente de, deste modo, se traduzir palavras que no ing. são da mesma família etimológica por palavras portuguesas de famílias etimológicas diferentes), consignando-se a possibilidade de, em alternativa, se traduzir por "*reter(ido)*" e "*[período suplementar de] retenção*" ou "*imobilizado*" e "*[período suplementar de] imobilização*". No que concerne à trad. de "*extra period*" por "*suplementar*" vd. notas às regras F e X.

[239] Optou-se por traduzir "*at any port or place*" em *b*) (i) e em *c*) (iii) (vers. fr. "*port ou un lieu quelconque*", it. "*un porto o luogo*", cast. "*en puerto o lugar*", EOM e ABDM "*em qualquer porto ou lugar*") por "*num qualquer porto ou lugar*", uma vez que nesta regra antes de "*port or place*" só três vezes é anteposto "*any*" em vez de "*a*", o que significa ter sido adrede inserido, com o significado de "um qualquer porto ou lugar, sejam eles quais forem", consignando-se, todavia, a possibilidade de, em alternativa, traduzir por "*num porto ou lugar, sejam eles quais forem*" ou, em último, por "*num porto ou lugar*" (uma vez admitido o valor semântico equivalente de *any* e do artigo indefinido *um*, para o efeito, contanto que cônscios de que fica por distinguir esta situação das outras em que se fala apenas de "*a port*" em vez de "*any port*").

[240] Optou-se por traduzir "*detention*" (que aparece 6 vezes, respectivamente, nas RIA16: regras X *c*), XI *b*) (i), (ii), (iii) e (iv); vers. fr. "*immobilisation*", it. "*detenzione*", cast. "*paralización*", EOM e ABDM "*detenção*") por "*imobilização*" (os termos "*detention of a ship*" no artigo 1.º/2 da vers. ing. e "*immobilisation d'un navire*" da fr. da CB1952 sobre arresto de navios de mar correspondem ao termo "*imobilização de um navio*" na vers. oficial port.; nos artigos 12.º/2 e 5 da L 35/76, de 4-Set., fala-se em "*guarda e retenção*"; em matéria de arresto e penhora de navios, fala-se de "apreensão" (artigo 395.º/2), "sustar"

(artigo 395.º/2 do CPC), ou "impedir" (artigo 768.º/4 do CPC: "*impeça a sua saída*")), consignando-se a possibilidade de traduzir por "*retenção*" (termo usado nas trad. GM e GS50/74 para a regra XI; cf. também o artigo 4.º *b*) do DL 264/2012, de 20-Dez.), por necessidade de desambiguação com "*detenção*" que tem semântica própria quer de direitos reais quer de direito criminal (ligado a prisão, encarceramento), ou, ainda, por "*estadia*", embora com o inconveniente de ser o termo normalmente o equivalente do ing. "*laytime*" (cf. as nts. à trad. da regra X).

[241] Optou-se por traduzir "*safe prosecution of the voyage*" (que aparece 3 vezes nas RIA16: regras X *b*) (i), XI *b*) (i) e (iv); trad. fr. "*poursuite du voyage en sécurité*", it. "*proseguimento del viaggio in condizioni di sicurezza*", cast. "*continuar con seguridad el viaje*", GM "*em estado de continuar a viagem*", GS50/74 "*segura continuação da viagem*", EOM "*seguro prosseguimento da viagem*", ABDM "*prosseguimento seguro da viagem*") por "*continuação da viagem em segurança*", em aproximação à trad. fr. (e, de certo modo, à it. e à cast.), que parece melhor corresponder à expressão vernacular e corrente port., em detrimento da palavra "*prosseguimento*", pelas razões já expostas nas nts. à trad. das regras IX e X.

[242] Optou-se por traduzir "*reasonably*" por "*razoavelmente*", conforme nts. à trad. da regra X.

[243] Optou-se por traduzir "*incur*" e respectivos derivados por "*contrair*" e respectivos derivados, conforme nts. à trad. da regra predominante.

[244] Optou-se por traduzir "*such*" umas vezes por "*tal[is]*" outras por "*esse[a/es/as]*", outras ainda por "*a[o/as/os] referida[o/as/os]*", admitida a fungibilidade, para o efeito, destas expressões (a mesma oscilação e fungibilidade verifica-se também nas demais línguas neolatinas: assim, para trad. de "*such*" na al. *a*), vers. fr., "*en ce port*" (= nesse porto), it. "*in tale porto*" (= em tal porto), cast. "*en dicho puerto*" (= no dito porto); as trad. em língua port. acusam todas também a referida oscilação).

[245] Optou-se por traduzir "*except such fuel and stores as are consumed in effecting repairs*" (trad. fr. "*à l'exception du combustible et des approvisionnements consommés en effectuant des réparations*", it. "*fatta eccezione per il combustibile e le scorte consumati per eseguire riparazioni*", cast. "*exceptuados el combustible y provisiones consumidos durante las reparaciones no admisibles en avería gruesa*", GS50/74 "*excepto a parte utilizada durante reparações*", EOM "*com exceção do combustível e provisões que tiverem sido gastos com realização de reparações*", ABDM "*exceto o combustível e provisões consumidos para efetuar reparos*") por "*com excepção do combustível e provisões consumidos durante a realização de reparações*".

[246] Optou-se por traduzir a 1.ª oração da al. *b*), (*iv*) "*Provided that when damage to the ship is discovered at a port or place of loading or call without any accident or other extraordinary circumstance connected with such damage having taken place during the voyage*" (trad. fr. "*Cependant, si des avaries au navire sont découvertes dans un port ou lieu de chargement ou d'escale sans qu'aucun accident ou autre circonstance extraordinaire en rapport avec ces avaries se soit produit au cours du voyage*", it. "*Se peraltro un danno alla nave viene accertato in un porto o luogo di caricazione o di scalo senza che alcun incidente o altra circostanza straordinaria connessa con tale danno si sia verificato durante il viaggio*", cast. "*Sin embargo cuando las averías del buque se descubran en un puerto o lugar de escala sin que ningún accidente u otra circunstancia extraordinaria en relación con éstas averías se haya producido durante el viaje, entonces*", EOM "*Desde*

que a avaria ao navio seja descoberta no porto ou lugar da carga ou de escala, sem que tenha ocorrido durante a viagem qualquer acidente ou circunstâncias extraordinárias que possa ser relacionada àquela avaria, nesse caso", ABDM " *Contanto que, quando o dano do navio é descoberto num porto de carregamento ou escala, sem qualquer acidente ou qualquer outra circunstância extraordinária relacionada com tal dano tenha ocorrido durante a viagem, então*") por "*Quando forem descobertos danos ao navio no porto ou local de carregamento ou de escala sem que tenha ocorrido durante a viagem acidente algum ou outra circunstância extraordinária relacionada com tais danos*", em lugar de uma trad. literal.

[247] Optou-se por traduzir "*her original voyage*" (trad. fr. "*son voyage primitif*", it. "*il suo viaggio originale*", cast. "*su viaje original*", GM e GS50/74 "*[d]a viagem primitiva*", EOM "*[prosseguir] viagem*", ABDM "*sua viagem original*") por "*a sua viagem inicial*", por paralelismo com trad. de "*original cargo*" por "*carga inicial*", e uma vez que o adjectivo "*original*" assume várias conotações que desaconselham a trad. por este termo (cf. também a orientação assumida a respeito de "*original cargo*" por "*carga primitiva*" na regra IX; cf. também "*original ship*" na regra G), consignando-se, todavia, a possibilidade de, em alternativa, se traduzir também por "*viagem inicial*" (sem o pronome "*sua*", que pode dispensar-se sem prejuízo à cabal compreensão do texto), "*[a sua] viagem primitiva*", "*[a sua] viagem originária*" ou "*[a sua] viagem de origem*".

[248] Optou-se por traduzir "*discharge of cargo*" por "*descarga da mercadoria*", em lugar de "*descarga da carga*" ou de apenas "*descarga*" (trad. GS74), que teria a vantagem de evitar a repetição, pouco elegante, na língua port., de "*descarga da carga*", mas o grave inconveniente de, neste caso, não se especificar o objecto da própria descarga.

[249] Optou-se por traduzir "*before that date*" por "*antes dessa data*", conforme nts. à trad. da regra X.

[250] Optou-se por traduzir "*under the terms of articles of employment*" (trad. fr. "*résultent des conditions et clauses des contrats de travail*", it. "*eseguiti in base alle clausole del contratto di lavoro*", cast. "*resultan de las condiciones o cláusulas de los contratos de trabajo*", GS50/74 "*de acordo com o contrato de assalariamento*", EOM "*decorrentes do contrato de trabalho*", ABDM "*nos termos de contrato de trabalho*") por "*nos termos de contrato de trabalho*". No direito ing., o *contract of employment* é regulado pelo *Employment Rights Act 1996* (ERA). O esclarecimento do conceito de salário ("*wages*") foi introduzido nas RIA 1950 para resolver a questão sobre se a palavra em questão abrangia apenas o salário base da tripulação ou, mais abrangentemente, todos os gastos salariais do armador com a tripulação do navio, tendo prevalecido este último entendimento, feita a seguinte ressalva: não são por via desta regra abrangidos pagamentos ditos "irregulares" à tripulação, como bónus, majorações de desempenho e trabalho suplementar (*overtime*) para tarefas específicas, embora o sejam o trabalho suplementar relativo a normais obrigações, como a de vigília no porto de refúgio (mais ampla é a definição de "*wages*" – que, por ex., também abrange bónus – da secção 27/1 do ERA, com as excepções previstas nos n.os 2 e 3). A definição legal mais abrangente de direito ing. de *contract of employment* consta da secção 230/2 do ERA: ""*contract of employment" means a contract of service or apprenticeship, whether express or implied, and (if it is express) whether oral or in writing*" (diferentemente do *contract of service* que exprime a relação daquele que trabalha sob direcção doutrem, no *contract for service* fala-se em trabalho por conta própria). Sobre os conceitos de *employee* (mais restrito) e *worker* (mais amplo) e suas diferenças no direito

ing., cf. a secção 230/1 e 3 do ERA: “*"employee" means an individual who has entered into or works under (or, where the contract has ceased, worked under) a contract of employment*” e “*"worker" (...) means an individual who has entered into or works under (or, where the employment has ceased, worked under) (a) a contract of employment, or (b) any other contract, whether express or implied and (if it is express) whether oral or in writing, whereby the individual undertakes to do or perform personally any work or services for another party to the contract whose status is not by virtue of the contract that of a client or customer of any profession or business carried on by the individual*”). No sentido acabado de expor LESLIE BUGLASS, *General Average* cit., 63 (considerando que, por ex., o trabalho suplementar “irregular” como o relativo às reparações no porto de refúgio não cabe nesta regra, devendo antes seguir o tratamento dado às despesas com as reparações), ou N. GEOFFREY HUDSON/MICHAEL HARVEY, *The York-Antwerp Rules. The Principles and Practice of General Average Adjustment*, 4.ª ed., Informa Law, Abingdon, 2018, 23.49-23.50. Cf. também a cl. 16.ª das *Institute Time Clauses – Hulls*, a cujo respeito esclareceu o Comité Consultivo da Associação Britânica de Reguladores de Avarias Grossas (*Advisory Committee of the Association of Average Adjusters*): “*The term "wages" comprises the gross amount of all payments made by the shipowners to the members of the crew on a monthly, weekly or other periodic basis including leave pay, overseas allowance, etc. ant the employers' contribution to state and other insurance and/or pension schemes which relate to those payments, and also payments of overtime to the crew in pursuance of their normal watchkeeping and/or other duties which may loosely be termed regular overtime*”).

[251] Optou-se por traduzir “*port charges*” (que aparece 4 vezes no texto das RIA16: regra XI *b*) (iii), (iv) e (v), e (c) (ii); cf. trad. fr. “*frais de port*”, it. “*diritti portuali*”, cast. “*gastos de puerto*”, ABDM “*taxas portuárias*”/“*encargos portuários*”, GS50/74 e EOM “*despesas portuárias*”) por “*encargos portuários*”, de modo a traduzir por termos portugueses diferentes as palavras ing. “*expenses*”/“*expenditure*” (despesas) e “*charges*” (encargos) e para evitar o inconveniente, por ex., na al. *c*) (ii) de definir despesas portuárias (“*port charges*”) por despesas (“*expenses*”), consignando-se, todavia, a possibilidade de, em alternativa, se traduzir por “*despesas portuárias*” (cf. também os artigos 233.º/1, *a*), do DL 109/99/M, 84.º/1, *a*), e 2, da PLNCM e 322.º do CM; nos artigos 648.º e 649.º do CCom88, o termo usado foi “*direitos de entrada e outros de descarga*”, no 578.º/5 “*direitos de tonelagem, faróis, ancoradouro, saúde pública e quaisquer outros de porto*”, no 580.º/3 “*direitos fiscais que forem devidos no porto da descarga*”; no CCom50, o artigo 466.º/6 fala em “*despesas dos portos donde sair, compreendidas as de pilotagem, ancoragem e mais direitos ou impostos de navegação*”, o 470.º/2 em “*direitos de porto e impostos de navegação*”. Cf. também o artigo 5.º do DL 264/2012: “*responder* [o agente de navegação] *perante a autoridade portuária e marítima por tarifas e demais encargos relativamente a serviços prestados por si requisitados*”).

[252] Optou-se por traduzir “*customary or additional expenses*” (trad. ABDM “*despesas usuais ou adicionais*”; as outras vers., porque anteriores a 2016, não contêm trad. desta expressão) por “*despesas usuais ou adicionais*”, podendo também traduzir-se a expressão por “*despesas habituais ou adicionais*” (embora o adjectivo “*usual*” pareça mais adequado no port. corrente, uma vez que “*habitual*” respeita, com maior frequência, a comportamentos ou acções humanas, o que não é, directamente pelo menos, o caso).

[253] Optou-se por traduzir “*measures undertaken to prevent or minimise damage to the environment*” (trad. fr. “*mesures prises pour prévenir ou minimiser un dommage à*

l'environnement", it. "*misure adottate per prevenire o ridurre un danno all'ambiente*", cast. "*medidas adoptadas para evitar o aminorar el daño al medio ambiente*", EOM "*medidas empreendidas para prevenir ou minimizar os danos ao meio ambiente*", ABDM "*providências para prevenir ou minimizar danos ao meio ambiente*") por "*medidas tomadas para prevenir ou minorar os danos ao ambiente*", na esteira da trad. da al. *c*) da Regra VI, para cujas notas explicativas se remete.

[254] Optou-se por traduzir "*damage to the environment*" por "*danos ao ambiente*", conforme nts. à trad. das regras C e VI.

[255] Optou-se por traduzir "*in any or all of the following circunstamces*" (trad. fr. "*dans l'une quelconque des situations suivantes*", it. "*in una delle seguenti circostanze*", cast. "*cuando resulte de todas o alguna de las siguientes circunstancias*", EOM "*em qualquer ou todas as seguintes circunstâncias*", ABDM "*em toda ou qualquer das seguintes circunstâncias*") por "*nalguma das seguintes circunstâncias*" por parecer redundante na língua portuguesa dizer "*nalguma ou em todas as seguintes circunstâncias*" (também neste sentido as trad. fr. e it.).

[256] Optou-se por traduzir "*party outside the common maritime adventure*" (trad. ABDM "*terceiro à aventura marítima comum*") por "*terceiro em relação à aventura marítima comum*".

[257] Optou-se por traduzir "*salvage reward*" (que aparece 1 vez apenas nas RIA16 precisamente na regra XI *d*) (i), mas surge 12 vezes na CL89 nos artigos 1.º, *e*), 8.º/1, *d*), 12.º/1, 13.º/1, 2 e 3, 14.º/1 e 4, 15.º/1; trad. fr. "*indemnité d'assistance*", it. "*compenso di salvataggio*", cast. "*remuneración por salvamento*", EOM e ABDM "*recompensa de salvamento*") por "*remuneração por salvação*", consoante a orientação de Mário Raposo na trad. da CL89, que traduz a expressão, à excepção do artigo 1.º, *e*) (aí unicamente, cremos, para efeito de desambiguação), por "*remuneração*", e conforme a orientação, em parte, acolhida na LSM (que, no artigo 5.º adoptou o termo "*remuneração*", não obstante o termo genérico adoptado tenha sido o de "*salário de salvação marítima*", aí usado 22 vezes).

[258] Optou-se por traduzir "*as a condition*" por "*como condição*" por não haver aqui o risco, atento o contexto, de ambiguidade com o homónimo termo técnico-jurídico.

[259] Optou-se por traduzir "*in connection with*" por "*relacionados com*", consignando-se a possibilidade de, em alternativa, traduzir-se por "*correlatos à*".

[260] Sobre a trad. de "*handling*" por "*manipulação*" (trad. fr. "*manutention*", it. "*manipular*", GS74 "*manusear*", ABDM "*manuseio*") cf. nts. à trad. da regra X.

[261] Optou-se por traduzir "*storing*" por "*armazenamento*" conforme nts. à trad. da regra XII.

Regra XII

[262] Optou-se por traduzir "*sustained*" (que aparece 5 vezes nas RIA16: regras C/3, IV, XII, XVI *a*), *i*), e XX, *a*)); trad. fr. "*subis*", it. "*sofferto*", cast. "*sufridos*", GM, GS50/74, EOM e ABDM "*sofrido[a]s*") por "*sofridos*", em harmonia com as demais trad., mau grado pouco comum, posto que não insólito (especialmente na legislação comercial; apenas 3 vezes no CC66 o sujeito da acção descrita pelo verbo sofrer não são pessoas, mas curiosamente na legislação comercial (e mais antiga) port. e bras. é mais frequente serem sujeito da acção coisas: no CC66 nos artigos 913.º ("*[S]e a coisa sofrer de vício*"), 1553.º ("*prédio ou prédios que sofram menor prejuízo*") e 1733.º ("*cobertura de riscos sofridos por bens próprios*"), no CCom nos artigos 235.º pr. ("*danificações, sofridas [pelas mercadorias] durante o transporte*"), 383.º pr. ("*perda ou deterioração, que [os objectos] venham a sofrer*") e 439.º

(*"perdas e danos que sofra o objecto segurado"*), 578.º/15 (*"avarias que estas [fazendas] sofressem"*), 603.º § único (*"os objectos seguros sofrem"*), 635.º, § 2.º (*"dano sofrido só pelo navio ou só pelas fazendas"*), 637.º (*"só pelo navio ou só pela cousa que sofreu o dano"*), 639.º, § 1.º/1 (*"prejuízo que sofreram [as cousas salvas] para a salvação comum"*), 642.º, § 2.º (*"danos sofridos (...) pelos objectos salvos"*), 668.º (*"suporta cada um deles [navios] os prejuízos que sofreu"*); no CCom50 os artigos 102.º (*"o risco que as coisas sofrerem"*), 207.º pr. (*"os danos que a coisa vendida sofrer"*), 229.º (*"o dano que a coisa alugada sofrer"*), 230.º, (*"danificação que a coisa alugada sofrer"*), 504.º (*"os danos ou avarias que o navio ou carga possam sofrer"*), 540.º (*"prejuízo que sofrer o mesmo navio ou a carga"*), 565.º (*"danos que [os navios] sofrerem"*), 607.º (*"danos que o navio ou as fazendas vierem a sofrer provenientes desse facto"*), 671.º (*"navio que sofreu o sinistro"*), 752.º (*"[o]s danos que o navio ou a carga (...) sofre"*), 763.º (*"coisa que sofreu o dano"*), 766.º *in fine* (*"dano sofrido só pelo navio"*), 771.º (*"danificações que sofrerem as fazendas"*), 772.º pr. (*"dano sofrido pelo navio"*)), identificar como sujeito da acção (aqui agente da passiva), *i. e.*, "aquele" que sofre, coisas (o verbo sofrer referido a danos, em que o sujeito da acção é uma pessoa, aparece com relativa frequência no CC66: cf., neste sentido, os artigos 119.º/2 (*"direito a ser indemnizado do prejuízo sofrido"*), 245.º/2 (*"direito de ser indemnizado pelo prejuízo que sofrer"*), 339.º/2 (*"obrigado a indemnizar o lesado pelo prejuízo sofrido"*), 468.º/1 (*"a indemnizá-lo do prejuízo que haja sofrido"*), 496.º/3 (*"danos não patrimoniais sofridos pela vítima, bem como os sofridos pelas pessoas com direito a indemnização"*), 547.º (*"ser indemnizado dos danos que houver sofrido"*), 563.º (*"danos que o lesado provavelmente não teria sofrido"*), 765.º/1 (*"se ressarcir dos danos que haja sofrido"*), 775.º (*"indemnizar este do prejuízo que sofrer com a mudança"*), 807.º/2 (*"teria sofrido igualmente os danos"*), 829.º/2 *"prejuízo sofrido pelo credor"*), 838.º (*"danos sofridos"*), 852.º/2 (*"danos sofridos pela outra parte"*), 898.º (*"prejuízos que não teria sofrido"*), 908.º (*"prejuízo que este não sofreria"*), 935.º/1 (*"prejuízo sofrido"*), 1040.º/1 (*"sofrer privação ou diminuição do gozo"*), 1167.º (*"prejuízo sofrido"*), 1172.º (*"prejuízo que esta [parte] sofrer"*), 1199.º (*"prejuízo sofrido"*), 1284.º/1 (*"prejuízo que haja sofrido"*), 1334.º/1 (*"dano sofrido"*), 1347.º/3 (*"indemnização pelo prejuízo sofrido"*), 1349.º (*"ser indemnizado do prejuízo sofrido"*), 1475.º (*"danos que este [proprietário] venha a sofrer"*), 1554.º (*"prejuízo sofrido"*), 1957.º/4 (*"danos que o menor venha a sofrer"*); o verbo sofrer também surge por referência a alterações: 437.º/1, 567.º/2, 780.º/2, 823.º, 888.º/2).

[263] Trad. de "*cargo*" por "*carga*", conforme nts. à trad. da regra I.

[264] Optou-se por traduzir "*storing*" por "*armazenamento*", reservando o termo "*armazenagem*" para "*storage*" (*vide* notas à regra X), de modo a assinalar a própria diferença no original ing. ("*storage*"/"*storing*") que, embora sejam os termos *grosso modo* sinónimos (no ing. – assim Lowndes/Rudolf, *The Law of General Average and the York-Antwerp Rules*, actualizada por D. J. Wilson/J. H. S. Cooke, 12.ª ed., Sweet & Maxwell, Londres, 1997, 435 – como no português; num caso o substantivo é formado através da adição ao verbo "armazenar" do sufixo nominal *-mento* (com normal valor de resultado da acção ou de instrumento) no outro caso pela adição do sufixo também nominal *-agem* (com valor, neste contexto, de acção do verbo ou resultado da acção): o primeiro provém do sufixo nominal latino *-mentum* com original significação instrumental (ex.: *ornare*/*ornamentum*), o segundo do sufixo adjectival tardio latino *-aticus* (ex.: *silua*/*siluaticus*, *via*/*viaticum*, donde *voyage* no francês, depois *viagem* no português), que foi recebido como sufixo nominal no português por via do provençal *-aitge* e do francês *-age* a partir do séc. xiv (no *Dizionario*

Treccani disponível em linha atesta-se a vulgarização do sufixo na línguit. por influência fr. mas considera-se por vezes "grosseiro e "desaconselhável", devendo preferir-se formas alternativas nesta língua: assim *concubinato* por *concubinaggio*, *dosatura* por *dosaggio*, *lavatura* por *lavaggio*, *finitura* por *finissaggio*, *ingrassatura* por *ingrassaggio*, etc.); consultámos M. A. ALMENDRA/J. NUNES DE FIGUEIREDO, *Compêndio* cit., 223, *Dicionário Houaiss da Língua Portuguesa*, II, Temas e Debates, Lisboa, 2005, 325, *Dicionário Houaiss da Língua Portuguesa*, XII, Temas e Debates, Lisboa, 2005, 5428), se destina precisamente a assinalar uma diferença normativa relevante e que assim talvez passe menos despercebida: perante a primeira proposta de redacção da correspondente regra nas RIA 1890, donde constava *storage*, considerou-se que o termo era demasiado amplo podendo interpretar-se no sentido de abranger também os danos sofridos *durante* o período de armazenagem, que não apenas o acto de armazenamento (o intento era precisamente abranger apenas os danos sofridos neste último acto; o relato é-nos transmitido por LOWNDES/RUDOLF, *The Law of General Average*[12], 432-433 e 435).

265 Optou-se por traduzir "*stowage*" (que aparece 2 vezes nas RIA16 (regras X, *c*), e XII; trad. fr. "*arrimage*", it. "*stivaggio*", cast. "*estiba*", GM, GS50/74 "*estiva*", ABDM "*estivagem*", EOM "*estivação*") e seus derivados "*restowage*" e "*restowing*" (que aparecem outras 3 vezes: regras X *b*), *ii*) e *c*)) por "*estiva*", conforme nts. à trad. da regra X.

266 Optou-se por traduzir "*shall be allowed as general average*" por "*serão admitidos em avaria grossa*", conforme nota à trad. das regras A e B.

267 Optou-se por traduzir "*when and only when the cost of those measures respectively is allowed as general average*" (trad. fr. "*lorsque le coût respectif de ces opérations sera admis en avarie commune et dans ce cas seulement*", it. "*quando, e solo quando, il costo di tali operazioni è ammesso in avaria comune*", cast. "*tan solo cuando el coste de tales operaciones sea admitido como avería gruesa*", GM "*nos casos sòmente em que as despesas ocasionadas por estas medidas fôrem respectivamente admitidas na avaria comum*", GS50/74 "*somente quando o sejam as despesas com estas operações*", ABDM "*quando, e somente quando, os custos dessas medidas forem admitidos como avaria grossa*", EOM "*quando, e somente quando, os custos destas respectivas medidas forem respectivamente como avaria grossa*") por "*quando, e apenas quando, o custo de tais operações seja respectivamente admitido em avaria grossa*" em conformidade ao original ing., embora possível e desejável, na senda das trad. do GS 1950 e 1974, trad. por "*seja como tal admitido o custo de tais operações*" de modo a evitar repetições no discurso, frequentes na língua ing., mas menos na port. A tradução do "*respectivamente*" seria em abstracto dispensável no port. (como o foi no it. e no cast.), porque é óbvio que o custo se refere a cada uma de tais operações, mas optou-se, a final, pela sua integração no texto para evitar dissonâncias e com propósito de esclarecimento (cf. também trad. fr. e GM).

Regra XIII

268 Optou-se por traduzir o termo "*repair(s)*" (que surge 26 vezes no texto das RIA16 (regras X (a) (ii), (b) (i), XI (b) (i), (ii), (iii) e (iv), XIII (a), XIV (a), (b) e (c), XVIII (a) e (b)); vers. fr. "*réparation(s)*", it. "*riparazione(i)*", cast. "*reparacione(s)*", EOM e ABDM "*reparos*", GM e GS50/74 "*reparações*") por "*reparação(ões)*", por aproximação às demais línguas neolatinas e em razão de se tratar do vocábulo mais comummente usado com esta acepção na língua port. (ao invés do termo "*reparo(s)*", na medida em que também assume outros significados correntes não técnicos; assim, por ex., no CC66, *reparo* só consta 1 vez no artigo 1352.º/1, em contraste com as 33 vezes que *reparação* surge, nos artigos 489.º/1,

509.º/2, 520.º, 562.º, 825.º, 838.º, 914.º, 1036.º, ep., 1 e 2, 1038.º, *e*), 1225.º/1, 1375.º, ep., 1 e 5, 1422.º/2, *a*), 1427.º, 1454.º/2, 1458.º/2, 1468.º, *b*), 1472.º, ep., 1, 2 e 3, 1473.º, ep., 1, 2 e 3, 1489.º/1, 1792.º, ep.; no CC02 o termo *reparo* surge 6 vezes nos artigos 937.º, 1341.º, §§ 2.º, 3.º e 4.º e 1410.º/VII, contra as 13 vezes que aparece *reparação*, nos artigos 206.º/§ 3.º/V, 932.º, 942.º, 943.º, 948.º, 953.º, 1280.º, 1313.º/I e § 1.º, 1341.º/§ 1.º, 1404.º pr. e § 2.º).

[269] Optou-se por traduzir "*deductions in respect of "new for old"*" (vers. fr. "*différence du "neuf au vieux"*", it. "*differenza tra il nuovo e il vecchio*", cast. "*deducciones por diferencia de nuevo a viejo*", EOM "*novo para velho*", ABDM "*deduções "novo por velho"*", GM "*diferença do novo ao usado*" e "*diferença do velho para o novo*", GS50/74 "*deduções de «novo por usado»*") por "*deduções de "novo por velho"*", que se encontra relativamente generalizada na linguagem corrente e jurídica (por ex., em matéria de cálculo da indemnização, Paulo Mota Pinto, *Interesse contratual negativo e interesse contratual positivo*, vol. I, Coimbra Ed., Coimbra, 2009, 754 e ss.), consignando-se também a possibilidade de, em alternativa, traduzir por "*diferença de «novo por usado»*".

[270] Optou-se por traduzir "*old material or parts*" (expressão já presente, pelo menos, nas RIA50, 74, 94 e 04; cf. trad. fr. "*vieux matériel*", it. "*materiale vecchio o parti vecchie*", cast. "*material viejo*", GS74 "*peças e material velhos*", EOM "*materiais ou partes velhas*", ABDM "*material ou partes velhas*") por "*material ou partes velhos*" em lugar de "*material velho ou partes*", pois o adjectivo "*old*" qualifica ambos os nomes "*material*" e "*parts*", não havendo, por isso, margem a considerar poderem ser para o efeito as partes (que não o material) interpretadas como velhas ou novas indistintamente, conforme de resto resulta do sentido normativo do preceito (ou seja, os termos em que deve ser feita dedução do novo por velho devida essencialmente a um aumento do valor das coisas substituídas, e não do novo por novo) e a clara contraposição nessa mesma oração entre o "*old material or parts*" e a indiferenciada referência a "*new*" ("*replacementt [of old material or parts] by new [material or parts]*"; cf. também "*new material or parts*" na al. *b*)). Não parece oportuna a eliminação do binómio material e partes (como procedem as trad. fr. e cast.), pois misturam-se assim duas realidades diferentes no direito ing. em que primariamente se influenciou a redacção desta regra: o material do navio e as partes do navio (o termo "*parts*" surge, além da regra XIII *a*) "*parts*"/"*particular parts*" e *b*) "*parts*", na regra IV onde são expressamente ditas "*parts of the ship*"; cf., no direito port., o artigo 1.º/1 do ELN), e a que correspondem regimes diferentes: note-se que para as específicas partes (as "*particular parts*" do final da regra XIII *a*)) se aplica um regime especial fundado não na idade do navio mas na das partes em questão (cf. F. Berlingieri, *Le Convenzioni* cit., 337-338, que especifica haver duas razões para tal diverso critério no que às "*particular parts*" concerne: (*i*) trata-se de partes que no curso de "vida" de um navio são normalmente substituídas; (*ii*) são partes individualizáveis e separáveis do corpo do navio, ainda que se trata de partes constitutivas – motor, caldeiras – ou "pertenças" – barcos salva-vidas e aparelhos de comunicação e navegação). Pelas apontadas razões não parece também dever traduzir-se "*parts*" por "*peças*" como consta da trad. GS74.

[271] Optou-se por traduzir "*in which case there shall be a deduction of one third*" (cf. trad. fr. "*en pareil cas, la déduction sera de un tiers*", it. "*nel quale caso viene fatta una deduzione di un terzo*", cast. "*en cuyo caso la deducción será de un tercio*", GS74 "*neste caso, haverá uma dedução de um terço*", EOM "*caso este em que haverá dedução de um terço*", ABDM "*quando, então, haverá uma dedução de um terço*"; as trad. GM e GS50, embora perante diferente redacção das RIA, preferem as construções "sujeitar algo

a dedução", "deduzir algo", "fazer a dedução de algo") por "*em cujo caso se procederá à dedução de um terço*" (em favor desta redacção depõe também a trad. cast.: "*en cuyo caso*"), consignando-se, contudo, a possibilidade de, em alternativa, traduzir-se por "*em cujo caso/caso em que se deduzirá* [ou: *será deduzido*] *um terço*", "*em cujo caso/caso em que a dedução será de um terço*" ou, embora talvez menos elegante, "*em cujo caso/caso em que ocorrerá a dedução* [=se deduzirá] *de um terço*".

272 Optou-se por traduzir "*shall be regulated by the age*" (trad. fr. "*seront fixées d'après l'âge*", it. "*sono effettuate in base all'età*" e "*sono calcolate sulla base dell'età*", cast. "*se regularán por la edad*", GM "*serão baseados na idade*", GS50/74 "*serão em função da idade*" e "*serão reguladas pela idade*", EOM "*serão reguladas pela idade*" e "*serão reguladas de acordo com a idade*", ABDM "*serão reguladas pela idade*" e "*serão estabelecidas de acordo com a idade*") por "*serão determinadas em função da idade*", consignando-se a possibilidade de, em alternativa, se traduzir por "*serão calculadas de acordo com*".

273 Optou-se por traduzir "*completion*" (vers. fr. "*achèvement*", it. "*completamento*", cast. "*en que terminó*", EOM e da ABDM "*término*", GS74 "*em que terminou*") por "*termo*", consignando-se a possibilidade de, em alternativa, traduzir por "*em que terminou a [construção]*".

274 Optou-se por traduzir "*insulation*" por "*isolamento*" (trad. fr. "*isolants*", it. "*materiale isolante*", cast. "*aislamientos*", EOM "*revestimento térmico*", ABDM "*isolamento*", GS74 "*isolamentos*"; O ing. mantém a raiz latina intocada (*insula*) ao passo que o port. por influência do it. (por via indirecta do fr.?) preferiu o radical italianizado *isola* que por sua vez também provém de *insula*).

275 Optou-se por traduzir "*life and similar boats*" (trad. fr. "*canots de sauvetage et similaires*", it. "*imbarcazioni di salvataggio e altre similari*", cast. "*botes salvavidas y similares*", GS74 "*barcos salva-vidas e similares*", EOM "*embarcações salva-vidas e similares*", ABDM "*barcos salva-vidas e outros similares*") por "*barcos salva-vidas e similares*", na esteira da trad. GS74, para traduzir *boat* (barco) de forma diferente de *ship* (navio) e *vessel* (embarcação), e por ser expressão consagrada na linguagem náutica port. (H. LEITÃO/J. VICENTE LOPES, *Dicionário* cit., 86; sobre a extensão normativa a dar ao termo "*similar boats*" LOWNDES/RUDOLF, *The Law of General Average*[12], 443).

276 Optou-se por traduzir "*communications and navigational apparatus and equipment*" (trad. fr. "*appareils et équipements de communication et de navigation*", it. "*le apparecchiature per le comunicazioni e la navigazione*", cast. "*aparatos y equipos de comunicación y navegación*", EOM "*aparelhos e equipamentos de comunicação e navegação*", ABDM "*aparelhos de comunicações e de navegação*") por "*aparelhos e equipamento de comunicação e de navegação*", ao invés de, como consta das trad. GS50/74, "*aparelhos de comunicação e de navegação e respectivo equipamento*".

277 Optou-se por traduzir "*machinery and boilers*" (trad. fr. "*machines et chaudières*", it. "*i macchinari e le caldaie*", cast. "*máquinas y calderas*", GS74, EOM e ABDM "*máquinas e caldeiras*") por "*máquinas e caldeiras*", na senda das demais trad. em língua port. e em harmonia com a orientação seguida a respeito da regra VII.

278 Optou-se por traduzir "*of the particular parts to which they apply*" (trad. fr. "*des différentes parties auxquelles elles s'appliquent*", it. "*delle parti a cui esse si applicano*", cast. "*de las partes particulares a que se aplique*", GS74 "*de cada objecto a que se aplicam*") por "*das específicas partes a que se aplicam*", EOM "*das partes particulares que a elas se aplicam*", da ABDM "*de cada parte às quais se aplicam*"). Uma trad. à letra da oração

final da regra XIII *a*) soa mal: "*for which* [= as partes imediatamente antes enumeradas] *the deductions shall be regulated by the age of the particular parts to which they apply*" (cf. trad. fr. "*pour lesquels les déductions seront fixées après l'âge des différentes parties auxquelles elles s'appliquent*", it. "*per i quali le deduzioni sono calcolate sulla base dell'età delle parti a cui esse si applicano*", cast. "*para los cuales las deducciones se regularán según la edad de las partes particulares a que se aplique*", ABDM "*para os quais as deduções serão estabelecidas de acordo com a idade de cada parte às quais se aplicam*", EOM "*para os quais as deduções serão reguladas de acordo com a idade das partes particulares que a elas se aplicam*", GM (sob diverso contexto) "*As deduções serão baseadas na idade do navio, e não na idade da parte especial do navio sôbre a qual incidirem*", GS50 (a redacção neste particular era idêntica mas diverso o contexto) "*As deduções nestes casos serão reguladas pela idade de cada objecto a que se aplicam*", GS74 "*As deduções nestes casos serão reguladas pela idade de cada objecto a que se aplicam*"), literalmente em português "*para as quais* [ou "*em relação às quais*"] *as deduções serão determinadas em função da idade das específicas partes a que* [ou "*às quais*" = as específicas partes] *[aqu]elas* [este pronome, sujeito da da oração relativa, substitui "deduções"; caso estivesse na vez de "partes" como sujeito significaria absurdamente que "as partes aplicam-se às partes específicas"] *se aplicam*" (o verbo "*apply*" surge 7 vezes nas RIA, tendo em 6 delas como sujeito regra ou parágrafo (regras de interpretação, B/1, G/4, X *c*) e XXIII *b*)), à excepção precisamente da regra XIII *a*) de cuja trad. ora se cura): em rigor, por isso, no ing. as "partes" surgem duas vezes na mesma oração (*for which* + *particular parts*) e depois na segunda oração relativa (*to which*), o que parece redundante e desnecessário em português; o exemplo torna-se mais claro se isolarmos a oração em causa: "*As deduções para as partes [acabadas de enumerar] serão determinadas em função da idade das específicas partes*". A opção passaria por eliminar o segmento "*para as quais/em relação às quais*" e substitui-lo por "*sendo*" mais "*nestes casos*" (similar, em parte, às trad. GS50/74) ou então, eventualmente, pelo adjectivo "*correspondentes*": "*sendo [nestes casos] as [correspondentes] deduções determinadas em função da idade das específicas partes a que se aplicam*". A final, para clareza de redacção, optou-se por isolar este segmento do anterior por ponto e vírgula e formar uma frase independente, como nas trad. do GS50/74: "*; as deduções serão determinadas nestes casos* [o acrescento "*nestes casos*" é importante para esclarecer que se trata das deduções das partes referidas na oração "*salvo quanto*" que não das deduções ao navio (início da anterior frase)] *em função da idade das específicas partes a que* [atento o contexto, é preferível a supressão da trad. do "*they*", dado que o sentido da frase aponta de forma explícita para que o sujeito desta oração relativa seja deduções] *se aplicam*". Optou-se por traduzir "*to which they apply*" por "*a que aquelas se aplicam*" de modo a frisar que o antecedente to pronome (em cuja vez está) é não o imediatamente antecedente ("*particulares partes*") mas o anterior a esse ("*deduções*"), consignando-se a possibilidade de, em alternativa, omitir-se a trad. do "*they*" (como nas trad. GM, GS50/74, ABDM e cast.; na verdade, é indiferente lá estar ou não, pois mantém-se sempre em termos puramente gramaticais a indefinição sobre qual o seu referente, *i. e.*, se deduções, se partes; só o sentido da frase permite apurá-lo).

[279] Optou-se por traduzir "*no deduction shall be made*" por "*não será efectuada dedução alguma relativa a*", consignando-se também a possibilidade de, em alternativa, traduzir "*nenhuma dedução relativa a (...) será efectuada*".

[280] Optou-se por traduzir "*provisions, stores*" por "*provisões, apetrechos*" (que surge 16 vezes nas RIA16: regras VIII, IX, X *b*) (i) e (ii) e *c*), XI *a*), *b*) (ii), (iv) e (iv) e *d*) (iv),

XII e XIII *b*); vers. fr. "*approvisionnements, matières consommables*", it. "*proviste, scorte*" – *scorta* com o significado de "*in marina, l'insieme dei materiali di consumo necessarî all'autonomia di una nave per un determinato percorso (...); anche, l'insieme dei materiali di riserve imbarcati per fronteggiare eventuali casi di emergenza*": *Dizionario Treccani* em linha –, cast. "*provisiones, pertrechos*", GM e GS50/74 "*víveres e provisões*", EOM "*provisões, material de consumo*", ABDM "*provisões*"; a palavra *stores* ("*an amount or supply (of something) kept for use when needed*": *Oxford Student's Dictionary* cit., 624) tem neste contexto um sentido normativo muito amplo, reconhecendo mesmo a doutrina ing. ser "difícil" senão "impossível" dela avançar uma exacta definição neste âmbito (assim, Lowndes/Rudolf, *The Law* cit., 444; cf. também F. Berlingieri, *Le Convenzioni* cit., 339[78]; como definição de "*store(s)*" dá Armando de Morais, *Dicionário* cit., 1200: "*fornecimento, abastecimento; provisão, reserva*"). De todo o modo, conforme registado na Conferência de 1924, o conceito é de tal modo amplo que chega a abranger – além da sua letra – amarras/cabos de reboque, cordas e escotas, compreendendo ainda na prática outros objectos, como tintas, óleos e ferramentas), consignando-se também a possibilidade de, em alternativa, traduzir-se "*stores*" por "*mantimentos*", "*víveres*" (como nas trad. GM, GS/GS50/74; cf. também os artigos 654.º/1 e 658.º/1 do CCom88), "*vitualhas*" (cf. ainda hoje o artigo 690.º do CCom50: "*utensílios e vitualhas ou provisões*"; a palavra vem do latim *uictualia* plural neutro de *uictualis* (relativo à alimentação, alimentar) de *uictus* (de *uiuo*, não de *uinco*) com o sentido de alimento, subsistência, alimentos. F. Gaffiot, *Dictionnaire latin français*, Hachette, Paris, 1934, 1673) ou "*comestíveis*", embora estes vocábulos tenham uma conotação muito (alguns deles: exclusivamente) ligada a alimentação, ao contrário de "*apresto*" (cf. os artigos 468.º, 470.º/3, 690.º e 877.º/6 do CCom50 e 578.º/8 e 12 do CCom88), "*apetrecho*" ou "*petrecho*" (cf. também a trad. cast.: "*pertrechos*"; *petrecho* ou *apetrecho* (do cast. *pertrecho*) significam: (1) munição, instrumento ou utensílio de guerra (mais usado no plural); (ii) instrumento ou objecto necessário para executar uma actividade; (3) meio necessário para executar ou obter alguma coisa (cf. também H. Leitão/J. Vicente Lopes, *Dicionário* cit., 412: "*Petrechos – Armamento, munições de guerra e de* boca"). *Apresto* (de *a-* + *presto*, derivação regressiva de *prestar*; mais usado no plural) significa: (1) preparo para a realização de algo; (2) coisa ou material necessário para fazer algo; (3) material de que o navio necessita para navegar (cf. H. Leitão/J. Vicente Lopes, *Dicionário* cit., 51: *Aprestos – Preparativos. Apercebimentos*"; também o *Glossário* cit., 20: "*Aprestos (...) 1. Todo o equipamento necessário a um barco para que possa executar a sua viagem em condições de segurança e eficiência*")), cujo significado é mais genérico como sucede no ing. Traduz-se aqui "*stores*" de forma diferente das demais regras, em que se optou por "*provisões*" (regras VIII, IX, X *b*) (i) e (ii) e *c*), XI *a*), *b*) (ii), (iv) e (iv) e *d*) (iv), XII e XIII *b*) das RIA16), pois traduzir nas demais regras por "*apetrechos*" desacompanhado de "*provisões*" (ao contrário do que acontece aqui em que uma e outra palavra delimitam o respectivo âmbito) poderia ser menos claro (apetrechos tem um sentido mais indefinido) e porque o sentido da palavra "*provisões*", crê-se, é mais imediato e delimitado.

[281] Optou-se por traduzir "*dues*" (vers. fr. "*frais*", it. "*diritti*", cast. "*gastos*", GM "*despesas*", GS74 "*despesas*", EOM "*despesas*", ABDM "*tarifas*") em "*Drydock and slipway dues*" por "*encargos*" em lugar de apenas "*despesas*" (a que corresponde a trad. de "*expenses*"), dado ter o termo ing. um sentido sensivelmente diverso de "*expenses*", consignando-se a possibilidade de, em alternativa, traduzir-se por "*emolumentos*" ou "*taxas*" (embora este último termo tenha também o inconveniente de lhe ser associado um

marcado sentido técnico-jurídico de direito fiscal a que não correspondem necessariamente as "*dues*" aqui referidas).

[282] Optou-se por traduzir "*Drydock*" (trad. fr. "*cale sèche*", it. "*bacino*", cast. "*dique*", EOM "*docagem*", ABDM "*dique seco*") por "*doca seca*", na esteira da trad. GS74 e por se tratar de vocábulo consagrado na terminologia náutica port. (que significa o mesmo que "*dique*": "*escavação em terra firme, à beira do mar ou de um rio, revestida de cantaria, alvenaria e cimento ou de cimento armado – e outrora de madeira – destinada a receber navios para reparações, limpeza de fundos ou vistoria. Tem, portanto, uma série de picadeiros, onde os navios assentam, e uma porta-batel para fechar a única comunicação que tem com o mar. Bombas potentes esgotam-lhe a água depois de fechada a porta*" (H. Leitão/J. Vicente Lopes, *Dicionário* cit., 213 e 216; muito elucidativo, José Ferreira Borges, *Diccionario jurídico-commercial*, 2.ª ed., Typ. De Sebastião José Pereira, Porto, 1856, 134: "*Docks – Assim chamão usualmente os negociantes portuguezes na Praça de Londres aos* diques, *ou bacias, ou* caldeiras *de descarga, que ha n'aquelle porto; adoptando o nome inglez talvez porque dique, que é o termo, tem entre nós uma significação restricta. Alguns chamão-lhe* Docas. *Os* docks, *ou diques são ou* sêccos *ou* molhados. *Aquelles são verdadeiros estaleiros: os molhados são caldeiras ou bacias artificiaes de descarga. – São grandes os proveitos que o commercio e o governo aufere d'estas bacias; por quanto n'ellas não só os navios se achão abrigados e seguros do tempo, e tem logo juntos armazens aonde despejão a carga sem grandes carretos, e despezas; mas tãobem a fiscalisação da guarda das fazendas, e arrecadação de seus direitos é muito mais segura, exacta e facil – Vide* Dique. Bacia de descarga" e também a respeito de dique, a 126: "*É uma bacia ou receptaculo, aonde entrão os navios para se comporem, esgotado elle. Como nos diques não só se compoem, mas se construem navios, n'este sentido são o mesmo que* estaleiro. *Os inglezes dão o nome* Dock *não só a esta especie de diques, mas tãobem a uma bacia cercada d'armazens, formada artificialmente em alguns portos, na qual abrigados, e com pouca despeza os navios carregão e descarregão*"; *vide* também Manuel Luiz dos Santos, *Memmoria sobre o plano inclinado para querenar os navios em terra*, Typ. Lusitana, Lisboa, 1844, 28 e 33-36; Jorge C. André, *Doca*, in *Verbo – Enciclopédia Luso-Brasileira de Cultura*, vol. VI, 1606-1607: "*As D. são bacias artificiais, de dimensões relativamente pequenas, construídas em desvios das linhas normais de navegação do porto, destinadas ao abrigo dos navios. (...). As D. secas e D. flutuantes são D. destinadas à vistoria e reparação a seco dos navios ou à sua construção. 2) As D.* secas *são escavadas no solo e dispõem de portas estanques que as comunicam com o exterior, para entrada e saída dos navios, ou as isolam para esgoto da D. O esgoto faz-se com bombas ou, nas D. pequenas, por gravidade, aproveitando a descida da maré. O enchimento faz-se geralmente por gravidade através de válvulas. (...) O fundo das D. secas é geralmente de betão ou de alvenaria, e as paredes são também Do mesmo material ou, mais raramente, metálicas (estacas-pranchas). (...) Nas D. secas como nas D. flutuantes os navios assentam normalmente numa fiada central de «picadeiros» ou «blocos» e, lateralmente, apoiam-se numa ou mais fiadas de picadeiros de cada bordo (...) ou, em D. pequenas, são escorados contra as paredes (...)*"; os termos *doca* e *doca seca* são recentes, pois não há deles registo na linguagem náutica anterior à morte de D. Henrique em 1460: cf. M. S. Tavares Carbonell Neto, *A terminologia naval* cit., *passim*), sem embargo de também poder utilizar-se a expressão "*dique*" ou "*dique seco*" (conforme regista também M. L. dos Santos, *Memoria* cit., 28 (mas a que pode opor-se a reserva ao mesmo tecida já por J. Ferreira Borges)).

[283] Optou-se por traduzir "*slipway*" (vers. fr. "*slip*", it. "*scalo*", cast. "*varadero*", GM "*pranchas*", GS74 "*plano inclinado*", EOM e ABDM "*carreira*") por "*plano inclinado*" (também dito "*plano escorregadio*"), conforme trad. GS74, pois é expressão consagrada na terminologia náutica port. (H. Leitão/J. Vicente Lopes, *Dicionário* cit., 417: "Plano inclinado – *Leito com declive, construído à beira-mar, no qual podem ser colocados navios relativamente pequenos, subindo assentes em carros ou berços postos em movimento por meio de máquinas, a fim de ali receberem beneficiações*" (diferente de "*plano de inclinação*" que é o eixo de inclinação do navio e onde inicialmente se encontram os centros de querena e de gravidade); e M. L. dos Santos, *Memoria* cit., que, depois de situar a sua origem no princípio do séc. XVIII, faz uma descrição nas 10 e ss.: "*O Plano Inclinado compõe-se de um prolongamento de madeiros e estacas, disposto na direcção mais conveniente segundo permittir o local, com a necessaria extensão para conter dous ou mais navios, conforme fôr o seo lote, tendo o comprimento necessario, e na extremidade inferior a capacidade precisa para receber os navios, a qual operação é feita por meio de outra machina chamada* carroagem amphibia, *ou* berço naval, *que descendo pelo Plano Inclinado, entra n'agua, recebe o navio, e o conduz para cima com toda a segurança, pela força motriz d'outras machinas que se lhe applicam, até o navio chegar ao logar conveniente para se lhe fazer a obra*". Cf. também o uso do termo em Baldaque da Silva, *Portos e cannaes*, Mare Liberum, Aveiro, 2003 (ed. fac-similada do original de 1913), 61) e porque o termo "*carreira*" não tem registo na terminologia náutica port. que consultámos (cf., porém, os cons. (166), (172), (173), (174), (175), (176), (206), (207), (357), (358), (361) da Decisão da Comissão de 6-Nov.-2008 sobre ajuda estatal C 17/05 ("*slipway*"/"*rampa de lançamento*")), consignando-se, todavia, a possibilidade de, em alternativa, traduzir-se por "*prancha [do navio]*", conforme trad. GM (que poderia ser apoiada pelo registo deste termo no *Dicionário* cit., 429, de H. Leitão/J. Vicente Lopes, como "*passadiço de madeira que se arma para servir de ponte quando o navio está atracado a um cais ou quando uma embarcação miúda está abicada ou prolongada com a margem. (...)*"; nem plano inclinado nem prancha se encontram no *Glossário* da Sociedade de Geografia de Lisboa. A expressão é recentemente referida no Ac. STJ 12.10.2004, proc. n.º 2213/2004-1, e por P. Romano Martinez, *Direito dos Seguros – Relatório*, separata *RFDUL*, Coimbra Ed., Coimbra, 2006, 64[(107)]), ou, ainda, em alternativa, "*rampa*" (cf. cons. (11) da Decisão da Comissão de 6-Dez.-2006 ("*slipway*"/"*rampa de lançamento*"), cons. (13), (16), (53), (106), (107), (150), (169), (177), (178), (179), (183), (185), (186), (332) da Decisão da Comissão de 6-Nov.-2008 sobre ajuda estatal C 19/05 ("*slipway*"/"*rampa de lançamento*")., cons. (47), (91), (93), (98), (99), (154), (155), (284), (285), (286), (287), (288) e (290) da Decisão da Comissão de 22-Nov.-2009 sobre ajuda estatal C 18/05. Mas "*calha de lançamento*" no ponto II *b*) da Decisão da Comissão de 5-Nov.-1997 sobre o auxílio da Espanha à empresa Astilleros Zamacona SA para 5 rebocadores).

[284] Optou-se por traduzir "*coating of the bottom*" (trad. fr. "*enduit de la coque*", it. "*pitturazione della carena*", cast. "*rascado de fondos*", GM "*pintura de querena*", GS50/74 "*calafetagem da querena*", EOM "*revestimento do casco*", ABDM "*revestimento do fundo*") por "*calafetagem da querena*", conforme trad. GS74 (calafetagem ou calafeto: "*estopa com que se tapam as juntas do tabuado, coberta depois com breu, para evitar que a água por elas entre*" (H. Leitão/J. Vicente Lopes, *Dicionário* cit., 126); cf. também M. A. Tavares Carbonell Pico, *A terminologia naval* cit., 218-220, que atesta o uso do termo antes de 1460) ou "*vedar com estopa alcatroada as juntas dos navios, das aduelas, tampos de*

pipa, etc." no *Priberam* ou "*operação que consiste em introduzir entre cada duas tábuas do casco de uma embarcação estopa embebida em pez, de modo a evitar a entrada de água pelas frinchas ou buracos*" no *Lello Universal – Dicionário Enciclopédico Luso--Brasileiro*). *Querena* no sentido de "*parte mergulhada do casco*" (H. LEITÃO/J. VICENTE LOPES, *Dicionário* cit., 441); F. BERLINGIERI, *Le convenzioni* cit., 340, critica a trad. fr. que, para "*painting or coating [of the bottom]*" utiliza duas expressões diferentes, como se se tratasse de métodos alternativos, quando, na verdade, o "*coating*" consiste na aplicação de uma ou mais camadas ("*coats*") de pintura, que não calafetagem ("*enduit*", "*calcestruzzo*" = betão). Por esse motivo, traduz "*painting or coating*" simplesmente pelo vocábulo "*pitturazione*", o que, todavia, não nos parece também exacto, pois não cremos inócua ou irrelevante a necessidade de, na vers. ing., terem sido inseridos ambos os termos. Por esse motivo, mantemos a orientação das demais trad.).

Regra XIV

[285] Optou-se por traduzir "*port of refuge*", conforme nts. à trad. da regra XI.

[286] Optou-se por traduzir "*for the common safety*" por "*para a segurança comum*", conforme nts. à trad. da regra A.

[287] Optou-se por traduzir "*allow in/as general average*" por "*admitir(das) em avaria grossa*", conforme nts. à trad. da regra B.

[288] Optou-se por traduzir "*temporary repairs*" (que surge 5 vezes nas RIA16: regras X *a*) (ii), XIV *a*), *b*) e *c*); trad. fr. "*réparations provisoires*", it. "*riparazioni provisorie*", cast. "*reparaciones provisionales*", CG "*reparações provisorias*", AA "*reparações temporarias*", GM "*reparações provisórias*", GS50/74 e MJCG "*reparações provisórias*", EOM "*reparos temporários*", ABDM "*reparos provisórios*") por "*reparações provisórias*", por ter o termo "*reparos*" outra conotação e não soer ser usado o adjectivo "*temporário*" neste contexto.

[289] Optou-se por traduzir "*accidental damage*" por "*danos fortuitos*" (trad. fr. "*dommage fortuit*", it. "*danno fortuito*", cast. AELA75 e JSSUSA "*daño producido por acidente fortuito*", GM "*dano fortuito*", GS50/74 "*dano fortuito*", ABDM "*danos por acidente*", EOM "*avarias simples*"; a regra XIV, inserida em 1924 fora já prevista na Conferência da Associação para a Reforma e Codificação do Direito das Nações, que teve lugar em Génova em 1892, onde FRANCESCO BERLINGIERI (sénior) enunciara a seguinte regra, aí unanimemente aprovada (vd. deste autor *Le Regole di York e di Anversa* cit., 175): "*Le riparazioni provvisorie di avarie particolari eseguite in un porto di rilascio forzato saranno eccezionalmente considerate avarie comuni, nel caso in cui la nave siasi trovata in condizioni tali da non poter, senza di esse, continuare il viaggio, e le riparazioni definitive non fossero possibili o richiedessero un tempo così lungo o una spesa comune così grave da compromettere l'esito del viaggio. Dall'avaria comune dovrà dedursi quanto sia utilizzabile delle riparazioni provvisorie per le riparazioni definitive*"), na esteira das trad. fr., it. FB, GM, GS50/74 e, em parte, cast., pois a expressão "*dano acidental*" é pouco frequente na terminologia jurídica de língua port. e a palavra "*acidente*" assume um significado amplo (acidente é *(id) quod accidit*, ou seja, o que acontece) que pouco diz sobre a sua causa, ao contrário do ing. técnico-jurídico em que *accident*, neste contexto, é caracterizado por ser súbito, inesperado e fortuito (os três adjectivos em questão retirámos de LOWNDES/RUDOLF, *The Law* cit., 373 e 461. Nos CCom88 e CC66, a palavra "*acidente*" e seus derivados: (1) têm o significado de acidente fortuito nos artigos do CCom88 265.º pr. ("*[O]s acidentes imprevistos ou inculpados*" = 79.º CCom50: "*[O]s acidentes previstos e inculpados*"), 379.º, § único ("*Sobrevindo o acidente* [= pr.: por caso fortuito ou de força maior] *durante o*

transporte"), 654.º/3 ("*qualquer acidente que inabilite o navio de continuar a navegação*" = 741.º/2 do CCom50: "*qualquer acidente acontecido à equipagem, carga ou navio, que impossibilite este de continuar a navegar*": este sentido extrai-se não do teor literal mas por comparação com o artigo 658.º/3 do CCom88), 661.º ("*salvos os acidentes de força maior*"), 664.º ("*acidente puramente fortuito*"), do CCom50 766.º/2 ("*São avaria simples e particulares: (...) A perda de cabos, amarras, âncoras, velas e mastros, causada por borrasca ou outro acidente do mar*"), 799.º ("*é casual, quando a insolvência procede de acidentes de casos fortuitos ou força maior*"), 898.º ("*a sua impossibilidade (...) procede de acidentes extraordinários imprevistos, ou de força maior*"), do CC66 1454.º ("*árvores ou arbustos que caiam ou sejam arrancados ou quebrados por acidente*") e do CC02 1570.º; (2) têm um significado incolor, tanto podendo relacionar-se com acidentes fortuitos como imputáveis nos artigos do CCom 604.º, § 2.º ("*todos os factos e acidentes de guerra*"), do CCom 1850 770.º e 791.º; (3) têm um significado relacionado com acidente (subjectiva ou objectivamente) imputável nos artigos do CCom 658.º/3 ("*Provindo o acidente que inabilitou o navio de continuar a navegação da falta de bom conserto, apercebimento, esquipação e má arrumação*") e do CC 503.º epígr. ("*acidentes causados por veículos*"), 504.º/4 ("*responsabilidade do transportador pelos acidentes*"), 505.º ("*quando o acidente for imputável ao próprio lesado ou a terceiro*"), 506.º/1, 508.º/1, 2 e 3, 509.º/1, 510.º/1 (acidentes imputáveis a título de responsabilidade pelo risco, abstraindo da culpa), do CC 2002 735.º (*idem*), 794.º ("*seguro de vida ou de acidentes pessoais*"), 1218.º ("*responde pela perda ou deterioração da coisa, ainda que acidentais*")). O que está juridicamente em causa é um dano que não seja qualificado como avaria grossa, ou seja, uma avaria particular.

290 Optou-se por traduzir "*cost of such repairs*" (trad. fr. "*le coût de ces réparations*", it. "*il costo di tali riparazioni*", cast. "*el coste de tales reparaciones*"/"*el coste de éstas*", GM "*o custo dessas reparações*"/"*as ditas reparações*", GS50/74 "*estas*"/ "*ditas reparações*", EOM e ABDM "*o custo de tais reparos*") por "*custo dessas [= de tais/das referidas] reparações*", de acordo com nt. à trad. da regra X a respeito de "*such*", consignando-se, também, a possibilidade de trad. por "*o respectivo custo*" (embora esta alternativa tenha o inconveniente de ser duvidoso, em termos literais, se o *respectivo* se reporta aos às reparações se aos danos).

291 Optou-se por traduzir "*without regard to*" (trad. fr. "*sans égard*", it. "*senza riguardo*", cast. "*sin tener en cuenta*", ABDM "*sem levar em consideração*", EOM "*sem levar em conta*") por "*sem considerar*" em lugar, por ex., de "*independentemente de*".

292 Optou-se por traduzir "*if any*" (trad. fr. "*éventuellement*", it. "*eventualmente*", cast. "*si la hubiera*", ABDM "*se alguma*") por "*eventual*".

293 Optou-se por traduzir "*saving*" (trad. fr. "*économie*"/"*économie*", it. "*risparmiato*"/"*risparmio*", cast. "*economía*"/"*economizada*", EOM "*economia*"/"*poupadas*", ABDM "*economia*"/"*economizado*", GM "*economizada*", GS50/74 "*economizado*") por "*economia*" e "*economizado*", consignando-se a possibilidade de, em alternativa, traduzir-se por "*poupança*" e "*poupado*".

294 Optou-se por traduzir "*incurred*" por "*contraídas*" conforme nts. à trad. da regra predominante.

295 Optou-se por traduzir "*effected there*" (trad. fr. "*effectuées au port de chargement, d'escale ou de refuge*", it. "*eseguite nel porto di caricazione, scalo o rifugio*", cast. AELA "*hubiesen efectuado en aquel lugar*", cast. JSSUSA "*efectuarse en el puerto de carga, de escala o de refugio*", GM "*efectuadas nêsse pôrto*", GS74 "*sido efectuadas*", EOM "*efetu-*

ados no porto de embarque, de escala ou de refúgio", ABDM "*efetuados no local*") por "*efectuadas no porto de carregamento, de escala ou de refúgio*", na esteira das trad. fr., it., cast. JSSUSA, GM e EOM, consignando-se, em alternativa, a possibilidade de traduzir-se à letra – embora de forma menos clara – por "*aí efe[c]tuadas*".

[296] Optou-se por traduzir "*new for old*" (fr. "*différence du "neuf au vieux"*", it. "*differenza trai l nuovo e il vecchio*", cast. "*nuevo a viejo*", CG "*diferença entre o velho e o novo*", AA "*differença do velho e do novo*", EOM e ABDM "*novo para velho*" e "*novo por velho*") por "*novo por velho*", conforme nts. à trad. da regra XIII.

Regra XV

[297] Optou-se por traduzir "*loss of freight*" tanto no título como no corpo da regra (vers. fr. "*perte de fret*", it. "*perdita del nolo*", cast. "*pérdida de flete*", EOM e ABDM "*perda de frete*", GM e GS50/74 "*perda do frete*") por "*perda de frete*", evitando o artigo definido, dando um carácter mais genérico à expressão, consignando-se como alternativa "*perdas de frete*" em consonância com orientação de traduzir "*loss and damage*" no plural (embora aqui não surja este binómio).

[298] Optou-se por traduzir "*loss of cargo*" (vers. fr. "*subi par la cargaison*", it. "*danno del carico*", cast. "*daño del cargamento*", GM "*deterioração sofrida pelo carregamento*", GS50/74 "*dano sofridos pelo carregamento*", EOM e ABDM "*perda de carga*") por "*sofridos pela carga*". Sobre a trad. de "*cargo*" cf. nts. à trad. da regra I.

[299] Optou-se por traduzir "*shall be allowed as general average*" por "*serão admitidas em avaria grossa*", conforme nts. à trad. da regra B.

[300] Optou-se por traduzir "*is so allowed*" (trad. fr. "*est ainsi admis*", it. "*è ammesso in avaria comune*", cast. "*se abona con tal carácter*", GM "*tenha sido classificada como avaria comum*", na de GS50/74 "*serem aceites em avaria grossa*", EOM "*é assim abonada*", ABDM "*for admitida como avaria grossa*") por "*sejam como tal admitidos*".

[301] Optou-se por traduzir "*charges*" (trad. fr. "*dépenses*", it. "*spese*", cast. "*gastos*", ABDM "*custos*", EOM "*cobranças*", GM e GS50/74 "*despesas*") por "*encargos*", de modo a adoptar para palavras diferentes na vers. ing. (*charges* e *expenses/expenditure*) palavras diferentes na port. (*encargos/despesas*), consignando-se, porém, a possibilidade de, em alternativa, traduzir por "*despesas*" (cf. também a expressão "*port charges*", nas regras XI *b*) (iii), (iv) e (v), e *c*) (ii)).

[302] Optou-se por traduzir "*owner thereof*" (trad. fr. "*propriétaire de ce fait*", it. "*l'avente diritto*", cast. "*el propietario del mismo*", GM "*o proprietário desse frete*", GS50/74 "*o seu proprietário*", EOM "*o dono*", ABDM "*o armador*") por "*credor do frete*", consignando-se, em alternativa, "*titular do frete*", ou, ainda, "*respectivo credor*" ou "*respectivo titular*" (estas duas últimas expressões, contudo, embora mais elegantes por evitarem repetição de frete e mais expressivas por "*thereof*" corresponder a "*do qual*"/"*respectivo*", geram ambiguidade na medida em que, numa interpretação puramente literal, poderia pensar-se tratar-se do credor dos encargos em questão, ao invés do frete; diferentemente da trad. de "*owner*" nas regras G/4 e XX, que se referem a "*owner of cargo*" e a "*owner of goods*", respectivamente, portanto, a coisas, que não a créditos, tendo-se aí optado por "*donos*").

[303] Optou-se por traduzir "*incur*" e respectivos derivados (trad. fr. "*encourues*"/"*exposées*", it. "*incontrato*", cast. "*incurrido*"/"*efectuado*", GM "*feito*"/"*arriscou*", GS50/74 "*feito*"/"*efectivou*") por "*contrair*" e respectivos derivados, conforme nts. à trad. da regra predominante.

[304] Optou-se por traduzir "*earn*" (vers. fr. "*gagner*", it. "*guadagnarlo*", GM e GS50/74 "*para o ganhar*", EOM "*ganhar tal frete*", ABDM "*para fazer jus ao referido frete*") por "*para o ganhar*".

Regra XVI

[305] Optou-se por traduzir "*the value to be allowed as general average*" (trad. fr. "*Le montante à admettre en avarie commune*", it. "*L'ammontare ammissibile in avaria comune*", cast. "*El valor que debe admitirse en avería gruesa*", GM "*O valor a beneficiar em avaria comum*", GS50/74 "*O valor a admitir em avaria grossa*", EOM "*O montante a ser permitido como avaria grossa*", ABDM "*A quantia a ser alocada como avaria grossa*") por "*o valor a admitir em avaria grossa*", em consonância, no que a "*allow*" diz respeito, com nts. à trad. da regra B, e optando pelo uso da voz activa em detrimento da passiva, mais frequente no ing. com sentido próximo do activo (à semelhança da trad. fr., it., GM e GS50/74).

[306] Optou-se por traduzir "*at the time of discharge*" (trad. fr. "*au moment du déchargement*", it. "*al momento dello sbarco*", cast. "*en el momento de la descarga*", ABDM "*na data da descarga*", EOM "*do tempo da descarga*", GM "*à data da chegada do navio*", GS50/74 "*no momento da descarga*") por "*no momento da descarga*", consignando-se, todavia, a possibilidade de, em alternativa, se traduzir por "*ao tempo da descarga*" (na esteira da trad. EOM; a locução "*no momento de*" não se encontra no CCom88, ao contrário da "*ao tempo de*" que se encontra nos artigos 242.º, 249.º, 377.º, § 1.º, 488.º, pr., 624.º, pr., 630.º, 639.º, § 1.º/1 "*ao tempo no lugar da descarga*", 672.º; no CC66 "*ao tempo de*" aparece 34 vezes e "*no/ao momento de*" 39 vezes; no CCom50, "*ao tempo de*" aparece 24 vezes, nos artigos 42.º, 97.º, 175.º, 183.º, 199.º, 214.º, 215.º, 216.º, 258.º, 343.º, 366.º, 368.º, 369.º, 415.º, 455.º, 468.º, 548.º/4, 599.º "*ao tempo da carga ou descarga*", 645.º, 677.º/9, 693.º, 775.º, 830.º, 832.º, ao passo que a expressão "*no momento de*" apenas aparece 1 vez, no artigo 641.º); as mesmas considerações ora tecidas valem, de igual modo, para a trad. de "*at the time of shipment*" por "*ao tempo do carregamento*" ou "*no momento do carregamento*".

[307] Sobre a trad. de "*commercial invoice*" cf. nts. à trad. da regra XVII.

[308] Optou-se por traduzir "*rendered*" por "*entregue*" (trad. fr. "*remise*", it. "*emessa*", cast. "*entregada*", EOM e ABDM "*entregue*").

[309] Optou-se por traduzir "*receiver*" (trad. fr. "*receptionnaire*", it. "*ricevitore*", cast. "*receptor*", EOM e ABDM "*recebedor*") por "*destinatário*".

[310] Optou-se por traduzir "*shipped value*" (expressão inserta nas RIA74; trad. fr. "*valeur embarquée*", it. "*valore al momento dell'imbarco*", cast. "*valor del embarque*", GS74 "*valor embarcado*", EOM "*valor embarcado*", *ABDM* "*valor quando do embarque*") por "*valor à data do embarque*", por o valor se aferir necessariamente em função de um momento, que neste caso é o do embarque, e em conformidade com trad. da mesma expressão na regra XVII, consignando-se a possibilidade de, em alternativa, traduzir-se por "*valor embarcado*" ou "*a partir do valor embarcado*".

[311] Optou-se por traduzir "*average ajuster*" (que aparece 15 vezes nas RIA16: regras E/2, 3, 4, XVI *a*) (i), XVII *a*) (i) e (ii), XXII *a*), *b*) *c*); vers. ABDM "*Árbitro Regulador*"; as demais trad., porque anteriores a 2016, não contêm trad. do termo) por "*regulador de avarias*", conforme nts. à trad. da regra E.

[312] Optou-se por traduzir "*irrespective*" (expressão inserta nas RIA16; trad. ABDM "*independentemente*") por "*independentemente*", em conformidade com trad. da mesma expressão na regra XVII.

[313] Optou-se por traduzir "*place of final delivery*" (expressão inserta na vers. de 2016 das RIA que aí se encontra 2 vezes: regras XVI *a*) (i) e XVII *a*) (i); trad. ABDM "*lugar da entrega final*") por "*lugar da entrega final*", em conformidade com regra XVII, consignando-se a possibilidade de, em alternativa, traduzir por "*destino final de entrega*".

[314] Optou-se por traduzir "*except insofar as such freight is at the risk of interests other than the cargo*" (trad. fr. "*sauf si ce fret n'est pas au risque de la cargaison*", it. "*salvo, per quanto concerne il nolo, che esso sia a rischio di interessi diversi dal carico*", cast. "*salvo que este flete no esté en riesgo para el cargamento*", GS50/74 "*excepto no caso de esse frete ser por conta de interesses que não sejam os da carga*", EOM "*excluindo este último quando esteja a risco de outros interesses que não a carga*", ABDM "*exceto se referido frete estiver a risco de interesses outros que não os da carga*") por "*excepto na medida em que esse frete esteja a risco de interesses que não os da carga*", tendo-se traduzido "*such*" por "*esse*" (admitida a possibilidade de traduzir "*such*" por várias palavras em português: "*esse*", "*tal*", "*respectivo*", "*referido*", "*dito*", "*mencionado*", etc.), "*insofar*" por "*na medida em que*" (poderia ter-se optado por "*na extensão em que*" em vez de "*na medida em que*" para evitar a sua conotação como locução subordinada causal, mas aquela expressão é menos frequente na linguagem corrente e jurídica port.) "*at risk*" por "*a risco*" (assim também as trad. fr., it., EOM e ABDM; opta pela preposição "*em*" as vers. cast."; a expressão "*a risco*" surge 10 vezes no CCom88, nos artigos 272.º, 472.º, pr., 580.º/7, 582.º/4, 621.º, § 1.º, 629.º, pr., 630.º, pr. e § 3.º, e 632.º, § único; e 39 vezes no CCom50, nos artigos 447.º, 515.º, 516.º, 633.º, 634.º, 639.º, 640.º, 641.º, 642.º, 643.º, 646.º, 647.º, 648.º, 650.º, 651.º, 652.º, 653.º, 654.º, 655.º, 657.º, 658.º, 662.º, 664.º, 665.º, 682.º, 685.º, 688.º, 694.º, 695.º, 708.º, 764.º/18, 877.º/8; no CCom88 não consta a expressão "*em risco*", que no CCom50 apenas consta 4 vezes, nos artigos 642.º, 677.º/4, e 684.º), e "*other interests*" por "*outros interesses*", consignando-se, no entanto, como alternativa omitir a tradução de "*others*" e escrever apenas "*interesses que não os da carga*" (assim também as vers. fr., cast. e GS74; a vers. it. contorna o inconveniente adjectivando o substantivo "*interessi*" com "*diversi*"; ao reler soou redundante "*outros interesses que não os da carga*").

[315] Optou-se por traduzir "*when cargo so damaged*" por "*quando uma mercadoria assim danificada*" (consímile ABDM mas optando por antepor a "*mercadoria*" o artigo definido), consignando-se a possibilidade de, em alternativa, traduzir-se (embora com a desvantagem de poder, inicialmente, induzir o leitor a pensar tratar-se de uma locução consecutiva) "*quando uma mercadoria de tal modo danificada*".

[316] Optou-se por traduzir "*as computed*" (al. *b*)) por "*nos termos do cálculo referido*" (trad. fr. "*telle qu'elle est calculée*", it. "*come calcolato*", cast. "*computándose éste de la forma establecida*", GS74 "*conforme a estimativa prevista*", EOM "*como calculado*", ABDM "*conforme estabelecido*").

Regra XVII

[317] Cf. o teor dos artigos 639.º, 648.º e 649.º do CCom88, 786.º, 787.º, 788.º, 789.º do CCom50, 244.º, n.º 4, 245.º/1, 2 e 4, e 246.º do DL 109/99/M, 94.º, n.º 3, 95.º/1, 2 e 4 e 96.º da PLNCM, e 585.º, 586.º e 590.º/1 do CM.

[318] Optou-se por traduzir "*actual net value(s)*" (als. *a*) (i) e *c*); trad. fr. "*valeurs nettes réelles*", it. "*valori netti reali*", cast. "*valores netos reales*", EOM e ABDM "*valores reais líquidos*", GM "*valores líquidos reais*", GS50 "*valores líquidos e reais*", GS74 "*valores líquidos reais*") por "*valor(es) líquido(s) real(is)*" (cf., ainda, a terminologia empregue nos artigos 639.º, §§ 1.º e 2.º "*valor líquido integral*", 649.º, § 2.º, "*valor real*", 649.º, § 3.º,

"*produto líquido*", do CCom88; nos artigos 245.º/1 do DL 109/99/M e 95.º/1 da PLNCM "*valor efectivo dos bens*", no artigo 585.º/1, *a*, do CM "*valor líquido total*").

[319] Optou-se por traduzir "*property*" por "*bens*", conforme nts. à trad. da regra A/1, C/2, II, V, VI (a), (b) (i), e VIII.

[320] Optou-se por traduzir "*except that*" – expressão que surge nas RIA16 nesta e na regra III aí tradução por "*com excepção de*" – por "*mas*" em lugar de "*excepto que*" (trad. ABDM; consímiles a fr. "*sauf que*", a it. "*salvo che*", cast. AELA e JSSUSA "*salvo que*", EOM "*excetuando-se que*", GS74 "*a não ser que*") ou "*excepto se*", dado julgarmos, por um lado, ter neste contexto a referida expressão ing. um sentido mais próximo do adversativo coordenado do que do condicional subordinado (expresso, por ex., por "*a não ser que*" da trad. GS74) – tornando assim, parece-nos, mais clara a interpretação do enunciado normativo (sobre a qual, esclarecedora também neste particular, LOWNDES/RUDOLF, *The Law* cit., – e, por outro, não termos conhecimento em port. escrito ou falado, jurídico ou corrente, da construção "*salvo que*" (como nas demais línguas estrangeiras consultadas e ABDM).

[321] Optou-se por traduzir "*at the time of discharge*" por "*no momento da descarga*", sem prejuízo da possibilidade de, em alternativa, traduzir-se por "*ao tempo da descarga*", conforme nts. à trad. da regra XVI.

[322] Optou-se por traduzir "*commercial invoice*" (trad. fr. "*facture commerciale*", it. "*fattura commerciale*", cast. "*factura comercial*", de EOM e ABDM "*fatura comercial*", GS74 "*factura*"; a expressão não consta das trad. anteriores às RIA74; o termo aparece 4 vezes nas RIA16: regras XVI *a*) (i) e XVII *a*) (i); cf. também os artigos 14.º, *e*),*f*), e 18.º, *a*), *b*) e *c*), das RUU600) por "*factura comercial*" para harmonização com o original e demais traduções, embora "*factura*" simplesmente, sem o adjectivo "*comercial*", corresponda ao termo português corrente e técnico (cf. também os artigos 648.º pr. do CCom88 e 788.º do CCom50), fungível para o efeito e que, em consequência, se consigna como alternativa.

[323] Optou-se por traduzir "*rendered*" (trad. fr. "*remise*", it. "*emessa*", cast. "*entregada*", GS74 "*enviada*", EOM e ABDM "*entregue*"; a expressão não consta das trad. anteriores às RIA74) por "*entregue*", por corresponder mais exactamente à semântica do verbo na língua ing. (diferentemente as trad. fr., it. e GS74 optam por "remeter", "emitir" e "enviar", respectivamente), consignando-se a possibilidade de, em alternativa, traduzir por "*disponibilizada*".

[324] Optou-se por traduzir "*receiver*" (que aparece 2 vezes nas RIA16: regras XVI *a*) (i) e XVII *a*) (i); trad. fr. "*réceptionnaire*", it. "*ricevitore*", cast. "*receptor*", EOM e ABDM "*recebedor*", GS74 "*destinatário*"; o termo não está presente nas vers. anteriores a 1974) por "*destinatário*", na esteira por a expressão "*recebedor*" corresponder a um registo de linguagem menos cuidado, parece-nos, na língua port., e bem assim por a palavra "*receptor*" ser usada noutras áreas, com diferente conotação, tendo presente que a expressão "*destinatário*" corresponde, também, no âmbito do transporte marítimo, à expressão ing. "*consignee*" (fr. "*destinataire*", it. e cast. "*destinatario*", na trad. brasileira de EOM das RR "*consignatário*"; cf. também o artigo 14.º das RUU600). Cf. trad. à nota XVI.

[325] Optou-se por traduzir "*shipped value*" (al. *a*), *i*)) por "*valor à data do embarque*", conforme nts. à regra XVI.

[326] Optou-se por traduzir "*average adjuster*" por "*regulador de avarias*", conforme nts. à trad. da regra E.

[327] Optou-se por traduzir "*Such commercial invoice may be deemed by the average adjuster to reflect the value at the time of discharge irrespective of the place of final deli-*

very under the contract of carriage" (trad. ABDM "*A referida fatura comercial pode ser considerada pelo Árbitro Regulador como refletindo o valor quando da descarga independentemente do local da entrega final indicado no contrato de transporte*"; a expressão não consta das trad. anteriores às RIA16) por "*O regulador de avarias poderá considerar que a referida factura reflecte o valor no momento da descarga independentemente do lugar da entrega final nos termos do contrato de transporte*", pois a formulação frásica no original ing. na forma passiva do verbo pode ser também traduzida pela voz activa, conforme trad. sugerida.

[328] Optou-se por traduzir "*place of final delivery*" (trad. ABDM "*local da entrega final*"; expressão inserta nas RIA16) por "*lugar da entrega final*", em conformidade com regra XVII, sem menoscabo da possibilidade de, em alternativa, traduzir-se por "*destino final de entrega*", conforme nts. à trad. da regra XVI.

[329] Optou-se por traduzir "*unless and insofar as such freight is at the risk of interests other than the cargo*" (trad. fr. "*sauf si ce fret n'est pas au risque de la cargaison*", it. "*salvo che tale nolo sia a rischio di interessi diversi dal carico*", cast. "*salvo que el flete no esté en risco para la carga*", GS74 "*excepto no caso de esse frete ser por conta de interesses que não sejam os da carga*", EOM "*excluído este quando há risco de interesses outros que não a carga*", ABDM "*exceto e desde que tal frete esteja sob risco de outros interesses que não os da carga*") por "*salvo se e na medida em que o referido frete seja a risco de interesses que não os da carga*", omitindo "*others*"/"*outros*" por subentendido e soar, em parte, redundante em face do contexto (assim também a trad. GS74).

[330] Optou-se por traduzir "*Any cargo*" (trad. ABDM "*Qualquer carga*"; expressão ou, melhor, frase introduzida nas RIA16) por "*qualquer mercadoria*", pois, neste contexto, a palavra "*cargo*" assume, mais concretamente, o significado de "*mercadoria*", dado que, em port., "*carga*" é um substantivo colectivo ou genérico, ao passo que "*mercadoria(s)*" permite mais correctamente designar os singulares elementos que compõem a "*carga*", que parece ser o sentido da expressão ing. neste contexto.

[331] Optou-se por traduzir "*excluded from contributing*" (trad. ABDM "*excluída de contribuir*"; expressão ausente das vers. anteriores às RIA16) por "*excluída da contribuição*", traduzindo a forma nominal do verbo em ing. por substantivo (similarmente a trad. do genitivo do infinitivo no latim).

[332] Optou-se por traduzir "*without taking into account*" (trad. fr. "*sans tenir compte*", it. "*senza tenere conto*", nas cast. "*sin tomar en consideración*", GS74 "*sem ter em consideração*", EOM "*sem considerar*", ABDM "*sem considerar*") por "*sem considerar*", consignando-se a possibilidade de, em alternativa, traduzir-se por "*sem ter em consideração*".

[333] Optou-se por traduzir "*beneficial or detrimental effect*" (trad. fr. "*la plus ou moins value*", it. "*effetto positivo o negativo*", cast. "*el beneficio o detrimento*", GS74 "*os benefícios ou os prejuízos*", EOM "*efeitos benéficos ou prejudiciais*", ABDM "*efeito benéfico ou prejudicial*"; a expressão não consta das vers. anteriores às RIA74) por "*os efeitos positivos ou negativos*", uma vez que poderia assumir outras conotações uma trad. literal, neste contexto, por "*efeitos benéficos ou prejudiciais*" (assim como, ao que parece, no fr. e it., daí que se tenham procurado outros termos para a trad.).

[334] Optou-se por traduzir "*demise or time charterparty*" (trad. fr. "*affrètement coque nue ou à temps*", it. "*contratto di locazione a scafo nudo o a tempo*", cast. "*contrato de fletamento por tiempo o a casco desnudo*", GS74 "*cessão ou contrato de afretamento temporário*", EOM "*afretamentos a casco nu ou por tempo*", ABDM "*contrato de afreta-*

mento a casco nu ou por tempo"; a expressão não consta das trad. anteriores às RIA74) por "*fretamento em casco nu ou a tempo*", por os referidos subtipos contratuais ingleses corresponderem, no direito interno port., *grosso modo*, a estas duas figuras previstas e reguladas no DL 191/87 (artigos 22.º e ss. e 33.º e ss. respectivamente; cf. as definições constantes do referido diploma: "*Contrato de fretamento a tempo é aquele em que o fretador se obriga a pôr à disposição do afretador um navio, para que este o utilize durante certo período de tempo*" (artigo 22.º); e "*Contrato de fretamento em casco nu é aquele em que o fretador se obriga a pôr à disposição do afretador, na época, local e condições convencionados, um navio, não armado nem equipado, para que este o utilize durante certo período de tempo*" (artigo 33.º)).

[335] Optou-se por traduzir "*to which the ship may be committed*" (trad. fr. "*sous lequel il peut se trouver*", it. "*a cui la nave sia soggetta*", cast. "*al que esté sujeto el buque*", GS74 "*ao qual o navio esteja eventualmente ligado*", EOM "*que o navio tiver efetuado*", ABDM "*ao qual o navio possa estar comprometido*") por "*a que o navio se encontre vinculado*", consignando-se a possibilidade de, em alternativa, traduzir-se por "*a que o navio se encontre afecto*".

[336] Optou-se por traduzir "*passage money*" (trad. fr. "*prix de passage*", it. "*prezzo di passaggio*", cast. "*precio del passaje*", GM e GS50/74 "*passagens*", EOM "*preço de passagem*", ABDM "*preço da passagem*") por "*preços das passagens*", na esteira do termo tradicional técnico port. para denominação da contraprestação pecuniária no âmbito do contrato de transporte de passageiros por mar (os artigos 564.º, pr. e §§ 1.º, 2.º e 3.º, 565.º, pr. e § 2.º, 566.º, 568.º pr. e 572.º pr. e § ún. do CCom88 optavam, regra geral, apenas por "*passagem*"; os artigos 629.º, 630.º e 632.º do CCom50, e 150.º, ep. e n.º 4, do DL 109/99/M optam por "*preço da passagem*"; os artigos 1.º e 18.º do DL 349/86, de 17-Out., e 271.º e 288.º da PLNCM optam por "*retribuição pecuniária*").

[337] Optou-se por traduzir "*of such charges and crew's wages as would not have been incurred in earning the freight*" (trad. fr. "*les frais et les gages de l'équipage qui n'auraient pas été encourus pour gagner le fret*", it. "*spese e della retribuzione dell'equipaggio che non sarebbero state sopportate per guadagnar il nolo*", cast. "*gastos y remuneración de la tripulación que no se hubieran devengado para ganar el flete*", GS50/74 "*os salários da tripulação e os encargos que não teriam tido lugar para ganhar o frete*", EOM "*gastos, inclusive os de soldadas da tripulação (se não incluídos como avarias grossas) que não ocorreriam para o ganho do mesmo frete*", ABDM "*custos e soldadas da tripulação, que não teriam sido desembolsadas para ganhar o frete*") por "*de tais encargos e dos salários da tripulação que não teriam tido lugar para ganhar o frete*" (cf. as trad. GS50/74 e, em certa medida, EOM e cast.), de acordo com as directrizes gerais definidas para trad. de "*incur*" e respectivos derivados, expressas a propósito da trad. da regra predominante, consignando-se a possibilidade de, em alternativa, traduzir-se por "*de tais encargos e dos salários da tripulação que não teriam sido suportados para ganhar o frete*" (cf. a trad. it.).

[338] Optou-se por traduzir "*had the ship and cargo been totally lost at the date of the general average act and have not been allowed as general average*" (trad. fr. "*si le navire et la cargaison s'étaient totalement perdus au moment de l'acte d'avarie commune et qui n'ont pas été admis en avarie commune*", it. "*nel caso di perdita totale della nave e del carico alla data dell'atto di avaria comune e che non sono state ammesse in avaria comune*", cast. "*si el buque y el cargamento se hubiesen perdido totalmente en el momento del*

acto de avería gruesa y hayan sido admitidos en avería gruesa", GM "*se o navio e a carga se tivessem totalmente perdido no momento do acto da avaria comum e que não foram admitidos na avaria comum*", GS50/74 "*se o navio e a carga se tivessem perdido totalmente na data do acto da avaria grossa e que não tenham sido admitidos*", EOM "*se o navio e o carregamento se perdessem totalmente por ocasião da avaria grossa*", ABDM "*tivesse o navio e carga sido totalmente perdidos na data do ato da avaria grossa e que não foram admitidos como avaria grossa*") por "*no caso de perda total do navio e da carga na data do acto de avaria grossa, e que não teriam sido admitidos em avaria grossa*". A oração "*had the ship and cargo been totally lost at the date of the general average act*" é um tipo de oração subordinada circunstancial condicional formada sem recurso à conjunção "*if*", portanto sem conjunção, e com alteração da ordem das palavras na respectiva oração (como se se tratasse de uma oração interrogativa indirecta – é o caso desta oração: o verbo modal vem primeiro depois o sujeito e depois o infinitivo passado passivo do verbo principal; por isso, estas orações condicionais sem "*if*" têm de vir acompanhadas dos modais, no tempo passado, *be (was/were), have (had), shall (should)*: cf. *Collins Cobuild English Grammar*, Harper Collins Publishers, Glasgow, 2000, 8.36, 351; o al. jurídico recorre também com relativa frequência a este tipo de construção; o port. admite, de igual modo, orações condicionais deste tipo, portanto sem recurso à conjunção condicional "*se*", embora não sejam frequentes: cf. Carlos Rocha, *Oração condicional sem conjunção condicional se*, in ciberduvidas.iscte-iul.pt), pelo que pode traduzir-se esta oração começando por uma conjunção como "*se*" (cf. as trad. fr., cast., GM, GS50/74 e EOM) ou "*caso*" ou também uma locução conjuncional como "*em caso de*" (cf. a trad. it.) ou "*no caso de*" (cf. também Edite Prada, *Caso, em caso de, no caso de*, in ciberduvidas.iscte-iul.pt) ou ainda através da omissão da conjunção (foi o caso da trad. ABDM). Optou-se pelo recurso a "*no caso de*", conjunção que por pedir um substantivo ou forma nominal de um verbo se articula melhor com a locução "*perda total*" (ao contrário de oração começada por "*se*" ou "*caso*" que pediria um verbo e tornaria o "*total*" um advérbio, o que ficaria menos eloquente na língua port.: vejam-se as trad. em port. "*se perdessem totalmente*", "*se tivessem totalmente perdido*", "*se tivessem perdido totalmente*"). Já a oração seguinte "*and have not been allowed as general average*" não é subordinada condicional, pois, embora não saibamos se há ou não invers. de sujeito e predicado (como nas interrogativas indirectas) porque o sujeito é omisso, o verbo (auxiliar ou modal) por que começa a oração encontra-se no presente do indicativo. Relativamente ao sujeito desta oração coordenada, em tese tanto poderia ser "*such charges and crew's wages*" como "*ship and cargo*", mas, atendendo ao sentido da frase, porque o navio e a carga *qua tale* não são objecto de admissão, mas sim os encargos e os salários da tripulação, deve subentender-se como sujeito "*such charges and crew's wages*". Por esse motivo, optou-se por traduzir por "*, e que [= os encargos e salários da tripulação] não teriam sido admitidos em avaria grossa*", reforçando o "*que*" (antecedido pela vírgula), segundo cremos, a ideia de que se refere não aos sujeitos da oração condicional (pois nesse caso, em port., o mais comum seria omitir o "*que*", mas sim aos sujeitos da oração anterior "encargos e salários da tripulação"). Em rigor, o "*que*" e o particípio passado "*admitidos*" (que com ele concorda) não resolvem a ambiguidade pois se o "*que*" se referisse a "*navio e carga*" o particípio passado também seria plural masculino (essa ambiguidade mantém-se tanto no original como em todas as outras trad. e é ainda maior nas cast. que omitem o "*que*" e dão a entender serem "o navio e a carga" o sujeito da oração). Todavia, parece-nos a forma possível de traduzir o trecho. Consigna-se, de todo o modo, a possibilidade de, em alternativa, traduzir esta segunda oração por "*[e] sem que [= encargos e salários da tripulação] tivessem sido admitidos em avaria grossa*".

[339] Optou-se por traduzir "*deduction being also made from the value of the property of all extra charges incurred in respect thereof subsequently to the general average act*" (trad. fr. "*De la valeur des propriétés seront également déduits tous les frais supplémentaires y relatifs, postérieurs à l'événement qui donne ouverture à l'avarie commune*", it. "*com deduzione altresì dal valore dei beni di tutte le spese supplementari sopportate dopo l'atto di avaria comune*", cast. "*Igualmente, se deducirán del valor de las propriedades todos los gastos extras relativos a ellas incorridos com posterioridad al acaecimiento que da lugar a la avería gruesa*", CG "*Do valor das coisas serão egualmente deduzidos (...) posteriormente ao acto de avaria comum*", AA "*Do valor das propriedades serão egualmente deduzidas todas as despezas que lhe sejam relativas depois do evento que deu causa á avaria commum*", GM "*Do valor das propriedades serão igualmente deduzidas tôdas as despesas que lhe sejam relativas depois do evento que deu causa à avaria comum*", EOM "*Do valor dos bens serão deduzidos igualmente todos os encargos que sobre os mesmos incidirem, após o ato de avaria grossa*", ABDM "*deduções sendo feitas também do valor da propriedade, de todos os desembolsos extras dispendidos subsequentes ao ato de avaria grossa*", GS50/74 "*Ao valor dos bens serão igualmente deduzidas todas as despesas efectuadas posteriormente ao acto de avaria grossa*") por "*do valor dos bens serão igualmente deduzidos todos os encargos extraordinários contraídos que lhe respeitem após o acto de avaria grossa*". Especialmente problemática é a tradução neste segmento de "*in respect thereof*" uma vez que pode, em abstracto, olhando para os 3 substantivos imediatamente antecedentes, referir-se aos encargos extraordinários, ao valor dos bens ou apenas aos bens. O original é por conseguinte ambíguo, mas a trad. port., em princípio, terá de sê-lo menos, pois, não dispondo o port. da construção "*thereof*" (parecido ao al. *darauf*), há que traduzir o relativo – *there* = *that* (*dar* = *das*) –, flectindo-o em número e género. Atento o contexto, que se prende com a dedução das despesas feitas com vista à realização do valor dos bens – sem distinguir, portanto, o tipo de bem, mas visando sobretudo mercadorias – no destino, sobretudo a sua venda e consequente pagamento do preço (cf. LOWNDES/RUDOLF, *The Law* cit., 507 e 512-513), tendo em conta que faria pouco sentido referir-se a "encargos extraordinários" – porque estes não são contraídos a respeito de si próprios, mas de outra coisa a que se referem esses mesmos gastos –, e tendo também em atenção que a referência a "valor" permite abranger não apenas o "valor" como o respectivo complemento determinativo – os próprios "bens" (já a referência do *there/that* apenas a "bens", além de gerar ambiguidade com "custos", por estarem ambos no plural masculino, não compreenderia directamente o "valor"), optou-se por traduzir por "*que* [= encargos extraordinários contraídos] *lhe* [= ao valor] *respeitem*", consignando-se como alternativa "*que àquele respeitem*", "*àquele respeitantes*", "*que àquele valor respeitem*" ou "*em relação àquele valor*" (a inserção de "valor" tem a desvantagem de não constar literalmente do original, ainda que por interpretação possa extrair-se). Parece ser esta uma melhor tradução apesar de dois inconvenientes: deixar o "contraídos" de certo modo sozinho, quando no ing. é acompanhado de "*in respect thereof*" – na trad. passa a oração relativa – e havendo uma certa tendência para ler o "contraídos" com o outro complemento, "após o acto de avaria grossa", que não é bem o que consta do original; o segundo a tentação, em abstracto possível, de ler o complemento circunstancial "após o acto de avaria grossa" dentro da oração relativa, o que também não corresponde ao original. Uma forma airosa, posto que não corresponda *expressis litteris* ao original

ing., de contornar estes problemas é passar o contraídos para depois da oração relativa, tornando muito claro que o complemento circunstancial de tempo "após o acto de avaria grossa" se refere à oração principal, não à relativa, e não deixando o "contraídos" sozinho nem como segundo adjectivo – muitos adjectivos podem confundir o intérprete; por outro lado tal opção não prejudica a anterior locução "encargos extraordinários" pois a trad. de *incurred* neste contexto é supérflua – dizer "são deduzidos os encargos extraordinários" ou "são deduzidos os encargos extraordinários contraídos" vai dar sensivelmente ao mesmo, além de que o contraídos não deixa de lá estar, está é depois da oração relativa e em relação ao complemento "após o acto de avaria grossa".. Postergam-se assim, pelas razões acima sumariadas, alternativas propostas e discutidas como "*em razão dos mesmos*" ou similares.

[340] Optou-se por traduzir "*of an award for special compensation*" (trad. ABDM "*pr[é]mio por compensação especial*"), que só surge uma vez nas RIA16 – precisamente no segmento da regra XVII (b) ora anotado – por "*atribuição de uma compensação especial*", uma vez que com este sentido é o termo usado no artigo 16.º/2 da CL89 (sob a forma adjectiva verbal "*awarded*" em "*payment awarded*", traduzido por M. Raposo, *Convenção internacional* cit., 69, por "*pagamento atribuído*"; o termo aparece mais duas vezes sob forma nominal no artigo 27.º "*awards*" em "*arbitral awards*", traduzido por *id.*, *Convenção internacional* cit., 73, por "*decisões arbitrais*", de forma substancialmente próxima às vers. fr. "*sentences arbitrales*", it. "*sentenze arbitrali*" e cast. "*laudos arbitrales*"), e uma vez que se impõe para o efeito distinguir entre *award* e *reward* (termo usado 14 vezes na CL89 com o sentido de remuneração e como tal por norma traduzido por M. Raposo, *Convenções internacionais* cit., 61 ss., e demais doutrina).

[341] De acordo com o comunicado do CMI, o segmento da regra XVII (b) "*or fall upon the ship by virtue of an award for special compensation under Article 14 of the International Convention on Salvage, 1989 or under any other provision similar in substance*" foi por erro omisso do texto das RIA adoptado em Nova Iorque em Mai.-2016. Este segmento constava de anteriores versões e não se pretendeu exclui-lo nas discussões de Nova Iorque. Em Setembro de 2017 em Génova a Assembleia do CMI deliberou aditar o referido trecho à versão publicada das RIA16.

[342] Optou-se por traduzir "*interest and salvors' costs*" por "*juros e despesas destes*" em lugar da menos elegante repetição de "*dos salvadores*".

[343] Optou-se por traduzir "*envisaged*" (trad. fr. "*prévues*", it. "*previste*", cast. da JS-SUSA "*previstas*", EOM "*consideradas*", ABDM "*contempladas*") por "*previstas*", consignando-se a possibilidade de, em alternativa, traduzir-se por "*visadas*" (hipótese afastada em primeira linha devido à sua conotação jurídico-bancária, mas que neste contexto, usada no sentido de uso corrente, não é susceptível de causar ao intérprete confusão).

[344] Optou-se por traduzir "*value upon delivery*" (trad. fr. "*valeur à leur destination*", it. "*valore alla consegna*", cast. "*valor en el momento de la entrega*", EOM "*valor na entrega*", ABDM "*valor quando da entrega*") por "*valor à data da entrega*", consignando-se a possibilidade de, em alternativa, traduzir-se por "*valor à entrega*".

[345] Optou-se por traduzir "*discharge of cargo*" por "*descarga da mercadoria*", pois, embora se tenha definido como directriz geral a trad. de "*cargo*" por "*carga*", neste caso, ficaria pouco elegante a "*descarga da carga*", permitindo o uso do sinónimo "*mercadoria*" eliminar essa parcial repetição, consignando-se, todavia, a possibilidade de, em alternativa, traduzir-se simplesmente por "*descarga*", subentendendo-se, como é frequente no português, que a descarga é da carga (o que, contudo, não deixa de ter o inconveniente de dar azo a

especular se não poderá a regra referir-se à descarga doutras coisas que não carga; aliás, cremos, a tal respeito, ter sido a locução "*discharge of cargo*" intencionalmente inserida no original ing., pois, das 11 vezes que "*discharge*" aparece nas RIA (regras VIII, X (b) e (d), XI (b) (v), XVI (a) (i) e (ii), XVII (a) (i) e (ii) e (c)), apenas 3 vezes aparece "*discharge of cargo*" (regras X (d), XI (b) (v), XVII (c)), o que significa que se quis limitar à descarga da carga; por esse motivo, opta-se por, em primeiro lugar e preferencialmente, traduzir por "*descarga da mercadoria*").

[346] Optou-se por traduzir "*mails*" (vers. fr. "*Le courrier*", it. "*La posta*", cast. "*El correo*", ABDM "*Correspondência*", EOM "*Malas postais*") por "*correspondência*", sem prejuízo de poder ser também traduzido por "*correio*".

[347] Optou-se por traduzir "*passenger's luggage*" (trad. fr. "*bagages des passagers*", it. "*bagaglio dei passeggeri*", cast. "*equipajes de los pasajeros*", GM, GS50/74, EOM e ABDM "*bagagem[s] dos passageiros*") por "*bagagens dos passageiros*" (assim, os artigos 639.º, § 2.º, do CCom88, 787.º *in fine* do CCom50, 244.º/4 do DL 109/99/M, 94.º/3 da PLNCM e 586.º do CM; destes optam pelo plural a lei portuguesa e a cabo-verdiana e as restantes pelo singular).

[348] Optou-se por traduzir "*personal effects*" (vers. fr. "*effets personnels*", it. "*effetti personali*", cast. "*efectos personales*", GM e GS50/74 "*objectos de uso pessoal*", EOM "*pertences pessoais*", ABDM "*bens pessoais*") por "*objectos de uso pessoal*" (cf., assim, também, o artigo 586.º do CM; "*objectos de uso*" o artigo 639.º, § 2.º, do CCom88, "*do seu uso pessoal*" o artigo 787.º, *in fine*, do CCom50, "*bens pessoais*" os artigos 244.º/4 do DL 109/99/M e 94.º/3 da PLNCM).

[349] Optou-se por traduzir "*and accompanied personal effects and accompanied private motor vehicles*" (trad. fr. "*les effets personnels et les véhicules à moteurs privés et accompagnés*", it. "*gli effetti personali e i veicoli a motore privati che li accompagnano*", cast. "*y efectos personales de los pasajeros y los vehículos privados a motor que les acompañen*", EOM "*pertences pessoais e veículos a motor particulares acompanhados*", ABDM "*e bens pessoais e veículos automotores acompanhados*"; de notar que a expressão "*accompanied*" não surge nas vers. anteriores a 1994 e que em 2016 foi adrede colocado um segundo "*accompanied*" a qualificar também especificamente os objectos de uso pessoal além dos veículos particulares a motor) por "*os objectos de uso pessoal e os veículos a motor particulares que os acompanhem*", em lugar de "*os objectos de uso pessoal acompanhados, bem como os veículos a motor particulares acompanhados*" ou mesmo "*os objectos de uso pessoal que os acompanhem bem como os veículos a motor particulares acompanhados*", mau grado o segundo "*accompanied*" ter sido intencionalmente colocado no enunciado da regra em 2016 a qualificar "*personal effects*", em português é deselegante a repetição do segundo "*accompanied*". A trad. literal do particípio passado ing. "*accompanied*" por "*acompanhado*" soa mal, sobretudo porque o particípio passado pertence à voz passiva, dando a subentender que o agente da passiva é o titular dos objectos (ou seja que o dono acompanha os objectos de uso pessoal ou os veículos a motor), o que na língua port. pouco sentido faz, pois, neste contexto (que não é o contexto regra: o verbo acompanhar usa-se preferencialmente entre pessoas; pessoa A acompanha a pessoa B; e não entre pessoas e coisas), sói usar-se como sujeito do verbo "*acompanhar*" coisas e como objecto pessoas: assim, "*a bagagem acompanha o passageiro*" e não "*o passageiro acompanha a bagagem*" (neste sentido, cf. também as trad. it. e cast.); poderia, por isso, optar-se, em alternativa, por uma construção activa correspondente ao particípio presente substituído por oração relativa

"*que os acompanhem*" (até porque o particípio presente "*acompanhante*" adquire valor de substantivo em português, com uma conotação diferente da deste contexto).

Regra XVIII

[350] Cf. os artigos 616.º/4 e § ún. e 618.º do CCom88, 69.º do MIA – que serviu inicialmente de inspiração à redacção da regra – e cls. 13.as das ICC82/09; cf. ainda o artigo 41.º "*perda total [do veículo]*" do SORCA.

[351] Optou-se por traduzir "*to be allowed*" por "*a admitir*", conforme nts. à trad. da regra XVI.

[352] Optou-se por traduzir "*gear*" (trad. fr. "*apparaux*", it. "*apparecchiature*", cast. "*aparejos*", GS50/74 "*aparelhos*", EOM "*aparelho*", ABDM "*acessórios*") por "*aparelhos*".

[353] Optou-se por traduzir "*damage or loss to the ship, her machinery and/or gear caused by a general average act*" (vers. fr. "*dommage ou perte subis par le navire, ses machines et/ou ses apparaux, du fait d'un acte d'avarie commune*, it. "*danno o perdita subito dalla nave, dalle sue macchine e/o dalle sue apparecchiature in conseguenza di un atto di avaria comune*", cast. "*daño o pérdida sufridos por el buque, sus máquinas, aparejos, cuando sean consecuencia de un acto de avería gruesa*", GS74 "*pelas perdas e danos do navio, nas suas máquinas e/ ou no seu aparelho, decorrentes de um acto de avaria grossa*", EOM "*avarias ou perdas ao navio, suas máquinas e/ou aparelhos devidas a um ato de avaria grossa*", ABDM "*por dano ou perda ao navio, suas maquinarias e/ou acessórios, causados por um ato de avaria grossa*") por "*danos ou perdas sofridos pelo navio, pelas suas máquinas e/ou seus aparelhos por causa de um acto de avaria grossa*", embora com o risco de "*por causa de*" poder soar a um registo vulgar de linguagem (diversamente as trad. fr., it. e cast. passam o "*caused*" para o início da oração antes de "*the ship*", de forma a manter o "*to the ship*" como "*ao navio*" ("causar a"), consignando-se a possibilidade de, em alternativa, traduzir-se por "*causados por um acto de avaria grossa*" (com o inconveniente em relação à primeira opção de repetir um particípio passado que soou menos bem quando lido e de parecer concordar com a palavra "aparelhos", se não for dela separado por vírgula), "*por um acto de avaria grossa*" (com o inconveniente de este "*por*" isolado parecer introduzir um complemento de agente da passiva de "*sofridos*") ou "*decorrentes de um acto de avaria grossa*" (à semelhança da trad. GS74).

[354] Optou-se por traduzir "*when repaired or [not] replaced*" (trad. fr. "*en cas de réparation ou de remplacement*"/"*dans le cas contraire*", it. "*in caso di riparazione o di rimpiazzo*"/"*se la riparazione o il rimpiazzo non ha luogo*", cast. "*En caso de reparación o renovación*"/"*Cuando no se repare o renueve*", EOM e ABDM "*Quando reparado ou substituído*"/"*Quando não reparado ou substituído*", GS74 "*Quando aqueles tenham sido substituídos ou reparados*"/"*Quando não se tenham efectuado reparações ou substituições*") por "*Quando tenham sido reparados ou substituídos*"/"*Quando não tenham sido reparados ou substituídos*", consignando-se a possibilidade de, em alternativa, se traduzir por "*Em caso de reparação ou de substituição*"/"*No caso contrário*" ou "*Caso não sejam reparados ou substituídos*" ou, ainda, "*Quando reparados ou substituídos*"/"*Quando não reparados ou substituídos*".

[355] Optou-se por traduzir "*subject to deductions*" (trad. fr. "*sous réserve des déductions*", it. "*con le deduzioni*", cast. "*de acuerdo com*", GM e GS50/74 "*com as deduções*", EOM e ABDM "*sujeito às deduções*") por "*com as deduções*" (vd. também a respeito das dificuldades em traduzir "*subject to*" as nts. à trad. das regras G e VI).

[356] Optou-se por traduzir "*but not exceeding the estimated cost of repairs*" (trad. fr. "*jusqu'à concurrence du coût estimatif des réparations*", it. "*ma non in eccesso del costo sti-*

mato delle riparazioni", cast. "*pero que no exceda del costo estimado de las reparaciones*", ABDM "*mas que não exceda o custo estimado dos reparos*", EOM "*mas que não exceda o custo dos reparos*", GM e GS50/74 "*que não exceda o custo estimativo das reparações*") por "*que não exceda o custo estimado das reparações*", consignando-se a possibilidade de, em alternativa, traduzir-se por "*[mas] sem que exceda o custo total das reparações*" ou, ainda, "*até à concorrência do custo total das reparações*".

[357] Optou-se por traduzir "*where the ship is an actual total loss*" (trad. fr. "*lorsqu'il y a perte totale*", it. "*nel caso di perdita totale della nave*", cast. "*cuando el buque sea pérdida total*", GM "*Se houver uma perda total efectiva ou perda total presumida do navio*", GS50/74 "*No caso de perda total do navio, real ou construtiva*", ABDM "*quando o navio for uma perda total real*", EOM "*quando o navio sofrer perda total real*") optou-se por traduzir "*no caso de perda total efectiva do navio*", atenta a estranheza em traduzir, em língua port., a expressão ing. à letra ("*quando o navio é uma total real perda*"?).

[358] Optou-se por traduzir "*actual total loss*" (trad. fr. "*perte totale*", it. "*perdita totale della nave*", cast. "*pérdida total*", GM "*perda total efectiva*", GS50/74 "*perda total do navio, real*", EOM e ABDM "*perda total real*") por "*perda total efectiva*" (cf. também a trad. ISP das ICC 1982 "*perda total reconstrutiva*" para o termo "*constructive total loss*").

[359] Traduziu-se "*repairs of the damage*" apenas por "*reparações*", por redundante acrescentar "*dos danos*", uma vez que aquelas se referem no contexto a danos (e juridicamente são nesse sentido também empregues no direito civil port.). Sobre a trad. de "*repairs*" cf. nts. à trad. das regras XI e XIII.

[360] Optou-se por traduzir "*when repaired*" (trad. fr. "*une fois réparé*", it. "*dopo la riparazione*", cast. "*una vez reparado*", EOM e ABDM "*quando reparado*", GS74 "*depois de reparado*") por "*se reparado*", atento o facto de na al. *b*), ao contrário da *a*), as reparações não terem sido feitas (de modo que a reparação do navio é condicional irreal ou hipotética), a proximidade das orações temporais e condicionais (conforme o atesta o *wenn* al.) e o facto de, tendo em conta o contexto, se compreender menos bem a trad. à letra "*quando reparado*", consignando-se a possibilidade de, em alternativa, se traduzir por "*depois de reparado*" (trad. it. e GS74) ou "*uma vez reparado*" (trad. fr. e cast.).

[361] Optou-se por traduzir "*estimated sound value of the ship*" (trad. fr. "*la valeur estimative du navire à l'état sain*", it. "*il valore allo stato sano stimato della nave*", cast. "*valor estimado del buque en estado sano*", GM "*valor estimativo do navio em bom estado*", GS50/74 e ABDM "*valor estimado do navio em bom estado*", EOM "*valor estimado do navio quando reparado*") por "*valor estimado do navio em bom estado*".

[362] Optou-se por traduzir "*deduced therefrom*" apenas por "*deduzido*" em lugar de "*deduzido daí*", por redundante atento o contexto.

[363] Optou-se por traduzir "*net proceeds of sale*" (trad. fr. "*le produit net de vente*", it. "*sull'importo netto ricavato dall'eventuale perdita*", cast. "*producto neto de su venta*", GM "*produto da venda*", GS50/74 "*a venda dos salvados*", EOM "*produto líquido de sua venda*", ABDM "*valor líquido da venda*") por "*produto líquido da venda*".

Regra XIX

[364] Cf. os artigos 640.º do CCom88, 758.º, §§ 3.º e 4 do AntCG, 82.º/2, *b*), *c*) e *d*) e 4 da PLNCM (= redacção da lei macaense), 790.º do CCom50, 231.º/2, *b*, *c*), *d*) e /4 do DL 109/99/M, 590.º/1 e 2 do CM, 478.º do CNav.

[365] Optou-se por traduzir uniformemente "*goods*" (trad. fr. "*marchandises*", it. "*merci*", cast. "*mercancías*", GM e GS50/74 "*mercadorias*", EOM e ABDM "*bens*" e "*mercado-*

rias"; a expressão surge 6 vezes no texto das RIA16: regras XIX *a*), *b*), XX *a*)) por "*mercadorias*" (cf. também neste sentido os artigos 590.º/1 e 2 do CM e 231.º/4 do DL 109/99/M), em lugar de "*bens*" (vocábulo de carácter mais genérico), "*coisas*", "*objectos*" (artigo 790.º do CCom50; também vocábulo de natureza mais genérica e não especificamente marítimo) ou "*carga*" (artigo 640.º do CCom88; apesar da sinonímia entre carga e mercadoria, optou-se por reservar este termo para a trad. do ing. "*cargo*": cf. também, adoptando "*carga*" neste sentido, os artigos 488.º, § 1.º, 580.º, 599.º, 601.º, 634.º, 635, § 1.º, 636.º, 638.º, § único, 639.º, pr. e § 1.º, n.º 3, 642.º, § 3.º, 644.º, 650.º, 655.º, § 1.º, 661.º, 662.º e 663.º do CCom88, e 6.º, n.º 1, al. *e*), 9.º, al. *b*), 12.º, n.os 2 e 3, do DL 191/87).

[366] Optou-se por traduzir "*shipowner*" (trad. fr. "*armateur*", it. "*armatore*", cast. "*armador*", GM e GS50/74 "*armador*", EOM "*transportador*", ABDM "*armador do navio*") por "*armador*", embora possa, lidimamente, questionar-se se será o proprietário do navio (numa trad. literal), se o armador, se o transportador. Com efeito, se é verdade, por um lado, que o proprietário do navio pode ser titular activo e passivo da contribuição, por outro lado, a factispécie desta norma respeita à *relação entre carregador e transportador* (assim, Francesco Berlingieri, *Le Convenzioni* cit., 362, que dá o seguinte exemplo do navio fretado em casco nu ou a tempo cujo transporte não é assumido pelo armador mas pelo afretador: não é o proprietário nem o armador a pessoa à qual as comunicações relativas às mercadorias serão feitas, mas sim o transportador). Todavia, optou-se por traduzir por *armador*, cientes porém de que a norma visa, em particular, o *transportador*, que não tem necessariamente de ser armador, porque a palavra transportador não cabe no sentido literal do texto (sobre o significado de "*owner*" ou "*shipowner*" enquanto, a um tempo, proprietário e, a outro, armador, mas diferente de transportador, S. Carbone /P. Celle /M. Lopez de Gonzalo, *Il diritto* cit., 108. Cf. Mário Raposo, *O novo Direito comercial marítimo português*, 253, e M. Januário da Costa Gomes, *Limitação de responsabilidade por créditos marítimos*, Almedina, Coimbra, 2010, 244) e por homogeneidade com as demais trad. consultadas.

[367] Optou-se por traduzir a repetição de "*or [damage or loss] to goods*" por "*às*", evitando a repetição pouco elegante na língua portuguesa do substantivo "*mercadorias*" na mesma frase (assim as trad. fr., cast., GM e GS50/74).

[368] Optou-se por traduzir "*goods willfully misdescribed*" (trad. fr. "*à celles qui ont fait l'objet d'une désignation volontairement fausse*", it. "*a merci oggetto di una intenzionale erronea descrizione*", cast. "*por las que intencionadamente hubiesen sido objeto de una falsa declaración*", GM "*designação voluntariamente falsa*", GS50/74 "*nas que foram errada e voluntariamente descritas*", EOM "*sobre os bens intencionalmente discriminados com erro*", ABDM "*ou bens intencionalmente descritos com erro*") por "*às que tenham sido objecto de uma declaração intencionalmente falsa*" (conforme orientação seguida pelas trad. fr., it., cast. e GS50/74), tendo-se optado pelo advérbio "*intencionalmente*" para distinguir o "*wilfully misdeclared*" da al. *a*) do "*wrongfully misdeclared*" da al. *b*) (conforme explicado infra; a *ratio* desta regra apresenta relevantes pontos de contacto com a do § 5.º do artigo 3.º da CB24, segundo a qual: "*O carregador será considerado como tendo garantido ao armador, no momento do carregamento, a exactidão das marcas, do número, da quantidade e do pêso, tais como por êle foram indicados, e indemnizará o armador de todas as perdas, danos e despesas provenientes ou resultantes de inexactidões sôbre estes pontos. O direito do armador a tal indemnização não limitará, de modo nenhum, a sua responsabilidade e os seus compromissos, derivados do contrato de transporte, para com qualquer pessoa diversa do carregador*"; cf. também Francesco Berlingieri, *Le Convenzioni* cit., 362).

[369] Optou-se por traduzir "*at the time of shipment*" (trad. fr. "*au moment de l'embarquement*", it. "*al momento dell'imbarco*", cast. "*en el momento del embarque*", GM "*no momento do embarque*", GS50/74 "*na época do embarque*", EOM e ABDM "*ao tempo do embarque*") por "*à data do embarque*", tendo-se optado por "*embarque*" em vez de "*carregamento*" para distinguir "*shipment*" de "*loading*" (embora possam funcionar como sinónimos) e para harmonização com as demais trad., consignando-se a possibilidade de, em alternativa, traduzir-se também por "*ao tempo do embarque*" (*idem* quanto "*ao tempo da descarga*"/"*at the time of discharge*", que surge 5 vezes; a expressão "*at the time of loading*" não surge vez alguma; cf. nos *Incoterms*, a trad. de "*port of shipment*" nas cláusulas A4 dos termos FAS e FOB por "*porto de embarque*" e *ibidem* a trad. de "*loading point*" por "*local de carga*" (A4 FOB) e "*local de embarque*" (A4 FAS)) ou por "*no momento do embarque*").

[370] Optou-se por traduzir "*shall not be allowed as general average*" por "*não serão admitidos em avaria grossa*", conforme nts. à trad. da regra B.

[371] Optou-se por traduzir "*but such goods shall remain liable to contribute*" (trad. fr. "*mais ces marchandises resteront tenues de contribuer*", it. "*ma tali merci restano tenute a contribuire*", cast. "*pero tales mercancías estarán sujetas a la correspondiente contribuición*", GM "*mas essas mercadorias serão obrigadas a contribuir*", GS50/74 "*mas tais mercadorias contribuirão*", EOM "*mas tais bens contribuirão*", ABDM "*mas, salvos, continuarão obrigados a contribuir*") por "*mas tais mercadorias manter-se-ão obrigadas a contribuir*", mantendo a metáfora (típica de um "sistema" *in rem*) de que são as mercadorias que devem a contribuição, e consignando-se, em alternativa, a possibilidade de traduzir por "*mas tais mercadorias manter-se-ão obrigadas à contribuição, salvando-se*" ou "*permanecerão obrigadas a contribuir* [ou *à contribuição*]". Teve de se indicar o sujeito da oração (*i. e.*, mercadorias) porque é diferente do das anteriores (*i. e.*, "danos ou perdas").

[372] Optou-se por traduzir "*if saved*" (trad. fr. "*si elles sont sauvées*", it. "*se salvate*", cast. "*si se salvasen*", GM "*no caso de se salvarem*", GS50/74 "*salvando-se*", EOM "*se chegadas a salvamento*", ABDM "*salvos*") por "*salvando-se*" (cf. também o artigo 640.º do CCom88), consignando-se a possibilidade de, em alternativa, traduzir-se por "*caso sejam salvas*", "*no caso de se salvarem*", "*se se salvarem*", "*salvas*" (mas neste último caso com inversão da ordem das palavras: "*mas, salvas, manter-se-ão tais mercadorias obrigadas a contribuir*").

[373] Optou-se por traduzir "*any general average loss or damage*" (vers. ABDM "*qualquer perda ou dano de avaria grossa*"; as outras trad. contêm redacção diferente, porque anteriores a 2016: assim, trad. fr. "*La perte ou le dommage*", it. "*La perdita o il danno*", cast. "*La pérdida o daño*", GM "*A perda ou dano*", GS50/74 "*As perdas e danos*", EOM "*Danos ou prejuízos*") por "*as perdas ou danos de avaria grossa*", consignando-se a possibilidade de, em alternativa, traduzir-se "*any*" por "*todas*" ou "*quaisquer*".

[374] Optou-se por traduzir "*wrongfully declared*" por "*erradamente declarado*", de modo a distinguir-se entre "*wilfully misdeclared*" (al. (*a*)) e "*wrongfully declared*" (al. (*b*)) (cf. trad. fr. "*désignation volontairement fausse*"/"*faussement déclarées*", it. "*intenzionale erronea descrizione*"/"*falsamente dichiarate*", cast. "*intencionadamente objeto de una falsa declaración*"/"*falsamente declaradas*", GM "*designação voluntariamente falsa*"/"*falsamente declaradas*", GS50/74 "*errada e voluntariamente descritas*"/"*falsamente declaradas*", EOM "*intencionalmente discriminados com erro*"/"*erroneamente declarados*", ABDM "*intencionalmente descritos com erro*"/"*declaradas erroneamen-*

te"), em lugar de "*erroneamente declarado*", dado que o adjectivo e a forma adverbial "*erróneo*"/"*erroneamente*" têm significado ligeiramente diverso e utilizados em contextos diversos no port. europeu.

[375] No direito dos seguros cf. o artigo 132.º/1 do RJCS sobre o sobresseguro.

[376] Optou-se por traduzir "*on the basis of*" (trad. fr. "*sur la base de*"/"*sur*", it. "*per*"/"*per*", cast. "*sobre la base*"/"*con*", GM "*na base de*"/"*sobre*", EOM "*na base de*"/"*por*", ABDM "*com base no*"/"*com base no*", GS50/74 "*por*"/"*por*") por "*por*[+ o = pelo]"/"*por*[+ o = pelo]", por mais consonante com a preposição correntemente usada na língua port. (cf. também as trad. it. e GS50/74).

[377] Poderia eliminar-se – e seria porventura mais elegante em port. fazê-lo – o sintagma "tais mercadorias", mas manteve-se para evitar confusão quanto ao sujeito da frase (as "mercadorias", não as "perdas ou danos", sujeito da primeira oração).

[378] Alterou-se a ordem da frase ing. (que daria algo como: "*quando as mercadorias tiverem sido erradamente declaradas no momento do embarque por um valor inferior ao real, todas as perdas ou danos de avaria grossa serão admitidos pelo valor declarado, mas tais mercadorias contribuirão pelo valor real*") de modo a torná-la mais compreensível, à semelhança, de resto, da maioria das trad. consultadas.

Regra XX

[379] Optou-se por traduzir a ep. "*Provision of Funds*" (trad. fr. "*Avance de fonds*", it. "*Anticipo di fondi*", cast. "*Adelanto de fondos*", GM e GS50/74 "*Adiantamento de fundos*", EOM e ABDM "*Provisão de fundos*") por "*Provisão de fundos*", por proximidade ao ing., porque "adiantamento" não tem necessariamente de significar "provisão", e em razão do uso relativamente frequente do verbo "prover" e "provisionar" no direito bancário (cf. o artigo 3.º da LUC cuja ep. é precisamente "*Provisão*"), mau grado outras conotações que pode a palavra "provisão" assumir, em lugar de "*adiantamento de fundos*", que, todavia, se consigna como alternativa (cf. trad. fr., it., cast., GM e GS50/74).

[380] Cf. os artigos 237.º/1, 2 e 3 do DL 109/99/M e 85.º, n.os 1 e 2, da PLNCM.

[381] Optou-se por traduzir "*capital loss*" (trad. fr. "*perte financière*", it. "*perdita finanziaria*", cast. "*pérdida patrimonial*", EOM "*perda de capital*", ABDM "*perda financeira*"; as vers. anteriores a 2004 não contêm a expressão) por "*perdas financeiras*" (no plural, conforme orientação geral seguida na trad.) em detrimento de "*perda de capital*" (neste sentido, trad. e os artigos 237.º/2 do DL 109/99/M e 85.º/1 da PLNCM).

[382] Optou-se por traduzir "*sustained*" (trad. fr. "*subie*", it. "*subita*", cast. "*sufrida*", GM, GS50/74, EOM e ABDM "*sofrida*"; a expressão surge 5 vezes nas RIA16: regras C/3, IV, XII, XVI *a*) (i) e XX) por "*sofridas*" (cf. também trad. da regra C/3 e XII; o verbo em questão, ligado a prejuízos ou danos, sobrevém 13 vezes no CCom88, nos artigos 235.º, pr., 383.º, pr., 578.º/15, 603.º, § ún., 618.º, § ún., 625.º, § 5.º, 635.º, § 2.º, 637.º, 639.º/2, 642.º, § 2, 665.º, 666.º e 668.º; no CCom50, nos artigos 102.º, 111.º, 171.º, 207.º, 229.º, 230.º, 504.º, 506.º, 540.º, 565.º, 607.º, 654.º, 674.º, 750.º, 752.º, 758.º, 763.º, 764.º/19 e *in fine*, 766.º *in fine*, 771.º, 772.º, 791.º; diferentemente, na regra IV o verbo foi traduzido por "*resultantes de*", em razão do específico contexto). Neste caso o sujeito de "sofrer" (no ing. "*sustain*") são pessoas, não coisas, ao contrário do que sucede noutras regras.

[383] Optou-se por traduzir "*owners*" (trad. fr. "*propriétaires*", it. "*proprietari*", cast. "*dueños*", EOM e ABDM "*donos*", GM "*proprietários*") por "*donos*", em harmonia com a trad. da mesma expressão na regra G/4, consignando-se, contudo, a possibilidade de, em alternativa, traduzir-se por "*proprietários*".

[384] Optou-se por traduzir "*goods*" por "*mercadorias*", conforme nts. à trad. da regra XIX.

[385] Poderia também traduzir-se "*for the purpose of*" por "*para*", mas depois repetir-se-ia esta preposição logo a seguir em "*para cobrir*", de modo que a final se manteve a trad. por "*com o propósito de*".

[386] Traduziu-se "*raise funds*" por "*obter fundos*" (trad. fr. "*obtenir les fonds*", cast. "*obtener fondos*", GM "*obtenção de fundos*", GS50/74 "*obtenção dos necessários [fundos]*") em lugar de "*levantar fundos*" (trad. EOM e ABDM) que neste contexto apenas poderia ser trad. do verbo "*rise*" (não "*raise*").

[387] Optou-se por traduzir "*defray*" por "*cobrir*" (*defray* (do fr. antigo *defrayer*» de + fray / despesa) – "provide money to pay (a cost or expense) (ex.: grants are offered to help defray the cost of attending the conference)"; trad. fr. "*couvrir*", it. "*fare fronte*", cast. "*sufragar*", EOM "*fazer face*", ABDM "*custear*"; as outras trad. não contemplam trad. da expressão porque anteriores a 2004), consignando-se a possibilidade de, em alternativa, traduzir por "*suportar*" (verbo que surge associado às avarias nos artigos 637.º e 645.º, bem como à abalroação nos artigos 665.º e 668.º do CCom88; cf. também o artigo 763.º do CCom50).

[388] Optou-se por traduzir "*disbursements*" (trad. fr. "*dépenses*"/"*débours*", it. "*spese*"/"*spese*", cast. "*desembolsos*"/"*gastos*", EOM e ABDM "*desembolsos*"/"*desembolsos*", GM e GS50/74 "*desembolsos*"/"*despesas*"; o termo aparece 2 vezes nas RIA16: regra XX *a*) e *b*)) por "*desembolsos*".

[389] Optou-se por traduzir "*shall be allowed as general average*" por "*serão admitidos em avaria grossa [*ou *como tal]*", conforme nts. à trad. da regra B.

[390] Para evitar as repetições "*general average*"/"*general average*" no final de cada uma das als. (a) e (b) poderia, eventualmente, equacionar-se a substituição de "*serão admitidos em avaria grossa*" por "*serão como tal admitidos*" ou "*serão nesta qualidade admitidos*".

[391] É possível alterar a estrutura sintáctica das als. *a*) e *b*), começando as frases por "*Será[ão] admitido[s] em avaria grossa (...)*", como consta das trad. GS50/74 e como sói com relativa frequência acontecer na linguagem jurídica (por ex., nos CC66 e 02 e CCom50 e 88).

Regra XXI

[392] Optou-se por traduzir "*expenditure*" (trad. fr. "*dépenses*", it. "*spese*", cast. "*gastos*", GM, GS50/74 e EOM "*despesas*", ABDM "*gastos*"; o termo aparece 9 vezes no texto das RIA16: regras predominante, A/1 e 2, D, E/4, VI *a*) e *c*), XXI *a*)) por "*despesas*", cnforme nts. à trad. da regra predominante.

[393] Optou-se por traduzir "*expenditure, sacrifices and allowances in general average*" (trad. fr. "*dépenses, sacrifices et bonifications classées en avarie commune*", it. "*spese, sacrifici e bonifici in avaria comune*", cast. "*gastos, sacrificios y bonificaciones admitidos en avería gruesa*", GM "*despesas, sacrifícios e bonificações, classificadas na avaria comum*", GS50/74 "*as despesas, os sacrifícios e as bonificações na avaria grossa*", EOM "*despesas, sacrifício e crédito na avaria grossa*", ABDM "*gastos, sacrifícios e admissões serão admitidos na avaria grossa*") por "*despesas, sacrifícios e bonificações em avaria grossa*", em vez de "*as despesas, sacrifícios e admissões em avaria grossa*", dado que é esta a única vez no texto das RIA em que o verbo "*to allow*" e o substantivo "*allowance*" são usados na mesma frase, com significado normativo ligeiramente diverso (cf. F. Ber-

LINGIERI, *Le Convenzioni* cit., que por expressivo reproduzimos: "*In tutte le altre Regole in cui viene usato il sostantivo* [allowance], *il suo significato è quello di "ammissione" (in avaria comune) e cioè il sostantivo ha lo stesso significato del verbo. (...) Nella Regola in esame il verbo è usato nello stesso significato in cui è usato in tutte le altre Regole, e cioè nel senso di ammissione in avaria comune degli interessi mentre il sostantivo è riferito ad una categoria di importi sui quali maturano gli interessi, le altre categorie essendo le spese (*expenditure*) ed i sacrifici (*sacrifices*)*", contudo, se isso é assim para "*allow*", o mesmo não vale para "*allowance*": "*É ovvio che nel contesto di questa Regola il termine "*allowance*" è usato in un senso diverso da quello in cui è usato nelle altre Regole, poiché altrimenti coprirebbe tutte le situazioni e il riferimento a* expenditure *e* sacrifices *sarebbe superfluo*", pelo que "*Deve, quindi, trattarsi di ammissioni in avaria comune il cui oggetto non rientra nelle categorie delle spese e dei sacrifici. Appare quindi corretta la considerazione che con questo termine si sia inteso riferirsi al combustibile e alle scorte ammissibili in avaria comune in base alla Regola XI(a) e (b) e alle merci vendute per fare fronte a spese di avaria comune, ammissibili n base alla Regola XX(a)*").

[394] Optou-se por traduzir "*until three months after the issue*" (trad. fr. "*jusqu'à l'expiration d'un délai de trois mois à compter de la date du dépôt*", it. "*fino a tre mesi dopo la data di emissione*", cast. "*hasta tres meses después a contar desde la fecha de emisión*", EOM e ABDM "*até 3 meses depois da data da emissão*") por "*até três meses a contar da emissão*", por mais consonante com a terminologia legal port. e bras. (no CCom88 regista-se o uso de "*a contar de*" 6 vezes, nos artigos 240.º, pr., 348.º, § ún., 578.º/12, 617.º, pr., 618.º, pr., 620.º, e no CCom50 20 vezes, nos artigos 39.º *in fine*, 382.º, 443.º, 444.º, 447.º, 448.º, 449.º/1, 2, 3, 4, 5 e 6, 450.º, 471.º/1 e 2, 474.º, 527.º, 568.º, 806.º, 913.º; a expressão aparece também 48 vezes no CC66 e outras 18 vezes no CC02), consignando-se a possibilidade de, em alternativa, traduzir-se por "*até três meses após a emissão*".

[395] Optou-se por traduzir "*issue of the general average adjustment*" (trad. fr. "*règlement d'avarie commune*", it. "*regolamento di avaria comune*", cast. "*reglamento de liquidación de avería gruesa*", GM, EOM e ABDM "*regulação da avaria grossa*", GS74 "*até à data da liquidação desta última*"; antes de 1994, não havia referência a "*issue*"; o termo "*adjustment*" aparece 7 vezes nas RIA16: regras de interpretação, G/2, XVII *a*) (ii), XXI *a*) e *b*) e XXIII *a*) (i)) por "*emissão do regulamento de avaria grossa*", pois, embora a palavra "*adjustment*" na locução "*adjustment of general average*" possa ser, em regra, traduzida por "*regulação de avarias grossas*" e tenha genericamente esse significado enquanto processo ou sucessão de actos, no contexto da regra XXI e antecedida de "*issue*" assume um conteúdo físico ou material enquanto documento, que não processo, motivo pelo qual se optou aqui por "*regulamento*" em lugar de "*regulação*" (o CPC não designa expressamente por um nome o documento em questão, falando em "*compromisso*"; em termos similares, também GAGO DE MEDEIROS, *O transporte marítimo* cit., 90, fala de "*compromisso de avaria comum*").

[396] Optou-se por traduzir "*due allowance being made for any payment*" (trad. fr. "*en tenant dûment compte des paiements*", it. "*con deduzione dei pagamenti*", cast. AELA "*debiendo tener en cuenta los reembolsos*", cast. JSSUSA "*haciendo la debida bonificación por los pagos*", GM "*tomando porém em linha de conta os reembolsos*", GS50/74 "*devendo, porém, tomar-se em conta os reembolsos*", EOM "*em razão de crédito sendo feito por qualquer pagamento*", ABDM "*considerando qualquer pagamento por conta*") por "*considerando-se para o efeito quaisquer pagamentos*", consignando-se a possibilidade de, em alternativa, traduzir-se por "*tendo-se em devida conta quaisquer pagamentos*".

397 Optou-se por traduzir "*payment on account by the contributory interests*" (trad. fr. "*paiements provisionnels effectués par ceux qui sont appelés à contribuer*", it. "*pagamenti in acconto da parte dei contribuenti*", cast. "*pagos a cuenta realizados por los intereses contribuyentes*", EOM "*pagamento por conta dos interesses contribuintes*", ABDM "*pagamento por conta feito pelos interesses contribuintes*"; a expressão "*on account*" não aparece nas vers. anteriores a 1994, mas veja-se ainda assim a trad. GM "*reembolsos (...) pelos interesses contribuintes*" e GS50/74 "*reembolsos provisórios feitos pelos interesses contribuintes*") por "*pagamentos por conta por parte dos interesses contribuintes*", consignando-se a possibilidade de, em alternativa, traduzir-se por "*pagamentos em conta pelos obrigados à contribuição*".

398 Optou-se por traduzir "*prepared*" (trad. ABDM "*preparada*"; O verbo "*prepare*" só surge 3 vezes nas RIA: regras G/2 e XXI *b*)) por "*elaborada*", de modo a distinguir de "*made*" ou "*carried out*" que se traduziu por "*efectuada*", "*feita*", "*realizada*", consignando--se a possibilidade de traduzir também por um destes últimos termos ou, ainda, por "*preparada*" (embora este verbo assuma uma conotação específica que se encontra, a uma primeira leitura, ligeiramente deslocada da semântica do verbo em ing.).

Regra XXII

399 Optou-se por traduzir a ep. "*Treatment of Cash Deposits*" (trad. fr. "*Traitement des dépôts en espèces*, it. "*Trattamento dei depositi in contanti*", cast. AELA e JSSUSA "*Régimen de los depósitos en metálico*", ABDM "*Tratamento de depósito em dinheiro [espécie]*", GM, GS50/74 e EOM "*Regime[n] dos depósitos em dinheiro*") por "*Regime dos depósitos em dinheiro*", sem menoscabo da possibilidade de, em alternativa, poder traduzir-se também, embora mais literalmente, por "*Tratamento dos depósitos em dinheiro*".

400 Cf. o artigo 252.º do DL 109/99/M e, com igual redacção, o artigo 102.º da PLNCM.

401 Optou-se por traduzir "*cash deposits have been collected*" (al. *a*)) e "*deposits have been collected*" (al. *c*)) (trad. fr. "*dépôts en espèces auront été encaissés*"/"*dépôts ont été effectués*", it. "*depositi in contanti sono incassati*"/"*depositi sono stati raccolti*", cast. "*se hayan constituido depósitos*"/"*se han constituido los depósitos*", ABDM "*depósitos em espécie tiverem sido arrecadados*"/"*depósitos tiverem sido arrecadados*", EOM "*depósitos feitos*"/"*os depósitos tenham sido coletados*", GM "*os depósitos em dinheiro fôram efectuados*"/"*os depósitos fôram efectuados*", GS50/74 "*hajam sido recolhidos depósitos em dinheiro*"/"*o depósito se tenha constituído*") por "*tiverem sido constituídos depósitos em dinheiro*"/"*foram os depósitos efectuados*", atendendo ao facto de o sentido semântico da expressão inglesa "*gather deposits*" corresponder mais propriamente a "*constituir/fazer/efectuar depósitos*" do que em rigor a "*recolher depósitos*" (expressão, de resto, invulgar no português corrente e técnico).

402 Sobre a trad. de "*salvage*" por "*salvação*" cf. nts. à trad. da regra B/1.

403 Optou-se por traduzir "*salvage or special charges*" (trad. fr. "*frais de sauvetage ou frais spéciaux*", it. "*obblighi contributivi del carico verso l'avaria comune, per salvataggio o spese speciali*", cast. "*a los gastos de salvamento o gastos especiales*", GM "*para as despesas de salvação ou despesas especiais*", GS50/74 "*gastos de salvamento ou especiais*", EOM "*despesas de salvamento ou gastos especiais*", ABDM "*salvamento ou custos especiais*"; cf. também o MIA onde a "*salvage charges*" expressão surge 7 vezes nos artigos 64.º/2, 65.º/1 e 2, 73.º/2 e 78.º/2, definindo-os o artigo 65.º/2 da seguinte forma: ""*Salvage charges" means the charges recoverable under maritime law by a salvor independently of contract. They*

do not include the expenses of services in the nature of salvage rendered by the assured or his agents, or any person employed for hire by them, for the purpose of averting a peril insured against. Such expenses, where properly incurred, may be recovered as particular charges or as a general average loss, according to the circumstances under which they were incurred"; cf. ainda a cl. 2.ª das ICC09) por "*salvação ou despesas especiais*" (trad. it.) em lugar de "*despesas de salvação ou despesas especiais*" (trad. fr., cast., GM, GS50/74 e EOM), uma vez que não parece que "*salvage*" nem tão-pouco "*general average*" sejam complementos determinativos de "*charges*", consignando-se a possibilidade de se traduzir, em alternativa, por "*salvação ou encargos especiais*", de modo a traduzir diferentemente as palavras inglesas "*expenses*"/"*expenditure*" e "*charges*".

[404] Optou-se por traduzir "*sums*" (que aparece 3 vezes na presente regra) uniformemente por "*quantias*".

[405] Optou-se por traduzir "*forthwith*" (trad. fr. "*sans aucun délai*", it. "*senza ritardo*", cast. "*sin delación alguna*", ABDM "*imediatamente*", EOM "*sem qualquer demora*", GS50/74 "*sem demora*") por "*imediatamente*", em lugar de "*sem demora*", de modo a reflectir, na língua portuguesa, a alteração ocorrida em 2004 com a substituição de "*without delay*" (a traduzir por "*sem demora*": cf. a trad. GS50/74) por "*forthwith*", que, por ter uma maior intensidade, se traduziu por "*imediatamente*".

[406] Sobre a trad. de "*average adjuster*" por "*regulador de avarias*" cf. nts. à trad. da regra E.

[407] Optou-se por traduzir "*in the name of the average adjuster*" na oração "*the average adjuster who shall deposit the sums into a special account, earning interest where possible, in the name of the average adjuster*" (na trad. ABDM "*em nome do Árbitro Regulador*" na oração "*ao Árbitro Regulador que as depositará numa conta especial em nome do Árbitro Regulador, vencendo juros quando possível*"; as restantes vers. não contêm trad. deste trecho, acrescentado na revisão de 2016) por "*em seu nome*", de modo a evitar a repetição da expressão "*regulador de avarias*".

[408] Optou-se por traduzir "*earning interest where possible*" (ABDM "*vencendo juros quando possível*") por "*vencendo juros quando possível*", embora a trad. mais exacta fosse "*rendendo juros*" (que encontra arrimo também em expressões populares enraizadas como "pôr [dinheiro] a render [juros]"), que se entendeu não ficaria tão bem neste contexto e que poderia traduzir-se (tal como a trad. ABDM) por "*vencendo juros*" (embora juridicamente a expressão "*earn*" não abranja apenas juros vencidos, mas também exigíveis, além de que o seu significado atende a uma perspectiva diversa da de "vencer [juros]", a expressão seguinte "*quando possível*" pode mitigar estes inconvenientes).

[409] Poderia também traduzir "*when*" neste contexto por "*se*".

[410] Optou-se por traduzir "*account shall be constituted*" por "*conta será aberta*" em lugar de "*constituída*" por corresponder à terminologia jurídica port. ("abrir conta") e para, deste modo, se traduzir diferentemente "*collected*" ("*constituídos*") e "*constituted*" ("*aberta*").

[411] Traduziu-se "*law*" por "*direito*" (diferentemente a trad. ABDM "*lei*") em virtude da amplitude da expressão ing. e em razão da consagração na terminologia jurídica port. legal e doutrinária da expressão "*direito aplicável*".

[412] Alterou-se, por motivos de clareza, a ordem dos sintagmas da vers. ing., à imagem da vers. ABDM.

[413] Optou-se por não traduzir "*trust*" por corresponder a um instituto de direito ing. com especificidades próprias e por se ter entretanto generalizado o uso do anglicismo (cf.,

por ex., os DL 352-A/88, de 3-Out., e 149/94, de 25-Mai., recentemente alterados pela L 89/2017, de 21-Ag., que traduz entre parênteses o termo por "*gestão fiduciária*"; na doutrina ANTÓNIO BARRETO MENEZES CORDEIRO, *Do* Trust *no Direito Civil*, Almedina, Coimbra, 2014, *passim*), consignando-se a possibilidade de, em alternativa, traduzir-se por "*conta fiduciária*".

[414] Traduziu-se "*rules of law*" por "*normas jurídicas*" (diferentemente a trad. ABDM "*legislação*") em lugar de "*regras/normas legais*", atenta a amplitude do termo ing. "*law*".

[415] Optou-se por traduzir "*together with accrued interest, if any*" (trad. fr. "*augmentée, s'il y a lieu, des intérêts*", it. "*unitamente agli interessi eventualmente maturati*", cast. "*juntamente con los intereses acumulados, si los hubiera[e]*", GM "*possìvelmente aumentadas pelos juros*", GS50/74 "*com os respectivos juros, se os houver*", ABDM "*juntamente com os juros, se houver*", EOM "*acrescida dos juros que houver*") por "*juntamente com os juros vencidos, se os houver*", consignando-se a possibilidade de, em alternativa, traduzir-se por "*juntamente com os juros vencidos, se aos mesmos houver* [ou, melhor: *tiver havido*] *lugar*".

[416] Optou-se por traduzir "*held*" por "*mantidas*" (no mesmo sentido a trad. ABDM) em lugar de "*detidas*".

[417] Optou-se por traduzir "*entitled thereto*" por "*que ao mesmo tenham direito*" (em termos próximos a trad. ABDM), consignando-se a possibilidade de, em alternativa, traduzir-se por "*ao mesmo legitimadas*".

[418] Em rigor "*of the general average*" é complemento determinativo de "*payment*", não uma oração subordinada circunstancial causal nova introduzida pela locução conjuncional "*em virtude de*". Todavia, uma trad. à letra por "*pagamento às partes que ao mesmo tenham direito das avarias grossas*" poderia gerar ambiguidade por não se saber se o sintagma "*de avarias grossas*" seria complemento determinativo de "*direito*" se de "*pagamento*". Por esse motivo, traduziu-se por "*em virtude de*".

[419] Optou-se por omitir da trad. o segmento "*when such payments are*" por ser claro que "*certificados*" concorda com "*pagamentos*" e "*reembolsos*" (o sintagma "*such payments*" abrange também os reembolsos) e por deselegante a repetição desta última palavra.

[420] Traduziu-se "*certified*" por "*confirmados*" (vers. ABDM "*certificados*) em razão de assumir a palavra "*certificado(s)*" em linguagem jurídica, no port. europeu, africano e asiático, um sentido corrente adjectival (por ex., "fotocópias certificadas" = "certificar uma cópia") ou substantivo (por ex., "certificado de habilitações") dissímil do da palavra ing.

[421] Traduziu-se "*their approval*" por "*aprovação daqueles*" em lugar de "*a sua aprovação*" (trad. ABDM "*sua aprovação*") que poderia ser ambíguo uma vez que o "*sua*" poderia (e o sentido mais provável seria esse, pois normalmente o sujeito da aprovação é uma pessoa) ser interpretado como referente de "*regulador de avarias*" em vez de, como parece correcto, "*pagamentos*".

[422] Optou-se por traduzir a parte final da al. *d*) "*ultimate liability of the parties*" (trad. fr. "*sans préjudice des obligations définitives des parties*", it. "*senza pregiudizio delle obbligazioni finali delle parti*", cast. "*sin perjuicio de las obligaciones definitivas de las partes*", GM e GS50/74 "*sem prejuízo da responsabilidade definitiva das partes*", EOM "*sem prejuízo da responsabilidade final das partes*", ABDM "*sem prejuízo da eventual responsabilidade das partes*") por "*obrigações das partes apuradas a final*", devido à amplitude do termo "*liability*" que abrange não apenas a responsabilidade em sentido técnico enquanto dever secundário de indemnizar, como também as obrigações em geral

enquanto dever primário de prestar, seguindo-se, de igual modo, a orientação expressa nas trad. fr., it., cast. e reflectida, ainda, nos artigos 252.º do DL 109/99/M e 102.º da PLNCM.

Regra XXIII

[423] Optou-se por traduzir "*time bar*" (trad. fr. "*prescription*", it. "*termine per l'esercizio dell'azione*", cast. "*Prescripción*", ABDM "*Prescrição*", EOM "*Tempo limite*") por "*prazo para exercício do direito*", consignando a acentuada dificuldade do referido termo ing. (conforme também dá oportunamente conta F. Berlingieri, *Le convenzioni* cit., 370-371), pois não é neutra nem isenta de consequências a trad. por "*prescrição*" ou simplesmente por "*prazo de exercício*" (a questão encontra-se, todavia, em grande medida, mitigada, visto que, ao nível do direito positivo port. – sem prejuízo de ser questionável em termos doutrinais a referida solução –, o prazo para a acção de avarias grossa de 1 ano é de caducidade (artigo 958.º do CPC), admitindo modificação convencional, quer no sentido do encurtamento quer da extensão do prazo; é também exacto que poderia equacionar-se traduzir apenas por "*prescrição*", pois o direito ing. não conhece a distinção, generalizada nos direitos romano-germânicos, sobretudo a partir do séc. xviii, entre caducidade e prescrição, pelo que consagra, tal como no direito romano tardio, um único instituto, a actual prescrição – sem menoscabo da solução da subal. *ii*) da al. *a*) da regra XXIII, que não nos parece decisiva para efeito da qualificação do tipo de prazo, ao contrário do que entende F. Berlingieri –, a opção por "*prazo de exercício*" justifica-se pela sua maior neutralidade, por ser uma expressão aceite e usada na terminologia jurídica port., por respeitar mais a semântica de "*time bar*" (vd. infra trad. de "*time limitation*") e para distinguir, na trad. port., as diferentes expressões inglesas "*time bar*" e "*time limitation*", que, de outro modo, se confundiriam).

[424] Optou-se por traduzir "*Subject always to any mandatory rule on time limitation contained in any applicable law*" (trad. fr. "*À moins qu'une loi applicable, relative à la prescription, n'en dispose de façon impérative*", it. "*Fatta salva sempre ogni norma imperativa in tema di prescrizione contenuta nella legge applicabile*", cast. "*A menos que cualquier disposición legal, de carácter imperativo, disponga outra cosa*", EOM "*Sujeita sempre a qualquer regra obrigatória sobre limitação de tempo contida em qualquer lei aplicável*", ABDM "*Sujeito sempre a uma regra impositiva de prescrição contida em qualquer lei aplicável*") por "*A não ser que o direito aplicável disponha injuntivamente de forma contrária em matéria de prescrição*", consignando-se a possibilidade de, em alternativa, traduzir por "*Sem prejuízo de norma imperativa em contrário em matéria de prescrição por força do direito aplicável*" ou "*Sem prejuízo/Sem embargo da previsão no direito aplicável de norma contrária de natureza imperativa em matéria de prescrição*", uma vez que a construção sintáctica com "*subject to*" é tipicamente ing., sem correspondente imediato no port. corrente e jurídico (cf. também as trad. fr., it. e cast.), conforme se deu conta nas notas às trad. das regras B/3, G/3 e VI, *a*) (no caso da regra XIII *a*) a palavra em questão assume valor próprio de adjectivo).

[425] Optou-se por traduzir "*mandatory rule*" (trad. fr. "*de façon impérative*", it. "*ogni norma imperativa*", cast. "*de carácter imperativo*", EOM "*regra obrigatória*") por "*imperativamente*" em lugar "*regra mandatória*" (o vocábulo "*mandatório*" não aparece, por ex., em dicionários como o *Houaiss* nem no *Vocabulário Ortográfico do Português*), consignando-se a possibilidade de, em alternativa, traduzir-se por "*injuntivamente*".

[426] Optou-se por traduzir "*time limitation*" (trad. fr. "*prescription*", it. "*prescrizione*", cast. "*disposición*", EOM "*limitação de tempo*", ABDM "*prescrição*") por "*tempo para o exercício dos direitos*" de modo a evitar qualificar o tipo de prazo cujo regime disponha

injuntivamente em contrário e de forma a traduzir de forma diferente "*time bar*" ("*prazo para o exercício do direito*") e "*time limitation*" ("*tempo para o exercício dos direitos*"), consignando-se, porém, a possibilidade de se traduzir, em alternativa, por "*prazo para o exercício dos direitos*" ou mesmo, embora com as reservas já indicadas, por "*prescrição*" porque é o correspondente mais próximo deste instituto de direito ing. (diferente de "*time bar*": sobre esta, vd. comentário suso), porque é sobretudo com a prescrição que se suscitam possíveis incompatibilidades de regime (cf. os artigos 300.º do CC66 e 192.º do CC02), e para harmonização com a trad. das demais línguas neolatinas.

[427] Optou-se por traduzir "*Any rights*" (trad. fr. "*Tous droits*", it. "*Ogni diritto*", cast. "*todos los derechos*", ABDM e EOM "*quaisquer direitos*") por "*todos os direitos*" conforme orientações já expressas a respeito da trad. de "*any*".

[428] Em lugar de "*direitos*" por desnecessária e deselegante a repetição em port.

[429] Optou-se por traduzir "*rights to claim under general average bonds and guarantees*" (trad. fr. "*tous droits de réclamer en vertu d'engagements et de garanties d'avarie commune*", it. "*ogni diritto a pagamento in base a una promessa di pagamento del contributo di avaria comune e ad una garanzia*", cast. "*los derivados de compromisos/obligaciones de resarcimiento y de garantías de avería gruesa*", ABDM "*incluindo os direitos de executar garantias de avaria grossa ("General Average Bond e General Average Guarantee")*", EOM "*quaisquer direitos reivindicados sob termo de responsabilidade e garantias*") por "*os resultantes de compromissos ou garantias de avaria grossa*" (traduz o termo "*average bond*" por "*compromissos de avaria*" Gago de Medeiros, *O transporte marítimo* cit., 90; cf. também os artigos 94.º/2, 101.º, ep. e n.º 1, *a*), 382.º da PLNCM, e 244.º/2 e 251.º, ep. e 1 *a*) do DL 109/99/M), consignando-se a possibilidade de traduzir também "*average bonds*" por "*promessa de pagamento em avaria grossa*" (assim J. Vasconcelos Esteves, *Direito marítimo* cit., 115).

[430] Traduziu-se "*period*" por "*prazo*" (cf. também as trad. fr., it., cast. e ABDM que optam por não traduzir à letra "*period*") em lugar de "*período*" (assim a trad. EOM) por corresponder neste contexto à terminologia jurídica port. mais frequentemente empregue (o CC66 regista também o uso de "período" ou "periódico" mas em ligeiramente diferente contexto que, por norma, não vem associado à contagem de um prazo: por ex., artigos 560.º/2 "*juros correspondentes a período mínimo de um ano*", 655.º/1 (revog.) "*período inicial de duração do contrato*"), 662.º/1 "*receber em cada período uma importância fixa*", 821.º "*períodos de tempo não decorridos*", 1014.º "*último período de gestão*", 1039.º/1 "*período a que respeita [o contrato]*", 1272.º "*período a que respeitam os encargos*", etc.).

[431] Optou-se por traduzir "*after six years from the date of termination of the common maritime adventure*" (trad. fr. "*après un délai de six années à compter de la date où l'aventure maritime commune a pris fin*", it. "*dopo sei anni dalla data in cui ha avuto termine la comune avventura marittima*", cast. "*transcurridos seis años desde la fecha en que termine la aventura marítima*", EOM "*após seis anos contados a partir da data do término da aventura marítima comum*", ABDM "*em 6 anos a partir do término da aventura marítima comum*") por "*decorridos seis anos após o termo da aventura marítima comum*", porque normalmente o "*date*"/"*data*" é subentendido e em português pode mesmo parecer redundante, consignando-se em alternativa por mais consonante com a linguagem jurídica e corrente portuguesa, conforme nts. à trad. *supra* da regra XXI (cf. também neste sentido a trad. cast.) "*decorridos seis anos desde o* [ou: *a contar do*] *termo da aventura marítima comum*".

[432] Optou-se por traduzir "*These periods may be extended if the parties so agree*" (trad. fr. "*Ces délais peuvent être prorogés par accord des parties*", it. "*Tali termini possono essere prorogati per accordo delle parti*", cast. "*estos plazos podrán ser ampliados por acuerdo entre las partes*", EOM "*Esses períodos podem ser estendidos se as partes concordarem*", ABDM "*Estes prazos poderão ser estendidos se as partes assim concordarem*") por "*Estes prazos podem ser prorrogados mediante convenção das partes posterior ao termo da aventura marítima*", atenta a menor frequência na terminologia jurídica da construção ing. neste contexto, embora possa equacionar-se a possibilidade de, em alternativa, se traduzir por "*Os referidos [*ou *tais] prazos podem ser prorrogados, caso as partes assim o acordem após o termo da aventura marítima comum*".

[433] Traduziu-se "*extended*" (fr. "*prorogés*", it. "*prorogati*", cast. "*ampliados*") por "*prorrogados*" (trad. EOM e ABDM "*estendidos*") por corresponder ao termo consagrado na terminologia jurídica lusófona (do CC66, *e. g.*, os artigos 559.º-A, 648.º *e*), 929.º/2, 1008.º epíg. e 2, e do CC02, *e. g.*, os artigos 132.º/§ 1.º, 512.º, 700.º, 1033.º/I, 1092.º, 1320.º/§ 1.º, 1439.º/§ 2.º, 1466.º, 1983.º/§ ún.; cf., além disso, as trad. fr. e it.).

O SINGULAR CASO DO TRANSITÁRIO-TRANSPORTADOR*

Hugo Ramos Alves**

Sumário: §1. Introdução 1. Preliminares; 2. Sequência do estudo; **§ 2. O contrato de expedição** 1. Preliminares; 2. O contrato de expedição na codificação oitocentista em Portugal; 3. Breve excurso comparativo; 4. O contrato de mandato; 5. O Decreto-Lei n.º 255/99; 6. Os elementos essenciais do contrato de expedição; 7. As relações derivadas do contrato de expedição; **§ 3. O contrato de transporte** 1. Elementos caracterizadores; 2. Distinção relativamente ao contrato de expedição; **§ 4. O transitário à imagem de Janus: o transitário-transportador** 1. Razão de ordem; 2. O transitário-transportador na jurisprudência 3. O transitário-transportador perante o expedidor; 4. "Declaração de entrada" do transitário?; **§ 5. Conclusões**

* Abreviaturas mais utilizadas: Ac. – Acórdão; AAVV – Autores Vários, ADSp – *Allgemeine Deutsche Spediteurbedingungen;* APAT – Associação dos Transitários de Portugal; art.– artigo, BGB – *Bürgerliches Gesetzbuch*, BIFA – *British International Freight Association;* BMJ – Boletim do Ministério da Justiça, CB – Convenção Internacional para a Unificação de Certas Regras em Matéria de Conhecimento de Carga de 1924, CM – Convenção para a Unificação de Certas Regras Relativas ao Transporte Aéreo Internacional (Convenção de Montreal), assinada em 28 de Maio de 1999, CC – Código Civil, cfr. – conferir, cit. – citado, DM – *Il Diritto Marittimo*, DMF – *Droit Maritime Français*, *Dir. Trasp. – Diritto dei Trasporti*, ED – *Enciclopedia del Diritto*, ed. – edição, HGB – *Handelsgesetzbuch*, i.e. – *id est*, n. – nota, n. º – número, NCBFAA – *National Customs and Brokers and Forwarders Association of the United States*; Nm – número de margem, NssDI – *Novissimo Digesto Italiano*, p. – página, pp. – páginas, RDC – *Rivista di Diritto Civile*; reimp. – reimpressão, Regras de Hamburgo – Convenção das Nações Unidas sobre o transporte de mercadorias por mar de 1978; Regras de Roterdão – Convenção das Nações Unidas sobre Contratos de Transporte Internacional de Mercadorias Total ou Parcialmente por Mar de 2008; ROA – Revista da Ordem dos Advogados, RTDPC – *Rivista Trimestrale di Diritto e Procedura Civile*, segs. – seguintes, STJ – Supremo Tribunal de Justiça; UnifLRev – *Uniform law review,* vol. – volume.

** Professor Auxiliar da Faculdade de Direito da Universidade de Lisboa. Investigador do Centro de Investigação de Direito Privado.

§1. Introdução

1. Preliminares

I. O transitário é comummente considerado um dos pilares da *praxis* dos transportes marítimos[1], atuando como intermediário entre o expedidor e o transportador. Conforme assinala Carbone, quer os importadores, quer os exportadores, por via de regra, não têm capacidade organizativa ou conhecimentos técnicos para providenciar a celebração de contratos de transporte, os quais são instrumentais à atividade empresarial, motivo pelo qual se tem assistido à "terciarização" através do recurso ao transitário[2], em virtude do profundo conhecimento do setor dos transportes detido por este.

Dentre os atos tipicamente cometidos ao transitário, podemos destacar, *inter alia,* o armazenamento de mercadorias em armazéns, o transbordo de mercadorias em portos de escala, a respetiva custódia durante a passagem de um transportador para outro, a emissão de documentos de transporte e, inclusive, a própria antecipação de fundos, a par da relação com os bancos envolvidos numa concreta operação de transporte[3]. Por via de regra, estas operações materiais são preliminares e acessórias (ou, até, consecutivas) da operação de transporte, atestando a importância económica do transitário, pois ficando o transporte confiado ao transitário, este pode assegurar a plena consecução do, digamos, "desenho" da operação convocada pelo transporte[4]. Nas palavras de Menezes Cordeiro, *"Em termos práticos, todo o sector dos*

---

[1] Assim, por exemplo, Bonassies/Scapel, *Droit maritime,* 2.ª ed., Paris: LGDJ, 2010, p. 451.

[2] Carbone (com a colaboração de P. Celle e M. Lopez de Gonzalo), *Il diritto marittimo – Atraverso i casi e le clausole contrattuali),* 2.ª ed., Turim: Giapichelli Editore, 2002, p. 337.

[3] Bochini, *L'evoluzione di una prassi contrattuale: spedizione e distribuzione dei prodotti,* in RDC XXX (1984), Parte Seconda, ppp.11-32 (p. 11).

[4] Sublinhando este aspeto, Vittoria Cozzi, *La spedizione,* in Flamini/Cozzi/Lenzi, *Trasporto, spedizione, deposito, noleggio,* Nápoles: Edizione Scientifiche Italiane, 2008, pp. 181-245 (p. 181-182). A autora assinala ainda o facto de o recurso ao transitário permitir acelerar o transporte, poupando o expedidor a complexas operações de entregas sucessivas a diferentes transportadores. Sendo o transitário o único destinatário das mercadorias, este pode confiá-las a um único transportador, emitindo-se apenas um documento de transporte, simplificando os custos das formalidades aduaneiras e dos próprios documentos de transporte.

transportes acaba por ficar na mão dos transitários"[5], o que demonstra a importância desta figura no hodierno tráfego comercial.

II. Por via do papel de intermediário primordial da operação de transporte, não raras vezes o transitário atua para além das suas funções de intermediário, *i.e.*, não se confinando à celebração de contratos de transporte, mas, outrossim, realizando ele próprio o transporte, sendo certo que este extravasar de funções decorre do facto de o transitário se autocolocar nas vestes do transportador, decidindo, *motu proprio,* realizar o transporte. Temos, pois, que o transitário se autocoloca numa situação complexa, porquanto, formalmente, cumpre a obrigação de celebrar o contrato de transporte, pese embora, materialmente, o faça através da celebração de um negócio consigo próprio, beneficiando da circunstância de ter celebrado o contrato de expedição e, por essa via, ter conhecimento concreto das necessidades que o expedidor visa satisfazer.

No plano teórico, a distinção entre o contrato de transporte de transporte de mercadorias e o contrato de expedição é relativamente simples: ao transitário está cometida a obrigação de celebrar contrato(s) de transporte por conta do respetivo cliente, ao passo que o transportador, no contrato de transporte de mercadorias, tem a obrigação de deslocar as mercadorias de um local para o outro[6]. Todavia, a *praxis* demonstra que esta aparente simplicidade raramente é observada, seja porque são inúmeros os casos de transporte efetuado pelo próprio transitário, seja porque o transitário pratica atos que vão para além da mera celebração do contrato de transporte. A título de exemplo, refira-se a definição de serviços de expedição utilizada pela FIATA, que transcende a mera celebração de contratos de transporte: *"corresponde aos serviços de qualquer espécie, relacionados com o trans-*

---

[5] Menezes Cordeiro, *Introdução ao direito dos transportes,* in *I Jornadas de Lisboa de Direito Marítimo – O contrato de transporte marítimo de mercadorias,* Coimbra: Livraria Almedina, 2008, pp.7-39 (p. 33).

[6] Em termos similares, D. Schoner, *The freight forwarder as an air carrier,* in *Air Law,* Vol. V (1980), pp. 2-15 (pp. 2-3), asseverando que apesar de a tarefa do transitário (*"freight forwarder"*) consiste na celebração de contratos de transporte, ao passo que o transportador tem por função assegurar a deslocação de pessoas ou de mercadorias, na prática a distinção será nebulosa em virtude de, *inter alia,* existir a propensão do transitário para realizar o transporte das mercadorias *motu proprio.* À luz do Direito italiano, Vittoria Cozzi, *La spedizione,* cit., p. 190, sustenta igualmente que, em termos teóricos, a distinção é cristalina, sendo certo que o "contacto continuado entre as duas atividades" torna a distinção complexa na prática.

porte, consolidação, depósito, manuseamento, embalamento ou distribuição das mercadorias, bem como serviços auxiliares e de consultoria relacionados com os mesmos, incluindo, mas não limitado a, questões alfandegárias e tributárias, declaração das mercadorias para propósitos oficiais, celebração de contratos de seguros e a emissão e recolha de documentos relacionados com as mercadorias"[7].

Se daqui decorre uma grande margem de ação para o transitário, verifica-se que os formulários comummente utilizados pela *praxis* admitem a realização do transporte pelo transitário. Assim, a cláusula 7.1, primeiro parágrafo, da FIATA determina que *"O transitário é responsável não apenas quando executa ele próprio o transporte através de recursos próprios (transportador* de facto*), mas também se, através da emissão de um documento de transporte próprio, assumiu expressa ou implicitamente a obrigação de assumir a responsabilidade do transportador (transportador contratual)"*[8], solução que, em rigor, não é desconhecida de outros ordenamentos[9] nem da própria *praxis*, pois algumas condições gerais de associações do sector são aplicáveis desde que haja um contrato de transporte, independentemente das vestes em que o transitário atua[10].

[7] No original pode ler-se: *"Freightforwarding services means services of any kind relating to the carriage, consolidation, storage, handling, packing or distribution of the Goods as well as ancillary and advisory services in connection therewith, including but not limited to customs and fiscal matters, declaring the Goods for official purposes, procuring insurance of the Goods and collecting or procuring payment or documents relating to the Goods."*. Na *praxis* nacional encontram-se igualmente cláusulas de grande alcance, como a seguinte definição de serviços de transitário: "*(...)serviços de qualquer tipo relativos ao transporte, consolidação, desconsolidação, armazenagem, manuseamento, embalagem, logística e/ou distribuição de mercadorias, bem como serviços acessórios e consultivos relacionados com a expedição de mercadorias, incluindo a contratação de seguros e cobrança de reembolsos.*"

[8] No original podemos ler: "*7.1 The Freight Forwarder is subject to liability as principal not only when he actually performs the carriage himself by his own means of transport (performing Carrier), but also if, by issuing his own transport document or otherwise, he has made an express or implied undertaking to assume Carrier liability (contracting Carrier).*"

[9] Como o ordenamento italiano ou o ordenamento alemão, que preveem a possibilidade de o transitário realizar diretamente o transporte das mercadorias.

[10] Cfr. o § 2.1 da ADSp onde podemos ler "*As presentes condições gerais são aplicáveis a todos os contratos de transportes de mercadorias, independentemente de dizerem respeito a contrato de trânsito, transporte, depósito ou outros serviços comuns da atividade transitários; para estes efeitos, inclui-se serviços logísticos comummente prestados por transitários em conexão com o transporte ou armazenagem de mercadorias*".

Entre nós, as condições gerais[11][12] aprovadas pela APAT não referem a possibilidade de o transitário realizar diretamente o transporte de mercadorias. Tal deve-se ao facto de este clausulado ser uma decorrência do regime vertido no Decreto-Lei n.º 255/99, de 7 de junho, diploma em que se acentua o papel de intermediário da operação de transporte cometido ao transitário e onde a figura do transitário-transportador é omissa[13]. Não obstante, a relativa frequência com que os tribunais portugueses se têm confrontado com a figura do transitário-transportador justifica a análise dos principais traços desta figura, atentos os problemas concretos concitados por esta.

Com efeito, se é certo que no ordenamento português o transitário é um intermediário que atua entre o cliente-expedidor e os transportadores, com o fim de prestar um conjunto de serviços jurídicos ou materiais, podendo igualmente, nesse contexto, representar os expedidores, destinatários ou clientes, importa igualmente ter presente a *praxis* internacional a

---

No original pode ler-se: "*Die ADSp gelten für Verkehrsverträge über alle Arten von Tätigkeiten, gleichgültig ob sie Speditions-, Fracht-, Lager- oder sonstige üblicherweise zum Speditionsgewerbe gehörende Geschäfte betreffen. Hierzu zählen auch speditionsübliche logistische Leistungen, wenn diese mit der Beförderung oder Lagerung von Gütern in Zusammenhang stehen.*"

[11] Para uma análise das principais condições gerais utilizadas na *praxis* internacional, cfr. Vittoria Cozzi, *La spedizione*, cit., p. 209 e segs..

[12] Não nos deteremos sobre a concreta qualificação do contrato de expedição como contrato de adesão. Naturalmente, se um concreto contrato se traduzir num formulário rígido e pré-elaborado, pelo transitário, sendo dirigido a destinatários indeterminados, que, posteriormente, se limitam a aceitar o esquema contratual gizado, será plenamente aplicável o regime das cláusulas contratuais gerais. Sobre os problemas concitados por esta figura, cfr., numa primeira aproximação, Almeida Costa/Menezes Cordeiro, *Cláusulas contratuais gerais – Anotação ao Decreto-Lei n.º 446/85, de 25 de Outubro*, Coimbra: Livraria Almedina, 1987, Sousa Ribeiro, *O problema do contrato – as cláusulas contratuais gerais e o princípio da liberdade contratual*, Coimbra: Livraria Almedina, 1999, *passim* , Almeno de Sá, *Cláusulas contratuais gerais e directiva sobre cláusulas abusivas*, 2.ª ed., Coimbra: Livraria Almedina, 2005, bem como os estudos de Pinto Monteiro, *Contratos de adesão – O regime jurídico das cláusulas contratuais gerais, instituído pelo D.L. n.º 446/85, de 25 de Outubro,* in ROA 46 (1986), pp. 735-769 e Oliveira Ascensão, *Cláusulas contratuais gerais, cláusulas abusivas e boa fé*, in ROA 50 (2000), pp. 573-595.

[13] Apenas encontramos uma definição de "transportador", na cláusula 1.ª, alínea g), como a "*pessoa que efectua o transporte das mercadorias pelos seus próprios meios de transporte (transportador efectivo) ou qualquer pessoa sujeita à responsabilidade de transportador por a ter assumido essa responsabilidade expressa ou tacitamente (transportador contratante).*", o que não afasta a possibilidade de ser o transitário a, materialmente, realizar a operação de transporte.

par dos arestos jurisprudenciais, que evidenciam a tendência para o transitário assumir vestes que transcendem a do mero intermediário na operação de transporte. Perante esta tendência, afigura-se curial proceder ao recorte, com a maior precisão possível, da figura do transitário-transportador, para, de seguida, procurar dilucidar o respetivo regime.

2. Sequência do estudo

Numa primeira fase, procuraremos descrever os principais traços característicos do contrato de expedição, não descurando, se bem que sumariamente, efetuar um brevíssimo bosquejo histórico – concentrado na codificação portuguesa oitocentista –, bem como um *Blitz* de Direito Comparado. Cabe, no entanto, notar que não faremos uma descrição aturada deste tipo contratual[14], pois apenas nos cingiremos aos aspetos de carácter instrumental para abordar a figura do transitário-transportador, motivo pelo qual, por exemplo, não nos deteremos a abordar a *vexata quaestio* da natureza jurídica do contrato de expedição.

De seguida, enunciaremos as principais características do contrato de transporte de mercadorias, de modo a podermos traçar a linha de fronteira com o contrato de expedição e, simultaneamente, procurar identificar as potenciais zonas de sobreposição entre ambos os tipos contratuais. Neste particular, daremos conta dos vários indícios interpretativos avançados quer pela doutrina, quer pela jurisprudência para distinguir ambos os contratos, procurando aferir se os mesmos podem ser observados no nosso ordenamento jurídico.

Num terceiro momento, abordaremos a atuação do transitário, nas duplas vestes de transitário e de transportador. Para o efeito, tomaremos como ponto de partida alguns casos decididos pelos tribunais portugueses, bem como o a construção efetuada desta figura, mormente no ordenamento jurídico italiano, de modo a estarmos aptos a dilucidar os principais aspetos de regime concitados pela figura do transitário-transportador.

A final, enunciaremos as principais conclusões do presente escrito.

[14] Sobre este aspeto, entre nós, cfr. João Valbom Baptista, *O contrato de expedição*, in *Temas de direito dos transportes II*, Coimbra. Coimbra Editora, 2013, pp. 129-305.

§2. O contrato de expedição

1. Preliminares

Antes de nos pronunciarmos sobre o atual regime do contrato de expedição, afigura-se útil efetuar uma breve resenha da respetiva evolução. Atento o escopo do presente escrito, a resenha que efetuaremos cingir-se-á, apenas, à codificação oitocentista no direito português.

Sem prejuízo desta limitação, cabe notar que, de acordo com Levin Goldschmidt, o contrato de expedição (*"Kommissionsgeschäft"; "Speditionsgeschäft"*) tem as respetivas raízes no contrato de comenda, sendo igualmente um contrato que deriva do *mandatum* romano, assumindo como característica principal o direito de retenção atribuído ao expedidor[15]. Paulatinamente, foi-se desenvolvendo autonomamente na Idade Média através do florescimento da atividade dos intermediários de escala.

Com efeito, fruto da criação do *Stapelrecht* em várias cidades, foi surgindo a necessidade de descarregar a mercadoria e vendê-la no território dos mercadores locais. Uma vez que, o mais das vezes, a mercadoria não podia ser oferecida diretamente à população local, os mercadores aceitavam--na à consignação de modo a proceder à respetiva venda ou a remetê-la ao transportador original[16]. Na mesma linha de raciocínio, Righetti assinala o berço continental da figura, assinalando a função de organizar e controlar a transferência das mercadorias alienadas de um mercador de uma cidade para outra[17]. Neste particular, assumia particular relevância o facto de os banqueiros adquirirem as mercadorias, pagando aos produtores locais e revendendo-as a outras praça, escalas (*"Stapel"*) ou mercados, competindo aos comissários de transporte a tarefa de entregar e grupar as mercadorias, curando dos aspetos necessários ao transporte, como a preparação dos documentos de viagem, e, bem assim, a entrega das mercadorias no local convencionado[18].

---

[15] LEVIN GOLDSCHMIDT, *Handbuch des Handelrechts, Teil A – Universalgeschichte des Handelrechts: Die Grundprobleme – Das Alterum – Das Mittelalter,* 2.ª ed., Estugarda, 1891, p. 331.

[16] HANS-JOACHIM SCHRAMM, *Freightforwarder's role in multimodal transport chains,* Viena: Physica Verlag, 2012, p. 13.

[17] RIGHETTI, *Trattato di diritto marittimo,* Parte Seconda, Milão: Giuffrè, 1990, p. 112.

[18] RIGHETTI, *Trattato di diritto marittimo,* Parte Seconda, cit., pp. 112-113.

De acordo com Bonassies e Scapel, *in radice*, o transitário estava encarregado de receber a mercadoria – mercadoria *em trânsito* – para a realização de um primeiro transporte antes de a reexpedir para um novo transporte, sendo frequente a solicitação, pelo expedidor, da celebração de um contrato de transporte ou dos contratos de transporte necessários para que esta chegasse ao destino[19].

Noutro prisma, Silingardi assinala o facto de ter ocorrido um desenvolvimento nem sempre coerente da figura do expedidor. De acordo com o jurista transalpino, a *praxis* francesa e posterior receção jurisprudencial, ditaram o desenvolvimento da tendência de considerar os *commissionaires de voitures* como garantes do cumprimento das obrigações assumidas pelo transportador com quem tivesse sido celebrado um contrato de transporte, regime que seria, aliás, vertido no *Code de Commerce* napoleónico[20]. Neste particular, observa Rodière que os *comissionaires de voitures* eram comissários de transporte, competindo-lhes a obrigação de assegurar o transporte de um local para o outro[21]. Ora, a regra preceituando que os comissários de transportes eram garantes do cumprimento das obrigações terá nascido de vários pleitos judiciais iniciados no século XVII em que os comissários alegavam ser apenas responsáveis pela escolha do transportador (*"voiturier"*), ao passo que os mercadores alegavam que os comissários de transporte deveriam responder pela custódia das mercadorias que lhe eram confiadas, circunstância que não quadrava plenamente com o regime do mandato[22].

---

[19] Bonassies/Scapel, *Droit maritime,* 2.ª ed., cit., p. 451.

[20] Silingardi, *Spedizione (contratto di),* in Digesto – Sezione Comerciale, Vol XV, Turim: Unione Tipografico-Editrice Torinese, pp. 111-125 (p. 112, 1.ª coluna). Para uma descrição da evolução da disciplina do *spedizionere* em Itália, cfr. Vittoria Cozzi, *La spedizione,* cit., pp. 183-185, bem como Chiomenti, *Spedizione (contratto di),* in ED XLIII, Mião: Giuffrè, 1994, pp. 284-319 (pp. 284-287, 2.ª coluna)

[21] Rodière, *Études sur la commission de transport. Première étude: la définition de la commission de transport de marchandises,* in Rev. trim. dr. comm. X (1957), pp. 1-13 (p. 5)

[22] Rodière. *Études sur la commission de transport. Seconde étude: La responsabilité du commissionaire de transport de marchandises,.* in Rev. trim. dr. comm. X (1957), pp. 535-552 (pp. 543-544). Comentando a evolução do regime francês, Zunarelli, *La nozione di vettore (contracting carrier ed actual carrier),* Milão: Giuffrè, 1987, pp. 10-11, observa que a justificação do regime prendia-se com o facto de ser alterado a perceção relativamente à figura do *commissionaire de voitures:* se, inicialmente, estes surgiam como transportadores, com a conquista dos Países Baixos por Luís XIV, terá sido atribuída a esta classe o privilégio de deslocar (*"far transitare"*) por todo o território francês, sem pagar qualquer tributo, as mercadorias destinadas aos mercados italiano, espanhóis e do Levante. Neste contexto, uma companhia de Basileia terá colocados prepostos em Lille, Reims, Châlons, Lyon e Marselha

Estas pretensões teriam sido expostas aquando da elaboração do *Code de Commerce,* mas não foram atendidas, pois o artigo 99 determinava que o comissário de transportes era garante dos atos do comissário intermediário a quem fossem confiadas as mercadorias[23].

Por seu turno, Righetti, observa que, contrariamente ao desenvolvimento verificado além-Mancha, no continente europeu foram-se multiplicando "casas de expedidores" (*"case di spedizione"*), fruto da evolução do transporte ferroviário a par da prática da grupagem e da tendência para realizar materialmente o transporte, o que determinou o florescimento dos casos em que o transitário é simultaneamente um transportador, seja de pleno direito, seja *de facto*[24].

2. O contrato de expedição na codificação oitocentista em Portugal

I. A figura do transitário não era ignorada pelo CCom de 1833. Com efeito, os artigos 170.º e 171.º determinavam o seguinte:

> *"170. O empresario d'um estabelecimento, que se encarrega do transporte de mereadorias por terra, canaes ou rioa, chama-se expedicionario ou commissario de transportes. Quando elle mesmo preside á recovagem, chama-se recoveiro; e são os empregados seus os barqueiros, carreteiros e almocreves que o representam.*
>
> *171. Como o recoveiro pode ser elle mesmo, ou represenntar o commissario expedicionario, e pode acompanhar como almocreve a recovagem, a legislação acerca dos recoveiros comprehende o que está á testa da administração e os mesmos almocreves e banqueiros".*

Em função do relevo dado à figura, afigura-se curial dar conta das definições constantes do *Dicionário jurídico-comercial* de Ferreira Borges,

---

incumbidos de encontrar transportadores para todos os destinos, obrigando-se a realizar todas as operações acessórias. Fruto do respetivo sucesso, assevera ZUNARELLI, *La nozione di vettore (contracting carrier ed actual carrier),* cit., p. 11, que o rigor jurisprudencial teve em linha de conta a nova faceta dos serviços prestados pelos *commissionaires de voitures.*

[23] No original podia ler-se "*Il est garant des faits du commissionaire intermédiaire auquel il adresse les marchandises.*"

[24] RIGHETTI, *Trattato di diritto marittimo,* Parte Seconda, cit., pp. 115-115. Para maiores desenvolvimentos sobre as origens da figura do transitário, cfr. ZUNARELLI, *La nozione di vettore (contracting carrier ed actual carrier),* cit., pp. 2-52, com amplas indicações bibliográficas, nomeadamente para os ordenamentos jurídicos italiano e francês.

que, à imagem do que se verificava no Direito Francês, reconduzia o expedicionário a um "comissário de transportes". Assim, o *expedicionario* era definido nos seguintes termos:

> *"é, mercantilmente falando, o recoveiro que se encarrega de fazer transportar fazendas por terra ou por agoa, ou quaisquer outros efeitos (Cod. Com. da Belg. L. 1. Tit. 5, art. 6). – o expedicionário é obrigado a lançar n'um diario a declaração da natureza e quantidade das fazendas e efeitos a transportar, e mesmo o seu valor (cit. Cod.) – É garante da prompta e regular expedição das fazendas e efeitos, e deve tomar todas as medidas de segurança a a esse fim. – Elle responde pelas avarias ou perdas da fazenda, acontedias mesmo depois da expedição, e que podem ser imputadas a culpa ou negligencia sua (art. 7, e 8). Responde pelas expedições intermedias que emprega (art. 9). Os efeitos e fazendas devidamente expedidas viajão a risco d'aquelles a quem pertencem; salvo o recurso contra o expedicionário, ou almocreve ou barqueiro a ter lograr (art. 10)"*[25]

Ferreira Borges sinonimizava expedicionário e recoveiro, como se pode verificar pela definição dada deste último:

> *"Intendemos esta palavra não no sentido d'almocreve ou carreiro, senão no sentido comercial da palavra* Expedicionario, *do que se encarrega do transporte d'uma expedição por terra ou por mar: o chefe da recovagem: o que tem a emprego seu carreiros, almocreves, ou barqueiros, que transportão fazendas: o que preside a uma empresa ou estabelecimento de transportes: – o commissario de transpoetes emfim, – Se elle mesmo acompanha a recova torna-se* almocreve. – *Elle responde pelos almocreveves, carreiros ou barqueiros que emprega. – Entregando-se da expedição ou transportes passa um conhecimento que se chama* cautella de recovagem. *Responde pelas perdas, salvo o caso de força maior (Cod. Com. Francez, art. 103). – E por avarias, salvo provenientes de vicio proprio. – O ónus d'estas provas incumbe-lhe (Rogron)* – Vide Expedicionario.
>
> *Nenhuma das nações que conhecemos gosa de legislação mais adequada a este respeito do que a inglesa, marcando os direitos e responsabilidades dos* carreteiros, *nome generico (*carriers*): a limitação da sua responsabilidade: e seu começo e termo.(...)"*[26]

---

[25] Ferreira Borges, *Dicionário jurídico-comercial,* 2.ª ed., Porto: Typographia de Sebastião José Pereira, 1856, pp. 156-157.

[26] Ferreira Borges, *Dicionário jurídico-comercial,* 2.ª ed., cit., p. 340.

Atendendo ao facto de o recoveiro ser encarregado de fazer transportar mercadorias, afigura-se igualmente pertinente transcrever a definição de contrato de transporte sufragada por Ferreira Borges:

> *"Na sua accepção geral é a levada d'uma cousa d'um logar para outro: o acto de transportar, de levar para fóra do porto: – toma-se além d'isso, hoje pelo animal ou machina, que serve d'instrumento a essa levada.* Recovagem: *– assim dizemos bestas, carros, barcos e navios de transporte. (...) Entre a pessoa eu tem a fazer transportar uma fazenda e aquella que se encarrega do transporte celebra-se um contracto, em que se estipula um preço, o que produz direitos e obrigações entre os dous contrahentes, que é uma* locação: *este contracto nos transportes por terra contém-se n'um instrumento chamado* cautela *e no transporte por mar em um instrumento, que se chama* conhecimento – fretamento. *– As pessoas, que se encarregarão de fazer o transporte chamão-se* recoveiros, almocreves, carreteiros *ou* barqueiros. *N'estas palavras se acharão as obrigações e responsabilidades."*[27]

Sem prejuízo das definições avançadas por Ferreira Borges, cabe notar que o CCom não distinguia com clareza transporte e expedição, pois os *commissarios de transportes* e os *recoveiros* estavam sujeitos ao mesmo regime legal, conforme, aliás, decorria igualmente do artigo 202.º, o que aponta para a indefinição da figura[28]. Nesta linha de raciocínio, observa Costeira da Rocha a inexistência de uma destrinça clara entre o recoveiro e o comissário de transporte[29], sendo certo que, conforme assinala Januário da Costa Gomes, o comissário de transporte era um auxiliar do expedidor e, por via de regra, seria um mandatário do expedidor[30].

II. Contrariamente ao CCom de 1833, o atual CCom não faz qualquer referência ao contrato de expedição ou trânsito. Neste particular, verifica-se

---

[27] Ferreira Borges, *Dicionário jurídico-comercial,* 2.ª ed., cit., pp. 408-409.

[28] Em abono da similitude de regimes, Sampaio Pimentel, *Annotações ou Synthese Annotada do Código do Commercio,* Tomo I, Coimbra: Imprensa da Universidade, 1875, p. 77.

[29] Costeira da Rocha, *O contrato de transporte de mercadorias. Contributo para o estudo da posição jurídica do destinatário no contrato de transporte de mercadorias,* Coimbra: Livraria Almedina, 2000, p. 76.

[30] Januário da Costa Gomes, *Do transporte "port to port" ao transporte "door to door",* in *I jornadas de Lisboa de Direito Marítimo – O contrato de transporte marítimo de mercadorias,* Coimbra: Livraria Almedina, 2008, pp. 366-405 (p. 396).

que a intervenção legislativa tem-se confinado à definição das condições relativas ao exercício da atividade transitária.

O panorama na doutrina não é totalmente distinto, pois apenas encontramos referências espúrias à figura do transitário, o que não deixa de causar alguma perplexidade, atenta a tentativa de sistematização efetuada por Ferreira Borges a que aludimos anteriormente. Azevedo de Matos, por exemplo, asseverava que o transitário era mandatário ou encarregado de uma gestão de negócios. Na eventualidade de ser encarregado da escolha de navio, seria gestor de negócios, ao passo que se se limitasse a cumprir as funções cometidas, seria mero mandatário, ficando a respetiva responsabilidade circunscrita à forma como o mandato foi exercido[31]. Similarmente, Cunha Gonçalves, pronunciando-se acerca dos intermediários de transporte, afirmava que estes podiam ter duas vestes. Assim, se se limitassem a aproximar as partes envolvidas na operação de transporte, estaríamos diante de um corretor de transportes, ao passo que se contratassem em nome próprio, estaríamos perante um comissário de transportes, não havendo impedimento a que fossem simultaneamente transportadores[32]. Temos, pois, que não era ignorada a figura do transitário-transportador, atenta a singeleza com que Cunha Gonçalves admitia a possibilidade de o comissário de transportes cumular as vestes de transportador.

Sem prejuízo desta omissão legislativa, a atividade transitária não só não foi olvidada pelo legislador, como, aliás, nunca perdeu importância no setor dos transportes, conforme se depreende do preâmbulo do Decreto-Lei número 43/83, de 25 de Janeiro, onde podíamos ler *"(...) a prestação da actividade transitária exige, por parte dos respectivos agentes económicos, profundos conhecimentos no âmbito das várias e complexas operações necessárias à expedição, recepção e circulação de bens e mercadorias."*, motivo pelo qual se asseverava igualmente no referido preâmbulo *"Impõe-se, assim, para salvaguarda dos interesses dos clientes e da comunidade em geral, que os transitários obedeçam a determinados requisitos de organização, capacidade e idoneidade, em ordem a obter-se, tanto quanto possível, a garantia da qualidade dos serviços."*.

[31] Azevedo de Matos, *Princípios de direito marítimo*, Vol. I, Lisboa: Edições Ática, 1956, p. 168.

[32] Cunha Gonçalves, *Comentário ao código comercial português*, Vol. II, Lisboa: Empresa Editora José Bastos, 1916, pp. 398-399.

O Decreto-Lei número 43/83 determinava no artigo 1.º que "*são consideradas empresas transitárias as sociedades comerciais que, tendo por objecto a prestação de serviços a terceiros, no âmbito da planificação, controle, coordenação e direcção das operações necessárias à execução das formalidades e trâmites exigidos na expedição, recepção e circulação de bens ou mercadorias, obedeçam aos requisitos estabelecidos no presente diploma e nas suas disposições regulamentares.*"[33]. Verificamos, pois, que o transitário era reconhecido como, digamos, protagonista da operação de transporte, em virtude de este preceito apontar para o facto de o transitário ser o respetivo coordenador, cuidando da sua completa consecução desde o alfa (planificação) ao ómega (receção e circulação de mercadorias) da operação de transporte.

Este diploma vigorou até à entrada em vigor do Decreto-Lei número 255/99, de 7 de julho, que regula o acesso e o exercício da atividade transitária[34], bem como o regime de responsabilidade do transitário. Conquanto se trate de um diploma informado por preocupações primacialmente administrativas, *maxime* em sede de acesso à atividade de transitário, o diploma cura igualmente de aspetos de regime como o direito de retenção do transitário ou a responsabilidade pelos atos daqueles com que o transitário contrata, *i.e.*, da vinculação *del credere* do transitário. Atento o facto de estas matérias revestirem importância fundamental na vertente *privada, i.e.* nas relações com o expedidor, serão objeto de análise sumária em momento ulterior, para efeitos de enquadramento da atividade do transitário[35].

3. Breve excurso comparativo

I. Com a presente secção não pretendemos efetuar um estudo de Direito Comparado[36] acerca do contrato de expedição. Com efeito, pretendemos ape-

---

[33] Sobre este regime, cfr. Garcia Marques, *O agente transitário*, in BMJ 360 (1986), pp. 5-10.

[34] Este aspeto é plenamente visível no preâmbulo do Decreto-Lei, onde podemos ler: "*A experiência colhida em mais de uma década de aplicação do regime jurídico da actividade transitária, criado pelo Decreto-Lei n.º 43/83, de 25 de Janeiro, veio demonstrar a necessidade da sua revisão, sobretudo na óptica das condições de acesso à actividade*"

[35] Cfr. *infra* o número 5 do presente §.

[36] Sobre os conceitos de microcomparação e macrocomparação, cfr. Castro Mendes, *Direito comparado – Lições do Prof. João de Castro Mendes ao curso da Faculdade de Direito de Lisboa de 1982-1983*, Lisboa: AAFDL, 1983, p. 11 e segs, Ferreira de Almeida/

nas descrever, sobretudo, o enquadramento legal do contrato de expedição em ordenamentos que tenham influenciado o ordenamento jurídico português, pelo que afastamos qualquer cotejo ou comparação entre os ordenamentos chamados à colação, pois tal exercício, conquanto seja sedutor, acabaria por transcender em larga medida o escopo do presente escrito, em função de ser necessário convocar o método da comparação de Direitos.

Deste modo, apenas enunciaremos os principais traços de regime do contrato de expedição nos ordenamentos francês, italiano e alemão, sendo certo que efetuaremos uma brevíssima referência ao regime do direito anglo-saxónico, dando nota sumária das principais orientações doutrinais nesse contexto.

II. No direito francês surgem duas figuras distintas: o transitário (*transitaire*) e o comissário de transporte (*"commissionaire de transport"*).

O transitário é definido como um mandatário encarregado de celebrar, por conta do carregador-expedidor, contratos de transporte e, bem assim, contratos conexos, praticando todos os atos necessários no interesse da mercadoria[37]. Sendo um mandatário, o transitário deverá atuar de acordo com as instruções do expedidor, cabendo referir que não existem óbices a que atue igualmente aquando da receção da mercadoria, situação que torna complexa a distinção perante um consignatário de mercadoria[38]. Tratando-se um contrato de mandato, este poderá ser revogado *ad nutum* pelo expedidor[39]. Não obstante, cabe ter presente que o transitário será responsável

---

Morais Carvalho, *Introdução ao direito comparado,* 3.ª ed., Coimbra: Livraria Almedina, 2014, pp. 12-14 e Dário Moura Vicente, *Direito comparado,* Vol. I, 4.ª ed., Coimbra: Livraria Almedina, 2019, pp. 19-20, bem como Zweigert/Kötz, *An introduction to comparative law,* 3.ª ed. (tradução de Tony Weir), Oxford: Clarendon Press, 1998, pp. 4-5. Sobre o objecto da comparação, cfr., por exemplo, Sacco, *Introduzione al diritto comparato,* Turim: Unione Tipografico-Editrice, Torinese, 1995, p. 43 e segs.

[37] Bonassies/Scapel, *Droit maritime,* 2.ª ed., cit., p. 451.

[38] Bonassies/Scapel, *Droit maritime,* 2.ª ed., cit., p. 451. Em sentido contrário, Rodière, *Traité genérale de droit maritime, Affrètements & Transports,* vol. III *Acconage, consignation, transit, transports successifs et combinés, transports de passagers, Remorquage,* Paris: Librairie Dalloz, 1970, p. 116, sustenta que o transitário apenas realiza as operações jurídicas e acessórias necessárias para assegurar a continuidade da deslocação de mercadorias.

[39] Rodière, *Traité genérale de droit maritime, Affrètements & Transports,* vol. III, cit., p. 118.

por um período de cinco anos, nos termos do disposto no artigo L-110-4 do *Code de Commerce.*

O comissário de transporte, por seu turno, é definido como um transitário que, ao invés de se limitar a celebrar contratos de transporte por conta do respetivo cliente, encarrega-se da organização da operação de transporte, assumindo a respetiva responsabilidade desde a partida até à chegada das mercadorias ao destino[40]. Juridicamente, o comissário de transportes é um comissário e, como tal, atua em nome próprio, garantindo a boa execução das operações que realiza, tendo liberdade para realizar o transporte até um determinado local[41]. Dito de outro modo, o comissário de transporte responde pela chegada das mercadorias em bom estado ao porto de destino[42], salvo casos de força maior, conforme dispõe o artigo L132-4 do *Code de Commerce.*

Esta responsabilidade abrange quer a garantia de chegada quer a própria mora na chegada das mercadorias[43]. Conforme assinalam Bonassies e Scapel, a jurisprudência francesa tem limitado a responsabilidade do comissário de transporte à responsabilidade do transportador a quem confiou a mercadoria, o que implica que lhe é aplicável o regime que rege o contrato de transporte efetivamente realizado[44], sem prejuízo da eventual responsabilidade por factos próprios, *maxime,* nas situações em que lhe seja imputável culpa, situação em que responderá ilimitadamente[45]. Em qualquer caso, na eventualidade de existir responsabilidade do comissário de transporte, a ação deverá ser intentada no prazo de um ano contado da data em que a mercadoria deveria ser entregue ou da data em que foi efetuada ou oferecida a entrega (L. 133-6, 1.º e 2.º parágrafos do *Code de Commerce*).

Em suma: (i) o transitário apenas responde por factos próprios, ao passo que o comissário de transporte responde pela boa execução do transporte, (ii) transitário e transportador têm obrigações distintas, (iii) o transitário não tem direito de ação contra o transportador, enquanto o comissário de transporte poderá acioná-lo.

---

[40] Bonassies/Scapel, *Droit maritime,* 2.ª ed., cit., p. 453.

[41] Rodière, *Traité generale de droit maritime, Affrètements & Transports,* vol. III *Acconage, consignation, transit, transports successifs et combinés, transports de passagers, Remorquage,*, Paris: Librairie Dalloz, 1970, p. 116.

[42] Bonassies/Scapel, *Droit maritime,* 2.ª ed., cit., pp. 453-454.

[43] Bonassies/Scapel, *Droit maritime,* 2.ª ed., cit., p. 455.

[44] Bonassies/Scapel, *Droit maritime,* 2.ª ed., cit., p. 456.

[45] Bonassies/Scapel, *Droit maritime,* 2.ª ed., cit., p. 457.

III. Em Itália o contrato de expedição está previsto nos artigos 1737.º a 1741.º do *Codice Civile,* sendo regulado a propósito da disciplina do mandato, enquanto *species* deste tipo contratual.

O artigo 1737.º do *Codice Civile* determina que o contrato de expedição é o mandato pelo qual o expedidor (*"Spedizionere"*)[46] se obriga a celebrar em nome próprio e por conta do mandante, um contrato de transporte e, bem assim, realizar operações acessórias ao transporte.

Perante este *corpus* normativo, a doutrina italiana maioritária qualifica o contrato de expedição como um mandato[47], seja como mandato qualificado[48], seja como tipo especial de mandato sem representação[49], sendo de assinalar o dissídio existente a propósito do papel das operações acessórias no âmbito do contrato de expedição. Efetivamente, a doutrina dominante entende ser necessário distinguir prestações necessárias de prestações meramente úteis para a consecução do contrato de expedição, asseverando que apenas as prestações necessárias, como a entrega da mercadoria ao transportador, estão ligadas por um nexo de instrumentalidade necessária e, como tal, não são capazes de esvaziar o conteúdo do contrato de expedição[50]. Em suma, são acessórias todas as operações funcionalmente subordinadas à celebração de um contrato de transporte. Noutra ordem de ideias, afirma-se igualmente que o conceito de acessoriedade é mais amplo do que o de necessidade e, por conseguinte, as operações acessórias compreenderiam todas as prestações que o expedidor deveria cumprir se, em vez de recorrer a um transitário, curasse ele próprio da expedição das mercadorias[51]. Verificamos, pois, que as operações acessórias tendem a ultrapassar o regime

---

[46] Sobre o *spedizionere,* cfr., por todos, CHIOMENTI, *Spedizione (contratto di),* in ED XLIII, Milão: Giuffrè, 1992, pp. 284-319, SILINGARDI, *Spedizione (contratto di),* cit., *passim,* VITTORIA COZZI, *La spedizione,* cit., *passim* ou RIGHETTI, *Trattato di diritto marittimo,* Parte Seconda, cit., pp. 111 e segs.

[47] Cfr., por exemplo, ANTONINI, *Corso di diritto dei trasporti,* Milão: Giuffrè, 2004, p. 104 ou CARBONE (com a colaboração de P. CELLE e M. LOPEZ DE GONZALO), *Il diritto marittimo,* cit., p. 337 ou VITTORIA COZZI, *La spedizione,* cit., p. 184.

[48] MINERVINI, *Il mandato, la comissione, la spedizione,* Milão: Giuffrè, 1952, p. 239.

[49] LUMINOSO, *Mandato, commissione, spedizione,* Milão: Giuffrè, 1984, p. 627 e segs.

[50] MINERVINI, *Il mandato, la comissione, la spedizione,* cit., p. 41 e segs., LUMINOSO, *Mandato, commissione, spedizione,* cit., 631 ou TRABUCCHI, *Le prestazione dello spedizionere e l'obbligaione di risultato,* in RDC XXVIII (1982), pp. 315-326 (p. 324).

[51] RIGHETTI, *Trattato di diritto marittimo,* Parte Seconda, cit., p. 204. Na mesma ordem de ideias, LOPEZ DE GONZALO, *Gli obblighi di diligenza dello spedizionere (prima e dopo la conclusione del contratto di trasporto),* in DM CVIII (2006), pp. 1277-1280 (p. 1278-179).

vertido no *Codice,* pois, não raras vezes, os tribunais italianos determinam que entram neste conceito operações que, materialmente, o mais das vezes, pertenceriam ao contrato de transporte[52].

Afigura-se de especial importância o disposto no artigo 1741.º do *Codice,* que determina que o transitário que assuma com meios próprios ou alheios o transporte no todo ou em parte, tem os direitos e obrigações do transportador. Perante o teor desta norma, existe acesa discussão doutrinal. Minervini sustenta que o legislador italiano pretendeu regular uma situação em que o transitário, num momento posterior à celebração do contrato de expedição, "entra" no contrato de transporte, uma vez que o artigo 1741.º do *Codice* prevê uma faculdade de subingresso do transitário, que determinaria o cúmulo das vestes de transitário e de transportador[53]. Por seu turno, Luminoso advoga que a assunção do transporte é incompatível com a consecução do contrato de expedição, motivo pelo qual determinaria a transformação do contrato de expedição num contrato de transporte, sendo, por conseguinte, aplicável a disciplina deste último[54]. Mais recentemente, Vittoria Cozzi veio sublinhar o facto de o artigo 1741.º do *Codice* ser de aplicação problemática, atento o facto de aqueles que atuam com a veste de transitários serem igualmente transportadores[55], fruto da ambiguidade da atuação do transitário[56].

IV. De acordo com o § 453 I do HGB, o expedidor (*"Spediteur"*) está obrigado a organizar o envio das mercadorias, podendo, para o efeito, celebrar os contratos que repute convenientes[57].

---

[52] Cfr., por exemplo, CHIOMENTI, *Il carico delle merce da trasportare quale operazione acessoria dello spedizionere,* in RDCo LXXXVII (1989), pp. 247-251 (p. 249), sustentando que o contrato de expedição tem por objeto a assunção da obrigação de colocar em ação operações de ligação entre o expedidor ou transitário e um transportador e/ou destinatário e um transportador de mercadorias.

[53] MINERVINI, *Il mandato, la comissione, la spedizione,* cit., p. 64.

[54] LUMINOSO, *Mandato, commissione, spedizione,* cit., p. 645 e TRABUCCHI, *Le prestazione dello spedizionere e l'obbligaione di risultato,* cit., p. 318.

[55] VITTORIA COZZI, *La spedizione,* cit., 195.

[56] Voltaremos a este tema com maior profundidade *infra,* no § 4.

[57] A este propósito, KOLLER, *Transportrecht, Kommentar zu Spedition, Gütertransport und Lägerschaft,* 6ª ed., Munique: Verlag C. H.Beck, 2007, p. 738, sustenta que o HGB adota um tipo ideal de contrato de expedição ao invés de adotar um contrato que corresponda à realidade da *praxis.*

De acordo com o § 454 do HGB, o expedidor pode, *inter alia*, (i) escolher os meios de transporte e do itinerário de transporte, (ii) escolher pessoas responsáveis pelo envio de mercadorias, armazenagem e expedição de mercadorias. Adicionalmente, o § 454 II do HGB determina que as atribuições do transitário também incluem a execução de serviços relacionados com os transportes, tais como seguros e embalagem dos produtos, a sua identificação e respetivo regime aduaneiro.

No tocante à responsabilidade, o § 461 I do HGB determina que o expedidor é responsável pelo prejuízo causado pela perda ou dano das mercadorias sob o seu cuidado, sendo aplicáveis os §§ 426, 427, 429, 430, 431, par. 1, 2 e 4, §§ 432, 434-436, os quais são referentes à responsabilidade do transportador. Já o § 462 determina que o expedidor é responsável pelos atos e omissões daqueles que estiverem a seu cargo. Caso particular é o da realização do transporte pelo expedidor (*"Selbseintritt"*), pois determina o § 458 do BGB que se o transitário exercer a opção de realizar o transporte de mercadorias em seu próprio nome, responde como transportador.

O transitário está autorizado a realizar o transporte de mercadorias em nome próprio. Caso esta opção seja exercida, deverão ser tidos em consideração os direitos e obrigações de um transportador. Assim, caso estejamos perante um transitário-transportador, regerá a disciplina do contrato de transporte. Tal sucederá igualmente nos casos em que o transitário celebre um único contrato de transporte para transportar mercadoria de mais de um carregador (*"Sammelladung"*), prevista no § 460 do HGB e bem assim se a remuneração do expedidor corresponder a um montante global que inclua um frete (*"Fixkostenspedition"*, prevista no § 459 do HGB)[58].

Temos, pois, que ao permitir a celebração de um negócio consigo próprio, o legislador alemão permitiu que o expedidor fosse para além da sua atividade principal (a intermediação), podendo atuar licitamente nas vestes de transportador[59], sendo o contrato de expedição qualificado como um "cuidar-de-negócios" (*"Geschaftsbesorgung"*)[60].

---

[58] Cotejando este regime com o regime austríaco, Hans-Joachim Schramm, *Freightforwarder's role in multimodal transport chains*, cit., pp. 14-18.

[59] Sublinhando este aspeto, Hans-Joachim Schramm, *Freightforwarder's role in multimodal transport chains*, cit., pp. 16-17, bem como Koller, *Transportrecht*, 6ª. ed, cit., p. 751. Alertando para as dificuldades na distinção das duas figuras, Canaris, *Halndelsrecht*, 24.ª ed., Munique: C. H. Beck'sche Buchhandlung, 2006, p.509.

[60] Canaris, *Halndelsrecht*, 24.ª ed., cit., p.507. No direito alemão é comum a distinção ente mandato e o "cuidar-de-negócios" (*"Geschaftsbesorgung"*). Com efeito, o § 662 BGB

V. Nos países de *Common Law*, o transitário (*"freight forwarder"*) é um intermediário, surgindo igualmente casos em que este é qualificado como agente ou como principal[61]. Com efeito, o facto de o transitário executar várias funções, que vão desde a receção das mercadorias, passando pela custódia dos bens ou pelo respetivo transporte, deu azo à construção de um regime de responsabilidade mais severo. Como princípio geral, o transitário é considerado *principal* nas relações com o transportador, uma vez que o negócio celebrado com o expedidor prevê, expressa ou implicitamente, a possibilidade de serem estipulados em nome próprio contratos com terceiros. Conforme assinala John Wilson, a atuação do transitário é multiforme, pois este tanto pode atuar como *agent* do expedidor, celebrando contratos de transporte, mas também como *principal*, realizando o transporte *in toto* ou parcialmente, nos contratos de transporte multimodal[62]. Neste particular, importa ainda ter presente que, em casos circunscritos, o transitário pode fazer valer-se do regime do contrato de transporte. A este propósito, informa Malcolm A. Clarke, que a jurisprudência americana reconhece duas *species* de transportador. De um lado temos o transportador direto, *i.e.*, aquele que realiza o transporte e, de outro, temos o transportador indireto, que, *grosso modo*, realiza atividades acessórias do transporte. Ora, no tocante ao transporte aéreo, poderá o transitário fazer-se valer dos limites ressarcitórios que assistem ao transportador ao abrigo da CM, porquanto o transitário é entendido, no direito norte-americano, como um transportador indireto[63].

Nestes ordenamentos são de especial importância os documentos pré-elaborados por associações profissionais, como a BIFA no Reino Unido, atento o facto de não existir qualquer disposição codificada acerca desta ati-

---

prevê que através da aceitação de um mandato, o mandatário obriga-se, gratuitamente, a celebrar um negócio para o mandante. No entanto, achou-se conveniente considerar aplicável a regulação do mandato aos casos em que, por via de um contrato de prestação de serviços ou de contrato de trabalho, o agente cuide de negócios alheios. Sobre o mandato no Direito alemão, cfr., por exemplo, Dirk Harke, *Besonderes Schuldrecht,* Heidelberga: Springer Verlag, 2011, p. 336 e segs.

[61] David Glass, *Freight forwarding and multimodal transport contracts,* 2.ª ed., Londres e Nova Iorque: Routledge, 2012, p. 54.

[62] John F. Wilson, *Carriage of goods by sea,* 7.ª ed., Londres: Longman, 2010, p. 253.

[63] Malcolm A. Clarke, *Contracts of carriage by air,* 2.ª ed., Londres: Routledge, 2010, p. 136. Para maiores desenvolvimentos, cfr. David Glass, *Freight forwarding and multimodal transport contracts,* 2.ª ed., cit., p. 60 e segs., sublinhando que a atuação do transitário como *agente* corresponde ao *id quod plerumque accidit.*

vidade. Conforme assinala Schoner[64], o regime jurídico do transitário não está plasmado na Lei, decorrendo, outrossim, do *case law,* que tem sustentando que o transitário está incumbido de providenciar o transporte de mercadorias, não lhe competindo efetuar o transporte das mesmas. Em suma, o transitário será um *agent*[65].

Tendo em consideração este aspeto, os formulários da BIFA determinam, que, por via de regra, o transitário atua como *agent.* Assim, apenas atuará como principal se: (i) o transitário expressamente anuir, por escrito, na atuação nessa qualidade ou (ii) se um tribunal determinar que o transitário atuou como principal[66]. Em qualquer caso será mister que o transitário, enquanto *agent,* cumpra escrupulosamente as obrigações cometidas pelo expedidor, estando igualmente obrigado a informá-lo de qualquer facto relevante no âmbito do cumprimento do contrato[67].

Nos Estados Unidos da América, o *United States Code,* define o expedidor no capítulo 49, § 1302 como a pessoa que oferece os seus serviços ao público (com exceção dos transporte por gasoduto, ferroviário, motorizado ou por água) para transportar bens a título oneroso e no curso normal da sua atividade (a) organizando e consolidando, ou providenciando a organização e consolidação, de expedição, realizando operações de *break-bulk* e distribuindo as remessas; (b) assumindo a responsabilidade pelo transporte desde o local de receção até ao local de destino; e (c) usando para qualquer parte do transporte um veículo sujeito à jurisdição nos termos deste título[68].

---

[64] D. Schoner, *The freight forwarder as an air carrier,* cit., p. 7.

[65] Para maiores desenvolvimentos, cfr., a síntese de D. Schoner, *The freight forwarder as an air carrier,* cit., pp.7-8.

[66] David Glass, *Freight forwarding and multimodal transport contracts,* 2.ª ed., cit., p. 54. Para maiores pormenores, cfr., *op. cit.,* p. 57 e segs.

[67] Para mais desenvolvimentos, cfr., por exemplo, a síntese de Righetti, *Trattato di diritto marittimo,* Parte Seconda, cit., pp. 121-125.

[68] No original, podemos ler: "*The term "freight forwarder" means a person holding itself out to the general public (other than as a pipeline, rail, motor, or water carrier) to provide transportation of property for compensation and in the ordinary course of its business—*

(A) assembles and consolidates, or provides for assembling and consolidating, shipments and performs or provides for break-bulk and distribution operations of the shipments;

(B) assumes responsibility for the transportation from the place of receipt to the place of destination; and

(C) uses for any part of the transportation a carrier subject to jurisdiction under this subtitle."

Também neste ordenamento é importante o recurso a formulários pré--elaborados. Assume especial relevo o modelo de contrato da NCBFAA, em cuja cláusula 1 se estatui que "*Exceto se a Sociedade*[69] *realizar, armazenar ou fisicamente manipular a carga, e ocorra perda, dano, despesa ou durante essa atividade, a Sociedade não assume qualquer responsabilidade pelo transporte e não deve ser responsabilizada por qualquer perda, dano, despesa ou demora para os bens a serem enviados ou importados, exceto como previsto no parágrafo 8 e sujeito às limitações do parágrafo 9 infra, comprometendo-se apenas para os cuidados razoáveis na seleção de transportadoras, camionistas, transitários, despachantes aduaneiros, agentes, armazenistas e outros a quem poderá confiar as mercadorias para transporte, transporte, manuseamento e/ou entrega e/ou de armazenamento ou de outra forma. Quando a empresa realiza, armazena ou fisicamente lida com a carga, tal atividade fica sujeita à limitação de responsabilidade prevista cláusula 8 infra, salvo se um conhecimento de carga, carta de porte aéreo ou outro contrato de transporte seja emitido pela Sociedade, no qual caso os termos da mesma, devem reger.*"[70].

4. O contrato de mandato

I. Conforme referimos previamente, o transitário atua por conta do expedidor, o que nos remete para o universo do contrato de mandato, motivo pelo qual indicaremos de seguida os principais traços deste contrato no nosso

[69] *In casu*, o transitário.

[70] No original pode ler-se: "*Unless the Company carries, stores or otherwise physically handles the shipment, and loss, damage, expense or delay occurs during such activity, the Company assumes no liability as a carrier and is not to be held responsible for any loss, damage, expense or delay to the goods to be forwarded or imported except as provided in paragraph 8 and subject to the limitations of paragraph 9 below, but undertakes only to use reasonable care in the selection of carriers, truck men, lightermen, forwarders, customs brokers, agents, warehousemen and others to whom it may entrust the goods for transportation, cartage, handling and/or delivery and/or storage or otherwise. When the company carries, stores or otherwise physically handles the shipment, it does so subject to the limitation of liability set forth in paragraph 8 below unless a separate bill of lading, air waybill or other contract of carriage is issued by the Company, in which event the terms thereof shall govern.*". Para maiores desenvolvimentos, *maxime*, sobre o papel do transitário no Direito Aéreo norte-americano, cfr. D. Schoner, *The freight forwarder as an air carrier*, cit., pp.8-9.

ordenamento jurídico e, assim, podermos enquadrar o contrato de expedição enquanto contrato gestório.

Como é sabido, ente nós, o contrato de mandato tem dois elementos essenciais decorrentes da definição constante do artigo 1157.º CC: a prática de atos jurídicos e a atuação por conta do mandante[71]. Em termos perfunctórios, podemos dizer que se perfilam dois aspetos distintos que carecem de análise: (i) a prática de um ou mais atos jurídicos e (ii) a necessidade de a prática de tais atos ser qualificada em função do interesse do mandante, o que equivale a dizer que o mandatário não tem uma faculdade, mas sim uma obrigação de praticar atos jurídicos; ademais, na consecução de tal atividade releva igualmente a necessidade de curar do interesse do mandante, porquanto a sua atividade é instrumental relativamente ao interesse do mandante[72].

Na consecução do mandato, o mandatário pratica atos jurídicos alheios. No entanto, a afirmação de que o mandatário deve curar do interesse do mandante na execução do mandato peca pelo seu carácter genérico, pois não é privativa do contrato de mandato: é possível afirmar que todas as relações obrigacionais estão predispostas à realização de um interesse do credor[73]. Trata-se, aliás, do perfil funcional da obrigação, *rectius,* da sua predisposição genética.

Para além deste aspeto, uma afirmação deste teor peca por não ser suscetível de distinguir o mandato de outras figuras, como a representação ou a gestão de negócios[74]. No tocante a esta última, a gestão de negócios reporta-se a uma atividade humana que envolve, como serviço, o ocupar-se de assuntos próprios de uma outra pessoa. Sendo assim, é possível distinguir a gestão em sentido amplo, que envolve todas as situações nas quais alguém se ocupe de negócios alheios, casos do mandato, da empreitada ou da

---

[71] Sobre o contrato de mandato, cfr., por todos, Januário da Costa Gomes, *Contrato de mandato,* in Menezes Cordeiro (coordenação), *Direito das obrigações,* Vol. III, Lisboa: AAFDL, 1991, pp. 263-408 e Menezes Cordeiro, *Tratado de direito civil,* Vol. XII – *Contratos em especial (2.ª parte) Parceria pecuária, comodato, mútuo, prestação de serviço, mandato, depósito, empreitada, rendas, jogo e aposta e transação,* Coimbra: Livraria Almedina, 2018, pp. 437-720.

[72] Bavetta, *Mandato (diritto privato)*, cit., p.324, 1.ª coluna.

[73] Sublinhando este aspeto, Minervini, *Il mandato, la comissione, la spedizione,* cit., p. 10 e Dominedò, *Mandato (diritto civile)*, in NssDI, tomo X, Turim : Unione Tipografico-Editrice Torinese, 1957, pp. 108-153 (p. 118, 2:ª coluna).

[74] Assim, por exemplo, Januário da Costa Gomes, *Em tema de revogação do mandato civil,* cit., p. 92 e Luminoso, *Mandato, Commissione, spedizione,* cit., p. 2.

administração de sociedades, e a gestão em sentido estrito, que se restringe à intervenção não autorizada, por lei ou pelo visado, em negócios alheios. Esta última, naturalmente, corresponde ao instituto da gestão de negócios regulado no CC[75] e do qual não nos ocuparemos, em virtude de tal análise transcender o escopo do presente trabalho[76].

Fazendo uso da formulação clássica, diremos que esta tem por base a noção de facto jurídico, definido como um evento ao qual o Direito associe determinados efeitos[77]. Posto isto, sói distinguir-se, na sua classificação mais simples, entre factos jurídicos *stricto sensu* e atos jurídicos, consoante eles sejam considerados como eventos naturais ou, pelo contrário, como manifestações da vontade humana[78].

Atendendo ao facto de o CC se referir à prática de atos jurídicos, poderíamos ser tentados a afirmar que a prestação do mandatário, apesar de ser

---

[75] Sobre este ponto, cfr. MENEZES CORDEIRO, *Tratado de direito civil,* Vol. II – *Direito das obrigações,* Tomo III – *Gestão de negócios, enriquecimento sem causa, responsabilidade civil,* Coimbra: Coimbra: Livraria Almedina, 2010, p. 67 e ALMEIDA COSTA, *Direito das Obrigações,* 12.ª ed., Coimbra: Livraria Almedina, 2009, p. 478. LUMINOSO, *Mandato, commissione, spedizione,* cit., pp. 16-17, salientando que estas figuras podem ser enquadradas no âmbito da cooperação, defende que a representação afasta o negócio do agente, no seu momento jurídico formal, enquanto a gestão tem por fim desviar o negócio do agente, no seu momento económico substancial, constituindo a representação e a cooperação gestória as áreas de eleição, respetivamente, do agir em nome de outrem e do agir por conta de outrem.

[76] Sobre os requisitos da gestão de negócios, cfr., por todos, ANTUNES VARELA, *Das obrigações em geral,* Vol. I, 10.ª ed., Coimbra: Livraria Almedina, 2000. P. 451 e segs., MENEZES LEITÃO, *Direito das obrigações,* Vol. I – *Introdução, da constituição das obrigações,* 15.ª ed., 2018, p. 487 e segs. e MENEZES CORDEIRO, *Tratado de direito civil,* Vol. II – *Direito das obrigações,* Tomo III, cit., p. 81 e segs..

[77] Assim, por exemplo, MENEZES CORDEIRO, *Tratado de direito civil,* Vol. II – *Parte geral – Negócio jurídico – Formação, conteúdo e interpretação, vícios da vontade, ineficácia e invalidades,*4.ª ed., Coimbra: Livraria Almedina, 2014, p. 83. O autor salienta que, numa técnica normativa linear, poder-se-ia dizer que o facto jurídico se apresenta como a realidade apta a, integrando uma previsão normativa, desencadear a sua estatuição. No entanto, esta visão mecanicista apenas poderá ser utilizada por razões de comodidade linguística.

[78] MENEZES CORDEIRO, *Tratado de direito civil,* Vol. II, 4.ª ed., cit., p. 83. É, aliás, esta a classificação comummente adotada pela doutrina. Cfr., por exemplo, MANUEL DE ANDRADE, *Teoria geral da relação jurídica,* Vol. II, cit., pp. 1-10, SANTORO-PASSARELLI, *Teoria geral do direito civil* (trad. de *Dottrine generali del diritto civile* por MANUEL DE ALARCÃO), Coimbra: Atlântida Editora, 1967, p. 79-84, CARLOS MOTA PINTO, *Teoria geral direito civil,* 4.ª ed., cit., pp. 355-358, CASTRO MENDES, *Direito civil – Teoria geral,* Vol. II, Lisboa: AAFDL, 1978, pp. 5-15, OLIVEIRA ASCENSÃO, *Direito Civil – Teoria Geral,* Vol. II, 2.ª ed., cit., pp. 9-16, CARVALHO FERNANDES, *Teoria geral do direito civil,* Vol. II., 4.ª ed., cit., p. 11-19 e PAIS DE VASCONCELOS, *Teoria geral do direito civil,* 7.ª ed., cit., pp. 343-352.

prevalentemente negocial, não deve ser entendida como sinónimo do cumprimento apenas de atos, mas sim, também, de atos jurídicos *stricto sensu*[79]. Com efeito, conforme salienta Minervini, sendo a prática de atos jurídicos a prestação "qualificada" do mandatário, capaz de permitir distinguir entre o mandato e figuras afins, como sejam o contrato de mediação ou o contrato de agência, não é possível afirmar que os atos jurídicos *stricto sensu* possam ser o objeto do mandato[80]. Isto porque o ato jurídico *stricto sensu* é suscetível de despoletar a produção de efeitos jurídicos, caraterizando-se pelo facto de a finalidade que move o sujeito ser irrelevante.

A ser assim, encontram-se fora da órbita do mandato os contratos através dos quais se programe o cumprimento de atos materiais, mesmo que os resultados de tal atividade sejam destinados a um sujeito diverso daquele obrigado à consecução da atividade contratada. No entanto, na eventualidade de tais atos materiais surgirem com um papel instrumental e funcionalmente secundário no quadro do objeto do mandato, será forçoso reconhecer que estamos perante um contrato de mandato[81]. Assim, para efeitos de análise de casos concretos, deve dar-se prevalência a um critério de avaliação unitária

---

[79] Januário da Costa Gomes, *Contrato de mandato*, cit., p. 276. Em sentido contrário, pronuncia-se Durval Ferreira, *Do mandato civil e comercial, o gerente de sociedades, O contrato de mediação na Lei*, 2.ª ed., Porto, 1972, pp. 42-53, considerando que a exigência da prática de um ato jurídico é uma limitação injustificável, na medida em que tal exigência não teria carácter essencial ou substancial, nem derivaria da natureza do mandato.

[80] Minervini, *Il mandato, la comissione, la spedizione*, cit., p. 10. Similarmente, Luminoso, *Mandato, commissione, spedizione*, cit., p. 119. Informa Graziadei, *Mandato*, in DIGESTO – *Sezione Civile*, tomo VIII, Turim: Unione Tipografico-Editrice Torinese, 1992, pp. 154-185 (p. 160, 2.ª coluna), que a jurisprudência italiana, com base neste entendimento, tem vindo a utilizar expressões dúbias, tendentes a excluir a prática de atos materiais, técnicos ou manuais, sem, todavia, restringir o objeto do mandato às declarações de vontade negocial, podendo compreender uma atividade volitiva *in genere* do agente para que a eficácia jurídica releve a atividade consciente do agente.

[81] Assim, Januário da Costa Gomes, *Contrato de mandato*, cit., p. 299, Luminoso, *Mandato, commissione, spedizione*, cit., p. 123. Na síntese de Carnevali, *Mandato*, in *Enc. Giur.*, Roma: Istituto della Enciclopedia Italiana, 1990, p. 3 (1.ª coluna), por via de regra, a prática de atos jurídicos redundará na celebração de contratos, podendo igualmente traduzir-se na consecução de negócios jurídicos unilaterais, incluindo atos reais ou a cobrança de créditos (*"mandato all'incasso"*). A este propósito, Alcaro, *Caratteri e oggeto del mandato*, in Francesco Alcaro (org.), *Il mandato*, Milão: Giuffrè, 2000, pp. 17-30 (pp. 22-23), sustenta que a jurisprudência italiana tende a interpretar de forma elástica os requisitos do mandato, de modo que nele seja incluída a atividade negocial, pese embora se propenda a excluir, por via de regra, atos de natureza material ou técnica.

e teleológica dos atos programados[82], situação que leva Alcaro a concluir que a realização de atos materiais considerada na globalidade, na sequência de atos destinados a despoletar uma atividade jurídica, leva a que estes devam ser apreciados segundo um nexo de acessoriedade e de funcionalidade estreita em relação aos atos principais[83]. Mais concretamente, conforme salienta Santagata, tudo passará por verificar se a atuação do mandatário se reporta à realização do interesse a cuja satisfação o ato é ordenado, devendo os atos materiais relacionados com a satisfação de tal interesse ser considerados abrangidos no mandato[84].

II. O outro elemento essencial do contrato de mandato diz respeito à necessidade de o mandatário atuar por conta do mandante. Trata-se de um requisito cujas origens parecem encontrar-se nas contas abertas pelos comerciantes que agiam para outros no âmbito das suas relações comerciais e onde creditavam ou debitavam o saldo positivo ou negativo. No entanto, correntemente, "atuar por conta" é sinónimo de "atuar à custa de"[85].

Sendo o mandato caracterizado por ter na sua essência uma atividade de cooperação externa, é óbvio que se o mandatário praticar atos jurídicos em nome próprio não se instaura qualquer relação direta entre o mandante e o terceiro ou terceiros.

A este propósito, a doutrina italiana acentua a alienidade do resultado, procurando realçar que os efeitos do ato se destinam a uma pessoa distinta do agente[86], afirmando igualmente que o mandatário tem de ser movido por um *animus* destinado a realizar a atividade não para si, mas para o mandante, sendo essencial que a declaração de vontade do mandatário não seja meramente aquilo que o mandante pretende, mas sim, pelo contrário, que

---

[82] MINERVINI, *Il mandato, la comissione, la spedizione,* cit., p. 43 e LUMINOSO, *Mandato, Commissione, spedizione,* cit., p. 120.

[83] ALCARO, *Caratteri e oggeto del mandato,* cit., pp. 24-25.

[84] SANTAGATA, *Mandato – Disposizioni generali,* cit., p. 61-63, salientando que tudo passa pela realização da prestação típica do mandatário e pela idoneidade da produção de efeitos jurídicos na esfera do mandante, independentemente do modo pelo qual opere o mecanismo de incidência desses efeitos (direta, mediata ou reflexa), na medida em que a cooperação do mandatário é requerida e apreciada em função do efeito jurídico que é idóneo a realizar.

[85] Assim JANUÁRIO DA COSTA GOMES, *Em tema de revogação do mandato civil,* cit., p. 92. Para uma apreciação crítica da fórmula "atuar por conta", cfr. SANTAGATA, *Mandato – Disposizioni generali,* cit., p. 70 e segs.

[86] Assim, por exemplo, MINERVINI, *Il mandato, la comissione, la spedizione,* cit., p. 75.

a declaração de vontade seja realizada *solvendi causa*, de modo que, destarte, possa configurar o cumprimento da obrigação de cooperação substitutiva derivada do mandante e, assim, possa ser a expressão daquilo que é pretendido por este[87].

Na síntese de Bavetta, a "atuação em nome" mais não é do que o reforço da atuação por conta, porquanto a alienidade do interesse gerido cessa com a extensão da sua relevância para além das relações internas; nos casos em que o mandatário atua apenas por conta, sem referir a identidade do mandante, a atuação confina-se às relações internas, sem que tal comporte a diminuição da alienidade do interesse gerido[88]. Nesta lógica, é imperioso que exista uma total correspondência entre a atuação do mandatário e a finalidade do mandato, sob pena de não se poder justificar a atribuição dos resultados de tal atividade ao interesse do mandante[89]. Na verdade, em função da alienidade do negócio, é indispensável que o mandato se destine à operação económica no seu conjunto, *maxime,* que o negócio seja encarado como uma síntese de todos os resultados vantajosos e desvantajosos do ato gestório, com a inerente repercussão no mandante[90].

No essencial, conforma assinala Santagata, estamos perante um aspeto consequencial do fenómeno, porquanto a sua essência encontra-se na relação que liga a obrigação de cumprir o negócio gestório, a exigência da sua conformidade às indicações do mandante e a vinculatividade de todas as relações jurídicas dirigidas à realização de um programa gestório, funcionalizado à realização de um interesse alheio[91]. Ou seja, de acordo com o ensinamento de Januário da Costa Gomes, o requisito do agir por conta encontra-se estreitamente ligado à *occasio* do mandato: a existência ou a pre-

---

[87] Minervini, *Il mandato, la comissione, la spedizione,* cit., pp. 75-76. Em termos em tudo similares, Januário da Costa Gomes, *Contrato de mandato*, cit., p. 278, afirmando que o agir por conta tem a ver com a repercussão, direta ou indireta, dos efeitos dos atos praticados pelo mandatário na esfera do mandante.

[88] Bavetta, *Mandato (diritto privato), cit.,* p. 324, 2.ª coluna.

[89] Bavetta, *Mandato (diritto privato), cit.,* p. 325, 1.ª coluna.

[90] Luminoso, *Mandato, commissione, spedizione,* cit., p. 46. Entre os riscos do negócio teremos, por exemplo, a eventual invalidade ou ineficácia, passando por riscos supervenientes extrínsecos ao regulamento negocial, como seja o incumprimento da outra parte, casos fortuitos ou a insolvência da outra parte.

[91] Santagata, *Mandato – Dispozioni generali,* cit., pp. 91-92. Conforme refere o próprio Santagata, *Mandato – Dispozioni generali,* cit., p. 89, trata-se da realização de um programa gestório que é a específica tradução, em termos jurídicos, da pertença genérica do negócio ao mandante.

figuração de um ato que o mandante não quer ou não pode praticar ele próprio, ato esse que, porquanto reportado aos interesses do principal, é alheio em relação ao mandatário. Por este motivo, o mandante giza um programa de prática ou consecução do ato por outrem – o mandatário –, o qual tem a ver com a gestão de interesses próprios, sendo, consequentemente, um programa de gestão por outrem[92].

III. No domínio mercantil, o mandato comercial ocorre *"quando alguma pessoa se encarrega de praticar um ou mais atos de comércio por mandato de outrem"*. Trata-se, pois, de um ato objetivamente comercial por conexão, que, contrariamente ao mandato civil, envolve representação. Este mandato presume-se oneroso, nos termos do artigo 232.º do CCom., circunstância que Adriano Anthero justificava com o facto de o mandato comercial pertencer à indústria mercantil, devendo esta presumir-se sempre lucrativa[93].

Cabe ter presente que, no tocante à respetiva constituição, caso o mandatário pretenda recusar o mandato conferido, deve comunicar tal facto ao mandante com a maior celeridade possível, estando, não obstante, obrigado a praticar todas as diligências necessárias para a conservação das mercadorias que lhe hajam sido remetidas[94].

Teremos mandato comercial sem representação caso estejamos perante um contrato de comissão, pois, de acordo com artigo 266.º do CCom *"o mandatário executa o mandato mercantil, sem menção ou alusão alguma ao mandante, contratando por si e em seu nome, como principal e único contraente."*

Neste particular, não é despiciendo assinalar a assintonia entre o CC e o CCom, pois aquele determina que o objeto do mandato é a prática de atos

---

[92] Januário da Costa Gomes, *Em tema de revogação do mandato civil,* cit., p. 94.

[93] Adriano Anthero, *Comentario ao codigo comercial portuguez,* Porto: Typographia Artes & Letras, 1913, pp. 445.

[94] No domínio mercantil, Pais de Vasconcelos, *Mandato bancário*, in *Estudos em Homenagem ao Professor Doutor Inocêncio Galvão Telles*, Vol. II. *Direito bancário*, Coimbra: Livraria Almedina, 2002, pp. 131-155 (p. 132 e segs), considera, com base no artigo 234 do CCom, serem admissíveis mandatos unilaterais potestativos. Para o efeito, o autor, *op. cit.*, p. 138, sustenta que o banco está obrigado a cumprir as ordens do cliente, em função da existência de relação entre ambos. Ora, *summo rigore,* se existe uma relação jurídica entre as partes e ela serve de fundamento ao cumprimento das diretrizes do cliente, resulta óbvio que estamos perante um contrato vero e próprio. Assinalando a natureza contratual do mandato bancário, cfr. Januário da Costa Gomes, *Contratos comerciais,* Coimbra: Livraria Almedina, 2012, p. 256.

jurídicos, enquanto o CCom se refere a atos de comércio. Acompanhando Januário da Costa Gomes, pensamos que deve ser efetuado um *aggiornamento* à interpretação do CCom, no sentido de o mandatário mercantil – tal como o comissário – ter de praticar atos jurídicos[95].

5. O Decreto-Lei n.º 255/99

I. De acordo com o artigo 1.º, número 2 do Decreto-lei n.º 255/99, a atividade transitária consiste na prestação de serviços de natureza logística e operacional que inclui o planeamento, o controlo, a coordenação e a direção das operações relacionadas com a expedição, receção, armazenamento e circulação de bens ou mercadorias, desenvolvendo-se nos seguintes domínios de intervenção: (a) gestão dos fluxos de bens ou mercadorias; (b) mediação entre expedidores e destinatários, nomeadamente através de transportadores com quem celebre os respetivos contratos de transporte; e (c) execução dos trâmites ou formalidades legalmente exigidos, inclusive no que se refere à emissão do documento de transporte unimodal ou multimodal.

Daqui decorre que a atividade transitária consiste na intermediação em operações de transporte, aspeto plenamente visível no artigo 13.º, número 1 do mesmo diploma onde se determina que *"As empresas transitárias podem praticar todos os actos necessários ou convenientes à prestação de serviços, bem como assumir em nome próprio ou em nome do cliente ou do destinatário dos bens, toda e qualquer forma legítima de defesa dos interesses correspondentes"*. Adicionalmente, o artigo 13.º, número 2 esclarece que as empresas transitárias podem ainda celebrar contratos com terceiros em nome próprio, por conta do expedidor ou do dono da mercadoria, bem como receber em nome próprio ou por conta do seu cliente, as mercadorias que lhe são entregues pelo transportador e atuar como gestor de negócios.

Convém, no entanto, procurar delimitar a noção da atividade transitária constante do artigo 1.º, número 2, mormente em função da referência a serviços de natureza logística e operacional. Conquanto concordemos que o legislador procurou caracterizar economicamente a atividade transitária[96], pensamos que a referência a serviços de logística, apesar de pouco comum

[95] Januário da Costa Gomes, *Contrato de mandato comercial. Questões de tipologia e regime*, in *Operações comerciais*, Coimbra: Livraria Almedina, 1988, pp. 465-564 (p. 495).

[96] Assim, João Valbom Baptista, *O contrato de expedição*, cit., p. 214.

no campo jurídico, pode ser definida como a gestão de uma ou mais fases da atividade de depósito, movimentação, manuseamento e transferência de produtos do expedidor, com organização de meios próprios[97]. Sendo assim, facilmente se verifica que avulta o elemento organizativo, motivo pelo qual o transitário poderá praticar os atos necessários à consecução de um transporte mercadorias, porquanto a atividade do transitário desenrola-se ao longo do arco temporal que vai desde a preparação do contrato à entrega da mercadoria[98], o que permite inferir a plasticidade desta atividade, que se desenvolve em diversas operações, aspeto que dificulta uma tentativa de síntese dos atos suscetíveis de serem cometidos ao transitário[99].

II. Chegados a este ponto, cabe dilucidar os termos utilizados pelo legislador, porquanto por um lado contrapõe atuação em nome próprio e atuação em nome e por conta do cliente, não primando pelo rigor, pois é misturada uma amálgama de conceitos que pode ir desde a gestão de negócios, passando pelo mandato e pela representação. *Ergo,* é mister procurar delimitar os termos da atuação do transitário.

Esta tarefa deve ter por base o artigo 13.º, número 1 do Decreto-Lei n.º 255/99, bem como a concretização constante do artigo 13.º, número 2, que determina que o transitário pode celebrar contratos com terceiros em nome próprio, por conta do expedidor ou do dono da mercadoria, bem como receber em nome próprio ou por conta do cliente, as mercadorias que lhe são entregues pelo transportador e atuar como gestor de negócios. Verifica-se facilmente a ausência de rigor do legislador na referência à gestão de negócios[100]. Com efeito, sendo um dos requisitos da gestão de negócios a falta de autorização do *dominus,* não é curial esta referência, porquanto o transitário atua tendo por base o contrato celebrado com o expedidor. Sendo assim,

[97] Assim, por exemplo, Nicola Fabrio, *Il contratto di logística: qualificazione e responsabilità,* in *Dir. Trasp.XXIII (2010),* pp.315-330 (p. 317).

[98] Acompanhamos Januário da Costa Gomes, *Sobre a vinculação* del credere, in *Estudos de direito das garantias,* Coimbra: Livraria Almedina, 2010, pp. 189-232 e João Valbom Baptista, *O contrato de expedição,* cit., p. 227.

[99] Neste particular, Costeira da Rocha, *O contrato de transporte de mercadorias,* cit., p. 72, refere-se à atividade transitária como uma atividade multiforme.

[100] Sobre esta, monograficamente, Júlio Gomes, *A gestão de negócios – um instituto jurídico numa encruzilhada,* Coimbra, 1993, *passim,* bem como, a propósito da responsabilidade do gestor, Luís Menezes Leitão, *A responsabilidade do gestor perante o dono do negócio no direito civil português,* Coimbra: Livraria Almedina, 2005, *passim.*

pensamos que esta "gestão de negócios" se refere ao facto de o transitário ter de atuar em conformidade com o interesse do expedidor, motivo pelo qual afastamos liminarmente o chamamento à colação da dogmática da gestão de negócios para o universo do contrato de expedição.

Ademais, tendo por base o disposto no artigo 1.º, número 2 do mesmo Decreto-Lei, importa concluir que o transitário tanto pode praticar atos jurídicos (celebração do contrato de transporte), como atos materiais (embalagem da mercadoria, por exemplo), o que, uma vez mais, demonstra a grande amplitude da respetiva atividade, porquanto esta não se limita à celebração de contratos de transporte por conta do expedidor. Pelo contrário, atividade transitária vai para além da mera celebração de contratos de transporte. Conquanto o legislador não tenha primado pelo rigor, o facto de o transitário ser configurado como um intermediário, determina que o transitário funcione, digamos, como uma correia de transmissão, uma vez que, no contrato a celebrar com o transportador, deverá curar do interesse do expedidor, facto que também se repercutirá, *inter alia,* nos cuidados a ter com as mercadorias que lhe sejam confiadas pelo expedidor.

Tendo na linha de horizonte a amplitude da atividade do transitário, Menezes Cordeiro sustenta que a noção utilizada pelo Decreto-Lei número 255/99 é ampla, correspondendo a um contrato que envolve elementos de organização, de mediação, de agência e de prestação de serviço[101]. Sem prejuízo desta tomada de posição, e atenta a latitude da definição plasmada no Decreto-Lei número 255/99, podemos, acompanhando a doutrina nacional, assentar numa noção restrita e numa noção ampla de transitário[102].

---

[101] Menezes Cordeiro, *Introdução ao direito dos transportes,* cit., p. 33.

[102] A distinção também não é ignota na jurisprudência. Neste particular, a título exemplificativo, refira-se o Acórdão do Tribunal da Relação do Porto de 17 de maio de 2001 (Processo N.º 01305684) (Leonel Serôdio) *apud* www.dgsi.pt, que, amparado em Costeira da Rocha, aceita a distinção entre expedição em sentido amplo e em sentido restrito. Com efeito, aí podemos ler: *"(...) Em sentido estrito, o contrato de expedição é um mandato, pelo qual o transitário se obriga a celebrar um contrato de transporte por conta do expedidor-mandante.*

Em sentido amplo, estamos perante um contrato de prestação de serviços que poderá abranger a prática de operações materiais, ou de actos jurídicos ligados a um contrato de transporte.

Pode assim definir-se o contrato de «comissão de transporte», também denominado expedição ou trânsito, como o contrato pelo qual uma das partes (transitário) se obriga perante a outra (expedidor) a prestar-lhe certos serviços – que tanto podem ser actos

Em sentido restrito, o contrato de expedição é um mandato, com ou sem representação, através do qual o transitário se obriga a celebrar um contrato de transporte por conta do expedidor[103], não lhe estando vedada a prática de operações acessórias. Dito de outro modo, por via de regra, o expedidor tem interesse a que o transitário concretize o mandato conferido ao transitário, através da realização dos atos próprios do contrato estipulado, o que determina que a disciplina do instituto seja interpretada tendo em consideração o interesse do expedidor-mandante[104].

Em sentido amplo, o contrato de expedição corresponde a um contrato de prestação de serviços, podendo o transitário obrigar-se à prática de um conjunto amplo de operações funcionalmente relacionadas com uma operação de transporte[105], situação que abrange, naturalmente a prática de atos materiais.

De ora em diante, apenas teremos em mente a noção restrita de contrato de expedição, de modo que nos possamos debruçar sobre o núcleo essencial da atividade do transitário e, assim, possamos traçar, em momento ulterior, a linha de fronteira com o contrato de transporte de mercadorias.

6. Os elementos essenciais do contrato de expedição

I. O contrato de expedição tem por objeto a celebração, pelo transitário, de um ou mais contratos de transporte por conta do expedidor, sendo certo que nada obsta a que o transitário atue *contemplatio domini*[106].

---

materiais ou jurídicos – ligados a um contrato de transporte, e também a celebrar um ou mais contratos de transporte em nome e representação do cliente.(...)".

[103] Costeira da Rocha, *O contrato de transporte de mercadorias,* cit., pp. 79-80 , Januário da Costa Gomes, *Sobre a vinculação* del credere, cit., pp. 227-228 e João Valbom Baptista, *O contrato de expedição,* cit., p. 220. Menezes Cordeiro, *Introdução ao direito dos transportes,* cit., p. 33, refere-se a uma figura mista, que envolve elementos de organização, de mediação, de agência e de prestação de serviço.

[104] Badagliacca, *La tutela del mittente nel contratto di trasporto com spedizione,* in *Dir. Trasp. 2006*, pp. 455-470 (p. 457)

[105] Costeira da Rocha, *O contrato de transporte de mercadorias,* cit., p. 80, Januário da Costa Gomes, *Sobre a vinculação* del credere, cit., p. 228, Menezes Cordeiro, *Introdução ao direito dos transportes,* cit., p. 33 e João Valbom Baptista, *O contrato de expedição,* cit., p. 220.

[106] *Id quod plerumque accidit,* o transitário não atua *contemplatio domini.* Neste particular, refira-se que, por vezes, a jurisprudência peca pelo excesso, salientando a atuação

Sendo este o objeto do contrato de expedição, verifica-se desde logo que, apesar do papel de intermediário do transitário – que, digamos, coloca em diálogo o expedidor com o transportador, organizando uma concreta operação de transporte –, não estamos perante um contrato de mediação. Como é sabido, o contrato de mediação é *"o contrato pelo qual uma parte se vincular perante outra a, de modo independente e mediante retribuição, preparar e estabelecer uma relação de negociação entre este último e terceiros com vista à eventual conclusão de um negócio jurídico"*[107]. Ora, se incumbe ao mediador promover a celebração de um ou mais contratos sem que, efetivamente, celebre tais contratos, é mister concluir que o transitário não pode ser qualificado como mediador, porquanto está obrigado a celebrar um ou mais contratos de transporte. Na prática, o papel de intermediário do transitário na operação de transporte, diz respeito ao facto de o expedidor não pretender realizar diretamente o transporte, optando pela "terciarização", traduzida no recurso a um profissional caracterizado pelo

---

contemplatio domini do transitário. Tome-se, por exemplo, o Acórdão do Tribunal da Relação de Lisboa de 21 de outubro de 2010 (Processo 209/05.0TNLSB.L1-8) (Catarina Arêlo Manso) *apud* www.dgsi.pt, que define o contrato de expedição como *"(...) aquele em que um transitário se obriga perante o expedidor a prestar-lhe serviços (que tanto podem ser actos materiais como jurídicos) ligados a um contrato de transporte, e também a celebrar um ou mais contratos de transporte em nome e representação do cliente."*. Não sendo esta a sede para retomar a dissociação entre mandato e procuração, importa referir que esta é expressamente aceite pelo CC, na sequência dos estudos de Galvão Telles, *Manual dos contratos em geral*, 3.ª ed., Lisboa, 1965, pp. 304-305, Ferrer Correia, *A procuração na teoria da representação voluntária*, Coimbra, 1948, p. 17 e, por último, de Pessoa Jorge, *O mandato sem representação*, Lisboa: Edições Ática, 1961, p. 98 e segs, *maxime*, pp. 104-111, autores que, sob a égide do Código de Seabra, cujo artigo 1318.º determinava que *"quando alguma pessoa se encarrega de prestar ou fazer alguma cousa, por mandado e em nome de outrem."*, sustentaram a dissociação entre ambas as figuras. Com efeito, a doutrina até ao surgimento destes estudos sustentava que estávamos perante figuras coincidentes. Para o efeito afirmava-se que pelo mandato se formava a representação convencional, não podendo o mandatário, dentro dos poderes que lhe eram conferidos, proceder em nome e interesse próprio, mas no do seu constituinte. Assim, por exemplo, Guilherme Moreira, *Instituições do direito civil*, vol. I – *Parte geral*, Coimbra: Coimbra Editora, 1907, p. 451, José Tavares, *Princípios fundamentais de direito civil*, Vol. II, II. *Pessoas, cousas, factos jurídicos*, Coimbra: Coimbra Editora, 1928, p. 435 ou Beleza dos Santos, *A simulação em direito civil*, Vol. I, , Vol. I, Coimbra: Coimbra Editora, 1921, p. 296.

[107] Fazemos uso da definição de Engrácia Antunes, *Direito dos contratos comerciais*, Coimbra: Livraria Almedina, 2009, p. 458. Para maiores desenvolvimentos, cfr. Lacerda Barata, *O contrato de mediação*, in *Estudos do instituto de direito do consumo*, Vol. I, Coimbra. Livraria Almedina, 2002, pp. 185-231.

conhecimento profundo do setor dos transportes[108], ao passo que o mediador é úmero cooperador material na feitura de negócios, não participando no mesmo[109].

Temos, pois, que o contrato de expedição está na origem de uma prestação de *facere* jurídico, traduzida na celebração de um contrato de transporte, bem como de uma obrigação de resultado, na medida em que está vinculado à celebração de um contrato e não à prática de atos adequados à celebração de um contrato de transporte[110]. Neste particular, importa frisar que o transitário está vinculado a cumprir o respetivo mandato com a diligência de um *bonus paterfamilias*. Mais concretamente, uma vez que se trata de atividade profissional, deverão ser tidos em conta, conforme observa Righetti, os índices da profissão, nomeadamente a atenção devida e a prudência a observar na consecução do resultado visado pelo mandato cometido[111].

II. O segundo elemento essencial do contrato de expedição diz respeito ao facto de o transitário atuar por conta do expedidor. Neste particular, não existe qualquer especialidade perante o regime do mandato: existe uma alienidade da atividade cometida ao transitário, motivo pelo qual este se deve conformar com o interesse do expedidor-mandante.

Nas palavras de Carnelutti, impende sobre o transitário o dever de providenciar ao cliente o meio mais económico, solícito e seguro de efetuar um determinado transporte, que é cometido a um transportador por conta do

---

[108] Em termos similares, Lopez de Gonzalo, *Gli obblighi di diligenza dello spedizionere (prima e dopo la conclusione del contratto di trasporto)*, cit., p. 1279. Sobre a proximidade do transitário com o mediador, cfr., por exemplo, Silingardi, *Spedizione*, cit., p. 115.

[109] Cfr.,na jurisprudência, por exemplo, o Ac. do STJ de 1 de abril de 2014 (Processo N.º 894/11.4TBGRD.C1.S1) (Gabriel Catarino) *apud* www.dgsi.pt, sustentando que "*Para que ocorra uma mediação basta que, como consequência dos actos de promoção e facilitação envidados pelo mediador, se perfeccione o contrato a que as mesmas tendem, através da concorrência da oferta realizada por uma das partes e a consequente aceitação pela outra, não se exigindo a sua posterior consumação, pois que este resultado é independente da vontade do mediador, a não ser que se haja responsabilizado expressamente de o obter, através de um pacto especial de garantia no qual assuma o bom fim da operação.*"

[110] Nestes termos, João Valbom Baptista, *O contrato de expedição*, cit., p. 222.

[111] Righetti, *Trattato di diritto marittimo*, Parte Seconda, cit., p. 186. A propósito do objeto do contrato de expedição, a doutrina italiana disserta longamente sobre a inclusão de prestações acessórias e, bem assim, sobre o alcance das mesmas na economia deste tipo contratual. Para uma síntese, cfr. Silingardi, *Spedizione*, cit., p. 117 e Vittoria Cozzi, *La spedizione*, cit., p. 196 e segs.

expedidor[112]. Temos, pois, que o transitário deve pautar a respetiva atuação pela eficiência e pelo cuidado relativamente aos interesses do expedidor. Efetivamente, importa ter presente que o contrato de expedição é instrumental relativamente à operação de transporte, motivo pelo qual o transitário, atenta a finalidade que o expedidor lhe transmita, deve pautar a sua conduta pela eficiência, *i.e., sic et simpliciter,* no gizar de uma operação de transporte eficiente e célere[113].

III. Atento o facto de o transitário se dedicar profissionalmente à consecução da respetiva atividade, é inegável estarmos diante de uma atividade profissional, dotada de escopo lucrativo.

Assim, deve reger a presunção constante do artigo 1158.º, número 1 do CC e, por conseguinte, em função da onerosidade do contrato, caso não seja estipulada uma retribuição pelas partes, a mesma será determinada por tarifas profissionais; na falta destas, pelos usos; e, na falta de umas e outros, por juízos de equidade (artigo 1168.º, número 2 do CC)[114]. De qualquer modo, não será despiciendo salientar que a onerosidade do contrato de expedição não é um elemento essencial do contrato, mas, outrossim, um elemento meramente natural[115].

7. As relações derivadas do contrato de expedição

I. O contrato de expedição está na origem de três relações distintas, a saber: (i) a relação entre o expedidor e o transitário, (ii) a relação entre o transitário e o transportador a quem é confiado o transporte e (iii) uma relação indireta entre o expedidor e o transportador, pois o contrato de transporte é celebrado por conta do expedidor[116].

---

112 Carnelutti, *Figura giuridica dello spedizionere,* in RDCo VII (1909), Parte Seconda, pp. 193-200 8p. 194).

113 Cfr. na jurisprudência, o Acórdão do Supremo Tribunal de Justiça de 14 de junho de 2011 (Processo 437/05.9TBANG.C1.S1) (Hélder Roque) *apud* www.dgsi.pt, salientando a instrumentalidade do contrato de expedição no contexto da operação de transporte.

114 Neste particular convém ter presente o facto de nos movermos no campo mercantil. Assim, convirá ter presente que "*o mandato comercial não se presume gratuito, tendo todo o mandatário direito a uma remuneração pelo seu trabalho*" (artigo 232.º do CCom).

115 Neste sentido, por exemplo, Silingardi, *Spedizione,* cit., p. 117 (2.ª coluna).

116 Seguimos, neste particular, Asquini, *Sugli elementi distintivi del contratto di spedizione,* in *Scritti giuridici,* Vol. II, Pádua: CEDAM, 1939, pp. 41-57 (p.44).

Contrariamente ao que se verifica no ordenamento italiano, em que o *Codice* limita o contrato de expedição à configuração como mandato sem representação, entre nós não vigora tal limitação, pelo que, conforme referido previamente, nada obsta a que o transitário atue *contemplatio domini*[117].

II. No tocante às relações entre expedidor e transitário, regerão as normas sobre o contrato de mandato[118], o que implica, *inter alia,* que serão aplicáveis as disposições dos artigos 1181.º e seguintes, dado que o encarregado não tem a obrigação de transferir para o autor do encargo os direitos adquiridos na execução do contrato de expedição, mormente aqueles resultantes da celebração do contrato de transporte. Adicionalmente, o transitário terá direito a (i) que lhe sejam fornecidos os meios necessários à execução do mandato, se outra coisa não foi convencionada, bem como (ii) exigir adiantamento para despesas antes da concessão de crédito, conforme decorre do artigo 1167.º, alíneas b) e c) do CC.

No tocante à possibilidade de exigir que sejam fornecidos os meios necessários à execução do mandato, estamos perante uma solução que resulta igualmente do artigo 243.º do CCom, que, nas palavras de Adriano Anthero, é intuitiva, porquanto estando obrigado a prestar um serviço, o mandatário pode nem sempre dispor de dinheiro, motivo pelo qual competirá ao mandante tal obrigação[119]. Mais concretamente, de modo a garantir a consecução do contrato de expedição, competirá ao expedidor fornecer elementos como documentos ou títulos que sejam essenciais ao respetivo cumprimento[120].

Summo rigore, trata-se de uma obrigação que decorre dos deveres de cooperação gestória que impendem sobre as partes[121]. Neste particular, não será despiciendo assinalar que, não estando imbuído de poderes de representação, o transitário será um comissário[122], ao passo que se atuar *contem-*

[117] *A priori,* esta situação será menos frequente na *praxis*, porquanto o expedidor, por via de regra, ou não pretende conferir poderes de representação ao transitário ou será muito relutante em fazê-lo.

[118] Na expedição em sentido amplo, uma vez que se trata de um contrato de prestação de serviços, o contrato de mandato também será chamado à colação, atento o regime do artigo 1156.º do CC, fruto da respetiva força expansiva. Sobre este aspeto, cfr. Pinto Duarte, *Tipicidade e atipicidade dos contratos,* Coimbra: Livraria Almedina, 2000, p. 141.

[119] Adriano Anthero, *Comentario ao codigo comercial portuguez,* cit., pp. 456-457.

[120] Vittoria Cozzi, *La spedizione,* cit., p. 205.

[121] Sobre este ponto, cfr. João Valbom Baptista, *O contrato de expedição,* cit., p. 263.

[122] Sobre a comissão, cfr., por exemplo, Cunha Gonçalves, *Comentário ao código comercial português,* Vol. II, cit., p. 74 e segs., Pessoa Jorge, *O mandato sem representação,*

platio domini, serão aplicáveis as normas relativas ao mandato mercantil, o que obrigará a aferir, *in concreto,* da respetiva articulação com o regime civil em ambos os casos[123].

Para além destes direitos, nas relações com o expedidor, assiste ao transitário o direito de retenção sobre as mercadorias. Com efeito, o artigo 14.º do Decreto-Lei n.º 255/99, determina que "*as empresas transitárias podem exercer o direito de retenção sobre mercadorias que lhes tenham sido confiadas em consequência dos respectivos contratos, pelos créditos deles resultantes, salvo estipulação expressa em contrário.*". Neste particular a jurisprudência tem entendido que o direito de retenção consagrado no Decreto-Lei 255/99 permite ao transitário manter cativa a mercadoria transportada, até que o destinatário lhe pague os créditos emergentes do próprio contrato de transporte, sendo pressuposto deste direito de retenção (i) que o transitário detenha um crédito sobre o destinatário da mercadoria, (ii) que esse crédito decorra do respetivo contrato e (iii) que o direito de retenção não tenha sido expressamente afastado[124 125].

III. Estando o transitário vinculado à celebração de um contrato de transporte, é mister concluir que do contrato de transporte a celebrar podem emergir direitos e obrigações para o transitário[126]. Não será de mais frisar

---

cit., p. 143 e segs, ou Pedro Pais de Vasconcelos, *Direito comercial,* Coimbra: Livraria Almedina, 2012, p. 174 e segs.

[123] Sobre as questões referentes à articulação entre o regime civil e mercantil do mandato, cfr. Januário da Costa Gomes, *Contrato de mandato comercial. Questões de tipologia e regime,* in *Operações comerciais, passim.*

[124] Cfr. o Acórdão do STJ de 29 de Março de 2007 (Processo N.º 07B584) (Alberto Sobrinho) *apud* www.dgsi.pt. Mais concretamente, o Ac. da Tribunal da Relação do Porto de 13 de outubro de 2009 (Processo N.º 5331/06.3TBMAI.P19) (Lucinda Mendes Cabral), sustenta que a conexão que importa estabelece-se entre créditos e mercadorias no âmbito de contratos com o mesmo cliente, não sendo necessário que o crédito respeite ao contrato por que se retém a mercadoria.

[125] Sobre o direito de retenção em geral, cfr., por todos, Antunes Varela, *Das obrigações em geral,* Vol. II, 7.ª ed., Coimbra: Livraria Almedina, 1997, p. 577 e segs. e Menezes Leitão, *Direitos reais,* 8.ª ed., Coimbra: Livraria Almedina, 2019, p. 451 e segs.

[126] Temos em mente as situações em que o transitário atua sem poderes de representação, pois, caso tal se verifique, as relações derivadas do contrato de transporte repercutir-se-ão sobre o expedidor, fruto da representação voluntária. Como é sabido, para que haja representação voluntária são necessários dois pressupostos: (i) o representante deve agir em nome de outrem ("*contemplatio domini*") e (ii) é mister que o representante esteja munido de poderes de representação, sob pena de os efeitos do negócio não se produzirem

que deste contrato não surgem relações diretas entre o expedidor e o transportador, porquanto o contrato em questão está colimado à celebração de um contrato de transporte por conta do expedidor[127]. Tendo em consideração este aspeto, o transitário, por via de regra, figurará como carregador/expedidor no contrato de transporte, sendo certo que a *praxis* demonstra que é usual que o transitário figure como destinatário das mercadorias.

Assim, esta relação será regulada primacialmente pela disciplina do contrato de transporte que venha a ser celebrado, motivo pelo qual não nos alongaremos sobre esta concreta relação, atenta a multiplicidade de regimes aplicáveis, mormente se se tratar de transporte internacional.

IV. Conforme referimos *supra,* o contrato de expedição está na origem de uma relação indireta entre o expedidor e o transportador, na medida em que a relação de transporte é celebrada por conta do expedidor. Esta relação é, por via de regra, indireta, pois a *praxis* demonstra que o transitário sói figurar como destinatário nos documentos de transporte, motivo pelo qual lhe assistirá o direito de exigir a mercadoria no local de chegada acordado.

Temos, pois, que por força da declaração de vontade do expedidor, vertida no contrato de transporte celebrado, os efeitos do contrato de transporte repercutem-se na respetiva esfera jurídica. Nas palavras de Silingardi, os efeitos do negócio são desviados da esfera do expedidor-mandante[128], o que implica que os direitos e obrigações do transitário perante o transportador apenas entrem mediatamente no património do expedidor-mandante[129]. Ou seja, perante o transportador, apenas o transitário é titular de direitos e obri-

---

nem para o representante, nem para o representado. Sobre os requisitos da representação voluntária, cfr., por exemplo, Manuel de Andrade, *Teoria geral da relação jurídica,* Vol. II, (reimp.), Coimbra: Livraria Almedina, Vol. II, 2003, pp. 301-303, Carlos Mota Pinto, *Teoria geral direito civil,* 4.ª ed., 4.ª ed. por António Pinto Monteiro e Paulo Mota Pinto, Coimbra: Coimbra Editora, 2005, pp. 548-549, Oliveira Ascensão, *Direito civil – Teoria geral,* Vol. II – – *Acções e factos jurídicos,* 2.ª ed., Coimbra: Coimbra Editora, 2003, pp. 240-242 Carvalho Fernandes, *Teoria geral do direito civil,* Vol. II – *Fontes, conteúdo e garantia da relação jurídica,* 4.ª ed., 2007, Lisboa: UCP Editora, p. 253-255 ou Pais de Vasconcelos, *Teoria geral do direito civil,* 7.ª ed. Coimbra: Livraria Almedina, 2012, pp. 278-280.

[127] Sublinhando este aspeto, Badagliacca, *La tutela del mittente nel contratto di trasporto com spedizione,* cit., p. 456.

[128] Silingardi, *Spedizione (contratto di),* cit., p. 119.

[129] Partimos do pressuposto que o contrato de expedição tem subjacente um mandato sem representação, o que implica, nos termos do artigo 1181.º CC, que o mandatário é obrigado a transferir para o mandante os direitos adquiridos em execução do mandato.

gações[130], salvo se atuar *contemplatio domini,* pois neste caso os direitos e obrigações repercutir-se-ão diretamente na esfera do expedidor-mandante.

Assim, nestes casos, o expedidor não poderá reclamar do transportador contra eventuais avarias na mercadoria ou caso ocorra qualquer incumprimento do contrato de transporte, porquanto não resulta qualquer legitimação dos documentos de transporte para reclamar a entrega das mercadorias. Tal apenas ocorrerá se o expedidor figurar como destinatário das mercadorias nos documentos de transporte[131] que sejam emitidos ao abrigo do respetivo contrato.

§3. O Contrato de transporte

1. Elementos caracterizadores

I. O contrato de transporte de mercadorias tem um carácter universal, e, por inerência, vetusto[132]. Atualmente, por força dos desenvolvimentos tecnológicos verificados, mormente a partir do desenvolvimento da ferrovia, este tipo contratual transformou-se num contrato de aplicação geral[133], fruto, *inter alia,* da importância e do aumento da exploração empresarial verificada neste setor de atividade[134], facto a que não será também alheia a constante evolução tecnológica[135].

---

[130] Temos, pois, uma cisão, entre o interesse do expedidor-mandante e os efeitos do negócio.

[131] O que ocorrerá, *id quod plerumque accidit,* caso o transitário atue *contemplatio domini.*

[132] Sobre o contrato de transporte no Direito Romano, cfr. Santos Justo, *Contrato de transporte marítimo : direito romano,* in *Nos 20 anos do Código das Sociedades Comerciais,* Vol. II, Coimbra: Livraria Almedina, 2007, p. 11-42.

[133] Asquini, *Trasporto di cose (contratto di)* in NssDI, vol., XIX, Turim: Unione Tipografico-Editrice Torinese, 1973, pp. 576-598 (577, 2.ª coluna). O autor salienta ainda que a unificação do Código de Comércio e do Código Civil verificada em Itália reforçou o carácter de contrato de aplicação geral do contrato de transporte de mercadorias. Carmelo de Marco, *La responsabilità civile nel trasporto di persone e cose,* Milão: Giuffrè, 1985, pp. 3-5, por seu turno, prefere salientar que a primeira regulamentação do transporte terrestre é a conferida pelo Direito Romano, concluindo que apenas com o *Codice* de 1942 o contrato de transporte ganhou uma conotação de organicidade e generalidade, mas, sobretudo, autonomia.

[134] Engrácia Antunes, *Direito dos contratos comerciais,* cit., p. 726, sublinhando que o desenvolvimento das sociedades e economias modernas não seria pensável sem a exploração profissional e em larga escala da atividade transportadora

[135] O impulso tecnológico e a necessidade de maior celeridade da adequação normativa, é mais visível num concreto setor do Direito dos Transportes: o Direito Aéreo. Tendo em linha

Numa primeira definição, o contrato de transporte é o contrato mediante o qual uma das partes (transportador) se obriga perante outrem (passageiro ou carregador/expedidor) a fazer deslocar fisicamente (por si ou recorrendo aos serviços de outrem, por cuja atuação responderá) de um lugar para o outro pessoas ou mercadorias[136].

Desta definição podemos retirar que no transporte intervêm três sujeitos distintos: (i) o *expedidor*, i.e., a parte que contrata o transporte, (ii) o *transportador*, i.e., a parte encarregue de, materialmente, transportar pessoas ou mercadorias e (iii) o *destinatário*, ou seja, a entidade que receberá os objetos transportados. Pese embora esta definição aparentemente estanque dos papéis cometidos a cada uma das partes, nada impede que destinatário e expedidor sejam a mesma entidade ou que o lugar de destino coincida com o lugar de partida.

Por via de regra, o contrato de transporte de coisas, contrariamente ao que se verifica no transporte de passageiros, envolve a passagem das

de conta a evolução quer do Direito Marítimo, quer do Direito Aéreo, BALLARINO, *Diritto aeronautico*, in DIGESTO – Sezione Comerciale, Vol V, Turim: Unione Tipografico-Editrice Torinese, 1989, pp.312-320 (p. 317, 2.ª coluna), assinala que a uniformização internacional do Direito Marítimo é, no essencial, o produto de uma evolução de base, assente na regulação que os vários Estados verteram em convenções internacionais destinadas a dar consecução à evolução da disciplina, ao passo que no Direito Aéreo a uniformização internacional é estimulada pelo "incessante progresso da navegação aérea". Sobre a discussão acerca da autonomia do Direito Marítimo, cfr., Sobre esta particular discussão, cfr. a síntese, com amplas referências bibliográficas, de JANUÁRIO DA COSTA GOMES, *O ensino do direito marítimo – O soltar das amarras do direito da navegação marítima*, Coimbra: Livraria Almedina, 2005, p. 141 e segs., bem como, no que ao Direito Aéreo diz respeito, AMBROSINI, *Il codice della navigazione e il diritto aeronautico*, in RDCo XL (1942) I, pp. 129-138, FERRARINI, *La materia aeronáutica nel códice della navigazione*, in RDCo XL (1942) I, pp. 193-202, ROMANELLI, *Diritto aereo, diritto della navigaione e diritto dei trasporti*, in RTDPC XXIX (1975), pp. 1331-1355, SPASIANO, *Oggetto ed autonomia del diritto della navigazione: progresso della dottrina o involuzione*, in RDCo I (1978), pp. 1-20,

[136] CASTELLO-BRANCO BASTOS, *Direito dos transportes*, cit., p. 47-48. Trata-se de uma definição meridianamente consensual. Compare-se, por exemplo, com estoutra de ENGRÁCIA ANTUNES, *Direito dos Contratos Comerciais*, cit., 2009, p. 735, que define o transporte como o contrato pelo qual uma das partes (transportador) se obriga perante a outra (passageiro ou carregador), mediante retribuição, a deslocar determinadas pessoas ou coisas e a colocar aquelas ou entregar estas pontualmente, ao próprio ou a terceiro (destinatário), no local de destino, ou a definição avançada por GONELLI/MIRABELLI, *Trasporto (contrato di)*, in ED, tomo XLIV, Milão: Giuffrè, 1992, pp. 1154-1174 (p. 1154, 1.ª coluna), para quem o contrato de transporte é o contrato com o qual o transportador se obriga, mediante remuneração, a transferir pessoas ou coisas de um local para outro.

coisas transportadas para a esfera do transportador, que atuará como mero detentor das mercadorias transportadas. Consequentemente, no contrato de transporte de coisas, a prestação de transporte é recebida e verificada pelo credor do transporte no local de destino das coisas e no momento da descarga, enquanto no contrato de transporte de pessoas a prestação de transporte é controlada pelo passageiro de modo continuado[137]. Efetivamente, no transporte de coisas, o dever de custódia impende sobre o transportador até à entrega das mercadorias, ao passo que no transporte de pessoas é o próprio passageiro que, em virtude de estar necessariamente presente durante a viagem, ser, digamos, o primeiro responsável pela própria segurança[138]. Esta última asserção deve ser temperada, porquanto, em rigor, no transporte de passageiros é ainda possível sustentar que o passageiro, digamos, confia a respetiva segurança ao transportador, pese embora em termos não tão absolutos como sucede no transporte de mercadorias[139].

Atendendo a este aspeto, a doutrina sói sustentar que que, no contrato de transporte de mercadorias, impende sobre o transportador um dever de custódia, em virtude de o credor do transporte ficar privado do controlo das coisas transportadas[140]. Ou seja, o facto de haver lugar à entrega das mercadorias, onera o transportador com a obrigação de custódia e com a particular responsabilidade *ex recepto*[141]. Pelo contrário, no contrato de transporte de passageiros, existirá uma obrigação de cooperação do passageiro, de modo que o transportador possa cumprir a sua obrigação. Ademais, nesta *species* de transporte, o transportador está, passe a expressão, exonerado da obrigação de custódia, que é substituída por uma "obrigação de proteção", rela-

[137] IANUZZI, *Del trasporto,* in *Commentario del Codice Civile a cura di Antonio Scialoja e Giuseppe Branca,* Bolonha: Nichola Zanichelli Editore, 1964, p. 5.

[138] Sublinhando este aspeto, ASQUINI, *Trasporto (in genere),* in NssDI, vol., XIX, Turim: Unione Tipografico-Editrice Torinese, 1973, pp. 565-572 (p. 567, 1.ª coluna), de modo a concluir que regime do *receptum* não é extensível ao contrato de transporte de pessoas.

[139] Sublinhando este aspeto, BUSTI, *Contratto di trasporto aereo,* Milão: Giuffrè, 2001, pp. 155-156.

[140] Para mais desenvolvimentos, veja-se IANUZZI, *Del trasporto,* cit. pp. 5-13. Neste particular, ANTONINI, *Corso di diritto dei trasporti,* cit, p. 179 entende que o contrato de transporte compreende os seguintes elementos: (i) o objeto da prestação a cargo do transportador, i.e., a deslocação de pessoas ou coisas, (ii) o objeto da prestação a cargo do passageiro ou do expedidor/carregador, ou seja, o pagamento do preço, (iii) o meio de transporte onde a prestação deve ser efetuada, (iv) a viagem e, eventualmente, o itinerário, e, finalmente, (v) o tempo de execução da viagem.

[141] FLAMINI, *Il trasporto,* in FLAMINI/COZZI/LENZI, *Trasporto, spedizione, deposito, noleggio,* Nápoles: Edizione Scientifiche Italiane, 2008, pp. 3-343 (p. 9).

cionada com a prevenção de danos que o passageiro pode sofrer e com uma obrigação de vigilância que impende sobre o transportador[142]. Conforme refere Silingardi, o facto de o passageiro poder controlar de modo continuado a execução do transporte, leva a que recaia sobre ele um dever de cooperação, o qual se traduz, *inter alia,* na observância dos regulamentos aplicáveis a bordo e, bem assim, a sujeitar-se à autoridade do piloto comandante[143].

De qualquer modo, a obrigação de deslocação figura como elemento central, *rectius,* como traço distintivo, quer no transporte de coisas, quer no transporte de pessoas[144].

Todavia, é mister assinalar que a mera deslocação física de pessoas ou coisas não implica imediata e inelutavelmente a existência de um contrato de transporte. Efetivamente, em múltiplas circunstâncias a deslocação surge como uma operação material inerente ao fornecimento de uma determinada prestação, não constituindo, nestes casos, a finalidade principal do contrato. Ora, sendo a deslocação o elemento principal da prestação do transportador, caso esta não se verifique, não estaremos perante um contrato de transporte[145], mas sim, por exemplo, perante um contrato de fretamento[146]. Dito

---

[142] Righetti, *Trasporto marittimo e aereo*, in NssDI, vol., XIX, Turim: Unione Tipografico-Editrice Torinese, 1973, pp. 599-612 (p. 599, 1.ª coluna). Para maiores desenvolvimentos acerca desta "obrigação de protecção", cfr. Zampone, *Il rischio dell'impossibilità dela prestazione nel contratto di passagio*, Nápoles: Jovene Editore, 2008, p. 34 e segs..

[143] Silingardi, *Trasporto aereo (contrato di),* in DIGESTO – Sezione Civile, tomo XVI, Turim: Unione Tipografico-Editrice Torinese, 1999, pp. 57-88 (pp.74 (2.ª coluna- p. 75 (1.ª coluna). Em termos próximos, Righetti, *Trasporto marittimo e aereo*, in NssDI, vol., XIX, Turim: Unione Tipografico-Editrice Torinese, 1973, pp. 599-612 (p. 599, 1.ª coluna). Para maiores desenvolvimentos acerca desta "obrigação de proteção", cfr. Zampone, *Il rischio dell'impossibilità dela prestazione nel contratto di passagio*, Nápoles: Jovene Editore, 2008, p. 34 e segs..

[144] Cfr., por exemplo, Costeira da Rocha, *O contrato de transporte de mercadorias,* cit., pp. 27-28, Engrácia Antunes, *Direito dos contratos comerciais,* Coimbra: Livraria Almedina, 2009, p. 749, Lacerda Barata, *Contratos de transporte terrestre: formação e conclusão,* in *Temas de direito dos transportes III,* Coimbra: Livraria Almedina, 2015, pp. 202-246 (p. 202-203), ou, ainda, Zampone, *Il rischio dell'impossibilità dela prestazione nel contratto di passagio,* cit., p. 75.

[145] Costeira da Rocha, *O contrato de transporte de mercadorias,* cit., pp. 27-28 ou, mais recentemente, Lacerda Barata, *Contratos de transporte terrestre: formação e conclusão,* cit., pp. 203.

[146] Sobre este, no campo marítimo, permitimo-nos remeter para o nosso *Em torno do contrato de transporte marítimo de mercadorias,* in *Temas de direito dos transportes III,* Coimbra: Livraria Almedina, 2015, pp. 321-378.

de outro modo, a deslocação figura como eixo gravitacional deste transporte ou, se se preferir, como o respetivo Bilhete de Identidade[147] [148].

Cabe notar que não basta a mera deslocação física das mercadorias ou dos passageiros. Impende igualmente sobre o transportador o dever de executar o contrato de modo que uns e outros cheguem incólumes ao destino, o que implica que impende sobre o transportador um dever de custódia relativamente às mercadorias e um dever de vigilância relativamente aos passageiros[149]. *Ergo,* o contrato é incumprido quando ocorre (i) uma situação de perda total, (ii) uma situação de perda parcial, (iii) atraso na entrega ou, no caso do contrato de transporte de passageiros, (iv) quando o passageiro não chega ao destino ou ainda (v) quando chega ao destino, mas não nas condições acordadas.

II. Segundo Asquini, a operação de transporte de mercadorias pode ser decomposta em três fases distintas: (i) entrega da mercadoria ao transportador, ato inicial da execução do contrato[150]; (ii) o transporte, sendo que é nesta fase que impendem sobre o transportador as obrigações típicas de custódia e de transporte; e (iii) a entrega da mercadoria ao destinatário, que leva a que impendam sobre o transportador três obrigações distintas: (a) informar o destinatário sobre a chegada das mercadorias; (b) colocar as mercadorias à disposição do destinatário; e (c) exibir o documento de transporte ao destinatário[151].

---

[147] Sublinhando o carácter central da obrigação de deslocação, cfr., por exemplo, Costeira da Rocha, *O contrato de transporte de mercadorias,* cit., p. 26.

[148] Note-se, não obstante, que o facto de competir ao transportador a direção do transporte, tal não exonera os demais intervenientes na operação de cooperarem na boa execução do contrato, conforme é decorrência, por exemplo, do artigo 762.º, número 2 do CC.

[149] Costeira da Rocha, *O contrato de transporte de mercadorias,* cit., p. 31.

[150] Gonelli/Mirabelli – *Trasporto,* cit., pp. 1154-1174, (p. 1158 (2ª coluna)), não deixam de acentuar que estamos perante uma obrigação de cooperação do expedidor (que tem de entregar a mercadoria ao transportador para permitir a execução do contrato de transporte) e uma obrigação do transportador, sobre quem impende a obrigação de receber a mercadoria, desde que esta lhe seja entregue de modo regular. Carmelo de Marco, *La responsabilità civile nel trasporto di persone e cose,* cit., pp. 52-53, sublinha que estamos perante uma fase essencial, porquanto, caso esta não ocorra, resultará impossível alcançar o resultado acordado.

[151] Asquini, *Trasporto di cose (contratto di),* in NssDI, vol., XIX, Turim: Unione Tipografico-Editrice Torinese, 1973, pp. 576-598 (pp. 586 (1.ª coluna) – 590 (1.ª coluna)). Obviamente, só haverá lugar à exibição do documento de transporte se este tiver sido

Em rigor, a especificidade do direito dos transportes reside na peculiaridade técnica e/ou física utilizada e no meio empregue no transporte, surgindo a distância física a ser ultrapassada como o epicentro de vários problemas normativos que reclamam um regime normativo que acolha essa especialidade[152]. Efetivamente, as diversas fontes reguladoras do contrato de transporte, surgem quer por razões históricas, quer por razões técnicas, ligadas ao meio utilizado para realizar a deslocação[153].

No que ao campo marítimo diz respeito, tal especificidade começou a fazer-se sentir com grande acuidade no princípio do século XIX. Com efeito, nessa época foi exponenciado o fenómeno do surgimento e da multiplicação das cláusulas de exclusão ou limitação da responsabilidade, explicado pelo facto de elas responderem a uma necessidade do processo de industrialização, de segurança na exploração económica de inúmeras atividades, criadoras de vastos riscos e de consequentes custos de responsabilidade insuportáveis para a maior parte das empresas[154].

Por razões várias, estas cláusulas ganharam importância acrescida a propósito do contrato de transporte. Tais causas podem resumir-se às seguintes: (i) a atividade transportador tem uma natureza instrumental-essencial da atividade transportadora para o funcionamento da atividade industrial; (ii) a inevitabilidade com que a inserção dessas cláusulas se manifestou no domínio dos transportes, uma vez que os riscos assumidos pelo transportador se apresentavam como dificilmente comportáveis, fruto da relativa insipiência dos meios técnicos usados e pela frequente desproporção entre o valor dos danos e o custo do serviço; (iii) a possibilidade de segurar os riscos inerentes; e (iv) o facto de os contratos de transporte serem, desde cedo, celebra-

---

emitido. Esta uniformização não choca, pois, conforme referia Romanelli, *Diritto aereo, diritto della navegazione e diritto dei trasporti* in RTDPC XXIX (1975), pp. 1331-1355 (p. 1342), com a tendência para uma maior integração das várias formas de transporte, que tendem a apresentar-se, independentemente do veículo utilizado, como um fenómeno económico unitário. Aliás, o autor, Idem, *Ibidem*, cit., p. 1348-1349, acaba por concluir que toda a matéria relativa aos transportes baseia-se no pressuposto do transporte em sentido técnico e do exercício do veículo, pelo que é possível concluir que princípios gerais comuns regem esta matéria.

[152] Castello-Branco Bastos, *Da disciplina do contrato de transporte internacional de mercadorias por Mar*, Coimbra: Livraria Almedina, 2004, p. 17.

[153] Asquini, *Trasporto (in genere)*, in NssDI, vol., XIX, Turim: Unione Tipografico-Editrice Torinese, 1973, pp. 565-572 (p. 656, 1.ª coluna).

[154] Ana Prata, *Cláusulas de exclusão e de limitação da responsabilidade contratual*, (reimp.) Coimbra: Livraria Almedina, 2005, p. 23.

dos sob a forma de contratos de adesão[155]. No que ao transporte marítimo diz respeito, as cláusulas de exclusão tiveram grande difusão por ação dos armadores ingleses, que viram na *negligence clause* uma forma de se protegerem, por iniciativa própria, de um regime legal excessivamente rigoroso[156].

A CB define o transportador[157] como *"o proprietário do navio ou o afretador que foi parte num contrato de transporte com um carregador"*. Perante esta definição, o intérprete é forçado a concluir que releva a noção de transportador contratual, *i.e.*, aquele que é parte num determinado contrato de transporte marítimo de mercadorias. Neste particular, atento o silêncio da CB relativamente à figura do transportador *de facto*, assumirá particular importância o teor do conhecimento de carga. Como é sabido, o conhecimento de carga tem uma função tríplice[158], pois funciona como recibo das mercadorias, prova da celebração do contrato de transporte e do seu conteúdo e como título representativo das mesmas[159]. No tocante à função probatória,

---

[155] Ana Prata, *Cláusulas de exclusão e de limitação da responsabilidade contratual*, cit. p. 25.

[156] A este propósito, Pinto Monteiro, *Cláusulas limitativas e de exclusão da responsabilidade civil* (reimp.), Coimbra: Livraria Almedina, 2003, p. 73 fala num "momento fundamental"

[157] Na tradução portuguesa, por lapso, faz-se referência a armador, quando a versão inglesa (*"carrier"*) e a versão francesa (*"transporteur"*) se referem expressamente ao transportador.

[158] Cfr., por exemplo, Calvão da Silva, *Crédito documentário e conhecimento de embarque* in *Estudos de Direito Comercial (pareceres)*, Coimbra: Livraria Almedina, 1996, pp. 49-77 (p. 53) ou Costeira da Rocha, *O Contrato de transporte de mercadorias*, cit., p. 124-125. Crítico deste entendimento, Januário da Costa Gomes, *O direito de variação ou de controlo no transporte de mercadorias*, in *Temas de direito dos transportes II*, Coimbra: Livraria Almedina, 2013, pp. 7-96 (p. 55 e segs.). Para maiores desenvolvimentos, cfr. Recalde Castells, *El conocimiento de embarque y otros documentos del transporte – Función representativa*, Madrid: Editorial Civitas, 1992, *passim*.

[159] Entre nós a doutrina tende a considerar que o conhecimento de carga tem eficácia real. Assim, por exemplo, Cfr., por exemplo, Calvão da Silva, *Crédito documentário e conhecimento de embarque*, cit. p 53, Ferrer Correia, *Lições de direito comercial*, Vol. III, Letra de Câmbio, 1975, p. 9, Fernando Olavo, *Direito comercial*, Vol. 2, 2.ª parte, Fascículo I, *Títulos de crédito*, Coimbra: Coimbra Editora, 1978, p. 46, Soveral Martins, *Títulos de crédito e valores mobiliários Parte I Títulos de crédito* Vol. I – *I. Dos títulos de crédito em geral II. A Letra*, Coimbra: Livraria Almedina, 2008, p. 21 ou Engrácia Antunes, *Os títulos de crédito – Uma introdução*, 2.ª ed., Coimbra: Coimbra Editora, 2012, p. 28. Não obstante, tem sido assinalado que a feição real do conhecimento de carga diz respeito, apenas, á posse da mercadoria e não já ao direito de propriedade sobre esta. Neste sentido, cfr., Castello-Branco Bastos, *Da disciplina do contrato de transporte internacional de mercadorias por mar*, cit., 263, Almeida Costa/Evaristo Mendes, *Transporte marítimo – Conhecimento*

dado que atesta a celebração do contrato e o seu conteúdo, será possível, *inter alia*, aferir quem assumiu a obrigação de transportar as mercadorias, não havendo impedimento a que, independentemente da celebração do contrato de expedição, o transitário proceda, de mote próprio, à emissão de conhecimento de carga em que figure como transportador. Dito de outro modo, será mister atender à relevância dos documentos de transporte, de modo a aferir quem assume a obrigação de transportar.

III. No campo marítimo, para além da CB, é hoje curial referir as Regras de Roterdão, convenção internacional destinada a regular, de forma unitária, o transporte multimodal, bem como realidades que, originalmente, não eram abarcadas pelo arco temporal de aplicação da CB, *maxime,* o transporte "porta a porta"[160], naquilo que representa, *inter alia,* o reconhecimento do esgotamento da CB.

As Regras de Roterdão definem o contrato de transporte no artigo 1.º número 1 como *"o contrato pelo qual o transportador, contra o pagamento de um frete, se compromete a transportar mercadorias de um local para outro. O contrato regulará o transporte marítimo e poderá regular o transporte por outro meios de transporte para além do transporte marítimo."*[161]. Adicionalmente, o intérprete é confrontado igualmente com a definição de transporte regular e transporte não regular. Segundo as Regras de Roterdão, o transporte regular corresponde ao *"serviço de transporte oferecido ao público através de publicação ou meio similar e que inclui o transporte em navios operando num horário regular entre portos especificados de acordado com horários disponíveis ao público para datas de navegação",*

---

de carga, in *Direito e justiça,* Vol.. IX (1995), pp. 171-207 (p. 187) ou Januário da Costa Gomes, *O direito de variação ou de controlo no transporte de mercadorias,* cit., p. 58-59. Para maiores desenvolvimentos, cfr. Maria João Rodrigues Dias, *A função representativa do conhecimento de carga,* in *Temas de direito dos transportes III,* Coimbra: Livraria Almedina, 2015, pp. 449-490.

[160] Sobre este particular aspecto, cfr. Januário da Costa Gomes, *Do transporte "port to port" ao transporte "door to door",* in *I jornadas de Lisboa de Direito Marítimo – O contrato de transporte marítimo de mercadorias,* Coimbra: Livraria Almedina, 2008, pp. 366-405

[161] Tradução nossa. No original pode ler-se: *""Contract of carriage" means a contract in which a carrier, against the payment of freight, undertakes to carry goods from one place to another. The contract shall provide for carriage by sea and may provide for carriage by other modes of transport in addition to the sea carriage."*

sendo o transporte não regular qualquer meio de transporte que não é transporte regular[162] (artigo 1.º, n.os 3 e 4.).

De acordo com o artigo 11.º das Regras de Roterdão é obrigação essencial do transportador entregar as mercadorias ao destinatário, sendo as Regras aplicáveis a todo o contrato de transporte em que o lugar de receção e o lugar de entrega estejam situados em Estados diferentes e em que o porto de carga e o porto de descarga estejam situados em Estados diferentes, contanto que algum dos seguintes lugares esteja situado no Estado Contratante: (i) o lugar de receção, (ii) o porto de carga, (iii) o lugar de entrega ou o (iv) o lugar de descarga (artigo 5.º das Regras de Roterdão).

Para o que nos move é assaz importante a definição de *parte executante marítima*[163], *i.e.*, toda a parte executante na medida em que execute ou se comprometa a executar alguma das obrigações do transportador, durante o período que medeie entre a chegada das mercadorias ao parto de carga de um navio e a sua saída do porto de descarga de um navio (artigo 1.º., número 7 das Regras de Roterdão). De acordo com o artigo 19.º, número 1 das Regras, uma parte executante marítima ficará sujeita às obrigações e responsabilidades impostas ao transportador ao abrigo da presente Convenção e terá direito às exonerações e aos limites de responsabilidade que a Convenção atribui ao transportador se:

a) A parte executante marítima tiver recebido as mercadorias para serem transportadas num Estado Contratante, ou as tiver entregado num Estado Contratante, ou tiver executado as suas funções relativamente às mercadorias num porto sito num Estado Contratante; e

b) O facto causador da perda, do dano ou do atraso tiver ocorrido: i) durante o período temporal compreendido entre a chegada das mercadorias ao porto de embarque e a respetiva saída do porto de descarga do navio; ii) enquanto as mercadorias estiverem sob a

---

[162] No original podemos ler: *"3. Liner transportation" means a transportation service that is offered to the public through publication or similar means and includes transportation by ships operating on a regular schedule between specified ports in accordance with publicly available timetables of sailing dates.*

4. "Non-liner transportation" means any transportation that is not liner transportation."

[163] Sobre estas, cfr. Carlos de Oliveira Coelho, *Em torno da responsabilidade civil das* partes executantes *face às Regras de Roterdão*, in *III Jornadas de Lisboa de Direito Marítimo – Das Regras da Haia às Regras de Roterdão*, Coimbra: Livraria Almedina, 2014, pp. 167-215.

custódia da parte executante marítima; ou iii) em qualquer outro momento, desde que a parte executante marítima tenha participado na execução de qualquer das operações previstas no contrato de transporte;

Perante esta definição, fácil é de ver que na eventualidade estarmos perante um transitário-transportador, este poderá ser considerado uma parte executante marítima, com as consequências já expostas, sendo igualmente de assinalar o facto de o artigo 18.º das Regras responsabilizar o transportador pelo incumprimento das suas obrigações previstas na Convenção que sejam imputáveis a atos ou omissões de qualquer parte executante.

IV. De acordo com o artigo 1.º da CMR "*A presente convenção aplica-se a todos os contratos de transporte de mercadorias por estrada a título oneroso por meio de veículos, quando o lugar do carregamento da mercadoria e o lugar da entrega previsto, tais como são indicados no contrato, estão situados em dois países diferentes, sendo um destes, pelo menos, país contratante e independentemente do domicílio e nacionalidade das partes.*". Independentemente do âmbito de aplicação espacial da CMR[164], verifica-se que, materialmente, esta é aplicável a contratos de transporte de mercadoria por estrada onerosos. Estão, assim, *a priori,* excluídos do âmbito de aplicação da CMR, (i) os contratos de expedição ou, em termos mais amplos, (ii) os contratos de logística, sendo certo que nada obsta a que esta seja aplicável a contratos-quadro (*"umbrella contracts"*) de transporte[165].

O artigo 3.º da CMR é peremptório, ao afirmar que o transportador responde por todas as pessoas a que este recorrer na execução do transporte. O legislador uniforme, ao estabelecer este regime, terá procurado obviar a pos-

[164] No tocante ao âmbito da aplicação espacial, a CMR determina, imperativamente, que o respetivo âmbito de aplicação depende da internacionalidade do contrato, concretizando um elemento de conexão: é necessário que pelo menos um dos locais (destino ou chegada) esteja situado no território de um Estado contratante. Assim, terão natural relevo os locais designados pelas partes nos documentos de transporte, pois é com base neles que se aferirá do elemento de conexão. Ademais, importa ter presente que o âmbito de aplicação espacial da CMR é imperativo e derrogável, uma vez que resulta dos artigos 4.º e 41.º da CMR que esta não está na disponibilidade das partes, uma vez que "*é nula e sem efeito qualquer estipulação que, directa ou indirectamente, modifique as disposições da presente Convenção.*".

[165] Clarke/Yates, *Contracts of carriage by land and air,* 2.ª ed., Londres-Singapura: LLP, 2008, p. 19.

sibilidade, existente em algumas jurisdições, de uma das partes do contrato não ser considerado responsável pelas ações ou omissões dos auxiliares a que recorreu para proceder ao cumprimento da sua obrigação[166]. No caso do ordenamento jurídico português, afigura-se conveniente afirmar que estamos perante um princípio acolhido expressamente pelo artigo 800.º, número 2 do CC.

Perante a amplitude da redação dada ao artigo 3.º da CMR, somos da opinião que, independentemente do vínculo estabelecido entre o transportador e os seus auxiliares, o transportador terá de responder pela atuação destes. Isto equivale a dizer que o transportador será sempre responsável pela atuação daqueles a quem recorrer, quer estes sejam seus trabalhadores, quer tenha subcontratado o transporte. Ou seja, deparamos com uma verdadeira e própria funcionalização do contrato de transporte, de acordo com o interesse do destinatário, uma vez que, independentemente de quem auxilie na obrigação de transporte, o credor da obrigação de entrega (destinatário) poderá agir diretamente contra o transportador contratual.

Relativamente às relações internas, *i.e.*, aquelas que se verificam entre o transportador e aquele que este utilizar como auxiliar no cumprimento da obrigação, as eventuais responsabilidades a apurar dependerão do vínculo existente entre ambos.

Perante a inexistência de qualquer referência à figura do transitário-transportador ou, sequer, a intermediários da operação de transporte, o intérprete tem de aferir da aplicabilidade da convenção nestes casos. Atendendo ao âmbito de aplicação da CMR, Clarke e Yates assinalam que, para além de contratos de transporte, esta pode igualmente ser aplicável a contratos de expedição (*"forwarding contracts"*). Todavia, nesta última situação será imperioso aferir dos termos da vinculação (*"promise"*), bem como do correspetivo acordado, admitindo que em função da concreta vinculação das partes, a CMR pode ser aplicável a contratos de expedição[167]. Zunarelli, por seu turno, entende que a CMR pode ser aplicável a transportadores *de facto*, devendo para o efeito atender-se não à obrigação concretamente assumida pelas partes aquando da celebração do contrato, mas, outrossim, da atividade que, *in concreto*, foi desempenhada. Por este motivo, será transportador, para efeitos da CMR, aquele que atua como transportador, *i.e.*, que materialmente procede à deslocação das mercadorias de um local para outro[168].

---

[166] Clarke/Yates, *Contracts of carriage by land and air*, 2.ª ed., cit., p. 19.

[167] Clarke/Yates, *Contracts of carriage by land and air*, 2.ª ed., cit., p. 16.

[168] Zunarelli, *La nozione di vettore*, cit., pp. 304-309.

V. No tocante ao transporte aéreo, a Convenção de Montreal de 1999, nos artigos 39.º e seguintes[169], determina que se o transportador *de facto* fica sujeito ao regime uniforme de responsabilidade, embora só responda pelos factos ocorridos na parte do trajeto que realiza materialmente, desde que o transportador o tenha encarregado ou autorizado.

---

[169] Informa DAVID CLARKE, *Contracts of carriage by air,* Londres: Lloyd's List, 2010, p. 193, que este dispositivo ainda não deu origem a grandes casos de litigância. Para maiores desenvolvimentos, cfr. BUSTI, *Contratto di trasporto aereo,* cit., p. 292 e segs ou SCHWENK/GIEMULLA, *Handbuch des Luftverkehrsrechts,* 4.ª ed., Colónia: Karl Heymanns Verlag, 2013, p. 687.

O regime dos artigos 39.º e segs. da Convenção de Montreal tem, na respetiva origem, a Convenção de Guadalajara de 1961, *i.e*, Convenção Complementar da Convenção de Varsóvia para a Unificação de Certas Regras Relativas ao Transporte Aéreo por quem não seja o Transportador Contratual, convenção que procurava fixar as normas que regem a responsabilidade do transportador *de facto.* Portugal não ratificou esta Convenção. Esta Convenção, que não foi ratificada por Portugal, visava colmatar um dos défices da Convenção de Varsóvia, que não curava de regular a responsabilidade do transportador *de facto.* Sobre a evolução do sistema de Varsóvia, cfr., numa primeira aproximação, NUNO CALAIM LOURENÇO, *A limitação de responsabilidade do transportador aéreo internacional no transporte de pessoas – de Varsóvia a Montréal* in JANUÁRIO COSTA GOMES (ORG), *Temas de Direito dos Transportes,* Coimbra: Livraria Almedina, 2010, pp. 385-534 (p. 390 e segs.), bem como MANKIEWICZ, *The liability regime of the international air carrier,* Londres: Kluwer Law, 1981, pp. 5-12, MICHAEL MILDE, *Liability in international carriage: the new Montreal Convention,* in UnifLRev 1999-4, pp. 835-861, SCHWENK/GIEMULLA, *Handbuch des Luftverkehrsrechts,* 4.ª ed., cit. p. 670 e segs., MORILLAS JARILLO, PETIT LAVALL/GUERRERO LEBRÓN, *Derecho aéreo y del espacio,* Madrid: Marcial Pons, 2014, p 578 e segs. ou MENDES DE LEÓN, *Introduction to air law,* 10.ª ed., Alpen na den Rijn, 2017, pp. 150-152.

Afigura-se curial ter presente que alguma doutrina procura sustentar que Convenção de Guadalajara é o sustentáculo teórico que permite burilar a categoria dos contratos de utilização de aeronave, *i.e.,* contratos em que *"uma das partes, mediante uma prestação que se obriga a cumprir, adquire o direito de usar e gozar a aeronave para utilizá-la numa atividade aeronáutica, e bem assim o direito a outra parte realize uma determinada atividade aeronáutica em seu benefício",* definição de FOLCHI, *Los contratos de utilización de aeronaves,* in *Estudios de derecho aereo: aeronave y liberalizacón,* Madrid: Marcial Pons, 2009, pp.21-51 (p. 25), seguida por CARLOS LLORENTE, *Los contratos internacionales de utilizacion de aeronaves,* in *Estudos de direito aéreo,* Coimbra: Coimbra Editora, 2012, pp.591-616 (p. 593) e MORILLAS JARILLO, PETIT LAVALL/GUERRERO LEBRÓN, *Derecho aéreo y del espácio,* cit., p. 491. No entanto, o lastro histórico da figura antecede esta concreta convenção, podendo, no campo do direito dos transportes, ser encontrado cristalinamente definido em DOMINEDÒ, *Il sistema dei contratti di utilizzazione della nave,* Milão: Giuffrè Editore, 1937, *passim,* que erigiu a categoria tendo presente a matriz romana da *locatio.* Para uma análise sintética desta construção, cfr., por exemplo, DEIANA, *Diritto della navigazione,* Milão: Giuffrè, 2010, pp. 114-115, bem como ROCCO LOBIANCO, *Compendio di diritto aeronautico,* Milão: Giuffrè, 2009, pp. 163-166.

De qualquer modo, pensamos não ser despiciendo sublinhar a circunstância de estarmos perante uma responsabilidade solidária de ambos os transportadores relativamente aos danos ocorridos durante o percurso realizado pelo transportador *de facto*[170].

2. Distinção relativamente ao contrato de expedição

I. Por via de regra, a distinção entre transitário e transportador é feita tendo em consideração dois critérios distintos: (i) os riscos assumidos pelo transportador, por contraposição à mera celebração de contratos de transporte a cargo do transitário e (ii) as particulares modalidades de organização da atividade desenvolvida por ambos[171].

Em termos teóricos, a distinção entre ambos é clara, atento o diferente objeto dos contratos: no contrato de expedição estamos perante uma substituição gestória na celebração de um contrato de transporte, enquanto no contrato de transporte existe uma obrigação de resultado[172] a cargo do transportador, traduzida na obrigação de entregar as mercadorias incólumes ao destinatário. Mais concretamente, poder-se-ia igualmente afirmar, tendo em consideração a vinculação das partes, que a atividade transitária carac-

---

[170] Comentando a evolução do regime de responsabilidade do transportador *de facto*, Camarda/Cottone, *Il vettore aereo "di fatto"*, in *Il trasporto aereo tra normativa comunitaria ed uniforme*, Milão: Giuffrè, 2011, pp. 125-149 (p. 144-145), sustentam que a eventual aplicabilidade do regime de direito material uniforme ao transportador de facto é o produto da evolução do direito à informação, porquanto não só os acordos de cooperação entre companhias aéreas preveem tal dever, como a produção normativa da União Europeia tem vindo, paulatinamente, a fazer impender sobre os transportadores tal dever.

[171] Sublinhando este aspeto, Vittoria Cozzi, *La spedizione*, cit., pp. 189-190.

[172] Não retomamos nesta sede a tormentosa questão da dilucidação entre obrigações de meios e obrigações de resultado. Seguimos a formulação de Demogue, *Traités de obligations en général*, tomo V, Paris: Librairie Arthur Rousseau, 1925, pp. 537-538, que, como é consabido, é o corifeu desta modalidade de obrigações. Entre nós, Manuel de Andrade, *Teoria geral das obrigações*, 3.ª ed., Coimbra: Livraria Almedina, 1966, pp. 412-413, viria a admitir esta modalidade de obrigações, enquanto Manuel Gomes da Silva, *O dever de prestar e o dever de indemnizar*, Lisboa, 1944, pp. 371-372, salientava que esta classificação careceria de rigor, na medida em que o conteúdo da relação obrigacional teria sempre uma certa margem de indeterminação, e, ademais, seria erróneo prescindir da ideia de resultado para caracterizar uma determinada categoria de obrigações. Para uma síntese da questão, permitimo-nos remeter para a nossa *Dação em cumprimento*, Coimbra: Livraria Almedina, 2017, p. 294 e segs.

teriza-se pela diversidade e pela complexidade, estando relacionada com as operações de expedição, receção, armazenamento e circulação de bens ou mercadorias, motivo pelo qual não fica confinada aos limites da obrigação de assegurar a deslocação das mercadorias, típica do contrato de transporte.

Noutros termos, o contrato de expedição diz respeito a um intermediário, motivo pelo qual o transitário faz transportar, enquanto o transportador transporta[173]. Por conseguinte, o transportador responde *ex recepto*[174], ao passo que o transitário responde por aqueles a quem recorre para a execução da operação de transporte. O que equivale a dizer que no contrato de transporte o risco de incumprimento do transporte recai na esfera do transportador, ao passo que, numa lógica de, digamos, desenho a régua e esquadro, tal risco não impende sobre o transitário, que apenas está obrigado a celebrar o contrato de transporte[175].

Importa, no entanto, frisar que em termos práticos, entre nós, esta última asserção é mitigada pelo artigo 15.º, número 1 do Decreto-Lei n.º 255/99, atento o facto de este determinar uma vinculação *del credere* do transitário. Com efeito, de acordo com este preceito, o transitário responde perante o expedidor pelas obrigações contraídas por terceiros com quem haja contratado, sem prejuízo do direito do direito de regresso face a tais terceiros.

II. Para proceder à destrinça entre expedição e transporte, há que procurar indagar quais as obrigações assumidas pelas partes em ambos os contratos[176],

---

[173] Nestes termos, ENGRÁCIA ANTUNES, *Direito dos contratos comerciais*, cit., pp. 731-732.

[174] O *receptum* era um conjunto de ações intentadas tendo por base as rubricas *ad legem aquiliam* e *de furtis*, representando uma responsabilidade especial que tinha por fundamento a *custodia*. Isto equivale a dizer que estamos perante uma espécie de responsabilidade por custódia, que terá nascido de um pacto explicitamente assumido entre o *nauta* e o seu cliente, tendo, gradualmente, ficado independente de uma declaração expressa das partes, para se transformar numa responsabilidade objetivamente ligada ao facto de receber a bordo ou de albergar numa estalagem, as mercadorias, bagagens ou animais do cliente. Todavia, não estamos perante uma responsabilidade absoluta, uma vez que era admitida a sua não aplicação nos casos de força maior. Assim, FREZZA, *Receptum*, in NssDI, vol. XIV, Turim: Unione Tipografico-Editrice Torinese, 1957, pp. 1026-1027 (p. 1026, 2.ª coluna. Para maiores desenvolvimentos, cfr. SANTOS JUSTO, *Contrato de transporte marítimo (direito romano)*, cit.

[175] Sublinhando este aspeto, BADAGLIACCA, *La tutela del mittente nel contratto di trasporto com spedizione*, cit., p. 459.

[176] COSTEIRA DA ROCHA, *O Contrato de transporte de mercadorias*, cit., p. 87. Em termos próximos, CASTELLO-BRANCO BASTOS, *Direito dos Transportes*, cit., p. 81, quando afirma

motivo pelo qual é fundamental a interpretação do negócio jurídico[177] que as partes tenham celebrado. Neste particular, Chiomenti assinala o facto de a destrinça ser, na prática, difícil, em virtude de os operadores tenderem a confundir ambas as realidades, na medida em que, não raras vezes, o transitário atua nas vestes de transportador[178].

Assim, em função desta potencial e tendencial confusão de vestes, podem ser relevantes alguns indícios na interpretação do contrato que tenha sido celebrado. No ordenamento italiano a doutrina aponta, sobretudo, (i) o modo através do qual o transitário se apresenta ao público e (ii) o preço devido ao transitário.

Como primeiro indício, afigura-se conveniente indagar se o transitário oferece os respetivos serviços como intermediário ou, em alternativa, como executor do transporte, ainda que de modo indireto[179]. Neste particular, será igualmente importante aferir da discricionariedade conferida ao transitário na organização da operação de transporte. Assim, se for conferida ao transitário a faculdade de realizar *per se* o transporte, poderemos estar perante um transitário-transportador[180], na eventualidade de o transitário realizar, ainda que parcialmente, o transporte das mercadorias. *A priori,* a emissão dos documentos de transporte pelo transitário será igualmente um indício que não pode ser descurado, uma vez que permite inferir que será o transitário ou um sub-transportador a que este recorra a realizar o transporte[181].

Mais relevante parece ser o critério atinente à fixação da remuneração. Conforme refere Righetti, retomando uma posição sufragada inicialmente

---

que saber se o transitário celebrou com o expedidor um verdadeiro contrato de transporte haverá de depender da averiguação da vontade das partes e do conteúdo convencional do contrato, podendo o intérprete ser auxiliado por certos indícios que rodeiam as relações entre o expedidor e o transitário ou as relações deste com o transportador efetivo das mercadorias.

[177] Sobre a interpretação do negócio jurídico, entre nós, cfr., por todos, Santos Júnior, *A interpretação dos negócios jurídicos*, cit., *passim*, bem como o clássico Ferrer Correia, *Erro e interpretação na teoria do negócio jurídico* (reimp.), Coimbra: Livraria Almedina, 2001, *passim* e Raquel Rei, *Da interpretação negocial no direito civil português (diss.),* Lisboa, 2010, *passim.*

[178] Chiomenti, *Spedizione (contratto di),* in ED, tomo XLIII, 1990, pp. 284-219 (p. 285, 1.ª coluna).

[179] Salientando este aspeto, cfr. Antonini, *Corso di diritto dei trasporti,* Milão: Giuffrè, 2004, p. 108.

[180] Antonini, *Corso di diritto dei trasporti,* cit., p. 108, entende que neste caso estaremos perante um contrato de transporte.

[181] Carbone (com a colaboração de P. Celle e M. Lopez de Gonzalo), *Il diritto marittimo – Atraverso i casi e le clausole contrattuali),* 2.ª ed., cit., p. 341.

por Carnelutti[182], se for estipulado um preço *à forfait*, compreendendo a provisão, bem como o custo do transporte e o reembolso das várias despesas incorridas pelo transitário, estaremos, *a priori,* perante um indício da celebração de um contrato de transporte. Não obstante. Este elemento *per se* não será suficiente para fundamentar a qualificação como contrato de transporte, devendo ser objeto de uma *"interpretação complexiva da vontade das partes, tendo por base o respetivo comportamento e a relevância de outros elementos de apreciação"*[183].

O recurso a índices interpretativos para distinguir o contrato de trânsito do contrato de expedição não é ignorado entre nós. Com efeito, Castello-Branco Bastos assinala que a concreta dilucidação da atuação do transitário deve ser efetuada tendo em conta vários índices, nomeadamente a discricionariedade que o transitário possa ter na respetiva atuação, o correspetivo contratado pelas partes, a circunstância de o transitário ter emitido os documentos de transporte e, sobretudo, o conteúdo da obrigação assumida perante o expedidor[184].

Concluímos salientando que a verificação dos indícios ora referidos, *per se,* é decisiva para determinar a qualificação de um concreto contrato como contrato de transporte, uma vez que os mesmos terão de ser enquadrados à luz dos vários factos relevantes para efeitos de qualificação do contrato. Por outras, palavras, conforme sustenta Carbone, terá sempre de ser efetuada uma avaliação complexiva das circunstâncias e das cláusulas contratuais que as partes tenham utilizado, de modo a poder qualificar o contrato *sub judice*[185]. Em abono desta asserção podemos ilustrar com a análise efetuada por David A. Glass: partindo da asserção que a destrinça da atuação do transitário enquanto *agent* ou *principal* é uma "questão de impressão"[186], o autor escalpelizas os vários critérios utilizados pela jurisprudência inglesa, os quais vão desde a interpretação das cláusulas contratuais utilizadas, passando pelo método de carregamento utilizado pelo transitário (*maxime,* se este cobrou comissões pelo transporte), pelas informações prestadas ao expedidor acerca dos contratos celebrados, pela conduta normal do transitário (*"usual course of business of the forwarder"*), bem como pelas rela-

---

[182] Carnelutti, *Figura giuridica dello spedizionere,*cit., pp. 178-179.

[183] Righetti, *Trattato di diritto marittimo,* Parte Seconda, cit., pp. 176-178.

[184] Castello-Branco Bastos, *Direito dos transportes,* cit., p. 80.

[185] Carbone (com a colaboração de P. Celle e M. Lopez de Gonzalo), *Il diritto marittimo – Atraverso i casi e le clausole contrattuali),* 2.ª ed.., cit., p. 342.

[186] David Glass, *Freight forwarding and multimodal transport contracts,* 2.ª ed., p. 65.

ções existentes entre o transitário e a entidade que, materialmente, realiza o transporte ou, ainda, os documentos que tenham sido emitidos ao abrigo do contrato celebrado[187], demonstrando que, em rigor, não basta a análise isolada de um elemento, mas, outrossim, uma análise complexiva da operação[188].

§4. O transitário à imagem de Janus: o transitário-transportador

1. Razão de ordem

I. A doutrina italiana sempre se confrontou com a problemática do transitário-transportador. Como veremos de seguida, trata-se de uma questão que conheceu amplo desenvolvimento sob a égide do Código Comercial de 1882, tomando como exemplos paradigmáticos as construções de Carnelutti e Asquini.

Ensaiando sintetizar o campo de atuação do transitário, Carnelutti entende que é mister distinguir quatro situações distintas, a saber: (i) o transportador (*"vettturale"*), que realiza o transporte com meios próprios, (ii) o empresário de transportes (*"imprenditore di trasporti"*), que realiza o transporte com meios alheios, (iii) o mandatário de transportes (*"mandatario di trasporti"*), que celebra um contrato de transporte em nome e por conta de outrem e (iv) o comissário de transportes (*"commissionario di trasporti"*), que celebra um contrato de transporte em nome e por conta de outrem[189].

Pese embora esta multiplicidade de vestes em que o transitário poderia atuar em teoria, apenas em (iii) e (iv), para o autor italiano estaríamos perante um transitário, pois apenas se poderia considerar que o transitário é transportador nos casos em que assume a realização do transporte[190]. Para Carnelutti, a assunção do transporte ocorreria a partir do momento em que o transitário, com meios próprios ou alheios, assegurasse a realização do transporte[191]. Para o jurista italiano a distinção entre transitário e

---

[187] David Glass, *Freight forwarding and multimodal transport contracts,* 2.ª ed., p. 66-80.

[188] No caso do transporte marítimo, David Glass, *Freight forwarding and multimodal transport contracts,* 2.ª ed., cit., p. 71 e segs., a emissão de um conhecimento de carga será de relevância extrema para aplicar o regime de responsabilidade do transportador.

[189] Carnelutti, *Figura giuridica dello spedizionere,* cit., p. 193.

[190] Carnelutti, *Figura giuridica dello spedizionere,*cit., p. 195.

[191] Carnelutti, *Figura giuridica dello spedizionere,*cit., p. 196.

transportador seria menos líquida nas situações em que o transitário recorresse a meios alheios para realizar o transporte, sendo certo que tudo passaria por apurar se o transitário contratou o transporte em nome do cliente, pois neste caso estaríamos perante um indício de que a respetiva atuação se confinou à de transitário[192]. A partir do momento em que o transitário não atuasse em nome do expedidor, surgiriam os problemas de qualificação, concluindo Carnelutti que o elemento distintivo para afirmar a existência de um transitário-transportador reside na retribuição. Com efeito, a partir do momento em que se possa afirmar a existência de um *forfait:* sendo o transitário remunerado em função da (i) provisão pelos serviços prestados e (ii) da repercussão do preço do transporte na esfera do cliente, verifica-se que o transitário-transportador cobra à cabeça, tornando supérflua a distinção entre provisão e reembolso do preço do transporte[193].

Contrariamente a esta tomada de posição, Asquini considerava que a estipulação de um preço *à forfait*, na maioria dos casos, era efetuada no interesse do expedidor, que recorria ao transitário para obter a expedição das mercadorias, mas também, para, preventivamente, poder computar os custos da respetiva deslocação, obviando a necessidade de analisar em detalhe os custos de cada uma das etapas do transporte[194]. Dito de outro modo, a estipulação do preço *à forfait* seria ainda um serviço prestado pelo transitário ao expedidor.

Para Asquini, baseado no § 412 do HGB, assistiria ao transitário o direito de entrar no contrato de transporte, *i.e.*, de celebrar consigo próprio um contrato de transporte. Atenta a natureza especial do contrato de expedição, e o facto de os preços do transporte serem tarifados, era entendimento do autor que se devia considerar a existência de uma autorização implícita do expedidor, permitindo que o transitário entrasse como contraparte no contrato de transporte, nas mesmas condições que seriam praticadas por qualquer transportador a atuar no mercado[195]. Assim, se o transitário realizasse o transporte recorrendo a meios próprios organizados por si diretamente, estaríamos perante um transitário-transportador, devendo tal conclusão valer na eventualidade de o transitário recorrer a terceiros para realizar o transporte, contanto que existisse uma declaração de vontade expressa nesse sen-

[192] Carnelutti, *Figura giuridica dello spedizionere,*cit., p. 196.

[193] Carnelutti, *Figura giuridica dello spedizionere,*cit., pp. 197-198.

[194] Asquini, *Sugli elementi distintivi del contratto di spedizione,* cit., p. 50.

[195] Asquini, *Sugli elementi distintivi del contratto di spedizione,* cit., pp. 55-56.

tido, uma vez que tal ingresso agrava consideravelmente as suas obrigações e responsabilidades perante o expedidor[196].

II. Uma vez entrado em vigor o *Codice Civile* de 1942, a doutrina italiana continuou a procurar dilucidar a factiespécie do transitário-transportador. Como veremos de seguida, no essencial, as principais tomadas de posição retomam o entendimento de Carnelutti e de Asquini, procurando compaginar as soluções sufragadas por estes juristas à luz do artigo 1741.º do *Codice.*

Com efeito, a doutrina italiana tem centrado a atenção na figura do transitário transportador, asseverando, com base no artigo 1741.º do *Codice Civile,* que esta figura está condicionada a prévia celebração de um contrato de transporte, pois na hipótese em que o expedidor não estivesse previamente vinculado em tal veste, estaríamos perante a mera celebração de um contrato de transporte[197].

A propósito desta figura, é possível descortinar quatro orientações doutrinais distintas, que referiremos sumariamente.

Primo, o entendimento de que o artigo 1741.º do *Codice* pretenderia disciplinar os casos em que o transitário assume após a execução do transporte após a celebração do contrato de expedição[198], com a admissão de uma faculdade de subingresso no contrato de transporte, a qual determinaria o cumular das vestes de transportador e de transitário. Para Minervini, a partir do momento em que o transitário entre no contrato, *i.e.,* celebre o contrato de transporte consigo mesmo, teria os direitos e obrigações que impendem sobre o transportador, sem que tal afastasse as obrigações emergentes do contrato de expedição previamente celebrado[199]. Segundo Minervini, ancorado no § 412 do HGB, seria possível a entrada do transitário no contrato de transporte mesmo que não exista qualquer preço corrente para o transporte

---

[196] ASQUINI, *Sugli elementi distintivi del contratto di spedizione,* cit., p. 57. Noutra ordem de ideias, DE SIMONE, *Sulla figura dello spedizionere nei trasporti marittime,* in DM XVI (1914), pp. 161-165 (p. 163), sustentava que o transitário apenas assumiria a responsabilidade do transportador, contanto que o expedidor provasse que o contrato tinha por objeto a realização do transporte e não a sua facilitação.

[197] LUMINOSO, *Mandato, Commissione, spedizione,* cit., p. 643.

[198] MINERVINI, *Il mandato, la comissione, la spedizione,* cit., p. 51 e p. 64.

[199] MINERVINI, *Il mandato, la comissione, la spedizione,* cit., p. 152. Em abono desta conclusão, Minervini argumenta com os trabalhos preparatórios do *codice,* que mantiveram inalterada a norma constante do artigo 1741.º.

que venha a ser realizado[200]. Se bem vemos as coisas, este entendimento parte do pressuposto que, estando o transitário vinculado à celebração de um contrato de transporte, a partir do momento em que ocorre a respetiva entrada na fase do transporte, deparamos com o cumprimento da obrigação que lhe está cometida, motivo pelo qual poderia ser acionado em ambas as vestes, *i.e.*, como transitário e como transportador, consoante a obrigação que fosse materialmente incumprida[201].

Na mesma ordem de ideias, Righetti considera que a "faculdade de entrada" atribuída ao transitário é conferida sem quaisquer limitações, asseverando que, para o expedidor-mandante é indiferente que as obrigações referentes ao contrato de transporte sejam cumpridas por um terceiro ou pelo próprio transitário.[202] Em abono desta asserção, o jurista italiano sustenta que, *id quod plerumque accidit,* o recurso a um transitário não se limita à mera celebração de um contrato de transporte, mas também para que realize operações acessórias e úteis para efeitos do transporte[203].

Secundo, o entendimento de que a execução do contrato de transporte seria incompatível com a consecução da relação original, *i.e.,* com o contrato de expedição, sendo, por conseguinte aplicável a disciplina do contrato de transporte[204]. De acordo com Luminoso, a partir do momento em que o transitário realize o transporte, assistimos a uma "conversão" do contrato de expedição em contrato de transporte, porquanto, materialmente, (i) não teria sentido permitir que o transitário pudesse exigir a retribuição pelos serviços prestados enquanto transitário, quando realiza o transporte e (ii) o artigo 1741.º do *Codice* apenas pretendeu designar sinteticamente a posição daquele que assume a realização do transporte, sem que tal obste à afirmação da extinção das relações derivadas do contrato de expedição[205]. Temos assim que que se afasta o cúmulo das pretensões do expedidor, na medida em que seria irrazoável conferir-lhe duas vias distintas de ação, quando, materialmente, apenas está em causa a realização do transporte.

Tertio, como tentativa de superação das dificuldades interpretativas que o artigo 1741.º do *Codice* tem suscitado, Bocchni procurou, com base

[200] Minervini, *Il mandato, la comissione, la spedizione,* cit., pp. 153-154.

[201] *Id quod plerumque accidit,* o incumprimento ocorre na fase do transporte.

[202] Righetti, *Trattato di diritto marittimo,* Parte Seconda, cit., pp. 171-172.

[203] Righetti, *Trattato di diritto marittimo,* Parte Seconda, cit., p. 171.

[204] Luminoso, *Mandato, Commissione, spedizione,* cit., p. 645 e Trabucchi, *Le prestazione dello spedizionere e l'obbligaione di risultato,* cit., p. 318.

[205] Luminoso, *Mandato, Commissione, spedizione,* cit., pp. 646-647.

no recurso ao processo tipológico, demonstrar que a factiespécie do transitário-transportador não configura uma novidade face à legislação italiana. Para o efeito, sustenta que, com o decurso do tempo, a atividade transitária adquiriu um significado e uma função mais distantes do que a imagem fornecida pelo *Codice* e, simultaneamente, é impossível a respetiva recondução ao contrato de transporte[206]. Para este autor, o contrato de expedição, hodiernamente, é um contrato de prestações heterogéneas tendentes à distribuição de produtos, o que implica a necessidade de procurar aferir o resultado perseguido pelas partes, para fixar o respetivo regime legal[207]. Neste âmbito, o jurista italiano entende que a responsabilidade *ex recepto* é igualmente aplicável ao contrato de expedição, uma vez que a *praxis* mercantil e os modelos de distribuição do risco determinam a existência de centros de imputação de obrigações e de responsabilidades[208]. *In casu,* uma vez que as normas relativas ao mandato seriam neutras relativamente à natureza da atividade do transitário, Bocchini conclui que apenas o recurso ao regime da responsabilidade *ex recepto* permite responder à atuação do transitário enquanto auxiliar da distribuição, independentemente de realizar *per se* o contrato de transporte, *i.e.,* de atuar como transitário-transportador[209].

Quarto, tendo por base a *praxis,* afirma-se que quando as partes tenham celebrado um contrato de expedição e, sucessivamente, o transitário assuma a obrigação de realizar o transporte, apenas será transitário-transportador nos momentos em que realize efetivamente o transporte[210]. Trata-se, pois, de atender à materialidade subjacente, porquanto apenas se atende ao transporte que seja eventualmente realizado pelo transitário.

III. Sem prejuízo da bondade das soluções que a doutrina italiana vem avançando, cabe ter presente as soluções avançadas entre nós para a resolução dos problemas jurídicos suscitados pela figura do transitário-transportador.

Costeira da Rocha entende que a distinção entre o contrato de transporte e o contrato de expedição deve ser resolvida, primacialmente, pela

---

[206] Bochini, *L'evoluzione di una prassi contrattuale: spedizione e distribuzione dei prodotti,* cit., pp. 29-30.

[207] Bochini, *L'evoluzione di una prassi contrattuale: spedizione e distribuzione dei prodotti,* cit., p. 30.

[208] Bochini, *L'evoluzione di una prassi contrattuale: spedizione e distribuzione dei prodotti,* cit., p. 31.

[209] Bochini, *L'evoluzione di una prassi contrattuale: spedizione e distribuzione dei prodotti,* cit., p. 32.

[210] Vittoria Cozzi, *La spedizione,* cit., p. 195.

interpretação das declarações de vontade, reconhecendo embora que os próprios transitários contribuem para a indefinição do vínculo aplicável[211], ao passo que o expedidor apenas pretende que a mercadoria chegue incólume ao destino[212]. No tocante ao transitário-transportador, entende Costeira da Rocha que a proibição constante do artigo 261.º do CC determina, na maior parte dos casos, a anulabilidade do negócio por não se verificarem os requisitos da parte final do artigo 261.º, número 1 do CC, ou seja, por não existir consentimento na celebração do negócio ou por o negócio excluir pela sua natureza a possibilidade de um conflito de interesses[213]. Não obstante, considera o autor que os interesses das partes podem ficar acautelados (i) pela existência de preços tarifados ou fixados pelos usos, ou (ii) pelo consentimento do expedidor na "entrada" do transitário no contrato de transporte[214].

Pronunciando-se acerca do regime de responsabilidade do transitário--transportador, entende João Valbom Baptista que sem prejuízo do regime do artigo 261.º do CC, o transitário cumpre a obrigação de contratar um transporte, respondendo como transportador em caso de incumprimento do contrato de transporte, bem como transitário pelo remanescente das obrigações decorrentes do Decreto-Lei n.º 255/99, *maxime,* para efeitos do artigo 15.º[215]. Teríamos, pois, que, de um ponto de vista meramente formal, o expedidor cumpre com a respetiva obrigação: celebrar um contrato de transporte.

Castello-Branco Bastos, por seu turno, entende que o legislador, com a solução vertida no artigo 15.º do Decreto-Lei n.º 255/99, procurou obviar as dificuldades suscitadas pela aferição da obrigação assumida pelo transitário, motivo pelo qual o transitário responde nos exatos termos em que responderia um transportador[216].

Como ponto de partida para esta solução devemos ter presente que, não estando imbuído de poderes de representação, será aplicável, *inter alia,* ao transitário o regime da comissão, que prevê um solução similar à do artigo

[211] Canaris, *Halndelsrecht,* 24.ª ed., cit., p. 509, referindo que é comum os transitários não se referirem ao contrato de expedição.

[212] Costeira da Rocha, *O contrato de transporte de mercadorias,* cit., p. 85.

[213] Costeira da Rocha, *O contrato de transporte de mercadorias,* cit., p. 91.

[214] Costeira da Rocha, *O contrato de transporte de mercadorias,* cit., pp. 91-92. Concordando com o essencial desta solução, João Valbom Baptista, *O contrato de expedição,* cit., pp. 234-235, alerta para o facto de existir sempre um perigo de conflito de interesses, porquanto o transitário pode ser tentado a inflacionar o valor do frete.

[215] João Valbom Baptista, *O contrato de expedição,* cit., p. 285, ancorando-se na circunstância de ser necessário dar relevo às operações acessórias.

[216] Castello-Branco Bastos, *Direito dos transportes,* cit., p. 82.

261.º do CC, pois determina-se que "*Nas comissões de compra e venda de letras, fundos públicos e títulos de crédito que tenham curso em comércio, ou de quaisquer mercadorias ou géneros que tenham preço de bolsa ou de mercado, pode o comissário, salva estipulação contrária, fornecer como vendedor as coisas que tinha de comprar, ou adquirir para si como comprador as coisas que tinha de vender, salvo sempre o seu direito à remuneração.*" (artigo 271.º do CCom). Conforme refere Cunha Gonçalves, estamos perante uma situação de contrato consigo próprio, justificando-o facto de o comissário não perder a remuneração pela circunstância de ficar sujeito a incómodos maiores do que aqueles que impendem sobre um simples vendedor[217]. No tocante ao conteúdo da restrição, entende o autor que que o artigo 271.º do CCom é meramente exemplificativo, nada obstando a que o comissário compre mercadorias não cotadas ou que não tenham o preço definido em bolsa[218].

Perante a ausência de uma norma similar à do artigo 1741.º do *Codice* ou à do § 458 do HGB, em que a doutrina se basta com a declaração de vontade do transitário para que ocorra a *Selbsteintritt*[219], o intérprete vê-se na contingência de ter de dilucidar o alcance da proibição de negócio consigo mesmo, pois a "entrada" do transitário no contrato de transporte mais não é do que a celebração de negócio consigo mesmo, uma vez que o transitário realiza *motu proprio* o transporte.

Neste particular, temos por indesmentível a relevância da situação de conflito de interesses, atento o facto de o transitário poder, a qualquer momento e de mote próprio, decidir realizar o transporte. Neste particular, seguindo Pedro de Albuquerque, diremos que o conflito de interesses deve ser entendido como um conflito entre vontades ou fins predeterminados pela vontade do representado e os potencialmente visados pelo representado[220]. Sendo assim, pensamos que, por via de regra, o interesse[221] do expedidor

---

[217] Cunha Gonçalves, *Comentário ao código comercial português,* Vol. II, cit., p. 89.

[218] Cunha Gonçalves, *Comentário ao código comercial português,* Vol. II, cit., p. 89.

[219] Canaris, *Halndelsrecht,* 24.ª ed., cit., p. 510 ou Koller, *Transportrecht,* 6.ª ed., cit., p. 808.

[220] Pedro de Albuquerque, *A representação voluntária em Direito Civil (ensaio de reconstrução dogmática),* Coimbra: Livraria Almedina, 2004, p. 939 (nota 1477).

[221] Não nos pronunciaremos nesta sede sobre a relevância da noção de "interesse" no campo jurídico, que temos por indesmentível. Em sentido contrário, Menezes Cordeiro, *Tratado de direito civil,* Vol. I – *Parte Geral, Introdução, fontes do direito, interpretação das leis, doutrina geral,* Coimbra: Livraria Almedina, 2012, p. 879. Em termos muito próximos, Paulo Mota Pinto, *Interesse contratual negativo e interesse contratual positivo,* Vol. I , Coimbra: Coimbra Editora, 2008, p. 485, ao afirmar que a regra, no Direito Priva-

consistirá na entrega das mercadorias incólumes no destino. Deste modo, *a priori,* será necessário verificar se os preços estão tarifados ou se, através do recurso aos usos comerciais, é possível determinar o preço de mercado dos mesmos[222]. Tendo em consideração o facto de, cada vez mais, as rotas de transporte serem cognoscíveis para o interessado numa concreta operação, somos da opinião de que, por via de regra, tal será suficiente para que o transitário possa celebrar negócio consigo próprio, na medida em que a execução do contrato de transporte não seja efetuada em condições prejudiciais para o transportador[223]. Não obstante, será sempre necessária uma ponderação casuística, de modo a aferir da atuação dentro dos limites impostos *ex* artigo 261.º do CC. Neste particular, acompanhamos Chiomenti quando sustenta que os preços do transporte são, por via de regra, legalmente tarifados ou determinados pelos usos, situação que diminui a possibilidade de conflito de interesses entre o expedidor e o transitário[224].

Se é certo que o transitário está vinculado à celebração de um contrato de transporte e, através da "entrada", cumpre com a sua obrigação, não deixa de ser certo que esta situação tem de conhecer limites objetivos, sob pena de, deste modo, se dar guarida a uma atuação que, em abstrato, pode colidir com os interesses do expedidor, seja porque o transporte é realizado em condições mais onerosas, seja porque se planeia, *ab initio,* a realização do transporte em veículos que não reúnam as condições mínimas para realizar o transporte requerido pelo expedidor[225].

---

do, terá de ser sempre a de que, pelo menos no domínio do direito subjetivo, a definição e a interpretação dos interesses para que se exerce o direito subjetivo apenas cabe ao seu titular, podendo incluir, até, como via para a sua satisfação, o próprio não exercício ou a destruição do respetivo objeto. A este propósito, chama a atenção Lima Rego, *Contrato de seguro e terceiros,* Coimbra: Coimbra Editora, 2010, p. 181, para o facto de se encontrar bastante difundida a conceção segundo a qual a definição do conceito de direito subjetivo não pressupõe a aceitação da ideia de que não haveria direito sem interesse, *i.e.*, nos casos onde falhasse o interesse desapareceria necessariamente o direito que o protegia.

[222] Costeira da Rocha, *O contrato de transporte de mercadorias,* cit., p. 90 e João Valbom Baptista, *O contrato de expedição,* cit., p. 235.

[223] *Maxime,* que o frete não seja inflacionado tendo por referência aqueles cobrados por outros transportadores operando em rotas similares. Sem prejuízo deste tom economicista, será igualmente curial que o transitário-transportador afete meios de transporte adequados à mercadoria que tenha de ser deslocada.

[224] Chiomenti, *Spedizione (contratto di),* cit., p. 314 (1.ª coluna).

[225] Pense-se, por exemplo, na situação em que o transitário recorre a um navio que não esteja em estado de navegabilidade ou em que para realizar o transporte de verduras, utiliza veículos de circulação terrestre sem sistema de refrigeração.

De qualquer modo, a celebração do negócio consigo mesmo, dar-se-á se (i) o transitário comunicar ao expedidor que realizará o transporte cuja contratação lhe foi cometida[226] ou se (ii) o transporte, materialmente, for iniciado pelo transitário[227]. Na primeira hipótese – certamente, de verificação mais rara – é através da declaração de vontade do transitário que o expedidor toma conhecimento do potencial conflito de interesses, uma vez que, tendo recorrido ao transitário para organizar uma operação de transporte, poderá aferir desde logo do eventual extravasar de funções, fruto da assunção do transporte. No tocante à segunda hipótese, bastará a prova de que o transporte foi realizado pelo transitário[228], para se concluir que a atividade realizada é diversa daquela para que foi contratado, motivo pelo qual será forçoso aferir do conflito de interesses, bem como da eventual responsabilidade do transitário em caso de incumprimento do transporte.

2. O transitário-transportador na jurisprudência

I. Conforme referimos na Introdução do presente escrito, é relativamente comum que o transitário realize ele próprio o transporte, tendo sido os nossos tribunais confrontados com alguns casos interessantes.

Assim, o Acórdão do STJ de 13 de Janeiro de 1999[229] decidiu um caso em que foi celebrado um contrato nos termos do qual a Ré, transitária, foi incumbida não apena de "*arquitectar o transporte e concluir os actos jurídicos tendentes a assegurar o trânsito das mercadorias*", mas também "*de proceder ao transporte da mercadoria, mediante o preço ajustado para*

[226] Sufragando esta posição à luz do direito italiano, Chiomenti, *Spedizione (contratto di)*, cit., p. 314 (1.ª e 2.ª colunas).

[227] Sendo o contrato de transporte consensual, não é exigida qualquer observância de requisitos de forma, motivo pelo qual, bastará provar que o transitário, com meios próprios, realizou, no todo ou em parte, o transporte das mercadorias. No tocante ao regime da liberdade de forma do contrato de transporte, é impressiva a máxima de decisão do Ac, do STJ de 4 de novembro de 2010 (Processo N.º 3219/04.1TVLSB.S1) (Gonçalo Silvano): "*O contrato de transporte caracteriza-se por uma parodoxal consensualidade, pois embora se afirme que o contrato de transporte em geral é um contrato consensual, que vale neste âmbito o principio da liberdade de forma (artº 219º do CC), é também verdade que ao contrato de transporte surge quase sempre ligado um documento de transporte, seja, no transporte de coisas, seja no de pessoa.*".

[228] Será indício de tal situação a emissão dos documentos de transporte pelo transitário.

[229] Processo 98A797 (Machado Soares), *apud* www.dgsi.pt.

esse fim", tendo, para o efeito, recorrido à intervenção de um terceiro, sem que tenha dado conhecimento de tal facto à Autora. Sucede que o veículo transportador sofreu um acidente de viação, tendo ocorrido a danificação de parte da carga transportada.

Segundo o STJ, "*nada impede que as empresas transitórias, exorbitando embora os limites da actividade específica que lhe é atribuída pelo artigo 1ª do DL 43/83 de 25 de Janeiro – inerente à prestação de serviços a terceiros, no âmbito da planificação, controle, coordenação e direcção das operações necessárias à execução das formalidades e tramites exigidos na expedição, recepção e circulação de bens ou mercadorias – possam ajustar contratos de transporte de mercadorias com os interessados, directamente ou com recurso a terceiros*". Neste contexto, entendeu o STJ que nada obsta a que o transitário se dedique, em paralelo, à atividade transportadora. Todavia, nessa circunstância, não poderia eximir-se da responsabilidade enquanto transportadora, procurando acantonar-se nas vestes de transitária.

II. O acórdão do STJ de 25 de setembro de 2003[230] pronunciou-se num caso em que a Ré, transitária e transportadora, foi incumbida de realizar um transporte rodoviário de teares de Itália para Portugal, tendo os mesmos sido objeto de contrato de seguro, celebrado entre a Ré e C. Durante a carga das mercadorias, os teares foram carregados pelos motoristas de D, que tinha sido contratada pela Ré, por não ter condições para realizar o transporte, tendo ficado provado que os motoristas "*orientaram a operação, designadamente a exposição da carga, distribuindo-a como lhes conveio, confirmando a continuidade do bom estado de todo o equipamento, e conferiram a correspondência da declaração de expedição com a carga executada e encetaram, no dia imediato, a marcha em direcção ao destino*". Um dos teares caiu e ficou danificado.

Na fundamentação da decisão, o STJ assevera que "*nada impede que os transitários celebrem com os expedidores contratos de transporte de mercadorias, directamente ou sob o recurso a terceiros, caso em que desenvolvem a dupla e paralela de actividade de transitários e de transportadores*", sendo certo que, "*não raro, por um lado, que algumas empresas exercem a dupla actividade transportadora e transitária e oferecem serviços de transporte sem explicitação de que são elas que os realizam ou se os vão propor à realização por terceiros transportadores. E, por outro*

[230] Processo 03B2370 (Salvador da Costa), *apud* www.dgsi.pt.

que, no quadro formal da sua actividade de empresas transitárias, elas ultrapassam o respectivo objecto social e assumem perante os seus clientes a obrigação do transporte de mercadorias, tornando-se, assim, partes de contrato de transporte", motivo pelo qual foram a Ré a Seguradora C condenadas a pagar uma indemnização com base no contrato de transporte. Paralelamente, a Ré tinha celebrado um seguro com E, referente aos riscos inerentes à atividade transitária, tendo esta sido absolvida de qualquer pagamento, "*tendo em conta o quadro de actividade de B Ld^a em que ocorreu o dano em causa e o âmbito de cobertura do contrato de seguro celebrado entre ela e a recorrida E*".

Uma vez mais, estamos diante de um caso em que o STJ considera ser possível o transitário atuar nas vestes de transportador, devendo, por conseguinte, ser responsabilizado enquanto tal na eventualidade de ocorrer um incumprimento do contrato de transporte, não sendo, pois, configurável a responsabilização enquanto transitário.

III. O acórdão STJ 9 de Julho de 2014[231] decidiu um caso em que o transitário, o autor, a solicitação da ré, prestou os seus serviços, organizando e fazendo proceder ao transporte de várias remessas de mercadorias do comércio da ré, por camião, desde o Porto até à Holanda, e por navio desde Lomé, no Togo, até Leixões, em Portugal, em diversas datas entre Setembro de 2002 e Julho de 2003, manuseando a carga, tratando das necessárias formalidades, emitindo os competentes documentos, liquidando despesas originadas pela movimentação das mercadorias, requisitando e pagando seguros e despachos alfandegários, e pagando direitos e imposições alfandegárias da conta da ré. No âmbito desta atividade, "*convencionou-se, no final de 2002, que a autora fizesse transportar, por via marítima, uma determinada mercadoria, do Togo para Leixões; mais precisamente, que organizasse o retorno dessa mercadoria. Foi descarregada em Leixões, ficando à disposição da ré, em Maio de 2003, sendo o transporte efectuado por CC, contratada pela autora*", tendo desaparecido parte da carga. O STJ entendeu que "*o artigo 15º* [do DL 255/899] *faz recair sobre o agente transitário a garantia do pagamento da indemnização que, a final, poderá recair sobre o encarregado de executar o transporte, por via do direito de regresso, há que determinar a responsabilidade deste último para se saber*

[231] Processo 7347/04.5TBMTS.P2.S1 (Maria dos Prazeres Beleza), *apud* www.dgsi.pt

qual a medida da responsabilidade do primeiro", sendo, por conseguinte de aplicar a disciplina do contrato de transporte para sancionar a conduta do transitário-transportador.

IV. Decorre dos três arestos ora referidos, que o STJ tem mantido o entendimento constante de que não é vedado ao transitário a celebração e execução de contratos de transporte[232], assumindo, com frequência, as empresas transitárias, a realização, por si ou através de terceiros, do transporte pretendido por aquele, caso em que se está perante um contrato de transporte, e não diante de contrato de expedição ou de trânsito[233]. Adicionalmente, tem sido igualmente sustentado que o contrato de expedição em sentido estrito é um mandato pelo qual o transitário se obriga a celebrar um ou mais contratos de transporte, por conta do expedidor[234]. Em suma, o transitário é um intermediário que não se obriga a transportar, mas a celebrar contrato de transporte com terceiro a pedido e no interesse do cliente[235], motivo pelo qual avulta a qualificação como contrato de mandato[236].

Por este motivo, a partir do momento em que o transitário transcenda as atividades cometidas pelo Decreto-Lei número 255/99, nomeadamente se tiver sido contratado o alargamento da sua, digamos, responsabilidade de modo que abranja a boa entrega da mercadoria, estaremos diante de um contrato de transporte[237]. Com efeito, segundo jurisprudência constante, sendo o transitário simultaneamente transportador não tem cabimento falar-se em mandato, pois a relação jurídica estabelecida insere-se no do contrato

---

[232] Cfr., por exemplo, o Ac. do Tribunal da Relação de Lisboa de 21 de outubro de 2010 (Catarina Arêlo Manso), Processo N.º 209/05.0TNLSB.L1-8 , *apud* www.dgsi.pt , asseverando que "*Sendo da específica competência das empresas transitárias, referida no art.1º do DL 43/83, de 25/1 (depois substituído pelo DL 255/99, de 7/7) os contratos de expedição ou trânsito, essa disposição legal não proibia, no entanto, àquelas empresas a celebração e execução de contratos de transporte"*. No mesmo sentido, cfr. igualmente o Ac. do STJ de 20 de abril de 2006 (Oliveira Barros), Processo N.º 06B628 *apud* www.dgsi.pt.

[233] Cfr. igualmente o Ac. do STJ de 4 de Novembro de 2010 (Gonçalo Silvano), Processo N.º 3219/04.1TVLSB.S1, *apud* www.dgsi.pt.

[234] Cfr, o Ac. do STJ de 14 de Junho de 2011 (Hélder Roque), Processo N.º 437/05.9TBANG.C1.S1, *apud* www.dgsi.pt.

[235] Cfr, o Ac. do STJ de 27 de novembro de 2013 (Afonso de Melo), Processo N.º 04A1767, *apud* www.dgsi.pt.

[236] Em termos próximos, cfr. o Ac. do Tribunal da Relação de Coimbra de 3 de outubro de 2006 (Hélder Roque), Processo N.º 684/03.8TBMGL.C1, *apud* www.dgsi.pt.

[237] Neste sentido, cfr. o Ac. do STJ de 2 de Julho de 1991 (Miguel Montenegro) Processo N.º 080428 *apud* www.dgsi.pt.

de transporte, atenta a obrigação a que o transitário-transportador se vinculou[238]. Temos, pois, que a jurisprudência tem atendido à realidade material subjacente, nomeadamente a obrigação concretamente assumida pelo transitário, em detrimento da atuação inicial como transitário, *i.e.*, como entidade a quem foi cometido o gizar de uma concreta operação de transporte. Tal terá como consequência, *inter alia,* a não aplicação do prazo prescricional previsto no artigo 16º do Decreto-Lei número 255/99[239], mas, outrossim, a aplicação do prazo prescricional aplicável ao transporte que tenha sido levado a cabo.

Perante este brevíssimo panorama jurisprudencial que acabámos de fornecer, é nosso entendimento que devem ser objeto de distinção duas situações: *primo*, os casos em que o transitário é contratado como transportador *ab initio; secundo,* as situações em que, após a celebração do contrato de expedição, o transitário decide executar o transporte de forma unitária com plena autonomia, recorrendo a meios próprios ou alheios.

Summo rigore, apenas nesta última situação estaremos perante um transitário-transportador[240], sendo a este propósito que procuraremos dilucidar de seguida as relações estabelecidas com os diversos intervenientes na operação de transporte, porquanto na eventualidade de o transitário ter sido contratado *ab initio* como transportador, será aplicável o regime do contrato de transporte, não relevando a respetiva qualidade de transitário, pois é determinante na economia do contrato celebrado a assunção da obrigação de deslocação de mercadorias e não a obrigação de celebração de contratos de transporte[241].

---

[238] Assim, por exemplo, o Ac. do Tribunal da Relação de Lisboa de 17 de Fevereiro de 2005 (Fernanda Isabel Pereira), Processo N.º 5736/2004-6, bem como o Acórdão do Tribunal da Relação do Porto de 17 de Maio de 2001 (Leonel Serôdio), Processo N.º 0130568, ambos *apud* www.dgsi.pt.

[239] Cfr. o Acórdão do STJ de 4 de novembro de 2010 (Gonçalo Silvano), Processo N.º 3219/04.1TVLSB.S1, *apud* www.dgsi.pt, bem como o Ac. do STJ de 9 de setembro de 2010 (Lopes do Rego)), Processo N.º 6089/05.9TBMAI.P1.S1, *apud* www.dgsi.pt Em termos similares, cfr. o Acórdão do Tribunal da Relação do Porto de 17 de Maio de 2011 (Rodrigues Pires), Processo N.º 3124/07.0TBVCD.P1 e o Acórdão do Tribunal da Relação do Porto de 20 de outubro de 2010, Processo N.º 2015/07.9TBMTS.P1, ambos *apud* www.dgsi.pt.

[240] No mesmo sentido, João Valbom Baptista, *O contrato de expedição,* cit., p. 231 ou Righetti, *Trattato di diritto marittimo,* Parte Seconda, cit., p. 172.

[241] Em termos similares, por exemplo, Silingardi, *Spedizione (contratto di),* cit., p. 122, 2.ª coluna.

3. O transitário-transportador perante o expedidor

I. No tocante às relações com o expedidor, reveste particular importância o disposto no artigo 15.º, do Decreto-Lei n.º 255/99, segundo o qual "*As empresas transitárias respondem perante o seu cliente pelo incumprimento das suas obrigações, bem como pelas obrigações contraídas por terceiros com quem hajam contratado, sem prejuízo do direito de regresso.*" (artigo 15.º, número 1), que determina igualmente que "*À responsabilidade emergente dos contratos celebrados no âmbito deste diploma aplicam-se os limites estabelecidos, por lei ou convenção, para o transportador a quem seja confiada a execução material do transporte, salvo se outro limite for convencionado pelas partes.*" (artigo 15.º, número 2).

Tendo por assente que a primeira parte do artigo 15.º, número 1 é, conforme assinala Januário da Costa Gomes, redundante[242], diga-se desde já que, a partir do momento em que o transitário celebre consigo próprio o contrato de transporte, temos por inaplicável o disposto neste preceito, porquanto o mesmo está construído para limitar a responsabilidade do transitário em caso de incumprimento por parte dos terceiros com quem haja contratado. Com efeito, conforme sustenta Januário da Costa Gomes, a responsabilidade *del credere* prevista neste artigo diz respeito às situações de contrato de expedição em sentido estrito, *i.e.*, às situações em que o transitário celebra um contrato de transporte com terceiro por conta do expedidor[243]. Com efeito, conforme já assinalara De Simone, não pode, em rigor, sustentar-se que existe uma multiplicidade ou variabilidade das funções do transitário: por via de regra, o transitário deve circunscrever a respetiva atuação à celebração de contratos de transporte, pelo que, metaforicamente, podemos sustentar que o cliente permanece "proprietário do negócio", porquanto o transitário atua em função do interesse do expedidor[244]. *Quid juris,* no entanto, na eventualidade de o transitário ultrapassar as vestes em que foi contratado, assumindo *motu proprio* o transporte?

A priori o intérprete vê-se confrontado com três soluções possíveis, a saber: (i) alargar o âmbito do artigo 15.º do Decreto-Lei n.º 255/99 às situações de negócio consigo mesmo, (ii) considerar que o transitário cumula as vestes de transitário e de transportador e (iii) responsabilizar o transitário de acordo com o regime do contrato de transporte.

---

[242] Januário da Costa Gomes, *Sobre a vinculação* del credere, cit., p. 220.

[243] Januário da Costa Gomes, *Sobre a vinculação* del credere, cit., p. 230.

[244] De Simone, *Sulla figura dello spedizionere nei trasporti marittime,* cit., p. 163.

Analisaremos de seguida cada uma destas hipóteses.

II. Como é sabido, a interpretação da lei tem como ponto de partida a respetiva letra, não devendo o intérprete, por via de regras transcendê-la[245]. Neste particular deve ser procurada, primacialmente a *ratio legis*. Para o efeito, temos de procurar determinar o sentido do texto tendo por referência o todo axiológico-normativo onde uma dada norma se insere, de modo a sermos capazes de convocar o fundamento constitutivo do seu sentido normativo[246]. Se é certo que todos os elementos da interpretação têm, em abstrato, peso igual, não deixa de ser igualmente verdadeiro que a letra, enquanto ponto de partida e limite da interpretação, assume especial preponderância, cabendo aos restantes elementos auxiliar na revelação do problema prático-normativo que o caso coloca e que o critério de decisão da norma é chamado a resolver[247].

Ora, no tocante ao artigo 15.º, número 1 do Decreto-Lei número 255/99, somos do entendimento que o legislador procurou assegurar que o transitário responde como garante legal do cumprimento das obrigações por parte do terceiro[248], motivo pelo qual carece de sentido alargar o respetivo campo de aplicação a situações em que o transitário celebre consigo próprio o contrato de transporte, pois, em rigor, deverá ser o contrato materialmente celebrado a determinar o regime de responsabilidade do transitário, porquanto, por via de regra, será na fase do transporte que se verificarão avarias na mercadoria ou outras situações juridicamente relevantes.

---

[245] Sobre a interpretação das leis, cfr., por exemplo, , Baptista Machado, *Introdução ao Direito e ao discurso legitimador,* Coimbra: Livraria Almedina, 1999 (reimp. da ed. de 1982)., p. 175 e segs., Oliveira Ascensão, *O Direito – Introdução e teoria geral,* 13.º ed., Coimbra: Livraria Almedina, 2009, p. 391 e segs., Coimbra Editora, 2001, p. 249, Fernando Bronze, *Lições de introdução ao Direito,* 2.ª ed., Coimbra: Coimbra Editora, 2006, p.. 875 e segs., Teixeira de Sousa, *Introdução ao Direito,* Coimbra: Livraria Almedina, 2012, p. 337 e segs., bem como o Manuel de Andrade, *Ensaio sobre a interpretação das leis,* 3.ª ed., Coimbra, Arménio Amado – Editor Sucessor, 1978, *passim.*

[246] Castanheira Neves, *O actual problema metodológico da interpretação jurídica – I* (reimp.), Coimbra: Coimbra Editora, 2010, p. 43.

[247] O mais das vezes, será o próprio "espírito" da lei a comandar o resultado da interpretação, *maxime* quando a *ratio* brigue com o texto da norma. Sobre este ponto, cfr. Fernando Bronze, *Lições de introdução ao Direito,* 2.ª ed., cit., , p. 914 e segs.

[248] Acompanhamos na íntegra Januário da Costa Gomes, *Sobre a vinculação* del credere, cit., p. 231.

III. Frustrada a aplicação do artigo 15.º, número 1 do Decreto-Lei número 255/99, cabe trilhar a via do cúmulo de vestes. Em abono desta construção, Januário da Costa Gomes entende que o transitário-transportador está autocolocado numa situação jurídica complexa, em virtude de a assunção do transporte não prejudicar a necessidade de cumprimento das obrigações enquanto transitário[249]. Na mesma linha de raciocínio, João Valbom Baptista entende que, sem prejuízo da proibição de negócio consigo mesmo, o transitário cumpre a obrigação de contratar um transporte, respondendo como transportador relativamente à prestação de transporte[250].

Concordamos com este entendimento, pois o mesmo atende à atividade desenvolvida materialmente pelo transitário. Efetivamente, se é certo que através do perscrutar da vontade das partes é possível discernir quais as obrigações assumidas em concreto, verifica-se que no caso do transitário-transportador, o mais das vezes, as mesmas são ultrapassadas. Por este motivo acompanhamos Zunarelli quando sustenta que o critério decisivo de qualificação a identificação da atividade desenvolvida pelo sujeito[251], motivo pelo qual, conforme referimos *supra*[252], devem ser tidos em consideração vários elementos para efeitos de qualificação dos contratos celerados com um transitário. Neste âmbito, terá particular relevância o elemento de consolidação ou grupagem[253]: sempre que o transitário recolhe as mercadorias do cliente e procede à respetiva entrega, encarregando-se do recurso a um contentor – ou vagão ou *trailer* –, estaremos perante um forte indício de que o transitário assumiu a responsabilidade pelo transporte da mercadoria[254].

Assim, mau grado se conclua que foi celebrado um contrato de expedição, e o transitário materialmente realizou o transporte, deve ser dada relevância a este facto, aplicando a disciplina do contrato de transporte que tenha sido realizado. Neste particular, deverá ser efetuada uma interpretação hábil: se o transitário realizar apenas parte do transporte, a disciplina do transporte apenas regerá o trajeto realizado pelo transitário, que não perderá

[249] Januário da Costa Gomes, *o direito de variação ou controlo no transporte de mercadorias*, in *Tema de direito dos transportes II*, cit., p. 45, nota 145.

[250] João Valbom Baptista, *O contrato de expedição*, cit., p. 285.

[251] Zunarelli, *La nozione di vettore*, cit., p. 50.

[252] Cfr. o número 2 do § 3.

[253] Para além dos elementos referidos no texto, a grupagem abrange igualmente a embalagem dos produtos, o agrupamento, a reparação ou modificação dos produtos.

[254] Righetti, *Trattato di diritto marittimo*, Parte Seconda, ci., p. 174.

o direito à retribuição prevista em sede de expedição, bem como o direito ao reembolso pelas despesas em que tenha incorrido[255].

IV. Em alternativa ao cúmulo das vestes de transitário e transportador, temos o entendimento que considera que o transitário-transportador responde apenas nos termos do contrato de transporte. *Prima facie,* cabe referir que resulta peculiar a aplicação *qua tale* do regime do contrato de transporte à figura do transitário-transportador, porquanto esta é, na pureza dos traços, estranha à atividade desenvolvida pelo transitário *id quod plerumque accidit.* Ademais, a mera aplicação do regime de responsabilidade do contrato de transporte deixaria na penumbra as vinculações emergentes do contrato de expedição, motivo pelo qual não sufragamos este entendimento.

Acresce que, em conformidade com este entendimento, seria forçoso concluir pela conversão[256] – no mínimo, pela "transformação"[257] – do contrato de expedição em contrato de transporte. Como é sabido, resulta do artigo 293.º que a conversão apenas pode ocorrer contanto que (i) o negócio inválido contenha os requisitos essenciais de forma e substância necessários para a validade do negócio sucedâneo e que (ii) a vontade hipotética ou conjetural das partes seja no sentido da conversão. Ora, no caso vertente, reputamos como muito duvidoso que possa retirar uma vontade conjetural ou hipotética apontando para a conversão em contrato de transporte, pois se se conclui pela qualificação do contrato celebrado como contrato de expedição, tal será incompatível com o contrato de transporte: este implica a

---

[255] Neste sentido, RIGHETTI, *Trattato di diritto marittimo,* Parte Seconda, cit., p. 180.

[256] Sobre a conversão, cfr., por exemplo, na manualística MOTA PINTO, *Teoria geral do direito civil,* 4.ª ed., por ANTÓNIO PINTO MONTEIRO e PAULO MOTA PINTO, Coimbra: Coimbra Editora, 2005, pp. 639-644, CASTRO MENDES, *Teoria geral do direito civil,* Vol. II, Lisboa: AAFDL, 1978, pp. 302-304, OLIVEIRA ASCENSÃO, *Direito civil – Teoria geral,* Vol. II – *Acções e factos jurídicos,* 2.ª ed., Coimbra: Coimbra Editora, 2003, 2.ª ed., pp. 424-431, MENEZES CORDEIRO, *Tratado de direito civil, Tratado de direito civil,* Vol. II – *Parte geral – Negócio jurídico – Formação, conteúdo e interpretação, vícios da vontade, ineficácia e invalidades,*4.ª ed., Coimbra: Livraria Almedina, 2014, pp. 953-957 e PAIS DE VASCONCELOS, *Teoria geral do direito civil,* 7.ª ed., Coimbra: Livraria Almedina, 2012, pp. 759-762. Em termos monográficos, TERESA LUSO SOARES, *A conversão do negócio jurídico,* Coimbra: Livraria Almedina, 1986, *passim* e CARVALHO FERNANDES, *A conversão dos negócios jurídicos civis,* cit., *passim.* Para o regime da conversão no Código de Seabra, cfr. os estudos de EDUARDO CORREIA, *A conversão dos negócios jurídicos ineficazes,* in BFD XXIV (1948), pp. 359-389 e ANSELMO VAZ, *A conversão e redução dos negócios jurídicos,* in ROA 5 (1945), pp. 131-173

[257] LUMINOSO, *Mandato, Commissione, spedizione,* cit., p. 644.

obrigação de deslocar mercadorias, o contrato de expedição tem por objeto a mera celebração de um contrato de transporte.

Poder-se-ia argumentar que depõe no sentido desta solução o facto de ser injusto que o transitário receba duas remunerações, *i.e.*, a remuneração devida ao abrigo do contrato de trânsito e a remuneração devida pelo transporte da mercadoria. Todavia, o facto de ser o transitário a autocolocar-se nesta situação de duplicidade contratual, aliada, mormente, ao facto de ter cumprido a obrigação de celebrar um contrato de transporte, levam a que repudiemos esta "transformação, atento o facto de fazer tábua rasa da vontade das partes.

4. "Declaração de entrada" do transitário?

I. Pronunciando-se sobre a figura do transitário-transportador, a doutrina italiana[258] e germânica[259] tem entendido, com base no artigo 1741.º do *Codice* e, também, no § 458 HGB, que estamos diante de um transitário-transportador quando o transitário emite uma declaração nos termos da qual assevere ao expedidor que pretende assumir voluntariamente a realização do contrato de transporte. Caso tal declaração de vontade não exista, entende a doutrina italiana que estaríamos perante um transportador, pois tal situação não seria regulada pelo artigo 1741.º do *Codice*.

No ordenamento jurídico português, perante a ausência de norma similar, seria de pensar não ser necessário que o transitário declarasse a intenção de realizar o transporte. Com efeito, uma vez que damos relevo à materialidade subjacente, a partir do momento em que o transitário realiza diretamente o transporte, ser-lhe-á aplicável, em função da atividade desenvolvida, a disciplina concreta do contrato de transporte que tenha realizado. Efetivamente, uma solução deste jaez – que consta expressamente da CM nos artigos 39.º e seguintes relativamente ao contrato de transporte aéreo de passageiros – atende não só à realidade material, mas, também, tutela o próprio expedidor, pois, para além da disciplina do contrato de transporte, pode continuar a acionar o transitário-transportador tendo por base o contrato de expedição, mormente por eventual violação de deveres acessórios que sobre

[258] LUMINOSO, *Mandato, Commissione, spedizione*, cit., p. 643, CHIOMENTI, *Spedizione (contratto di)*, cit., p. 313 ou RIGHETTI, *Trattato di diritto marittimo*, Parte Seconda, cit., p. 174

[259] CANARIS, *Halndelsrecht*, 24.ª ed., cit., p. 510 ou KOLLER, *Transportrecht*, cit., p. 808.

si impendam. Efetivamente, convém ter presente que a realização da prestação terá de observar os deveres acessórios derivados do princípio da boa fé, conforme decorre do artigo 762.º, número 2 do CC.

De acordo com Menezes Cordeiro, os deveres acessórios de conduta seriam suscetíveis de ser tripartidos em (i) deveres de proteção, (ii) deveres de esclarecimento e (iii) deveres de lealdade[260]. Os deveres de proteção teriam por função evitar que fossem infligidos danos mútuos nas pessoas ou nos patrimónios dos contraentes[261]. Os deveres de esclarecimento, por seu turno, obrigariam as partes a, na vigência do contrato, informarem-se mutuamente sobre todos os aspetos atinentes ao vínculo, de ocorrências que da execução contratual possam advir[262], ao passo que os deveres de lealdade obrigariam as partes a, na pendência contratual, absterem-se de comportamentos que possam falsear o objetivo do negócio ou desequilibrar o jogo das prestações por elas consignado[263].

Ora, a partir do momento em que o transitário tenha celebrado um contrato de expedição e pretenda realizar de mote próprio o transporte, será, no mínimo, exigível que informe o expedidor da sua intenção, dando conta da realização do transporte. Conquanto não seja exigível ao abrigo do Decreto-Lei n.º 255/99 uma "declaração de entrada", a boa fé contratual impõe que

---

[260] Menezes Cordeiro, *Da boa fé no direito civil (reimp.)*, Coimbra: Livraria Almedina, 2001, p. 604.Trata-se de uma questão onde o próprio autor salienta o facto de existirem várias tipificações. Assim, por exemplo, Larenz, *Lehrbuch des Schuldrechts*, Vol. I – *Allgemeiner Teil,*, cit., 14.ª ed., Munique: C. H. Beck'sche Verlagsbuchhandlung, 1987pp. 9-10, distingue entre deveres de proteção e deveres de lealdade, enquanto Fikentscher/heinemann, *Schuldrecht,* 10.ª ed., Berlim: De Gruyter Recht, 2006, pp. 26-28, colocam em plano de destaque os deveres de proteção a par de outros deveres acessórios de conduta, como deveres de lealdade (*"Leistungstreuepflichten"*), deveres de colaboração, deveres de segurança relativamente ao resultado da prestação, deveres de esclarecimento e deveres de omissão. Já Gernhuber, *Das Schuldverhältnis – Begründung und Änderung, Pflichten und Strukturen, Drittwirkungen*, Tubinga: J.C.B. Mohr (Paul Siebeck), 1989, pp. 21-24, opera a distinção entre deveres de lealdade e de colaboração (*"Leistungstrue- und Mitwirkungspflichten"*) e outros deveres de conduta, como os deveres de proteção ou os deveres de diligência (*"Sorgfaltspflichten"*). Para uma apreciação crítica da construção de Menezes Cordeiro, cfr., Nuno Pinto Oliveira, *Direito das obrigações,* Coimbra: Livraria Almedina, 2005, pp. 73-76.

[261] Menezes Cordeiro, *Da boa fé no direito civil (reimp.)*, cit., p. 604.

[262] Menezes Cordeiro, *Da boa fé no direito civil (reimp.)*, cit., p. 605.

[263] Menezes Cordeiro, *Da boa fé no direito civil (reimp.)*, cit., p. 606. No âmbito dos deveres de lealdade encontraríamos os deveres de não concorrência ou os deveres de confidencialidade.

o transitário informe sobre a assunção da obrigação de realizar o transporte, de modo que o expedidor tome conhecimento do extravasar de funções por parte do transitário e assim possa controlar a realização do transporte, através dos deveres de informação a cargo do transitário[264].

§5. Conclusões

I. Em sentido restrito, o contrato de expedição é um mandato, com ou sem representação, através do qual o transitário se obriga a celebrar um ou mais contratos de transporte por conta do expedidor.

II. Por via de regra, o contrato de expedição dá origem a uma relação indireta entre o expedidor e o transportador.

III. Na eventualidade de o transitário celebrar consigo próprio um contrato de expedição, tal atuação será lícita contanto que (i) existam preços tarifados ou fixados pelos usos, ou (ii) expedidor consinta na "entrada" do transitário no contrato de transporte.

IV. Ressalvados os limites vertidos no artigo 261.º do CC, o transitário que celebre consigo próprio um contrato de transporte cumpre com o mandato conferido pelo expedidor, cumulando as vestes de transitário e de transportador.

V. Atentos os deveres derivados da boa fé, o transitário deve informar o expedidor da "entrada" no contrato de transporte, de modo que este possa controlar a execução do mandato conferido ao transitário

VI. Em rigor, apenas estamos diante de um transitário-transportador se, tendo sido celebrado um contrato de expedição, o transitário decidir realizar de mote próprio com plena autonomia e meios próprios ou alheios o contrato de transporte.

---

[264] Naturalmente, caso se verifique que de tal inobservância emergiram danos para o expedido, surgirá o dever de indemnizar, contanto que verificados os pressupostos da responsabilidade civil contratual. Classicamente, a doutrina portuguesa sustenta que o incumprimento de deveres acessórios apenas admite o recurso ao dever de indemnizar, à exceção de não cumprimento e à resolução do contrato bilateral sinalagmático. Assim, por exemplo, Ribeiro de Faria, *Direito das obrigações*, Vol. I, Coimbra: Livraria Almedina, 1990, pp. 228-229. Admitindo, em termos gerais, que a inobservância de deveres acessórios admite o recurso à ação de cumprimento, Carneiro da Frada, *Contrato e deveres de proteção*, Separata do volume XXXVIII do Suplemento ao Boletim da Faculdade de Direito da Universidade de Coimbra, 1994, pp 39-40 (nota 67) ou Nuno Pinto Oliveira, *Direito das obrigações*, cit., p. 84.

VII. A realização do transporte pelo transitário não determina a transformação ou conversão do contrato de expedição em contrato de transporte; no entanto, o transitário responderá nos termos da disciplina aplicável ao contrato de transporte.

THE INTERMODAL CORRIDORS: A COMBINED VISION FOR THE FUTURE OF THE EUROPEAN LOGISTICS*

LEONIDA GIUNTA**

Summary: 1. Introduction – 2. The legal basis of a Trans-European networks (TENs) policy – 3. Regulation (EU) No. 1315/2013 – 4. The core network corridors – a) A definitional scheme – b) The functions – c) Need of coordination – d) Governance issues – e) Work plan – f) Interplay with rail freight corridors – g) The list – h) A glance to the current situation – 5. The notion of intermodality – 6. Why intermodality of corridors should be promoted? – 7. Intermodality: problematic aspects – 8. Reference to intermodality in Regulation (EU) No. 1315/2013 – 9. The promotion of intermodality at national level: the Italian example – 10. Conclusions – Bibliography.

Abstract

Last December 2016 the second generation of the work plans prepared by the European Coordinators with reference to each core network corridor were approved in view of establishing the basis for action in the transport infrastructure until 2030. A work plan aims at monitoring the current status of the facilities, setting out a schedule for removing physical, technical, operational and administrative bottlenecks and giving a clear picture of

---

* This article has been submitted to double blind peer review. Moreover, it has been already published in F. BERLINGIERI, M. MUSI (Eds.), *Maritime, Port and Transport Law: Current Scenarios and Emerging Issues*, Il Diritto Marittimo – Quaderni, vol. 4, Bologna, 2017, pp. 441-464.

** Ph.D. in European Law on Civil, Commercial and Labour Contracts (Maritime and Harbour Law curriculum). Ca' Foscari University of Venice. Lawyer.

the available financial resources. Indeed, the corridors constitute a central concept for the realization of the new TEN-T dimension, as designed with the relevant 2013 Guidelines, and, generally speaking, in order to achieve a broader EU transport policy. The intricacy of the envisaged projects has been recognized by all the involved subjects, both at institutional and academic levels. In this framework, it is fundamental to highlight the importance of intermodal connections and the promotion of transport integration and interoperability. Only with the organisation of coordinated infrastructural systems and models the corridors will be able to satisfy the market demand of "door-to-door" conveyance. To this end, even the law and the regulatory policies could play a meaningful role, buttressing the development of such lines and encouraging their funding by virtue of the capacity to optimise the flow of goods. The present paper would like to explore the current EU legislation dedicated to the intermodal corridors, analysing its strenghts and defining possible intervention strategies for improving it. The legal promotion of the intermodality approach can be seen also from another viewpoint: the creation of blue and green corridors, able to guarantee environmentally sustainaible forms of transport. The topic involves additional juridical issues such as the definition of intermodal platform. All in all, since the intermodality principle will establish an innovative supply chain, it is destined to become increasingly prominent for the future logistics.

1. Introduction

When the word "logistics" is evoked, there is a tendency to think about supply chains and the storage of goods for their better use and dispatch. Actually, in order to enable the proper functioning of such concepts, infrastructure are by no means negligible. On the contrary, they play a special prominent role. Only with an articulated network of roads, highways, railways, inland waterways, ports and airports a country can develop its foreign trade and ensure competitiveness and export capacity to its factory system. Suffice it to think about the products placement and distribution which require adequate facilities and routes[1]. Nevertheless, to fully deploy its effects and respond promptly to the needs of undertakings, an infrastructural model should be

[1] L. Bianco, *Logistica, informatica e trasporti: definizioni e profili generali*, in E. Fanara (edited by), *Logistica, informatica e trasporti*, Messina, 1997, p. 11 ff.

based on some backbones and provide deep interconnections[2]. With this regard, the mainstay of a reticular structure is represented by long connecting lines which hold together the conerstones of the transmission grid, real corridors that perform a similar function to that of a passageway linking the various rooms in a building. But there is more. These corridors are well-thought-out only if they are capable of offering interrelations among the connected subsystems and make the multiple parts of a network dialogue as quickly and efficiently as possible. In this sense, when the transportation is concerned, one of the preferable solutions for obtaining a swift carriage of goods from the points of the grid is to enhance the intermodal approach, suited to pool the various ways of conveyance, namely road, rail, air, maritime and inland waterways shipping, for fully obtaining a "door-to-door" transport[3].

Therefore, a well-organized transportation framework requires the existence of infrastructural elements that can be summed up in two words: intermodal corridors. Expression that embodies the key factors demanded to the public action by logistics undertakings[4] in order to develop a truly efficient grid. For analysing such a concept it is necessary to start from the just recalled noun, corridors, tabling at a later stage the notion of intermodality, which integrates the connected adjective.

2. The legal basis of a Trans-European networks (TENs) policy

The idea of corridors has been launched at EU level within the much broader in scope and more thorough action devoted to create a series of networks oriented to link places ad localities of the continent which are poles

---

[2] On the subject, C. De Vito, *L'istituzione delle Città metropolitane, l'alta velocità e la rigenerazione urbana in Italia*, in R. Cappellin, M. Baravelli, M. Bellandi, R. Camagni, S. Capasso, E. Ciciotti, E. Marelli, *Investimenti, innovazione e nuove strategie di impresa: Quale ruolo per la nuova politica industriale e regionale?*, Milan, 2017, pp. 199-205.

[3] A technical and operational gaze on the subject is offered by B. Dalla Chiara, *Sistemi di trasporto intermodali. Progettazione ed esercizio*, Forlì, 2015, second edition, *passim*.

[4] In order to get a deeper insight into the contractual instrument chosen in logistics, see S. Zunarelli, *Il contratto di logistica*, in *Resp. comunic. impresa*, 1996, p. 57 ff.; M. Brignardello, item *Contratto di logistica*, in *Dig. comm.*, App. II, Torino, 2003, p. 262 ff.; F. Juan y Mateu, *Los contratos de logística*, Madrid, 2009, *passim*.

apart or situated in far-away but synergic areas[5]. These Trans-European networks (TENs) have been conceived not only with regard to transport, but also with reference to energy and telecommunications since 1993. Their importance is tangible, as attested by the fact that an entire section of the Treaty on the Functioning of the European Union (TFEU), its Title XVI, is dedicated to the topic. In fact, Articles 170 – 172 of TFEU deal with the TENs, taking care of outlining their general discipline and the main principles characterizing the subject matter. In particular, on reading the provisions focused on the issue, the TENs' objectives come to light. In fact, these networks aim at establishing or ensuring the functioning of the internal market, strengthening the EU economic, social and territorial cohesion, achieving a full interconnection of national infrastructures, attaining their interoperability and ensuring the access to the grids together with the removal of technical barriers. All these are certainly ambitious targets, which give a clear picture of the significance of the TENs' system for the European development. The list of goals reflects especially the need of reaching a balanced growth, shared by the most diverse regions contained in the map of the Old Continent[6].

Beyond the mentioned objectives, the relevant provisions of the TFEU allow to have a better understanding of the main tools exploitable for their achievement. Indeed, the rules expect the enactment of a series of guidelines, the adoption of implementing measures for acquiring more interoperability, such as the definition of parameters entailing a technical standardisation, the helping hand of an EU infrastructure fund and the support to projects of common interests (PCIs) through feasibility studies, loan guarantees or interest-rate subsidies.

The European lawgiver has long recognised the value of an active policy in the carriage sector and has endeavoured to use the legal and financial instruments that have been just indicated. It's enough to think of the fact that the first regulation for EU funding in the field dates back to 1995 (Council Regulation (EC) No. 2236/95), while the earliest Guidelines were adopted by the European Parliament and the Council in 1996, in order to establish a

[5] For the recognition of the European authorship of the notion of corridors and its importance for other non-EU countries, see D. A. Moura, R. C. Botter, *Short Sea Shipping in Brazil on a national project of green corridor*, in C. Guedes Soares, R. Dejhalla, D. Pavleti (Eds.), *Towards Green Marine Technology and Transport*, London, 2015, p. 675.

[6] For an accurate historical reconstruction, see T. Vespasiani, item *TEN-T (Trans European Transport Network)*, in T. Vespasiani, *Glossario dei termini economici e giuridici dei porti, dei trasporti marittimi e della logistica portuale*, Milan, 2009, pp. 132-133.

"master plan" connecting national networks of all transport modes (Decision No. 1692/96/EC). Of course, these acts are outdated today. So, following the historical process regarding the discipline of the funding of such infrastructure at the EU level, it should be pointed out that the initial tool has been later on deeply amended by Regulation (EC) No. 1655/1999 and the rules have undergone new changes with Regulation (EC) No. 680/2007, which is now repealed by Regulation (EU) No. 1316/2013, the text currently applicable. Differently, with reference to the regulatory framework set up with guidelines, the opening text of 1996 has been modified in substantial terms by Decision No. 884/2004/EC and Decision No. 661/2010/EU. Currently, the Trans-European Transport Network (TEN-T) Guidelines are embodied into Regulation (EU) No. 1315/2013 of the European Parliament and of the Council of December 11th 2013. This legislative act is fundamental for regulating the topic. The prominence is manifest as of the title, "*Union guidelines for the development of the trans-European transport network and repealing Decision No. 661/2010/EU*". Well, given the importance of the just mentioned TEN-T Guidelines for the study concerning corridors, it is considered appropriate to dwell on the measure with a specific paragraph.

3. Regulation (EU) No. 1315/2013

Because of editorial limits and illustrative restraints, the analysis of Regulation (EU) No. 1315/2013 can only be cursory. The far-reaching scope of the act is blatantly obvious, especially if the remarkable widespread effects of its provisions are taken into account. Nonetheless, for this very reason, a number of its aspects need to be pointed up. To begin with, the regulation under scrutiny envisages a dual-layer structure, consisting of a comprehensive network and a core network, the latter being established on the basis of the first one[7]. Thanks to these guidelines PCIs are

[7] On this point, look at Art. 6 of Regulation (EU) No. 1315/2013. According to Par. 2 of the latter, the comprehensive network include "*all existing and planned transport infrastructures of the trans-European transport network as well as measures promoting the efficient and socially and environmentally sustainable use of such infrastructure*" and it is ruled by Chapter II of the said Regulation. Differently, the following Chapter III disciplines the core network, which is identified by Par. 3 of the same provision in "*those parts of the comprehensive network which are of the highest strategic importance for achieving the objectives for the development of the trans-European transport network*".

identified[8]. Moreover, it pinpoints the requirements to be complied with for the management of the infrastructure. Regulation (EU) No. 1315/2013 sets out the priorities for the TEN-T development. Indeed, it involves railway, maritime, inland waterway, air, road and multimodal[9] transport. Still, in the interests of completeness, an addition should be included: not only transport infrastructure are involved but also telematic applications as well as measures for an efficient management and use of such infrastructure and allowing sustainable and efficient transport services.

The lineup of TEN-T purposes deserves particular attention. Four main intents have been perceived: cohesion, efficiency, sustainability and growth of the benefits for the grid users. To these overarching goals Art. 4 of Regulation (EU) No. 1315/2013 attributes four substantial group of targets, one each for every single macro objective, which put such general aims into more concrete terms. Thus, the purposes of achieving accessibility and connectivity of all EU regions, a reduction of infrastructure quality gaps between Member States, an interconnection for long-distance traffic as well as regional and local traffic, together with the adjustment to territorial distinctive features and provision of a balanced coverage are brought back to the cohesion. Verily, TENs-T have to reach these goals that can be condensed with the main intent of improving the geographical cohesion all over Europe. In the same way, the overarching objective of efficiency translates into the removal of bottlenecks and the bridging of missing links, the interconnection and interoperability of national transport networks, the optimal integration and interconnection of all transport modes, the promotion of economically efficient and high-quality conveyance, the efficient use of new and existing infrastructure, the cost-efficient application of innovative technological and operational concepts. Furthermore, TENs-T must strive towards greater sus-

---

[8] Pursuant to Art. 7, Par. 1 of Regulation (EU) No. 1315/2013, PCIs "*shall contribute to the development of the trans-European transport network through the creation of new transport infrastructure, through the rehabilitation and upgrading of the existing transport infrastructure and through measures promoting the resource-efficient use of the network*".

[9] On the multimodal conveyance and its discipline see, *ex plurimis*, M. Orione, *Appunti per uno studio sul trasporto multimodale*, in *Dir. mar.*, 1996, p. 648 ff.; M. Casanova, M. Brignardello, item *Trasporto Multimodale*, in *Dig. comm.*, App. II, Torino, 2003, p. 918; M. Badagliacca, *Il trasporto multimodale*, in A. Antonini (edited by), *Trattato breve di diritto marittimo*, vol. II, Milano, 2008, p. 441 ff.; S. Zunarelli, M. M. Comenale Pinto, *Manuale di diritto della navigazione e dei trasporti*, vol. I, Assago (MI), 2016, third edition, pp. 499-508.

tainability in order to obtain the development of all transport modes in an eco-friendly way, to contribute to a reduction of greenhouse gas emissions, to the fulfillment of low-carbon and clean transport[10] as well as fuel security, to a decrease of external costs, to the attainment of a powerful environmental protection. All this, with a favourable approach as to the promotion of a low-carbon transport. In that light, TENs-T are also required to make the benefits the grid users grow, through safe, secure and high-quality standards, the satisfaction of the mobility and transport needs, the support to mobility even in the event of natural or man-made disasters[11], the establishment of infrastructure requirements and the accessibility for elderly people, persons of reduced mobility and disabled passengers[12].

The illustrated framework of objectives permits to have a broad but clear idea of the mission recognized to TEN-T projects. But, mostly allows to appreciate why the corridors, which constitute the skeleton of the TEN-T structure, can better fulfill their tasks essentially if they have an intermodal character.

It is therefore time for taking the discussion on corridors a little further and exploring in more precise terms their nature.

4. The core network corridors

a) A definitional scheme

Regulation (EU) No. 1315/2013 plays a key role in defining the corridors, so effectively that the latter are referred to in full as core network corridors. It is no coincidence that its Chapter IV, made up of Articles 42-48,

---

[10] In detail, as underlined by Art. 4, lett. c), iii) of Regulation (EU) No. 1315/2013, the rule under scrutiny seeks to pursue "*a significant reduction in CO2 emissions, in line with the relevant Union CO2 reduction targets*" by 2050.

[11] For a stimulating description of possible negative impacts deriving to the TEN-T corridors by a natural disaster and, more precisely, by an earthquake, see K. LEWANDOWSKI, *Hazard from increasing the risk of the numbers of earthquakes for the European economy growth in the next 50 years*, in M. EPIN, R. BRIS (Eds.), *Safety and Reliability – Theory and Applications*, Contributions presented at the 27th European Safety and Reliability Conference (ESREL 2017, Portorož, Slovenia, June 18-22, 2017), London, 2017, p. 937 ff.

[12] G. PANAGAKOS, *Green Corridors and Network Design*, in H. N. PSARAFTIS (Ed.), *Green Transportation Logistics: The Quest for Win-Win Solutions*, Heidelberg – New York – Dordrecht – London, 2016, p. 140.

is entirely devoted to this subject. Before going into further detail, the definition of the concept under consideration should be clarified. The notion is made explicit by Art. 42, Par. 1 of the said Regulation (EU) No. 1315/2013 according to which they represent "*an instrument to facilitate the coordinated implementation of the core network*". This provision serves as the front door to ensure being able to determine the paths that can rise at the level of corridors contemplated by Chapter IV. Nevertheless, the meaning of the term is displayed also by the following Art. 43, which is earmarked outright to help in the definition-seeking exercise. The precepts are particularly enlightening. Par. 1 of the just mentioned Art. 43 states, on the one hand, that they "*cover the most important long-distance flows in the core network*"; while, on the other, notes that they should be devoted "*to improve cross-border links within the Union*". But there's more. In the next provision, Par. 2 of Art. 43, it has been explained that they are required to be "*multimodal and open to the inclusion of all transport modes*"[13] covered in Regulation (EU) No. 1315/2013. Moreover, the same asserts that they have to "*cross at least two borders and, if possible, involve at least three transport modes, including, where appropriate, motorways of the sea*". To sum up, the need of enhancing the intermodality and the close relationship among all means of conveyance is already perceived at the defining tier of core network corridors, portrayed by Artt. 42 and 43 of Regulation (EU) No. 1315/2013.

b) The functions

The introductory provision of Chapter IV of the regulation in question, Art. 42, Par. 1, in addition to the features of core network corridors, deals with their functions. Actually, the text of 2013 stipulates that for leading to "*resource-efficient multimodal transport*", they shall be hinged on: i) modal integration; ii) interoperability; iii) a coordinated development of infrastructure, with specific regard to cross-border sections and bottlenecks. Such a remark is completed by the legal ruling of the following Par. 2. These major transport routes are intended to enable Member States to "*achieve a coordinated and synchronised approach*" as far as investment in infrastructure

[13] On the advancement of the multimodal approach, S. M. Carbone, A. La Mattina, *Uniform International Law on the Carriage of Goods by Sea: Recent Trends Towards a Multimodal Perspective*, in *Riv. dir. nav.*, 2011, p. 571 ff.

are concerned. Furthermore, pursuant to the same paragraph, they should aim at supporting "*the comprehensive deployment of interoperable traffic management systems and, where appropriate, the use of innovation and new technologies*"[14].

Therefore, albeit with reference to the functions expected by core network corridors, a fast lane for the ones characterized by an intermodal attitude is undoubtedly recognized, since the norm expressly requires them to be centered on modal integration and interoperability for accomplishing a connected chain of means of transportation.

c) Need of coordination

For guaranteeing the implementation of these corridors, the Commission shall, in agreement with the Member States concerned, and after consulting the European Parliament and the Council, designate one or more European Coordinators. The latter figures are foreseen by Art. 45 of Regulation (EU) No. 1315/2013, whereby they shall be chosen: (i) on the basis of their knowledge of issues relating to (a) transport and to the (b) financing and/or (c) the socio-economic and (d) environmental evaluation of major projects; (ii) by virtue of their experience of European institutions.

In view of Par. 4 of Art. 45, the European Coordinator acts in the name and on behalf of the Commission in relation to a single core network corridor or European Rail Traffic Management System (ERTMS) or motorways of the sea[15]. Its tasks are complex and articulated. As described by Art. 45, Par. 5, they include the drawing up of the corridor work plan together with the Member States, the support to the coordinated and timely implementation of the core network corridor[16], the consultations with the Corri-

---

[14] See the valuable contribution of M. Oonk, *Smart Logistics Corridors and the Benefits of Intelligent Transport Systems*, in C. Blanquart, U. Clausen, B. Jacob (Edited by), *Towards Innovative Freight and Logistics*, Vol. 2, London – Hoboken, 2016, pp. 8-12.

[15] On the specific topic of the motorways of the sea, reference should be made to E. Turco Bulgherini, *Cabotaggio, feederaggio, short sea shipping e autostrade del mare*, in A. Antonini (edited by), *Trattato breve di diritto marittimo*, vol. I, Milano, 2007, p. 447 ff.

[16] It is important to remember that an eminent expert, P. Costa, *Il futuro dell'Italia passa per il Nord-Est*, in Aa. Vv., *Territori regionali e infrastrutture. La possibile alleanza*, Milan, 2008, p. 34 has long been insisting on the need to coordinate the TEN-T with the local grids.

dor Forum (a body that will be illustrated further below), the obligation to notice the Member States, the Commission and, as appropriate, all other entities directly involved, on any difficulties encountered, the drafting of a yearly report for the European Parliament, the Council, the Commission and the Member States concerned on the progress achieved, the examination of the demand for transport services, the possibilities of investment funding/ financing as well as of the steps to be taken and the provision of appropriate recommendations.

d) Governance issues

Besides raising problems regarding the coordination required for an effective deployment, the core network corridors give rise to governance issues. With the aim of addressing this type of challenge Art. 46, Par. 1 of Regulation (EU) No. 1315/2013 solicits that, in relation to each corridor, European Coordinator is to be assisted in the performance of its tasks involving "*the work plan and its implementation by a secretariat and by a consultative forum (the Corridor Forum)*"[17].

But the rules don't stop here. In accordance with the legislation, the aforesaid Corridor Forum "*shall be established and chaired by the European Coordinator*". Moreover, to ensure full participation, it is foreseen that the "*Member States concerned shall agree on the membership for their part of the corridor*".

In this context, what is most interesting about the matter under consideration is the possibility to establish specific working groups, designed to take care of major infrastructural requirements[18]. Indeed, pursuant to Art. 46, Par. 2 "*with the agreement of the Member States concerned, the Coordinator may set up and chair corridor working groups which focus on:*

[17] G. Panagakos, *The Policy Context*, in H. N. Psaraftis (Ed.), *Green Transportation Logistics: The Quest for Win-Win Solutions*, Heidelberg – New York – Dordrecht – London, 2016, p. 18.

[18] For casting a glance at the managerial challenges implied by the core network corridors, see M. Öberg, K. Nilsson, C. Johansson, *How to Create a Management Structure for Transport Corridors*, in C. Blanquart, U. Clausen, B. Jacob (Edited by), *Towards Innovative Freight and Logistics*, Vol. 2, London – Hoboken, 2016, pp. 233-240.

a) modal integration;
b) interoperability;
c) the coordinated development of infrastructure in cross-border sections".

As observed in scrutinising the functions of the core network aisles, the just recalled topics of modal integration and interoperability represent the frame of reference of intermodal corridors and areas where they absolutely offer added value. The presence of working groups totally devoted to such elements hints that the investigated legal regulations wish for their conception and realization.

e) Work plan

By December 22nd 2014, each Coordinator has submitted to the Member States concerned a work plan analysing the development of the corridor. After it has been approved by them, the work plan has been sent for information to the European Parliament, the Council and the Commission.

In line with the prescriptions of Art. 47, Par. 1 of Regulation (EU) No. 1315/2013 beyond "*a description of the characteristics, cross-border sections and objectives of the core network corridor*" the work plan is asked to bear an analysis of the deployment of interoperable traffic management systems; the removal of physical, technical, operational and administrative barriers between and within transport modes[19]; measures to improve the administrative and technical capacity for PCIs; possible impacts of climate change on the infrastructure; measures to be taken in order to mitigate greenhouse gas emissions, noise and other negative environmental impacts[20].

Thus, it should be noticed that, even in the work plan, weight to the intermodality is acknowledged, as emphasized with the requirement, specifically contained under letter b) of the mentioned Art. 47, Par. 1, to examine

[19] G. Panagakos, *The Policy Context*, in H. N. Psaraftis (Ed.), op. cit., p. 18.

[20] It is interesting to notice that, for the cross-border and horizontal dimensions of the core network corridor work plans, the Commission is enabled by Art. 47, Par 2 of Regulation (EU) No. 1315/2013 to adopt implementing acts, but it has to receive the approval of the Member States concerned.

the removal of every sort of barriers among and within forms of transport. Furthermore, just on that occasion the rule demands to incorporate in the programmatic document guidance on the promotion of multimodal conveyance and of services linked to it.

For the sake of completeness, it is submitted that the work plan shall also comprise a thorough assessment of the investment required. Going into details, the European legislator would like to receive, in one respect, a list of projects for the extension, renewal or redeployment of transport infrastructure; in the other respect, the various sources envisaged, in partnership with the Member States concerned, for funding and financing, at international, national, regional, local and Union levels, including earmarked cross-financing systems as well as private capital, together with the amount of commitments already made.

f) Interplay with rail freight corridors

A quick annotation on the importance of relationships and closer connections among the various means of transportation can be inferred from the reading of a norm, Art. 48 of Regulation (EU) No. 1315/2013, asking for cooperation with rail freight corridors provided for in Regulation (EU) No. 913/2010. In particular, for avoiding any duplication of activity, especially when establishing the work plan or setting up working groups, the discipline in question prescribes adequate coordination between these rail hallways and the core network corridors[21].

g) The list

As foreseen by Art. 44, Par. 1 of Regulation (EU) No. 1315/2013 the "*list of core network corridors is set out in Part I of Annex I to Regulation (EU) No. 1316/2013*". That means the catalogue of such infrastructural projects is contained in a document appended to the regulation which aims at coordinating, developing and financing the TENs, through the establishment

[21] On the subject, G. Panakagos, H. N. Psaraftis, *How Green are the TEN-T Network Corridors?*, in C. Blanquart, U. Clausen, B. Jacob (Edited by), *Towards Innovative Freight and Logistics*, Vol. 2, London – Hoboken, 2016, p. 318.

of the so-called "Connecting Europe Facility" (CEF)[22]. With reference to the hypothesized routes, a specific obligation is addressed to the Commission. In fact, the following Par. 2 of Art. 44 requires the said institution to "*make available schematic indicative maps*" of the corridors "*in a format easily accessible to the public*". At this stage of the analysis two questions seem to be more than natural: how many core network corridors do we have? Which are they?

Well, as far as the first question is concerned, nine core network corridors have been identified. With reference to the second one, these aisles are composed of: 1. the Baltic-Adriatic Corridor (Ravenna – Gdansk); 2. the North Sea-Baltic Corridor (Helsinki – Antwerp); 3. the Mediterranean Corridor (Sevilla – Ukranian border); 4. the Orient/East-Med Corridor (Hamburg – Burgas/Turkish border/Cyprus); 5. the Scandinavian-Mediterranean Corridor (Russian border – Malta); 6. the Rhine-Alpine Corridor (Genoa – Rotterdam/Antwerp); 7. the Atlantic Corridor (Algeciras/Sines/Lisbon – Le Havre/Mannheim/Strasbourg); 8. the North Sea-Mediterranean Corridor (Belfast/Glasgow/Edinburgh – Marseilles); 9. the Rhine-Danube Corridor (Strasbourg – Sulina/Vukovar)[23]. Such hallways have the merit to cover a large part of the Union territory, forming a mesh system capable of ensuring the connection between far removed areas. Thereby, the grid could foster a stronger integration of the EU to support a balanced and sustainable development, taking account of properly identified local needs. Besides, if we look at the map of the core network corridors, it is possible to observe the existence of interconnections linking many of them. These contact points have a vital role in the creation of a capillary and interoperable structure, fit for increasing coordination of the intineraries and the strategic decisions[24].

---

[22] S. TOGAN, *The Liberalization of Transportation Services in the EU and Turkey*, Oxford, 2016, p. 149.

[23] On the role played by the Italian ports in relation to these corridors, see P. COSTA, M. MARESCA, *The European future of the Italian port system*, with prefaces by R. Prodi and L. Violante, Venice, 2014, pp. 19-29. The maps of the nine core network corridors can be found on the following website: http://ec.europa.eu/transport/infrastructure/tentec/tentec-portal/site/en/maps.html

[24] It could be interesting to compare the European situation with the projects covering North-East and Central Asia, thanks to the analysis carried out by M. B. REGMI, S. HANAOKA, *Assessment of intermodal transport corridors: Cases from North-East and Central Asia*, in *Research in Transportation Business & Management*, Vol. 5, December 2012, pp. 27-37.

h) A glance to the current situation

The beginning of 2014 marked a new era in TEN-T policy. On behalf of the European Commission, nine external consultants' teams spent the full year to undertake comprehensive corridor studies. On December 22nd 2014, each European Coordinator formally submitted a work plan based on these studies under his/her responsibility to the Transport Ministers of the Member States directly concerned.

The second generation of the work plans of the 11 European Coordinators were approved in December 2016. They establish the basis for action until 2030. Commenting upon the latest developments in the matter, a broad range of players seems ready to get more actively involved and contribute to make a lot of progress in the concrete realization of the core network corridors[25].

5. The notion of intermodality

After spending pages in the examination of the concept of corridor and the legal provisions regulating such an infrastructural instrument, it is about time to put under close scrutiny the rudiments of intermodality. At EU level, the first act which has faced the topic comprehensively and sistematically is the Commission Communication of May 29th 1997 on intermodality and the intermodal carriage of goods within the European Union[26]. In the latter, intermodality has been defined by the said institution as "*a characteristic of a transport system whereby at least two different modes are used in an integrated manner in order to complete a door-to-door transport sequence*".

Generally speaking, thanks to the Commission Communication of May 29th 1997 intermodality has been added to the other transport policies conducted by the European Union, more particularly with a view to: (a) liberalising the transport market; (b) developing the trans-European networks

[25] For these updates, look at the following link: https://ec.europa.eu/transport/themes/infrastructure/news/2017-01-11-transport-infrastructure-second-generation-work-plans-11_en.

[26] More precisely, the exact reference to the recalled document is Communication from the Commission to the Council, the European Parliament, the Economic and Social Committee and the Committee of the Regions of May 29th 1997, COM(97) 243 final, entitled "*Intermodality and Intermodal Freight Transport in The European Union*".

(TEN); (c) promoting fair, efficient pricing; (d) bringing the information society to the transport industry.

An authoritative legal opinion has underlined that an "*intermodal transport involves the movements of goods in one and the same loading unit (or even in one and the same vehicle) which uses successively several modes of transport without handling of the goods themselves in changing modes*". Thereon, the same tenet spells out that in a wide range of cases "*the major part of the journey is by rail, inland waterways or short sea shipping and any initial and/or final leg carried out by road is as short as possible*"[27]. The hallmark of intermodality is the supply of a single carriage on the whole ridge without intermediate reloading, whereby the required cooperation and tools go beyond the ordinary multiplicity of means of conveyance[28].

6. Why intermodality of corridors should be promoted?

The fundamental reasons which underlie a preference for setting up intermodal corridors are manifold and assorted. First of all, it is difficult to argue against the statement that this type of hallways enables to achieve a greater cost efficiency[29]. Secondly, the available transport capacity can be used more rationally in grids which allow interoperability through the possibility to have a seamless logistics chain[30]. Anyhow, as a third remark, it is necessary to underline that such infrastructural instruments are not intended to impose a particular mode option, but facilitates better exploitation of

---

[27] T. Notteboom (Ed.), *Current Issues in Port Logistics and Intermodality*, Antwerp – Apeldoorn, 2002, p. 5.

[28] In this sense, G. Lucarno, *Le infrastrutture e il turismo. Elementi di geografia dei trasporti*, Milan, 2005, p. 67 and P. Volta, *Modalità di trasporto e intermodalità*, in S. Izzi, *La sicurezza negli interporti e nelle infrastrutture intermodali*, Milan, 2009, p. 58.

[29] In particular, M. Tadini, C. Violi, *Logistica, intermodalità e territorio. Scenari e prospettive di sviluppo del Piemonte Orientale*, Milan, 2013, p. 28, highlight that intermodal conveyance could achieve economies of scale through the optimal use of each means of transportation, permitting to select the most suitable one in terms of volume, seasonality and categories of goods. Hence, it brings to a reduction of the impediments and, in the end, of costs.

[30] As noted by L. Siviero, *Economia dei trasporti intermodali e innovazione logistica*, Milan, 2010, pp. 27-28, the standardization of the equipment and the availability of plurimodal platforms allow to benefit from a multiplication of the operational capacity, which is therefore much more than the sum of the individual modes of transport.

the railways, inland waterways and transport by sea, which individually can rarely provide a door-to-door service[31]. Fourthly, the strategic choice of conceiving such peculiar corridors overcomes the unequal performance and service quality of the various transport modes[32]. Besides, the lack of consistent networks and interconnections (missing infrastructure sections, for example), forces to transfer costs onto the operators.

Furthermore, there is another aspect to consider: intermodal corridors are environmentally friendly since they tend to reduce the impact of roads and highways in the carriage of goods, appreciating less polluting forms of transport, namely maritime, inland waterways and rail conveyance. Indeed, in terms of harmful particulates emissions, the option to capitalise on the latter methods of transportation ensures beneficial effects to the environment[33].

7. Intermodality: problematic aspects

The intermodal approach cannot be deemed immune from possible critical factors. The absence of harmonised electronic communication systems among the various operators within the intermodal sequence prevents adequate scheduling. Moreover, where cargoes are damaged the responsibility is difficult to establish[(34)] since the various transport modes involved are

---

[31] Rail and barges are seen as "*the backbone of intermodal freight transport chains*" by P. W. De Langen, D. M. Lases Figueroa, K. H. Van Donselaar, J. Bozuwa, *Intermodal connectivity in Europe, an empirical exploration*, in *Research in Transportation Business & Management*, Vol. 23, June 2017, pp. 3-11.

[32] Communication from the Commission to the Council, the European Parliament, the Economic and Social Committee and the Committee of the Regions of May 29th 1997, COM(97) 243 final, entitled "*Intermodality and Intermodal Freight Transport in The European Union*", p. 5.

[33] In this sense, F. Cavallaro, F. Maino, V. Morelli, *A New Method for Forecasting CO_2 Operation Emissions Along an Infrastructure Corridor* in *European Transport/Trasporti Europei*, Issue 55, Paper n. 4, 2013, pp. 3-21; J. Monios, *Institutional Challenges to Intermodal Transport and Logistics: Governance in Port Regionalisation and Hinterland Integration*, London – New York, 2014, p. 30 ff.; W. Uddin, P. Sherry, B. Eksioglu, *Integrated Intermodal Transportation Corridors for Economically Viable and Safe Global Supply Chain*, National Center for Intermodal Transportation for Economic Competitiveness, Project 2012-27, 2016, pp. 90-96, in http://www.ncitec.msstate.edu/wp-content/uploads/2012-27FR.pdf.

[34] An international seminar on intermodal transport held in Genoa in May 1972 has recommended to adopt a uniform system of liability, for making it unnecessary to

governed by different international conventions[35]. In addition, administrative bottlenecks impair the competitiveness of intermodal transport. What's more, the differing sizes of load-carrying unit between one mode and another are often not harmonized. Finally, intermodality requires logistical services that have potential added-value at the transfer points[36].

8. Reference to intermodality in Regulation (EU) No. 1315/2013

Confirming that intermodality could occupy a prime position in relation to the TEN-T policy, Regulation (EU) No. 1315/2013 refers to it in a meaningful provision. Actually, according to its Art. 50, stakeholders (entities other than Member States, which may include regional and local authorities, managers and users of infrastructure as well as industry and civil society) may specifically strengthen "*the promotion of sustainable transport solu-*

inquire at which stage the loss of or the damage to the cargo occurred, as acknowledged by C. Murray, D. Holloway, D. Timson-Hunt, *Schmitthoff's Export Trade: The Law and Practice of International Trade*, London, 2009, eleventh edition, p. 357, especially on footnote 17. The discipline should have embraced the multimodal conveyance in general. In that respect, we confine ourselves to point out, with no intent to deal thoroughly with the issue, that just in 1972 the CMI Draft Convention on the International Combined Transport of Goods (TCM Convention) was discarded and the UNCTAD Convention on International Multimodal Transport of Goods, adopted at Geneva on May 24th 1980, has not yet received the ratifications needed to its entry into force. The current lack of regulation has been partially filled by a compilation of provisions inspired to the mentioned Draft TCM Convention and prepared by the International Chamber of Commerce (ICC) in 1975, designated Uniform Rules for a Combined Transport Document. The latter represent a model to which parties can adhere to on a voluntary basis. For going into further details, see M. Hoeks, *Multimodal Transport Law: The Law Applicable to the Multimodal Contract for the Carriage of Goods*, Alphen aan den Rijn, 2010, pp. 19-30 and C. Murray, D. Holloway, D. Timson-Hunt, op. cit., pp. 357-358.

[35] With reference to a combined transport, J. F. Wilson, *Carriage of Goods by Sea*, Harlow, 2008, sixth edition, p. 247 has emphasized that, in the absence of an applicable mandatory international convention, the parties to a contract remain "*entitled to negotia their own terms ad can impose on the carrier a uniform liability throughout the period of transit. Even if an international convention is applicable on one leg, the parties may still agree on a uniform liability throughout the remainder of the transit. In the majority of cases, however the extent of the carrier's liability will be dependent on locating the place where the damage or loss occurred*".

[36] For a general overview of the issues arising from transportation characterized by a plurality of modes, see E. Turco Bulgherini, op. cit., p. 447 ff.

tions, such as enhanced accessibility by public transport, telematic applications, intermodal terminals/multimodal transport chains, low-carbon and other innovative transport solutions and environmental improvements".

Given the above, intermodal terminals[37] are expressly recognised as a focal point for the development of a modern network and a driving objective to be primarily attained [(38)]. It is easy to see that this reflects the will of the European lawmaker to put in place corridors guided by intermodality.

9. The promotion of intermodality at national level: the Italian example

As evidence of the growing concern of enhancing intermodality, it needs to be emphasised that, on the thrust of the foregoing European legislation, also at national level there has been no lack of regulatory initiatives aimed at achieving such an objective. Owing to editorial as well as space-time constraints and given the long-range perspective of the present article, the discussion will be restricted to the Italian case, not least because of its more extensive knowledge. Indeed, an illustrative example of the new normative climate is furnished by Art. 46[39] of Decree Law No. 201/2011[40], ratified with Law No. 214/201[41] (the so-called "Rescue Italy Decree"). This rule has allowed port authorities to set up logistic systems with the purpose of promoting the execution of infrastructure connecting the harbour with the dry port areas. Yet, the said norm firstly requires to stipulate memoranda of

---

[37] For having a detailed picture of the role played by these infrastructure endowments, J. MONIOS, R. BERGQVIST, *Intermodal Freight Terminals: A Life Cycle Governance Framework*, London – New York, 2016, *passim*; R. ŠAKALYS, N. BATARLIENĖ, *Research on Intermodal Terminal Interaction in International Transport Corridors*, in *Procedia Engineering*, Vol. 187, 2017, pp. 281-288.

[38] On this point, see the importance of setting and developing rail-based dry ports in the comparative examination effected by J.-P. RODRIGUE, T. NOTTEBOOM, *Dry ports in European and North American intermodal rail systems: Two of a kind?*, in *Research in Transportation Business & Management*, Vol. 5, December 2012, pp. 4-15.

[39] It is not by chance that the provision is evocatively entitled to infrastructure links and port logistics.

[40] Decree Law December 6th 2011, n. 201, introducing "Urgent provisions for the growth, the fairness and the consolidation of the public accounts", published in the Italian Official Journal, *G.U.* n. 284 of December 6th 2011, *S.O.* n. 251.

[41] Law December 22nd 2011, n. 214, published in the Italian Official Journal, *G.U.* n. 300 of December 27th 2011, *S.O.* n. 276.

understanding and coordination with the interested local or regional entities plus with the relevant railway infrastructure operator. But the main thing is that, as laid down in Par. 2 of Art. 46, the above establishment has to fulfill the European requirements dedicated to TEN-T corridors, whilst avoiding hampering competition among ports or causing distorsions of it. The latter provision could make a significant contribution to shed intermodal transmission lines in Italy, being particularly emblematic of a certain regulatory orientation. Still, it is not alone in this direction. According to Art. 6, Par. 11 of Law No. 84/1994, as recently rephrased by Legislative Decree No. 169/2016, port system authorities can take participation interests, although of a minority nature, in companies designed to foster intermodal and logistics links functional to the development of the harbour systems envisaged by the just encountered Art. 46. Hence, the Italian maritime demands have been given a real chance for trying to root intermodal connections or supplement the current routes with this kind of nodes[42].

10. Conclusions

For a better structuring and realization of core network corridors, intermodal solutions should be privileged[43]. Even if the regulatory framework does not explicitly affirm such a concept, this opinion can be inferred from

[42] For the sake of completeness, it should be pointed out that the Italian jurisprudence has already looked at the topic of corridors. Nonetheless, the subject at stake has constituted only the backgrounf for discussing and other delicate issues such as accountancy of public works (Corte dei Conti, sez. contr., n. 18 of July 22nd 2010, *Min. Infrastrutture e altro* c. *Reg. Veneto e altro*), public tenders (T.A.R. Puglia, Lecce, n. 1583 of June 19th 2009 and Consiglio di Stato, sez. VI, n. 778 of February 3rd 2011), access to administrative documents (Consiglio di Stato, sez. IV, n. 4671 of September 4th 2012), challenge of a resolution declaring the dissolution of a company in which a stake is held by a Region (T.A.R. Lazio, Roma n. 2697 of March 21st 2012), entitlement and legal interest in bringing proceedings or to oppose the action (T.A.R. Lazio, Roma n. 3216 of April 6th 2012 and Consiglio di Stato, sez. IV, n. 1225 of February 28th 2013).

[43] As reminded by A. Berlinguer, *"Salva Italia" e retroportualità interregionale: il caso Val Basento*, in A. Berlinguer (edited by), *Porti, retroporti e zone economiche speciali*, Turin, 2016, p. 51 intermodality is considered a top priority by the Italian National Operational Programme "Infrastructure and Networks", Less-Developed Regions 2014/2020 (agreed between the European Commission and Italy during autumn 2014 and definitively adopted on July 29th 2015), as it represents the main selection criterion for screening the applications to it.

various hints or EU institutional documents. From an economic viewpoint, intermodality could be really helpful in gaining efficiency and easing transnational trades. Together with the idea of Blue Corridors[44], the intermodal approach is likely to bring benefits to the environment, reducing emissions and pollution.

Moreover, intermodal transport enhances connections between the core network corridors, the motorways of the sea and the ERTMS[45]. With this in mind, intermodality has a powerful role in the process of harmonising the load-carrying units (dimensions and weights). All in all, intermodal corridors represent the future of EU logistics or, more correctly, the EU logistics in the future.

Bibliography

M. Badagliacca, *Il trasporto multimodale*, in A. Antonini (edited by), *Trattato breve di diritto marittimo*, vol. II, Milano, 2008, p. 441.

A. Berlinguer, *"Salva Italia" e retroportualità interregionale: il caso Val Basento*, in A. Berlinguer (edited by), *Porti, retroporti e zone economiche speciali*, Turin, 2016, p. 49.

L. Bianco, *Logistica, informatica e trasporti: definizioni e profili generali*, in E. Fanara (edited by), *Logistica, informatica e trasporti*, Messina, 1997, p. 11.

M. Brignardello, item *Contratto di logistica*, in *Dig. comm.*, App. II, Torino, 2003, p. 262.

S. M. Carbone, A. La Mattina, *Uniform International Law on the Carriage of Goods by Sea: Recent Trends Towards a Multimodal Perspective*, in *Riv. dir. nav.*, 2011, p. 571.

M. Casanova, M. Brignardello, item *Trasporto Multimodale*, in *Dig. comm.*, App. II, Torino, 2003, p. 918.

---

[44] This represents a project, co-funded by the European Commission, intended to turn liquefied natural gas (LNG) as a real alternative for medium and long distance transport, in a first period, as a complementary fuel, and later, as an adequate substitute for diesel. The advantage of the use of an innovative fuel is to obtain a greenhouse gas reduction and to reach air quality targets, decreasing at the same time dependency on crude oil and guaranteeing an adequate security of supply.

[45] Although with reference to Great Britain a precious study has revealed that the "corridors between ports and hinterland terminals" can ensure greater volume growth, as explained by A. Woodburn, *Intermodal rail freight activity in Britain: Where has the growth come from?*, in *Research in Transportation Business & Management*, Vol. 5, December 2012, pp. 16-26.

F. Cavallaro, F. Maino, V. Morelli, *A New Method for Forecasting CO2 Operation Emissions Along an Infrastructure Corridor*, in *European Transport/ Trasporti Europei*, Issue 55, Paper n. 4, 2013, p. 3.

P. Costa, *Il futuro dell'Italia passa per il Nord-Est*, in Aa. Vv., *Territori regionali e infrastrutture. La possibile alleanza*, Milan, 2008, p. 32.

P. Costa, M. Maresca, *The European future of the Italian port system*, with prefaces by R. Prodi and L. Violante, Venice, 2014.

B. Dalla Chiara, *Sistemi di trasporto intermodali. Progettazione ed esercizio*, Forlì, 2015, second edition.

P. W. De Langen, D. M. Lases Figueroa, K. H. Van Donselaar, J. Bozuwa, *Intermodal connectivity in Europe, an empirical exploration*, in *Research in Transportation Business & Management*, Vol. 23, June 2017, p. 3.

C. De Vito, *L'istituzione delle Città metropolitane, l'alta velocità e la rigenerazione urbana in Italia*, in R. Cappellin, M. Baravelli, M. Bellandi, R. Camagni, S. Capasso, E. Ciciotti, E. Marelli, *Investimenti, innovazione e nuove strategie di impresa: Quale ruolo per la nuova politica industriale e regionale?*, Milan, 2017, p. 199.

M. Hoeks, *Multimodal Transport Law: The Law Applicable to the Multimodal Contract for the Carriage of Goods*, Alphen aan den Rijn, 2010.

F. Juan y Mateu, *Los contratos de logística*, Madrid, 2009.

K. Lewandowski, *Hazard from increasing the risk of the numbers of earthquakes for the European economy growth in the next 50 years*, in M. epin, R. Bris (Eds.), *Safety and Reliability – Theory and Applications*, Contributions presented at the 27th European Safety and Reliability Conference (ESREL 2017, Portorož, Slovenia, June 18-22, 2017), London, 2017, p. 937.

G. Lucarno, *Le infrastrutture e il turismo. Elementi di geografia dei trasporti*, Milan, 2005.

M. Öberg, K. Nilsson, C. Johansson, *How to Create a Management Structure for Transport Corridors*, in C. Blanquart, U. Clausen, B. Jacob (Edited by), *Towards Innovative Freight and Logistics*, Vol. 2, London – Hoboken, 2016, p. 231.

M. Oonk, *Smart Logistics Corridors and the Benefits of Intelligent Transport Systems*, in C. Blanquart, U. Clausen, B. Jacob (Edited by), *Towards Innovative Freight and Logistics*, Vol. 2, London – Hoboken, p. 3.

M. Orione, *Appunti per uno studio sul trasporto multimodale*, in *Dir. mar.*, 1996, p. 648.

J. Monios, *Institutional Challenges to Intermodal Transport and Logistics: Governance in Port Regionalisation and Hinterland Integration*, London – New York, 2014.

J. Monios, R. Bergqvist, *Intermodal Freight Terminals: A Life Cycle Governance Framework*, London – New York, 2016.

D. A. Moura, R. C. Botter, *Short Sea Shipping in Brazil on a national project of green corridor*, in C. Guedes Soares, R. Dejhalla, D. Pavleti (Eds.), *Towards Green Marine Technology and Transport*, London, 2015, p. 675.

C. Murray, D. Holloway, D. Timson-Hunt, *Schmitthoff's Export Trade: The Law and Practice of International Trade*, London, 2009, eleventh edition.

T. Notteboom (Ed.), *Current Issues in Port Logistics and Intermodality*, Antwerp – Apeldoorn, 2002.

G. Panagakos, *The Policy Context*, in H. N. Psaraftis (Ed.), *Green Transportation Logistics: The Quest for Win-Win Solutions*, Heidelberg – New York – Dordrecht – London, 2016, p. 1.

G. Panagakos, *Green Corridors and Network Design*, in H. N. Psaraftis (Ed.), *Green Transportation Logistics: The Quest for Win-Win Solutions*, Heidelberg – New York – Dordrecht – London, 2016, p. 123.

G. Panakagos, H. N. Psaraftis, *How Green are the TEN-T Network Corridors?*, in C. Blanquart, U. Clausen, B. Jacob (Edited by), *Towards Innovative Freight and Logistics*, Vol. 2, London – Hoboken, 2016, p. 309.

M. B. Regmi, S. Hanaoka, *Assessment of intermodal transport corridors: Cases from North-East and Central Asia*, in *Research in Transportation Business & Management*, Vol. 5, December 2012, p. 27.

J.-P. Rodrigue, T. Notteboom, *Dry ports in European and North American intermodal rail systems: Two of a kind?*, in *Research in Transportation Business & Management*, Vol. 5, December 2012, p. 4.

R. Šakalys, N. Batarliené, *Research on Intermodal Terminal Interaction in International Transport Corridors*, in *Procedia Engineering*, Vol. 187, 2017, p. 281.

L. Siviero, *Economia dei trasporti intermodali e innovazione logistica*, Milan, 2010.

M. Tadini, C. Violi, *Logistica, intermodalità e territorio. Scenari e prospettive di sviluppo del Piemonte Orientale*, Milan, 2013.

S. Togan, *The Liberalization of Transportation Services in the EU and Turkey*, Oxford, 2016.

E. Turco Bulgherini, *Cabotaggio, feederaggio, short sea shipping e autostrade del mare*, in A. Antonini (edited by), *Trattato breve di diritto marittimo*, vol. I, Milano, 2007, p. 447.

W. Uddin, P. Sherry, B. Eksioglu, *Integrated Intermodal Transportation Corridors for Economically Viable and Safe Global Supply Chain*, National Center for Intermodal Transportation for Economic Competitiveness, Project 2012-27, 2016, in http://www.ncitec.msstate.edu/wp-content/uploads/2012-27FR.pdf.

T. Vespasiani, item *TEN-T (Trans European Transport Network)*, in T. Vespasiani, *Glossario dei termini economici e giuridici dei porti, dei trasporti marittimi e della logistica portuale*, Milan, 2009, p. 132.

P. Volta, *Modalità di trasporto e intermodalità*, in S. Izzi, *La sicurezza negli interporti e nelle infrastrutture intermodali*, Milan, 2009, p. 58.

J. F. Wilson, *Carriage of Goods by Sea*, Harlow, 2008, sixth edition.

A. Woodburn, *Intermodal rail freight activity in Britain: Where has the growth come from?*, in *Research in Transportation Business & Management*, Vol. 5, December 2012, p. 16.

S. Zunarelli, *Il contratto di logistica*, in *Resp. comunic. impresa*, 1996, p. 57.

S. Zunarelli, M. M. Comenale Pinto, *Manuale di diritto della navigazione e dei trasporti*, vol. I, Assago (MI), 2016, third edition.

COBERTURA DA RESPONSABILIDADE CIVIL DO TRANSPORTADOR MARÍTIMO E *P&I CLUBS* – ENTRE O CONTRATO DE SOCIEDADE E O DE SEGURO

Luís Poças*

Sumário: I – Introdução; II – Nota histórica; II.1 – O surgimento e institucionalização do contrato de seguro; II.2 – A maturidade do seguro e a experiência dos *Hull Clubs*; II.3 – A emergência dos *P&I Clubs*; III – Os *P&I Clubs* no plano estrutural; III.1 – Elementos caracterizadores dos *P&I Clubs*; III.2 – As regras e órgãos dos *Clubs*; IV – Os *Clubs* no plano funcional: *P&I insurance*; IV.1 – Caracterização do *P&I insurance*; IV.2 – Riscos garantidos por *P&I insurance*; IV.2.1 – Riscos relativos a pessoas; IV.2.2 – Riscos relativos a mercadorias; IV.2.3 – Riscos relativos ao navio; IV.2.4 – Outros riscos e exclusões; V – *P&I insurance* em Portugal; V.1 – Da Diretiva 2009/20/CE ao Decreto-Lei 50/2012; V.1.1 – Ponto de ordem; V.1.2 – A Diretiva; V.1.3 – O Decreto-Lei de transposição; V.2 – A natureza jurídica da relação entre o membro e o *Club*; V.2.1 – Nota prévia: a análise à luz do Direito britânico; V.2.2 – A questão no quadro do ordenamento português; V.2.3 – O exercício da atividade seguradora nos moldes dos *P&I Clubs*; V.3 – As principais problemáticas na jurisprudência portuguesa; VI – Conclusões.

[...] Quando acontecesse que algum ou alguns navios perecessem por tormenta ou por outro cajão, e isto em portas, ou seguindo suas viagens, ou sendo tomados por inimigos, indo ou vindo em ato de mercadorias, que esta perda dos ditos navios que assim perecessem se repartisse por todos os senhores dos outros navios [...]

Fernão Lopes, *Crónica de El-Rei D. Fernando*,
Vol. II, Lisboa, Ed. Mello d'Azevedo, 1895, p. 107

* Doutor em Direito (Faculdade de Direito da Universidade de Lisboa). Diretor Jurídico da UNA Seguros. Vice-Presidente da AIDA – Portugal (Associação Internacional de Direito dos Seguros). Presidente da Comissão Técnica de Conduta de Mercado da Associação Portuguesa de Seguradores (APS).

I. Introdução

O presente texto tem por objeto um tema de enorme relevância no âmbito da responsabilidade civil relacionada com os empreendimentos marítimos: os "Clubes de Proteção e Indemnização", numa tradução literal de *Protection & Indemnity Clubs* (ou *P&I Clubs*). Trata-se de associações mútuas, sem fins lucrativos, de armadores de navios, no quadro das quais os respetivos membros se seguram reciprocamente contra um amplo leque de riscos de responsabilidade civil que podem afetar as viagens marítimas.

Como melhor veremos, o interesse do tema suscita-se em várias vertentes. Desde logo, em termos históricos, a emergência dos *P&I Clubs*, no séc. XIX, dá-se num contexto algo paradoxal, já que está associada ao suprimento de ineficiências e lacunas funcionais de um mercado segurador já amadurecido, convocando, para esse efeito, soluções de base mutualista que tinham precedido no tempo o próprio surgimento do contrato de seguro. Também no plano histórico, o nascimento e desenvolvimento dos *P&I Clubs* é incindível da própria evolução da responsabilidade civil decorrente de empreendimentos marítimos.

Por outro lado, estas associações, com o perfil paradigmático que assumem na experiência anglo-saxónica, traduzem uma autêntica fusão, num instituto unitário, de uma relação jurídica societária (a vertente estrutural do *Club*) com uma relação jurídica securitária (a vertente funcional do *P&I insurance*), sem que se afigure exequível a respetiva autonomização.

Finalmente, e à luz, até, de desenvolvimentos normativos recentes – quer no quadro do Direito da União Europeia, quer do ordenamento português – equaciona-se, como problemática jurídica a requerer detida análise, a da natureza jurídica da solução contratual consubstanciada na adesão aos *Clubs*.

Apesar da inegável relevância do tema, tanto no domínio do Direito Marítimo como no do Direito dos Seguros, este tem sido pouco estudado, quer entre nós, quer mesmo no plano internacional, sendo poucos os textos que o assumem como objeto de análise. Afigura-se, assim, oportuno o presente artigo – que dará conta, designadamente, de todos os aspetos acima referenciados – e que teve por mote a inserção de uma aula sobre o tema no I Curso de Pós-Graduação em Direito Marítimo e Portuário[1].

---

[1] O Curso, que decorreu no ano letivo de 2015-2016, sob a Coordenação do Professor Doutor Januário da Costa Gomes, foi organizado pelo Centro de Direito Marítimo e dos Transportes da Faculdade de Direito da Universidade de Lisboa, em associação com o CIDP

II. Nota histórica

II.1. Surgimento e institucionalização do contrato de seguro

I – A história do seguro marítimo – percurso onde se insere o surgimento e desenvolvimento dos *P&I Clubs* – corresponde, em grande medida, à própria história do contrato de seguro. Na verdade, desde logo, a proteção contra os riscos de mar proporcionou as primeiras soluções funcionalmente equivalentes ao seguro. Por outro lado, o próprio surgimento do contrato de seguro deu-se na modalidade de seguro marítimo. Neste quadro, os primeiros – e, durante séculos, os únicos – textos e normas reguladoras do seguro situavam-se apenas no âmbito do seguro marítimo. Esta foi a modalidade de referência até ao séc. XX, acompanhando as grandes vicissitudes históricas pelas quais passou o seguro. Nos parágrafos seguintes daremos conta desse processo.

II – Desde logo, há a assinalar uma fase correspondente aos *antecedentes* do contrato de seguro, que teve o seu início na antiguidade remota e durante a qual várias soluções foram mobilizadas para a prossecução de uma função previdencial, tendo em vista a satisfação da necessidade de segurança dos indivíduos, isto é, da mitigação da incerteza e da prevenção contra os efeitos da potencial ocorrência de eventos adversos. Entre estas soluções, as mais elementares e óbvias são de base individual, traduzindo-se na acumulação de excedentes – poupança – visando acautelar o futuro.

Outras soluções, mais elaboradas, assumiram base associativa, constituindo a génese do mutualismo. Este traduz-se na associação, sem fim lucrativo, de várias pessoas, tendo em vista a repartição por todas elas dos danos que afetem alguma ou algumas. Embora assumindo uma função previdencial semelhante à que viria a ter o seguro, alguns traços distinguem o mutualismo desta solução contratual, designadamente: (*i*) a falta de autonomia contratual; (*ii*) a atuação *a posteriori* (dividindo os danos entre os associados), enquanto o seguro atua *a priori*, financiando-se através do prévio pagamento do prémio; (*iii*) e a não interposição de um terceiro (o segurador) que assuma a transferência dos riscos seguros e o consequente risco empresarial de insuficiência dos prémios face ao volume de sinistros[2].

– Centro de Investigação em Direito Privado da mesma Faculdade e com a colaboração do IIDM – Instituto Ibero-Americano de Direito Marítimo.

[2] Antonio La Torre, *L'Assicurazione nella Storia delle Idee*, Firenze, Assicurazioni, 1995, pp. 87 ss.

III – Encontram-se exemplos de fenómenos mutualistas ao longo da Idade Média. Neste quadro, a partir do séc. XIII, com o desenvolvimento do comércio marítimo internacional e a consequente preocupação de previdência em caso de insucesso da viagem – mormente, de naufrágio – várias situações de partilha dos danos são esboçadas. Para referir exemplos ligados à experiência portuguesa, mencione-se o da *bolsa de mercadores*, confirmada por Carta Régia de D. Dinis, de 10 de maio de 1293[3], e, mais tarde, o da instituição por D. Fernando, em 1367, da *Companhia das Naus*.

Neste último caso, deparamo-nos com uma solução análoga às de base mutualista, embora de adesão obrigatória. A medida abrangia todos os navios portugueses de mais de 50 toneladas, prevendo o pagamento, para um fundo comum (administrado por um comissário nomeado pelo rei), de contribuições correspondentes a 2% dos ganhos de cada viagem. Em caso de perda dos navios cobertos, a bolsa de Lisboa ou do Porto deveria mobilizar os fundos necessários à aquisição de um novo navio. Na insuficiência destes, o valor em falta seria repartido por todos os armadores cobertos, na proporção do valor dos seus navios[4].

IV – Vários são os marcos relevantes na história da emergência e institucionalização do contrato de seguro. Assim, na transição do séc. XIII para o XIV, verificou-se, com epicentro em Itália, a expansão do comércio marítimo numa Europa dividida. A viagem marítima estava então sujeita a muitos perigos: o de naufrágio por causas naturais, a pirataria, a guerra, o confisco de bens, etc. Por outro lado, os mercadores arriscavam frequentemente todo o património num empreendimento comercial, pelo que a sua necessidade de segurança era particularmente premente. Ademais, verificava-se a existência de uma considerável acumulação de riqueza nas cidades-estado italianas, capaz de suportar os riscos da atividade seguradora.

Neste contexto social e económico, o contrato de seguro surgiu, na transição do séc. XIII para o XIV[5], como uma modalidade contratual nova, estruturalmente diferente das soluções precedentes. Trata-se igualmente

[3] Cfr., por exemplo, A. H. de Oliveira Marques, *Para a História dos Seguros em Portugal – Notas e Documentos*, Lisboa, Arcádia, 1977, pp. 20 ss.; António Menezes Cordeiro, *Direito dos Seguros*, Coimbra, Almedina, 2013, pp. 75-76; Fernando Emygdio Silva, *Seguros Mútuos*, Coimbra, Imprensa da Universidade, 1911, pp. 178-179.

[4] Cfr. Fernão Lopes, *Crónica de El-Rei D. Fernando*, Vol. II, Lisboa, Ed. Mello d'Azevedo, 1895, pp. 106-107. Cfr. igualmente A. H. de Oliveira Marques, *Para a História dos Seguros em Portugal, cit.*, pp. 23 ss.

[5] Cfr. A. H. de Oliveira Marques, *Para a História dos Seguros em Portugal, cit.*, p. 16.

do produto de um contexto histórico-jurídico particular, tendo sido negativamente condicionado – atento o apego dos juristas medievais às soluções conhecidas do Direito romano – pelo facto de este não dispor de soluções previdenciais estruturalmente semelhantes ao seguro[6]. Em contrapartida, releva positivamente o facto de a Igreja condenar o juro (e, em geral, as práticas consideradas usurárias)[7], mas não rejeitar liminarmente os contratos aleatórios, como o de aposta, desde que celebrados sem causa desonesta. O seguro aproximava-se, assim, do contrato de aposta, onde a prestação do apostador era certa e efetuada com a celebração do contrato.

Os mais antigos contratos de seguro (marítimo) conhecidos terão sido celebrados em Pisa (1318)[8], Florença (1318)[9] e Génova (1343)[10], sem prejuízo de muitos indícios documentados que permitem reconhecer o caráter corrente desta prática contratual nas principais cidades italianas na primeira metade do séc. XIV[11]. A partir de Itália, e acompanhando o próprio tráfego

---

[6] É de assinalar o precedente romano do *foenus nauticum*, que veio a subsistir durante a Idade Média sob designações como as de *risco* ou *câmbio marítimo* e que permanece consagrado no Código Comercial (doravante, CCom) de 1888 (artigos 626.º ss.), embora tendo caído em desuso. O contrato consistia num mútuo destinado a financiar empreendimentos de comércio marítimo: o mutuante adiantava, ao armador ou capitão de um navio, um montante que só seria restituído, acrescido de juros e do *preço do risco*, em caso de sucesso da viagem. O contrato assumia, porém, a natureza de mútuo (ainda que com uma forte componente aleatória, inerente à condição acordada), sendo essa a sua função dominante: o financiamento do armador, contra o pagamento de um juro elevado, e a consequente partilha, com o mutuante, do sucesso do empreendimento comercial. É, porém, inegável que, para o armador, o contrato assumia igualmente uma função previdencial, mitigando os riscos do insucesso da viagem. Por outro lado, o modelo contratual tinha ainda a particularidade de integrar um elemento aleatório – traduzido numa avaliação em dinheiro do risco incorrido – como viria a suceder com o prémio do seguro. Cfr., por exemplo, René Rodière, *Traité Général de Droit Maritime*, Vol. VIII – Assurances et Ventes Maritimes, Paris, Dalloz, 1983, pp. 6-7.

[7] O *foenus nauticum* foi condenado pelo papa Gregório IX como negócio usurário – Decretal *Naviganti* (*Decretais*, V, 19, 19 – *De Usuris*).

[8] Tratava-se de um seguro de transporte marítimo para a cidade de Cagliari, na Sardenha. Cfr. Ennio de Simone, *Breve Storia delle Assicurazioni*, 2ª Ed., Milano, Franco Angeli, 2011, p. 16.

[9] René Rodière, *Traité Général de Droit Maritime*, *cit.*, p. 7.

[10] Cfr. Antonio La Torre, *L'Assicurazione nella Storia delle Idee*, *cit.*, p. 111.

[11] Como nota Ruy de Carvalho, não é exequível a determinação exata do momento em que surge o contrato de seguro. Por um lado, porque os primeiros registos documentais não terão chegado aos nossos dias. Depois, porque muitos dos documentos hoje conhecidos adotam algumas expressões ambíguas (como *securitas*, *securare* e *risicum*) – Ruy de Carvalho, "Início do seguro, uma questão controversa", *APS Notícias*, Ano V, n.º 17 (abr.-

comercial marítimo, a nova modalidade contratual expandiu-se à Catalunha e às principais praças mercantis europeias.

V – Inicialmente, o contrato de seguro assumia contornos em grande medida especulativos, quer por parte dos seguradores, quer dos segurados. Os primeiros faziam uma gestão casuística, intuitiva e sem bases técnicas do risco. Eram, eles próprios, mercadores, que assumiam a posição de segurados nos empreendimentos próprios e – associando-se pontualmente a outros comerciantes, com quem repartiam quotas do risco – assumiam a posição de seguradores nos empreendimentos alheios. Quanto aos segurados, beneficiavam da ausência do requisito do interesse segurável, instrumentalizando frequentemente o contrato com uma função especulativa de aposta[12].

Neste período surgiram alguns dos principais ramos de seguros. Porém, o seguro marítimo manteve hegemonia, podendo cobrir os danos respeitantes ao navio (seguro de casco), às mercadorias transportadas ou a ambos, e garantindo riscos vários, como os de tempestade, pirataria ou incêndio. Por seu turno, o prémio era influenciado, sobretudo, pelo itinerário da viagem e pela qualidade do navio[13].

Nesta fase de institucionalização do contrato, a respetiva regulação era ainda incipiente, repousando, em grande parte, no pano de fundo comum da *lex mercatoria*, corpo de regras e princípios – de base consuetudinária – disciplinadores do comércio na Europa medieval, constituindo um autêntico direito comercial internacional. Ainda assim, verificaram-se situações de disciplina legal a denotarem particularismos locais, como as Ordenações Sobre os Seguros (*Ordinacions Sobre les Seguretats*) de Barcelona, de 1435. Em termos doutrinários, há a assinalar a publicação, em 1552, em Antuérpia, do primeiro tratado impresso de Direito dos seguros, o excelente *Tratactus de Assicurationibus et Sponsionibus*, do jurista português Pedro de Santa-

jun. 2007), pp. 12-16. Como refere o autor, «as mais antigas apólices podem realmente não corresponder aos seguros mais antigos porque: de início houve seguros firmados verbalmente dos quais não ficou registo; houve também apólices não tituladas por ato notarial ou outro documento público que não terão também deixado rasto; muitos arquivos notariais foram destruídos ao longo dos tempos e – aspeto muito relevante – as primeiras apólices eram, por regra, segundo o costume da época, destruídas uma vez corrido o risco a que respeitavam» – *idem*, p. 16.

[12] Assim, de início, o contrato de seguro pouco se distinguia do de aposta, incidindo frequentemente sobre o sucesso ou insucesso de empreendimentos alheios nos quais o apostador não tinha interesse próprio e cujo fracasso não lhe causava, portanto, qualquer dano – Ennio de Simone, *Breve Storia delle Assicurazioni*, *cit.*, p. 13.

[13] Ennio de Simone, *Breve Storia delle Assicurazioni*, *cit.*, pp. 18 ss.

rém (Petrus Santerna Lusitano), cônsul em Itália[14]. Poucos anos depois seria publicado o *Guidon de la Mer*, também um tratado de referência, tendo sido redigido em Rouen, por autor anónimo, em data desconhecida da segunda metade do séc. XVI (provavelmente entre 1556 e 1584)[15].

VI – Entretanto, com a epopeia da expansão marítima, o epicentro da atividade seguradora deslocou-se do Mediterrâneo para a Inglaterra. Aí, a partir do final do séc. XVII, assumiram relevância as práticas contratuais do seguro marítimo sedimentadas na emblemática experiência da *Lloyd's Coffee House*. O proprietário desta taberna perto das docas de Londres, Edward Lloyd, publicou, a partir de 1662, o jornal *Lloyd's News*, que informava os movimentos de navios nos portos de referência, posteriormente substituído por um quadro, afixado no seu estabelecimento, onde atualizava a giz essas informações. Com base nestas, passou a funcionar no *Lloyd's* uma autêntica bolsa de seguros marítimos, ali se reunindo proprietários e mestres de navios, bem como mercadores londrinos que, contra o pagamento de um prémio, assumiam quotas do risco sobre as embarcações e respetivas cargas. Estes comerciantes – seguradores – assinavam os respetivos nomes sob o texto das apólices, razão porque ficaram conhecidos por subscritores (*Lloyd's Underwriters*)[16].

VII – No final do séc. XVII e na primeira metade do séc. XVIII o mercado segurador inglês atravessava uma fase especulativa e carecida de regulação, com a profusão de pequenos seguradores (*underwriters*) atraídos

[14] Cfr. alguns dados biográficos sobre o autor em Domenico Maffei, "Il giureconsulto portoghese Pedro de Santarém autore del primo tratatto sulle assicurazioni (1488)", *Boletim da Faculdade de Direito da Universidade de Coimbra*, Ano LVIII (1982), pp. 706 ss. Maffei sustenta, com base em evidência documental, que o *Tractatus* terá sido escrito em 1488, embora só viesse a ser publicado em meados do século seguinte – *idem*, pp. 10-11. Trata-se, pois, de uma obra precursora, cujas soluções resistiriam, em grande medida, ao passar dos séculos. Cfr. também Moses Amzalak, *O Tratado de Seguros de Pedro de Santarém*, Lisboa, s.n., 1958; e Eduardo Vera-Cruz Pinto, "Os seguros marítimos nas rotas portuguesas do Ultramar – Uma perspetiva histórico-jurídica: séculos XV-XVI", *Revista da Faculdade de Direito da Universidade de Lisboa*, Vol. XXXIX (1998), n.º 1, pp. 284 ss.

[15] Cfr. Jean-Marie Pardessus, *Collection de Lois Maritimes Antérieures au XVIIIe Siècle*, Tomo II, Paris, Imprimerie Royale, 1831, p. 372.

[16] As disposições dos contratos originais da *Lloyd's* tornaram-se um modelo para todos os contratos de seguro subsequentes até meados do séc. XX. Sobre o processo de contratação da *Lloyd's*, cfr. José Alves de Brito, *Seguro Marítimo de Mercadorias*, Coimbra, Almedina, 2006, pp. 29-30. Mais desenvolvidamente, Victor Dover, *A Handbook to Marine Insurance*, 5ª Ed., London, H. F. & G. Witherby, 1957, pp. 19 ss.

pela busca do lucro fácil[17]. Políticas de subscrição permissivas, a prática de prémios baixos e a ocorrência de períodos de aumento da sinistralidade provocaram, neste quadro, a insolvência de numerosos seguradores, deixando sinistros por regularizar.

Procurando disciplinar o mercado segurador inglês e prevenir a ocorrência de bolhas especulativas, o Parlamento aprovou o *Bubble Act*, de 9 de junho de 1720, lei que proibia todas as companhias de seguros não autorizadas por Carta Real e que instituiu, consequentemente, um sistema de oligopólio. Com efeito, na vigência desta lei apenas foi autorizada a exploração do seguro marítimo a duas Companhias, constituídas como sociedades comerciais – a *Royal Exchange Assurance Corporation* e a *London Assurance Corporation* –, as quais, juntamente com vários *underwriters* individuais do *Lloyd's Coffee House*, se conservaram em oligopólio até à revogação do *Bubble Act* pelo *Royal Assent,* de 24 de junho de 1824.

II.2. A maturidade do seguro e a experiência dos *Hull Clubs*

I – O início da fase de *maturidade* do contrato de seguro – período em que este adquiriu, em grande medida, os contornos atuais – pode ser situado na segunda metade do séc. XVIII. É a partir de então que se desenvolveram as bases técnicas da gestão do risco (cálculo probabilístico, tábuas de mortalidade, etc.), que se incrementou o rigor da gestão financeira e que se expandiu e profissionalizou a atividade. As Companhias seguradoras aumentaram a escala da sua atuação, cresceram em dimensão e começaram a assumir a estrutura de sociedades anónimas, permitindo a separação entre o capital social (associado ao risco empresarial) e os fundos inerentes à atividade operacional (associados à gestão do risco securitário). Esta estruturação do capital social permitiu também dotar as seguradoras de fundos potenciadores da expansão da sua atividade. Graças a um encaixe significativo de prémios, e beneficiando da dispersão de riscos e dos efeitos da lei dos grandes números, conseguiram compensar o volume de sinistros e apresentar maiores garantias de solvabilidade.

Se a especulação surgiu significativamente ultrapassada do lado do segurador, a instrumentalização especulativa do contrato pelo segurado foi

[17] Steven J. Hazelwood e David Semark, *P&I Clubs – Law and Practice*, Oxon / New York, Informa Law from Routledge, 2010, pp. 2 ss.

também posta em cheque pela introdução do requisito do interesse segurável, apto a diferenciar o seguro, em definitivo, do jogo e aposta. A regulação particularizou-se entre os vários ordenamentos, não obstante a existência de influências recíprocas, muito patentes durante a fase da codificação (ao longo do séc. XIX).

II – No contexto do mercado britânico de seguros, o longo período de oligopólio, a que fizemos referência, e a inerente falta de livre concorrência, favoreceram uma política de subscrição conservadora, marcada pela elevada prudência na aceitação de riscos (sobretudo em períodos de risco acrescido) e pela limitação do leque de riscos cobertos, bem como pela prática de prémios elevados. Simultaneamente, os *underwriters* mostravam uma predisposição para o litígio, fazendo atrasar a regularização dos sinistros.

Por outro lado, atendendo a que as companhias seguradoras autorizadas atuavam em Londres, interessando-se predominantemente pelo comércio deste porto, os proprietários de navios de portos distantes estavam impossibilitados de avaliar a integridade e solvência das referidas companhias, de que desconfiavam, pretendendo igualmente prescindir da intervenção dos corretores, quer pela falta de retidão dos mesmos, quer pelas elevadas comissões que cobravam.

III – Em virtude das referidas deficiências de funcionamento do mercado segurador inglês durante o séc. XVIII, alguns proprietários de navios decidiram associar-se numa base mutualista, repartindo entre si os danos que afetassem os cascos (*hulls*) dos respetivos navios. Assim se formaram e desenvolveram, no final do séc. XVIII, vários *Hull Clubs*, com especial incidência no Nordeste de Inglaterra e, em particular, ligados ao comércio de carvão[18].

Estas associações mutualistas de armadores assumiam, em regra, base local ou regional (normalmente, em zonas afastadas de Londres), e adotavam uma estrutura bastante leve e económica, sendo geridas apenas por um secretário e um gerente ou um pequeno comité. O conhecimento pessoal entre os membros suportava a necessária relação de confiança. Por outro

[18] Sobre o contexto do surgimento dos *Hull Clubs*, cfr. Daniele Casciano, *L'Assicurazione P. & I.*, Milano, Giuffrè Editore, 2013, pp. 8 ss.; Steven J. Hazelwood, "The history, character, constitution, and functioning of shipowners' protection and indemnity association", *in* Ignacio Arroyo (Ed.), *Yearbook Maritime Law*, Vol. III (1986-1987), Deventer, Kluwer Law, 1988, pp. 80 ss.; Steven J. Hazelwood e David Semark, *P&I Clubs – Law and Practice*, *cit.*, pp. 1 ss.; e María Concepción Hill Prados, *Los Clubs de Protección e Indemnización en el Campo del Seguro Marítimo*, Barcelona, Bosch, 1992, pp. 52 ss.

lado, o sistema de contribuições dos membros (*calls*) contava com o consenso dos donos dos navios, permitindo diluir a suportação dos danos em prestações regulares[19].

A legalidade dos *Hull Clubs*, face ao referido *Bubble Act*, foi várias vezes suscitada, mas tal não impediu estas associações de continuarem a atuar.

IV – Inicialmente circunscrito a portos vizinhos, o âmbito territorial dos *Clubs* tendeu a alargar-se a membros localizados em portos mais distantes, o que propiciou uma maior dispersão do risco, a melhoria da solidez financeira dos *Clubs* e o incremento da remuneração dos gerentes, proporcional às contribuições. O alargamento do âmbito dos *Hull Clubs* implicou, no entanto, uma perda da relação de confiança entre os membros.

Por outro lado, o pedido de contribuições (*calls*) regulares baixas mantinha os *Clubs* subfinanciados face aos riscos incorridos, obrigando à cobrança de *calls* suplementares – que os membros tinham, por vezes, dificuldade em suportar –, o que comprometia a regularização dos sinistros.

Para além disso, a cobrança de *calls* era, em regra, nivelada, e não adaptada ao risco real representado por cada navio (isto é, à probabilidade de ocorrência do sinistro), o que tendeu a provocar fenómenos conhecidos como de *seleção adversa* ou *anti-seleção.* Com efeito, não havendo uma diferenciação de *calls* em função de classes homogéneas de risco, ocorria um fenómeno de subsidiarização cruzada, isto é, os proprietários de navios novos e bem equipados pagavam *calls* superiores ao risco que esses navios representavam, subsidiando, desta forma, os armadores com navios em piores condições de navegabilidade. Esta situação tendia a atrair os piores riscos, que suportavam *calls* inferiores aos prémios que pagariam junto de Companhias de Seguros convencionais, e a afastar os melhores riscos, que facilmente encontravam condições mais favoráveis junto destas. Neste quadro, o afastamento dos bons riscos e a atração dos maus riscos tendeu a provocar uma degradação da sinistralidade e, logo, dos resultados dos *Clubs*, levando a uma subida das *calls*, e, consequentemente, a um agravamento da espiral de anti-seleção, e assim sucessivamente[20].

---

[19] Para além dos *Hull Clubs*, outras associações seguravam riscos excluídos do mercado tradicional do seguro marítimo ou cobertos apenas mediante prémios muito elevados, designadamente os *Cargo and Outfit Clubs*, os *Cargo and Freight Clubs* e os *Small Damage Clubs*.

[20] Sobre o processo de seleção adversa e as suas implicações na atividade seguradora, cfr., mais desenvolvidamente, Luís Poças, *O Dever de Declaração Inicial do Risco no*

Os *Hull Clubs* iniciaram o seu declínio no início do séc. XIX, tendência que se acelerou com o fim do oligopólio, em 1824[21]. A partir de então formaram-se novas companhias que, concorrendo com os *Clubs*, passaram a apresentar condições mais competitivas[22], contribuindo para o processo descrito de seleção adversa e acabando por condenar os *Clubs* – transformados em "*rust-bucket clubs*" – perante sucessões de sinistros para os quais detinham fundos insuficientes. Em meados do séc. XIX grande parte dos *Hull Clubs* tinha desaparecido.

II.3. A emergência dos *P&I Clubs*

I – Na primeira metade do século XIX, no Reino Unido, coincidindo com o declínio dos *Hull Clubs* – e, simultaneamente, com o aumento da dimensão, complexidade tecnológica e valor dos navios – o risco da potencial responsabilidade civil do armador foi assumindo proporções cada vez mais significativas.

A segurabilidade deste risco encontrava-se, à partida, bastante limitada pelo Direito e pelas práticas contratuais. Com efeito, a *Marine Insurance Act* de 1745 já proibia o seguro de responsabilidade civil em valor superior ao do próprio navio.

Contrato de Seguro, Coimbra, Almedina, 2013, pp. 138 ss. Cfr. também Fernando Araújo, *Introdução à Economia*, 3ª Ed., Coimbra, Almedina, 2005, pp. 304 ss.; Georges Dionne *et al.*, "Adverse selection in insurance markets", *in* Georges Dionne (Ed.), *Handbook of Insurance*, Boston, Kluwer Academic Publishers, 2000, pp. 185-243; Thomas R. Foley, "Insurers' misrepresentation defense: The need for a knowledge element", *Southern California Law Review*, Vol. 67 (Mar. 1994), pp. 665 ss.; Robert Kast e André Lapied, *Economics and Finance of Risk*, West Sussex, John Wiley & Sons, 2006, pp. 114-115; Paul Samuelson e William Nordhaus, *Economics*, 16ª Ed., New York, McGraw-Hill, 1998 – trad. port., *Economia*, Lisboa, McGraw-Hill, 1999, pp. 195-196 e 361-362; e Julie-Anne Tarr, "Disclosure in insurance law; contemporary and historical economic considerations", *International Trade and Business Law Annual*, 6, 2000, pp. 211 ss.

[21] Em virtude das disfuncionalidades do mercado segurador inglês decorrentes do oligopólio instituído, um Comité Parlamentar conduziu um inquérito em 1810, cujo Relatório denunciava os problemas referidos e exigia maiores facilidades na liberalização do seguro marítimo.

[22] Na verdade, a liberalização do mercado segurador britânico deu origem a uma nova bolha especulativa, com a proliferação das companhias de seguros, a prática de tarifas desrazoavelmente baixas e a sucessão de falências. A título de exemplo, entre 1844 e 1866 fundaram-se 519 seguradoras – Fernando Emygdio Silva, *Seguros Mútuos*, *cit.*, p. 315.

II – Relativamente à responsabilidade civil por abalroamento, decidiu-se, no caso *De Vaux* v. *Salvador*, de 1836, que incidiu sobre a colisão de dois navios, que, no normal seguro de casco (*Hull and Machinery – H&M insurance*), não se encontrava coberta a responsabilidade civil do dono do navio seguro pelos danos causados a outra embarcação. Desta forma, os armadores ficaram conscientes da sua exposição a um elevado risco que não se encontrava seguro.

Na sequência do referido caso e de pressão dos armadores, os seguradores marítimos tradicionais passaram a aceitar a cobertura da responsabilidade civil por abalroamento, mas apenas em três quartos do valor do dano causado (ficando um quarto a cargo dos armadores)[23] e tendo por limite, no cômputo do dano do próprio navio e da outra embarcação, o capital seguro, isto é, o valor do navio seguro. Assim, se a soma do valor do dano sofrido pelo dono do navio e do dano causado fosse superior àquele capital seguro, o segurador só respondia até este limite. Por outro lado, não estava coberta a responsabilidade civil pela morte, por danos corporais, bem como por danos causados a objetos fixos ou flutuantes que não correspondessem à noção de *navio*.

III – Em meados do séc. XIX verificava-se um aumento da escala de transporte marítimo de passageiros, ligada a importantes surtos migratórios e de colonização de territórios ultramarinos, designadamente vagas migratórias para os EUA e a Austrália. Até então – e não obstante as condições de transporte serem, em muitos casos, deploráveis – não era reconhecida a

[23] Esta prática – aliás, tradicional na atividade seguradora – de não cobertura integral de um dano é uma forma de mitigação do *risco psicológico* ou *motivacional* (*morale hazard*, também frequentemente referenciado como *moral hazard*). Este fenómeno consiste na falta de incentivo económico, por parte do segurado (e em virtude, precisamente, da existência de contrato de seguro), para atuar diligentemente, no sentido de evitar ou prevenir a ocorrência do sinistro ou de tentar reduzir os seus efeitos. Ao deixar a cargo do segurado a suportação de uma parte do dano, visa-se, no plano motivacional, conferir-lhe um incentivo para que incremente o padrão de diligência na sua atuação. Cfr., mais desenvolvidamente, Luís Poças, *O Dever de Declaração Inicial do Risco no Contrato de Seguro*, *cit.*, pp. 111-112. Cfr. igualmente Fernando Araújo, *Introdução à Economia*, *cit.*, p. 309; Fernando Araújo, "Uma nota sobre carros usados", *in* AAVV, *Estudos Jurídicos e Económicos em Homenagem ao Professor João Lumbrales*, Lisboa, FDL, 2000, pp. 187-188; Thomas R. Foley, "Insurers' misrepresentation defense: The need for a knowledge element", *cit.*, pp. 671 ss.; Robert H. Jerry II, *Understanding Insurance Law*, 2ª Ed., New York, Matthew Bender, 1996 (Reimpr. 1997), p. 15; Robert Kast e André Lapied, *Economics and Finance of Risk*, *cit.*, pp. 115-116; Pierre Picard, "Un objectif majeur pour l'assurance et la prévention des risques", *Risques*, n.º 39 (set. 1999), p. 65; Paul Samuelson e William Nordhaus, *Economics*, *cit.*, pp. 195 e 362.

responsabilidade do transportador pela morte da tripulação ou passageiros, mesmo em caso de negligência.

Neste quadro, em 1846, com a *Fatal Accidents Act* (também conhecida por *Lord Campbell's Act*) – surgida como reação aos perigos do transporte ferroviário – o risco de responsabilidade civil estendeu-se aos danos causados nos passageiros. Com efeito, este diploma legal veio dar legitimidade ao cônjuge, pais ou filhos do passageiro falecido para reclamarem uma indemnização pela morte devida a negligência do transportador, abrangendo-se, no caso do transporte marítimo, os proprietários dos navios. Neste contexto, em que a responsabilidade civil por morte ou incapacidade ficou submetida à *common law* e não ficou sujeita a limites, o inerente risco veio a assumir proporções preocupantes para os armadores.

IV – Em 1847, uma outra lei (*Harbour, Docks and Piers Clauses Act*) veio regular os portos, docas e cais, tendo conferido poderes às autoridades portuárias para reclamarem indemnizações por danos causados às instalações dos portos, independentemente de tais danos provirem ou não de negligência do proprietário do navio.

V – No contexto descrito, de exposição dos armadores a riscos significativos de responsabilidade civil não garantidos pelos seguros marítimos de casco (*H&M*) – riscos que passaram a ser conhecidos por *protecting risks* – alguns *Hull Clubs* passaram a oferecer cobertura adequada. A experiência dos *Hull Clubs* revelou-se, assim, um precedente económico e eficiente, dando origem à formação de *Protecting Clubs* com base no velho modelo, ou à conversão de algumas daquelas antigas associações em novos *Clubs*.

Com estes, os armadores procuravam superar as insuficiências e limitações do seguro marítimo tradicional, desde logo na parte (um quarto) do valor do navio não coberta pelo seguro relativamente à responsabilidade em caso de abalroamento, bem como no *quantum* indemnizatório que excedesse o próprio valor do navio. Do mesmo modo, visava-se a cobertura dos novos riscos de responsabilidade civil acima descritos.

VI – O primeiro *Protecting Club*, constituído em 1 de maio de 1855 em Topsham in Devon, foi a *Shipowners' Mutual Protection Society*, inspirada por um corretor de seguros, Peter Tindall, com experiência na gestão de *Hull Clubs*. Este *Club* visava cobrir *protecting risks*, sobretudo a morte e os danos corporais, bem como a colisão de navios acima dos limites de capital impostos pelos seguros de casco.

Seguiu-se, em 1 de janeiro de 1856, a criação da *The Shipowners Protection Association*, antepassada da atual *West of England*. Associações semelhantes, com o mesmo fim, seriam depois constituídas no Reino Unido, bem como nos países escandinavos, Japão e Estados Unidos da América.

VII – Consolidada a cobertura de *protecting risks* – a primeira componente do *P&I insurance* – a etapa significativa seguinte seria o surgimento do *indemnity risk*, correspondente à responsabilidade civil por danos na carga transportada.

Até à segunda metade do séc. XIX os riscos associados à responsabilidade por mercadorias transportadas não constituíam uma preocupação relevante para os donos de navios. Regulada pela *common law*, a matéria beneficiava da ampla prevalência da autonomia da vontade, quadro em que os armadores podiam exonerar-se contratualmente, nos contratos de transporte, de qualquer responsabilidade por danos ocorridos sobre a carga, qualquer que fosse a causa.

VIII – Porém, em 1870, um navio batizado *Westerhope*, que levava mercadorias destinadas a Port Elizabeth, na África do Sul, passou o porto de descarga com a intenção de a efetuar na viagem de regresso. Durante esta, porém, veio a naufragar antes de efetuar a descarga, perdendo-se a totalidade das mercadorias transportadas. Apesar da exoneração contratual da responsabilidade do transportador, o proprietário da carga intentou contra este uma ação judicial fundamentada no desvio de rota verificado, que configuraria um incumprimento do contrato de transporte e que impediria o transportador de se prevalecer das exceções contratuais. Neste contexto, o tribunal responsabilizou o armador pela totalidade do valor das mercadorias. Embora este fosse membro do *North of England Protecting Club*, as regras desta associação não contemplavam esta cobertura, pelo que o sinistro foi recusado e o dono do navio apenas foi discricionariamente beneficiado com a cortesia de um pequeno montante.

Pouco tempo depois, outro navio, o *Emily*, encalhou, do que resultou a perda total do navio e das mercadorias transportadas. Os donos destas conseguiram obter uma indemnização integral do armador, sob o fundamento de que o dano não teria resultado de perigos do mar, mas de navegação negligente, risco que o seguro não cobria.

IX – Neste quadro, teve ampla difusão na imprensa marítima um artigo de J. Stanley Mitcalfe, subscritor da *Northern Maritime Insurance Company*, chamando a atenção para os elevados riscos de responsabilidade civil – para os quais não existia cobertura de seguro – incorridos pelos armadores relativamente aos donos da carga.

Instado por vários armadores, Mitcalfe constituiu em 1874 uma associação mutualista que, para além da componente *protection*, cobria igualmente o risco de *indemnity* (responsabilidade pela carga transportada): a *Steamship Owners' Mutual Protection and Indemnity Association*. Em 1886, esta associação viria a fundir-se com a *North of England Protection Association* (que havia sido fundada em 1860), assumindo a designação de *North of England Protection and Indemnity Association*. Nascia o primeiro *P&I Club*.

X – Rapidamente os *Protecting Clubs* passaram a assumir a designação de *Protection & Indemnity Clubs*, ficando conhecidos por *P&I Clubs*. O desenvolvimento da navegação marítima veio a requerer a cobertura adequada de *P&I insurance* (bem como de seguros *H&M*), fomentando a expansão dos *P&I Clubs*. Estes, por seu turno, contribuíram também para a expansão sustentada das companhias de navegação marítima[24].

XI – Entretanto, a evolução legislativa veio progressivamente a aumentar o nível de responsabilidade dos armadores, o que requereu os adequados ajustamentos de cobertura de seguro. Neste quadro, em 1880, a *Employer's Liability Act* veio estabelecer o direito dos trabalhadores afetados de uma lesão corporal no decurso do trabalho (incluindo as tripulações dos navios), a uma indemnização por parte do empregador. Vários *Workmen's Compensation Acts* e *Merchant Shipping Acts* foram igualmente relevantes.

XII – Tendo acompanhado a longa evolução e aumento de escala da responsabilidade civil ligada a empreendimentos marítimos, o *P&I insurance* veio igualmente a cobrir os danos causados por poluição, designadamente, pelo derrame de hidrocarbonetos. A relevância e a magnitude deste risco ganhou visibilidade com vários desastres ecológicos causados, nomeadamente, pelo naufrágio do *Torrey Canyon*, em 1967, e do *Exxon Valdez*, em 1989.

Atendendo à dimensão do potencial dano de naufrágio de um petroleiro ou de um navio de cruzeiro, e à potencial responsabilidade civil de uma embarcação que colida com qualquer destas espécies de navios, surge evidente a relevância do *P&I insurance* no quadro do seguro marítimo.

XIII – A culminar o percurso seguido pelos *P&I Clubs*, que acompanhou o próprio desenvolvimento do instituto da responsabilidade civil

---

[24] Sobre o contexto do surgimento dos *P&I Clubs*, cfr. Daniele Casciano, *L'Assicurazione P. & I.*, *cit.*, pp. 10 ss.; Victor Dover, *A Handbook to Marine Insurance*, *cit.*, pp. 490 ss.; Steven J. Hazelwood e David Semark, *P&I Clubs – Law and Practice*, *cit.*, pp. 7 ss.; María Concepción Hill Prados, *Los Clubs de Protección e Indemnización en el Campo del Seguro Marítimo*, *cit.*, pp. 64 ss.

relacionada com empreendimentos marítimos[25], verificou-se a obrigatoriedade legal de celebração de contratos que cubram os riscos garantidos por estes *Clubs*.

Com efeito, a Diretiva 2009/20/CE do Parlamento Europeu e do Conselho, de 23 de abril de 2009, relativa ao seguro dos proprietários de navios em matéria de créditos marítimos[26], veio estabelecer as normas aplicáveis a determinados aspetos dos deveres que incumbem aos proprietários dos navios no que respeita ao seguro em matéria de créditos marítimos.

A Diretiva foi implementada nos 27 Estados-Membros até 1 de janeiro de 2012, requerendo uma cobertura "securitária" obrigatória (nomeadamente, uma solução de *P&I insurance*) que cubra os navios da União Europeia (UE) e estrangeiros nos portos e espaço marítimo da UE. Aos navios estrangeiros que não estejam em conformidade com a Diretiva passou a ser recusada a entrada nos portos da UE. No caso português, a transposição da Diretiva para o este ordenamento foi efetuada pelo Decreto-Lei n.º 50/2012, de 2 de março.

XIV – Fazendo um breve ponto de ordem, tivemos oportunidade de adiantar (*supra*, I) e de constatar ao longo do excurso histórico empreendido, que os *P&I Clubs* encerram, num instituto unitário, a conjugação de uma vertente estrutural (a relação jurídica societária do *Club*) com uma vertente funcional (a relação jurídica securitária do *P&I insurance*). Embora a unidade do instituto comprometa a autonomização destas duas vertentes, o propósito analítico do presente texto exige um ensaio de abordagem separada destas duas dimensões, autênticas faces de uma mesma moeda[27]. Começaremos, para o efeito, pela dimensão estrutural.

---

[25] Muhammad Masum Billah, *Effects of Insurance on Maritime Liability Law – A Legal and Economic Analysis*, Cham / Heildelberg / New York, Springer, 2014, pp. 20 ss.

[26] A expressão "créditos marítimos" é muito infeliz e geradora de equívocos interpretativos. Voltaremos a este assunto mais adiante (*infra*, V.1.2).

[27] Como nota Emygdio Silva, «no seguro mútuo [...] deve tomar-se em distinta consideração – a *sociedade* e o *contrato*. Embora fundidos, em última análise, num conceito unitário, não é menos certo que devemos considerar: por um lado, o pacto social, na gestão dos interesses coletivos, a que preside a conceção superior da personalidade; por outro lado, o pacto individualmente estabelecido entre a coletividade e o segurado em cada operação de seguros [...]» – Fernando Emygdio Silva, *Seguros Mútuos*, *cit.*, p. 552.

III. Os *P&I Clubs* no plano estrutural

III.1. Elementos caracterizadores dos *P&I Clubs*

I – Como começámos por referir, os *P&I Clubs* são associações mútuas, sem fins lucrativos, de armadores de navios, que visam segurar-se reciprocamente contra o risco de responsabilidade civil de embarcações marítimas (*P&I insurance*).

II – Neste quadro, um dos elementos caracterizadores destes *Clubs*, decorrente da sua natureza mutualista, é o do controlo pelos membros associados[28].

Nos seguros tradicionais, a gestão dos riscos contratualmente assumidos cabe a pessoas coletivas com estrutura societária – sociedades anónimas – com fim lucrativo. Neste contexto, os tomadores de seguros de uma empresa seguradora não têm qualquer controlo sobre a mesma, sendo a sociedade detentora do respetivo capital social controlada pelos acionistas, que nomeiam os titulares dos órgãos de gestão. Há, portanto, uma separação entre os acionistas, que detêm o capital social do segurador, e os tomadores de seguros ou segurados que contratam o seguro. Enquanto os primeiros visam o lucro, os segundos pretendem a reparação integral dos seus eventuais danos. Isto implica, do lado dos sócios, uma gestão especialmente prudente, tendo por contrapartida, em caso de sinistralidade muito relevante, que os prejuízos sejam suportados por aqueles, sem repercussão sobre a contraparte do segurador – o tomador do seguro.

Já nos *P&I Clubs* os membros assumem simultaneamente o papel de seguradores e segurados, contribuindo para a mutualidade de sinistros através de prestações designadas por *calls*. Assim, os *Clubs* são detidos e controlados pelos associados armadores (segurados), que elegem, em assembleia geral, os administradores (*directors*) do *Club*. Enquanto um segurador assume a estrutura de sociedade anónima, reportando o conselho de administração aos acionistas, o *P&I Club* obedece aos seus membros.

Nesta medida, o serviço proporcionado pelo *Club* responde diretamente ao interesse dos segurados. A expressão *Club* designa precisamente uma associação de entidades com um interesse comum: no caso, os armadores, que têm, quer o interesse de se segurarem contra determinados riscos,

---

[28] North of England P&I Association, *An Introduction to P&I Insurance and Loss Prevention*, Newcastle upon Tyne, North of England P&I Association, 2008, p. 17.

quer o de repartirem entre si os custos dos sinistros que afetarem qualquer um deles[29].

Por outro lado, no plano da mutualidade, todos os associados têm igual estatuto, embora as respetivas contribuições sejam determinadas de acordo com o risco (probabilidade de ocorrência do sinistro) que cada navio representa (em função da respetiva tonelagem, tipo de carga, rotas seguidas, etc.), de modo a evitar a subsidiarização cruzada entre membros e consequentes fenómenos de seleção adversa.

III – Outra característica é a personalidade jurídica própria dos *Clubs*.

O artigo 85.º da *Marine Insurance Act* de 1906 considera existir um seguro mútuo quando duas ou mais pessoas acordam entre si segurarem-se mutuamente contra danos decorrentes de riscos marítimos. Neste contexto, em caso de dano de um dos associados, o seu direito de ação haveria de ser exercido contra cada um dos demais associados.

Ora, este enquadramento não dá conta da prática dos *P&I Clubs*. Com efeito, os *P&I Clubs* constituem pessoas coletivas com personalidade jurídica própria. Assim, os membros contratam com o *Club* e não com os outros membros associados. Também em caso de litígio, é o próprio *Club* que é demandado, e não os associados.

IV – Os *P&I Clubs* regem-se pela lei do país em que operam. Relativamente aos do Reino Unido (que, quer pelo seu peso histórico, quer pela sua dimensão e número, representam o paradigma deste instituto), os mesmos constituem *Companies* e regem-se pelo *Companies Act* de 2006[30], quadro em que a sua forma jurídica é a de *companies limited by guarantee* (Secção 3 (3) da *Companies Act* 2006)[31].

Nesta medida, não existe capital social (como nas sociedades anónimas) e a responsabilidade para com terceiros está a cargo da própria pessoa coletiva (dotada, como referimos, de personalidade jurídica e de autonomia patrimonial), ficando os membros obrigados a colocar à disposição da sociedade um valor predeterminado estatutariamente – em regra, simbólico – em caso de liquidação desta. Perante terceiros, portanto, há uma participação limitada dos membros.

---

[29] René Rodière, *Traité Général de Droit Maritime*, *cit.*, p. 427.

[30] Steven J. Hazelwood e David Semark, *P&I Clubs – Law and Practice*, *cit.*, p. 16.

[31] Daniele Casciano, *L'Assicurazione P. & I.*, *cit.*, p. 25; e Mário Raposo, "Os P&I Clubs e a ação direta", *Revista do ISP*, Ano III, n.º 10 (jun. 1999), p. 28.

Já nas relações internas, cada membro é ilimitadamente responsável[32], devendo contribuir para a indemnização dos danos sofridos pelos outros membros, como resulta das regras do *Club* (*Club's rules*). A responsabilidade de cada membro relativamente a essa contribuição traduz-se nas *calls* regulares e suplementares definidas pelos Administradores do *Club*. Assim, cada membro deve pagar uma entrada ou contribuição (*call*) correspondente a cada navio por si inscrito. Esta contribuição, definida pelo *Club*, deve ser proporcional ao risco incorrido, representado, designadamente, pela tonelagem do navio.

Em termos práticos, e no detalhe, os sistemas de contribuição podem variar consoante o *Club*[33]. Porém, em síntese, há lugar ao pagamento adiantado de uma contribuição no início de cada exercício (*call* regular), verificando-se, com caráter periódico (mormente, com o fecho do exercício), o pagamento de uma contribuição adicional (*call* suplementar) em função da sinistralidade verificada.

V – As empresas de seguros sob a forma de sociedade anónima têm fim lucrativo[34]. Neste quadro, os acionistas têm expectativas de remuneração do capital por si investido, isto é, de um lucro.

Já os *P&I Clubs*, como decorre do seu caráter mutualista, não têm fim lucrativo. O *P&I insurance* segue, portanto, um modelo de gestão diferenciado e, em tese, mais eficiente, assente na partilha do risco e dando lugar a contribuições mais reduzidas, embora adequadas ao risco incorrido. Deste modo, o princípio da mutualidade aplica-se na sua forma pura, dando primazia à reparação dos danos garantidos sobre qualquer intuito lucrativo. Assim, as contribuições dos associados visam apenas: cobrir os sinistros ocorridos durante uma anuidade; custear o resseguro; e suportar os custos de gestão administrativa do *Club*. Verificando-se um *superavit* no fim da anuidade, o mesmo passa a constituir uma reserva ou é devolvido aos membros.

VI – A adesão como membro de um *P&I Club* requer, em princípio, uma reputação de honestidade e prudência, reservando-se o *Club* o direito de recusar a admissão de qualquer membro com fundamento no facto de a mesma causar prejuízo aos outros associados[35]. Os *Clubs* britânicos aceitam

---

[32] Daniele Casciano, *L'Assicurazione P. & I.*, *cit.*, p. 26.

[33] René Rodière, *Traité Général de Droit Maritime*, *cit.*, p. 429.

[34] Cfr., no caso português, os artigos 980.º do Código Civil (doravante, CC) e a alínea a) do n.º 1 do artigo 21.º do Código das Sociedades Comerciais.

[35] Sobre a admissão de membros, María Concepción Hill Prados, *Los Clubs de Protección e Indemnización en el Campo del Seguro Marítimo*, *cit.*, pp. 117 ss.; e René Rodière, *Traité Général de Droit Maritime*, *cit.*, pp. 427-428.

associados de nacionalidades estrangeiras, exceto relativamente à subscrição de riscos de guerra (*war insurance*)[36].

A admissão não está sujeita, em regra, a formalidades especiais, decorrendo do preenchimento de um impresso (*entry form*), que funciona simultaneamente como proposta de adesão ao *Club* e como proposta de cobertura do risco respeitante a um dado navio. Relevam, para o efeito, tanto as informações caracterizadoras do risco proposto, como as concernentes à idoneidade do candidato (importantes para a sua admissão como membro)[37], requerendo-se o acordo recíproco quanto à tonelagem inscrita e ao valor da contribuição (*call*).

A decisão sobre a admissão dos membros é discricionária, cabendo, em regra, ao conselho de administração, que pode delegá-la no gerente (*manager*). Consumada a adesão, o *Club* emite um certificado (*certificate of entry*), de onde consta: a aceitação do armador como membro do *Club*; a remissão para os estatutos e *Club's rules*; a indicação sumária dos riscos cobertos; a data e hora de início da cobertura; a taxa de base da contribuição (*call*); e informações respeitantes aos valores a pagar pelo aderente. Cada navio dá lugar a um *certificate*, podendo estar em causa navios novos de membros existentes ou navios pertencentes a membros novos. Assim, a função do *certificate of entry* é semelhante à das condições particulares de uma apólice de seguro, assumindo utilidade probatória (forma *ad probationem*)[38].

Quanto ao afastamento do membro, o mesmo pode decorrer de várias causas, entre as quais poderá contar-se a ocorrência de sinistros que resultem de negligência.

---

[36] Os riscos associados aos empresários de transportes combinados – que não são elegíveis como membros dos *P&I Clubs* tradicionais, por não serem armadores de navios – são garantidos pela *Through Transit Marine Mutual Assurance Association* – René Rodière, *Traité Général de Droit Maritime*, *cit.*, p. 426.

[37] Como refere Casciano, «é especialmente valorizada a veste dúplice que o membro assume no âmbito da relação contratual unitária com o *Club*, de que ele se torna, para além de segurado, também sócio, e, enquanto tal, comparticipante na potencial responsabilidade deste no pagamento das indemnizações» – Daniele Casciano, *L'Assicurazione P. & I.*, *cit.*, pp. 41 (trad. nossa).

[38] Daniele Casciano, *L'Assicurazione P. & I.*, *cit.*, p. 46.

III.2. As regras e órgãos dos *Clubs*[39]

I – Os *articles of association* (ou *by-laws*) – que podem ser alterados por proposta do conselho de administração aprovada pela assembleia geral – constituem o *pacto social* ou *estatutos* do *Club*, contendo as principais regras de disciplina da relação societária.

Entre os aspetos mais relevantes, os *articles of association* regulam: as relações entre o *Club* e os membros (ficando estes vinculados ainda que desconheçam as respetivas disposições); os órgãos do *Club* e as respetivas competências, poderes, regras de funcionamento, frequência das reuniões, etc.; os requisitos de admissão como membro do *Club*; as causas e termos da exclusão do membro; os factos constitutivos do direito à garantia de *protection and indemnity*[40]; e a obrigação de pagamento das *calls* ou contribuições suplementares. Os *articles of association*, bem como o regulamento da associação (*Club's rules*) são, assim, simultaneamente, a base das relações societárias e do *P&I insurance*[41].

II – Geralmente, os *articles of association* estabelecem que a assembleia geral (*general meeting*) é o órgão máximo do *Club*. Cabe-lhe, designadamente: nomear os membros do conselho de administração; aprovar (e alterar) as alterações aos *articles of association* e às *Club's rules*; aprovar os relatórios anuais; eleger um auditor; decidir sobre matérias que lhe são submetidas pelo conselho de administração; decidir sobre a cobrança das *calls* e sobre a distribuição de *superavits*; e decidir sobre fusões com outros *Clubs*.

Em regra, os direitos de voto dos membros na assembleia geral são proporcionais à tonelagem segura por cada um deles e implicam, normalmente, uma antiguidade de, pelo menos, um ano.

---

[39] Sobre esta matéria, cfr. Daniele Casciano, *L'Assicurazione P. & I.*, *cit.*, pp. 29 ss.; Steven J. Hazelwood, "The history, character, constitution, and functioning of shipowners' protection and indemnity association", *cit.*, pp. 90 ss.; Steven J. Hazelwood e David Semark, *P&I Clubs – Law and Practice*, *cit.*, pp. 17 ss.; María Concepción Hill Prados, *Los Clubs de Protección e Indemnización en el Campo del Seguro Marítimo*, *cit.*, pp. 121 ss.; e René Rodière, *Traité Général de Droit Maritime*, *cit.*, pp. 426-427.

[40] Neste aspeto, a alteração aos *articles* não incide sobre os navios que tenham já iniciado viagem, só vindo a aplicar-se-lhes em viagens futuras – Steven J. Hazelwood, "The history, character, constitution, and functioning of shipowners' protection and indemnity association", *cit.*, p. 91.

[41] Sobre os *Articles of Association* e as *Club's rules*, cfr. María Concepción Hill Prados, *Los Clubs de Protección e Indemnización en el Campo del Seguro Marítimo*, *cit.*, pp. 102 ss. e 106 ss.

III – Os *articles of association* estabelecem que a atividade do *Club* é gerida pelo conselho de administração (*board of directors* ou *committee of directors*) que deve conformar a sua atuação aos *articles of association*. Na terminologia tradicional dos *Hull Clubs*, ainda subsistente em alguns *P&I Clubs*, o conselho de administração surgia designado por *committee men*.

Em regra, o conselho de administração é anualmente eleito, de entre os membros do *Club*, na reunião anual da assembleia geral. O número de elementos varia consoante o *Club*, mas geralmente os membros do conselho de administração são representativos dos vários segmentos de associados (porta-contentores, petroleiros, navios de cruzeiro, etc.) e das respetivas nacionalidades. A votação obedece, em regra, ao número de navios (um navio, um voto), embora os membros candidatos devam representar uma tonelagem mínima[42].

O conselho de administração tem por função: definir as orientações gerais de gestão do *Club*; estudar e formular as alterações a fazer ao regulamento do *Club*; estudar e decidir sobre os sinistros mais relevantes ou que lhe sejam apresentados para deliberação; tentar resolver pré-contenciosamente diferendos entre os membros e o *Club*; administrar os fundos do *Club*; determinar a frequência e o valor das *calls*; determinar o início e termo dos anos contratuais de *P&I insurance* (correspondentes aos exercícios do *Club*); decidir sobre resseguro; decidir sobre a utilização das reservas; decidir sobre a contratação e despedimento de pessoal administrativo. Normalmente, o conselho de administração reúne-se com uma periodicidade mensal, bimestral ou semestral.

IV – A gestão corrente do *Club* é tradicionalmente delegada num associado *gerente* (*manager*), que deve ser um profissional de assuntos marítimos e que pode ser assistido por alguns adjuntos, juristas, etc. Atualmente, o papel de gerente pode ser assegurado por profissionais especialistas, sejam pessoas singulares ou até empresas especializadas, sob regime, respetivamente, de contrato de trabalho ou de prestação de serviços[43].

O *manager* é nomeado pelo conselho de administração, que nele delega poderes. Os poderes podem também decorrer diretamente dos *articles of*

---

[42] Nalguns casos, o *board of directors* assume funções não executivas, com mandatos de alguns anos – North of England P&I Association, *An Introduction to P&I Insurance and Loss Prevention*, *cit.*, p. 13.

[43] Quanto à remuneração, a mesma poderá ser determinada em função da tonelagem registada pelos associados do *Club* ou corresponder a um salário predeterminado.

association. Conforme referido, o mesmo tem por função a gestão corrente, bem como a implementação das decisões e políticas definidas pelo conselho de administração. Entre estas funções inclui-se: a cobrança de *calls*; a manutenção dos registos atualizados; a nomeação de correspondentes; o pagamento de despesas de funcionamento (por exemplo, pessoal administrativo); a subscrição; a decisão sobre a admissão de membros; a regularização de sinistros; a apresentação de relatórios aos administradores; o arquivo das atas do conselho de administração; etc. A estrutura de gestão compreende normalmente um serviço de admissão de associados; um serviço de contencioso; e um serviço de contabilidade, encarregue, designadamente, da cobrança das *calls*.

V – Por fim, a atuação dos *P&I Clubs* assenta ainda numa rede mundial de correspondentes (*correspondents*). Estes não são órgãos do *Club*, mas são consultores especializados em domínios como o Direito, a gestão ou a própria navegação marítima, que o representam nos mais importantes portos do mundo, dando assistência aos membros, investigando sinistros e informando o *Club* dos factos relevantes (novas medidas legislativas locais, por exemplo) relativamente ao país onde atuam[44].

IV. Os *clubs* no plano funcional: *P&I Insurance*

IV.1. Caracterização do *P&I insurance*

I – Como tivemos oportunidade de mencionar, os *P&I Clubs* assumem uma vertente societária, que acabamos de analisar sumariamente, e uma vertente securitária, a qual decorre do seu objeto e da sua função económico-social: a proteção dos membros contra os riscos de responsabilidade civil decorrente da navegação marítima. Vamos agora referenciar os principais traços caracterizadores desta última dimensão dos *Clubs*, evidenciando as divergências face ao contrato de seguro convencional, explorado por sociedades anónimas[45].

[44] Steven J. Hazelwood, "The history, character, constitution, and functioning of shipowners' protection and indemnity association", *cit.*, p. 96.

[45] Sobre a caracterização geral do *P&I insurance*, cfr. Daniele Casciano, *L'Assicurazione P. & I.*, *cit.*, pp. 55 ss.

II – O contrato de seguro é formalizado num documento a que se chama apólice, e que é composto, designadamente, por condições gerais (conjunto de cláusulas aplicáveis a todos os contratos da mesma modalidade), condições especiais (conjunto de cláusulas que complementam as condições gerais e que se aplicam a todos os contratos em que sejam especialmente acordadas determinadas garantias) e condições particulares (cláusulas aplicáveis apenas ao contrato concreto em causa, em função das respetivas características específicas)[46].

No caso do *P&I insurance* não existe a noção de apólice. Aqui, os riscos cobertos são definidos nos *articles of association* e, sobretudo, nas *Club's rules*, aplicando-se à generalidade dos membros e navios cobertos[47]. Já o *certificate of entry* corresponde, de algum modo, às condições particulares e tem sido qualificado por alguns autores como correspondente à própria apólice de um seguro convencional[48]. O *certificate of entry* define casuisticamente a aplicação de uma franquia (*deductibles*), a cargo do armador, relativamente aos sinistros ocorridos com o navio em causa.

III – No caso do contrato de seguro (dito "seguro a prémio"), o tomador do seguro paga antecipadamente ao segurador uma prestação pecuniária fixa (definida para a anuidade em causa), designada *prémio*, e cujo valor corresponde, em termos simplistas, à probabilidade de ocorrência do sinistro, acrescida de custos de gestão[49]. Caso o sinistro se verifique, o segurado é indemnizado sem que ao tomador seja exigível qualquer prestação adicional. Mas se o sinistro não ocorrer, o prémio não é reembolsável (ou estornável). Esta configuração do contrato exprime a *alea* caracterizadora do mesmo. Por outro lado, para além de vários mecanismos de mitigação do risco, a solvência da empresa de seguros é assegurada pelo elevado capital social da respetiva sociedade.

---

[46] António Menezes Cordeiro, *Direito dos Seguros*, *cit.*, p. 676; Pedro Romano Martinez, *Direito dos Seguros – Apontamentos*, Cascais, Princípia, 2006, pp. 81-82; José Vasques, *Contrato de Seguro – Notas para Uma Teoria Geral*, Coimbra, Coimbra Ed., 1999, pp. 30 ss. e 97.

[47] Sobre o clausulado, N. Geoffrey Hudson; Tim Madge; e Keith Sturges, *Marine Insurance Clauses*, 5ª Ed., London, Informa, 2012, pp. 272 ss.

[48] Mário Raposo, "Os P&I Clubs e a ação direta", *cit.*, p. 28.

[49] Cfr., por exemplo, António Menezes Cordeiro, *Direito dos Seguros*, *cit.*, p. 684 ss.; Margarida Lima Rego, "O prémio", *in* Margarida Lima Rego (Coord.), *Temas de Direito dos Seguros*, Coimbra, Almedina, 2012, pp. 191 ss.

Já no caso do *P&I insurance*, não há lugar ao pagamento de um prémio, mas de uma contribuição, designada *call*, destinada a um fundo (*pool*) comum[50]. A determinação do valor da *call* resulta do acordo entre os membros (*pooling agreement*) e assenta em vários fatores: previsão do volume de sinistros da anuidade seguinte; custos de resseguro; despesas de gestão / administrativas; e requisitos de margem de solvência[51]. Por outro lado, quanto maior a franquia (*deductibles*), menor a *call* do armador.

Se, face ao volume de sinistralidade, o fundo resultante das *calls* regulares for insuficiente, os membros deverão suportar uma contribuição adicional (*call* suplementar). Esta faculdade permite aos *Clubs* estabelecer limites elevados de capital seguro, sem que a sua solvabilidade dependa da constituição de reservas consideráveis. Porém, se do baixo índice de sinistralidade resultar um *superavit*, este ficará em reserva, ou haverá uma redução das *calls* do ano seguinte, ou haverá mesmo uma devolução do excedente.

De acordo com os procedimentos tradicionalmente generalizados, e em virtude de o volume de sinistros de uma anuidade só ser inteiramente determinado nos anos seguintes, a contribuição de cada membro – correspondente à ETC (*estimated total call*) – corresponde ao adiantamento de um valor significativo (*advance call*). Fechado definitivamente o exercício (com o encerramento de todos os sinistros incorridos), é apurado o saldo da contribuição de cada membro, dando então, eventualmente, lugar ao pagamento de uma contribuição suplementar (*supplementary call*)[52].

---

[50] Sobre as *calls*, María Concepción Hill Prados, *Los Clubs de Protección e Indemnización en el Campo del Seguro Marítimo*, *cit.*, pp. 127 ss.; North of England P&I Association, *An Introduction to P&I Insurance and Loss Prevention*, *cit.*, pp. 22 ss.

[51] North of England P&I Association, *An Introduction to P&I Insurance and Loss Prevention*, *cit.*, pp. 22-23. Releva igualmente o IBNR (*incurred but not reported*) – valor de sinistros da anuidade em curso ainda não reportados ou já reportados mas cujo valor venha a exceder o já provisionado – *idem*, p. 23.

[52] North of England P&I Association, *An Introduction to P&I Insurance and Loss Prevention*, *cit.*, pp. 23-24. Procedimento diferente é adotado, por exemplo, pela *North of England P&I Association*. Aqui, a contribuição anual esperada (*mutual premium*) é paga na anuidade de referência em quatro prestações trimestrais. No caso de o navio deixar de estar seguro durante a anuidade de referência, será devido um *release premium*, correspondente a uma contribuição adicional destinada a cobrir encargos futuros relativos à mesma anuidade (passível de substituição por garantia bancária). Por outro lado, se a contribuição anual vier a revelar-se insuficiente, será devida uma contribuição adicional (*aditional call*). Por fim, se se verificar um sinistro extraordinário em valor não totalmente coberto por resseguro (*spill claim*) e o exercício em causa estiver encerrado, será devida uma contribuição extraordinária para fazer face ao excedente não ressegurado (*overspill call*) – *idem*, pp. 24-25 e 28.

Em suma, no *P&I insurance* o "segurado" (armador) não está obrigado ao pagamento antecipado de um prémio determinado *a priori*, liberatório e não reembolsável. Antes está obrigado ao pagamento de uma *call*, cujo valor total só é determinado *a posteriori*, podendo ser pago (pelo menos, em parte) postecipadamente, que só exonera o membro com o fecho do exercício (e o eventual pagamento de uma *call* suplementar); e que é reembolsável em caso de *superavit*.

IV – No vulgar contrato de seguro, o período contratual corresponde, em regra – e se outro prazo não for acordado – à anuidade. Esse período tem início na data definida na apólice e, na situação-regra dos contratos anuais, vigora por um período de 12 meses[53]. Não há, portanto, correspondência necessária entre a anuidade contratual e o ano civil.

O mesmo não se passa com o *P&I insurance*, em que o período contratual corresponde ao exercício anual do *Club*[54]. À semelhança do que sucedia nos *Hull Clubs*, o período contratual do *P&I insurance* inicia-se tradicionalmente em 20 de fevereiro de cada ano, vigorando por períodos anuais. Esta prática nasceu do facto de que muitos navios ficavam retidos no inverno, quando o Mar Báltico se encontrava gelado, considerando-se que o respetivo período de navegabilidade se iniciava em 20 de fevereiro, quando, em regra, tinha já ocorrido o degelo[55].

Em termos de gestão dos períodos contratuais, porém, em virtude de alguns sinistros ocorridos na anuidade poderem vir a ser participados posteriormente, ou de o custo de alguns sinistros só poder vir a ser totalmente determinado num momento futuro, cada anuidade contratual só é, em regra, encerrada dois ou três anos após o seu termo, de acordo com a avaliação anual efetuada pelos administradores do *Club*.

V – Relativamente à atividade seguradora desenvolvida por empresas de seguros sob a forma de sociedades anónimas, a relação entre as mesmas

---

[53] Por exemplo, no caso do regime Jurídico do Contrato de Seguro, aprovado pelo Decreto-Lei n.º 72/2008, de 16 de abril (Lei do Contrato de Seguro – doravante, LCS), estabelece o artigo 40.º que, na falta de estipulação das partes, o contrato de seguro vigora pelo período de um ano.

[54] Sobre a anuidade contratual, cfr. María Concepción Hill Prados, *Los Clubs de Protección e Indemnización en el Campo del Seguro Marítimo*, *cit.*, pp. 124 ss.; North of England P&I Association, *An Introduction to P&I Insurance and Loss Prevention*, *cit.*, p. 25.

[55] North of England P&I Association, *An Introduction to P&I Insurance and Loss Prevention*, *cit.*, pp. 10-11.

e os tomadores de seguros é, por natureza, marcada pela inconstância dos vínculos contratuais, o que é favorecido pelo facto de os contratos em causa constituírem seguros de massa e serem comercializados num contexto muito competitivo de forte concorrência.

Diversamente, no caso dos *P&I Clubs*, o reduzido número de operadores, a forma associativa, o controlo pelos membros e a gestão mutualista (com estabilidade das contribuições) favorecem a constância e a duração dos vínculos[56].

VI – O *P&I insurance* pressupõe a concomitante cobertura por um seguro *H&M*, cujas insuficiências visa complementar. Com efeito – e como vimos – os *P&I Clubs* surgiram precisamente para oferecerem aos armadores a cobertura de riscos de responsabilidade civil que os mesmos não obtinham dos seguradores tradicionais, que se atinham ao seguro de casco. É este propósito e esta lógica de complementaridade que estiveram historicamente na origem dos *Clubs* e que justificam o seu amplo sucesso[57].

Por outro lado, enquanto os seguradores tradicionais estão vocacionados apenas para a gestão de contratos de seguro, o âmbito dos serviços prestados pelos *P&I Clubs* ultrapassa esta vertente, estendendo-se à oferta de serviços vários, designadamente de prevenção de riscos e de formação[58].

VII – Outra característica relevante do *P&I insurance* é a margem de discricionariedade de que o mesmo se reveste[59]. Com efeito, quer o perfil mutualista dos *Clubs*, quer a natureza das garantias assumidas pelo *P&I insurance*, moldaram ao longo do tempo o caráter flexível deste, o qual, contrastando com a rigidez dos seguros comerciais, se revelou apto a dar resposta adequada às necessidades dinâmicas dos associados. Neste quadro, o *P&I insurance* denota um predomínio da substância sobre a forma e da equidade sobre o direito estrito. Também nesta medida, os administradores (*directors*) e gerentes (*managers*) dos *Clubs* estão investidos de poderes discricionários de decisão sobre os sinistros participados.

---

[56] North of England P&I Association, *An Introduction to P&I Insurance and Loss Prevention*, *cit.*, p. 18.

[57] Azevedo Matos, *Princípios de Direito Marítimo*, Vol. IV – Seguro Marítimo, Lisboa, Ática, s.d., pp. 208-209.

[58] C. W. H. Goldie, "Alarum and excursions: the changing scenes of P&I", *The International Journal of Insurance Law*, Part 1 (Jan. 2000), pp. 69-70.

[59] North of England P&I Association, *An Introduction to P&I Insurance and Loss Prevention*, *cit.*, pp. 176-177.

Esta discricionariedade transparece de dois princípios. Por um lado, o *princípio da generalidade* (*omnibus rule*), segundo o qual as *P&I Club's rules* acomodam a cobertura de um amplo leque de riscos e responsabilidades que não estão (nem necessitam de estar) necessariamente especificados e definidos. Trata-se de riscos incidentais de responsabilidade civil (*P&I*), inerentes à propriedade de um navio e não seguros de outro modo, cujo reconhecimento e aceitação casuística fica na discricionariedade dos administradores e gerentes.

Por outro lado, há a considerar o *princípio da tolerância* (*forbearance rule*), o qual amplia os poderes discricionários que decorrem do *princípio da generalidade*. Nos termos do princípio da tolerância, os administradores ou gerentes podem dar sem efeito exceções contratuais, causas de cessação ou outros meios de defesa que pudessem opor aos membros, designadamente os que resultassem do incumprimento, por estes, das regras do *Club*. Este princípio permite aos administradores e gerentes, por exemplo, a reposição em vigor (mesmo retroativamente) de contratos que houvessem cessado.

VIII – Relativamente à gestão de sinistros, e como acabamos de referir, enquanto os seguradores comerciais se baseiam no rígido contorno das condições contratuais – recorte positivo (definição das coberturas) e negativo (exclusões de cobertura) – no caso dos *P&I Clubs* a gestão de sinistros é mais flexível, designadamente graças à mencionada margem de discricionariedade deixada aos *administradores* e *gerentes*[60].

Os contratos celebrados por *P&I Clubs* britânicos estão, em regra, sujeitos à *Marine Insurance Act* de 1906. Ora, dispõe a Secção 1 desta lei que «a contract of marine insurance is a contract whereby *the insurer undertakes to indemnify the assured*, in manner and to the extent thereby agreed, against marine losses, that is to say, the losses incident to marine adventure»[61]. Assim, a lei apenas prevê a indemnização *do segurado*, faltando, portanto, em caso de responsabilidade civil, legitimidade ao terceiro lesado para reclamar diretamente uma indemnização ao segurador (ação direta). O mesmo princípio encontra, por outro lado, expressão nas *Clubs' rules* e está consolidado entre a jurisprudência inglesa[62]. Logo, no caso do *P&I insurance*, o membro do *Club* deve indemnizar o terceiro lesado e só

---

[60] Sobre a gestão de sinistros, C. W. H. Goldie, "Alarum and excursions: the changing scenes of P&I", *cit.*, pp. 68-69.

[61] Itálico nosso.

[62] Mário Raposo, "Os P&I Clubs e a ação direta", *cit.*, p. 33.

depois, em função do que haja pago, é ressarcido pelo *Club*. Deste modo, em caso de litígio, a ação do terceiro deve correr contra o membro, e não contra o *Club*[63]: é o que se designa por *pay to be paid rule* ou por *pay first rule*[64]. Isto não obsta a que os membros beneficiem de apoio jurídico dos *Clubs* na defesa judicial da sua posição.

Em virtude da inexistência de ação direta e dada a grandeza da eventual responsabilidade do armador, este, quando é demandado pelo terceiro lesado e vê arrestados os seus bens (o navio, por exemplo), requer, em regra, uma garantia emitida pelo *P&I Club*. Perante esta solicitação, os gerentes do *Club* analisam o caso e decidem sobre a respetiva emissão. Estas cartas de garantia são conhecidas como cartas de entendimento (*Club letters of understanding* – CLU). Constituem uma mera garantia e não implicam uma assunção de responsabilidade pelo sinistro por parte do *Club*.

Regularizado o sinistro, o *Club* fica sub-rogado nos direitos do membro que haja ressarcido, na medida dos créditos (provenientes de direito de regresso) que este tenha relativamente a um terceiro que haja dado causa ao sinistro[65].

IX – Relativamente às várias formas de partilha de riscos entre *Clubs*, numa lógica mutualista, importa referir, desde logo, que, como forma de mitigar os riscos de concentração de sinistros, existe um mecanismo de mutualização entre *Clubs* britânicos, agrupados em torno do *London Group Pool*. Este funciona como um ressegurador em excedente: os sinistros que ultrapassarem um dado valor são repartidos proporcionalmente pelos membros dos *Clubs* pertencentes ao grupo. Por seu turno, este contrata também no mercado internacional um resseguro em excedente relativamente a riscos catastróficos.

O *International Group* constitui uma outra solução de partilha e mitigação do risco. Desta vez, trata-se de uma associação de *P&I Cubs* que acolhe uma forma de co-seguro entre associados e de resseguro para os sinistros mais graves. O *International Group of P&I Clubs* agrupa 13 *Clubs*, representando cerca de 90% da tonelagem de alto mar. O *International Group* é também um fórum de representação dos *P&I Clubs* em convenções e

---

63 North of England P&I Association, *An Introduction to P&I Insurance and Loss Prevention*, *cit.*, pp. 41-42.

64 Não obstante, pode o *Club*, discricionariamente, efetuar o pagamento diretamente ao terceiro lesado – Daniele Casciano, *L'Assicurazione P. & I.*, *cit.*, p. 156.

65 Daniele Casciano, *L'Assicurazione P. & I.*, *cit.*, pp. 160 ss.

instâncias internacionais, tendo em vista, designadamente, a definição de regras comuns. Para além disso, o *International Group* é uma organização que promove a cooperação e troca de informação entre *Clubs* associados.

Ao nível do *International Group*, está convencionada uma prática de resseguro de base mutualista, mediante recurso a um acordo de partilha de sinistros: o *Pooling Agreement*. Neste quadro, o *P&I Club* que garantia o risco suporta os primeiros 9 milhões USD relativamente a cada sinistro (*retenção*). Por seu turno, a parte que exceder os 9 milhões USD é repartida entre os *Clubs* nos termos do *Pooling Agreement*. Esta prática é ainda apoiada por um sistema abrangente de resseguro comercial da iniciativa dos *Clubs*[66].

IV.2. Riscos garantidos por *P&I insurance*

Como vimos, o *P&I insurance* garante o património do proprietário do navio contra o risco de responsabilidade civil pelos danos causados a terceiros. Neste quadro, são contemplados riscos de vária ordem, que cumpre analisar. Seguiremos, para o efeito, uma organização sistemática que atende ao objeto do risco, consoante este incida sobre pessoas, mercadorias, navios ou outros bens[67].

IV.2.1. Riscos relativos a pessoas

I – O risco de responsabilidade civil por morte, acidente ou doença (*death, injury and illness*) pode decorrer da lei, de fonte contratual especí-

[66] Sobre o resseguro no quadro da atividade dos *P&I Clubs*, cfr. Daniele Casciano, *L'Assicurazione P. & I.*, *cit.*, pp. 171 ss.; María Concepción Hill Prados, *Los Clubs de Protección e Indemnización en el Campo del Seguro Marítimo*, *cit.*, pp. 207 ss.; North of England P&I Association, *An Introduction to P&I Insurance and Loss Prevention*, *cit.*, pp. 27 ss.

[67] Esta sistemática é adotada em North of England P&I Association, *An Introduction to P&I Insurance and Loss Prevention*, *cit.*, pp. 47 ss. Cfr., noutra perspetiva, Daniele Casciano, *L'Assicurazione P. & I.*, *cit.*, pp. 73 ss.; René Rodière, *Traité Général de Droit Maritime*, *cit.*, pp. 430 ss.; Skuld, *An Introduction to P&I Insurance for Mariners*, 3ª Ed., Oslo, Skuld, 2009, pp. 20 ss.; Michael Summerskill, *Oil Rigs: Law and Insurance (Some Aspects of Mobile Drilling Units)*, London, Stevens & Sons, 1979, pp. 208 ss. Sinteticamente, Azevedo Matos, *Princípios de Direito Marítimo*, *cit.*, pp. 337-338.

fica ou das regras gerais da responsabilidade civil. No que concerne às fontes legais, a responsabilidade civil do armador relativamente a danos incorridos por pessoas depende, em grande parte, de obrigações resultantes do Direito da União Europeia (doravante, UE)[68], do Direito nacional aplicável ou decorrentes de convenções internacionais. Entre estas, cumpre salientar as da Organização Marítima Internacional (doravante OMI) e as da Organização Internacional do Trabalho (doravante, OIT), agências da ONU, bem como a Convenção das Nações Unidas sobre o Direito do Mar (CNUDM, ou, no acrónimo inglês, UNCLOS). Aí são, nalguns casos, estabelecidos limites de indemnização.

II – Neste quadro regulador, o *P&I insurance* garante, relativamente à tripulação, as despesas de hospitalização, médicas ou de funeral, legal ou convencionalmente determinadas, em consequência de morte, lesão corporal ou doença, bem como as despesas de repatriamento de membro da equipagem (exceto se posteriores à cessação do contrato de trabalho ou à venda do navio), incluindo o pagamento do salário correspondente ao período de baixa. Estão também cobertos os custos da necessária contratação e deslocação de um substituto de membro da equipagem doente, acidentado ou falecido.

III – Relativamente a supranumerários a bordo (pessoas transportadas gratuitamente e sem contrato de trabalho ou de transporte de passageiros), como, por exemplo, familiares da tripulação, estão cobertos riscos análogos aos incidentes sobre a tripulação (com exceção de compensações salariais), mas apenas em caso de responsabilidade civil com culpa por parte do armador.

IV – No que respeita a passageiros transportados, a responsabilidade do armador deve resultar do contrato de transporte, sem prejuízo do regime (limites de indemnização) em caso de morte, lesão corporal ou doença definidos na Convenção de Atenas Relativa ao Transporte de Passageiros e Suas Bagagens por Via Marítima (2002). Ocorrendo uma avaria ou acidente com o navio, está igualmente coberta a responsabilidade do armador relativamente a despesas incorridas pelos passageiros, a sua acomodação em terra e o seu repatriamento. Estão também cobertas despesas médicas, indemnização por danos não patrimoniais, perda de rendimentos, reembolso do custo da via-

[68] Cfr. Januário da Costa Gomes, "O regime europeu do transporte marítimo de passageiros. Entre o regulamento 'marítimo' da responsabilidade do transportador e o regulamento 'consumerista' dos direitos dos passageiros", *in* Januário da Costa Gomes (Coord.), *Temas de Direito dos Transportes*, Vol. III, Coimbra, Almedina, 2015, pp. 7-61.

gem e férias. Finalmente, está ainda garantida a indemnização por danos na bagagem, quer a bordo, quer por ocasião do embarque e desembarque.

V – Quanto a terceiros, a responsabilidade por culpa do dono do navio está coberta em caso de morte, acidente ou doença, incluindo despesas de funeral ou hospitalização, devidas pelo armador, relativamente a pessoas a bordo do navio, que nele embarcassem ou desembarcassem (estivadores, pilotos, etc.). Estão abrangidas outras pessoas na proximidade do navio, em terra, no mar ou noutras embarcações (neste caso, quer membros da equipagem, quer pessoas transportadas).

VI – No que concerne a pessoas em perigo no mar e passageiros clandestinos, o *P&I insurance* cobre, em regra: as despesas incorridas pelo armador desde a descoberta do passageiro clandestino até ao seu repatriamento (incluindo, designadamente, o alojamento em terra, alimentação e vestuário); as despesas incorridas com o salvamento de náufragos ou pessoas em perigo (abrangendo-se a sua manutenção a bordo e o desvio de rota); as despesas incorridas por um terceiro para salvamento de um membro da tripulação do navio coberto; os custos de quarentena e desinfeção em caso de doença infecciosa a bordo do navio coberto; e custos com contraordenações relativas a infrações a leis de imigração.

VII – Quanto ao desvio de rota, seja ele temporal ou geográfico (para desembarcar pessoas feridas ou doentes, passageiros clandestinos ou refugiados), o mesmo pode implicar um incumprimento de um contrato de transporte. Neste contexto, o contrato garante os custos de um desvio de rota justificado, incluindo o combustível, salários, provisões, despesas portuárias, etc.

IV.2.2. Riscos relativos a mercadorias

I – Os danos nas mercadorias transportadas estão cobertos numa dupla perspetiva. Por um lado, o dono das mercadorias estará coberto por um contrato de seguro de danos próprios de mercadorias transportadas[69]. Por outro, a eventual responsabilidade civil do transportador (dono do navio) estará coberta pelo *P&I insurance*.

---

[69] Sobre esta modalidade de seguro, cfr. José Alves de Brito, *Seguro Marítimo de Mercadorias, cit.*

Em caso de danos nas (ou perda das) mercadorias, o dono do navio não será responsável se não houver culpa da sua parte ou se alguma norma o exonerar dessa responsabilidade. Neste caso, o dono das mercadorias reclamará a indemnização do seu segurador. Se, porém, o armador for responsável e o proprietário da mercadoria não reclamar primeiro a indemnização daquele, fazendo-o diretamente ao seu segurador, este, depois de indemnizar o seu segurado, exercerá o direito de sub-rogação contra o dono do navio (que será subsequentemente reembolsado pelo seu *P&I Club*). Assim, e em suma, os *P&I Clubs* só são envolvidos nesta matéria quando haja responsabilidade do armador pelo perecimento das mercadorias.

II – O transporte internacional de carga por via marítima tem por base um contrato de transporte ou de fretamento entre o dono das mercadorias e o armador[70]. Para além dos termos do contrato de transporte, a responsabilidade civil do armador pelo transporte de mercadorias é regulada pelo Direito interno de cada Estado, bem como por convenções internacionais, entre as quais: a Convenção de Bruxelas de 25 de agosto de 1924 – Convenção Internacional para a Unificação de Certas Normas Jurídicas Relacionadas com o Conhecimento de Embarque (*Regras da Haia*) – que traça um nível mínimo de responsabilidade do transportador que recorra a um conhecimento de embarque; as *Regras da Haia-Visby*, protocolo de 1968 que reviu as *Regras da Haia*; ou as *Regras de Hamburgo*, convenção de 1978 no âmbito da OMI. As *Regras de Roterdão* (Convenção das Nações Unidas sobre o Transporte Internacional de Mercadorias Total ou Parcialmente por Mar, de 2008), visam, entretanto, substituir as Convenções anteriores[71].

III – Neste contexto, o *P&I insurance* cobre os danos imputáveis ao armador em caso de perda ou avaria de mercadorias por falta de condições de navegabilidade ou de cuidado, quer a falta seja do próprio armador, quer da tripulação, estivadores ou piloto.

---

[70] Sobre este contrato, cfr. Hugo Ramos Alves, "Em torno do contrato de transporte marítimo de mercadorias", *in* Januário da Costa Gomes (Coord.), *Temas de Direito dos Transportes*, Vol. III, *cit.*, pp. 317-374.

[71] Sobre a evolução da regulação do transporte marítimo de mercadorias, cfr. Mário Raposo, "Transporte marítimo de mercadorias: Hoje e amanhã", *Revista da Ordem dos Advogados*, A. 73, Vol. 2-3 (abr.-set. 2013), pp. 525-565. Sobre as *Regras de Roterdão*, cfr. Sónia Isabel Caetano, "A responsabilidade do transportador nas regras de Roterdão", *in* Januário da Costa Gomes (Coord.), *Temas de Direito dos Transportes*, Vol. III, *cit.*, pp. 491-570.

O contrato cobre também custos adicionais relativos à descarga ou tratamento de carga danificada (por exemplo, se uma parte da carga ficar danificada e houver risco de contaminação à restante carga, haverá um custo na separação entre a parte danificada e a parte não afetada) na medida em que a responsabilidade seja do armador e este não possa recuperar esse custo de um terceiro.

IV – A cobertura estende-se ao transporte combinado (envolvendo vários meios de transporte) ou transbordo (de um navio para outro) quando, nos termos do *conhecimento de embarque*, o navio de transporte marítimo fique responsável pelas várias fases do transporte. O contrato garante igualmente as operações incluídas em acordos de consórcio, isto é, a responsabilidade do armador, membro do *P&I Club*, que emita um *conhecimento de embarque*, nos casos em que a mercadoria seja efetivamente transportada por outro navio do mesmo consórcio (desta feita, de um armador não pertencente ao *P&I Club*). Em qualquer dos casos assinalados, a cobertura depende do acordo prévio dos gerentes do *Club* e do pagamento de um sobreprémio.

V – Quanto às limitações e exclusões de cobertura, há a considerar, designadamente: as exceções previstas nas *regras* aplicáveis; o desvio de rota desrazoável ou injustificado (isto é, não motivado pelo salvamento de vidas ou bens) ou que não tenha sido previamente comunicado e aceite pelo *P&I Club*; a mercadoria transportada no convés mediante risco assumido pelo seu proprietário (nos termos do conhecimento de embarque), exceto negligência do armador; a mudança de destino, ainda que a pedido do dono da mercadoria (por exemplo, endossatário do conhecimento de embarque); a chegada tardia ao porto de embarque ou o não embarque das mercadorias; a entrega das mercadorias, no porto de destino, sem apresentação do conhecimento de embarque pelo titular da carga; a emissão de um conhecimento de embarque pré-datado ou pós-datado ou com inexatidões; a carga rara ou valiosa (metais preciosos, por exemplo), exceto se transportada em condições de segurança satisfatórias; as mercadorias pertencentes ao armador, habitualmente seguras em separado; ou as mercadorias transacionadas sem documentação (*e-commerce*).

IV.2.3. Riscos relativos ao navio

I – O armador está sujeito a responsabilidade civil resultante da manobra do próprio navio, aqui se incluindo os danos resultantes de abalroamento, avaria grossa e salvação, outros danos a bens de terceiros, a poluição e a remoção de destroços.

II – Relativamente ao abalroamento, há que apurar a proporção (em percentagem) da culpa em que cada navio contribui para a colisão. A repartição da responsabilidade (*cross liability*) traduz-se no produto da percentagem de culpa em que cada navio concorreu para a colisão pelo valor dos danos causados no outro navio (responsabilidade do navio A = % culpa do navio A x valor dos danos sofridos pelo navio B). Havendo culpa de dois navios, calcula-se o valor da responsabilidade de cada um e faz-se a compensação parcial, só um deles suportando a indemnização ao outro. Há ainda várias convenções internacionais que definem limitações quanto aos valores indemnizatórios, designadamente por morte ou por danos causados em coisas.

É relativamente ao abalroamento que se revela mais notória a complementaridade entre o *P&I insurance* e o seguro de casco (*H&M insurance*)[72], já que a cobertura é assegurada por ambos. Assim, quanto ao seguro *H&M*, o mesmo cobre, em regra, *os danos no próprio navio*, incluindo o salvamento deste (danos próprios) e a avaria grossa. Relativamente à responsabilidade civil, cobre ainda: ¾ dos danos no outro navio; ¾ dos danos em bens (da tripulação e passageiros) e mercadorias do outro navio; ¾ dos danos resultantes da retenção (para reparações) do outro navio; ¾ dos danos relativos a avaria grossa; e ¾ dos custos de salvamento do outro navio. Não há, portanto, no seguro de casco, cobertura, quer quanto ao próprio navio, quer quanto ao outro envolvido na colisão: da perda de vidas e lesões corporais; da poluição; e da remoção de destroços[73].

Quanto ao *P&I insurance*, o mesmo cobre, relativamente aos danos causados no outro navio, a proporção da responsabilidade (em regra, ¼) não garantida pelo *H&M*, a saber: os danos no casco e máquinas; os danos em bens e mercadorias; os danos resultantes da retenção do outro navio; os danos de avaria grossa; e os custos de salvamento.

---

[72] O seguro marítimo garante tradicionalmente o proprietário do navio contra os danos que afetem a respetiva estrutura, ou seja, o casco e as máquinas (*hull and machinery – H&M*), cobrindo a perda total ou os danos parciais: no próprio navio; no equipamento a bordo (incluindo os motores de propulsão e maquinaria auxiliar); no equipamento de manuseio da carga e de navegação. O seguro *H&M* é, em regra, explorado por seguradores comerciais, embora, pontualmente, algumas mútuas o explorem também.

[73] Nos EUA, Alemanha e Noruega, o *H&M insurance* cobre 4/4 dos danos causados ao outro navio. Cfr. North of England P&I Association, *An Introduction to P&I Insurance and Loss Prevention*, *cit.*, p. 131.

Há, além disso, cobertura de 4/4 da responsabilidade por danos em: (*i*) bens que não se encontrem em navios (portuários, plataformas flutuantes, boias de sinalização; etc.), havendo cobertura, quer dos danos diretamente causados pelo navio seguro, quer dos causados pela outra embarcação, mas, neste caso, só na medida em que a responsabilidade seja do navio seguro; (*ii*) carga transportada no próprio navio (na parte não imputável ao outro navio), na medida em que essa responsabilidade não seja excluída; (*iii*) quota-parte da responsabilidade do armador por colisão que provoque a morte ou lesão corporal da tripulação, passageiros transportados ou outras pessoas a bordo, quer do próprio navio seguro, quer do outro navio envolvido na colisão; (*iv*) danos resultantes da poluição por hidrocarbonetos pela qual o navio seguro seja responsável (quer respeite a este navio ou ao outro), embora haja limites da responsabilidade assumida pelo *P&I Club*; e (*v*) remoção de destroços (legalmente obrigatória, designadamente, em caso de afundamento).

O *P&I insurance* pode ainda cobrir: o excesso de responsabilidade (*excess liability*), nos casos em que o seguro *H&M* seja insuficiente (subseguro); os custos legais (despesas com advogados e peritos, na proporção da cobertura por colisão, isto é, ¼).

Por fim, ocorrendo a colisão de dois navios do mesmo armador, o caso é tratado – para efeitos de *H&M* e de *P&I insurance* – como se fossem dois navios de armadores diferentes.

III – Quanto à avaria grossa, está em causa a repartição, entre as partes que tenham um interesse comum na viagem marítima (em regra, o dono do navio e o dono da carga), de despesas ou danos que afetem conjuntamente a embarcação e as mercadorias[74]. Neste quadro, as partes com interesse no empreendimento marítimo devem compensar a parte que sofreu o sacrifício ou despesa, na proporção do valor dos seus bens envolvidos no empreendimento marítimo.

Por seu turno, relativamente à salvação, está em causa o pagamento pelo serviço voluntário que consiste em salvar, da destruição ou de um dano, um navio em perigo, a sua carga ou outros bens a bordo. A remuneração da pessoa ou navio salvadores é calculada em função do valor dos bens salvos,

[74] Assim, ocorre avaria grossa quando há um sacrifício extraordinário (isto é, decorrente de perigo) de bens ou contração de despesas intencional e razoavelmente feitos para a salvação comum (isto é, afetando várias partes – por exemplo, armador e dono da carga – de um empreendimento marítimo comum), tendo em vista a preservação do perigo relativamente a bens envolvidos em tal empreendimento. Cfr., no caso do Direito português, os artigos 634.º ss. do CCom.

bem como do perigo envolvido na operação, e, em caso de avaria grossa, a remuneração é suportada pelas partes (armador e dono da carga) na proporção do valor dos bens de cada uma envolvidos no empreendimento.

Como referimos a propósito do abalroamento, os danos relacionados com avaria grossa ou salvação do *outro navio* são cobertos pelo *P&I insurance* na proporção de ¼. Por seu turno, relativamente aos custos decorrentes de avaria grossa ou salvação do *próprio navio*, os mesmos são suportados pelo seguro *H&M*, só o sendo pelo *P&I* na medida em que: (*i*) haja subseguro do navio (e que, aplicando-se a regra proporcional, o seguro *H&M* não responda pela totalidade do dano); ou (*ii*) o dono da carga se exonere da sua obrigação de contribuir para o dano, invocando incumprimento do contrato de transporte (normalmente, invocando a falta de condições de navegabilidade do navio, que o armador terá de demonstrar mediante inspeção – *due dilligence* – feita ao navio antes da partida).

IV – Há ainda que considerar outros riscos relativos a danos causados em bens, que não causados em navios no decurso de colisão. Assim, relativamente a *danos sem colisão* causados em outro navio (*non-contact damage*) – por exemplo, danos em navios atracados por efeito da ondulação criada pela deslocação do navio seguro; ou se, para evitar a colisão, um outro navio embate numa boia de sinalização e a afunda, sendo a culpa do navio seguro – os mesmos estão cobertos pelo *P&I insurance* na medida da responsabilidade do navio seguro, mas não o estão por seguro *H&M*. A cobertura abrange danos emergentes e lucros cessantes, danos na carga do outro navio, remoção de destroços, danos em outros bens, poluição, perda de vidas ou danos corporais.

Encontram-se igualmente seguros os danos causados em objetos fixos ou flutuantes (que não navios), tais como ancoradouros, guindastes, ou outras instalações portuárias. A responsabilidade por estes danos é normalmente regulada pela lei local, e pode incidir sobre danos diretos ou indiretos. Relativamente aos danos causados em objetos fixos ou flutuantes responde prioritariamente o seguro *H&M*, na medida em que os danos estejam aí cobertos, só intervindo o *P&I* na falta de cobertura ou na medida em que esta não cubra todos os danos.

V – Adicionalmente, há que tomar em conta o risco de remoção de destroços, que não está contemplado no seguro *H&M*. Com efeito, este apenas cobre a perda total (real ou estimada), caso em que o navio pode ser abandonado. Porém, nesta eventualidade, permanece o armador responsável – na medida em que a lei lhe imponha esse dever – pela remoção, pela destruição ou pelo balizamento dos destroços, de modo a evitar danos ao ambiente ou perigo para a navegação. Nesta medida, o *P&I insurance* cobre os custos necessários à destruição, recuperação, desencalhamento ou balizamento de um navio encalhado ou naufragado, desde que essas operações sejam obrigatórias por lei ou contrato.

O *P&I Club* é posteriormente compensado pela venda do salvado. Sendo o valor da venda do salvado superior ao valor suportado pelo seguro *P&I*, o remanescente pertencerá ao segurador *H&M* até ao montante que haja pago ao armador.

VI – A poluição por derramamento de petróleo, designadamente por grandes petroleiros, tem assumido grande visibilidade na opinião pública, a qual resulta de desastres ecológicos como, por exemplo, os do *Torrey Canyon* (em 1967); do *Amoco Cadiz* (em 1978); ou do *Exxon Valdez* (em 1989).

A matéria é regulada por convenções internacionais, como por exemplo: a Convenção Internacional Sobre a Poluição Marítima – MARPOL, de 1973, da OMI, a que se seguiu o Protocolo MARPOL, de 1978 (conjuntamente conhecidas como MARPOL 73/78); a *Ballast Water Convention* (Convenção da Água de Lastro), também da OMI, de 2004; a Convenção Internacional sobre a Responsabilidade Civil pelos Prejuízos Devidos à Poluição por Hidrocarbonetos, de 1969 (CLC 1969), a que se seguiu um Protocolo de 1992 (CLC 1992)[75]. Estas duas últimas convenções estabelecem precisamente o quadro da responsabilidade civil pelo risco por danos respeitantes à poluição por hidrocarbonetos relativamente a petroleiros, definindo limites de indemnização.

Adicionalmente, foram criados alguns fundos internacionais, com contribuições de importadores de petróleo e transportadores, destinados a cobrir o excedente dos limites indemnizatórios.

A cobertura do risco de responsabilidade civil relativa à poluição por hidrocarbonetos, garantida por *P&I Clubs*, é atestada por um Cartão Azul, emitido pelo *Club*, permitindo ao armador obter um certificado CLC do Estado de bandeira.

A poluição por outras substâncias está também regulada por convenções internacionais, como, por exemplo, a Convenção Internacional de 1996

[75] Releva igualmente o Código Internacional de Gestão para a Segurança da Exploração dos Navios e para a Prevenção da Poluição (Código ISM), aprovado pela Resolução A.741(18) da Assembleia da OMI, de 4 de novembro de 1993. Cfr. Luísa Silva Maneiras, "Ondas de mudança: o novo código ISM – Seu impacto no seguro marítimo", *Revista do ISP*, Ano 2, n.º 8-9 (dez. 1998 a mar. 1999), pp. 20-27.

sobre a Responsabilidade e a Indemnização por Danos Ligados ao Transporte por Mar de Substâncias Nocivas e Potencialmente Perigosas (1996 HNS), que adota medidas semelhantes à CLC (designadamente, a responsabilidade pelo risco do armador e o seguro obrigatório).

Relativamente à cobertura proporcionada pelo *P&I insurance* por incidentes de poluição e operações de limpeza, a mesma estende-se aos danos que tenham afetado bens de terceiros, designadamente: lucros cessantes decorrentes dos danos causados ao ambiente marinho (pesca, aquacultura, atividades recreativas, etc.); operações de limpeza; custos de prevenção e minimização dos efeitos do acidente; compensações por salvamento, quando legalmente devidas a terceiro que tenha intervindo na mitigação dos danos; e multas decorrentes do acidente poluente.

IV.2.4. Outros riscos e exclusões

I – Os seguros *P&I* cobrem ainda outras garantias[76], de que cumpre destacar, desde logo, as multas aplicadas por qualquer jurisdição, desde que aceites pelos gerentes do *Club* e associadas a responsabilidade sem culpa (risco) ou com culpa leve, mas não as associadas a crimes ou que envolvam negligência grave ou dolo do armador.

II – O *P&I insurance* cobre normalmente os custos associados à investigação e defesa contra a reclamação de um sinistro no âmbito dos riscos garantidos (advogados, peritos, consultores, etc.). Sem prejuízo dessa cobertura ordinária, outro risco passível de cobertura autónoma é o de frete, sobrestada e defesa (*freight, demurrage and defense – FD&D*). Neste quadro, fica garantida a proteção jurídica e custas judiciais, relativas à defesa dos aderentes e dos seus interesses em caso de ação judicial intentada por eles ou contra eles relativamente a navios seguros, que não se encontrem cobertas no âmbito de outros contratos (designadamente, *H&M* ou *P&I*). Estão, assim, designadamente, cobertos os custos com advogados, árbitros ou peritos[77].

[76] Cfr. Daniele Casciano, *L'Assicurazione P. & I.*, *cit.*, pp. 127 ss.; North of England P&I Association, *An Introduction to P&I Insurance and Loss Prevention*, *cit.*, pp. 171 ss.

[77] A aceitação do sinistro é discricionária, dependendo da apreciação sobre se uma entidade prudente sem seguro (*prudent uninsured*) instauraria a ação judicial em causa ou contestaria a mesma. Este risco surge, por vezes, de tal forma autonomizado que dá origem a *Clubs* específicos para este efeito, não obstante poder ser coberto por *P&I Clubs*.

III – Em contrapartida, a cobertura do *P&I insurance* está excluída em vários casos, designadamente[78]: (*i*) quando o *P&I Club* considerar que o risco deveria estar coberto por outro tipo de seguro que o dono do navio deveria ter subscrito (por exemplo, seguro contra riscos de guerra); (*ii*) quando se verificar a pluralidade de seguros sobre os mesmos riscos; (*iii*) relativamente aos danos decorrentes de operações perigosas ou imprudentes, ou, mormente, de ato intencional do dono do navio (mesmo em caso de dolo eventual); (*iv*) quando o *P&I Club* considerar que o dono do navio não tomou as medidas necessárias para proteger a mutualidade, designadamente, a inserção de cláusulas de exoneração de responsabilidade nos contratos de transporte de passageiros; (*v*) a responsabilidade contratual do dono do navio; (*vi*) os atos fraudulentos do armador, designadamente, a não entrega fraudulenta de mercadorias (sobretudo quando estas não requeiram um conhecimento de embarque)[79]; (*vii*) a responsabilidade criminal, exceto em caso de danos ambientais negligentes; (*viii*) e os danos decorrentes de materiais radioativos.

V. ***P&I Insurance* em Portugal**

V.1. Da Diretiva 2009/20/CE ao Decreto-Lei 50/2012

V.1.1. Ponto de ordem

I – Conforme começámos por sublinhar, a emergência dos *P&I Clubs* – como solução mutualista para a cobertura do risco de responsabilidade civil decorrente de empreendimentos marítimos – está indissociavelmente ligada a circunstâncias e constrangimentos históricos específicos do Reino Unido. Por essa razão, e também pelo facto de a maioria dos *P&I Clubs* em atividade ser daí oriunda, o modelo de referência, quer quanto à

[78] Cfr. Daniele Casciano, *L'Assicurazione P. & I.*, *cit.*, pp. 116 ss.; North of England P&I Association, *An Introduction to P&I Insurance and Loss Prevention*, *cit.*, pp. 173 ss.; Michael Summerskill, *Oil Rigs: Law and Insurance (Some Aspects of Mobile Drilling Units)*, *cit.*, pp. 221-222.

[79] Esta perspetiva está consagrada em jurisprudência inglesa, assente no caso *Sze Hai Tong Bank v. Rambler Cycle Co.* [1959] UKPC 14; [1959] AC 576; [1959] 2 Lloyd's Rep. 114 (PC).

vertente estrutural, quer relativamente à funcional, permanece o dos *P&I Clubs* britânicos. A este modelo paradigmático se reporta a generalidade da bibliografia sobre o tema.

Sem prejuízo do que acabamos de afirmar, existem *P&I Clubs* com sede em outros países, designadamente nos Estados Unidos da América, nos países escandinavos, na Alemanha e no Japão. Porém, adiantemos desde já, não há *P&I Clubs* com sede em Portugal.

As razões são de vária ordem, com um predomínio dos motivos de cariz económico. Com efeito, a ordem de grandeza das potenciais indemnizações (por exemplo, por abalroamento ou derramamento de combustíveis) levou a que mesmo o seguro comercial tradicional recuasse perante a assunção de tais riscos. Neste quadro, a cobertura de riscos de *P&I insurance*, nos termos em que é feita nos *Clubs* britânicos, requer uma mutualidade de armadores com uma dimensão e fôlego económicos que estão muito para além das possibilidades nacionais.

II – Ainda assim, e com as ressalvas que adiante aduziremos, não existe constrangimento legal a que as coberturas *P&I* sejam asseguradas, em Portugal, por contrato de seguro, quer através de mútuas de seguros, quer por sociedades anónimas de seguros, devidamente autorizadas para o efeito.

Na verdade, a nomenclatura dos ramos de seguros "Não Vida" referenciada no artigo 8.º do Regime Jurídico de Acesso e Exercício da Atividade Seguradora e Resseguradora (doravante, RJASR), aprovado pelo Decreto-Lei n.º 147/2015, de 9 de setembro, contempla os ramos de que se compõe o seguro marítimo: (*f*) *Embarcações marítimas, lacustres e fluviais*, que abrange os danos sofridos por toda e qualquer espécie de embarcação marítima, lacustre ou fluvial; (*g*) *Mercadorias transportadas*, que abrange os danos sofridos por mercadorias, bagagens ou outros bens, qualquer que seja o meio de transporte utilizado; e (*l*) *Responsabilidade civil de embarcações marítimas, lacustres e fluviais*, que abrange a responsabilidade resultante da utilização de embarcações marítimas, lacustres e fluviais, incluindo a responsabilidade do transportador.

Porém, não obstante a possibilidade de exploração do ramo *Responsabilidade civil de embarcações marítimas, lacustres e fluviais* – que, no essencial, corresponde às coberturas de *P&I insurance* – por sociedades anónimas de seguros (os seguradores comerciais tradicionais), a verdade é que estes se mantêm avessos à cobertura desses riscos, que permanecem tendencialmente na exclusividade de *P&I Clubs*.

Em suma, os armadores portugueses que pretendam a cobertura de riscos de *P&I insurance* estão obrigados a contratá-la junto de *P&I Clubs* com sede noutros países, já que não existem *Clubs* com sede no nosso país e as empresas de seguros constituídas sob a forma de sociedade anónima não exploram o ramo em causa.

V.1.2. A Diretiva

I – A Diretiva 2009/20/CE, já citada, relativa ao seguro dos proprietários de navios em matéria de créditos marítimos, estabelece, para os navios com arqueação bruta igual ou superior a 300, a obrigatoriedade de subscrição de coberturas do tipo *P&I insurance.*

Neste quadro, e em síntese, determina-se que os Estados-Membros devem exigir a subscrição de tais coberturas por armadores: (*i*) que arvorem a bandeira do Estado-Membro; (*ii*) que entrem nos portos sob a jurisdição do Estado-Membro; ou (*iii*) que transitem pelas águas territoriais do Estado-Membro.

Por outro lado, a subscrição das referidas coberturas deve ser assegurada mediante certificado que se encontre a bordo do navio, cabendo ao Estado-Membro a respetiva inspeção e, em caso de falta, a interdição do acesso a portos ou a expulsão dos mesmos.

Por fim, a Diretiva prevê a respetiva transposição para a ordem interna dos Estados-Membros até 1 de janeiro de 2012.

II – Antes de prosseguirmos, importa sublinhar – tomando como referência o texto da Diretiva na língua inglesa – o fraco e equívoco trabalho de tradução que esteve na base da versão portuguesa. E três exemplos bastarão para ilustrar o que dizemos.

A Diretiva assume por objeto o «seguro dos proprietários de navios em matéria de créditos marítimos», enquanto a versão inglesa se refere a «*insurance of shipowners for maritime claims*». Ora, no contexto do contrato de seguro o significante *claims* reporta-se a *sinistros* (no caso, portanto, *sinistros marítimos*). Estando em causa, fundamentalmente, coberturas de responsabilidade civil, o significante *claims* poderia também designar *pretensões indemnizatórias*. No contexto do *P&I insurance*, qualquer das traduções se revelaria adequada, como o seria igualmente a referência a "seguro em matéria de responsabilidade civil de embarcações marítimas", para replicar a designação que resulta da alínea l) do artigo 8.º do RJASR. Já a expressão acolhida (créditos marítimos) afigura-se ambígua, parecendo reportar-se a (ou, pelo menos, abranger) direitos de crédito de fonte contratual[80].

A definição de *seguro*, na alínea b) do artigo 3.º da Diretiva, refere: «o seguro com ou sem franquia, que inclui, por exemplo, um *seguro de indemnização* do tipo geralmente fornecido pelos membros do Grupo Internacional de Clubes de P&I, e outras formas eficazes de seguro (incluindo o *seguro próprio comprovado*) e de garantia financeira que oferecem condições de cobertura similares» (itálico nosso). No primeiro caso («seguro de indemnização»), encontramos na versão inglesa a expressão «*indemnity insurance*», que, como vimos, se reporta à cobertura de responsabilidade civil por mercadorias transportadas. Atendendo ao escopo traçado nos considerandos da Diretiva, melhor teria sido que esta aludisse aos *seguros de responsabilidade civil*.

Finalmente, a referência a «seguro próprio comprovado» (na versão inglesa «*proved self insurance*») é igualmente enganadora, parecendo remeter para os seguros de danos próprios (por oposição aos seguros de responsabilidade civil). Ora, *self insurance* designa as situações de auto-seguro, casos em que o titular de um bem assume, ele próprio, os riscos relativamente aos sinistros que venham a afetar esse bem. No caso concreto, o auto-seguro comprovado parece remeter para as situações em que o armador, não se tendo feito segurar num *Club*, comprove que afetou parte do seu património (mediante uma reserva ou provisão) à liquidação de eventuais indemnizações por sinistro. Em qualquer caso, mesmo abstraindo da tradução deficiente, não é claro em que moldes e dentro de que limites poderá funcionar (e comprovar-se) o auto-seguro, sendo certo que a admissibilidade do mesmo deixa margem para se contornar o propósito da própria Diretiva.

V.1.3. O Decreto-Lei de transposição

A Diretiva 2009/20/CE foi transposta para o ordenamento português através do Decreto-Lei n.º 50/2012, já citado. Nos termos traçados pela Dire-

[80] Assinale-se, todavia, que se trata de uma expressão consagrada, que encontra vários precedentes em Convenções internacionais (desde logo, a Convenção da OMI de 1976 sobre a Limitação da Responsabilidade em Matéria de Créditos Marítimos, a que a própria Diretiva faz referência). Por outro lado, também a versão francesa da Diretiva, por exemplo, alude a *créances maritimes*.

tiva, o Decreto-Lei estabelece a obrigatoriedade de um seguro de responsabilidade civil para os proprietários de navios com arqueação bruta igual ou superior a 300 que arvorem a bandeira nacional ou, independentemente da bandeira que arvorem, se dirijam a um porto ou fundeadouro nacional, ou entrem no mar territorial português. O diploma conserva a terminologia imprecisa que resulta da versão portuguesa da Diretiva, assumindo o propósito de prevenção de riscos e de garantia de reparação dos danos destes decorrentes[81].

Relativamente aos limites indemnizatórios que o seguro deve respeitar, remete o diploma em análise para o texto consolidado da Convenção da OMI de 1976 sobre a *Limitação da Responsabilidade em Matéria de Créditos Marítimos* – com a redação que lhe foi dada pelo Protocolo de 1996 – ainda não ratificada pelo Estado português. Neste quadro, estabelecem-se limites para a responsabilidade pela perda da vida, acidentes pessoais, e danos em bens (como os provocados em outros navios, instalações portuárias e outros bens)[82].

O n.º 2 do artigo 4.º do Decreto-Lei em referência esclarece que o seguro visado cobre vários "créditos marítimos" – normalmente garantidos por *P&I insurance* – que são, em síntese: (*i*) os créditos por morte, por lesões corporais, por perdas e por danos de bens; (*ii*) os créditos por prejuízos resultantes de atrasos no transporte marítimo das cargas dos passageiros ou das suas bagagens; (*iii*) os créditos por prejuízos resultantes de direitos de natureza extracontratual e diretamente relacionados com a exploração do navio ou com operações de assistência ou de salvação; (*iv*) os créditos por um navio afundado, naufragado, encalhado ou abandonado; (*v*) os créditos por a carga de um navio ter sido removida ou destruída, não criando qualquer perigo para a navegação ou para o meio ambiente; (*vi*) os créditos suscitados por terceiros.

Por seu turno, o artigo 5.º determina a obrigatoriedade de conservação a bordo de um certificado de seguro, estabelecendo igualmente os respetivos requisitos. Neste quadro, e nos termos do artigo 6.º, os navios estran-

[81] Como se refere no Preâmbulo, «a Comissão Europeia e os Estados membros consideram que a subscrição obrigatória de um seguro em matéria de créditos marítimos, por parte dos proprietários dos navios, garante uma melhor proteção das vítimas de acidentes e contribui para a exclusão das águas sob jurisdição dos Estados membros da União Europeia dos navios que não estejam em conformidade com as normas e regras aplicáveis».

[82] Refira-se a singularidade da implementação de um seguro obrigatório com limites estabelecidos numa Convenção internacional que não vincula o Estado português.

geiros que façam escala ou se encontrem fundeados num porto nacional ficam sujeitos à inspeção e ao controlo dos referidos certificados de seguro. Na falta, invalidade ou ineficácia de tal certificado, pode o capitão do porto determinar a expulsão do navio, sem prejuízo de responsabilidade contraordenacional, punível com coima que poderá ascender a € 44.000,00 (alínea a) do n.º 1 do artigo 10.º).

V.2. A natureza jurídica da relação entre o membro e o *Club*

V.2.1. Nota prévia: a análise à luz do Direito britânico

Antes de analisarmos a questão da natureza jurídica da relação entre o associado e o *Club* – a que simplificadamente aludiremos como *contrato de P&I insurance* – no quadro do ordenamento português (matéria que ganhou relevância com a entrada em vigor do Decreto-Lei n.º 50/2012), importa situarmo-nos no contexto do Direito do Reino Unido. Neste domínio, suscita-se a questão de saber se, à luz deste ordenamento, o *P&I insurance*, nos termos em que é desenvolvido pelos *P&I Clubs*, é qualificável como contrato de seguro.

Quanto a esta questão, a secção 85 (1) da *Marine Insurance Act* de 1906, dedicada aos seguros mútuos, dispõe que: «*where two or more persons mutually agree to insure each other against marine losses there is said to be a mutual insurance*»[83]. Assim, face à secção 85 (1), o *seguro mútuo* constitui um tipo contratual.

Desta forma – e na medida em que é tido como contrato de seguro mútuo um acordo entre duas ou mais pessoas no sentido de, cada uma delas, suportar os danos da outra – consideramos incontroverso, face aos traços caracterizadores do *P&I insurance*, atrás analisados, que este é qualificá-

[83] Nos restantes parágrafos da secção 85 da *Marine Insurance Act*, sob a epígrafe *Modification of Act in case of mutual insurance*, dispõe-se que: «*(2) The provisions of this Act relating to the premium do not apply to mutual insurance, but a guarantee, or such other arrangement as may be agreed upon, may be substituted for the premium. (3) The provisions of this Act, in so far as they may be modified by the agreement of the parties, may in the case of mutual insurance be modified by the terms of the policies issued by the association, or by the rules and regulations of the association. (4) Subject to the exceptions mentioned in this section, the provisions of this Act apply to a mutual insurance*».

vel como *mutual insurance*. A qualificação como contrato de *seguro mútuo* fica, portanto, solucionada à luz do Direito inglês.

De resto, consideramos igualmente incontroversa – e até, em certa medida, ociosa – a questão da legalidade da estrutura e atuação do *P&I Clubs*, à luz do ordenamento britânico, no quadro do acesso e exercício da atividade seguradora.

V.2.2. A questão no quadro do ordenamento português

I – Importa agora averiguar se, e em que medida, podemos tirar conclusões equivalentes no âmbito do Direito português. Para o efeito, vamos desdobrar a matéria em duas questões distintas, analisando, em primeiro lugar, se no quadro do ordenamento português, o *P&I insurance*, conforme resulta da atividade dos *P&I Clubs*, pode qualificar-se como *seguro*.

Num segundo momento, cumprirá indagar se, à luz do nosso Direito, será permitido o exercício da atividade seguradora como esta é executada pelos *P&I Clubs*.

II – Relativamente à primeira questão – se, à luz do Direito português, o *P&I insurance*, nos termos em que é desenvolvido pelos *P&I Clubs*, é qualificável como contrato de seguro – cumpre tecer várias considerações.

Desde logo, haverá que apelar para uma diferenciação, de base doutrinária, que distingue o *seguro a prémio* do *seguro mútuo*. Entre nós, a matéria foi especialmente estudada por Fernando Emygdio da Silva. Para o autor, o critério de distinção tradicional entre as duas espécies contratuais assentava, sobretudo, no caráter apriorístico e liberatório do prémio (no *seguro a prémio*) por oposição à determinação *a posteriori* da quota no *seguro mútuo*[84]. Numa visão mais atualista, Emygdio da Silva desloca o critério de distinção do plano funcional para o estrutural, reconduzindo-o à organização empresarial da atividade: enquanto as *sociedades anónimas de seguros* implicam a interposição de uma entidade terceira na gestão da mutualidade de riscos seguros, nas *sociedades mútuas de seguros* essa gestão seria diretamente

[84] Como refere o autor, «no *seguro mútuo* [...] a quota era fixada posteriormente aos sinistros e no fim de certas épocas e resultando de uma repartição, primeiro por igual e depois proporcionada, das indemnizações pela totalidade dos segurados. No *seguro a prémio fixo* [...] a contribuição do segurado [...] é fixada previamente em exata correspondência com o cômputo do risco» – Fernando Emygdio Silva, *Seguros Mútuos*, *cit.*, pp. 84-85.

feita pelos segurados[85]. Assim, em tese e numa perspetiva sintética, a diferença entre o seguro mútuo e o seguro a prémio assentaria, para o autor, em três critérios: (*i*) inexistência de capital e da sua remuneração nas sociedades mútuas (por oposição às sociedades anónimas); (*ii*) a participação dos segurados na gestão das sociedades mútuas e o respetivo direito aos excedentes ou *superavits* do exercício; e (*iii*) variabilidade da quota (por oposição à invariabilidade do prémio)[86].

Lançando mão de outros contributos doutrinários, dir-se-á que, no *seguro a prémio*, os efeitos económicos dos riscos que afetam a mutualidade de segurados são transferidos para uma entidade autónoma (o segurador) mediante a celebração de contratos de seguro e contra o pagamento, pelos tomadores de seguros, de prémios fixos[87]. Neste quadro, a obrigação pecuniária dos tomadores de seguros fica limitada ao valor do prémio, recaindo sobre o segurador o risco empresarial da insuficiência desses prémios para a cobertura dos sinistros que afetem a mutualidade de segurados. Já no *seguro mútuo*, os sinistros que afetem a mutualidade de segurados são diretamente suportados pelo próprio conjunto dos segurados. Não há aqui, portanto, uma participação dos segurados limitada a um valor pré-determinado (o prémio) nem a interposição de uma entidade autónoma com fim lucrativo que suporta um risco empresarial.

III – Considerando claramente delineada a linha doutrinária de demarcação entre os *seguros mútuos* e os *seguros a prémio*, recordemos agora os traços caracterizadores do *P&I insurance*. Assim, desde logo, não há um

[85] Nas palavras do autor, «nuns casos, a associação dos segurados como seguradores de si próprios realiza de uma forma direta a operação de seguros: é o *seguro mútuo propriamente dito* ou simplesmente *seguro mútuo*. Noutros casos a operação é realizada por uma empresa estranha, um instituto intermediário: é o *seguro*, chamado mais ou menos impropriamente, *de especulação* ou *a prémio*. No primeiro caso, temos a organização *cooperativa* do seguro; no segundo, a sua organização *capitalista* [...]» – Fernando Emygdio Silva, *Seguros Mútuos*, *cit.*, p. 82.

[86] Fernando Emygdio Silva, *Seguros Mútuos*, *cit.*, pp. 87 ss.

[87] Como refere, por exemplo, Hill Prados, «nas mútuas puras o sócio paga uma quotização inicial provisional, que pode ser aumentada por outra posterior no fecho do exercício, quando o pagamento das indemnizações pelos sinistros verificados supere as contribuições recolhidas pela associação» – María Concepción Hill Prados, *Los Clubs de Protección e Indemnización en el Campo del Seguro Marítimo*, *cit.*, p. 29 (trad. nossa). Cfr. igualmente José Vasques, *Contrato de Seguro*, *cit.*, p. 40: «na sua origem, os seguros mútuos consistiam na distribuição dos prejuízos resultantes dos sinistros sofridos por alguns dos aderentes a um determinado grupo exposto às mesmas condições de risco».

contrato autónomo "de seguro" que se segregue do contrato de sociedade: a cobertura coincide no tempo com a *membership* e tem esta por pressuposto necessário; a prestação do "segurado" corresponde à sua participação na sociedade (*calls*); não há tomadores de seguros, mas membros de uma sociedade; não há apólices, mas regras estatutárias (*certificates of entry*, em vez de condições particulares, e *Clubs' rules*, em vez de condições gerais e especiais); as obrigações do "segurado" são as obrigações do membro para com a sociedade. Em suma, não há uma *relação de seguro* autónoma de uma *relação societária*.

Por outro lado, não existe no *P&I insurance* um prémio – prestação pecuniária fixa e liberatória – a cargo dos "segurados". Com efeito, a obrigação dos membros do *Club* ("segurados") tem por limite, não um valor pré-definido (prémio) e pago antecipadamente, mas a sua quota-parte, determinada *a posteriori*, na totalidade dos sinistros que afetem a mutualidade num dados exercício.

Por fim, é certo que a gestão da compensação dos riscos com as *calls* dos membros é efetuada por uma entidade com personalidade jurídica própria (o *Club*). Porém, o facto de os sinistros serem suportados diretamente pelos "segurados" impede que se reconheça, em termos económicos (ou substanciais), a intervenção de um *segurador*.

IV – Face às características do *P&I insurance*, verificámos não existirem dúvidas de qualificação do contrato como seguro mútuo (*mutual insurance*) à luz do Direito do Reino Unido. Também no quadro do ordenamento italiano parecem não se suscitar reservas significativas na doutrina[88] quanto à qualificação do *P&I insurance* como contrato de *seguro mútuo*, na medida em que esta espécie contratual se encontra prevista no artigo 1884 do *Codice Civile*[89]. Embora o CC italiano não regule especificamente o seguro mútuo nem descreva os seus traços típicos, será de admitir que ele funcionaria nos mesmos termos em que operam os *P&I Clubs*[90].

---

[88] Daniele Casciano, *L'Assicurazione P. & I.*, *cit.*, pp. 39 ss.

[89] O art. 1884, sob a epígrafe *assicurazioni mutue*, dispõe que «*le assicurazioni mutue sono disciplinate dalle norme del presente capo, in quanto compatibili con la specialità del rapporto*». O capítulo para o qual remete o artigo, tem por título «*Dell'Assicurazione*».

[90] Como refere Moitinho de Almeida, remetendo para doutrina italiana, «o seguro mútuo só é possível pela colocação em comum dos riscos de vários interessados, e daí, sugestivamente, ter-se já escrito que ele é um negócio de seguro que, por uma profunda exigência da sua natureza, opera como um contrato de sociedade» – José Carlos Moitinho

A operação de qualificação jurídica não é, porém, transponível de ordenamento para ordenamento, havendo que efetuá-la no âmbito específico de cada sistema jurídico. Haverá, assim, que reportar a qualificação do *P&I insurance* para o contexto do tecido normativo vigente em Portugal.

V – Entre nós, o artigo 1.º da LCS, que descreve o conteúdo típico do contrato de seguro, estabelece que, «por efeito do contrato de seguro, o segurador cobre um risco determinado do tomador do seguro ou de outrem, obrigando-se a realizar a prestação convencionada em caso de ocorrência do evento aleatório previsto no contrato, e o tomador do seguro obriga-se a pagar o prémio correspondente». Resulta, assim, evidente para a delimitação dos traços típicos do contrato de seguro: a autonomia desta espécie contratual; a designação das partes (segurador e tomador do seguro); a essencialidade do prémio; e, consequentemente, de uma entidade autónoma (o segurador) como gestor empresarial da compensação dos riscos com a massa dos prémios.

Por outro lado, não existe entre nós qualquer preceito legal onde se consagre o *nomen iuris* "seguro mútuo" ou onde se descreva o desenho típico ou se estabeleça a disciplina de uma tal espécie contratual[91].

É certo que existe na lei portuguesa uma referência às *mútuas de seguros*, no artigo 58.º do RJASR. Porém, são realidades bem distintas, por um lado, a natureza de uma modalidade contratual ("seguro mútuo") e, por outro, a natureza de uma pessoa coletiva ("mútua de seguros") autorizada a exercer a atividade seguradora. Esta distinção é, aliás, da máxima relevância quando da semelhança de designações não decorre – bem pelo contrário – que as mútuas de seguros tenham de operar através da contratação de *seguros mútuos*.

Com efeito, quer da disciplina traçada pelo RJASR, quer da inexistência entre nós do tipo *seguros mútuos*, quer da própria prática nacional e

---

de Almeida, *O Contrato de Seguro no Direito Português e Comparado*, Lisboa, Livraria Sá da Costa, 1971, p. 424.

[91] Face ao exposto, não podemos concordar com a afirmação de Moitinho de Almeida (mesmo à luz do tempo em que foi escrita), segundo a qual «o seguro mútuo é um contrato nominado em que, dirigidos à mesma função económico-social, se constatam elementos de outros contratos regulados na lei» – José Carlos Moitinho de Almeida, *O Contrato de Seguro no Direito Português e Comparado*, *cit.*, p. 424. Conclui o autor que «por isso, não se afigura correto qualificá-lo como um contrato misto, contrato inominado que se não encontra previsto nem disciplinado pelo legislador». Significativamente – porque coerente com o ordenamento italiano – esta conclusão fundamenta-se numa remissão para Donati.

estrangeira[92], resulta que as mútuas de seguros operam (do mesmo modo que as empresas de seguros constituídas sob a forma de sociedades anónimas) através da contratação de seguros, com os traços descritos no artigo 1.º da LCS ("seguros a prémio", na distinção doutrinária acima traçada)[93].

Assim, face aos elementos caracterizadores do *P&I insurance*, é inegável que, no plano funcional, este contrato cumpre o mesmo papel e têm a mesma utilidade económico-social típica do contrato de seguro: a neutralização dos efeitos económicos dos riscos que incidam sobre os "segurados". Porém, quando entramos no detalhe formal, as dissemelhanças entre os contratos *P&I* e os seguros revelam-se evidentes. Entre elas, logo a inexistência de tomador do seguro e de apólice nos contratos *P&I* os afastam do seguro[94].

Mais relevante, porém, é a ausência de prémio no contrato *P&I*. Ora, este elemento tem sido considerado crucial para distinguir o contrato de seguro de soluções precedentes – comuns na Antiguidade e na Idade Média – assentes na repartição, por um conjunto de associados, dos danos sofridos por cada um deles. Nesta medida, trata-se de um elemento fundamental caracterizador do tipo contratual *seguro*[95]. É certo que cada membro do *P&I Club* suporta uma *call* inicial, mas este montante, por muito aproximado que seja ao valor do risco por si representado ("preço do risco"), corresponde, na verdade, a um mero adiantamento por conta do montante que terá de pagar, a final, encerrado o exercício em causa. Ou seja, a *call* não corres-

---

[92] Cfr. María Concepción Hill Prados, *Los Clubs de Protección e Indemnización en el Campo del Seguro Marítimo*, *cit.*, p. 29 e *ibídem*, n. 33.

[93] A prática era, aliás, já corrente no início do séc. XX. Como nota Fernando Emygdio da Silva, verificava-se, já então, uma aproximação (ou mesmo identidade) dos moldes em que a operação de seguro era conduzida por sociedades mútuas ou por sociedades anónimas: «*as sociedades mútuas subordinam-se inteiramente à técnica* [...] *da operação de seguros*. A operação é fundamentalmente a mesma, com o mesmo prémio fixo, a mesma garantia e a mesma segurança» – Fernando Emygdio Silva, *Seguros Mútuos*, *cit.*, p. 85. Como igualmente sublinha Menezes Cordeiro, «a ideia de raiz é simples: em vez de se contratarem empresas seguradoras formadas como sociedades anónimas de fins logicamente lucrativos, os interessados associam-se entre si. Formam uma cooperativa que irá acolher os prémios, acudindo aos sinistros, nos termos gerais» – António Menezes Cordeiro, *Direito dos Seguros*, *cit.*, pp. 247-248.

[94] Pondo em causa a qualificação como seguro em virtude da inexistência de apólice, Mário Raposo, "Os P&I Clubs e a ação direta", *cit.*, pp. 29-30.

[95] José Engrácia Antunes, *Direito dos Contratos Comerciais*, Coimbra, Almedina, 2009, pp. 683 ss. e 712; José Bento, *Direito de Seguros*, Lisboa, s.n., 2003 (polic.), p. 82; António Menezes Cordeiro, *Direito dos Seguros*, *cit.*, pp. 515 ss. e 684 ss.

ponde, como o prémio, ao "preço do risco" (exonerando o membro de outras prestações), mas à repartição de um dano efetivo pelos associados do *Club*.

Esta imputação direta do custo dos sinistros aos segurados transforma-os, em substância, em seguradores, pelo que a interposição do *Club*, com personalidade jurídica própria, é mais formal e aparente do que material. Nesta medida, faltará a existência substancial de um segurador, necessária à qualificação de um contrato como *seguro*. É certo que, para Daniele Casciano, o sistema de repartição direta dos danos entre associados não se verifica nos atuais *P&I Clubs*, atenta a personalidade jurídica própria destes e a sua capacidade de estabelecerem relações jurídicas[96]. Porém, o funcionamento dos *Clubs*, que reflete, exercício a exercício, os danos incorridos nos membros existentes durante esse exercício, evidencia que, no plano económico, a interposição do *Club* é inócua.

Outro argumento, igualmente relevante, é o da falta de autonomia da "relação de seguro". Com efeito, a cobertura dos riscos proporcionada pelos *P&I Clubs* resulta automaticamente da qualidade de *membro*. Estará em causa o próprio contrato de sociedade (*membership*), e não um contrato autónomo (de seguro) estabelecido entre a associação (*Club*) e o membro (armador)[97]. Com efeito, a qualidade de membro do *Club* é inerente à de "segurado", de tal forma que as mesmas resultam incindíveis[98].

Deste modo, não obstante estar-se próximo – sobretudo numa perspetiva funcional – do contrato de seguro (com o perfil típico que apresenta na lei portuguesa), o rigor da delimitação do tipo impede-nos de qualificar como tal os contratos *P&I*.

VI – Ao arrepio da conclusão a que vimos de chegar, quer a Diretiva 2009/20/CE, quer a lei de transposição (Decreto-Lei n.º 50/2012), atrás citados, parecem induzir no sentido contrário, já que parecem qualificar os contratos de *P&I insurance* como seguros. Será assim?

---

[96] Daniele Casciano, *L'Assicurazione P. & I.*, *cit.*, p. 26.

[97] Neste sentido, Sergio Ferrarini, *Le Assicurazioni Marittime*, Milano, 3ª Ed., 1991, pp. 228, nota, *apud* Mário Raposo, "Os P&I Clubs e a ação direta", *cit.*, p. 34. Este autor rejeita, porém, o argumento, que classifica de especioso – *ibidem*.

[98] Como nota Casciano, «a adesão ao *Club* comporta normalmente que o *owner* adquira tanto o estatuto de segurado como o de sócio» – Daniele Casciano, *L'Assicurazione P. & I.*, *cit.*, p. 48 (trad. nossa). O autor, porém, identifica várias situações em que, transitoriamente, se verifica uma suspensão de cobertura sem que seja perdida a qualidade de sócio (*idem*, p. 49).

Como atrás referimos, a alínea b) do artigo 3.º da Diretiva define «seguro» como «o seguro com ou sem franquia, que inclui, por exemplo, um seguro de indemnização do tipo geralmente fornecido pelos membros do Grupo Internacional de Clubes de *P&I*, e outras formas eficazes de seguro (incluindo o seguro próprio comprovado) e de garantia financeira que oferecem condições de cobertura similares»[99]. Esta definição surge transcrita, *ipsis verbis*, na alínea d) do artigo 3.º do Decreto-Lei n.º 50/2012.

Ora, cumpre notar, desde logo, que as definições apresentadas no artigo 3.º da Diretiva têm o seu alcance confinado ao próprio conteúdo da Diretiva, como resulta do corpo desse mesmo artigo: «para efeitos da presente diretiva, entende-se por: [...]». O mesmo se passa, de resto com as definições do Decreto-Lei n.º 50/2012[100]. Em ambos os casos, as noções de "seguro" apresentadas são contextualizadas no quadro de aplicação dos diplomas em causa, constituindo auxiliares interpretativos dos mesmos. Não são, portanto, extrapoláveis para fora desse âmbito nem delas pode ser extraído um alcance que, claramente, não tiveram em vista.

Por outro lado, e ainda que assim não fosse, não cabe à lei o papel de qualificação dos contratos concretos. À lei compete descrever os traços típicos de determinadas espécies contratuais e associar aos mesmos algum tipo de regime (ainda que a título meramente supletivo). É ao intérprete que cumpre, perante aquela descrição da fisionomia típica, e por comparação com a silhueta caracterizadora do contrato concreto, operar a respetiva qualificação por aproximação ao tipo legal.

Ora, no caso em apreço, a Diretiva visou implementar medidas pragmáticas no sentido de acautelar e garantir o ressarcimento dos danos imputáveis aos armadores e sofridos por terceiros lesados. Com efeito, são relevantes os considerandos (1) e (4) da Diretiva, afirmando-se no primeiro o propósito de «reforçar a qualidade da marinha mercante mediante uma maior responsabilização de todos os operadores económicos» e no segundo que «o dever de subscrever um seguro permitirá garantir uma melhor proteção das vítimas. Contribuirá também para a exclusão dos navios que não estejam em conformidade com as normas e possibilitará o restabelecimento da

[99] Na versão inglesa: «*'insurance' means insurance with or without deductibles, and comprises, for example, indemnity insurance of the type currently provided by members of the International Group of P&I Clubs, and other effective forms of insurance (including proved self-insurance) and financial security offering similar conditions of cover*».

[100] Como se diz no corpo do respetivo artigo 3.º, «para efeitos do presente decreto-lei, entende-se por: [...]».

concorrência entre os operadores». Em suma, os diplomas visam assegurar a prevenção de determinados riscos e garantir a mitigação dos mesmos através de um mecanismo obrigatório que acautela o ressarcimento dos terceiros lesados. Não se tratou, portanto, de um propósito de qualificação de determinados contratos como pertencendo a um ou a outro tipo ou sequer de regular esses tipos.

A demonstração do que acabamos de afirmar está patente nas outras realidades que os diplomas em análise incluem na definição de "seguro": «outras formas eficazes de seguro (incluindo o seguro próprio comprovado) e de garantia financeira que oferecem condições de cobertura similares». Ora, resulta evidente que o *auto-seguro* (*self insurance* ou "seguro próprio", na infeliz expressão da lei), sendo um mecanismo de previdência, não se confunde com um contrato de seguro. E menos ainda se confunde a garantia financeira. Cremos, portanto, plenamente demonstrado que o sentido de "seguro" nos diplomas referidos é muito mais amplo (e só compreensível no contexto enunciado) do que o correspondente ao tipo *contrato de seguro*.

Em qualquer caso, a terminologia adotada não surpreende, já que, como vimos, em alguns Estados-Membros – mormente naquele que constitui o paradigma dos *P&I Clubs*, o Reino Unido – a qualificação do *P&I insurance* como *seguro mútuo* encontra-se correta. Não pode é ser-lhe atribuído o alcance de modificar, em todos os Estados-Membros, a descrição dos elementos do tipo *contrato de seguro*, no sentido de que o tipo passasse a abranger o *P&I insurance*, o auto-seguro e as garantias financeiras.

VII – A determinação da "natureza jurídica" de um contrato consiste numa operação de qualificação jurídica de um contrato concreto, por aproximação a um tipo contratual legal, e tem por propósito determinar qual o regime legal aplicável – supletiva ou injuntivamente – ao referido contrato concreto[101].

Ora, cremos ter já abundantemente demonstrado que os contratos concretos segundo o modelo *P&I insurance* não são qualificáveis, no ordenamento português, como *contratos de seguro* e que, não existindo entre nós uma espécie contratual *seguro mútuo*, se trata de contratos legalmente atípicos. Simultaneamente, cremos ter também demonstrado que os contratos de *P&I insurance* – traduzidos nas vinculações entre o membro e o *Club* – consubstanciam, na articulação da sua vertente estrutural com a vertente

---

[101] Mais desenvolvidamente, Luís Poças, "A natureza jurídica do seguro-caução", *Revista de Direito e de Estudos Sociais*, Ano LVI, n.º 1-3 (jan.-set. 2015), pp. 126 ss.

funcional, contratos unitários que conjugam elementos de dois tipos contratuais legais: no caso, respetivamente, elementos típicos do contrato de sociedade e do contrato de seguro. Com efeito, os traços típicos das duas espécies contratuais misturam-se e confundem-se numa única relação, não sendo exequível a segregação de duas relações obrigacionais autónomas. Nesta medida, trata-se de *contratos mistos*[102], o que, como nota a melhor doutrina, não altera o seu caráter atípico[103]. Quanto ao regime aplicável, nada obstaria à aplicação analógica do regime do contrato de seguro à vertente funcional – ou previdencial – do *P&I insurance* (sempre que, naturalmente, a analogia de situações o justificasse)[104].

O que acabamos de dizer é pertinente no âmbito da qualificação de contratos *concretos*. Ora, no caso dos contratos segundo o formato *P&I insurance*, estamos, na verdade, perante um modelo contratual abstrato adotado numa pluralidade reiterada de casos. Caso essa adoção se verificasse em Portugal – onde, como vimos, o contrato é legalmente atípico – poderíamos falar de uma situação de tipicidade social[105]. Não é esse, porém, o caso, já que a adoção do modelo *P&I insurance* ocorre, não no quadro do ordenamento português, mas no de outros sistemas jurídicos (mormente, o britânico), onde, como vimos, o contrato é legalmente típico.

[102] A esta mesma conclusão se chega no Acórdão TRL de 15/02/1993 – Proc. n.º 0172692 (Eduardo Batista): «parece-nos que, embora o *P&I Club* Apelante seja, claramente, uma associação mutual de armadores, o acordo de adesão celebrado entre ele e a *CTM* é um contrato misto, pelo qual esta armadora se tornou um membro ou associado daquela associação, tendo certas obrigações e direitos e em que, por outro lado, estabeleceu a favor da sua frota um verdadeiro contrato de seguro». Cfr. http://www.dgsi.pt (consult. 03/02/2016).

[103] Neste sentido, cfr. Rui Pinto Duarte, *Tipicidade e Atipicidade dos Contratos*, Coimbra, Almedina, 2000, p. 49; e Pedro Pais Vasconcelos, *Contratos Atípicos*, Coimbra, Almedina, 1995, pp. 8-9 e 211 ss. Como refere este autor, «os contratos mistos não são um "tertium genus" em relação aos contratos típicos e aos atípicos, nem uma categoria intermédia; os contratos mistos são atípicos [...]» (*idem*, p. 213).

[104] Luís Poças, "A natureza jurídica do seguro-caução", *cit.*, p. 132.

[105] O *tipo contratual social* é um modelo contratual abstrato de caráter extralegal, para o qual os usos e costumes consagraram uma disciplina relativamente completa, adotada pelos contratos concretos que sigam esse tipo – Pedro Pais Vasconcelos, *Contratos Atípicos*, *cit.*, p. 8.

V.2.3. O exercício da atividade seguradora nos moldes dos *P&I Clubs*

I – Para além da questão da qualificação do contrato e, consequentemente, do regime legal, supletivo ou injuntivo, que lhe é aplicável, uma outra questão se coloca a montante: se, à luz do Direito português, é permitido o exercício da atividade seguradora nos moldes em que é feita pelos *P&I Clubs*, ou, por outras palavras, se a exploração de *P&I insurance* é consentânea com as regras imperativas que disciplinam o acesso e exercício da atividade seguradora em Portugal. Esta matéria terá de ser analisada no âmbito do RJASR.

II – É certo que no artigo 3.º do RJASR se permite o exercício da atividade seguradora e resseguradora em Portugal, quer por sociedades anónimas, quer por mútuas de seguros ou resseguros, na medida em que, em qualquer dos casos, estejam autorizadas no âmbito do RJASR. A admissibilidade do exercício por mútuas de seguros – que, à luz da Lei portuguesa, devem revestir a forma de cooperativas de responsabilidade limitada, nos termos do artigo 58.º do RJASR – pareceria dar guarida à exploração da atividade seguradora por *P&I Clubs*.

No contexto do ordenamento italiano, Casciano assinala amplas divergências entre o modelo societário dos *P&I Clubs* e o das sociedades mútuas de seguros italianas, assinalando que, por um lado, enquanto nos *P&I Clubs* não há um capital social inicial, este é exigido nas cooperativas italianas; e que, por outro, enquanto nos *P&I Clubs* a qualidade de membro coincide necessariamente com a de segurado, isso não ocorre nas mútuas de seguros italianas, onde o sócio pode não ser segurado e o segurado pode não ser sócio[106].

No quadro do ordenamento português, sublinha Rita Silva que os *P&I Clubs*, pretendendo exercer em Portugal a sua atividade, teriam de assumir – tendo em conta os traços que os caracterizam – a forma de mútua de seguros, e não a de sociedade anónima[107].

III – A questão, porém, não se prende, do nosso ponto de vista, com a estrutura societária que os *Clubs* haveriam de adotar. A questão é que o

[106] Daniele Casciano, *L'Assicurazione P. & I.*, *cit.*, pp. 27-28.

[107] Rita Gonçalves Ferreira Silva, *O Segurador do Ramo "Não Vida" em Portugal*, Tese de Doutoramento em Ciências Jurídico-Empresariais, Coimbra, Universidade de Coimbra, 2013, p. 358 – https://estudogeral.sib.uc.pt/bitstream/10316/23614/4/O%20segurador%20do%20ramo%20N%C3%A3o%20vida%20em%20Portugal.pdf (consult. 24/01/2016).

exercício da atividade seguradora por mútuas de seguros implica sempre uma separação entre a vertente societária (forma que deve assumir a pessoa coletiva) e a atividade desenvolvida. Se a primeira obedece a especificidades, a segunda em nada se distingue da atividade das empresas de seguros sob a forma de sociedades anónimas.

Em ambos os casos – sociedade anónima ou mútua de seguros – o exercício da atividade materializa-se na celebração de contratos de seguro, nos termos regulados, no caso português, na LCS[108]. Assim, o associado de uma mútua de seguros pode sê-lo independentemente dos contratos de seguro que celebre com esta empresa de seguros (e não deverá perder essa qualidade ainda que cessem os contratos de seguro em que seja tomador). Do mesmo modo, a contrapartida da cobertura do risco de que beneficia como tomador do seguro decorre do pagamento do prémio, e não da quota que suporta como associado. Demos acima, aliás, conta desta prática, já centenária em Portugal, de atuação das mútuas de seguros, a qual se traduz na celebração de contratos de seguro em moldes idênticos aos disponibilizados por sociedades anónimas[109].

Ora, como vimos, relativamente aos *P&I Clubs* a função "securitária" decorre diretamente do próprio ato associativo, e não da celebração de contratos de seguro autónomos. Não há, em rigor, uma *relação de seguro* fora da relação associativa. Por outro lado, os membros suportam integralmente os danos inerentes aos sinistros, pelo que, não obstante a autonomia jurídica do *Club* (que constitui uma pessoa coletiva) não existe autonomia económica do "segurador".

Assim, se o modelo de *P&I Club* fosse transplantado para Portugal, a estrutura da pessoa coletiva e o seu modo de funcionamento careceriam de cabimento legal face ao RJASR, pelo que a entidade em causa não poderia exercer a atividade de seguro e resseguro nos moldes em que o faz no Reino Unido.

V.3. As principais problemáticas na jurisprudência portuguesa

I – Para além – e independentemente, até – da consagração legal da obrigatoriedade, para os armadores, de coberturas como as proporcionadas

---

[108] É patente o caso da única mútua de seguros existente em Portugal: a *Mútua dos Pescadores, Mútua de Seguros, C.R.L.*

[109] Fernando Emygdio Silva, *Seguros Mútuos*, *cit.*, p. 85.

por *P&I insurance*, a verdade é que, como referimos, em virtude da inexistência de *P&I Clubs* em Portugal, esta obrigatoriedade apenas encontra resposta em países estrangeiros. Neste quadro, não é frequente suscitarem-se perante os nossos tribunais questões relacionadas com *P&I Clubs*. Ainda assim, há a assinalar dois casos que mereceram a atenção dos tribunais superiores portugueses.

II – O primeiro caso reporta-se à componente *protection* do *P&I insurance*. Em suma, e atendo-nos aos aspetos mais relevantes, tratou-se de um navio (*Amboim*) pertencente a um armador português (CTM – Companhia Portuguesa de Transportes Marítimos), que, em novembro de 1974, encalhou num esporão-cais, situado na baía de Cascais, causando-lhe danos. Neste contexto, o Estado português instaurou uma ação indemnizatória, designadamente, contra a mencionada Companhia proprietária do navio, vindo depois a requerer a intervenção da *West of England Ship Owner Mutual Protection and Indemnity Association* (*P&I Club*), que, à data do acidente, cobria a responsabilidade civil do armador. O *Club* contestou, invocando, nomeadamente, a sua ilegitimidade.

Os réus foram condenados em primeira instância, tendo recorrido da sentença. Relativamente ao recurso do armador e do *P&I Club*, entre as conclusões mais relevantes quanto ao tema que nos ocupa, alegaram os recorrentes que, enquanto partes do contrato de *P&I insurance*, acordaram submetê-lo à lei inglesa (*Marine Insurance Act* de 1906), a qual, por seu turno, consagra a *pay to be paid rule* (inexistência de ação direta), regra, aliás, também estabelecida no contrato. Assim, a obrigação indemnizatória do *Club* seria apenas perante o seu membro (armador), e não perante terceiros (Estado português).

No Acórdão TRL de 15/02/1993 – Proc. n.º 0172692 (Eduardo Batista), considerou o tribunal, quanto a esta matéria, que o contrato entre o armador e o *P&I Club* haveria de reger-se pelas estipulações acordadas e, na sua falta ou insuficiência, pela lei aplicável. Ora, as partes acordaram, nos termos das *Club's rules*, o princípio *pay to be paid* (ausência de ação direta)[110]. Por

[110] Na sua formulação atual, estabelece a Regra 10 das *Club's rules* do *The West of England P&I Club*, sob a epígrafe *Payment first by the member*: «*unless the Committee in its discretion otherwise determines it shall be a condition precedent of a Member's right to recover from the funds of the Association in respect of any loss, damage, liabilities, costs or expenses that he shall first have discharged or paid the same otherwise than from money advanced expressly or impliedly for that purpose whether by way of loan or otherwise*» – cfr. http://www.westpandi.com/globalassets/rulebook/2015.pdf (consult. 11/02/2016).

outro lado, quanto à lei aplicável, e por força do disposto no n.º 1 do artigo 41.º do CC, a mesma seria a escolhida pelas partes, ou seja, em virtude do disposto nas *Club's rules*, a lei inglesa (*Marine Insurance Act* de 1906)[111]. Esta, por seu turno, não só não consagra imperativamente o direito de ação direta, mas dispõe mesmo, na secção 1 (já atrás reproduzida), que o segurador indemniza *o segurado*, de onde decorre que o terceiro lesado não tem o direito de demandar diretamente o segurador (exceto em caso de falência do segurado). Desta forma, conclui-se no acórdão que «no caso em apreço, o *P.&I. Club – West of England* não responde diretamente perante os terceiros lesados, mas apenas perante a sua associada *CTM*, se esta previamente for condenada e pagar a indemnização»[112], absolvendo-se o *Club* do pedido.

Posteriormente, e na sequência de novo recurso, foi a matéria apreciada pelo Supremo Tribunal de Justiça [Ac. STJ de 07/12/1994 – Proc. n.º 085880 (Cura Mariano)]. Este tribunal acompanhou as conclusões do TRL quanto à lei aplicável (inglesa). Porém, sendo admissível, à luz desta lei, a ação direta no caso de o responsável civil (armador) estar insolvente, conclui-se no acórdão que «o segurador aceita indemnizar o segurado, sem que haja possibilidade legal de um terceiro a demandar, *exceto no caso de o segurado ter sido declarado em situação de falência, o que se verifica no caso dos autos, pelo que esse P.I. Club pode ser diretamente demandado* pelo Estado, aqui Autor, o que é indiscutível face ao disposto no artigo 45.º, n.º 1 do Código Civil»[113].

III – A orientação do TRL merece, no geral, franca concordância. Com efeito, e desde logo, a regra de Direito internacional privado determina qual a lei que regula a responsabilidade civil extracontratual. De acordo com esta lei, determina-se se o armador é civilmente responsável e em que termos (fundamento e âmbito da responsabilidade, critérios de determinação do dano ressarcível, etc.). No caso concreto, estabelece o n.º 1 do artigo 45.º

[111] Na versão atual das *Club's rules* do *The West of England P&I Club*, estabelece o corpo da Regra 21 que «*these Rules and all contracts of insurance made by the Association shall be subject to and incorporate the provisions of the Marine Insurance Act, 1906, of the United Kingdom and any statutory modifications thereof except insofar as such Act or modification may have been excluded by these Rules or by any term of such contracts*» – cfr. http://www.westpandi.com/globalassets/rulebook/2015.pdf (consult. 11/02/2016).

[112] Ac. TRL de 15/02/1993 – Proc. n.º 0172692 (Eduardo Batista), http://www.dgsi.pt (consult. 03/02/2016).

[113] Ac. STJ de 07/12/1994 – Proc. n.º 085880 (Cura Mariano), http://www.dgsi.pt (consult. 03/02/2016).

do CC que a responsabilidade extracontratual é regulada pela lei do Estado onde decorreu a principal atividade causadora do prejuízo. No caso, portanto, seria aplicável a lei portuguesa[114]. Ora, nos termos da lei portuguesa, a responsabilidade do armador resultaria, designadamente, do n.º 1 do artigo 492.º do CCom e do n.º 1 do artigo 500.º do CC.

Sendo o armador responsável no âmbito da lei aplicável (a portuguesa, como vimos), e tendo transferido contratualmente para um *P&I Club* o referido risco, haverá que determinar-se os termos em que este responde. Relativamente à lei que regula a substância do contrato, o artigo 41.º do CC remete para a lei que as partes tenham designado ou tido em vista, desde que a mesma corresponda a um interesse sério daquelas (no caso, foi estipulado que o contrato seria regido pela lei do Reino Unido). Mesmo que não houvesse estipulação das partes, valeria o critério supletivo definido no n.º 2 do artigo 42.º (lei do lugar da celebração, remetendo, também por esta via, para a lei do Reino Unido)[115]. Desta forma, se a lei do Reino Unido contivesse disposições injuntivas, estas sobrepor-se-iam à estipulação das partes. Se, diversamente, a lei nada dispusesse numa dada matéria ou o fizesse a título supletivo, então prevaleceria a estipulação acordada. Ora, quer o acordo das partes (*Club's rules*), quer a lei aplicável (secção 1 da *Marine Insurance Act*) afastam o direito de o terceiro lesado demandar diretamente o *Club*[116].

[114] Produzindo-se os factos no quadro de vigência do Regulamento Roma II, a regra geral acolhida no respetivo artigo 4.º determinaria que a lei aplicável seria a do país onde ocorresse o dano (independentemente daquele onde se verificassem os factos na origem desse dano). Em qualquer dos casos, portanto, seria aplicável a lei portuguesa.

[115] Se à data dos factos em referência estivesse já em vigor o Regulamento Roma I, então, nos termos do n.º 2 do respetivo artigo 7.º, em virtude de estar em causa um grande risco, seria aplicável a lei escolhida pelas partes e, na falta de escolha, a lei do país de residência habitual do segurador (em ambos os casos, portanto, sempre se aplicaria a lei do Reino Unido).

[116] Atualmente, dispõe o artigo 18.º do Regulamento Roma II que «o lesado pode demandar diretamente o segurador do responsável pela reparação, se a lei aplicável à obrigação extracontratual ou a lei aplicável ao contrato de seguro assim o previr». Porém, ainda que o Regulamento se encontrasse em vigor à data dos factos, não se verificaria igualmente o direito à ação direta, em virtude de a mesma não ser prevista nem pela lei aplicável à responsabilidade extracontratual (CC e CCom portugueses), nem pela aplicável ao contrato (*Marine Insurance Act* de 1906). O direito de ação direta encontra-se atualmente previsto na lei portuguesa por disposição injuntiva relativamente aos seguros obrigatórios de responsabilidade civil, nos termos do n.º 1 do artigo 146.º da LCS. Ora, à data da prática dos factos, nem a cobertura da responsabilidade civil do armador era obrigatória (só viria a sê-lo com o Decreto-Lei n.º 50/2012), nem tampouco estava legalmente consagrado o direito de ação

Neste quadro, a decisão do TRL apenas merece reparo na medida em que se tenham verificado os pressupostos em que assenta a ulterior decisão do STJ, designadamente o da insolvência do armador e os efeitos que daí decorrem no quadro do ordenamento britânico[117].

IV – O segundo caso, pouco fecundo quanto ao nosso objeto de análise, está na base do Ac. STJ de 10/09/2007 – Proc. n.º 07A2649 (Mário Cruz). Reporta-se à componente *indemnity* do *P&I insurance* e a referência a um *P&I Club* surge a título meramente incidental. Trata-se de uma ação intentada pelo dono de uma mercadoria contra o transportador, em que se alega o cumprimento deficiente do contrato de transporte e se pede uma indemnização pelos danos decorrentes da avaria da mercadoria transportada. No caso, estando excluída a responsabilidade do segurador do dono da mercadoria, a ação é dirigida contra o transportador, constatando-se que o mesmo se encontrava coberto por *P&I insurance* enquanto membro de um *Club*. No caso, o STJ julgou improcedente a ação, por extemporânea, e decretou a absolvição da Ré no pedido, em virtude de a Convenção de Bruxelas de 25 de Agosto de 1924[118] determinar que a ação para ressarcimento de danos por perda de mercadoria tem de ser proposta no prazo de um ano, sob pena de caducidade[119]. A decisão não suscita qualquer reparo.

direta, nos termos em que o viria a fazer a LCS (ainda que o reconhecimento desse direito estivesse consagrado na jurisprudência nacional – cfr. José Carlos Moitinho de Almeida, "O novo regime jurídico do contrato de seguro – Breves considerações sobre a proteção dos segurados", *in* José Carlos Moitinho de Almeida, *Contrato de Seguro – Estudos, Coimbra*, Coimbra Ed., 2009, pp. 24-26). Em qualquer caso, a lei aplicável ao contrato sempre seria, como vimos, a britânica.

[117] Em sentido diverso, defende Mário Raposo que, sendo os tribunais portugueses internacionalmente competentes, será admissível a ação direta «na hipótese de o dano promanar de factos ocorridos em Portugal: ilícito extracontratual e não cumprimento ou cumprimento defeituoso de uma obrigação» – Mário Raposo, "Os P&I Clubs e a ação direta", *cit.*, p. 34.

[118] Como se refere no Acórdão, com o Decreto-Lei n.º 37.748, de 1 de fevereiro de 1950, o Estado Português determinou que o disposto nos artigos 1.º a 8.º da Convenção de Bruxelas de 25 de agosto de 1924 passava a ser aplicável a todos os conhecimentos de carga emitidos em território português, qualquer que fosse a nacionalidade dos contratantes.

[119] Cfr. http://www.dgsi.pt (consult. 02/02/2016).

VI. Conclusões

No plano histórico, o surgimento dos *P&I Clubs* encontra-se associado a um paradoxo. Com efeito, o fenómeno envolveu a recuperação de soluções mutualistas de previdência – que haviam precedido o nascimento do próprio contrato de seguro – e a respetiva mobilização, de forma eficaz e duradoura, no sentido de superar múltiplas disfuncionalidades que afetavam um mercado segurador já em plena fase de maturidade.

Entre essas disfuncionalidades contava-se, desde logo, o regime de oligopólio que perturbava o normal funcionamento económico do mercado segurador britânico. Acrescia-lhe, por outro lado, a insuficiência das coberturas proporcionadas pelo tradicional seguro marítimo de máquinas e casco (*H&M insurance*), circunstância que veio a ditar um dos traços caracterizadores do *P&I insurance*: o respetivo caráter de complementaridade face àquele seguro. Finalmente, verificava-se uma forte resistência dos seguradores comerciais, constituídos sob a forma de sociedades anónimas, à cobertura de riscos emergentes de génese jurídica: as várias dimensões da responsabilidade civil dos armadores por empreendimentos marítimos. Com efeito, o risco de responsabilidade civil – cujo âmbito se foi progressivamente alargando e intensificando a partir do século XIX –, apenas encontrou resposta adequada por parte dos *P&I Clubs*.

Um dos traços distintivos destes consiste no facto de a relação entre os membros e o *Club* traduzir, num quadro unitário e que não é passível de autonomização senão em termos teóricos, uma relação jurídica societária (o que designámos por *vertente estrutural* do *Club*) e uma relação jurídica securitária (que apelidámos por *vertente funcional* do *Club*). Esta última, correspondendo à função económico-social da pertença à associação – a proteção mútua dos membros contra riscos de responsabilidade civil – consubstancia o *P&I insurance*.

Em Portugal, onde inexistem *P&I Clubs*, a transposição da Diretiva 2009/20/CE – que, com deficiências importantes de redação, tornou obrigatórias as coberturas proporcionadas por *P&I insurance* – compeliu os armadores a aderirem a *Clubs* estrangeiros. Neste quadro, a relevância dos *P&I Clubs* no nosso país coloca-se sobretudo na prática dos armadores, sendo rara a jurisprudência dos tribunais superiores portugueses a incidir sobre a temática.

Quanto à natureza jurídica da relação entre o membro e o *Club* – e sem prejuízo de, à luz do ordenamento britânico, a mesma ser qualificável como *seguro mútuo* – a inexistência de uma tal espécie contratual no quadro do Direito português impede essa qualificação. Assim, face aos traços típicos do contrato de seguro, tal como resultam da nossa lei, o *P&I insurance* não pode igualmente ser qualificado como *seguro*, em virtude: da autonomia desta espécie contratual; da designação das partes (segurador e tomador do seguro); da essencialidade do prémio (fixo, liberatório e pago antecipadamente); e da necessária intervenção de uma entidade autónoma com fim lucrativo, que suporta um risco empresarial (o segurador).

À luz do ordenamento português estamos, em suma, perante contratos atípicos, o que não impedirá, em concreto, que, reconhecendo-se a presença, numa relação contratual unitária, de elementos típicos de uma relação securitária (vertente funcional) e societária (vertente estrutural), se identifique aí contratos mistos de seguro e de sociedade, aplicando-se, quando e na medida em que a analogia o justifique, as regras estabelecidas para estes tipos contratuais.

Finalmente, o facto de ser admissível, no âmbito do RJASR, o exercício da atividade seguradora por mútuas de seguros, não impede que as mesmas devam atuar, no essencial, segundo os mesmos princípios e regras das sociedades anónimas, isto é, mediante a celebração de típicos contratos de seguro.

Bibliografia

Almeida, José Carlos Moitinho de, *O Contrato de Seguro no Direito Português e Comparado*, Lisboa, Livraria Sá da Costa, 1971

– "O novo regime jurídico do contrato de seguro – Breves considerações sobre a proteção dos segurados", *in* José Carlos Moitinho de Almeida, *Contrato de Seguro – Estudos, Coimbra*, Coimbra Ed., 2009, pp. 11-36

Alves, Hugo Ramos, "Em torno do contrato de transporte marítimo de mercadorias", *in* Januário da Costa Gomes (Coord.), *Temas de Direito dos Transportes*, Vol. III, Coimbra, Almedina, 2015, pp. 317-374

Amzalak, Moses, *O Tratado de Seguros de Pedro de Santarém*, Lisboa, s.n., 1958

Antunes, José Engrácia, *Direito dos Contratos Comerciais*, Coimbra, Almedina, 2009

Araújo, Fernando, *Introdução à Economia*, 3ª Ed., Coimbra, Almedina, 2005

– "Uma nota sobre carros usados", *in* AAVV, *Estudos Jurídicos e Económicos em Homenagem ao Professor João Lumbrales*, Lisboa, Faculdade de Direito de Lisboa, 2000, pp. 181-206

BENTO, José, *Direito de Seguros*, Lisboa, s.n., 2003 (polic.)

BILLAH, Muhammad Masum, *Effects of Insurance on Maritime Liability Law – A Legal and Economic Analysis*, Cham / Heildelberg / New York, Springer, 2014

BRITO, José Alves de, *Seguro Marítimo de Mercadorias – Descrição e Notas ao Seu Regime Jurídico*, Coimbra, Almedina, 2006

CAETANO, Sónia Isabel, "A responsabilidade do transportador nas regras de Roterdão", *in* Januário da Costa Gomes (Coord.), *Temas de Direito dos Transportes*, Vol. III, Coimbra, Almedina, 2015, pp. 491-570

CARVALHO, Ruy de, "Início do seguro, uma questão controversa", *APS Notícias*, Ano V, n.º 17 (abr.-jun. 2007), pp. 12-16

CASCIANO, Daniele, *L'Assicurazione P. & I.*, Milano, Giuffrè Editore, 2013

CORDEIRO, António Menezes, *Direito dos Seguros*, Coimbra, Almedina, 2013

DIONNE, Georges *et al.*, "Adverse selection in insurance markets", *in* Georges Dionne (Ed.), *Handbook of Insurance*, Boston, Kluwer Academic Publishers, 2000, pp. 185-243

DOVER, Victor, *A Handbook to Marine Insurance*, 5ª Ed., London, H. F. & G. Witherby, 1957

DUARTE, Rui Pinto, *Tipicidade e Atipicidade dos Contratos*, Coimbra, Almedina, 2000

FOLEY, Thomas R., "Insurers' misrepresentation defense: The need for a knowledge element", *Southern California Law Review*, Vol. 67 (Mar. 1994), pp. 659-687

GOLDIE, C. W. H., "Alarum and excursions: the changing scenes of P&I", *The International Journal of Insurance Law*, Part 1 (Jan. 2000), p. 60-70

GOMES, Januário da Costa, "O regime europeu do transporte marítimo de passageiros. Entre o regulamento 'marítimo' da responsabilidade do transportador e o regulamento 'consumerista' dos direitos dos passageiros", *in* Januário da Costa Gomes (Coord.), *Temas de Direito dos Transportes*, Vol. III, Coimbra, Almedina, 2015, pp. 7-61

HAZELWOOD, Steven J., "The history, character, constitution, and functioning of shipowners' protection and indemnity association", *in* ARROYO, Ignacio (Ed.), *Yearbook Maritime Law*, Vol. III (1986-1987), Deventer, Kluwer Law, 1988, pp.75-104

HAZELWOOD, Steven J.; e SEMARK, David, *P&I Clubs – Law and Practice*, Oxon / New York, Informa Law from Routledge, 2010

HILL PRADOS, María Concepción, *Los Clubs de Protección e Indemnización en el Campo del Seguro Marítimo*, Barcelona, Bosch, 1992

HUDSON, N. Geoffrey; MADGE, Tim; e STURGES, Keith, *Marine Insurance Clauses*, 5ª Ed., London, Informa, 2012

JERRY II, Robert H., *Understanding Insurance Law*, 2ª Ed., New York, Matthew Bender, 1996 (Reimpr. 1997)

KAST, Robert; e LAPIED, André, *Economics and Finance of Risk*, West Sussex, John Wiley & Sons, 2006

LA TORRE, Antonio, *L'Assicurazione nella Storia delle Idee*, Firenze, Assicurazioni, 1995

LOPES, Fernão, *Crónica de El-Rei D. Fernando*, Vol. II, Lisboa, Ed. Mello d'Azevedo, 1895

MAFFEI, Domenico, "Il giureconsulto portoghese Pedro de Santarém autore del primo tratatto sulle assicurazioni (1488)", *Boletim da Faculdade de Direito da Universidade de Coimbra*, Ano LVIII (1982), pp. 703-728

MANEIRAS, Luísa Silva, "Ondas de mudança: o novo código ISM – Seu impacto no seguro marítimo", *Revista do ISP*, Ano II, n.º 8-9 (dez. 1998 a mar. 1999), pp. 20-27

MARQUES, A. H. Oliveira, *Para a História dos Seguros em Portugal: Notas e Documentos*, Lisboa, Arcádia, 1977

MARTINEZ, Pedro Romano, *Direito dos Seguros – Apontamentos*, Cascais, Princípia, 2006

MATOS, Azevedo, *Princípios de Direito Marítimo*, Vol. IV – Seguro Marítimo, Lisboa, Ática, s.d.

NORTH OF ENGLAND P&I ASSOCIATION, *An Introduction to P&I Insurance and Loss Prevention*, Newcastle upon Tyne, North of England P&I Association, 2008

PARDESSUS, Jean-Marie, *Collection de Lois Maritimes Antérieures au XVIIIe Siècle*, Tomo II, Paris, Imprimerie Royale, 1831

PICARD, Pierre, "Un objectif majeur pour l'assurance et la prévention des risques", *Risques*, n.º 39 (Set. 1999), pp. 65-66

PINTO, Eduardo Vera-Cruz, "Os seguros marítimos nas rotas portuguesas do Ultramar – Uma perspetiva histórico-jurídica: séculos XV-XVI", *Revista da Faculdade de Direito da Universidade de Lisboa*, Vol. XXXIX (1998), n.º 1, pp. 257-290

POÇAS, Luís, *O Dever de Declaração Inicial do Risco no Contrato de Seguro*, Coimbra, Almedina, 2013

– "A natureza jurídica do seguro-caução", *Revista de Direito e de Estudos Sociais*, Ano LVI, n.º 1-3 (jan.-set. 2015), pp. 101-153

RAPOSO, Mário, "Os P&I Clubs e a ação direta", *Revista do ISP*, Ano III, n.º 10 (jun. 1999), pp. 28-34

– "Transporte marítimo de mercadorias: Hoje e amanhã", *Revista da Ordem dos Advogados*, A. 73, Vol. 2-3 (abr.-set. 2013), pp. 525-565

REGO, Margarida Lima, "O prémio", *in* Margarida Lima Rego (Coord.), *Temas de Direito dos Seguros*, Coimbra, Almedina, 2012, pp. 191-212

RODIÈRE, René, *Traité Général de Droit Maritime*, Vol. VIII – Assurances et Ventes Maritimes, Paris, Dalloz, 1983

Samuelson, Paul; e Nordhaus, William, *Economics*, 16ª Ed., New York, McGraw-Hill, 1998 – trad. port., *Economia*, Lisboa, McGraw-Hill, 1999

Silva, Fernando Emygdio, *Seguros Mútuos*, Coimbra, Imprensa da Universidade, 1911

Silva, Rita Gonçalves Ferreira, *O Segurador do Ramo "Não Vida" em Portugal*, Tese de Doutoramento em Ciências Jurídico-Empresariais, Coimbra, Universidade de Coimbra, 2013 – https://estudogeral.sib.uc.pt/bitstream/10316/23614/4/O%20segurador%20do%20ramo%20N%C3%A3o%20vida%20em%20Portugal.pdf

Simone, Ennio de, *Breve Storia delle Assicurazioni*, 2ª Ed., Milano, Franco Angeli, 2011

Skuld, *An Introduction to P&I Insurance for Mariners*, 3ª Ed., Oslo, Skuld, 2009

Summerskill, Michael, *Oil Rigs: Law and Insurance (Some Aspects of Mobile Drilling Units)*, London, Stevens & Sons, 1979

Tarr, Julie-Anne, "Disclosure in insurance law; contemporary and historical economic considerations", *International Trade and Business Law Annual*, 6, 2000, pp. 209-225

Vasconcelos, Pedro Pais, *Contratos Atípicos*, Coimbra, Almedina, 1995

Vasques, José, *Contrato de Seguro – Notas para Uma Teoria Geral*, Coimbra, Coimbra Ed., 1999

SOBRE O SISTEMA PRÓPRIO DE RESPONSABILIDADE DO TRANSPORTADOR DE MERCADORIAS

M. Januário da Costa Gomes*

Sumário: 1. Introdução. Os elementos do transporte de mercadorias; 2. Os sujeitos principais; 3. Os sujeitos secundários; 4. Elementos objetivos; 5. A complexidade normativa, em especial no transporte marítimo; 6. A complexidade para-normativa, em especial no transporte marítimo; 7. Linhas gerais do sistema próprio de responsabilidade civil do transportador de mercadorias; 7.1. Introdução; 7.2. O transporte marítimo de mercadorias e a "sombra normativa" do Protocolo de Visby sobre as (simples) Regras da Haia; 8. As quatro fases; 8.1. Introdução; 8.2. Primeira fase. A imputação, de princípio, da responsabilidade ao transportador ou a imputação provisória; 8.3. A segunda fase. A exclusão da responsabilidade; 8.4. A terceira fase. A limitação da responsabilidade; 8.5. A quarta fase. A preclusão da limitação de responsabilidade; 9. Concurso de responsabilidade obrigacional e extraobrigacional.

1. Introdução. Os elementos do transporte de mercadorias

Propomo-nos, neste breve texto[1], destacar o facto de o transporte de mercadorias conhecer, independentemente do concreto modo de transporte,

* Professor da Faculdade de Direito da Universidade de Lisboa.

[1] Abreviaturas mais utilizadas: BL=*Bill of Lading*; CC=Código Civil Português; CCI=Câmara do Comércio Internacional; CCom=Código Comercial Português; CMR=Convenção relativa ao Contrato de Transporte internacional de Mercadorias por Estrada; COTIF/CIM=Regras Uniformes Relativas ao Contrato de Transporte Internacional Ferroviário de Mercadorias (CIM), que constituem o Apêndice B à Convenção Relativa aos Transportes Internacionais Ferroviários (COFIF), de 9 de maio de 1980, na redação

um sistema próprio de responsabilidade do transportador, sistema esse que, no entanto, não obsta à existência de especificidades nos diversos regimes modais. A existência desse sistema próprio acentua a importância da autonomização académica e pedagógica da disciplina do Direito dos Transportes[2], sem que fique, com isso, perigada a autonomia, designadamente, do Direito Marítimo[3] ou do Direito Aéreo[4].

Antes de expormos os fundamentos que presidem à sustentação da existência de um "sistema próprio", importa, por razões de clareza, identificar os *elementos* do transporte de mercadorias.

Quando falamos em elementos, fazemo-lo, para já, em termos descomprometidos com a respetiva natureza. Assim, a par de elementos que são "personagens", que são sujeitos de Direito, como é, *ad evidentiam*, desde logo, *o transportador*, outros há que, não sendo *pessoas*, juridicamente falando, são, não obstante, centrais na dinâmica – operacional e também jurídica – do transporte. Assim é, desde logo, com o *meio* ou *veículo* de transporte[5]: o *navio* no transporte marítimo, o *comboio* no transporte ferroviário, o *avião* ou *aeronave* no transporte aéreo e o *veículo rodoviário* no transporte rodoviário.

---

conforme às alterações introduzidas pelo Protocolo de 3 de junho de 1999; DL=Decreto-Lei; LTR=(Lei do Transporte Rodoviário): Decreto-Lei n.º 239/2003, de 4 de outubro, que aprovou o regime jurídico do contrato de transporte rodoviário nacional de mercadorias; RDS=Revista de Direito das Sociedades; RID=Regulamento Relativo ao Transporte Internacional Ferroviário de Mercadorias Perigosas.

[2] Cf., v. g., Menezes Cordeiro, *Introdução ao Direito dos Transportes*, in "I Jornadas de Lisboa de Direito Marítimo. 6 e 7 de março de 2008. O contrato de transporte marítimo de mercadorias", Almedina, Coimbra, 2008, p. 7 e ss..

[3] Cf., v. g., M. Januário da Costa Gomes, *O ensino do Direito Marítimo. O soltar das amarras do Direito da Navegação Marítima*, Almedina, Coimbra, 2005, p. 141 e ss., Ignacio Arroyo, *Curso de Derecho Marítimo*, 3.ª edição, Civitas, Thomson Reuters, Cizur Menor, 2015, p. 26 e ss. e Pulido Begines, *Qué es y qué debe ser el Derecho Marítimo?*, in "Estudios de Derecho Marítimo", organização de J. L. García-Pita y Lastres *et al*, Thomson Reuters, Aranzadi, Cizur Menor, 2012, p. 53 e ss..

[4] Cf. Ignacio Arroyo, *Curso de Derecho Aéreo*, Thomson, Civitas, Cizur Menor, 2006, p. 25 e ss., Schwenk / Giemulla, *Handbuch des Luftverkehrsrechts*, 4.ª edição, Carl Heymanns Verlag, Colónia, 2013, p. 3 e ss., Christoph Schafer, *Recht des Luftverkehrs*, C. H. Beck, Munique, 2017, pp. 11-12, Morillas Jarillo / Petit Lavall / Guerrero Lebrón, *Derecho aéreo y del espacio*, Marcial Pons, Madrid, 2014, p. 11 e ss. e Carlos Neves de Almeida, *Linhas gerais da evolução do Direito Aéreo*, in "Estudos de Direito Aéreo", coordenação de Dário Moura Vicente, Coimbra Editora, Coimbra, 2012, p. 11 e ss..

[5] Cf., v. g., Alfredo Antonini, *Corso di Diritto dei Trasporti*, 3.ª edição, Giuffrè, Milão, 2015, p. 63 e ss..

Na análise que fazemos, privilegiamos os instrumentos normativos internacionais, sem prejuízo de referências pontuais ao direito interno português.

2. Os sujeitos principais

I. No quadro dos sujeitos, comece-se, naturalmente, pelo *transportador*.

Estamos perante a pessoa, singular ou coletiva, que, desde logo, e sem prejuízo de outras obrigações acessórias ou complementares[6], se obriga a deslocar a mercadoria de um lugar para outro e a efetuar a respetiva entrega nos termos do contrato[7].

A priori, diríamos estar perante um sujeito cuja identificação não envolveria qualquer dificuldade. Não é assim, porém. Na verdade, na dinâmica do transporte, considerando, designadamente, os diversos regimes uniformes aplicáveis, pode ser, em concreto, duvidosa a identificação do transportador, ponto que assume um especial relevo no transporte marítimo[8].

Particularmente importante é a diferenciação entre o transportador contratual (*contracting carrier*) e o transportador de facto (*actual carrier*)[9], na qual avulta a figura do sub-transportador.

---

[6] Cf., v. g., Menezes Cordeiro, *Introdução ao Direito dos Transportes*, cit., pp. 24, 28 e 30, Ferreira de Almeida, *Contratos*, II, 2.ª edição, Almedina, Coimbra, 2011, p. 165 e Engrácia Antunes, *Direito dos Contratos Comerciais*, Almedina, Coimbra, 2009, p. 750. Na doutrina italiana, cf., v. g., Casanova / Brignardello, *Diritto dei Trasporti*, II. *La disciplina contrattuale*, 2.ª edição, Giuffrè, Milão, 2012, p. 249 e ss., distinguindo entre (*i*) obrigações antes do início da viagem, (*ii*) obrigações durante a viagem e (*iii*) obrigações no final do transporte.

[7] Cf., v. g., Costeira da Rocha, *O contrato de transporte de mercadorias. Contributo para o estudo da posição jurídica do destinatário no contrato de transporte de mercadorias*, Almedina, Coimbra, 2000, p. 146.

[8] Cf., por todos, Francesco Berlingieri, *La disciplina della responsabilità del vettore di cose*, Giuffrè, Milão, 1978, p. 25 e ss., Carbone / Celle / Lopez De Gonzalo, *Il Diritto Marittimo attraverso i casi e le clausole contrattuali*, 5.ª edição, G. Giappichelli Editore, Turim, 2015, p. 327 e ss. e Nicola Romana, *Individuazione del vettore*, in "Trattato breve di Diritto Marittimo", II – "I contratti di utilizzazione della nave e la responsabilità del vettore", coordenação de Alfredo Antonini, Giuffrè, Milão, 2008, pp. 119-129, *passim*; cf. também Anastasia Kozubouskaya-Pellé, *De la qualité juridique de transporteur maritime de marchandisess: notion et identification*, Presses Universitaires d'Aix-Marseille, 20111, *passim*.

[9] Cf., em especial, Stefano Zunarelli, *La nozione di vettore (contracting carrier ed actual carrier)*, Giuffrè, Milão, 1987, *passim*.

Tal diferenciação é claramente destacada nas Regras de Hamburgo, conforme ressalta, desde logo, da definição de "actual carrier" constante do número 2 do artigo 1.º e do seu artigo 10.º ("Liability of the carrier and actual carrier"), e na Convenção de Montreal (artigo 39.º e seguintes – Transporte aéreo efetuado por entidade diferente da transportadora contratual). Essa contraposição é também evidente nas Regras de Roterdão, nas quais o transportador de facto surge enquadrado na estoutra figura, mais ampla, da *parte executante*[10], prevista, desde logo, nas definições dos números 6 ("parte executante") e 7 ("parte executante marítima") do artigo 1.º e objeto de várias previsões específicas.

Ainda que com menor destaque, a autonomização do transportador de facto face ao transportador contratual revela-se importante também nas disciplinas uniformes relativas a outros modos de transporte. Assim, na CMR (artigo 3.º) e na COTIF/CIM, com referência à figura do "transportador substituto" (artigos 3.º e 27.º).

De salientar que o artigo 367.º do Código Comercial dispõe que o transportador pode fazer efetuar o transporte, não apenas "por si, seus empregados e instrumentos", mas também ("ou") por "empresa, companhia ou pessoas diversas", caso em que o transportador conserva "a sua originária qualidade"[11]. No regime específico do transporte rodoviário de mercado-

---

[10] Cf., por todos, M. Januário da Costa Gomes, *Introdução às Regras de Roterdão – a Convenção "Marítima-Plus" sobre Transporte Internacional de Mercadorias*, in "Temas de Direito dos Transportes", I, Almedina, Coimbra, 2010, p. 29 e ss. e Carlos Oliveira Coelho, *Em torno da responsabilidade civil das partes executantes face às Regras de Roterdão*, in "III Jornadas de Lisboa de Direito Marítimo. 23 e 24 de maio de 2013. Das Regras da Haia às Regras de Roterdão", Almedina, Coimbra, 2014, p. 167 e ss.; cf. ainda Frank Smeele, *The maritime performing party in the Rotterdam Rules 2009*, in "Les Règles de Rotterdam: le droit des transports maritimes au XXI.e siècle", I. M. T. M., Marselha, 2010, pp. 115-141, Michael Sturley / T. Fujita / G. Van Der Ziel, *The Rotterdam Rules*, Sweet & Maxwell, Londres, 2010, p. 11 e ss., J. M. Martín Osante, *Responsabilidad del porteador por perdida, daño o retraso en las Reglas de Rotterdam*, in "Las Reglas de Rotterdam. La regulación del contrato de transporte internacional de mercancías por mar", direção de Alberto Emparanza Sobejano, Marcial Pons, Madrid, 2010, pp. 253-283 e Mercedes Zubiri de Salinas, *El ejercicio de la acción directa contra las partes ejecutantes, en especial, la parte ejecutante marítima en las Reglas de Rotterdam*, in "Las Reglas de Rotterdam sobre Transporte Marítimo. Pros y contras del nuevo Convenio", direção de Rosario Espinosa Calabuig, Tirant Lo Blanch, Valência, 2013, pp. 113-147.

[11] Lê-se, a propósito, em Adriano Anthero, *Comentario ao Codigo Comercial Portuguez*, II, 2.ª edição, Companhia Portugueza Editora, Porto, sem data, p. 347: "Como é patente, quando se trata de grandes distancias, era quasi impossivel ao primitivo

rias, é esta a solução que encontramos no artigo 10.º da LTR: "Sempre que o transportador cumpra o contrato de transporte por meio de terceiros mantém para com o expedidor a sua originária qualidade e assume para com o terceiro a qualidade de expedidor".

No domínio de aplicação da CMR, dispõe o seu artigo 3.º que o transportador responde, "como se fossem cometidos por ele próprio", não apenas "pelos atos e omissões dos seus agentes", mas também pelos "de todas as outras pessoas a cujos serviços recorre para a execução do transporte", isto no pressuposto de que tais agentes ou "essas pessoas" tenham atuado no exercício das suas funções[12].

A identificação do transportador pode revestir dificuldades específicas quando o transporte seja assegurado por vários sujeitos – como no caso do *transporte sucessivo*, previsto no artigo 34.º da CMR e no artigo 11.º da LTR[13] – e também nas situações, adiante focadas, em que há intervenção de agentes, designadamente transitários[14].

A identificação do transportador que aqui temos em vista é a identificação substantiva ou material, a qual é independente da verificação dos requisitos administrativos exigidos para o exercício da atividade de transportador ou da questão – relevantíssima para efeitos da qualificação do contrato de transporte como comercial, nos termos do artigo 366.º do CCom – de saber se "os condutores" constituíram "empresa ou companhia regular permanente"[15].

---

transportador o fazer effectuar o transporte directamente por si; e, portanto, debaixo da sua responsabilidade, póde fazel'o efetuar pelos seus empregados e com instrumentos seus, isto é, vehiculos, barcos, etc., ou por empresa, companhia ou pessoas diversas"; cf. também Cunha Gonçalves, *Comentário ao Código Comercial Português*, II, Empresa Editora José Bastos, Lisboa, 1916, p. 397 e ss..

[12] Cf., por todos, Ingo Koller, *Transportrecht. Kommentar*, 9.ª edição, C. H. Beck, Munique, 2016, p. 1150 e ss. e Reinhard Schmid, *Haftung des Frachtführers für andere Leute*, in "Kommentar zur CMR. Übereinkommen über den Beförderungsvertrag in internationalem Strassengüterverkehr", 2.ª edição, coordenação de Karl-Heinz Thume, Verlag Recht und Wirtschaft, Frankfurt am Main, 2007, pp. 165-183.

[13] Cf., por todos, Castello-Branco Bastos, *Direito dos Transportes*, Almedina, Coimbra, 2004, p. 70 e ss. e A. Marteleto Godinho, *A responsabilidade do transportador rodoviário de mercadorias*, in "Temas de Direito dos Transportes", I, Almedina, Coimbra, 2010 (pp. 85-170), p. 150 e ss..

[14] Cf., por todos, Menezes Cordeiro, *Introdução ao Direito dos Transportes*, cit., p. 32 e ss. e Costeira da Rocha, *O contrato de transporte de mercadorias*, cit., p. 70 e ss..

[15] Cf., v. g., Inocêncio Galvão Telles, *Aspectos comuns aos vários contratos*, in "Revista da Faculdade de Direito da Universidade de Lisboa", VII, 1950, p. 306, apontando o

II. A deslocação da mercadoria pelo transportador pressupõe que alguém o encarregue da deslocação e entrega.

Estamos perante um novo sujeito: o *expedidor* ou *carregador* (*shipper*), que, pessoalmente, ou através de um representante, acorda com o transportador a deslocação e entrega da mercadoria e respetivos termos.

Importa, desde já, frisar que a identificação do expedidor é *obrigacional*, não é *real*, conexionada com a identificação de um direito real sobre a mercadora a transportar: o expedidor ou carregador é aquele que celebra com o transportador o contrato de transporte de mercadorias, não havendo qualquer exigência de que o expedidor seja também o proprietário – ou o titular de qualquer outro direito real – da mercadoria a deslocar e entregar.

O regime do artigo 370.º do CCom, relativamente ao conteúdo da guia de transporte, não insere entre as menções da guia qualquer referência – exigência – da declaração da propriedade dos bens a transportar: não encontramos especificamente a exigência de que tais bens devam ser propriedade do expedidor. Nem tal conclusão se pode extrair, de modo indireto, do disposto no artigo 374.º do mesmo código – a carecer de uma interpretação cuidada[16] –, de acordo com o qual, sendo a guia à ordem ou ao portador, "o endosso ou tradição dela transferirá a propriedade dos objetos transportados".

Neste particular, há uma forte similitude com o que acontece no contrato de depósito, no qual a prestação a cargo do depositário perante o depositante é independente de o bem sob custódia ser da propriedade deste[17].

---

critério da "*empresa* económica" para distinguir o transporte comercial – com sede no CCom – do transporte civil, sujeito ao regime geral do contrato de prestação de serviços. Mais recentemente, cf., v. g., ENGRÁCIA ANTUNES, *Direito dos Contratos Comerciais*, cit., p. 730.

[16] Escreve, a propósito CUNHA GONÇALVES, *Comentário ao Código Comercial Português*, II, cit., p. 413: "Com efeito, o transporte tem por fim transferir materialmente a cousa transportada de um lugar para outro, e não o de transmitir juridicamente a propriedade ou posse dela de uma a outra pessoa, o que depende do contrato que precedeu a expedição"; e ainda: "Ora, sendo certo que tanto o expedidor, como o destinatário, podem ser mandatários de terceiros, ou que entre os dois pode não ter havido um contrato de compra e venda ou doação, mas sim o de consignação, depósito, aluguer, penhor, etc., claro é que a transmissão da guia só pode importar, em muitos casos, a transmissão da *disponibilidade*, ou seja, da propriedade *aparente* ou *material*, do *direito de receber do transportador* a cousa transportada". Sobre este ponto, cf., na doutrina recente, PEDRO PAIS DE VASCONCELOS, *Direito Comercial*, I, *Parte geral. Contratos mercantis. Títulos de crédito*, Almedina, Coimbra, 2011, p. 235.

[17] Cf., por todos, MENEZES LEITÃO, *Direito das Obrigações*, III, 11.ª edição, Almedina, Coimbra, 2016, p. 474, acentuando que, quanto à legitimidade para celebrar o contrato de depósito, "esta existe em relação a qualquer pessoa que tenha a detenção da coisa, uma vez

A qualidade de expedidor determina a necessidade de cumprimento de deveres específicos no quadro do contrato de transporte: veja-se, a título de exemplo, o que dispõem os artigos 6.º e 7.º da CMR ou os artigos 4.º e 16.º da LTR, no transporte rodoviário, o n.º 5.º do artigo 3.º das Regras da Haia ou o artigo 4.º do DL 352/86, de 21 de outubro, no transporte marítimo, os artigos 5.º e 10.º da Convenção de Montreal, no transporte aéreo, ou o artigo 7.º da COTIF/CIM, no transporte ferroviário.

III. A necessidade de entrega da mercadoria[18] faz avultar um outro sujeito: *o destinatário*; se estivermos perante uma "venda marítima"[19], ele será, típica mas não necessariamente, o comprador. Trata-se de uma personagem natural no transporte de mercadorias. Contudo, curiosamente, nos instrumentos normativos internos e internacionais relativos ao transporte de mercadorias, o destinatário tem estado algo obnubilado, sem prejuízo de o CCom, no artigo 382.º, impor ao transportador o dever de "fazer a entrega dos objectos" e de encontrarmos nos artigos 383.º e 385.º expressas referências à posição jurídica do destinatário[20].

No caso do transporte marítimo, à luz das Regras da Haia, tal é explicável pelo facto de, durante muito tempo, a dimensão das perturbações ocorríveis durante o transporte ter, de algum modo, "ofuscado" o momento da *entrega*. Esse ofuscamento era-o em termos normativos, que não em termos efetivos, já que a entrega sempre foi um momento essencial do transporte de coisas.

---

que esta basta para que possa praticar atos relativos à sua custódia e conservação como é o depósito". Na doutrina italiana, ALFREDO GALASSO / GIUSEPPE GALASSO, *Deposito*, in "Digesto delle Discipline Privatistiche. Sezione Civile", V, UTET, Turim, 1989, (pp. 253-274) p. 264, acentuam que a legitimidade para ser depositante pertence a "chiunque abbia un qualsiasi rapporto di fatto con la cosa". Sobre o depósito mercantil, cf., por último, ENGRÁCIA ANTUNES, *Direito dos Contratos Comerciais*, cit., p. 375 e ss..

[18] Cf., entre nós, por todos, AZEVEDO MATOS, *Princípios de Direito Marítimo*, II. *Do transporte marítimo*, Edições Ática, Lisboa, 1956, p. 39 e ss., COSTEIRA DA ROCHA, *O contrato de transporte de mercadorias*, cit., pp. 143 e ss. e 183 e ss., Ibidem, *A entrega das mercadorias nas Regras da Haia e nas Regras de Roterdão*, in "III Jornadas de Lisboa de Direito Marítimo. 23 e 24 de Maio de 2013. Das Regras da Haia às Regras de Roterdão", Almedina, Coimbra, 2014, pp. 217-247; cf. ainda ENGRÁCIA ANTUNES, *Direito dos Contratos Comerciais*, cit., pp. 752-753.

[19] Cf. *infra*, ponto 6.

[20] Cf., na doutrina, por todos, CUNHA GONÇALVES, *Comentário ao Código Comercial Português*, II, cit., pp. 431 e ss. e 435 e ss.

O desenvolvimento da navegação marítima, em termos de segurança das mercadorias, propiciando, mais eficazmente, a sua entrega incólume, associado a um certo controlo das situações de risco durante a viagem e a um certo controlo das condições de entrega – incluindo tempo (duração) – permitiu uma maior atenção normativa ao momento da entrega no transporte marítimo, conforme demonstram as Regras de Hamburgo[21] e, com grande relevo, as Regras de Roterdão (convenção *marítima-plus*)[22].

Referimo-nos a uma atenção autónoma, já que na Convenção de Bruxelas de 1924 não deixa de haver o tratamento de certos aspetos relativos à entrega, conforme decorre, desde logo, do número 6.º do artigo 3.º, com alusão ao "momento da retirada das mercadorias e da sua entrega a pessoa que tem o direito de recebê-las em virtude do contrato de transporte".

Nas convenções não marítimas, destaque-se o relevo da "entrega" na própria delimitação do âmbito de aplicação da CMR, conforme o seu artigo 1.º – "lugar do carregamento" ("lieu de la prise en charge") *versus* "lugar da entrega" ("lieu prévu pour la livraison") –, sendo, ainda, de destacar estes

[21] Embora a necessidade de *entrega* não conste da definição de contrato de transporte marítimo de mercadorias constante do número 6 do artigo 1.º, a mesma é particularmente acentuada no artigo 4.º, atinente ao "período de responsabilidade"; cf., sobre este, v. g., CARBONE, *Contratto di trasporto marittimo di cose*, 2.ª edição, Giuffrè, Milão, 2010, pp. 251 e ss. e 296 e ss., SÁNCHEZ CALERO, *El contrato de transporte marítimo de mercancias. Reglas de La Haya-Visby, Hamburgo y Rotterdam*, 2.ª edição, Aranzadi, Thomson Reuters, Cizur Menor, 2010, p. 577 e ss. e GÓRRIZ LÓPEZ, *La responsabilidad en el contrato de transporte de mercancías (carretera, ferrocarril, marítimo, aéreo y multimodal)*, Publicación del Real Colégio de España, Bolonha, 2001, p. 443 e ss..

[22] Tal como nas Regras de Hamburgo, também a definição de contrato de transporte constante do número 1 do artigo 1.º das Regras de Roterdão não encerra qualquer referência à entrega. Contudo, o momento da entrega é acentuado, designadamente, no artigo 11.º ("Transporte e entrega das mercadorias") e no artigo 17.º (Fundamento da responsabilidade"); destaque-se, ainda, o facto de o Capítulo 9 destas Regras regular (artigos 43.º as 49.º) a "Entrega das mercadorias"; cf., v. g., CARBONE, *Contratto di trasporto marittimo di cose*[2], cit., p. 500 e ss., BERLINGIERI / ZUNARELLI / ALVISI, *La nuova Convenzione Uncitral sul trasporto internazionale di merci "wholly or partly by sea"*, in "Il Diritto Marittimo", ano CX (2008), IV, p. 1193 e ss., SANCHEZ CALERO, *El contrato de transporte marítimo de mercancias*[2], cit., pp. 693 e 702 e ss., VAN DER ZIEL, *To whom the goods must be delivered*, in "Les Règles de Rotterdam: le droit des transports maritimes au XXI.e siècle", I. M. T. M., Marselha, 2010, pp. 142-164 e MICHAEL STURLEY / T. FUJITA / G. VANDER ZIEL, *The Rotterdam Rules*, cit., pp. 241-274; cf. também M. JANUÁRIO DA COSTA GOMES, *Introdução às Regras de Roterdão*, cit., p. 54 e ss..

dois momentos para definição do arco de transporte e, logo, do período de responsabilidade do transportador, nos termos do artigo 17.º[23].

Não espanta, assim, que, num diploma com uma influência marcante da CMR como é a LTR, o seu artigo 1.º insira a entrega da mercadoria ao destinatário na própria definição de transporte rodoviário (nacional) de mercadorias. É, de resto, eloquente o número 1 do artigo 12.º deste diploma: "O cumprimento da prestação do transportador ocorre com a entrega da mercadoria ao destinatário".

No transporte ferroviário, o número 1 do artigo 6.º da COTIF/CIM insere o dever de entrega ao destinatário, no local de destino, entre os elementos do contrato de transporte[24].

Já no transporte aéreo, o artigo 13.º da Convenção de Montreal evidencia a importância da entrega das mercadorias, impondo ao transportador, salvo convenção ao contrário, o dever de avisar imediatamente o destinatário da chegada da mercadoria[25].

Importa frisar que a obrigação de entrega da mercadoria não está associada ou dependente de qualquer indagação pelo transportador dos direitos do destinatário sobre os bens transportados. É eloquente o que, a propósito, dispõe o artigo 387.º do CCom: "O transportador não tem direito a investigar o título por que o destinatário recebe os objetos transportados, devendo entregá-los imediatamente e sem estorvo, sob pena de responder pelos prejuízos resultantes da demora, logo que lhes apresentem a guia de transporte em termos regulares"[26].

Neste quadro, é de novo evidente o paralelo com o depósito. Na verdade, de acordo com o número 1 do artigo 1192.º do CC, "o depositário não pode recusar a restituição ao depositante com o fundamento de que este não

---

[23] Cf., por todos, Castello-Branco Bastos, *Direito dos Transportes*, cit., p. 93 e ss. e A. Marteleto Godinho, *A responsabilidade do transportador rodoviário de mercadorias*, cit., p. 92 e ss. cf. também Górriz López, *La responsabilidade en el contrato de transporte de mercancías*, cit., p, 420 e ss. e Ingo Koller, *Transportrecht*⁹, cit., p. 1233 e ss..

[24] Cf., v. g., Ingo Koller, *Transportrecht*⁹, cit., pp. 1580-1581.

[25] Cf., v. g., Ingo Koller, *Transportrecht*⁹, cit., p. 1483 e ss..

[26] Como bem refere Menezes Cordeiro, *Introdução ao Direito dos Transportes*, cit., p. 30, o transportador "deve entregar prontamente os objetos transportados ao destinatário, sem mais indagações". Nos clássicos, cf. Adriano Anthero, *Comentario*, II², cit., p. 367: "Se o transportador tiver direito a investigar o titulo por que o destinatario recebe os objectos transportados, poderiam resultar d'ahi embaraços e demoras na entrega d'elles, com grave prejuizo do mesmo destinatario ou do expedidor".

é proprietário da coisa nem tem sobre ela outro direito"[27]. É, aliás, comum[28] a identificação, a cargo do transportador de coisas, de deveres de custódia, em termos que justificam um certo paralelo.

IV. Identificados os três sujeitos principais do contrato de transporte de mercadorias, importa, agora, frisar que tais sujeitos não têm de corresponder, necessariamente, a três pessoas diferentes. E não significa também, à partida, que tenham de corresponder a três partes[29].

Não há, na verdade, qualquer impedimento a que a pessoa do expedidor coincida com a do destinatário. Se for esse o caso, o expedidor terá celebrado com o transportador um contrato de transporte para que este desloque e entregue a mercadoria, num outro local, ao próprio sujeito que celebrou o contrato como expedidor ou a um seu representante.

Esta precisão intercalar é importante, atento o seu relevo para a controvertida questão da natureza jurídica do contrato de transporte[30]. Ou melhor:

---

[27] Escrevem, a propósito, Pires de Lima / Antunes Varela, *Código Civil anotado*, II, 4.ª edição, Coimbra Editora, Coimbra, p. 845: "A obrigação de restituir (seja ao depositante, seja ao seu herdeiro ou cessionário ou à pessoa por ele indicada para o efeito) tem por causa o contrato de depósito. É este o único título que legitima, pois, o direito à restituição, é ele a única *causa restituendi*"; cf., mais recentemente, Menezes Leitão, *Direito das Obrigações*, III[11], cit., p. 482 e ss.. Sobre a legitimidade para exigir a restituição da coisa depositada, cf., no direito italiano, Raffaele Lenzi, *Il deposito*, in "Trasporto, spedizione, deposito, nollegio", por Antonio Flamini / Maria Vittoria Cozzi / Raffaele Lenzi, coordenação de Pietro Perlingieri, Edizioni Scientifiche Italiane, Nápoles, 2008, p. 293 e ss..

[28] Cf., v. g., Ferreira de Almeida, *Contratos*, II[2], cit., p. 165, referindo-se ao dever de custódia que impende sobre o transportador como um "dever complementar"; cf. também Engrácia Antunes, *Direito dos Contratos Comerciais*, cit., p. 750, destacando o dever do transportador de fazer chegar as mercadorias incólumes ao local de destino; cf. ainda João Ricardo Branco, *A responsabilidade civil do transportador*, Dissertação de Mestrado, Faculdade de Direito da Universidade de Lisboa, 2011, p. 245 e ss.. Em geral sobre as obrigações acessórias e instrumentais do transportador, cf. Alfredo Antonini, *Corso di Diritto dei Trasporti*[3], cit., p. 230 e ss..

[29] Sobre o conceito de *parte*, cf., em geral, Ferreira de Almeida, *Contratos*, II[2], cit., p. 35 e ss..

[30] Cf., por todos, Costeira da Rocha, *O contrato de transporte de mercadorias*, cit., pp. 209 e ss. e 227 e ss., Antonio Flamini, *Il trasporto*, in "Trasporto, spedizione, deposito, nollegio", por Antonio Flamini / Maria Vittoria Cozzi / Raffaele Lenzi, coordenação de Pietro Perlingieri, Edizioni Scientifiche Italiane, Nápoles, 2008, p. 112 e ss. e Andrés Recalde Castells, *La posición jurídica del destinatário en el contrato de transporte de mercancías*, in "Revista de Derecho de Transportes", 2010, 6, pp. 201-214.. Entre nós, a qualificação como contrato a favor de terceiro é sustentada por Menezes Cordeiro, *Introdução ao Direito dos Transportes*, cit., pp. 35-36, mas o autor reconhece haver "diversos pontos" que se afastam

ela tem influência numa das questões em sede de natureza jurídica do contrato de transporte, mais concretamente na de saber se este tem natureza bilateral, trilateral, se será, antes, um contrato a favor de terceiro ou, então, um contrato bilateral sujeito à adesão de um terceiro.

Constatado que seja que a "operação de transporte" não tem de envolver necessariamente um expedidor e um destinatário como pessoas jurídicas diferentes, parece fenecer, à partida, a tese "trilateralista" como tese explicativa para todas as situações de transporte; a não ser que a "trilateralidade" não se reporte a *partes* mas a *posições* ou *vestes* jurídicas, hipótese que temos por alheia à arquitetura do contrato a favor de terceiro.

De qualquer modo, tomamos como referência a hipótese – de longe mais frequente – de haver três sujeitos diferentes para as posições de transportador (*carrier*), de expedidor (*shipper*) e de destinatário (*consignee*).

3. Os sujeitos secundários

I. Os três sujeitos e posições identificados correspondem ao quadro natural de personagens subjetivas. Contudo, sobretudo nas operações de transporte de maior expressão, ocorre uma (bem) maior complexidade subjetiva, com a intervenção de um outro círculo de personagens que, de algum modo, "coadjuvam" o transportador, o expedidor ou carregador e o destinatário. Há, na verdade – mesmo sem contarmos com os *auxiliares*[31] de cada um dos sujeitos identificados –, para usarmos a expressão de Costeira da Rocha[32], um "conjunto numeroso e heterogéneo de pessoas" que intervém na operação de transporte[33]. Interessam-nos, em especial, os sujeitos que

---

do regime dos artigos 443.º e seguintes do Código Civil. Sobre a questão, cf. também PEDRO PAIS DE VASCONCELOS, *Direito Comercial*, I, cit., pp. 238-239, para quem a construção do contrato a favor de terceiro é desnecessária "desde que tenha sido emitido o título de transporte e se compreenda bem e se aplique como deve ser o regime jurídico dos títulos de crédito representativos de mercadorias".

[31] Em geral, sobre a responsabilidade do devedor por atos de representantes ou auxiliares, cf., por todos, MENEZES CORDEIRO, *Tratado de Direito Civil*, IX. *Direito das obrigações. Cumprimento e não cumprimento. Transmissão. Modificação e extinção*, 3.ª edição, Almedina, Coimbra, 2017, p. 403 e ss..

[32] Cf. COSTEIRA DA ROCHA, *O contrato de transporte de mercadorias*, cit., p. 147.

[33] Cf., a propósito, ANA TOBÍO RIVAS, *Intermediación en los mercados de transporte y las Reglas de Rotterdam*, in "III Jornadas de Lisboa de Direito Marítimo. 23 e 24 de maio de 2013. Das Regras da Haia às Regras de Roterdão", Almedina, Coimbra, 2014, pp. 515-547.

não têm uma posição de dependência jurídica em relação aos sujeitos principais ou nucleares.

Assim, no transporte marítimo, o que será comum é que a celebração do contrato de transporte seja "operacionalizada" por um outro sujeito, representante do transportador.

Esse representante é, tipicamente, *o agente de navegação*, que representa o transportador num determinado porto[34]. No direito português, o DL 264/2012, de 20 de dezembro, estabelece o regime jurídico do acesso à atividade de agente de navegação, definindo as condições de inscrição e de registo para o seu exercício[35].

Destaque-se a alínea *c*) do número 1 do artigo 3.º, de acordo com a qual a atividade dos agentes de navegação abrange a prática dos seguintes atos e procedimentos: "Atuar como mandatários dos armadores ou de transportadores marítimos, podendo, nessa qualidade, ser-lhes cometidos poderes, nomeadamente para emitir, assinar, alterar ou validar conhecimentos de carga, proceder ou mandar proceder aos trâmites exigidos à receção de mercadorias para embarque ou à entrega de mercadorias desembarcadas e desenvolver as ações complementares do transporte marítimo que a lei lhes faculte".

O DL 264/2012 tem de ser articulado com o DL 202/98, de 10 de julho, cujo artigo 1.º, na sua alínea *f*), caracteriza o agente de navegação como representante "do proprietário, do armador, do afretador ou do gestor, ou de alguns destes simultaneamente". Prevê, também, o artigo 11.º, no seu número 2, que, em situações específicas, o agente de navegação represente o próprio navio em juízo.

Neste quadro de personagens da operação de transporte, não incluímos o *capitão* do navio[36], não obstante este ser um representante do arma-

---

[34] Cf., v. g., CARBONE / CELLE / LOPEZ DE GONZALO, *Il Diritto Marittimo*[5], cit., p. 373 e ss. e DOMENICO MALTESE, *Il racommandatario marittimo*, in "Trattato breve di Diritto Marittimo.", I., "Principi. Soggetti. Beni. Attività", coordenação de Alfredo Antonini, Giuffrè, Milão, 2007, pp. 161-182; cf. também, com várias referências, M. JANUÁRIO DA COSTA GOMES, *O porto e o Direito. Breves notas*, in "IV Jornadas de Lisboa de Direito Marítimo. 15 e 16 de outubro de 2015. O porto", Almedina, Coimbra, 2018 (pp. 617-662), p. 646.

[35] O DL 264/2012 contém, contudo, algumas previsões normativas de cariz não administrativo, mas material, como são, a título de exemplo, o número 1 do artigo 3.º (Atividade do agente de navegação), o artigo 4.º (Direitos) e o artigo 5.º (Deveres).

[36] Cf., v. g., CARBONE / CELLE / LOPEZ DE GONZALO, *Il Diritto Marittimo*[5], cit., p. 127 e ss. e GUIDO RINALDO BACELLI, *Il comandante della nave*, in "Trattato breve di Diritto Marittimo.", I., "Principi. Soggetti. Beni. Attività", coordenação de Alfredo Antonini, Giuffrè, Milão, 2007, pp. 151-160 e STEFANO ZUNARELLI / M. COMENALE PINTO, *Manuale di Diritto della Navigazione e dei Trasporti*, I, 2.ª edição, Cedam, Pádua, 2013, p. 185 e ss..

dor, conforme dispõe o artigo 8.º do DL 202/98 e o artigo 8.º do DL 384/99, de 23 de setembro. Contudo, essa representação, importantíssima quando falamos, por exemplo, da assinatura de conhecimentos de carga (artigo 11.º do DL 352/86), não é, *hic et nunc*, autonomizada – sem prejuízo de se destacar o papel, diríamos fundamental, do capitão do navio –, uma vez que o mesmo não é, propriamente, um profissional do transporte ou da operação de transporte mas, antes, do *navio* e da expedição marítima, sendo, de resto, o primeiro membro da tripulação.

Um pouco por razões similares às referidas quanto ao capitão, não incluímos o *piloto*[37], cujas funções no navio são, no essencial, independentes de haver carga.

II. Outro sujeito que, no quadro do transporte de mercadorias – e não só marítimo – surge como praticamente incontornável é o *transitário*[38].

[37] Cf., v. g., Stefano Zunarelli / M. Comenale Pinto, *Manuale di Diritto della Navigazione e dei Trasporti*, I², cit., p. 513 e ss., Matilde Pacheco Cañete, *El contrato de practicaje: naturaleza jurídica del contrato y responsabilidad del práctico por los daños producidos durante la ejecución del practicaje*, in "El Derecho Marítimo de los Nuevos Tiempos", coordenação de J. L. García-Pita y Lastres, M.ª Rocío Quintáns Eiras e Angélica Díaz de la Rosa, Civitas, Cizur Menor, 2018, pp. 677-688, Ángel Adodaca Espinosa, *El servicio de practicaje en los puertos de interés general: régimen jurídico*, in "Estudios de Derecho Marítimo", organização de J. L. García-Pita y Lastres *et al*, Thomson Reuters, Aranzadi, Cizur Menor, 2012, pp. 731-750 e Mercedes Sánchez Ruiz, *Practicaje portuario*, in "Estudios de Derecho Marítimo", organização de J. L. García-Pita y Lastres *et al*, Thomson Reuters, Aranzadi, Cizur Menor, 2012, pp. 751-769; entre nós, cf., por todos, SANDRA AIRES, *Porto e pilotagem*, in "IV Jornadas de Lisboa de Direito Marítimo. 15 e 16 de outubro de 2015. O porto", Almedina, Coimbra, 2018, pp. 593-615.

[38] Cf., v. g., Carbone / Celle / Lopez De Gonzalo, *Il Diritto Marittimo*⁵, cit., p. 383 e ss., Stefano Zunarelli / M. Comenale Pinto, *Manuale di Diritto della Navigazione e dei Trasporti*, I², cit., p. 533 e ss., Alfredo Antonini, *Corso di Diritto dei Trasporti*³, cit., p. 126 es ss. e Maria Vittoria Cozzi, *La spedizione*, in "Trasporto, spedizione, deposito, nollegio", por Antonio Flamini / Maria Vittoria Cozzi / Raffaele Lenzi, coordenação de Pietro Perlingieri, Edizioni Scientifiche Italiane, Nápoles, 2008, p. 181 e ss.; cf. ainda Ana Tobío Rivas, *Los transitarios en el transporte nacional e internacional. Régimen jurídico privado*, Editorial Comares, Granada, 2007, *passim*, Alberto Emparanza Soberano, *La responsabilidad del transitario en el transporte marítimo tras la promulgación de la Ley de Navegación Marítima*, in "El Derecho Marítimo de los Nuevos Tiempos", coordenação de J. L. García-Pita y Lastres, M.ª Rocío Quintáns Eiras e Angélica Díaz de la Rosa, Civitas, Cizur Menor, 2018, pp. 637-666, Valentina Cuocci, *Della spedizione*, Giuffrè. Milão, 2017, *passim*, Silvia Foghini, *La spedizione. Profili civilistici di una fattispecie caleidoscopica*, Editore Rey, Vicalvi, *passim* e João Valbom Baptista, *O contrato de expedição*, in "Temas de Direito dos Transportes", II, Almedina, Coimbra, 2013, pp. 130-305. Para uma referência

A atividade natural do agente transitário, que conjuga a sua função clássica ou tradicional com a logística, está, parece-nos, resumida, em tosco, no número 2 do artigo 2.º do DL 255/99, de 7 de julho: "A actividade transitária consiste na prestação de serviços de natureza logística e operacional que inclui o planeamento, o controlo, a coordenação e a direção das operações relacionadas com a expedição, receção, armazenamento e circulação de bens ou mercadorias, desenvolvendo-se nos seguintes domínios de intervenção: *a*) Gestão dos fluxos de bens ou mercadorias; *b*) Mediação entre expedidores e destinatários, nomeadamente através de transportadores com quem celebre os respetivos contratos de transporte; *c*) Execução dos trâmites ou formalidades legalmente exigidos, inclusive no que se refere à emissão do documento de transporte unimodal ou multimodal".

Sem prejuízo do facto de o transitário ter evoluído das suas funções clássicas ou tradicionais de intermediação entre o expedidor ou carregador e o transportador, ou de simples comissário dos transportes, para (poder) assumir, ele próprio, as funções de transportador contratual (*actual carrier*)[39] – quer no transporte unimodal quer, com maior impacto ou evidência, no transporte multimodal –, e sem prejuízo também das particularidades da figura do "transitário-transportador"[40], o que importa aqui destacar, no quadro identificativo que vimos fazendo, é a importância do transitário enquanto auxiliar do expedidor ou carregador, ora assumindo as funções típicas do seu *métier* original de intermediário, quer enquanto representante do expedidor ou carregador, celebrando o contrato de transporte de que passa a ser parte, quer enquanto mandatário sem representação do mesmo expedidor, celebrando o contrato de transporte em nome próprio mas por conta daquele.

Pelo meio, há que destacar a multiplicidade e desdobramento de funções eventualmente assumidas na *logística* do transporte[41], funções essas de que o citado número 2 do artigo 2.º do DL 255/99 faz eco.

à responsabilidade *del credere* legal do transitório, cf. M. Januário da Costa Gomes, *Sobre vinculação del credere*, in "Estudos de Direito das Garantias", II, Almedina, Coimbra, 2010, p. 223 e ss..

[39] Cf., v. g., Ana Tobìo Rivas, *Los transitarios en el transporte nacional e internacional*, cit., p. 163 e ss..

[40] Cf. Costeira da Rocha, *O contrato de transporte de mercadorias*, cit., p. 88 e ss., Carbone / Celle / Lopez de Gonzalo, *Il Diritto Marittimo*[5], cit., pp. 390-392, Silvia Foghini, *La spedizione*, cit., p. 231 e ss. e João Valbom Baptista, *O contrato de expedição*, cit., p. 229 e ss..

[41] Cf., v. g., Lopez de Gonzalo, *Il contratto di logistica nella giurisprudenza e nella prassi contrattuale*, in "Dirito del Commercio Internazionale", ano XCIX, 2, 2015, pp. 409-

III. A um nível diferente, podemos identificar novas personagens, que colocamos num, digamos, terceiro círculo. Não estamos aqui perante sujeitos que sejam partes, auxiliares, intermediários ou agentes no próprio contrato de transporte; eles têm, contudo, na, digamos, operação de transporte, um lugar muito significativo.

Ilustrando com o transporte marítimo, importa acentuar aqui os *operadores portuários* e as *companhias de seguros*.

É, porém, diversa a natureza e o grau de intervenção destas personagens. Enquanto a presença do operador portuário faz parte da lógica do porto[42], sendo, nessa medida, forçosa, já que quer o carregamento quer a descarga pressupõem a sua intervenção, o mesmo não podemos dizer dos seguradores, tudo sem prejuízo da sua "omnipresença" *de facto*[43].

Refira-se, no complexo universo dos seguros que podemos encontrar no meio marítimo[44], os seguros de cargas[45].

Ora, a celebração de contratos de seguro, por exemplo, mas sem excluir, no âmbito de vendas CIF[46], é algo que se apresenta natural às operações de transporte, quer como via de cobrir eventuais situações de exclusão ou limitação de responsabilidade do transportador, quer como via de cobrir eventuais situações de suportação, total ou parcial, quer, ainda, como meio de agilizar o recebimento de indemnizações.

417, Casanova / Brignardello, *Diritto dei Trasporti*, II[2], cit., p. 395 e ss., Carbone / Celle / Lopez de Gonzalo, *Il Diritto Marittimo*[5], cit., p. 392 e ss. e Nicola Fabrio, *Il contrato di logistica: qualificazione e responsabilità*, in "Diritto dei Trasporti", 2010, pp. 315-330; cf. ainda M. Januário da Costa Gomes, *O porto e o Direito. Breves notas*, cit., p. 655.

[42] Cf. M. Januário da Costa Gomes, *O porto e o Direito. Breves notas*, cit., p. 648; cf. também Carbone / Celle / Lopez De Gonzalo, *Il Diritto Marittimo*[5], cit., p. 155 e ss..

[43] Cf. Carbone / Celle / Lopez de Gonzalo, *Il Diritto Marittimo*[5], cit., p. 463 e ss.; cf. também Francisco Rodrigues Rocha, *Seguros e actividade portuária*, in "IV Jornadas de Lisboa de Direito Marítimo. 15 e 16 de outubro de 2015. O porto", Almedina, Coimbra, 2018, pp. 203-294.

[44] Para uma breve nota histórica, cf. Bernardo Sá Nogueira, *A evolução histórica do contrato de seguro marítimo e a importância do trabalho de Pedro de Santarém, considerado como o "pai do seguro de risco marítimo", para o seu enquadramento jurídico*, Separata da "Revista de Marinha", Lisboa, 2012, *passim*.

[45] Cf., v. g., Andrea Cusmai, *L'assicurazione delle merci*, in "Trattato breve di Diritto Marittimo", III. "Le obbligazioni e la responsabilità nella navigazione marittima", coordenação de Alfredo Antonini, Giuffrè, Milão, 2010, pp. 103-128, *passim*.

[46] Cf., por todos, Francisco Rodrigues Rocha, *Algumas notas em torno da cláusula CIF e do seguro de transporte de mercadorias*, in "Temas de Direito dos Transportes", III, Almedina, Coimbra, 2015, p. 247 e ss..

Como é bom de ver, o número e diversidade de seguros de mercadorias identificáveis numa expedição marítima reveste-se de grande riqueza e importância, quer se trate de seguros celebrados com seguradores clássicos quer com P & I Clubs[47].

4. Elementos objetivos

I. Vejamos agora os elementos objetivos do transporte de mercadorias. A circunstância de se tratar de elementos objetivos não lhes diminui a importância, acentue-se desde já. Eles são também essenciais na configuração típica do transporte, na identificação dos seus "ingredientes".

O primeiro elemento que importa aqui destacar é a *mercadoria*. Esta constitui o objeto mediato do contrato de transporte, sendo, como tal, recebida pelo transportador para deslocação e entrega ao destinatário.

Também nesta sede se pode colocar um problema de identificação, mormente – mas não só – quando a mercadoria é contentorizada. Trata-se de um ponto essencial no caso de ocorrência de perturbações associadas à identificação do *quid* transportado, à sua quantidade, qualidade, estado, incolumidade, etc.[48].

De salientar que o tipo de bem transportado pode ser determinante no regime do transporte, assim como o pode ser a zona do veículo onde a mesma é transportada. Destaque-se a noção de "mercadorias" das Regras da Haia, constante da alínea *c*) do artigo 1.º, que exclui de tal conceito os animais vivos, bem como, em certos termos, a mercadoria carregada no convés: "(...) compreende os bens, objetos, mercadorias e artigos de qualquer natureza, exceto animais vivos e a carga que, no contrato de transporte, é declarada como carregada no convés e, de facto, é assim transportada"[49].

[47] Cf., v. g., Simone Vernizzi, *Le assicurazioni P & I*, in "Trattato breve di Diritto Marittimo", III. "Le obbligazioni e la responsabilità nella navigazione marittima", coordenação de Alfredo Antonini, Giuffrè, Milão, 2010, pp. 89-102, *passim* e Carballo-Calero / Torres Pérez, *P & I Clubs: Organización interna y posición jurídica de los sócios*, in "Estudios de Derecho Marítimo", organização de J. L. García-Pita y Lastres *et al*, Thomson Reuters, Aranzadi, Cizur Menor, 2012, pp. 997-1014.

[48] Cf., v. g., Silvio Magnosi, *Il trasporto marittimo di merci in container*, in "Trattato breve di Diritto Marittimo", II – "I contratti di utilizzazione della nave e la responsabilità del vettore", coordenação de Alfredo Antonini, Giuffrè, Milão, 2008, pp. 461-486.

[49] Cf., v. g., Azevedo Matos, *Princípios de Direito Marítimo*, II, cit., pp. 52-53 e, em especial, Sergio Carbone, *Le regole di responsabilità del vettore marittimo. Dall'Aja ad Amburgo attraverso la giurisprudenza italiana*, Giuffrè, Milão, 1984, p. 78 e ss..

Saliente-se que, de acordo com o número 2 do artigo 9.º do DL 352/86, o consentimento do carregador para o transporte da mercadoria no convés – que, por força do número 1 do artigo 9.º, deve constar do conhecimento de carga – é dispensado quando se trate (*i*) de mercadoria que, por imperativo legal, deva seguir no convés do navio ou (*ii*) de contentores transportados em navio especialmente construído ou adaptado para esse fim ou noutro tipo de navio segundo usos de tráfego prudentes.

Refira-se também, ainda a título exemplificativo, o facto de o número 4 do artigo 1.º da CMR excluir do âmbito de aplicação desta, entre outros, os transportes funerários e os transportes de mobiliário por mudança de domicílio.

Por sua vez, a *natureza da mercadoria* pode ter importância no regime e nas vicissitudes do transporte. Refira-se, a título exemplificativo, os regimes da CLC 92 e da HNS[50]. Destaque-se, ainda no domínio específico do transporte marítimo[51], a previsão do número 6.º do artigo 4.º das Regras da Haia, de acordo com o qual as mercadorias de natureza inflamável, explosiva ou perigosa, cujo embarque o transportador, o capitão ou o agente do transportador não consentiriam, se conhecessem a sua natureza ou o seu carácter, poderão ser, a todo o momento, antes da descarga, desembarcadas em qualquer lugar, ou destruídas ou tornadas inofensivas pelo transportador, sem indemnização, sendo o carregador responsável por todo o dano e pelas despesas provenientes ou resultantes, direta ou indiretamente, do embarque de tais mercadorias. Já quanto a mercadorias embarcadas com o conhecimento e consentimento do armador que se convertam em perigo para o navio ou para a carga, as mesmas podem ser da mesma maneira desembarcadas ou destruídas ou tornadas inofensivas pelo transportador, sem responsabilidade para o mesmo, salvo a que resultar de avarias comuns, havendo-as.

---

[50] Cf., por todos, M. Januário da Costa Gomes, *Limitação da responsabilidade por créditos marítimos*, Almedina, Coimbra, 2010, pp. 362 e ss. e 454 e ss., Stefano Zunarelli / M. Comenale Pinto, *Manuale di Diritto della Navigazione e dei Trasporti*, I², cit., p. 215 e ss.; cf. também Jones Figueirêdo Alves, *Contrato de transporte de coisas perigosas. Trânsito entre o direito contratual e a responsabilidade civil em diálogo de fontes*, in "Temas de Direito dos Transportes", III, Almedina, Coimbra, 2015, pp. 376-423, *passim* e Güner-Özbek, *The carriage of dangerous goods by sea*, Springer, Hamburgo, 2008, *passim*.

[51] Cf., v. g. Carbone, *Contratto di trasporto marittimo di cose²*, cit., p. 381 e ss. e Francesca Salerno, *Il trasporto marittimo di merci pericolose*, in "Trattato breve di Diritto Marittimo", II – "I contratti di utilizzazione della nave e la responsabilità del vettore", coordenação de Alfredo Antonini, Giuffrè, Milão, 2008, pp. 379-399, *passim*.

No domínio do transporte ferroviário, dispõe o artigo 9.º da COTIF/CIM que, sempre que o expedidor omitir as indicações prescritas pelo RID, o transportador pode, a todo o tempo, de acordo com as circunstâncias, descarregar ou destruir a mercadoria ou torná-la inofensiva, sem que haja matéria para indemnização, salvo se tiver conhecimento da perigosidade da mercadoria no momento em que a tomou a seu cargo[52].

Já no campo do transporte rodoviário[53], dispõe o número 2 do artigo 22.º da CMR que as mercadorias perigosas, de cujo perigo o transportador não tenha tido conhecimento nas condições previstas no número 1 do mesmo artigo 22.º, podem ser descarregadas, destruídas ou tornadas inofensivas pelo transportador, em qualquer momento e lugar, sem nenhuma indemnização, sendo, ademais, o expedidor responsável por todas as despesas e prejuízos resultantes de terem sido entregues para transporte ou do seu transporte.

Finalmente, também a *embalagem* e a *acomodação* da mercadoria têm importância a nível de regime.

Assim, no transporte marítimo ao abrigo das Regras da Haia, a alínea *a*) do número 3.º do artigo 3.º dispõe sobre as marcas principais necessárias à identificação das mercadorias, enquanto elemento do conhecimento de carga, diferenciando, no que à localização das marcas respeita, consoante as mercadorias não estejam embaladas ou estejam em caixas ou embalagens. Mais impressiva é, porém, a previsão da alínea *n*) do número 2.º do artigo 4.º, que exclui a responsabilidade do transportador por perda ou dano resultante ou proveniente "de uma insuficiência de embalagem"[54].

No quadro do transporte rodoviário, a CMR contém várias referências à embalagem da mercadoria, como a alínea *b*) do número 1 do artigo 8.º, relativamente ao "estado aparente da mercadoria e da sua embalagem", o artigo 10.º, na parte em que se refere a "despesas originadas por defeito da embalagem da mercadoria", ou, em especial, a alínea *b*) do número 4 do artigo 17.º, que isenta o transportador de responsabilidade relativamente ao "risco particular" de "falta ou defeito de embalagem quanto às mercadorias

---

[52] Cf., v. g., Ingo Koller, *Transportrecht*[9], cit., p. 1588.

[53] Cf., v. g., Ingo Koller, *Transportrecht*[9], cit., p. 1307 e ss. e Harald De La Motte / Jürgen Temme, *Haftung des Frachtführers. Art. 22*, in "Kommentar zur CMR. Übereinkommen über den Beförderungsvertrag in internationalem Strassengüterverkehr", 2.ª edição, coordenação de Karl-Heinz Thume, Verlag Recht und Wirtschaft, Frankfurt am Main, 2007, pp. 597-613.

[54] Cf., por todos, Carbone, *Contratto di trasporto marittimo di cose*[2], cit., p. 371 e ss..

que, pela sua natureza, estão sujeitas a perdas ou avarias quando não estão embaladas ou são mal embaladas"[55].

No transporte ferroviário, destaque-se o artigo 14.º da COTIF/CIM, de acordo com o qual o expedidor é responsável perante o transportador por todos os danos e despesas originados pela falta ou deficiência da embalagem da mercadoria, a menos que, sendo o defeito aparente ou conhecido do transportador no momento em que tomou a seu cargo a mercadoria, o transportador não tenha feito reservas sobre esse assunto.

II. Outro elemento fundamental é o *veículo, hoc sensu.* No caso de transporte marítimo, o veículo é *o navio*, independentemente – mas também sem prejuízo – das dificuldades na sua "identificação".

Há que reconhecer, no entanto, que as dúvidas de identificação do navio não se colocam tanto a propósito do transporte de mercadorias – atenta a ampla noção funcional da alínea *d*) do artigo 1.º das Regras da Haia, de acordo com a qual *navio* "significa todo o barco empregado no transporte de mercadorias por mar" – quanto noutras matérias, como seja, entre outras, a da aplicação da Convenção de Bruxelas de 1952 sobre o arresto de navios de mar[56] ou a da aplicação da CLC 92[57].

No domínio do transporte rodoviário, a CMR refere-se aos "veículos" *tout court*, definindo-os, no número 2 do artigo 1.º como "os automóveis, os veículos articulados, os reboques e semi-reboques, tais como estão definidos pelo artigo 4.º da Convenção da circulação rodoviária de 19 de Setembro de 1949". Já o número 1 do artigo 2.º da LTR refere-se, especificamente, a "veículos rodoviários".

A mudança de veículo pode ter repercussões no regime jurídico do transporte, podendo também suscitar dúvidas sobre o regime a aplicar quando o veículo rodoviário onde as mercadorias estão acondicionadas é, por sua vez, deslocado por outro veículo, como seja um comboio ou um

[55] Cf., por todos, INGO KOLLER, *Transportrecht*[9], cit., p. 1233 e ss. e KARL-HEINZ THUME, *Haftung des Frachtführers. Art. 17*, in "Kommentar zur CMR. Übereinkommen über den Beförderungsvertrag in internationalem Strassengüterverkehr", 2.ª edição, coordenação de Karl-Heinz Thume, Verlag Recht und Wirtschsft, Frankfurt am Main, 2007, pp. 364-470.

[56] Cf., v. g., MÁRIO RAPOSO, *Arresto de navios*, in "II Jornadas de Lisboa de Direito Marítimo. 11 e 12 de novembro de 2010. O navio", Almedina, Coimbra, 2012, pp. 47-83.

[57] Cf., v. g., M. JANUÁRIO DA COSTA GOMES, *Limitação da responsabilidade por créditos marítimos*, cit., p. 362 e ss..

navio[58]. Assim, no domínio do transporte rodoviário, prevê o número 1 do artigo 2.º da CMR[59], como princípio aplicativo, que se o veículo que contém as mercadorias for transportado, em parte do percurso, por mar, caminho de ferro, via navegável interior ou pelo ar, e as mercadorias (salvo se forem aplicáveis as disposições do artigo 14.º) dele não forem descarregadas, a CMR é, não obstante, aplicável ao conjunto do transporte.

Por sua vez, no transporte ferroviário, os números 3 e 4 do artigo 1.º da COFIF/CIM preveem, em certos termos, a aplicação da Convenção nas situações em que um transporte internacional objeto de um contrato único inclua, em complemento do transporte ferroviário, um transporte rodoviário, um transporte por via navegável interior em regime de tráfego interno, um transporte marítimo ou um transporte transfronteiriço por via navegável interior[60].

No transporte aéreo, o veículo é a *aeronave* ou avião. O número 1 do artigo 1.º da Convenção de Montreal refere-se a aeronaves (*by aircraft*), ao delimitar o âmbito de aplicação da Convenção: "aplica-se a todas as operações de transporte internacional de pessoas, bagagens ou mercadorias em aeronave efetuadas a título oneroso"[61].

No transporte ferroviário, o veículo é, naturalmente, o comboio, referindo-se a COTIF/CIM a "veículo ferroviário" e a "vagão", respetivamente nas alíneas *k*) e *j*) do número 1 do artigo 7.º.

Finalmente, no transporte multimodal[62] há, à partida, a aceitação e disponibilidade de uma pluralidade e diversidade de veículos, em função dos vários modos e segmentos de transporte.

---

[58] Cf., v. g., Silvio Busti, *Trasporto misto "sovrapposto" di merci marittimo ed in superfície*, in "Trattato breve di Diritto Marittimo", II – "I contratti di utilizzazione della nave e la responsabilità del vettore", coordenação de Alfredo Antonini, Giuffrè, Milão, 2008, pp. 253-280, *passim*.

[59] Cf., v. g., Castello-Branco Bastos, *Direito dos Transportes*, cit., p. 89 e ss.; cf. ainda Ingo Koller, *Transportrecht*[9], cit., p. 1144 e ss. e Fritz Fremuth, *Geltungsbereich. Art. 2*, in "Kommentar zur CMR. Übereinkommen über den Beförderungsvertrag in internationalem Strassengüterverkehr", 2.ª edição, coordenação de Karl-Heinz Thume, Verlag Recht und Wirtschaft, Frankfurt am Main, 2007, pp. 108-164.

[60] Cf., v. g., Ingo Koller, *Transportrecht*[9], cit., p. 1572 e ss..

[61] Cf., por todos, Ingo Koller, *Transportrecht*[9], cit., p. 1433 e ss..

[62] Cf., v. g., Menezes Cordeiro, *O transporte multimodal*, in "III Jornadas de Lisboa de Direito Marítimo. 23 e 24 de maio de 2013. Das Regras da Haia às Regras de Roterdão", Almedina, Coimbra, 2014, pp. 53-64, *passim*, Alfredo Antonini, *Corso di Diritto dei Trasporti*[3], cit., p. 153 e ss., Stefano Zunarelli / M. Comenale Pinto, *Manuale*

III. O terceiro elemento que importa aqui destacar é, digamos, a *estação*, num sentido amplo, a que poderíamos chamar também, mais incolormente, *posto*, tudo sem prejuízo de haver uma certa infixidez terminológica nalguns modos de transporte: será o *porto* no transporte marítimo, o *aeroporto* no transporte aéreo, a *estação ferroviária* ou *gare* no transporte ferroviário, ou a *estação rodoviária* no transporte rodoviário.

Pensando no transporte marítimo, a mercadoria é, tipicamente, recebida num porto e entregue noutro porto: é a clássica lógica *port to port* que está aqui em evidência.

É sintomática a definição *port to port* de contrato de transporte marítimo de mercadorias que encontramos no número 6 do artigo 1.º das Regras de Hamburgo: "(...) means any contract whereby the carrier undertakes against payment of freight to carry goods by sea from one port to another (...)". Já nas Regras da Haia não encontramos essa referência expressa em qualquer das definições do artigo 1.º; contudo, a lógica *port to port* está aí ostensivamente presente[63].

A acentuação do porto reveste-se de particular importância, em função das eventuais perturbações ocorríveis com a carga, não apenas nos "atos" de carregamento e descarregamento mas também no interior do porto de que se trate. É eloquente a importância da cláusula Himalaya[64]. É, a este respeito, também eloquente o que dispõe, entre outros, o artigo 7.º das Regras da Haia, cuja previsão normativa é suscetível de abarcar, claramente, situações quer no porto de carregamento quer no de descarregamento: "Nenhuma disposição da presente Convenção proíbe ao armador ou carregador inserir num contrato estipulações, condições, reservas ou isenções relativas às obrigações e responsabilidades do armador, ou do navio, pelas perdas e danos

---

di Diritto della Navigazione e dei Trasporti, I², cit., p. 470 e ss., Ana Tobío Rivas, *De nuevo sobre el transporte multimodal: algunos apuntes sobre la actual regulación nacional e internacional*, in "Estudios de Derecho Marítimo", organização de J. L. García-Pita y Lastres *et al*, Thomson Reuters, Aranzadi, Cizur Menor, 2012, pp. 621-638 e Marco Badagliacca, *Il trasporto multimodale*, in "Trattato breve di Diritto Marittimo", II – "I contratti di utilizzazione della nave e la responsabilità del vettore", coordenação de Alfredo Antonini, Giuffrè, Milão, 2008, pp. 441-459, *passim*.

[63] Cf. M. Januário da Costa Gomes, *Do transporte "port to port" ao transporte "door to door"*, in "I Jornadas de Lisboa de Direito Marítimo. 6 e 7 de março de 2008. O contrato de transporte marítimo de mercadorias", Almedina, Coimbra, 2009, pp. 367-405.

[64] Cf., v. g., Massmiliano Piras, *La clausola Himalaya*, in "Trattato breve di Diritto Marittimo", II – "I contratti di utilizzazione della nave e la responsabilità del vettore", coordenação de Alfredo Antonini, Giuffrè, Milão, 2008, pp. 281-292, *passim*.

que sobrevierem às mercadorias, ou concernentes à sua guarda, cuidado e manutenção, anteriormente ao carregamento e posteriormente à descarga do navio no qual as mesmas mercadorias são transportadas por mar"[65].

Trata-se de pontos de especial relevo[66], considerando, designadamente, a significativa margem de manobra do operador portuário no interior do porto e o facto da "perda de contacto" com a mercadoria por parte do carregador às "portas do porto" de partida e a "ausência de contacto" com a mercadoria por parte do destinatário até às "portas do porto" de chegada.

Situações e problemas de algum modo similares, mas com dimensões diferentes, encontramos nos transportes rodoviário, aéreo e ferroviário.

IV. Como último elemento objetivo, destacamos os *documentos de transporte*[67], sejam eles os clássicos, em papel, ou em suporte eletrónico.

A importância do documento de transporte é patente nas Regras da Haia. Estas estão, de facto, estruturadas em função do conhecimento de carga (*Bill of Lading* ou BL)[68], conforme decorre, desde logo, da sua pró-

---

[65] Cf., v. g., Carbone, *Contratto di trasporto marittimo di cose*², cit., p. 223 e ss. e Sánchez Calero, *El contrato de transporte marítimo de mercancías*², cit., pp. 116-117; na doutrina nacional, cf., em especial, Castello-Branco Bastos, *Da disciplina do contrato de transporte internacional de mercadorias por mar*, Almedina, Coimbra, 2004, p. 225 e ss..

[66] Cf., v. g., Rui Ataíde, *Movimentação de cargas no porto e responsabilidade civil*, in "IV Jornadas de Lisboa de Direito Marítimo. 15 e 16 de outubro de 2015. O porto", Almedina, Coimbra, 2018, pp. 531-557; cf. ainda Alessandra Gaggia, *L'operatore terminalista*, in "Trattato breve di Diritto Marittimo", III. "Le obbligazioni e la responsabilità nella navigazione marittima", coordenação de Alfredo Antonini, Giuffrè, Milão, 2010, pp. 313-340, *passim*.

[67] Cf., em geral, Casanova / Brignardello, *Dirittto dei Trasporti*, II², cit., p. 214 e ss.. No domínio marítimo, afora a importância fundamental do conhecimento de carga, avultam as *cartas-partidas* que, no direito interno português, têm um regime supletivo no Decreto-Lei 191/87, de 29 de abril. Sobre as cartas-partidas e os contratos de *charter-party*, cf., v. g., Leopoldo Tullio, *Contratto di noleggio*, Giuffrè, Milão, 2006, p. 8 e ss.; entre nós, cf., v. g., Lima Pinheiro, *O porto no fretamento à viagem*, in "IV Jornadas de Lisboa de Direito Marítimo. 15 e 16 de outubro de 2015. O porto", Almedina, Coimbra, 2018, pp. 515-530 e Vasconcelos Esteves, *Fretamento de navio para transporte de mercadorias*, in "I Jornadas de Lisboa de Direito Marítimo. 6 e 7 de março de 2008. O contrato de transporte marítimo de mercadorias", Almedina, Coimbra, 2008, pp. 307-319. Sobre os conhecimentos de carga eletrónicos, cf. Sandra Aires, *Conhecimentos de carga electrónicos. Contributo para a configuração da sua emissão e circulação no Direito português*, Dissertação de Mestrado, Faculdade de Direito da Universidade de Lisboa, 2004, *passim*.

[68] Cf., v. g., Carbone / Celle / Lopez de Gonzalo, *Il Diritto Marittimo*⁵, cit., p. 313 e ss.. e Stefano Zunarelli / M. Comenale Pinto, *Manuale di Diritto della Navigazione e dei*

pria designação: "Convenção de Bruxelas de 25 de agosto de 1924 relativa à unificação de certas regras em matéria de conhecimentos de carga".

Tal é também visível na própria definição de contrato de transporte, conforme a primeira parte da alínea *b*) do artigo 1.º: "designa somente o contrato de transporte provado por um conhecimento ou por qualquer documento similar servindo de título ao transporte de mercadorias por mar; (...)". Também na redação original (antes do Protocolo de Visby) do artigo 10.º da Convenção: "As disposições da presente Convenção aplicar-se-ão a todo o conhecimento criado num dos Estados contratantes"; ou à luz do (novo) artigo 10.º da Convenção, alterado pelo Protocolo de Visby: "The provisions of this Convention shall apply to every bill of lading relating to the carriage of goods between ports in two different States if (...)".

Sendo o BL um "elemento" de consideração natural no transporte regular *port to port*, ele pode, em concreto, não ser impeditivo a que uma determinada operação seja caracterizada como fretamento de navio[69] e pode, também em concreto, não ser essencial para a caracterização de um determinado contrato como sendo de transporte. Na verdade, conforme destaca Carbone[70], se estivermos perante uma operação de transporte de mercadorias no quadro do transporte de linha regular, a circunstância da eventual não emissão de um BL não impedirá nem afastará a aplicação das Regras da Haia e seus termos imperativos[71].

Naturalmente que a circunstância de um mesmo transporte de mercadorias envolver outros segmentos, para além do marítimo, tem implicações a nível do documento de transporte: não estaremos, então, perante um BL, mas, incolormente, perante um "documento de transporte". Isso é visível na Convenção de Genebra de 1980 sobre o transporte multimodal (artigo 5.º e ss.)[72]

Trasporti, I², cit., p. 486 e ss.; cf. também Evaristo Santoro, *La polizza di carico*, in "Trattato breve di Diritto Marittimo", II. "I contratti di utilizzazione della nave e la responsabilità del vettore", coordenação de Alfredo Antonini, Giuffrè, Milão, 2008, pp. 487-515, *passim*.

[69] Veja-se a singularidade das situações em que há concurso entre conhecimento de carga e carta-partida: cf., v. g., M. Januário da Costa Gomes, *O ensino do Direito Marítimo*, cit., p. 238 e ss. e Hugo Ramos Alves, *Em torno do contrato de transporte marítimo de mercadorias*, in "Temas de Direito dos Transportes III", coordenação de M. Januário da Costa Gomes, Almedina, Coimbra, 2015, p. 348 e ss..

[70] Cf. Carbone / Celle / Lopez De Gonzalo, *Il Diritto Marittimo*⁵, cit., pp. 320-321.

[71] Sobre o regime imperativo da Convenção e seus termos, cf., v. g., Carbone / Celle / Lopez de Gonzalo, *Il Diritto Marittimo*⁵, cit., p. 318 e ss..

[72] Destaque-se, desde logo, o número 1 do artigo 5.º: "When the goods are taken in charge by the multimodal transport operator, he shall issue a multimodal transport document which, at the option of the consignor, shall be in either negotiable or non negotiable form".

e, mais recentemente, nas Regras de Roterdão, cujo capítulo 8 (artigos 35.º a 42.º) regula os "documentos de transporte e documentos eletrónicos de transporte", tendo o capítulo 3 (artigos 8.º a 10.º) por objeto os "Documentos eletrónicos de transporte"[73].

Refira-se, finalmente, o relevo do documento de transporte quando negociável[74]. Essa circunstância irá influenciar o próprio regime do transporte no que tange às posições jurídicas associadas à carga, ao direito do controlo[75] ou à identificação do "destinatário".

Mas a circunstância de o documento ser negociável tem implicações que vão para além do estrito transporte, no que tange aos "direitos sobre a mercadoria", não só no que respeita ao ponto, já assinalado, de saber quem pode "levantar" a mercadoria mas também sobre quem, à margem ou independentemente da "relação" com o transportador, tem direito à mercadoria.

Os documentos de transporte revestem também grande importância nas convenções unimodais não marítimas de Direito dos Transportes.

Assim, a título de exemplo, no transporte rodoviário, os artigos 4.º e seguintes da CMR evidenciam a importância da *declaração de expedição*, não obstante o facto de a falta, a irregularidade ou a perda da declaração não

[73] De realçar o facto de os números 14 a 21 do artigo 1.º conterem definições relevantes em sede documental; cf., v. g., Baena Baena, *La electronificación de los documentos de transporte en las Reglas de Rotterdam*, in "Estudios de Derecho Marítimo", direção de J. L. García-Pita y Lastres, Aranzadi, Cizur Menor, 2012, pp. 771-791 e Alberto Emparanza Sobejano, *Documentos de transporte: indicaciones sobre el porteador y sobre las mercancías: valor probatorio*, in "Las Reglas de Rotterdam. La regulación del contrato de transporte internacional de mercancías por mar", direção de Alberto Emparanza Sobejano, Marcial Pons, Madrid, 2010, pp. 139-160; cf. também Alexandre de Soveral Martins, *Os documentos de transporte nas Regras da Haia e nas Regras de Roterdão*, in "III Jornadas de Lisboa de Direito Marítimo. 23 e 24 de maio de 2013. Das Regras da Haia às Regras de Roterdão", Almedina, Coimbra, 2014, pp. 141-165 e Michael Sturley / T. Fujita / G. Vander Ziel, *The Rotterdam Rules*, cit., pp. 203-240.

[74] Cf., v. g., Carbone / Celle / Lopez De Gonzalo, *Il Diritto Marittimo*[5], cit., p. 313 e ss., Evaristo Santoro, *La polizza di carico*, cit., p. 495 e ss., Pendon Melendez, *Los títulos representativos de la mercancia*, Marcial Pons, Madrid, 1994, p. 39 e ss. e Maria João Dias, *A função representativa do conhecimento de embarque*, in "Temas de Direito dos Transportes, III", Almedina, Coimbra, 2015, pp. 449-490.

[75] Cf., v. g., Berlingieri / Zunarelli / Alvisi, *La nuova Convenzione Uncitral*, cit., p. 1197 e ss., M. Januário da Costa Gomes, *O direito de controlo ou de variação no transporte de mercadorias*, in Temas de Direito dos Transportes, II", Almedina, Coimbra, 2013, pp. 7-96 e André Sousa Marques, *O poder de controlo nas Regras de Roterdão*, in "Temas de Direito dos Transportes, III", Almedina, Coimbra, 2015, pp. 99-199.

prejudicarem nem a existência nem a validade do contrato de transporte[76]. Também os artigos 4.º a 9.º da Convenção de Montreal deixam bem clara a importância da *carta de porte aéreo*, tudo sem prejuízo de, nos termos do artigo 9.º, o não cumprimento das exigências estabelecidas para esse documento não afetar a existência ou a validade do contrato de transporte[77].

Refira-se, finalmente, a tendência para incorporar nas convenções de Direito dos Transportes os documentos eletrónicos, dando resposta a uma prática já instituída[78]. Assim é, com particular eloquência, nas Regras de Roterdão; nas convenções em vigor, destaque-se a admissibilidade, de princípio, da assinatura eletrónica do BL, prevista no número 3 do artigo 14.º das Regras de Hamburgo, bem como a previsão, constante do número 2 do artigo 4.º da Convenção de Montreal, da possibilidade de a carta de porte aéreo poder ser substituída "por qualquer outro meio que conserve o registo do transporte a efetuar". Também o número 9 do artigo 6.º da COTIF/CIM admite que o título de transporte possa ser estabelecido "sob a forma de registo eletrónico de dados transformáveis em símbolos de escrita legíveis".

5. A complexidade normativa, em especial no transporte marítimo

I. A referência a "complexidade normativa" impõe que se comece por referir a dicotomia entre fontes normativas e fontes quase-normativas no transporte internacional de mercadorias.

Há, na verdade, que atentar, em primeiro lugar, na existência de um conjunto importantíssimo de convenções internacionais[79], as quais têm, como

---

[76] Cf., v. g., Andrés Recalde, *La carta de porte CMR: la documentación en el transporte internacional de mercancías por carretera*, in "Problemas en la aplicación del CMR. Especial referencia a la responsabilidad", coordenação de Fernando Martínez Sanz, Fundacion Francisco Correll, Madrid, 2002, pp. 5-28; cf., entre nós, Castello-Branco Bastos, *Direito dos Transportes*, cit., p. 131 e ss..

[77] Cf., v. g., Ingo Koller, *Transportrecht*[9], cit., p. 1447.

[78] Cf., v. g., Stefano Zunarelli / M. Comenale Pinto, *Manuale di Diritto della Navigazione e dei Trasporti*, I[2], cit., p. 501 e ss. e Bernardino Izzi, *I documenti elettronici del trasporto*, in "Trattato breve di Diritto Marittimo", II – "I contratti di utilizzazione della nave e la responsabilità del vettore", coordenação de Alfredo Antonini, Giuffrè, Milão, 2008, pp. 537-563, *passim*.

[79] Cf., v. g., Ingo Koller, *Transportrecht*[9], cit., *passim*; entre nós, cf., por último, Engrácia Antunes, *Direito dos Contratos Comerciais*, cit., p. 735 e ss. e António Menezes Cordeiro, *Direito Comercial*, 4.ª edição, Almedina, Coimbra, 2016, p. 825 e ss..

é sabido, força normativa direta, face ao que, no direito português, dispõe o artigo 8.º da Constituição[80].

Já a complexidade para-normativa ou quase-normativa radica, *grosso modo*, no "sistema" de *soft law* de Direito dos Transportes, objeto de breve atenção *infra*, na sequência[81].

II. Em Portugal, o transporte marítimo de mercadorias tem a sua maior expressão no transporte internacional.

As razões que estão na base da pouca expressão do transporte marítimo de cabotagem entre os portos do continente – num país de reduzida dimensão territorial – radicam na forte disponibilidade de outros meios de transporte, *maxime* o rodoviário e o ferroviário.

Tudo isto são razões para, sem descurarmos o regime interno aplicável ao transporte marítimo de mercadorias, darmos a primeira atenção ao transporte internacional.

O *Harter Act*, de 1893, enquanto instrumento normativo – conquanto nacional norte-americano – impulsionador de um regime internacional uniforme relativo ao transporte marítimo de mercadorias e à responsabilidade do transportador[82], tem, na evolução da disciplina internacional do Direito dos Transportes, um lugar de particular relevo.

O *Harter Act* marca uma reação contra os exageros da aplicação do princípio da liberdade contratual e a da sua exaltação no campo do transporte marítimo de mercadorias, exageros esses que subvertiam inteiramente o, até aí imperante, regime – vigente nos vários ordenamentos nacionais em termos subsidiários – de responsabilidade *ex recepto*[83] ou com base numa certa equiparação do transportador a um segurador (*insurer*)[84].

---

[80] Cf., v. g., Jorge Miranda, in Jorge Miranda/ Rui Medeiros, *Constituição Portuguesa anotada*, I, 2.ª edição, Universidade Católica Editora, Lisboa, 2017, pp. 123-138.

[81] Cf., *infra*, ponto 6.

[82] Cf. Carbone, *Contratto di trasporto marittimo di cose*[2], cit., p. 251 e ss.; sobre as razões do *Harter Act*, cf., entre nós, Oliveira Coelho, *Três datas, um século de Direito Marítimo. Esboço de evolução do direito comercial marítimo no século XX*, in "Estudos em Homenagem ao Professor Doutor Inocêncio Galvão Telles", I – "Direito Privado e vária", Almedina, Coimbra, 2002, p. 632 e ss.; cf. também Righetti, *Tratatto di Diritto Marittimo*, II, Giuffrè, Milano, 1990, p. 427 e ss., Ricardelli, *Harter Act*, in "Enciclopedia del Diritto" XIX (1970), pp. 946-952, *passim* e G. Fernand Montier, *Le Harter Act. Son interprétation par les cours américaines et françaises. Son avenir*, LGDJ, Paris, 1932, *passim*.

[83] Cf., por todos, SANTOS JUSTO, *Contrato de transporte marítimo (direito romano)*, in "Nos 20 anos do Código das Sociedades Comerciais. Homenagem aos Profs.

Sob o impulso do *Harter Act*[85], a Convenção de Bruxelas de 1924 tem o mérito de, ao construir um compromisso, "assaz eficaz"[86], entre interesses de carregadores e transportadores, ter constituído o instrumento de recomposição, a nível internacional, da uniformidade da disciplina da responsabilidade do transportador marítimo, que fora rompida na segunda metade do século XIX[87].

A chave do compromisso pode ser resumida fundamentalmente em dois pontos: (*i*) colocação do transporte marítimo de mercadorias sob *charter parties* fora do regime imperativo das Regras da Haia; e (*ii*) previsão de um regime de responsabilidade do transportador em grande parte assente na diferença entre *falta náutica* e *falta comercial*[88].

A desatualização da Convenção de Bruxelas de 1924 foi-se feito sentir ao longo dos anos, *maxime* com a chamada revolução da contentorização, o que justificou os citados Protocolos de Visby (1968) e SDR (1979)[89] –, aos quais, no entanto, Portugal se mostrou indiferente.

Doutores A. Ferrer Correia, Orlando de Carvalho e Vasco Lobo Xavier", II – "Vária", Coimbra Editora, 2007, p. 29 e ss..

[84] Cf. Carbone, *Contratto di trasporto marittimo di cose*², cit., p. 254.

[85] Cf. Sturley, *The history of COGSA and the Hague Rules*, in "Journal of Maritime Law and Commerce" 22 (1991), p. 11 e ss..

[86] Assim Carbone, *Contratto di trasporto marittimo di cose*², cit., p. 252.

[87] Cf. Carbone, *Contratto di trasporto marittimo di cose*², p. 253; cf. também M. Januário da Costa Gomes, *O ensino do Direito Marítimo*, cit., p. 50 e ss. e 141 e ss. e ainda Margetson, *The history of the Hague (visby) Rules*, in "Aspects of maritime law. Claims under bills of lading", organizado por M. L. Hendrikse, N. H. Margetson e N. J. Margetson, Wolters Kluwer, 2008, p. 1 e ss..

[88] Este segundo ponto é particularmente destacado pelos autores; cf., por todos, Rodière / Pontavice, *Droit Maritime*, 12.ª edição, Dalloz, Paris, 1997, p. 343 e ss., Carbone, *Contratto di trasporto marittimo di cose*², cit., pp. 324 e ss. e 328 e ss., Alain Sériaux, *La faute du transporteur*, 2.ª edição, Economica, Paris, 1998, p. 187 e ss.; entre nós, cf., v. g., Mário Raposo, *Transporte internacional de mercadorias por mar. As Regras de Hamburgo de 1978*, in "Estudos sobre o novo Direito Marítimo. Realidades internacionais e situação portuguesa", Coimbra Editora, Coimbra, 1999, p. 273 e ss., Ibidem, *Transporte marítimo de mercadorias. Hoje e amanhã*, in "III Jornadas de Lisboa de Direito Marítimo. 23 e 24 de maio de 2013. Das Regras da Haia às Regras de Roterdão", Almedina, Coimbra, 2014, pp. 13-51, Nuno Castello-Branco Bastos, *Da disciplina do contrato de transporte internacional de mercadorias por mar*, cit., p. 301 e ss, Oliveira Coelho, *Três datas, um século de Direito Marítimo, cit.*, p. 636 e ss. e Hugo R. Alves, *Da limitação de responsabilidade do transportador na Convenção de Bruxelas de 1924*, Almedina, Coimbra, 2008, p. 77 e ss..

[89] Cf., v. g., Carbone, *Contratto di trasporto marittimo di cose*², cit., p. 63 e ss..

Entretanto, os países em desenvolvimento – países de produtores e carregadores – impulsionaram e conseguiram a aprovação de uma nova convenção: a Convenção de Hamburgo de 1978 ("United Nations Convention on the Carriage of Goods by Sea, 1978").

A ideia seria encarar o transporte marítimo de mercadorias em termos de regime uniforme como um regime mais justo, com um novo equilíbrio entre os interesses dos transportadores e dos carregadores.

Ora, as Regras de Hamburgo apresentam-se juridicamente mais bem construídas, erigidas que estão à volta do contrato de transporte, que não, como ocorre nas Regras da Haia, à volta do conhecimento de carga, do BL. Contudo, as Regras de Hamburgo, tendo, embora, entrado em vigor, consubstanciaram uma, digamos, vitória de Pirro. Na verdade, as Regras da Haia não só sobreviveram como, de algum modo, se reforçaram em termos aplicativos. O "aggiornamento" das Regras da Haia fora já feito com os ditos Protocolos de Visby e SDR, retirando, sobretudo o primeiro, por, digamos, antecipação, impacto e campo de atuação às (posteriores) Regras de Hamburgo.

III. A composição entre interesses de carregadores e de transportadores é feita de modo não coincidente nas Regras de Hamburgo de 1978[90], não obstante poder dizer-se, com Carbone[91], que a disciplina da responsabilidade do transportador marítimo de mercadorias acolhida nas Regras de Hamburgo constitui uma confirmação dos princípios amadurecidos ao longo da aplicação das Regras da Haia. Isto não significa desconsiderar as diferenças de técnica e de regime, designadamente o facto de, na Convenção de 1978[92], ter diminuído o número de "excepted perils" e de ter ficado estabelecido que a diligência relativamente ao navio e às condições de navegabilidade deve ser provada pelo transportador não só relativamente ao momento inicial mas com referência a toda a expedição.

---

[90] Cf., v. g., CARBONE, *Contratto di trasporto marittimo di cose*^{2}, cit., pp. 279 e ss. e 333 e ss.. Especificamente sobre estas Regras, cf., v. g., BLAS SIMONE, *Las Reglas de Hamburgo*, Editiones Novum Forum, Buenos Aires, 1980, *passim*.

[91] Cf. CARBONE, *Contratto di trasporto marittimo di cose*^{2}, cit., p. 279 e ss.; cf. também LOPEZ DE GONZALO, *From the Hague to Rotterdam: Revolution or evolution?*, in "III Jornadas de Lisboa de Direito Marítimo. 23 e 24 de maio de 2013. Das Regras da Haia às Regras de Roterdão", Almedina, Coimbra, 2014, pp. 85-92.

[92] Cf., v. g., CARBONE, *Contratto di trasporto marittimo di cose*^{2}, cit., p. 333 e ss. e MÁRIO RAPOSO, *Transporte internacional de mercadorias por mar. As Regras de Hamburgo de 1978, cit.*, p. 276 e ss..

De não menor relevo é o facto de as Regras da Hamburgo terem deslocado o centro de gravidade do regime uniforme do transporte de mercadorias do *conhecimento de carga* para o *contrato de transporte*[93]: a Convenção de Bruxelas apresenta-se, de resto, como "relativa à unificação de certas regras em matéria de conhecimento de carga" – documento este que, assim, constitui uma espécie de cartão de identidade das Regras da Haia – enquanto que as Regras de Hamburgo constituem uma convenção sobre o contrato de transporte marítimo de mercadorias.

IV. A revolução da contentorização veio potenciar um forte desenvolvimento, em termos nunca antes vistos, do transporte *door to door*, incluindo ou não uma fase marítima.

Tal como, no início do século, surgiu a pressão no sentido de um regime uniforme *port to port*, surge na década de 70 do século passado uma forte pressão no sentido de um regime uniforme no transporte *door to door*.

Essa pressão teve como efeito o surgimento da Convenção de Genebra de 1980[94]. Os considerandos da Convenção, para além de acentuarem a importância do transporte internacional multimodal de mercadorias para o desenvolvimento do comércio a nível mundial, considerando, em especial, os interesses e problemas dos países menos desenvolvidos, reportam-se à "desirability of determining certain rules relating to the carriage of

[93] Cf. M. Januário da Costa Gomes, *Do transporte "port to port" ao transporte "door to door"*, cit., p. 376; cf. também, v. g., Illescas Ortiz, *What changes in international transport law after the Rotterdam Rules?*, in "Uniform Law Review" 2009, p. 899.

[94] Cf. M. Januário da Costa Gomes, *Do transporte "port to port" ao transporte "door to door"*, cit., p. 378 e ss.. Para uma alusão às principais características da Convenção de Genebra de 1980, cf., v. g., Jerman, *The role of maritime transport in conventions on multimodal transport*, in "Scritti in onore di Francesco Berlingieri", I, Número especial de "Il Diritto Marittimo", 2010, p. 594 e ss.. Sobre o conceito e autonomia do contrato de transporte multimodal, cf., por todos, Arroyo, *Ámbito de aplicación de la normativa uniforme: su extensión al transporte de puerta a pueta*, in "Il Diritto Marittimo" 2001, p. 533 e ss., Casanova / Brignardello, *Trasporto multimodale*, cit., p. 919 e ss, Górriz López, *El contrato de transporte multimodal de mercancías: el problema normativo*, in "Anuario de Derecho Maritimo" 2004, p. 191 e ss. e António Menezes Cordeiro, *O transporte multimodal*, in "III Jornadas de Lisboa de Direito Marítimo. 23 e 24 de maio de 2013. Das Regras da Haia às Regras de Roterdão", Almedina, Coimbra, 2014, pp. 53-64; cf. também Marco Badagliacca, *Il trasporto multimodale*, in "Trattato breve di Diritto Marittimo", II. "I contratti di utilizzazione della nave e la responsabilità del vettore", Giuffrè, Milão, 2008, pp. 441-459 e Maria Martín Castro, *El transporte multimodal: concepto y sujetos*, Edicip, Cádiz, 2001, *passim*.

goods for international multimodal transport contracts". Contudo, por razões várias, que não cabe aqui inventariar, a Convenção de Genebra não recebeu o número de assinaturas bastantes e não chegou a entrar em vigor.

O malogro normativo da Convenção de Genebra de 1980[95], aliado à, entretanto, evolução do comércio a nível global – em cujo quadro a constatação do enorme peso do comércio marítimo assumiu um relevo notável – levaram a UNCITRAL a preparar uma Convenção destinada, ao fim e ao cabo, a substituir a vetusta Convenção de Bruxelas de 1924 e as Regras de Hamburgo.

Na sequência dos trabalhos desenvolvidos, a Assembleia Geral das Nações Unidas aprovou, em 11 de Novembro de 2008, o projecto UNCITRAL da nova Convenção sobre o transporte internacional de mercadorias total ou parcialmente por mar.

As razões justificativas da nova Convenção – designada por Regras de Roterdão – aberta à assinatura dos Estados interessados, em Roterdão, em 23 de Setembro de 2009, estão sumariamente indicadas no texto da *Resolução* das Nações Unidas A/RES/63/122[96], podendo ser assim resumidas:

a) Constatação de que o regime jurídico atual aplicável ao transporte marítimo internacional de mercadorias carece de uniformidade e não tem em devida conta as práticas do transporte moderno, designadamente a utilização de contentores, os contratos de *transporte porta-a-porta* e a utilização de documentos eletrónicos de transporte;

b) Convicção de que a adoção de normas uniformes para a modernização e harmonização do regime aplicável ao transporte internacional de mercadorias total ou parcialmente por mar promoveria a segurança jurídica, melhoraria a eficiência e previsibilidade comer-

---

[95] Cf. M. Januário da Costa Gomes, *Do transporte "port to port" ao transporte "door to door"*, cit., pp. 379-380. Referindo-se a um quadro de "total failure" da Convenção de Genebra de 1989, cf. Ramberg, *The future of international unification of transport law*, in "Il Diritto Marittimo" 2001, p. 644; entre nós, encontramos em Vasconcelos Esteves, *Contratos de utilização do navio*, Petrony, Lisboa, 1988, p. 174 e ss., uma clara chamada de atenção para as "dificuldades" de implantação da Convenção. Apontando razões para o insucesso da Convenção, cf. v. g., Casanova / Brignardello, *Trasporto multimodale*, in DDP-SCom., Aggiornamento II, 2003, p. 930.

[96] O texto em língua inglesa pode ser consultado em "Il Diritto Marittimo", ano CX (2008), pp. 1232-1265. As várias versões autênticas podem ser consultadas no sítio www.uncitral.org.

cial do transporte internacional de mercadorias e reduziria os obstáculos jurídicos ao comércio internacional entre todos os Estados;

c) Esperança em que a aprovação de um regime uniforme aplicável ao contrato de transporte internacional de mercadorias total ou parcialmente por mar possa ser um fator decisivo para o fomento do comércio e do desenvolvimento económico nacional e internacional, na medida em que promove a segurança marítima, melhora a eficiência do transporte internacional de mercadorias e facilita novas oportunidades de acesso a comerciantes e mercados; e ainda

d) Constatação de que os carregadores e os transportadores não beneficiam das vantagens associadas a um regime universal obrigatório e equilibrado ("binding balanced universal regime"), que contribua para o bom funcionamento dos contratos de transporte que prevejam a utilização de diversos modos de transporte.

Ilustrativos são também, na mesma linha, os *Considerandos* da própria Convenção:

i) Convicção de que a harmonização e unificação progressivas do direito comercial internacional, ao reduzir ou eliminar o número de obstáculos jurídicos que dificultam o curso do comércio internacional, contribuem de modo notável para a cooperação económica universal entre todos os Estados, numa base de igualdade, equidade e interesse comum, assim como para o bem-estar de todos os povos;

ii) Consciência de que, desde a aprovação da Convenção de Bruxelas de 1924 e dos respetivos Protocolos e das Regras de Hamburgo de 1978, ocorreram avanços tecnológicos significativos e que é necessário consolidar e modernizar o regime aplicável[97];

iii) Constatação de que os carregadores e os transportadores carecem das vantagens associadas a um regime universal obrigatório que contribua para o bom funcionamento dos contratos de transporte marítimo que prevejam a utilização de outros modos de transporte;

---

[97] No âmbito dos trabalhos preparatórios, foi equacionada a hipótese de uma revisão e ampliação das Regras da Haia-Visby e das Regras de Hamburgo. Não obstante, a opção foi no sentido mais abrangente e também mais arrojado, ora plasmado nas Regras de Roterdão; sobre todo esse processo e razões justificativas, cf. SÁNCHEZ CALERO, *El contrato de transporte marítimo de mercancías*[2], cit., p. 599 e ss..

iv) Consideração de que a aprovação de um regime uniforme aplicável ao contrato de transporte internacional de mercadorias total ou parcialmente marítimo será um factor decisivo para o fomento do comércio e para o desenvolvimento económico, tanto nacional quanto internacional, na medida em que promove a segurança jurídica e melhora a eficiência do transporte internacional de mercadorias, facilitando, ademais, novas oportunidades de acesso a comerciantes e mercados anteriormente remotos.

V. De acordo com o número 1 artigo 94.º da Convenção, esta entrará em vigor no primeiro dia útil do mês seguinte ao do fim do prazo de um ano a partir da data em que tenha sido depositado o vigésimo instrumento de ratificação, aceitação, aprovação ou adesão.

Dez anos volvidos, esfumou-se um certo otimismo quanto a uma próxima entrada em vigor da Convenção num futuro relativamente próximo. As recentes evoluções a nível político e económico, em termos mundiais e globais, não se mostram objetivamente favoráveis ao sucesso das Regras de Roterdão.

Cotejando as Regras de Roterdão com as Regras da Haia, com as Regras da Haia-Visby e com as Regras de Hamburgo, aquelas apresentam uma maior complexidade e extensão[98]: basta salientar os seus 96 artigos quando comparados com os 16 das Regras da Haia, com os 17 das Regras da Haia-Visby[99] ou com os 34 das Regras de Hamburgo.

Essa maior extensão e complexidade não surpreendem, de resto. A partir do momento em que as Regras de Roterdão integram – ainda que em termos não plenos – o transporte multimodal, havia que incorporar novas situações e personagens no quadro da Convenção, para além da necessidade

---

[98] Numa fase em que o projecto de Convenção tinha 98 artigos, referia-se Mário Raposo, *Transporte marítimo de mercadorias. Os problemas*, in "I Jornadas de Lisboa de Direito Marítimo – O contrato de transporte marítimo de mercadorias", Almedina, Coimbra, 2008, p. 60, a uma "característica que necessariamente dificultará a sua compreensibilidade", com alusão, precisamente, à sua extensão e complexidade; por sua vez, a voz autorizada de Herber, *Introduction to the Symposium* (Symposium of Deutsche Gesellshaft für Transportrecht held at Hamburg on 25 June 2009), in TranspR 2009, p. 346, considera a Convenção "extremely difficult to understand".

[99] Referimo-nos aos 17 artigos resultantes do Protocolo de Visby, que acrescentou um novo artigo (4*bis*) ao texto da Convenção de 1924, para além de ter "engrossado" algumas das suas disposições. Por coincidência, o próprio Protocolo de Visby tem 17 artigos.

de regular situações jurídicas novas como as decorrentes da utilização de documentos eletrónicos, entre outras.

De qualquer modo, o facto de, como vinca Carbone[100], as Regras de Roterdão não constituírem uma "revolução", situando-se, antes, na "evolução" das Regras das Haia-Visby e das Regras de Hamburgo, sendo, nesta medida, um compromisso entre "tradition and modernity", é, objetivamente, muito relevante,

6. A complexidade para-normativa, em especial no transporte marítimo

I. Importa, agora, aludir a outros instrumentos não já normativos mas para-normativos, em termos de *soft law*. Privilegiamos, aqui, o domínio marítimo, atenta a sua maior complexidade.

Referimo-nos a regras e usos do comércio internacional conexos ao transporte marítimo de mercadorias, alguns dos quais objeto de organização e ou compilação por organizações internacionais, com destaque para a Câmara de Comércio Internacional.

Neste quadro, destacamos os *Incoterms*, na sua versão última, de 2010, tudo sem prejuízo da importância de outros termos como os *trade terms*[101].

Os *Incoterms*, cuja história não cabe aqui fazer[102], são um exemplo de sucesso de regras e práticas comerciais, com utilização, sobretudo, no campo do comércio internacional, mas tendo também pleno campo de aplicação no plano interno.

Conforme é patente nas Regras e é acentuado pelos autores, os *Incoterms* não contêm um regime inteiro da compra e venda mas apenas de certos pontos centrais que podemos resumir na *entrega* e no *risco*.

---

[100] Cf. Carbone, *Contratto di trasporto marittimo di cose*², cit., p. 288 e ss.; cf. também Lopez de Gonzalo, Gonzalo, *From the Hague to Rotterdam: Revolution or evolution?*, cit., pp. 85-92.

[101] Cf., com referência aos *trade terms* CAD, COD e FCL, Menezes Cordeiro, *Introdução ao Direito dos Transportes*, cit., pp. 20-21.

[102] Cf., v. g., Menezes Cordeiro, *Introdução ao Direito dos Transportes*, cit., p. 16 e ss., Luís Lima Pinheiro, *Direito comercial internacional*, Almedina, Coimbra, 2005, p. 325 e ss., Francisco Rodrigues Rocha, *Algumas notas em torno da cláusula CIF e do seguro de transporte de mercadorias*, cit., *passim*, e André Marques, *A transferência do risco na venda marítima*, in "Temas de Direito dos Transportes", I, Almedina, Coimbra, 2010, pp. 171-292.

Importa destacar a ligação, estabelecida nos *Incoterms*, entre a compra e venda e outros contratos, mais concretamente o de transporte e o de seguro.

Fala-se, assim, na *venda marítima*[103], designação que, não sendo tecnicamente correta, tem a seu favor a força designativa: estamos no âmbito da compra e venda, por ocasião da qual as partes acordem o transporte marítimo das mercadorias objeto do contrato, independentemente de o mesmo ser contratado e pago pelo vendedor ou pelo comprador.

Há, ainda, cumulativamente, a importantíssima ligação ao *seguro* das mercadorias, disciplinando os termos se e a quem cabe o dever de efetuar o seguro da mercadoria a transportar, em termos de o mesmo poder ser acionado pelo *ayant droit* às mercadorias.

Sem com isso significar a menor importância dos outros termos, damos aqui uma maior atenção, atenta a sua maior utilização, aos termos marítimos CIF e FOB[104].

É usual, de resto, falar-se em vendas CIF ou em vendas FOB[105]. Em qualquer dos casos, elas postulam uma remissão para as Regras da CCI em vigor à data da celebração do contrato, a não ser que, por interpretação, se conclua no sentido de as partes terem acordado a aplicação de outra versão.

Naturalmente que a utilização de *Incoterms* nas vendas internas não prescinde do regime geral em matéria contratual, designadamente, mas sem limitar, do regime das cláusulas contratuais gerais[106].

---

[103] Cf., por todos, Ignacio Arroyo, *Curso de Derecho Marítimo*³, cit., p. 673 e ss.; cf. também Stefano Zunarelli / M. Comenale Pinto, *Manuale di Diritto della Navigazione e dei Trasporti*, I², cit., p. 539 e ss., Eliane Octaviano Martins, *Curso de Direito Marítimo*, II. *Vendas marítimas*, 2.ª edição, Manole Editora, Tamboré, 2013, *passim* e Greta Tellarini, *La vendita marittima*, in "Trattato breve di Diritto Marittimo", III. "Le obbligazioni e la responsabilità nella navigazione marittima", coordenação de Alfredo Antonini, Giuffrè, Milão, 2010, pp. 129-162, *passim*; entre nós, cf. Luís Lima Pinheiro, *Direito comercial internacional*, cit., p. 325 e ss..

[104] Os *Incoterms* 2010 consagram uma grande divisão entre Regras para qualquer modo ou modos de transporte – EXW, FCA, CPT, CIP, DAT, DAP e DDP – e Regras para transporte marítimo e por vias navegáveis interiores – FAS, FOB, CFR e CIF. Os termos dos Incoterms 2000 não eram plenamente coincidentes com os *Incoterms* 2010.

[105] Cf., v. g., Stefano Zunarelli / Freta Tellarini, *La vendita a condizione FOB*, Cedam. Pádua, 1999, passim; cf. também José Engrácia Antunes, *Direito dos Contratos Comerciais*, cit., p. 360, nota, 615.

[106] Sobre o tema, cf., conquanto em termos divergentes, Menezes Cordeiro, *Introdução ao Direito dos Transportes*, cit., p. 16 e ss., e Luís Lima Pinheiro, *Direito comercial internacional*, cit., p. 325 e ss..

Como se disse, nos vários *Incoterms* assume particular relevo a disciplina da entrega e do risco no âmbito da compra e venda, destacando-se a disciplina dos itens A4-B4 (Aceitação da mercadoria) e A5-B5 (Transferência do risco). Basicamente, onde deve a mercadoria ser entregue, cumprindo-se, assim, uma obrigação fundamental do contrato de compra e venda, e quem – e a partir de quando – assume o risco pelo eventual perecimento da mercadoria. É, neste particular, ilustrativo o confronto entre os vários termos, designadamente o termo CIF e o termo EXW, no que tange aos itens A4-B4 e A5-B5.

O termo (geral) em que o vendedor assume menor risco é o EXW – a mercadoria é entregue na fábrica, passando o risco a correr por conta do comprador, o qual assume o transporte da mercadoria a partir da fábrica / armazém do vendedor. No pólo oposto, destacamos os termos (gerais) DAT e DAP, em que o vendedor assume maior extensão temporal de risco e o comprador menor: a mercadoria é entregue no porto ou local de destino, passando, só então, o risco a correr por conta do comprador.

II. No quadro da chamada *venda marítima*, é mister ver como e em que termos se enquadra o *transporte marítimo* e o *seguro das mercadorias*, avultando aqui os itens A3 e B3[107].

Assim, no que ao *contrato de transporte* respeita, no termo CIF, prevê a alínea *a*) de A3 que o vendedor deve celebrar ou obter um contrato de transporte da mercadoria desde o lugar acordado para a entrega, caso exista, no local de entrega até ao porto designado, ou caso tenha sido acordado, qualquer lugar nesse porto. Tal contrato de transporte deve ser celebrado nos termos habituais, por conta do vendedor, devendo prever o transporte da mercadoria pela rota habitual num navio do tipo normalmente utilizado para o transporte da mercadoria comercializada.

No termo FOB, ainda no que tange ao *contrato de transporte*, prevê a alínea *a*) de A3 que o vendedor não tem qualquer obrigação para com o comprador de celebrar um contrato de transporte. Contudo, caso tal seja solicitado pelo comprador, ou caso seja prática comercial e o comprador não dê instruções em contrário no momento devido, o vendedor pode celebrar um contrato de transporte nos termos habituais, por conta e risco do comprador; em qualquer caso, o vendedor pode-se recusar a celebrar um contrato de transporte e, caso o faça, deverá comunicá-lo imediatamente ao comprador.

[107] Cf., v. g., STEFANO ZUNARELLI / M. COMENALE PINTO, *Manuale di Diritto della Navigazione e dei Trasporti*, I^2, cit., p. 539 e ss..

Em sede de *contrato de seguro*, no termo CIF[108], prevê a alínea *b*) de A3 que o vendedor deve obter, por sua conta, o seguro da carga, com a garantia mínima estabelecida pelas Cláusulas (C) das "Institute Cargo Clauses" (Institute of London Underwriters) ou outro clausulado similar. Tal seguro deve ser contratado com corretores ou com uma companhia de seguros reputada e permitir que o comprador, ou qualquer outra pessoa com interesse no seguro da mercadoria possa apresentar uma reclamação diretamente ao segurador.

Já no termo FOB, prevê a alínea *b*) de A3 que o vendedor não tem qualquer obrigação para com o comprador de celebrar um contrato de seguro; contudo, o vendedor deve fornecer ao comprador, a pedido deste e por sua conta e risco, qualquer informação de que o comprador necessite para obter um seguro.

7. Linhas gerais do sistema próprio de responsabilidade civil do transportador de mercadorias

7.1. Introdução

I. Não obstante a diversidade de instrumentos normativos, nacionais e internacionais, que regulam o Direito dos Transportes, pensamos que, no que respeita ao transporte de mercadorias, é possível identificar um sistema próprio de responsabilidade civil do transportador.

Não significa isso que não haja diferenças entre os diversos instrumentos normativos que regulam os diversos modos de transporte. Essas diferenças existem; contudo, as mesmas não obnubilam, se bem vemos, a identificação de um regime geral.

Conforme resulta do exposto, estamos a pensar apenas no transporte de mercadorias. Já no que respeita ao transporte de pessoas, há uma tendência – de aplaudir, de resto – para "deixar entrar" o Direito do Consumo ou Direito dos Consumidores, com a consequente aplicação de soluções de regime típicas desta área do Direito[109].

---

[108] Cf., v. g., Francisco R. Rocha, *Algumas notas em torno da cláusula CIF e do seguro de transporte de mercadorias*, cit., *passim*.

[109] Cf., v. g., M. Januário da Costa GomeS, *O regime europeu do transporte marítimo de passageiros. Entre o Regulamento "marítimo" da responsabilidade do transportador e o regulamento "consumerista" dos direitos dos passageiros*, in "Temas de Direito dos Transportes", III, Almedina, Coimbra, 2105, pp. 7-61, Pulido Begines, *Cruise ship contracts:*

Nesse particular, o "motor" terá sido o regime do transporte aéreo de passageiros, em termos de influenciar o próprio transporte marítimo de passageiros[110].

Antes de vermos aquele que podemos considerar o sistema próprio de responsabilidade civil do transportador, importa acentuar o seguinte:

i) A sumária análise que fazemos não dispensa ou não prescinde do estudo e consideração do regime geral da responsabilidade civil[111], mormente obrigacional, tudo sem prejuízo das situações de concurso com a responsabilidade aquiliana[112].

ii) O "Direito dos Danos" não é sinónimo de "Direito da Responsabilidade Civil". O princípio, ou o ponto de partida, neste particular, é a *suportação* (*casum sentit dominus*)[113]: só haverá responsabilidade civil se for estabelecida uma certa conexão – uma *imputação* – em termos de o sujeito em cuja esfera os danos acontecem poder imputar – a outrem, ora em termos subjectivos, como é regra, ora em termos objectivos, ora em termos de sacrifício[114].

iii) Estamos num domínio no qual, como não podia deixar de ser, existe uma grande massificação contratual, com recurso a cláusulas contratuais gerais.

---

transport or package tour?, in "Temas de Direito dos Transportes", III, Almedina, Coimbra, 2105, pp. 63-83 e Mercedes Zubiri de Salinas, *La protección del consumidor en la Ley de Navegación Marítima: los contratos de passaje, crucero y arrendamento náutico*, in "El Derecho Marítimo de los Nuevos Tiempos", coordenação de J. L. García-Pita y Lastres, M.ª Rocío Quintáns Eiras e Angélica Díaz de la Rosa, Civitas, Cizur Menor, 2018, pp. 789-818.

[110] Cf. M. Januário da Costa Gomes, *O regime europeu do transporte marítimo de passageiros*, cit., *passim*.

[111] Cf., v. g., António Menezes Cordeiro, *Tratado de Direito Civil*, VIII. *Gestão de negócios. Enriquecimento sem causa. Responsabilidade civil*, Almedina, Coimbra, 2017, p. 285 e ss.; Ibidem, *Tratado de Direito Civil*, IX. *Cumprimento e não cumprimento. Transmissão. Modificação e extinção*, 3.ª edição, Almedina, Coimbra, 201217 e ss..

[112] Cf., v. g., António Menezes Cordeiro, *Tratado de Direito Civil*, VIII, cit., pp. 398-399.

[113] Cf., v. g., Menezes Cordeiro, *Tratado de Direito Civil*, I. *Introdução. Fontes do Direito. Interpretação da lei. Aplicação das leis no tempo. Doutrina geral*, 4.ª edição, Almedina, Coimbra, 2012, p. 979 e ss..

[114] Cf., v. g., Menezes Cordeiro, *Tratado de Direito Civil*, VIII, cit., pp. 305 e ss., 591 e ss. e 731 e ss., Luís Menezes Leitão, *Direito das obrigações*, I, *Introdução. Da constituição das obrigações*, 14.ª edição, Almedina, Coimbra, 2017, p. 275 e ss. e Ana Mafalda Barbosa, *Lições de Responsabilidade civil*, Principia, Cascais, 2017, pp. 13-40.

Fora destas considerações mais gerais e, de algum modo, óbvias, importa agora destacar dois traços específicos do transporte de mercadorias:

a) O primeiro é o de que a obrigação do transportador é, tipicamente, uma obrigação de resultado[115].
Apesar de atenuado o rigor inicial da responsabilidade *ex recepto* – só através da *exceptio labeoniana* é que o nauta passou a não responder em caso de naufrágio e de pirataria[116] –, a lógica da responsabilidade *ex recepto* mantém-se na configuração típica e tipológica da prestação a cargo do transportador: este deve deslocar e entregar a coisa tal como a recebeu, sendo responsável por tal entrega[117].

b) A responsabilidade civil de que aqui curamos é, conforme já foi, de algum modo, dito, a responsabilidade contratual, associada ou decorrente do contrato de transporte.
Há, no entanto, que considerar a importante especificidade de o transportador poder ter que responder não perante o expedidor ou carregador com quem celebrou o contrato mas perante um terceiro – o destinatário ou *ayant droit* à mercadoria[118]. Há ainda que saber em que termos é "resolvido" o concurso com a responsabilidade aquiliana[119].

c) Importa ainda destacar que a lógica dos documentos de transporte, *maxime* quando se apresentem como títulos de crédito negociáveis à ordem ou ao portador, pode ter um efeito absorvente – total ou parcialmente – do regime geral da responsabilidade civil em favor da lógica do título[120].

d) Finalmente, acentue-se o relevo que o *direito de variação* ou de *controlo*[121] pode ter, em concreto, na dinâmica jurídica do transporte: o

---

115 Cf., v. g., ENGRÁCIA ANTUNES, *Direito dos contratos comerciais*, cit., p. 750.

116 Cf., por todos, A. SANTOS JUSTO, *Contrato de transporte marítimo (Direito romano)*, cit., pp. 11-42.

117 Cf., v. g., CARBONE, *Contratto di trasporto marittimo di cose*², cit., pp. 181 e ss. e 251 e ss. e STEFANO ZUNARELLI / M. COMENALE PINTO, *Manuale di Diritto della Navigazione e dei Trasporti*, I², cit., p. 402 e ss..

118 Cf., por todos, CASTELLO-BRANCO BASTOS, *Da disciplina do contrato de transporte internacional de mercadorias por mar*, cit., p. 234 e ss..

119 Cf. *infra*, ponto 9.

120 Cf., v. g., PEDRO PAIS DE VASCONCELOS, *Direito comercial*, I, cit., pp. 238-239.

121 Cf., v. g., M. JANUÁRIO DA COSTA GOMES, *O direito de variação ou de controlo no transporte de mercadorias*, cit., *passim*.

transportador pode ter que obedecer a indicações, a ordens, de sujeitos diferentes daqueles com quem celebrou o contrato de transporte.

II. Percorrendo as várias convenções de Direito dos Transportes – com tradução *grosso modo* equivalente nas legislações nacionais –, podemos identificar, conforme já se referiu acima, um sistema próprio de responsabilidade civil.

Esse sistema próprio surge com particular evidência e clareza nas Regras de Roterdão, mas ele é também claramente identificável nas Regras da Haia, nas Regras da Haia-Visby, na CMR ou nas Regras de Hamburgo, o mesmo acontecendo com a Convenção de Montreal ou com a COTIF/CIM.

Conforme também já alertámos, a identificação de um sistema próprio de responsabilidade civil não significa que não haja, nesse domínio, diferenças entre os vários instrumentos normativos aplicáveis a cada modo de transporte, sejam eles internacionais ou internos. Tais diferenças não obnubilam a identificação de um regime comum, nos seus traços essenciais.

A colocação em destaque das Regras de Roterdão tem um duplo significado: (*i*) a Convenção em causa é a convenção mais recente de Direito dos Transportes; e (*ii*) é uma convenção multimodal, conquanto a multimodalidade não seja plena, na medida em que os transportes abrangidos pelas mesmas ou são *port to port* ou, sendo *door to door*, têm uma necessária componente marítima (internacional)[122].

Este último aspeto – de ser uma convenção multimodal, conquanto *marítima plus* – merece ser aqui destacado. Na verdade, o facto de uma convenção *multimodal* assumir aquilo a que chamamos o sistema de responsabilidade civil próprio do transportador é, a todos os títulos, revelador da existência e do reconhecimento desse sistema nos vários regimes normativos relativos a cada um dos modos.

7.2. O transporte marítimo de mercadorias e a "sombra normativa" do Protocolo de Visby sobre as (simples) Regras da Haia

Conforme se disse acima, a ilustração do sistema próprio de responsabilidade civil do transportador de mercadorias assenta também no regime das Regras da Haia-Visby.

[122] Cf., v. g., M. Januário da Costa Gomes, *Introdução às Regras de Roterdão*, cit., *passim*.

Essa consideração impõe que se explique o recurso ao regime resultante do Protocolo de Visby quando é certo que Portugal não se vinculou ao mesmo, mantendo-se obrigado apenas nos termos das Regras da Haia.

Ora, o regime do Protocolo de Visby reveste significativa importância – não obstante a sobredita não vinculação do Estado português – para a interpretação e aplicação das próprias Regras da Haia.

Na verdade, se bem analisamos, o Protocolo de Visby contém soluções que, para estes efeitos, podemos caracterizar como sendo de três tipos, admitindo-se que possa haver uma sobreposição das segunda e terceira categorias:

i) soluções interpretativas de normas das Regras da Haia;
ii) soluções sistematicamente coerentes com soluções de Direito dos Transportes em geral; e
iii) soluções novas ou inovadoras, face ao regime das Regras da Haia.

Quando acentuamos a importância das normas do Protocolo de Visby para a interpretação das Regras da Haia (sem Visby, portanto), estamos, naturalmente, a pensar nas primeira e segunda categorias identificadas, podendo, nesta medida, dizer-se haver uma certa influência, uma "sombra normativa", do Protocolo de Visby sobre as próprias Regras da Haia desacompanhadas de tal Protocolo.

Como exemplo da primeira categoria, podemos apontar, desde logo, a nova redação dada pelo artigo 5.º do Protocolo ao artigo 10.º das Regras da Haia. Conhecidas as dúvidas sobre a interpretação do citado artigo 10.º[123], na sua redação original, pensamos que a nova redação desse artigo pelo Protocolo de Visby tem, atento aquele quadro de dúvidas, o efeito de nos permitir equacionar a interpretação da primitiva redação à luz da nova redação desse artigo dada pelo Protocolo, via essa bem diferente em termos de caminho – que já não tanto em termos de resultado – de se sustentar a aplicação direta da nova redação a Estados, como Portugal, não vinculados pelo dito Protocolo, aplicação essa que, manifestamente, não é possível[124].

---

[123] Cf., v. g., CASTELLO-BRANCO BASTOS, *Da disciplina do contrato de transporte internacional de mercadorias por mar*, cit., p. 80 e ss. e SÁNCHEZ CALERO, *El contrato de transporte marítimo de mercancias*^{2}, cit., p. 61 e ss..

[124] Cf., v. g., SÁNCHEZ CALERO, *El contrato de transporte marítimo de mercancias*^{2}, cit., p. 69.

Ou seja, o facto de o novo artigo 10.º vir ao encontro de tendências interpretativas relativamente ao velho artigo 10.º das Regras da Haia[125] permite ver este, no que à questão da internacionalidade respeita, *grosso modo* nos termos em que tal norma deve ser interpretada após a nova redação, desde que – é essa a hipótese da alínea *a*) do novo artigo 10.º, correspondente à prevista na redação original do artigo 10.º da Convenção – o conhecimento de carga seja emitido num dos Estados contratantes ("the bill of lading is issued in a Contracting State").

Parece-nos, assim, que num transporte marítimo de mercadorias entre os portos de Lisboa e de Génova, tendo sido emitido ("criado", como se lê na versão portuguesa da primeira redação) um conhecimento de carga, tal transporte está sujeito às Regras da Haia, por estar preenchido o requisito da internacionalidade (objetiva) exigido na nova redação ("...shall apply to every bill of lading relating to the carriage of goods between ports in two different States") e isto independentemente da nacionalidade do navio, do transportador, do carregador, do destinatário ou de qualquer outra pessoa interessada ("whatever may be the nationality of the ship, the carrier, the shipper, the consignee, or any other interested person")[126]. É também claro que, num transporte marítimo de mercadorias entre os portos de Lisboa e do Funchal – não obstante o facto da "criação" do BL "num dos Estados contratantes" –, não serão aplicáveis as Regras da Haia por falta do requisito da internacionalidade.

Diversamente – sem prejuízo, refira-se, da possibilidade de chegarmos a similares conclusões por uma diversa via – já será duvidosa a aptidão "aplicativo-interpretativa" das previsões alternativas das alíneas *b*) – "the bill of lading is from a port in a Contracting State" – e *c*) – "the contract contained in or evidenced by the bill of lading provides that the rules of this Convention or legislation of any State giving effect to them are to govern the contract" – do novo artigo 10.º da Convenção por falta de previsão na redação original do mesmo artigo.

Outra previsão normativa de cariz interpretativo é a do aditamento feito no número 1 do artigo 3.º do Protocolo ao número 4.º do artigo 3.º das

---

[125] Cf., v. g., Castello-Branco Bastos, *Da disciplina do contrato de transporte internacional de mercadorias por mar*, cit., pp. 87-88.

[126] Cf., v. g., Castello-Branco Bastos, *Da disciplina do contrato de transporte internacional de mercadorias por mar*, cit., p. 80 e ss.; cf. também Lynce de Faria, *O transporte internacional marítimo de mercadorias*, Bertrand Editora, Venda Nova, 1996, p. 74 e ss..

Regras da Haia: "However, proof to the contrary shall not be admissible when the bill of lading has been transferred to a third party acting in good faith".

Seria, na verdade, inconciliável com a natureza de título de crédito que tem o conhecimento de carga (BL)[127] que o transportador pudesse, baseado na expressão "salvo a prova em contrário" ("sauf preuve contraire"), que consta do número 4.º do artigo 3.º das Regras da Haia, eximir-se de responsabilidade face ao portador legítimo e de boa fé do título, provando, ao arrepio dos dizeres do título e do princípio da literalidade que o enforma[128], que, por exemplo, recebeu as mercadorias em número e peso inferiores aos indicados no BL.

Como exemplo de solução normativa introduzida pelo Protocolo de Visby sistematicamente coerente com soluções de Direito dos Transportes em geral, destacamos, em especial, a previsão da perda do direito à limitação de responsabilidade ou preclusão da limitação da responsabilidade, introduzida na nova redação do número 5.º do artigo 4.º do Protocolo de Visby, nos seguintes termos: "Neither the carrier nor the ship shall be entitled to the benefit of the limitation of liability provided for in this paragraph if it is proved that the damage resulted from an act or omision of the carrier done with intent to cause damage, or recklessly and with knowledge that damage would probably result"[129].

Na interpretação que fazemos, a velha previsão do número 5.º do artigo 4.º das Regras da Haia, que aponta, literalmente ("em caso algum"), para um certo carácter inexpugnável do direito à limitação de responsabilidade por parte do transportador, deve ser interpretada atualisticamente, dentro do sistema do Direito dos Transportes, no sentido da admissão, em casos limite, de perda do direito à limitação de responsabilidade. A partir daqui,

[127] Cf., por todos, João Calvão da Silva, *Crédito documentário e conhecimento de embarque*, in "Estudos de Direito Comercial (Pareceres)", Almedina, Coimbra, 1996, pp. 51-77, em especial pp. 54-63, Castello-Branco Bastos, *Da disciplina do contrato de transporte internacional de mercadorias por mar*, cit., pp. 232 e ss. e 234 e ss. e Maria João Dias, *A função representativa do conhecimento de embarque*, cit., pp. 449-490.

[128] Cf., por todos, Carolina Cunha, *Letras e livranças. Paradigmas actuais e recompreensão de um regime*, Almedina, Coimbra, 2012, p. 386 e ss.; na literatura anterior, cf., v. g., Ferrer Correia, *Lições de Direito Comercial*, III. *Letra de câmbio*, Universidade de Coimbra, 1975, p. 44 e ss., Fernando Olavo, *Direito Comercial*, II. 2.ª Parte, Fasc. I. *Títulos de crédito em geral*, Coimbra Editora, Coimbra, 1977, p. 25 e ss., Oliveira Ascensão, *Direito Comercial*, III. *Títulos de crédito*, Lisboa, 1992, p. 26 e ss, e Pinto Furtado, *Títulos de crédito. Letra. Livrança. Cheque*, 2.ª edição, Almedina, Coimbra, 2017, p. 31e ss..

[129] Cf. *infra*, ponto 8.5.

a dúvida, que não cabe neste texto resolver, é a de saber quais são as situações em que a perda do direito à limitação pode ser invocada, seguro que é, por um lado, que a alínea *e*) do número 5.º do artigo 4.º das Regras da Haia-Visby não tem aplicação aos Estados, como Portugal, que se não vincularam ao Protocolo de Visby, e, por outro, que a perda do direito à limitação não pode deixar de ser admitida.

8. As quatro fases

8.1. Introdução

I. Se bem analisamos, o sistema de responsabilidade civil do transportador de mercadorias assenta em quatro grandes fases. Sendo embora certo que tais fases não se verificam necessariamente em todas as situações de transporte[130], *a priori* ou à partida as mesmas têm de ser encaradas como um percurso, como um *iter* possível no caminho da determinação, em definitivo, da responsabilidade civil do transportador e dos seus termos[131].

Contudo, conforme resultará evidente da sequência, a situação de responsabilidade pode ficar logo definida ou "arrumada" se, na segunda fase, o transportador não lograr excluir uma primeira imputação de responsabilidade. Também a quarta fase que indicamos será de ocorrência e consideração eventuais, não sendo, de resto, frequente.

Importa aqui deixar preliminarmente assente que a apresentação ordenada das quatro fases pode sugerir uma facilidade e simplicidade que, em regra, não acontece. Na verdade, no sub-grupo constituído pela primeira e segunda fases, por um lado, e no constituído pela terceira e quarta fases,

---

[130] A título de exemplo, cf., quanto ao transporte aéreo internacional, Jesús de Paz Martín, *La responsabilidade en el transporte aéreo internacional. De Varsovia (1929) a Montreal (1999)*, Marcial Pons, Madrid, 2006, p. 249 e ss., destacando o facto de o dolo e a culpa grave terem deixado de constituir fundamento de ineficácia do limite indemnizatório na Convenção de Montreal, diversamente do que ocorria na Convenção de Varsóvia; sobre o tema, cf. ainda Cesare Massimo Bianca, *La responsabilità del vettore per perdita o avaria delle merci*, in "La nuova disciplina del trasporto aereo. Commento alla Convenzione di Montreal del 28 Maggio 1999", coordenação de Leopoldo Tullio, Jovene Editore, Náploles, 2006, p. 110 e ss..

[131] Para uma análise sustentada deste sistema da responsabilidade civil do transportador, nos seus vários "eixos", cf., entre nós, João Ricardo Branco, *A responsabilidade civil do transportador*, cit., p. 119 e ss..

por outro, podemos encontrar um complexo jogo de provas e contraprovas[132] que, em concreto, pode toldar a aparente singeleza daquela apresentação ordenada. Contudo, se bem vemos, essas dificuldades no achamento de uma determinada conclusão de direito, designadamente no seio do conjunto constituído pela primeira e segunda e nestoutro conjunto formado pela terceira e quarta fase, não obnubilam a identificação das quatro fases identificadas.

Antes de vermos, sucessivamente, as quatro fases, importa, destacar o arco temporal do transporte[133], o qual marca, por inerência, o *arco temporal* da responsabilidade do transportador.

Naturalmente que a referência ao "temporal" não significa qualquer tomada de posição ou compromisso sobre *quando* pode o transportador ser responsabilizado. Do que se trata, antes, é da determinação do princípio e do fim do período do transporte juridicamente relevante de acordo com um determinado instrumento normativo e, consequentemente, da parametrização temporal dos eventos geradores de responsabilidade civil do transportador.

Ilustrando com uma situação típica de transporte marítimo, as avarias da mercadoria que ocorram após o embarque e antes do desembarque estão, *naturaliter*, no arco temporal do transporte e, logo, sob presunção de que haverá responsabilidade do transportador *qua tale*, ou seja, enquanto transportador, com sujeição ao regime uniforme ou nacional do transporte de que se trate.

Mas o mesmo não podemos dizer, pelo menos com certezas, relativamente a situações de avaria da mercadoria acontecidas no cais – ou mais genericamente no porto – de embarque ou desembarque. Se tal será mais ou menos pacífico nas Regras de Hamburgo, face ao que dispõe o número 1 do artigo 4.º – segundo o qual a responsabilidade do transportador "covers the period during which the carrier is in charge of the goods at the port of loading, during the carriage and at the port of discharge" – o mesmo não acontece nas Regras da Haia-Visby, onde o arco temporal surge delimitado

[132] Refere-se Castello-Branco Bastos, *Da disciplina do contrato de transporte internacional de mercadorias por mar*, cit., pp. 282-283, a "um imbricado jogo de provas e contraprovas", com referência ao regime das Regras da Haia-Visby. A matéria é profundamente estudada por Carbone, *Contratto di trasporto marittimo di cose*², cit., pp. 251 e ss. e 296 e ss..

[133] Cf., v. g., Carbone, *Contratto di trasporto marittimo di cose*², cit., p. 127 e ss. e Castello-Branco Bastos, *Da disciplina do contrato de transporte internacional de mercadorias por mar*, cit., p. 225 e ss.; cf. também M. Januário da Costa Gomes, *Introdução às Regras de Roterdão*, cit., p. 54 e ss..

pelos momentos do carregamento e descarregamento, face ao que resulta da alínea *e*) do artigo 1.º da Convenção, conjugado com o artigo 2.º[134].

A montante e a jusante desses momentos, a responsabilidade do transportador pode revelar-se deveras complexa, o que não significa que o sujeito que é transportador não seja responsável, se não *qua tale*, pelo menos como depositário, com base numa previsão normativa específica, como acontece com o artigo 6.º do DL 352/86 ou com base num acordo específico, possível ao abrigo do artigo 7.º das Regras da Haia ou das Regras da Haia-Visby, avultando aqui a importância da cláusula Himalaya[135].

As quatro fases que identificamos são as seguintes: (*i*) Primeira fase – a imputação, de princípio, da responsabilidade ao transportador ou a imputação provisória; (*ii*) Segunda fase – a exclusão da responsabilidade; (*iii*) Terceira fase – a limitação da responsabilidade e (*iv*) Quarta fase – a preclusão da limitação de responsabilidade.

8.2. Primeira fase. A imputação, de princípio, da responsabilidade ao transportador ou a imputação provisória

A primeira fase tem como ponto de partida e pressuposto a identificação e prova da perda ou de danos na mercadoria transportada, identificação essa tipicamente feita pelo destinatário da mercadoria dentro do prazo e condições admitidos.

Feita essa identificação, com a necessária invocação da desconformidade entre o estado da mercadoria e os termos da sua descrição no documento de transporte – tipicamente o BL – há uma presunção lógica ou natural de que o dano ocorreu durante o transporte, havendo, assim, nessa medida e nessa lógica presuntiva, um direcionamento para a responsabilidade do transportador. Trata-se de um direcionamento que está na linha e evolução lógica da responsabilidade *ex recepto* romana[136]. Conforme escrevemos noutro

---

[134] Cf., por todos, CARBONE, *Contratto di trasporto marittimo di cose*², cit., p. 127 e ss..

[135] Cf., por todos, CARBONE, *Contratto di trasporto marittimo di cose*², cit., pp. 121 e ss.. e 223 e ss. e MASSIMILIANO PIRAS, *La clausola Himalaya*, in "Trattato breve di Diritto Marittimo", II – "I contratti di utilizzazione della nave e la responsabilità del vettore", coordenação de Alfredo Antonini, Giuffrè, Milão, 2008, pp. 281-292.

[136] Cf., por todos, A. SANTOS JUSTO, *Contrato de transporte marítimo (Direito romano)*, cit., pp. 29-38.

local[137], com referência às Regras de Roterdão mas em termos que podem ser mais generalizados, trata-se de uma "conclusão tendencialmente provisória, *prima facie*, já que ao transportador é dado "ripostar" (...)".

Em termos técnico-jurídicos, o modo como esse direcionamento se pode materializar depende das opções tomadas nos instrumentos normativos aplicáveis, sejam eles internacionais ou internos.

Contudo, *grosso modo*, podemos dizer que as opções variarão entre uma *presunção de culpa* e uma *presunção de responsabilidade* do transportador: a primeira[138] coincide com o sistema interno português em sede de responsabilidade contratual, atenta a presunção de culpa do número 1 do artigo 799.º do CC[139], cuja *ratio* é, como diz Galvão Telles, "dar maior consistência ao vínculo creditório"[140]; a segunda[141] revela-se objetivamente mais gravosa para o transportador, já que a presunção cobre os vários pressupostos da responsabilidade civil, com exceção, naturalmente, dos danos, cuja existência cabe ao interessado alegar e provar.

Na "via" da presunção de culpa, é dado ao transportador poder exonerar-se demonstrando, simplesmente, que não teve culpa. Já na segunda "via", uma tal demonstração não bastará ou poderá não bastar, sendo, normalmente, as situações de exclusão de responsabilidade elencadas com base em critérios não recondutíveis à *culpa* ou não recondutíveis *apenas* à culpa.

---

[137] Cf. M. Januário da Costa Gomes, *Introdução às Regras de Roterdão*, cit., p. 59.

[138] Para Menezes Cordeiro, *Introdução ao Direito dos Transportes*, cit., p. 30, "a presunção de culpa do transportador opera no tocante às diversas formas do Direito internacional dos Transportes".

[139] Cf., por todos, Galvão Telles, *Direito das Obrigações*, 7.ª edição. Almedina, Coimbra, 1997, pp. 359-360 e Antunes Varela, *Das obrigações em geral*, II, 7.ª edição, Almedina, Coimbra, 1997, p. 100 e ss., lendo-se a pp. 101; "O dever jurídico infringido está, neste caso, de tal modo *concretizado*, *individualizado* ou *personalizado*, que se justifica que seja o devedor a pessoa onerada com a alegação e a prova das razões justificativas ou explicativas do não cumprimento". Não cabe aqui tomar posição sobre se, conforme sustenta a doutrina clássica, estamos perante uma simples presunção de culpa ou se, diversamente, a presunção com expressão legal no número 1 do artigo 799.º do CC, alberga, antes, uma presunção de *faute*: neste sentido, cf. Menezes Cordeiro, *Tratado de Direito Civil*, IX, cit., pp. 389-391. No sentido "clássico", cf. ainda Menezes Leitão, *Direito das Obrigações*, II. *Transmissão e extinção das obrigações. Não cumprimento e garantias do crédito*, 11.ª edição, Almedina, Coimbra, 2017, p. 247.

[140] Cf. Galvão Telles, *Direito das Obrigações*[7], cit., p. 359.

[141] Para Ferreira de Almeida, *Contratos*, II, 2.ª edição, 2011, p. 165, a "presunção de responsabilidade" é, a par da "limitação de responsabilidade", um dos dois princípios identificáveis no Direito dos Transportes, no que respeita ao cumprimento das obrigações do transportador.

Nesta primeira fase, há um claro direcionamento para a consagração jurídica da responsabilidade do transportador. Contudo, esta só fica firmada se, consoante as vias referidas, o transportador não tiver ilidido a presunção de culpa ou não tiver excluído a presunção de responsabilidade, exclusão esta que é típica daquela que identificámos como segunda fase.

Ilustremos com os regimes que, neste particular, se apresentam mais claros.

De acordo com o artigo 383.º do CCom[142], o transportador "desde que receber até que entregar os objetos, responderá pela perda ou deterioração que venham a sofrer, salvo quando proveniente de caso fortuito, força maior, vício do objeto, culpa do expedidor ou do destinatário". Se bem vemos, é a adoção da via da presunção de responsabilidade, não tendo carácter exoneratório a simples demonstração pelo transportador de que não teve culpa.

Em termos de convenções internacionais, destacamos o regime das Regras de Hamburgo, no transporte marítimo[143], o regime da CMR, no transporte rodoviário, o regime da COTIF/CIM no transporte ferroviário e o regime da Convenção de Montreal, no transporte aéreo. Damos também nota do regime na convenção marítima *plus*, ou seja nas Regras de Roterdão.

O número 1 do artigo 5.º das Regras de Hamburgo apontam no sentido de uma presunção de culpa do transportador[144]: "The carrier is liable for loss resulting from loss of or damage to the goods, as well as from delay in delivery, if the occurrence which caused the loss, damage or delay took place while the goods were in his charge as defined in article 4, unless the carrier proves that he, his servants or agents took all measures that could reasonably be required to avoid the occurrence and its consequences".

Já o regime plasmado no artigo 17.º da CMR[145] aponta para uma presunção de responsabilidade do transportador[146], dispondo o número 1: "O

[142] Cf. sobre este, v. g., Adriano Anthero, *Comentario*, II^2, cit., p. 361.

[143] Partimos, neste particular, do princípio de que o navio estará em boas condições de navegabilidade; sobre o tema, cf. Carbone, *Contratto di trasporto marittimo di cose*^{2}, cit., p. 296 e ss. e J. L. García-Pita y Lastres, *La responsabilidad del armador fletante y del armador porteador, por falta de navegabilidade*, in "El Derecho Marítimo de los Nuevos Tiempos", coordenação de J. L. García-Pita y Lastres, M.ª Rocío Quintáns Eiras e Angélica Díaz de la Rosa, Civitas, Cizur Menor, 2018, pp. 357-455.

[144] Cf., v. g., Sánchez Calero, *El contrato de transporte marítimo de mercancias*^{2}, cit., p. 577 e ss..

[145] Cf., entre nós, Castello-Branco Bastos, *Direito dos Transportes*, cit., p. 93 e ss., Marteleto Godinho, *A responsabilidade do transportador rodoviário de mercadorias*, cit., *passim*, Alfredo Proença / J. Espanha Proença, *Transporte de mercadorias*, Almedina,

transportador é responsável pela perda total ou parcial, ou pela avaria que se produzir entre o momento do carregamento da mercadoria e o da entrega, assim como pela demora da entrega". Na mesma linha, encontramos, a nível interno, o número 1 do artigo 17.º da LTR, que praticamente reproduz o número 1 do artigo 17.º da CMR[147].

Também no transporte ferroviário ao abrigo da COTIF/CIM encontramos uma previsão similar, no aspeto em apreciação, dispondo o número 1 do artigo 23.º que "O transportador é responsável pelos prejuízos resultantes da perda total ou parcial e da avaria da mercadoria ocorridas a partir da tomada da mercadoria até à sua entrega, bem como pelo prejuízo resultante do não cumprimento do prazo de entrega, qualquer que seja a infraestrutura ferroviária utilizada"[148].

Similarmente, o regime do artigo 18.º da Convenção de Montreal aponta para uma presunção de responsabilidade[149], dispondo o número 1 o seguinte:

Coimbra, 2004, p. 119 e ss. e LEANDRO COVAS, *A responsabilidade do transportador na Convenção de Genebra de 19.5.1956 relativa ao contrato de transporte internacional de mercadorias por estrada (CMR)*, in "Prémio Dr. João Lopes Cardoso. Trabalhos premiados", I, Almedina, Coimbra, 2002, p. 108 e ss.. Na inabarcável literatura estrangeira, cf., v. g., CLARKE / YATES, *Contracts of carriage by land and air*, 2.ª edição, Routledge, 2008, p. 37 e ss..

[146] Cf., v. g., INGO KOLLER, *Transportrecht*⁹, cit., p. 1233 e ss. e KARL-HEINZ THUME, *Haftung des Frachtführers. Art. 17*, in "Kommentar zur CMR. Übereinkommen über den Beförderungsvertrag in internationalem Strassengüterverkehr", 2.ª edição, coordenação de Karl-Heinz Thume, Verlag Recht und Wirtschsft, Frankfurt am Main, 2007, pp. 364-470; sobre a natureza jurídica da "Obhutshaftung" – que conclui no sentido de ser uma "Gewährhaftung" – cf., em especial, pp. 368-375.

[147] Do mesmo modo, no Acto Uniforme da OHADA relativo ao transporte de mercadorias, cujo artigo 16.º, no seu número 1 – claramente inspirado pelo número 1 do artigo 17.º da OHADA –, dispõe que o transportador está obrigado a entregar a mercadoria no seu destino, mais dispondo que o mesmo é responsável pela avaria e perda total ou parcial da mercadoria ocorridas durante o transporte, assim como pela demora na entrega; cf. M. JANUÁRIO DA COSTA GOMES, *A responsabilidade do transportador no Acto Uniforme da OHADA relativo ao transporte rodoviário de mercadorias*, in "Boletim da Faculdade de Direito de Bissau", n.º 8, pp. 190 e ss. e 199-200, onde é feita a aproximação entre os sistemas da CMR e da OHADA a uma "responsabilidade objetiva atenuada", afastando-se a existência de uma presunção de culpa.

[148] Cf., por todos, INGO KOLLER, *Transportrecht*[9], cit., p. 1623 e ss. e CLARKE / YATES, *Contracts of carriage by land and air*[2], cit., p. 257 e ss..

[149] Cf., por todos, CESARE MASSIMO BIANCA, *La responsabilità del vettore per perdita o avaria delle merce*, cit., p. 107, INGO KOLLER, *Transportrecht*[9], cit., p. 1476 e ss., CHRISTOPH SHAEFER, *Recht des Luftverkehs*, cit., p. 164 e ss., CLARKE / YATES, *Contracts of carriage by land and air*[2], cit., pp. 447-448, MALCOM CLARKE, *Contracts of carriage by air*, 2.ª edição,

"A transportadora é responsável pelo dano causado em caso de destruição, perda ou avaria da mercadoria, desde que o evento causador do dano ocorra durante o transporte aéreo".

Finalmente, o número 1 do artigo 17.º das Regras de Roterdão[150] responsabiliza o transportador "for loss of or damage to the goods, as well as for delay in delivery, if the claimant proves that the loss, damage, or delay, or the event or circumstance that caused or contributed to it took place during the period of the carrier's responsibility as defined in chapter 4". O número 2 do mesmo artigo 17.º, ao permitir a exclusão de responsabilidade demonstrando o transportador que não teve culpa, aponta para um sistema de presunção de culpa: "The carrier is relieved of all or part of its liability pursuant to paragraph 1 of this article if it proves that the cause or one of the causes of the loss, damage, or delay is not attributable to its fault or to the fault of any person referred to in article 18". Contudo, o sistema de presunção de culpa não é puro: o transportador pode também exonerar-se – total ou parcialmente – se, em vez de provar que está isento de culpa nos termos previstos no número 2 do artigo 17.º, provar um ou mais dos factos previstos no número 3 do artigo 17.º[151].

8.3. A segunda fase. A exclusão da responsabilidade

Sendo a via adotada no direcionamento para a responsabilidade do transportador a da presunção de responsabilidade, feita a imputação pri-

---

Lloyd's, Londres, 210, p. 104 e ss. e MORILLAS JARILLO / PETIT LAVALL / GUERRERO LEBRÓN, *Derecho aéreo y del espacio*, cit., p. 681.

[150] Cf., v. g., BERLINGIERI / ZUNARELLI / ALVISI, *La nuova Convenzione Uncitral*, cit., p. 1173 e ss., CARBONE, *Contratto di trasporto marittimo di cose*², cit., p. 288 e ss., IGNACIO ARROYO, *La responsabilidad del porteador en las Reglas de Rotterdam*, in "III Jornadas de Lisboa de Direito Marítimo. 23 e 24 de Maio de 2013. Das Regras da Haia às Regras de Roterdão", Almedina, Coimbra, 2014, pp. 65-83, SÁNCHEZ CALERO, *El contrato de transporte marítimo de mercancias*², cit., p. 713 e ss. e MICHAEL STURLEY / T. FUJITA / G. VANDER ZIEL, *The Rotterdam Rules*, cit., pp. 77-176; cf. também M. JANUÁRIO DA COSTA GOMES, *Introdução às Regras de Roterdão*, cit., p. 58 e ss., ALEXANDRE SOVERAL MARTINS, As Regras de Roterdão, in "Novos caminhos para o Direito dos Transportes", IDET, Almedina, Coimbra, 2013, pp. 109 e ss. e SÓNIA ISABEL CAETANO, *A responsabilidade do transportador nas Regras de Roterdão*, in "Temas de Direito dos Transportes III", Almedina, Coimbra, 2015, pp. 492-570.

[151] O regime do artigo 17.º das Regras de Roterdão não acaba aqui, porém, atentas as previsões dos números 4 a 6; cf., por todos, SÁNCHEZ CALERO, *El contrato de transporte marítimo de mercancias*², cit., p. 713 e ss.

meira ou primária da responsabilidade ao transportador, é-lhe facultada a possibilidade de excluir a responsabilidade que lhe é inicial e provisoriamente imputada. Do mesmo modo, sendo a via adotada a da presunção de culpa, é dado ao transportador ilidir tal presunção. Estamos na *segunda fase*. É uma fase tormentosa, onde se jogam, de modo particularmente intenso, as opções do legislador e os compromissos entre interesses contrapostos: *grosso modo*, os dos transportadores *versus* os dos expedidores / carregadores e destinatários.

Fazem-se também sentir aqui as exceções ao rigor inicial da responsabilidade *ex recepto* do transportador, designadamente no meio marítimo. Fará todo o sentido – tal qual o *nauta* em certa fase do direito romano[152] – que o transportador marítimo de mercadorias possa excluir a responsabilidade de início provisoriamente imputada, demonstrando que a perda da mercadoria resultou de um caso de naufrágio ou de um ato de pirataria.

Grosso modo, e mais amplamente, podemos dizer que faz, desde logo, pleno sentido que o transportador possa excluir a sua responsabilidade em situações inevitáveis ou incontroláveis.

A partir daqui, o "catálogo" das situações que permitem ao transportador excluir a sua responsabilidade dependerá muito das opções legislativas em termos de "construção" do sistema de responsabilidade do transportador.

A priori, as coisas afiguram-se mais simples quando, na primeira fase, o sistema adotado seja o sistema – típico da responsabilidade obrigacional[153] – da presunção (*iuris tantum*) de culpa do transportador. Aí, em princípio, bastaria deixar clara a opção pela "via" da presunção e caberia ao transportador, podendo, ilidi-la sem necessidade de o legislador elencar causas específicas legitimadoras de exoneração de responsabilidade.

A verdade, porém, é que há sistemas mistos que não deixam de indicar certas causas específicas exoneratórias, não obstante a adoção, à partida, de um sistema de presunção de culpa.

É o que acontece nas Regras de Roterdão que, para além de preverem a possibilidade de o transportador se poder exonerar (total ou parcialmente) de responsabilidade provando que não teve culpa (número 2 do artigo 17.º)[154],

---

[152] Cf., por todos, Santos Justo, *Contrato de transporte marítimo (Direito romano)*, cit., p. 14.

[153] Cf., por todos, Menezes Cordeiro, *Tratado de Direito Civil*, IX^3, cit., p. 389 e ss..

[154] O próprio transportador ou então alguma das pessoas mencionadas no artigo 18.º; cf., por todos, Sánchez Calero, *El contrato de transporte marítimo de mercancias*^{2}, cit., p. 713 e ss..

admitem a exoneração total ou parcial de responsabilidade do transportador provando este que um ou mais dos factos ou circunstâncias enumerados nas alíneas *a*) a *o*) do número 3 do artigo 17.º causaram ou contribuíram para a perda, danos ou atraso[155]. Trata-se de uma opção diversa da que encontramos nas Regras de Hamburgo, que se apresenta – afora a previsão de um regime especial para o transporte de animais vivos, no número 5 do artigo 5.º – como um sistema puro de presunção de culpa.

Já nos "sistemas" de presunção de responsabilidade, é típica a enunciação de causas de exclusão. Assim, o número 2 do artigo 17.º da CMR dispõe que o transportador fica desobrigado da responsabilidade de princípio consagrada no número 1 do artigo "se a perda, avaria ou demora teve por causa uma falta do interessado, uma ordem deste que não resulte de falta do transportador, um vício próprio da mercadoria, ou circunstâncias que o transportador não podia evitar e a cujas consequências não podia obviar". Ademais, prevê o número 4 do mesmo artigo 17.º que – tendo em conta o disposto nos números 2 a 5 do artigo 18.º – o transportador se possa exonerar de responsabilidade quando a perda ou avaria resultar dos riscos particulares inerentes a um ou mais dos factos indicadas nas suas alíneas *a*) a *f*)[156].

A COTIF/CIM que, como vimos acima, parece integrar o modelo da presunção de responsabilidade do transportador, contempla causas de exclusão "gerais" e específicas. Assim, o número 2 do artigo 23.º, à semelhança do número 2 do artigo 17.º da CMR, dispõe que o transportador fica isento de responsabilidade consagrada no número 1 "na medida em que a perda, a avaria ou o não cumprimento do prazo de entrega tenham tido por causa uma falta do interessado, uma ordem deste não resultante de uma falta do transportador, um defeito da própria mercadoria (deterioração interior, quebra de peso durante o percurso, etc.) ou circunstâncias que o transportador não pudesse evitar e a cujas consequências não pudesse obviar". Enuncia, depois, o número 3 do artigo 23.º, à semelhança do número 4 do artigo 17.º da CMR, situações de isenção de responsabilidade do transportador nos casos em que a perda ou avaria decorra de "riscos particulares" inerentes a um ou mais dos factos enumerados nas suas alíneas *a*) a *g*)[157].

---

[155] Cf., por todos, SANCHEZ CALERO, *El contrato de transporte marítimo de mercancias*², cit., p. 726 e ss..

[156] Cf., v. g., INGO KOLLER, *Transportrecht*⁹, cit., p. 1233 e ss..

[157] Cf., por todos, INGO KOLLER, *Transportrecht*⁹, cit., p. 1623 e ss..

Também a presunção de responsabilidade do transportador consagrada no número 1 do artigo 18.º da Convenção de Montreal é complementada pelas causas de exclusão consagradas nas alíneas *a*) a *d*) do número 2 do mesmo artigo, mas na medida em que constituam (uma ou mais) causa *exclusiva*[158]: (*i*) defeito, natureza ou vício próprio da mercadoria; (*ii*) embalagem defeituosa da mercadoria, efetuada por pessoa distinta da transportadora, seus trabalhadores ou agentes; (*iii*) ato de guerra ou conflito armado ou (*iv*) ato da autoridade pública executado em conexão com a entrada, saída ou trânsito da mercadoria.

O "caso" da responsabilidade do transportador marítimo de mercadorias à luz das Regras da Haia suscita maiores dúvidas[159]. *Ictu oculi*, pareceria estarmos perante um sistema puro de presunção de responsabilidade. Contudo, centrando-nos no número 2.º do artigo 4.º da Convenção e deixando aqui de lado o tema, de algum modo a montante – mas, não obstante, presente no sistema de responsabilidade[160] –, do estado de navegabilidade do navio (número 1.º do artigo 4.º), a alínea *q*) parece direcionar o regime da Convenção para uma presunção de culpa do transportador; porém, essa alínea está, de algum modo, secundarizada a favor de uma extensa lista de causas de exoneração específicas, conforme alíneas *a*) a *p*)[161]. Tudo analisado, identificamos nas Regras da Haia um sistema que privilegia a presunção de responsabilidade do transportador mas que confere também uma zona de atuação à presunção de culpa deste. Esta dualidade resulta da diferença entre as causas nominadas das alíneas *a*) a *p*) e as inominadas, albergadas na alínea *q*), todas do número 2.º do artigo 4.º.

---

[158] Cf., v. g., Ingo Koller, *Transportrecht*[9], cit., p. 1476 e ss., Christoph Shaefer, *Recht des Luftverkehs*, cit., p. 167 e Morillas Jarillo / Petit Lavall / Guerrero Lebrón, *Derecho aéreo y del espacio*, cit., pp. 679-680.

[159] Cf., por todos, Carbone, *Contratto di trasporto marittimo di cose*[2], cit., pp. 251 e ss. e 296 e ss., Leopoldo Tullio, *Responsabilità del vetttore nel trasporto marittimo di cose*, in "Trattato breve di Diritto Marittimo", II – "I contratti di utilizzazione della nave e la responsabilità del vettore", coordenação de Alfredo Antonini, Giuffrè, Milão, 2008, pp. 155-208, Sanchez Calero, *El contrato de transporte marítimo de mercancias*[2], cit., p. 321 e ss. e Castello-Branco Bastos, *Da disciplina do contrato de transporte internacional de mercadorias por mar*, cit., p. 277 e ss..

[160] Cf., por todos, Carbone, *Contratto di trasporto marittimo di cose*[2], cit., pp. 298 e ss. e 306 e ss..

[161] O que não significa que a culpa do transportador não possa ter aí eventual relevo – mas com o encargo da prova a recair sobre a carga – podendo ter o efeito de reverter a presunção de responsabilidade; cf., v. g., Castello-Branco Bastos, *Da disciplina do contrato de transporte internacional de mercadorias por mar*, cit., p. 285.

8.4. A terceira fase. A limitação da responsabilidade

Admitindo que o transportador não logra excluir a sua responsabilidade, então a mesma fica definitivamente assente: o transportador é responsável pelos danos sofridos.

Nos termos gerais de Direito, o transportador deveria responder pela totalidade dos danos[162], sendo imperiosa, neste quadro, a determinação dos danos "elegíveis", determinados que são pela intervenção do nexo de causalidade relevante[163]. Como se lê em Antunes Varela[164], "pode considerar-se doutrina assente que na obrigação de indemnização não cabem *todos os danos sobrevindos* ao facto constitutivo da responsabilidade"; e ainda: "Exige-se entre o facto e o dano indemnizável um nexo mais apertado do que a simples *coincidência* ou *sucessão cronológica*".

A verdade, porém, é que a "história" da responsabilidade do transportador pode não acabar aqui, uma vez que ocorre a eventualidade – provável, mas dependente do *quantum* dos danos – de uma terceira fase quando os danos atinjam uma certa dimensão.

É a fase da *limitação de responsabilidade* ou, se quisermos, a fase da "limitabilidade" da responsabilidade, já que a limitação não opera automaticamente, carecendo de invocação pelo transportador: não se trata, assim, de uma limitação *ex lege*, mas de uma limitação potestativa, *ex facultate*

---

[162] Cf., nos clássicos, por todos e em geral, Pessoa Jorge, *Ensaio sobre os pressupostos da responsabilidade civil*, Cadernos de Ciência e Técnica Fiscal, Lisboa, 1968, p. 385 e ss. (em sede de "requisitos da reparabilidade dos prejuízos e determinação da indemnização"), Antunes Varela, *Das obrigações em geral*, I, 10.ª edição, Almedina, Coimbra, p. 878 e ss.. Na doutrina recente, cf., por todos, Menezes Cordeiro, *Tratado de Direito Civil*, VIII, cit., 721 e ss., Luís Menezes Leitão, *Direito das obrigações*, I[14], cit., p. 396 e ss. e Ana Mafalda Barbosa, *Lições de responsabilidade civil*, cit., p. 41 e ss..

[163] Sobre o nexo de causalidade e suas formulações, cf., por todos, Menezes Cordeiro, *Tratado de Direito Civil*, VIII, cit., p. 531 e ss., Menezes Leitão, *Direito das obrigações*, I[14], cit., p. 338 e ss., Adelaide Menezes Leitão, *Normas de proteção e danos puramente patrimoniais*, Almedina, Coimbra, 2009, p. 689 e ss., Rui Ataíde, *Responsabilidade civil por violação de deveres no tráfego*, Almedina, Coimbra, 2015, p. 757 e ss., Ana Mafalda Barbosa, *Lições de responsabilidade civil*, cit., p. 249 e ss., Rui Soares Pereira, *O nexo de causalidade na responsabilidade delitual. Fundamento e limites do juízo de condicionalidade*, Almedina, Coimbra, 2017, *passim*, em especial p. 261 e ss. e João Marques Martins, *Prova por presunções judiciais na responsabilidade civil aquiliana*, Principia, Cascais, 2017, p. 279 e ss..

[164] Cf. Antunes Varela, *Das obrigações em geral*, I[10], cit., p. 879.

debitoris[165]. Daqui decorre, logicamente, que o tribunal não pode suprir de ofício a não invocação pelo transportador. Questão diversa é saber se a limitação pode ser invocada por credores do transportador, no quadro da sub-rogação do credor ao devedor[166].

Assim, de acordo com o número 3 do artigo 23.º da CMR (na redação do Protocolo de 1978), a indemnização "não pode exceder 8,33 unidades de conta por quilograma do peso bruto em falta"[167].

No campo do transporte marítimo[168], o primeiro parágrafo do número 5.º do artigo 4.º das Regras da Haia dispõe o seguinte: "Tanto o armador

[165] Cf., no quadro do regime da Convenção de Bruxelas de 1957, M. Januário da Costa Gomes, *Limitação de responsabilidade por créditos marítimos*, Almedina, Coimbra, 2010, p. 239 e ss..

[166] Cf., no quadro do regime da Convenção de Bruxelas de 1957, M. Januário da Costa Gomes, *Limitação de responsabilidade por créditos marítimos*, cit., p. 249 e ss.. Em geral, sobre a figura da sub-rogação do credor ao devedor, cf., por todos, Menezes Cordeiro, *Tratado de Direito Civil*, X, cit., p. 287 e ss. e Brandão Proença, *Lições de cumprimento e não cumprimento das obrigações*, Coimbra Editora, Coimbra, 2011, p. 405 e ss.; cf. também a monografia de Paulo Sobral Nascimento, *A sub-rogaçãodo credor ao devedor*, dissertação de mestrado (FDUL), 2003, *passim*.

[167] Cf., v. g., por todos, Ingo Koller, *Transportrecht*[9], cit., p. 1313 e ss. e Karl-Heinz Thume, *Haftung des Frachtführers. Art. 23*, in "Kommentar zur CMR. Übereinkommen über den Beförderungsvertrag in internationalem Strassengüterverkehr", 2.ª edição, coordenação de Karl-Heinz Thume, Verlag Recht und Wirtschaft, Frankfurt am Main, 2007, pp. 614-645; cf. também Martínez Sanz, *Limitación de la deuda de responsabilidad y responsabilidad sin limitación: sobre los arts. 23 y 29 CMR*, in "Jornadas sobre problemas en la aplicación del CMR. Especial referencia a la responsabilidad", coordenação de Fernando Martínez Sanz, Fundacion Francisco Corell, Madrid, 2002, pp. 41-69.

[168] Em geral sobre a limitação de responsabilidade no transporte marítimo de mercadorias, cf. Carbone, *Contratto di trasporto marittimo di cose*[2], cit., p. 407 e ss., Norman Martinez, *Limitation of Liability in international maritime conventions. The relationship between global limitation and particular liability regimes*, Routledge, Londres, 2010, *passim*, Ibidem, *La limitación de la responsabilidad por reclamaciones marítimas y su función en el mundo marítimo de hoy*, in "El Derecho Marítimo de los Nuevos Tiempos", coordenação de J. L. García-Pita y Lastres, M.ª Rocío Quintáns Eiras e Angélica Díaz de la Rosa, Civitas, 2018, pp. 237-256, Ibidem, *La limitación de responsabilidad de acuerdo a las Reglas de Róterdam y su relación com la limitación global de la responsabilidad*, in "III Jornadas de Lisboa de Direito Marítimo. 23 e 24 de Maio de 2013. Das Regras da Haia às Regras de Roterdão", Almedina, Coimbra, 2014, pp. 579-601, Carmen Alonso Ledesma, *Evolutión, fundamento y límites de la responsabilidad del porteador marítimo*, in "VIII Jornadas de Derecho Marítimo de San Sebastián", Vitoria-Gasteiz, 2002, pp. 45-73, Eduardo Valpuesta GastaminzA, *La limitación de la deuda del porteador en régimen de conocimiento de embarque por daños en la mercancía en la Ley de la Navegación Marítima*, in "El Derecho Marítimo de los Nuevos Tiempos", coordenação de J. L. García-Pita y

como o navio não serão obrigados, em caso algum, por perdas e danos causados às mercadorias ou que lhe digam respeito, por uma soma superior a 100 libras esterlinas por volume ou unidade, ou o equivalente desta soma numa diversa moeda, salvo quando a natureza e o valor destas mercadorias tiverem sido declarados pelo carregador antes do seu embarque e essa declaração tiver sido inserida no conhecimento".

A alínea (a) do parágrafo 5.º do artigo 4.º das Regras da Haia-Visby retirou o "em caso algum" da redação inicial das Regras da Haia e adotou outra moeda de cálculo (francos em vez de libras esterlinas)[169], mas mantendo inteiramente um sistema de limitação: "Unless the nature and value of such goods have been declared by the shipper before shipment and inserted in the bill of lading, neither the carrier nor the ship shall in any event be or become liable for any loss or damage to or in connection with the goods in an amount exceeding the equivalent of 10,000 francs per package or unit or 30 francs per kilo of gross weight of the goods lost or damaged, whichever is the higher".

As Regras de Hamburgo dão uma especial atenção aos limites de responsabilidade do transportador[170], dedicando-lhes o artigo 6.º. Destaque-se a previsão da alínea *a*) do número 1: "The liability of the carrier for loss resulting from loss or damage to goods according to the provisions of article 5 is limited to an amount equivalent to 835 units of account per package or other shipping unit or 2,5 units of account per kilogram of gross weight of the goods lost or damaged, whichever is the higher".

Na linha evolutiva das soluções das Regras da Haia-Visby e das Regras de Hamburgo[171], as Regras de Roterdão dedicam um inteiro capítulo aos

---

Lastres, M.ª Rocío Quintáns Eiras e Angélica Díaz de la Rosa, Civitas, Cizur Menor, 2018, pp. 765-788; entre nós, cf., em especial, Costeira da Rocha, *Limitação da responsabilidade do transportador marítimo de mercadorias*, in "I Jornadas de Lisboa de Direito Marítimo. 6 e 7 de Março de 2008. O contrato de transporte marítimo de mercadorias", Almedina, Coimbra, 2008, pp. 249-293 e Hugo Ramos Alves, *Da limitação de responsabilidade do transportador na Convenção de Bruxelas de 1924*, Almedina, Coimbra, 2008, *passim*.

[169] Entretanto, o Protocolo SDR (1979) veio dar nova redação à alínea (a) do parágrafo 5.º do artigo 4.º substituindo "the equivalente of 10,000 francs" por "666.67 units of account" e "30 francs per Kilo" por "2 units of account per Kilogramme". As unidades de conta são depois definidas na alínea (d) do n.º 5.º do mesmo artigo 4.º.

[170] Cf., v. g., Sanchez Calero, *El contrato de transporte marítimo de mercancias*[2], cit., p. 582 e ss..

[171] Cf., por todos, Carbone, *Contratto di trasporto marittimo di cose*[2], cit., p. 288 e ss. (referindo-se a "Le Regole di Rotterdam: evoluzione senza rivoluzione") e Lopez de Gonzalo, *From the Hague to Rotterdam: Revolution or evolution?*, cit., pp. 85-92.

limites de responsabilidade[172], dispondo o número 1 do artigo 59.º que, sem prejuízo (*i*) do regime especificamente previsto para o atraso (artigo 60.º), (*ii*) do regime previsto para a perda do direito à limitação de responsabilidade (número 1 do artigo 61.º), (*iii*) da situação em que tenha sido declarado, em certos termos, o valor da mercadoria e (*iv*) da situação em que o transportador e o carregador tenham acordado um limite superior, a responsabilidade do transportador pelo incumprimento das suas obrigações nos termos da Convenção está limitada a 875 unidades de conta por volume ou unidade de carga, ou a 3 unidades de conta por quilograma de peso bruto das mercadorias que sejam objeto de reclamação ou litígio, se esta quantia for superior.

Já no transporte aéreo de mercadorias, dispõe o número 3 do artigo 22.º da Convenção de Montreal que, afora os casos de declaração de interesse especial na entrega no destino, a qual está sujeita a um regime específico[173], a responsabilidade do transportador em caso de destruição, perda, avaria ou atraso está atualmente limitada a 19 direitos de saque especiais por quilograma[174].

Destaque-se, finalmente, a COTIF/CIM, que contempla regimes especiais de limitação da responsabilidade do transportador[175], em função das situações de perda (artigo 30.º), de quebra de peso durante o percurso (artigo 31.º), de avaria (artigo 32.º) ou de atraso (artigo 33.º), tudo sem prejuízo do regime específico em caso de declaração de valor (artigo 34.º) ou de interesse na entrega (artigo 35.º).

---

[172] Cf., por todos, Berlingieri / Zunarelli / Alvisi, *La nuova CONVENZIONE Uncitral*, cit., p. 1214 e ss., Michael Sturley / T. Fujita / G. van der Ziel, *The Rotterdam Rules*, cit., p. 159 e ss. e M. Januário da Costa Gomes, *Introdução à Regras de Roterdão*, cit., p. 73 e ss. e Sónia Caetano, *A responsabilidade do transportador nas Regras de Roterdão*, cit., p. 560 e ss..

[173] Cf., v. g., Ingo Koller, *Transportrecht*[9], cit., p. 1515 e ss.; também na CMR encontramos um regime específico; cf. v. g., Karl-Heinz Thume, *Haftung des Frachtführers. Art. 26*, in "Kommentar zur CMR. Übereinkommen über den Beförderungsvertrag in internationalem Strassengüterverkehr", 2.ª edição, coordenação de Karl-Heinz Thume, Verlag Recht und Wirtschsft, Frankfurt am Main, 2007, pp. 668-674.

[174] Cf., por todos, Ingo Koller, *Transportrecht*[9], cit., p. 1513 e ss., Christoph Shaefer, *Recht des Luftverkehs*, cit., p. 168, Malcom Clarke, *Contracts of carriage by air*[2], cit., p. 135 e ss. e Morillas Jarillo / Petit Lavall / Guerrero Lebrón, *Derecho aéreo y del espacio*, cit., p. 684 e ss..

[175] Cf., por todos, Ingo Koller, *Transportrecht*[9], cit., p. 1640 e ss..

8.5. A quarta fase. A preclusão da limitação de responsabilidade

Pode haver lugar a uma quarta fase associada à anterior: é a fase em que o *ayant droit* põe em causa o *right of limitation*, sustentando ter havido uma conduta do transportador impeditiva da limitação (*conduct of barring limitation*)[176].

A conduta antijurídica do transportador – a *faute inexcusable* de que fala a doutrina francesa[177] – não determina, assim, em rigor, um agravamento da responsabilidade, como sustenta Alain Sériaux[178], mas, antes, um não benefício da limitação ou perda do direito à limitação.

Assim, o número 1 do artigo 29.º da CMR dispõe que o transportador não tem direito de aproveitar-se das disposições que preveem a exclusão ou limitação da sua responsabilidade ou que transferem o encargo da prova "se o dano provier de dolo seu ou de falta que lhe seja imputável e que, segundo a lei da jurisdição que julgar o caso, seja considerada equivalente ao dolo"[179].

As Regras da Haia não contemplam uma previsão da perda do direito à limitação. Tal omissão foi assim "corrigida" na alínea *e*) do número 5.º do artigo 4.º das Regras da Haia-Visby[180]: "Neither the carrier nor the ship

---

[176] Cf., entre nós, os estudos monográficos de João Ricardo Branco, *A conduta antijurídica do transportador e a preclusão da limitação de responsabilidade*, in "Temas de Direito dos Transportes I", coordenação de M. Januário da Costa Gomes, Almedina, Coimbra, 2010, pp. 294-384 e de Ricardo Benardes, *A conduta do transportador impeditiva da limitação de responsabilidade no Direito Marítimo*, in "Temas de Direito dos Transportes II", coordenação de M. Januário da Costa Gomes, Almedina, Coimbra, 2013, pp. 444-501.

[177] Cf., v. g., em termos sumários, Antoine Vialard, *Droit maritime*, Paris, PUF, 1997, pp. 420-421.

[178] Cf. Alain Sériaux, *La faute du transporteur*, 2.ª edição, Economica, Paris, 1998, p. 219 e ss. – "La gravité de la faute du transporteur, source d'augmentation de la réparation".

[179] Cf., v. g., Martínez Sanz, *Limitación de la deuda de responsabilidad y responsabilidad sin limitación: sobre los arts. 23 y 29 CMR*, cit., pp. 63-69, Ingo Koller, *Transportrecht*[9], cit., p. 1343 e ss. e Carsten Harms, *Haftung des Frachtführers. Art. 29*, in "Kommentar zur CMR. Übereinkommen über den Beförderungsvertrag in internationalem Strassengüterverkehr", 2.ª edição, coordenação de Karl-Heinz Thume, Verlag Recht und Wirtschsft, Frankfurt am Main, 2007, pp. 700-752. Na doutrina portuguesa, cf., por último, especificamente, José Luís Saragoça, *A responsabilidade do transportador rodoviário de mercadorias e o dolo ou falta equivalente ao dolo*, in "Temas de Direito dos Transportes III", coordenação de M. Januário da Costa Gomes, Almedina, Coimbra, 2015, pp. 425-447 e M. Januário da Costa Gomes, *O Acórdão de 12.10.2017 ou o persistente alheamento do STJ relativamente ao regime específico da CMR*, in RDS X (2018), 3, pp. 609-620.

[180] Cf., por todos, Carbone, *Contratto di trasporto marittimo di cose*[2], cit., p. 408 e ss. e Sanchez Calero, *El contrato de transporte marítimo de mercancias*[2], cit., p. 457 e ss..

shall be entitled to the benefit of the limitation of liability provided for in this paragraph if it is proved that the damage resulted from an act or omission of the carrier done with intent to cause damage, or recklessly and with knowledge that damage would probably result".

As Regras de Hamburgo contemplam também a perda do direito à limitação. Dispõe o número 1 do artigo 8.º[181]: "The carrier is not entitled to the benefit of the limitation of liability provided for in article 6 if it is proved that the loss, damage or delay in delivery results from an act or omission of the carrier done with the intent to cause such loss, damage or delay, or recklessly and with knowledge that such loss, damage or delay would probably result".

Na linha evolutiva das Regras da Haia-Visby e das Regras de Hamburgo, também as Regras de Roterdão contemplam a perda do direito à limitação, o que é feito, desde logo, no número 1 do artigo 61.º[182]: "Neither the carrier nor any of the persons referred to in article 18 is entitled to the benefit of the limitation of liability as provided in article 59, or as provided in the contract of carriage, if the claimant proves that the loss resulting from the breach of the carrier's obligation under this Convention was attributable to a personal act or omission of the personal claiming a right to limit done with the intent to cause such loss or recklessly and with knowledge that such a loss would probably result".

Similar regime encontramos no transporte aéreo de mercadorias, dispondo o número 5 do artigo 22.º da Convenção de Montreal o seguinte[183]: "As disposições previstas nos números 1 e 2 não são aplicáveis se se provar que o dano resultou de ato ou omissão da transportadora, seus trabalhadores ou agentes, cometido com a intenção de causar dano ou de forma imprudente e com consciência de que que poderia provavelmente ocorrer dano".

Finalmente, dispõe o artigo 36.º da COTIF/CIM[184]: "Os limites de responsabilidade previstos nos artigos 15.º, n.º 3, 19.º, números 6 e 7, 30.º e 32.º a 35.º não se aplicam no caso de se provar que o prejuízo resulta de ato ou omissão cometidos pelo transportador quer com intenção de causar o dano

---

[181] Cf., por todos, CARBONE, *Contratto di trasporto marittimo di cose*[2], cit., p. 408 e ss. e SANCHEZ CALERO, *El contrato de transporte marítimo de mercancias*[2], cit., p. 582 e ss..

[182] Cf., por todos, CARBONE, *Contratto di trasporto marittimo di cose*[2], cit., p. 408 e ss. e SANCHEZ CALERO, *El contrato de transporte marítimo de mercancias*[2], cit., p. 746 e ss.; cf. ainda MICHAEL STURLEY / T. FUJITA / G. VAN DER ZIEL, *The Rotterdam Rules*, cit., p. 171 e ss..

[183] Cf. INGO KOLLER, *Transportrecht*[9], cit., p. 1513 e ss. e MORILLAS JARILLO / PETIT LAVALL / GUERRERO LEBRÓN, *Derecho aéreo y del espacio*, cit., p. 686 e ss..

[184] Cf. INGO KOLLER, *Transportrecht*[9], cit., pp. 1647-1648.

quer inconsideradamente e com a consciência de que prováveis danos daí resultassem".

9. Concurso de responsabilidade obrigacional e extraobrigacional

Um outro ponto sobre o sistema de responsabilidade do transportador importa focar: o de saber se, v. g., o destinatário da mercadoria a quem não interesse o limite de responsabilidade do transportador pode "alijar" o regime da responsabilidade obrigacional e optar pelo regime da responsabilidade aquiliana: o transportador seria acionado não com base na lógica do contrato mas com base na violação do direito sobre a mercadoria, no quadro da primeira variante de ilicitude prevista no número 1 do artigo 483.º do Código Civil[185].

O tema do concurso de responsabilidade obrigacional e extraobrigacional é polémico na doutrina nacional[186]. Assim, Almeida Costa[187] afasta a "ação híbrida" ou a "teoria da opção", adotando o "princípio da consunção", vendo essa adoção como a posição que "acautela devidamente todos os interesses atendíveis do lesado, sem sacrifício injusto da posição do responsável". Teixeira de Sousa[188], com o apoio de Menezes Cordeiro[189], sustenta estarmos perante um "concurso de títulos de aquisição". Já Ana Mafalda Barbosa[190] entende haver um "concurso de títulos de fundamentação de uma mesma pretensão indemnizatória" e aceita a possibilidade de combinar regras das duas modalidades de responsabilidade civil.

---

[185] Cf., sobre esta, por todos, ANA MAFALDA BARBOSA, *Lições de responsabilidade civil*, cit., p. 146 e ss..

[186] Cf., desde logo, o clássico estudo de VAZ SERRA, *Responsabilidade contratual e responsabilidade extracontratual*, in "Boletim do Ministério da Justiça", n.º 85, p. 208 e ss..

[187] Cf. ALMEIDA COSTA, *Direito das obrigações*, 10.ª edição, Almedina, Coimbra, 2006, p. 546 e ss.. A final, o autor acaba por apontar para uma "consunção impura", admitindo que, diante de situações concretas, se introduzam "possíveis desvios, em homenagem à solução substancialmente mais justa".

[188] Cf. MIGUEL TEIXEIRA DE SOUSA, *O concurso de títulos de aquisição da prestação. Estudo sobre a dogmática da pretensão e do concurso de pretensões*, Almedina, Coimbra, p. 251 e ss..

[189] Cf. ANTÓNIO MENEZES CORDEIRO, *Tratado de Direito Civil*, VIII, cit., p. 398 e ss..

[190] Cf. ANA MAFALDA BARBOSA, *Lições de responsabilidade civil*, Principia, Cascais, 2017, pp. 19-21.

Não cabe aqui tomar partido nesta matéria numa perspetiva geral, importando, antes, analisar se, no quadro específico do Direito dos Transportes, tendo em conta as convenções internacionais relevantes, é possível extrair um princípio ou uma simples diretriz neste particular. A pouca doutrina nacional que se mostra, de algum modo, atenta ao problema não é clara, neste particular, o que pode ser explicado pela variedade e diversidade de fontes. Assim, Menezes Cordeiro[191], depois de dar nota de um entendimento jurisprudencial no sentido de aplicação do prazo de prescrição da responsabilidade extraobrigacional a uma situação de responsabilidade obrigacional do transportador, sustenta devermos ir mais longe, aplicando-se o regime da responsabilidade obrigacional, incluindo em sede de presunção de culpa, mas logo adverte para a necessidade de serem respeitadas as convenções internacionais aplicáveis.

O texto originário das Regras da Haia não resolve esta questão, mas ela é expressamente solucionada através do Protocolo de Visby no número 1 do novo artigo 4*bis* inserido naquelas Regras:

> "The defences and limits of liability provided for in this Convention shall apply in any action against the carrier in respect of loss or damage to goods covered by a contract of carriage whether the action be found in contract or in tort"[192].

O mesmo regime foi continuado nas Regras de Hamburgo, dispondo o número 1 do artigo 7.º o seguinte:

> "The defences and limits of liability provided for in this Convention shall apply in any action against the carrier in respect of loss or damage to the goods covered by the contract of carriage by sea, as well as of delay in delivery whether the action is found in contract, in tort or otherwise"[193].

Na linha da evolução face às Regras da Haia e às Regras de Hamburgo identificável nas Regras de Roterdão, estas contemplam um regime semelhante, mais concretamente no seu artigo 4.º[194], cujo número 1 dispõe o seguinte:

---

[191] Cf. António Menezes Cordeiro, *Introdução ao Direito dos Transportes*, cit., p. 30.

[192] Cf. Carbone / Celle / Lopez De Gonzalo, *Il Diritto Marittimo*[5], cit., p. 351 e ss.; cf. também William Tetley, *Marine Cargo Claims*, I, 4.ª edição, Thomson, Carswell, 2008, p. 523 e ss..

[193] Cf. Carbone / Celle / Lopez De Gonzalo, *Il Diritto Marittimo*[5], cit., p. 351 e ss..

[194] A justificação da norma é assim eloquentemente feita por Berlingieri / Zunarelli / Alvisi, *La nuova Convenzione Uncitral*, cit., p. 1166: "Lo scopo dell'art. 4 è quello di evitare che il creditore possa bypassare la normativa uniforme mediante lo svolgimento

"Any provision of this Convention that may provide a defence for, or limit the liability of, the carrier applies in any judicial or arbitral proceeding, whether founded in contract, in tort, or otherwise, that is instituted in respect of loss of, damage to, or delay in delivery of goods covered by a contract of carriage or for the breach of any other obligation under this Convention against:

(a) The carrier or maritime performing party;

(b) The master, crew or any other person that performs services on board the ship; or

(c) Employees of the carrier or a maritime performing party".

As soluções expostas e reproduzidas não são privativas das convenções marítimas ou com maior impacto no mundo marítimo.

Na verdade, o número 1 do artigo 28.º da CMR dispõe o seguinte[195]:

"Quando, segundo a lei aplicável, a perda, avaria ou demora ocorridas durante um transporte sujeito à presente Convenção possa dar lugar a uma reclamação extrajudicial, o transportador poderá aproveitar-se das disposições da presente Convenção que excluem a sua responsabilidade ou que determinam ou limitam as indemnizações devidas".

Também no transporte ferroviário de mercadorias, encontramos uma solução "alinhada" com este regime, conforme decorre do número 1 do artigo 41.º da COFIF/CIM[196]:

"Em todos os casos em que se apliquem as presentes Regras Uniforme, qualquer ação de responsabilidade, seja a que título for, só pode ser movida contra o transportador nas condições e dentro dos limites destas Regras".

---

di una azione extracontratttuale nei confronti dèl vettore o di una *maritime performing party* (alla quale le Regole di Rotterdam sono applicabili) nonchè dei loro preposti"; cf. também Martín Osante, *Responsabilidad del porteador por perdida, daño o retraso en las Reglas de Rotterdam*, in "Las Reglas de Rotterdam. La regulación del contrato de transporte internacional de mercancías por mar", coordenação de Alberto Emparanza Sobejano, Marcial Pons, 2010, pp. 279-280.

[195] Cf., v. g., Ingo Koller, *Transportrecht*[9], cit., p. 1339 e ss. e Reinhard Schmid, *Haftung des Frachtführers. Art. 28*, in "Kommentar zur CMR. Übereinkommen über den Beförderungsvertrag in internationalem Strassengüterverkehr", 2.ª edição, coordenação de Karl-Heinz Thume, Verlag Recht und Wirtschsft, Frankfurt am Main, 2007, pp. 691-699. Cf. também Clarke / Yates, *Contracts of carriage by land and air*[2], cit., pp. 58-59: "The purpose of Article 28 is to preserve the CMR regime, i. e., the allocation of risk and responsibility intended under CMR"; e ainda: "A claimant should not be better served by bringing an action in tort or delict according to the *lex fori* than under the CMR".

[196] Cf. v. g., Ingo Koller, *Transportrecht*[9], cit., pp. 1653-1654.

Finalmente, essa é também a linha de solução que encontramos no transporte aéreo, dispondo o artigo 29.º da Convenção de Montreal o seguinte[197]:

> "No transporte de passageiros, bagagens mercadorias, as ações por danos, qualquer que seja o seu fundamento, quer este resida na presente Convenção, em contrato, em ato ilícito ou em qualquer outra causa, só podem ser intentadas sob reserva das condições e limites de responsabilidades previstos na presente Convenção, sem prejuízo da determinação de quais as pessoas com legitimidade para a ação e quais os direitos que lhes assistem. Em tais ações, as transportadoras não podem ser condenadas no pagamento de indemnizações punitivas, exemplares ou outras indemnizações não compensatórias".

Se bem analisamos, o estudo das convenções internacionais permite formular uma conclusão sobre a solução vigente em Direito dos Transportes, solução essa que, se bem vemos, integra também o sistema próprio da responsabilidade do transportador de mercadorias. Essa solução é de *consunção*, com "desconsideração" da "via" da responsabilidade extraobrigacional a favor da obrigacional.

Trata-se, de certo modo, de um sistema de "canalização" para o regime da responsabilidade obrigacional emergente dos regimes das convenções internacionais de Direito dos Transportes e dos regimes internos nas mesmas inspirados, evitando-se, assim, que um sistema de responsabilidade tão laboriosamente tecido e que se tem por equilibrado para os vários sujeitos e interesses em presença possa ser "curto-circuitado" pela via "comum" da responsabilidade aquiliana.

Faculdade de Direito da Universidade de Lisboa, novembro de 2018.

---

[197] Cf., v. g., INGO KOLLER, *Transportrecht*[9], cit., pp. 1521-1522, MALCOM CLARKE, *Contracts of carriage by air*[2], cit., p. 160 e ss. e MORILLAS JARILLO / PETIT LAVALL / GUERRERO LEBRÓN, *Derecho aéreo y del espacio*, cit., p. 701 e ss., com referência também ao regime da Convenção de Varsóvia.

IL CONTRATTO DI LOGISTICA NELLA GIURISPRUDENZA E NELLA PRASSI CONTRATTUALE[*]

MARCO LOPEZ DE GONZALO[**]

Sommario: 1. Il contratto di logistica come contratto atipico misto. 2. Contratti atipici e contratti tipici con prestazioni accessorie. 3. La disciplina del contratto atipico di logistica. 4. Il contratto di logistica nella giurisprudenza. 5. Il ruolo dell'autonomia privata nella disciplina del contratto di logistica.

1. Il contratto di logistica come contratto atipico misto

Il contratto per la fornitura di servizi di logistica o, più brevemente, "contratto di logistica", per quanto da tempo diffuso nella prassi, stenta a trovare un preciso inquadramento giuridico[1].

Come è noto (ed è quindi sufficiente ricordare per brevi cenni), lo sviluppo dei contratti di logistica trae origine e motivazione, dal lato della

---

[*] Estudo publicado in "Diritto del Commercio Internazionale", XCIX, 2, 2015.

[**] Professore nell'Università d iMilano.

[1] Tra i contributi più significativi sul contratto di logistica segnalo M. BRIGNARDELLO, *Il contratto di servizi di logistica*, in *I contratti del trasporto* (a cura di F. MORANDI), Bologna, 2013, p. 1519; S. BUSTI, *Contratto di trasporto terrestre*, Milano, 2007, p. 36; A. CORRADO, *Il contratto di servizi di logistica*, in *I nuovi contratti – Trasporto* (a cura di F. MORANDI), Torino, 2004, p. 683; W. D'ALESSIO, *Diritto dei trasporti*, Milano, 2003, p. 393; N. FABRIO, *Il contratto di logistica: qualificazione e responsabilità*, in *Dir. trasp.* 2010, p. 315; S. FADDA, *Il contratto di logistica integrata*, in *I singoli contratti* (a cura di G. CASSANO), t. I, Padova, 2010, p. 83; F. MARONGIU BONAIUTI, *La disciplina dei contratti di fornitura di servizi di logistica integrata*, in *Dir. comm. int.* 2002, p. 305; A. MASUTTI, *Il contratto di logistica*, in *Dai tipi legali ai modelli sociali nella contrattualistica della navigazione, dei trasporti e del turismo* (a cura di G. SILINGARDI, A. ANTONINI e F. MORANDI), Milano, 1996, p. 323; G. SILINGARDI, *Contratti di servizi di logistica*, in *Enc. giur. Treccani*, vol. VI, Roma, 1997, p. 1.

domanda, dalla necessità, o almeno dall'opportunità, di terziarizzare alcune funzioni aziendali, per lo più attinenti a trasporto, stoccaggio e distribuzione di beni (materie prime o prodotti finiti) nonché ad alcune lavorazioni accessorie alla produzione vera e propria. A tale domanda corrisponde, sul lato dell'offerta, l'ampliamento e la diversificazione dei servizi forniti da operatori, quali vettori, spedizionieri, terminalisti, che estendono la propria attività al di là di quella da essi tradizionalmente svolta. In concreto, la gamma dei servizi offerti dall'operatore di logistica può essere più o meno estesa e diversificata, come più o meno intenso può essere il grado di integrazione dell'attività dell'operatore di logistica nell'ambito di quella dell'azienda committente[2].

Pertanto, se è incontestabile che il contratto di logistica non costituisca un tipo legale[3], non corrispondendo ad alcuna delle figure delineate nel codice civile o in leggi speciali, si può anche dubitare che esso non costituisca nemmeno un tipo sociale[4], non essendo possibile riscontrare l'uso costante, o almeno ricorrente con significativa frequenza, di modelli contrattuali che definiscano in modo uniforme il contenuto di diritti ed obblighi delle parti[5].

Non sembra poi dubbio che nell'ambito dei contratti atipici, il contratto di logistica si caratterizzi come contratto misto[6], nel senso che esso nasce dalla sommatoria di segmenti corrispondenti alle prestazioni proprie di contratti tipici (trasporto, deposito, appalto, mandato).

Nell'affrontare le problematiche relative all'inquadramento giuridico ed alla concreta disciplina dei contratti di logistica, occorre anche ricordare

---

[2] Sui presupposti economici del contratto di logistica, tra gli autori citati alla nota precedente cfr. specialmente M. Brignardello, *op. cit.*, p. 1521; A. Corrado, *op. cit.*, p. 684; W. D'Alessio, *op. cit.*, p. 401; S. Fadda, *op. cit.*, p. 85; G. Silingardi, *op. cit.*, p. 1.

[3] Cfr. per es. M. Brignardello, *op. cit.*, p. 1524; A. Corrado, *op. cit.*, p. 687; N. Fabrio, *op. cit.*, p. 317; G. Silingardi, *op. cit.*, p. 3.

[4] Nel senso che il contratto di logistica costituisca un tipo sociale cfr. A. Antonini, *Corso di diritto dei trasporti*, Milano, 2008, p. 131; S. Busti, *op. cit.*, p. 39; N. Fabrio, *op. cit.*, p. 316; in senso opposto cfr. M. Brignardello, *op. cit.*, p. 1524; S. Fadda, *op. cit.*, p. 87 e G. Silingardi, *op. cit.*, p. 3.

[5] Sulla nozione di "tipo sociale" cfr. tra i molti, R. Sacco, *I tipi contrattuali*, in *Tratt. Rescigno, II Obbligazioni e contratti*, 2° ed. Torino, 1995, p. 538; A. Barenghi, *Qualificazione, tipo e classificazione dei contratti*, in *Diritto civile* (a cura di N. Lipari e P. Rescigno), vol. II *Obbligazioni – Il contratto in generale*, Milano, 2009, p. 301, V. Roppo, *Il contratto*, 2° ed., Milano, 2011, p. 401.

[6] In questo senso cfr. per es. A: Corrado, *op. cit.*, p. 688; W. D'Alessio, *op. cit.*, p. 412; N. Fabrio, *op. cit.*, p. 318; S. Fadda, *op. cit.*, p. 89; G. Silingardi, *op. cit.*, p. 3.

che, mentre il rapporto tra operatore e committente è regolato da un contratto unitario atipico misto (che integra al proprio interno prestazioni proprie di singoli contratti tipici), a valle di tale contratto l'operatore di logistica stipulerà con i propri sub-contraenti e fornitori contratti tipici (di trasporto, deposito ecc.) aventi ad oggetto singole tipologie di prestazione. La necessità di coordinare i due livelli di contrattazione costituisce, sul piano operativo, una delle principali criticità della disciplina dei contratti di logistica.

Gli orientamenti, dottrinali e giurisprudenziali, relativi alla disciplina dei contratti atipici misti, oscillano tra la tendenza ad individuare una prestazione prevalente, riconducendo al corrispondente contratto tipico la disciplina dell'intero contratto e quella, di segno opposto, che attribuisce specifica rilevanza ad ogni singola prestazione, facendo derivare la disciplina del contratto dalla sommatoria o combinazione di quelle dei molteplici contratti tipici di volta in volta corrispondenti a tali prestazioni[7].

Un esempio di come tali diverse impostazioni vengano applicate a contratti "misti" può essere rinvenuto nel dibattito relativo al trasporto multimodale[8]. In mancanza, visto il fallimento della Convenzione di Ginevra del 1980, di una disciplina uniforme ad hoc, permane il confronto tra i sostenitori della teoria della prevalenza, secondo la quale le tratte "secondarie" sarebbero sottoposte alla stessa disciplina della tratta "prevalente", e chi invece ritiene preferibili sistemi "network", nei quali le singole tratte che compongono il trasporto multimodale vengono regolate come se ognuna di esse fosse oggetto di un separato contratto.

[7] In termini generali cfr. per es. R. Sacco, *op. cit.*, p. 536; C. Scognamiglio, *Problemi della causa e del tipo*, in *Tratt. del Contratto* (a cura di V. Roppo), vol. II Il regolamento, Milano 2006, p. 196; A. Barenghi, *op. cit.*, p. 310; P. Gallo, *Trattato del contratto, I, La formazione*, Torino, 2010, p. 124; V. Roppo, *op. cit.*, p. 405. Con specifico riferimento ai contratti di logistica, M. Brignardello, *op. cit.*, p. 1530; S. Busti, *op. cit.*, p. 33; N. Fabrio, *op. cit.*, p. 319; G. Silingardi, *op. cit.*, p. 3.

[8] In argomento, tra i contributi più recenti cfr. A. Antonini, *Il trasporto multimodale: regime normativo e responsabilità del vettore*, in *Dir. mar.* 2009, p. 17; M. Brignardello, *Il trasporto multimodale*, in *Trattato dei contratti* (a cura di V. Roppo), vol. IV – Opere e servizi-2, Milano, 2014, p. 259; A. La Mattina, *La responsabilità del vettore multimodale: profili ricostruttivi e* de jure condendo, in *Dir. mar.* 2005, p. 3; Id., *Il trasporto multimodale nei* leading cases *italiani e stranieri*, in *Dir. mar.* 2007, p. 1010; D. Pippia, *Il trasporto multimodale*, in *I nuovi contratti – Trasporto* (a cura di F. Morandi), Torino, 2004, p. 712; M. Riguzzi, *Il trasporto multimodale*, in *Trattato diritto privato dell'unione europea, vol. X – Trasporti e turismo* (a cura di M. Riguzzi e A. Antonini), Torino, 2008, p. 423.

Nel primo caso, le criticità sono date dalla difficoltà in molti casi di individuare la tratta prevalente e dalla scarsa elasticità delle discipline uniformi dei trasporti unimodali; nel secondo, dal problema dei danni non localizzati e, più in generale, dalla mancanza di regole applicabili quando venga in rilievo il contratto nel suo complesso, piuttosto che le singole tratte che compongono il trasporto multimodale.

2. Contratti atipici e contratti tipici con prestazioni accessorie

Prima di valutare come tali orientamenti in materia di contratti atipici misti si possano applicare ai contratti di logistica, occorre delimitare il campo dell'indagine, escludendone quelle fattispecie che sono in realtà qualificabili come contratti tipici con prestazioni accessorie, piuttosto che come veri e propri contratti atipici misti[9].

In questa prospettiva, la giurisprudenza non ha avuto esitazioni a ritenere che la responsabilità del vettore per la perdita o avaria della merce, verificatesi allorché essa si trovava depositata presso il vettore (prima della partenza, in occasione di un trasbordo, o a destino in attesa della riconsegna) sia sottoposta alla disciplina propria del contratto di trasporto, ivi comprese le norme in tema di limiti del risarcimento[10].

Analogamente, la clausola di assegno (e cioè l'impegno assunto dal vettore di riscuotere dal destinatario il prezzo della merce), pur integrando di per sé un mandato, viene ritenuta clausola accessoria di un contratto di trasporto e sottoposta alla disciplina propria di tale tipo contrattuale[11].

Un discorso a parte merita la discussa figura dell'appalto di servizi di trasporto[12]. A questo riguardo occorre ricordare che l'ipotesi che possa con-

---

[9] Sul discrimine tra contratto tipico con prestazioni accessorie e contratto atipico cfr. P. GALLO, *op. cit.*, p. 124; C. SCOGNAMIGLIO, *op. cit.*, p. 196; R. SACCO, *op. cit.*, p. 537. Con specifico riferimento ai contratti di logistica cfr. M. BRIGNARDELLO, *op. cit.*, p. 1529; S. BUSTI, *op. cit.*, p. 43; A. CORRADO, *op. cit.*, p. 686; W. D'ALESSIO, *op. cit.* p. 410; F. MARONGIO BONAIUTI, *op. cit.*, p. 306; G. SILINGARDI, *op. cit.*, p. 3; A. LA MATTINA e L. SCHIANO DI PEPE, *Il trasporto su strada: profili generali*, in *Trattato dei contratti* (a cura di V. ROPPO), vol. IV Opere e servizi-2, Milano, 2014, p. 24.

[10] Cass. 15 gennaio 1985 n. 73, Coe & Clerici c. Giolfo e Calcagno, in *Dir. mar.* 1986, p. 668; in argomento cfr. anche G. RIGHETTI, *Trasporto e deposito*, in *Dir. mar.* 1991, p. 66.

[11] Cfr. Cass. 21 gennaio 1994 n. 561, Spini & C. c. Sea Land Service, in *Dir. mar.* 1996, p. 695.

[12] In argomento, per lo più nel senso di escludere la configurabilità di un autonomo tipo contrattuale definibile come appalto di servizi di trasporto cfr. M. BRIGNARDELLO, *Il*

figurarsi un "appalto di servizi trasporto" nasce nel periodo di vigenza delle c.d. "tariffe a forcella", con il precipuo fine di sottrarre alla normativa tariffaria rapporti tra committenti ed autotrasportatori caratterizzati da continuità nel tempo e volumi elevati. Tali caratteristiche di durata e volume non implicano però prestazioni aggiuntive, di natura diversa dal trasferimento di cose e dotate di sufficienti autonomia e rilevanza, tali da trasformare il contratto tipico di trasporto in un diverso contratto tipico o in un contratto atipico[13].

3. La disciplina del contratto atipico di logistica

Qualora ci si trovi in presenza di un contratto propriamente qualificabile come contratto atipico misto di logistica (e non semplicemente come contratto tipico di trasporto o di deposito con prestazioni accessorie), si pone quindi la menzionata alternativa tra soluzioni in termini di "prevalenza" o invece di "combinazione". Nella sua forma "pura" nessuna di queste impostazioni può dare risposte soddisfacenti: la prima sia per il disconoscimento che essa implica della complessità del contratto, sia per la impossibilità in molti casi di individuare una prestazione prevalente tra quelle fornite dall'operatore di logistica; la seconda perché perde di vista l'unitarietà del contratto e non consente di dare risposte adeguate a problematiche che investano il contratto nel suo complesso o comunque non siano specificamente riconducibili ad una singola prestazione.

L'approccio più corretto (e più funzionale) sembra quindi essere quello che integra e contempera elementi di entrambe le impostazioni e, da un lato, individua una disciplina-quadro, applicabile al contratto unitariamente considerato ma, dall'altro, consente di attribuire rilevanza anche alle discipline tipiche riferibili a singole prestazioni quando il tema da regolare sia ad esse circoscritto.

Si registra una certa convergenza nel senso che la figura contrattuale più idonea a fornire una disciplina-quadro al contratto (atipico, misto) di

contratto, cit.., p. 1532; S. Busti, *op. cit.*, p. 43; N. Fabrio, *op. cit.*, p. 321; M. Riguzzi, *Appalto di servizi di trasporto e prescrizione*, in *Dir. trasp.* 1998, p. 931; L. Tullio, *Una fattispecie improponibile: l'appalto di servizi di trasporto*, in *Dir. trasp.* 1993, p. 89.

[13] Cass. 13 settembre 1997 n. 9128, Marcella c. Gate, in *Dir. trasp.* 1998, p. 929; Cass. 21 ottobre 1997, Puddu c. Presider, in *Dir. mar.* 1999, p. 770; Cass. 30 novembre 2010 n. 24256, Italkali c. Elimare Transport, in *Giust. civ.* 2011, I, p. 2074.

logistica sia quella dell'appalto di servizi, di cui all'art. 1677 cod. civ.[14]. In primo luogo, infatti, la nozione di "appalto di servizi" è sufficientemente ampia ed elastica da ricomprendervi le molteplici attività svolte dall'operatore di logistica[15]. In secondo luogo, tramite il rinvio operato dall'art. 1677 cod. civ. alle norme in tema di somministrazione, risulta applicabile al contratto di logistica l'art. 1570 cod. civ., in forza del quale "si applicano .... in quanto compatibili .... anche le regole che disciplinano il contratto a cui corrispondono le singole prestazioni". In tal modo, grazie al meccanismo previsto dall'art. 1570 cod. civ., si realizza l'auspicata integrazione tra disciplina-quadro e disciplina delle singole prestazioni (di trasporto, di deposito ecc.)[16].

Questo approccio metodologico ha trovato riscontro in alcune decisioni che, pur non avendo ad oggetto fattispecie qualificabili come contratti di logistica, affrontavano il tema della articolazione tra la disciplina del contratto unitariamente considerata e quella tipica di singole prestazioni.

La Corte di Cassazione, nel precisare i criteri di definizione della responsabilità dello spedizioniere per lo svolgimento delle "operazioni accessorie", ha così affermato che la prestazione di temporanea custodia della merce da parte dello spedizioniere sia soggetta alle norme in materia di deposito di cui agli artt. 1678 e 1680 cod. civ.[17].

In modo ancora più esplicito, il Tribunale di Cagliari, in presenza di un contratto per l'esecuzione di una pluralità continuativa e coordinata di trasporti di merce via mare, ha fatto riferimento all'art. 1677 cod. civ. in tema di appalto di servizi ed all'art. 1570 cod. civ. in tema di somministrazione per distinguere tra domande riferibili al contratto nel suo complesso, alle quali applicare il termine di prescrizione ordinario, e domande attinenti invece le singole prestazioni di trasporto, soggette al termine breve di cui all'art. 438 cod. nav.[18].

---

[14] In questo senso cfr. S. Busti, *op. cit.*, p. 40; A. Corrado, *op. cit.*, p. 694; W. D'Alessio, *op. cit.*, p. 412; N. Fabrio, *op. cit.*, p. 326; A. Masutti, *op. cit.*, p. 326; F. Marongiu Bonaiuti, *op. cit.*, p. 308; M. Riguzzi, *Il contratto di trasporto stradale*, cit., p. 34; G. Silingardi, *op. cit.*, p. 6.

[15] In questi termini si esprime W. D'Alessio, *op. cit.*, p. 407.

[16] Cfr. per es. S. Busti, *op. cit.*, p. 40; F. Marongiu Bonaiuti, *op. cit.*, p. 309, G. Silingardi, *op. cit.*, p. 7.

[17] Cass. 28 febbraio 2011 n. 4928 New Unitrans Freight Systems c. Toro Ass. in *Dir. mar.* 2012, p. 465. Sui punti di contatto tra la figura dell'operatore di logistica e quella dello spedizioniere (o spedizioniere-vettore) incaricato di operazioni accessorie cfr. S. Busti, *op. cit.*, p. 37, F Marongiu Bonaiuti, *op. cit.*, p. 307.

[18] Trib. Cagliari 16 aprile 1986, San Gavino di Navigazione c. Monopoli di Stato, in Dir. trasp. 1988, p. 173. In argomento cfr. anche L. Tullio, *Il* contract of affreightment,

4. Il contratto di logistica nella giurisprudenza

Questi brevi cenni consentono di meglio inquadrare le poche decisioni note relative ai contratti di logistica.

La più risalente è quella della Corte d'Appello di Roma del 2 settembre 2004[19]. La Corte manifesta in realtà un certo scetticismo in merito alla possibilità di qualificare il contratto come qualcosa di diverso da un contratto di trasporto (o, a tutto voler concedere, un appalto di servizi di trasporto). Il concreto *thema decidendum*, relativo alla determinazione del termine di prescrizione applicabile, viene comunque risolto richiamando il combinato disposto degli artt. 1677 e 1570 cod. civ. e rilevando che le contestazioni dell'attore erano riferibili alla esecuzione di singole prestazioni di trasporto, con la conseguente applicabilità del termine breve previsto dall'art. 2951 cod. civ..

Nessuna incertezza sussiste invece in merito alla qualificazione come contratto di logistica in senso proprio della fattispecie oggetto della sentenza del Tribunale di Milano del 15 settembre 2006[20]. Altrettanto netta è la presa di posizione del Tribunale nel senso della applicabilità, quale unica disciplina rilevante, della normativa in tema di appalto di cui agli artt. 1655 e ss. cod. civ., escludendo invece qualsiasi spazio per le norme in tema di trasporto (ed in particolare alla prescrizione breve prevista dall'art 2951 cod. civ.).

La soluzione adottata dal Tribunale di Milano, in apparenza antitetica rispetto a quella fatta propria dalla Corte d'Appello di Roma, si spiega con la differenza delle circostanze oggetto della controversia: nella fattispecie decisa dal Tribunale di Milano, da un lato, il contratto era articolato su una pluralità variegata e complessa di prestazioni, rispetto alle quali non era possibile ricostruire un rapporto principale/accessorio; dall'altro, le domande delle parti investivano il rapporto contrattuale nel suo complesso, piuttosto che l'inadempimento di singole prestazioni (riconducibili ad altre figure contrattuali tipiche).

Padova, 1991, p. 105; P. Celle, *Il* contract of affreightment, in *I nuovi contratti – Trasporto* (a cura di F. Morandi), Torino, 2004, 323, L. Murtas, *Il* contract of affreightment*: problemi di qualificazione*, in *Dir. trasp.* 1988, 174.

[19] App. Roma 2 settembre 2004, Interporto Arquata Scrivia c. Trenitalia, in *Dir. trasp.* 2005, p. 328.

[20] Trib. Milano 15 settembre 2006, Daewoo Electronics c. TNT Logistica Italia, in *Merito*, 2006, 12, 8.

Meno lineare si rivela invece il ragionamento seguito dal Tribunale di Genova con la sentenza del 5 aprile 2013[21]. Dopo avere inquadrato il rapporto intercorso tra le parti come "contratto atipico di servizi di logistica integrata", il Tribunale, avendo ritenuto prevalente l'attività di magazzinaggio, afferma l'applicabilità in via principale delle disposizioni in tema di deposito e solo in via residuale di quelle in tema di appalto. Viene così rovesciata l'impostazione secondo la quale la disciplina-quadro del contrato di logistica è quella dell'appalto di servizi, all'interno della quale si potrà eventualmente ritagliare (grazie al meccanismo di cui agli artt. 1677 e 1570 cod. civ.) uno spazio per le regole proprie di contratti tipici.

Nella (poca) giurisprudenza nota in argomento, la ricostruzione più accurata del contratto di logistica sembra essere quella contenuta nella sentenza del Tribunale di Parma del 3 luglio 2013[22]. Il Tribunale definisce il contratto di logistica come "figura atipica mista" alla quale "risulta applicabile la disciplina del contratto di appalto di servizi, potendo venire tuttavia in rilievo anche disposizioni attinenti ad altri contratti tipici, in base alle specifiche prestazioni cui l'operatore si è obbligato". La motivazione sottolinea come i servizi di logistica non si risolvano in mere prestazioni accessorie ad un trasporto ma "si traducano in operazioni più complesse e si articolino in molteplici attività", con la conseguenza che "viene in rilievo un'articolata prestazione di servizi", come tale assoggettata alla disciplina dell'appalto di servizi, di cui all'art. 1677 cod. civ..

Raggiunte queste (a mio parere, corrette) conclusioni in diritto ed avendo riscontrato in fatto che il contratto oggetto di controversia era effettivamente qualificabile come contratto di logistica, nel senso sopra indicato, il Tribunale ritiene però (a malincuore, e probabilmente fraintendendone l'effettiva portata) di doversi uniformare alla giurisprudenza in tema di appalto di servizi di trasporto e quindi di dover riportare l'intera disciplina del contratto di logistica a quella del contratto di trasporto; in concreto ciò determina l'applicazione del termine di prescrizione annuale di cui all'art. 2951 cod. civ..

Non è agevole ricostruire, sulla base delle sentenze sopra esaminate, un ordinamento giurisprudenziale coerente ed unitario in relazione alla disciplina dei contratti di logistica. Volendo tentare comunque una sintesi, si può rilevare che, mentre sono diffuse la qualificazione del contratto di logistica

[21] Trib. Genova 5 aprile 2013, Ceva Freight Italy c. Siddilogistica.

[22] Trib. Parma 3 luglio 2013, Number 1 Logistic Group c. Nestlè Italiana.

come contratto atipico e misto e la percezione dell'esigenza di coordinamento tra la disciplina del contratto nel suo complesso e quella delle singole prestazioni, la concreta messa in opera del meccanismo a doppio livello (contratto quadro e prestazioni tipiche) previsto dagli artt. 1677 e 1570 cod. civ. conduce, in parte anche a motivo delle peculiarità delle diverse fattispecie, a risultati non del tutto omogenei.

5. Il ruolo dell'autonomia privata nella disciplina del contratto di logistica

La mancanza di una disciplina legislativa del contratto di logistica e l'incertezza degli orientamenti giurisprudenziali al riguardo rendono particolarmente pressante l'esigenza di una compiuta e meditata disciplina a livello contrattuale del rapporto tra committente ed operatore[23].

Realizzare un contratto del tutto "autosufficiente" è più un traguardo, un'ispirazione (un'utopia) che una reale possibilità operativa. L'art. 26 del modello contrattuale predisposto da Assologistica enuncia, in termini apparentemente assai ambiziosi, che, in quanto atipico, ed espressione dell'autonomia contrattuale riconosciuta e legittimata dall'art. 1322 cod. civ., il contratto "esaurisce in se stesso ogni possibile contenuto normativo del rapporto, escludendo in tal modo la possibilità di applicare ad esso qualsiasi tipo di normativa", ma prende poi realisticamente atto che tale "autosufficienza" del contratto trova un limite nelle norme inderogabili applicabili ad esso (o a parti di esso)[24].

Sembra allora più utile che i redattori dei contratti di logistica si adoperino nell'orientare l'interprete nel compito di delimitare i rispettivi ambiti della disciplina-quadro, applicabile al contratto nel suo complesso, e di quella relativa alle singole prestazioni. In questa direzione si muove, ad esempio, l'art. 18 del citato modello contrattuale di Assologistica che, con riferimento alla responsabilità dell'operatore per perdita o danneggiamento delle merci verificatisi nell'esecuzione di una prestazione di trasporto, rinvia alle nor-

[23] Sulla possibilità per le parti di orientare, tramite l'esercizio della propria autonomia negoziale, la qualificazione di contratti atipici cfr. R. Sacco, *op. cit.*, p. 544; C. Scognamiglio, *op. cit.*, p. 198; P. Gallo, *op. cit.*, p. 120; A. Barenghi, *op. cit.*, p.306; V. Roppo, *op. cit.*, p. 408.

[24] Il modello contrattuale di Assologistica è reperibile sul sito *www.assologistica.it*. In argomento cfr. W. D'Alessio, *op. cit.*, p. 408 e F. Marongiu Bonaiuti, *op. cit.*, p. 311.

mative nazionali o internazionali che sarebbero state di volta in volta applicabili se in relazione a tale prestazione fosse stato stipulato un separato ed autonomo contratto di trasporto[25].

Un altro ambito di intervento nella disciplina pattizia del contratto di logistica è quello tendente a ridurre l'area di rischio dell'operatore (sempre che questi abbia il necessario potere negoziale) introducendo massimali agli importi dei risarcimenti e limiti temporali all'esercizio delle relative azioni[26]. A questo riguardo, occorre tenere presenti i limiti previsti in via generale dal nostro ordinamento. Rispetto al primo dei temi sopra menzionati, viene quindi in rilievo l'art. 1229 cod. civ., che vieta clausole di esonero e limitazioni di responsabilità che operino anche in caso di dolo o colpa grave. Sotto il secondo profilo, fermo il principio della inderogabilità delle norme in tema di prescrizione di cui all'art. 2936 cod. civ., residua uno spazio per le decadenze convenzionali, purché, come dispone l'art. 2965 cod. civ., esse non rendano "eccessivamente difficile" l'esercizio del diritto.

[25] Cfr. ancora gli autori citati alla nota precedente.

[26] In argomento cfr. M. Brignardello, *Il contratto*, cit.., p. 1528; S. Busti, *op. cit.*, p. 42; A. Corrado, *op. cit.*, p. 692; N. Fabrio, *op. cit.*, p. 324; S. Fadda, *op. cit.*, p. 114; F. Marongiu Bonaiuti, *op. cit.*, p. 309.

EL RÉGIMEN DE RESPONSABILIDAD DEL PORTEADOR EN EL TRANSPORTE INTERNACIONAL RODADO (CMR)

Mª PAZ MARTÍN CASTRO*

Sumario: 1. El Transporte Internacional Rodado. Introducción: 1.1. El Convenio de Ginebra relativo al Contrato de Transporte Internacional de Mercancías por Carretera (CMR): 1.1.1 Consideraciones generales. 1.1.2. Ámbito de aplicación 2. Contenido del contrato: 2.1. Fase inicial del transporte. 2.2. Fase de transporte sensu stricto. 2.3. Fase de consumación del transporte: la llegada de las mercancías a destino. 3. la responsabilidad del transportista: 3.1. Consideraciones previas. 3.2. El fundamento de la responsabilidad. 3.3. Las causas de exoneración. 3.3.1. Las causas ordinarias. Especial referencia al robo y al atraco como causas exoneratorias 3.3.2. Las causas privilegiadas 3.4. La limitación de la responsabilidad del transportista. 3.5. La prescripción de las acciones derivadas del contrato de transporte. Indicación bibliográfica.

1. El Transporte Internacional Rodado. Introducción

1.1. El Convenio de Ginebra relativo al Contrato de Transporte Internacional de Mercancías por Carretera (CMR)

1.1.1. Consideraciones generales

La expansión alcanzada en la segunda mitad del pasado siglo por el transporte internacional de mercancías por carretera y la conveniencia de superar las diferencias nacionales en este sector, se encuentran, sin duda, en el origen de la tarea unificadora llevada a cabo en el seno del transporte

* Profa. Titular Derecho Mercantil. Universidad de Cádiz.

terrestre de mercancías. Fruto de esa labor unificadora es el Convenio relativo al Contrato de Transporte Internacional de Mercancías por Carretera, hecho en Ginebra el 19 de mayo de 1956, comúnmente conocido, entre la doctrina y los operadores del tráfico, por sus siglas francesas CMR. Este Convenio fue modificado, posteriormente, por el Protocolo de Ginebra de 5 de julio de 1978. En el febrero de 2008 se elaboró un nuevo Protocolo del Convenio CMR, Protocolo adicional a la Convención atinente a la carta de porte electrónica[1].

El Convenio CMR goza de un extraordinario éxito al haber sido ratificado por todos los países europeos e incluso por parte de otros Estados fuera de nuestro continente (Marruecos, Siria o Túnez, por ejemplo)[2]. De otra parte, se ha de tener en cuenta también que el referido texto internacional ha servido de modelo en la elaboración de la regulación interna del transporte mercancías por carretera de diferentes países – España, Portugal, Holanda, Noruega y Bélgica, entre otros –; aun cuando difiera notablemente la fórmula empleada por cada uno de los Estados para la incorporación de la disciplina del referido Instrumento internacional[3].

El éxito alcanzado por el CMR y el claro predominio del transporte terrestre – y particularmente del de carretera –[4] en el ámbito de la Unión Europea frente a otras modalidades de transporte, evidencia la conveniencia de analizar la disciplina que el referido texto internacional consagra en

[1] El mencionado Protocolo entró en vigor el 5 de junio de 2011 y ha sido adoptado por 11 países: Bulgaria, Dinamarca, España, Estonia, Francia, Letonia, Lituania, Países Bajos, República Checa, Eslovaquia y Suiza.

[2] La lista de países que han ratificado el Convenio puede consultarse en la web de la Comisión Económica de las Naciones Unidas para Europa www.unece.org.

[3] De otra parte y, ain de alcanzar un alto grado de uniformidad en la aplicación de los preceptos del Convenio por parte de la jurisprudencia, el Instituto de Derecho Internacional de los Transportes y de la Logística (IDIT) alberga una base de datos – Base CMR UNIDROIT/IDIT – que puede consultarse en la dirección www.idit.fr.

[4] En el seno de la Unión Europea, el modo de carretera representa un 74,5% frente al 18,6% del transporte ferroviario y el 6.9% del transporte marítimo. Precisamente, ese claro predominio propició la puesta en marcha por la Unión Europea del programa Marco Polo orientado a reducir la congestión de las infraestructuras viarias y mejorar el impacto medioambiental de todo el sistema de transporte mediante el traslado de una parte de las operaciones de transporte de mercancías de carretera al transporte marítimo de corta distancia, al ferrocarril y a las vías navegables interiores. En este contexto fue promulgado el Reglamento (CE) n° 1382/2003 del Parlamento Europeo y del Consejo, de 22 de julio de 2003, relativo a la concesión de ayuda financiera comunitaria para mejorar el impacto medioambiental del sistema de transporte de mercancías (programa Marco Polo) (*DOCE* núm. L196, de 2 de agosto de 2003).

relación con la responsabilidad del porteador. Desde esta perspectiva, el presente estudio examina el fundamento de la responsabilidad del porteador, las causas que éste podrá aducir a fin de excluir su responsabilidad así como el clásico beneficio de la limitación de la indemnización que, en su caso, deba satisfacer el porteador por los incumplimientos cometidos. Ello no obstante, antes de abordar esta materia, el trabajo examina brevemente el contenido del contrato, por cuanto será el incumplimiento de las obligaciones que incumben al porteador el que desate su responsabilidad. Al respecto, siguiendo el esquema tradicionalmente empleado por la doctrina, el estudio agrupa las obligaciones referidas en tres momentos diferentes; antes de la ejecución del traslado, durante la realización del mismo y, en fin, en el momento de la llegada de las mercancías a su lugar de destino[5]. Por lo demás, se ha considerado conveniente, analizar a modo introductorio y de forma somera, el ámbito de aplicación del referido Convenio de Ginebra a fin de examinar los requisitos de ámbito objetivo, espacial e incluso técnicos, que habrán de concurrir para que el mencionado Instrumento internacional extienda su ámbito de aplicación a la modalidad de transporte contratada.

1.1.2. Ámbito de aplicación

Conforme a lo dispuesto en su art. 1º, el Convenio CMR extiende su ámbito de aplicación, independientemente de la nacionalidad y domicilio de las partes contractuales, a todos aquellos transportes de mercancías por carretera en los que el lugar de recepción de la mercancía por el porteador y el lugar de destino esté situado en dos países diferentes, siempre que al menos uno de ellos sea parte en el Convenio. Dada su naturaleza imperativa, las partes del contrato no podrán excluir su aplicación ni, en consecuencia, insertar cláusulas en el contrato que deroguen directa o indirectamente lo establecido en el mencionado Convenio internacional, so pena de nulidad (art. 41).

Quedan expresamente excluidos del ámbito de aplicación del Convenio los transportes postales, los funerarios y los de mudanzas, los cuales se hallan sometidos a su propia normativa específica.

---

[5] Vid., por todos, CLAVERO TERNERO, «El transporte internacional de mercancías por carretera: la interpretación del Convenio CMR por el Tribunal Supremo», en AA.VV, *Derecho uniforme del transporte internacional. Cuestiones de actualidad*, (coord. Madrid Parra), Madrid, 1998, págs. 259 a 262.

En la concreción del ámbito de aplicación del Convenio CMR que se viene abordando, presenta particular interés la disposición contenida en su art. 2°, conforme a la cual, el referido texto extiende, en determinadas circunstancias, su ámbito de aplicación más allá de la fase estrictamente terrestre del recorrido. En efecto, el mencionado precepto contempla una modalidad específica de transporte multimodal – comúnmente conocida como transporte *superpuesto* –, conforme a la cual el vehículo de carretera es trasladado durante alguna de las fases del trayecto sobre un buque (*transroulage*), sobre un tren (*ferroutage*) o a bordo de un avión. El referido art. 2°, cuya dicción literal no destaca precisamente por su claridad expositiva[6], establece en su primer inciso un principio general conforme al cual se dispone que en aquellos supuestos en los que, además de la carretera, sean empleados otros modos de transporte para dar cumplimiento a la operación de traslado, el CMR resultará de aplicación a todo el trayecto, siempre que no haya existido *ruptura de cargas*. Sin embargo, el inciso segundo del citado precepto, prevé una excepción a este principio general, en tanto en el mismo se contempla la posibilidad, siempre que concurran determinadas circunstancias, de que pueda aplicarse al porteador terrestre de mercancías el régimen de responsabilidad propio del modo de transporte en el que haya sido trasladado el vehículo de carretera. La aplicación de dicho régimen de responsabilidad se halla subordinada al cumplimiento de tres requisitos[7]. De un lado, será necesario probar que el acaecimiento de la pérdida, daño o retraso experimentado por los géneros se ha producido durante una fase del

---

[6] En efecto, el art. 2° CMR ha suscitado entre la doctrina numerosas cuestiones interpretativas. Vid., ampliamente sobre esta cuestión, PESCE, *Il contrato di trasporto internazionale di merci su strada*, Padua, 1984, págs. 189 a 191; THEUNIS, «The liability of a carrier by road in roll on- roll off traffic», en AA.VV, *International Carriage Of Goods By Road (CMR),* edited by J. THEUNIS, Londres, 1987, págs. 245 y ss.; ACHARD, «Transport en pontée. "Paramount clause" et article 2§1 de la CMR. À propos de l'arrêt de Cassation "Anna-Oden"», DMF 1989, págs. 219 y ss.; BOOMBECK-HAMER-VERHAEGEN, «La responsabilité du trasporteur routier dans le transport par car-ferries. L'article 2 de la Convention relative au contrat de transport international de marchandises par route (CMR)», ETL 1990, págs. 110 y ss.; CZAPSKI, «Responsabilité du transporteur routiers lors du transroulage et de ferroutage», ETL 1990, págs. 172 y ss.; PUTZEYS, «Le droit superposé ou le paradoxes de l'article 2 CMR», ETL 1990, págs. 107 y ss.; CLARKE, *International carriage of goods by road: CMR*, 2ª ed., Londres, 1991, págs. 66 y ss.; DE WIT, *Multimodal Transport. Carrier liability and documentation*, Londres, 1995, págs. 105 y ss.

[7] Sobrte el análisis de las condiciones impuestas por el art. 2.° CMR para que la responsabilidad del porteador se determine conforme a un régimen distinto al consagrado en el Convenio CMR, vid. CLARKE, *International carriage of goods...*, cit., págs. 73 y ss.

trayecto distinta a la carretera[8]. En segundo lugar, se habrá de demostrar que la pérdida, daño o retraso no han sido causados por culpa o negligencia del porteador de mercancías por carretera. Finalmente, en tercer lugar, deberá probarse también que los daños sufridos por las mercancías fueron consecuencia de un hecho que no pudo acaecer más que durante y por razón del transporte que discurra por un modo distinto a la carretera.

Constatado el cumplimiento de esos tres requisitos, la responsabilidad del porteador terrestre de mercancías no vendrá determinada por el régimen que a este respecto se prevé en el Convenio CMR, sino por las «*disposiciones legales vigentes*» que regulen el segmento o tramo del recorrido durante cuya realización se produjo la pérdida, el daño o el retraso. Ha sido esta segunda parte del art. 2º CMR y, más precisamente, la expresión empleada por el mencionado precepto para determinar el régimen de responsabilidad aplicable al porteador – «*disposiciones legales vigentes*» –, la que ha suscitado entre la doctrina mayores críticas, habida cuenta de las dificultades que plantea la concreción de su alcance y contenido. Pero la determinación del significado jurídico que deba atribuirse a la expresión contenida en el art. 2º CMR se complica aún más si se tiene presente que ésta no aparece recogida de la misma forma por los respectivos textos oficiales del Convenio de Ginebra de 1956. Así, mientras la versión inglesa del referido texto internacional utiliza la expresión «*conditions prescribed by law*», la versión francesa habla de «*dispositions impératives*». Como podrá advertirse, la remisión que el Convenio CMR realiza a la normativa reguladora del modo de transporte distinto al de la carretera en el que se produjo el daño, admite muy variadas interpretaciones, dado el carácter vago e impreciso de la expresión utilizada por el mencionado texto internacional. Ello explica que, con relativa frecuencia, la jurisprudencia haya llegado a conclusiones diametralmente opuestas en la interpretación de este precepto, lo que supone un claro alejamiento del que, tal y como se declara en el Preámbulo de la Convención CMR, constituye su fin primordial y que no es otro que el de ofrecer una regulación uniforme de la responsabilidad del porteador terrestre de mercancías.

[8] A este respecto conviene destacar que dado que en esta modalidad de transporte el empleo de contenedores se halla muy extendido, la prueba de dicha circunstancia se encuentra sometida a una notable dificultad, pues la utilización de tales modos de embalaje impedirá, en la mayor parte de las ocasiones, conocer la fase del trayecto en la que se haya producido el daño.

En cualquier caso, debe observarse que la excepción contemplada en el art. 2º CMR, al permitir la aplicación al porteador de carretera de un régimen de responsabilidad distinto al contemplado en el CMR, se halla encaminada a facilitar el ejercicio por parte del porteador contractual de su acción de regreso contra el causante efectivo del incumplimiento y, en última instancia, a que la suma indemnizatoria a satisfacer frente al acreedor del transporte coincida con la que aquél obtenga en vía de regreso del porteador efectivo[9].

2. Contenido del contrato

2.1. Fase inicial del transporte

La entrega de las mercancías al transportista constituye desde luego el presupuesto esencial para que el transporte pueda ejecutarse. El Convenio CMR[10] no prevé sanción alguna para el supuesto de que el remitente no entregue al transportista la mercancía pactada o lo haga en cantidad inferior a la que inicialmente convinieron las partes. Tampoco contempla el Convenio la cuestión referida a la carga y estiba de los géneros ni, más precisamente, determina a quién corresponde la realización de tales operaciones, probablemente porque se haya querido dejar esta cuestión a la voluntad de las partes o al derecho nacional que resulte supletoriamente aplicable[11].

En cualquier caso, el Convenio CMR impone al remitente el deber de entregar la mercancía adecuadamente embalada para el transporte. Así se desprende del art. 10 CMR, que obliga al remitente a indemnizar al porteador los daños a personas o a otras mercancías así como los gastos derivados de los defectos de embalaje (para acondicionar adecuadamente los géneros, por ejemplo, a fin de poder continuar el transporte); a no ser que tales defectos fueran manifiestos o conocidos por el transportista y éste no hubiera realizado la oportuna reserva. Por su parte, además, debe advertirse que el art. 17.4 b) CMR contempla, entre la relación de supuestos que se configuran como presunciones de caso fortuito, precisamente, la entrega de

---

[9] Vid. CLARKE, *International carriage of goods...*, cit., pág. 72

[10] Al contrario de lo que a este respecto establecen algunos ordenamientos internos como, por ejemplo, el español. Cfr. art. 19.1 Ley 15/2009, de 11 de noviembre, del contrato de transporte terrestre de mercancías (*BOE* núm. 273, de 12 de noviembre) (LCTT, en adelante).

[11] Vid., sobre el particular, CLARKE, *International carriage of goods...*, cit., pág. 115.

la mercancía sin embalaje o deficientemente embalada[12]. Ahora bien, para que entre en juego dicha causa de exoneración, parece preciso exigir que el transportista –conforme al deber de diligencia que ha de ordenar su actuación–, cuanto menos, informe al remitente de que la mercancía se halla defectuosamente embalada, haciendo constar en la carta de porte la oportuna reserva. Recuérdese, a este respecto, que el art. 8.º1.b) CMR obliga al transportista a revisar el estado aparente de la mercancía y de su embalaje de manera que, si en la carta de porte no se anota ninguna reserva, se presumirá que la mercancía y su embalaje estaban en buen estado aparente en el momento en el que el transportista las tomó a su cargo.

Al remitente incumbe, también, el deber de entregar al porteador la documentación que sea necesaria, bien adjuntándola a la carta de porte o poniéndola a disposición del transportista. Además, deberá suministrarle la información pertinente, a fin de cumplir los requerimientos administrativos y aduaneros que resulten necesarios[13]. Tras imponer al remitente este deber, en relación con la documentación de la mercancía, el art. 11.2 CMR exime al transportista de la obligación de comprobar si tales documentos e información proporcionada resultan exactos o suficientes, aunque sí le hace responsable de las consecuencias que se deriven de la perdida o mala utilización de tales documentos. La indemnización que por dicha circunstancia corresponda satisfacer al transportista no podrá superar a la que corresponda en caso de pérdida de los géneros. De otro lado, el incumplimiento o defectuoso cumplimiento por parte del remitente de la obligación de entrega de la documentación e información adecuada, generará su responsabilidad, debiendo indemnizar al transportista en tal supuesto –salvo que se demuestre culpa por parte de éste–, de los daños que dicho incumplimiento le hubiera ocasionado. Especial relevancia posee en relación con esta cuestión, el deber de información que incumbe al remitente en los supuestos en los que el transporte tenga por objeto mercancías peligrosas[14]. Desde esta perspectiva, el art.

---

[12] Vid., en relación con esta cuestión, Hill-Messent, *CMR: Contracts for the International Carriage of Goods by Road,* Londres, 1984, págs. 47 y ss.; Libouton, «Liability of the CMR carrier in the Belgian case law», en AA.VV, *International Carriage of Goods by Road (CMR),* cit., pág. 86.

[13] La lista de los documentos entregados habrá de figurar contenida en la carta de porte. Vid., al respecto, Clarke, *International carriage of goods...*, cit., pág. 110.

[14] Sobre las particulares obligaciones y, en su caso, responsabilidad asumidas por el porteador y el remitente en los supuestos en los que el transporte tenga por objeto el traslado de mercancías peligrosas, vid. Gottrau, «Liability in Dangerous Goods Transport»,

22 CMR impone al remitente, además del deber de especificar la naturaleza exacta del peligro, la indicación de las precauciones que deban ser adoptadas. En ausencia de tal aviso, el acreedor del transporte deberá demostrar que el transportista conocía la naturaleza exacta del peligro. Si, en cualquier caso, la naturaleza peligrosa de los géneros fuera desconocida por el transportista, el apartado segundo del art. 22 CMR, atribuye a éste la facultad de descargar las mercancías, destruirlas o convertirlas en inofensivas, asumiendo el remitente todos los gastos y daños derivados de tales operaciones.

Por lo que se refiere al transportista, éste, como ya se ha indicado, se halla obligado en virtud del art. 8º.1 CMR a inspeccionar de manera externa o superficial el estado aparente de la mercancía y de su embalaje así como la exactitud de los datos consignados en la carta de porte acerca del número de paquetes, sus marcas y sus números[15]. Si el transportista no dispusiera de medios razonables para realizar dicha verificación, deberá anotar en la carta de porte sus reservas motivadas. La ausencia de reservas sobre tales aspectos creará la presunción *iuris tantum* de que la mercancía y su embalaje se hallaban en buen estado aparente en el momento de su recepción por el transportista e, igualmente, se presumirá la exactitud de los datos consignados en la carta de porte sobre el número de paquetes, sus marcas y sus números.

Pero además de dicho examen externo, el remitente podrá exigirle al transportista que verifique el peso bruto de la mercancía o la cantidad de la misma así como el contenido de los paquetes a fin de comprobar la naturaleza de la mercancía o su carácter peligroso. Tras la realización de dicha comprobación – cuyo resultado se consignará en la carta de porte –, el transportista podrá reclamar al remitente, ex art. 8.3 *in fine*, el pago de los gastos derivados de la verificación.

2.2. Fase de transporte sensu stricto

En virtud del contrato de transporte celebrado con el remitente, el transportista asume, básicamente, dos obligaciones: el traslado de los géneros y su custodia.

---

en AA.VV, *International Carriage of Goods by Road (CMR)*, cit., págs. 197 y ss.; HILL-MESSENT, *CMR: Contracts for the International Carriage...*, cit., págs. 121 y ss.

[15] vid. sobre el particular HILL-MESSENT, *CMR: Contracts for the International Carriage...*, cit., págs. 43 y ss.

En relación con la primera de ellas, el porteador se obliga a conducir las mercancías hasta el lugar fijado para su entrega. Sin embargo, es posible que durante la ejecución del transporte acaezcan determinados sucesos que impidan o dificulten el cumplimiento de la obligación de traslado. A tales circunstancias y, particularmente, al modo en el que debe actuar el transportista en tales hipótesis se refieren los arts. 14 y 16 CMR, a cuyo breve análisis nos dedicaremos a continuación.

El acaecimiento de cualquier suceso que imposibilite la ejecución del transporte en las condiciones pactadas en la carta de porte, obliga al transportista a solicitar instrucciones a la persona a quien, conforme dispone el art. 12 CMR, corresponda el derecho de disposición sobre los géneros. Si el transportista no hubiera recibido tales instrucciones y el transporte pudiera ser ejecutado, aunque en unas condiciones diferentes a las previstas en la carta de porte, aquél podrá adoptar las medidas que considere oportunas, valorando en cualquier caso el interés de la persona a quien corresponda el derecho de disposición sobre los géneros[16].

En supuestos como los descritos, el art. 16.2 CMR autoriza al transportista para descargar *inmediatamente* la mercancía, por cuenta de aquel que tenga el derecho de disposición sobre la misma[17]. Conviene llamar la atención en este punto acerca de que, como expresamente establece el precepto citado, sobre el transportista continuará pesando el deber que le incumbe sobre la custodia de los géneros. Y ello, aun cuando optara por confiar las mercancías a un tercero, en cuyo caso y según la dicción literal del propio precepto, no será responsable «más que de la ejecución juiciosa del tercero»; lo que, en definitiva, parece que deba interpretarse en el sentido de que el porteador seguirá siendo responsable frente al cargador o destinatario de la custodia de los géneros.

Naturalmente, el transportista tendrá derecho a que se le reembolsen los gastos en los que hubiera incurrido derivados tanto de la petición de instrucciones como de la ejecución de las mismas, salvo que tales gastos sean causados por el transportista.

En última instancia, el transportista podrá, incluso, proceder a la venta de los géneros sin esperar instrucciones; bien, porque la naturaleza perece-

[16] Sobre los impedimentos acaecidos durante la ejecución del traslado, vid. HILL-MESSENT, *CMR: Contracts for the International Carriage...*, cit., págs. 58 y ss; CLARKE, *International carriage of goods...*, cit., págs. 138 y ss.

[17] Vid., al respecto, CLARKE, *International carriage of goods...*, cit., págs. 138 y ss.

dera o el estado de los géneros así lo aconseje, bien, porque los gastos derivados de la custodia resultaran excesivos, en proporción al valor de aquéllos, bien, finalmente, porque no hubiera recibido, por quien tiene el derecho de disposición sobre los géneros, instrucciones contrarias en un plazo razonable[18]. La venta de los géneros deberá llevarse a cabo, conforme establece el número 5 del art. 16, de acuerdo con la legislación o costumbre del lugar donde se encuentren las mercancías[19]. Una vez deducidos los gastos que graven la mercancía – precio del trasporte y demás gastos en que hubiera incurrido el transportista –, el producto de la venta deberá ponerse a disposición de quien corresponda. Si el producto de la venta fuera inferior a los gastos en los que hubiera incurrido el transportista, éste podrá reclamar al acreedor del transporte la diferencia.

Particular importancia posee durante la fase de ejecución del transporte que se viene analizando el denominado derecho de disposición sobre los géneros. El referido derecho – también llamado a veces derecho de contraorden – constituye una institución clásica en el derecho del transporte conforme a la cual se reconoce al remitente o al destinatario el derecho a impartir instrucciones que podrán modificar – aunque con ciertos límites – el contenido sustancial de la prestación asumida por el porteador[20]. Desde esta perspectiva, el art. 12 CMR, particularmente, confiere al remitente la facultad de detener el transporte, modificar el lugar previsto para la entrega o entregar la mercancía a un destinatario distinto al indicado en la carta de porte. Es, en consecuencia, al remitente a quien, en principio, corresponde el derecho de disposición, salvo que las partes desde el inicio – es decir, desde la emisión de la carta de porte –, hubieran acordado atribuir este derecho al destinatario, debiendo hacerse constar tal circunstancia en dicho documento[21].

---

[18] Sobre la venta de lso géneros en los supuestos descritos, vid. CLARKE, *International carriage of goods...*, cit., págs. 149 y ss.

[19] Por lo que si las mercancías se hallaran, por ejemplo en España, procedería solicitar dicha venta ante el órgano judicial o la Junta Arbitral de Transporte competente. Cfr. art. 44 LCTT.

[20] Vid., ampliamente al respecto, PENDÓN, «El "derecho de disposición"», *RDT*, núm. 6, 2010, págs. 173 y ss.

[21] Para un examen detallado del art. 12 del Convenio en el que se consagra el referido derecho de disposición, vid. MACCARONE, «The right of disposal under the CMR Convention (Arts. 12, 13)», en AA.VV, *International Carriage Of Goods By Road (CMR)*, cit., págs. 62 y ss.; HILL-MESSENT, *CMR: Contracts for the International Carriage...*, cit., págs. 51 y

Conforme establece el art. 12.2 CMR, el derecho de disposición del remitente se extinguirá una vez que se entregue al destinatario el segundo ejemplar de la carta de porte – que es, como ya se vio, el que viaja con las mercancías – o cuando, llegadas las mercancías al lugar de destino o, cumplido el plazo en el que debieron entregarse, el destinatario relame su entrega. A partir de este momento, por tanto, el derecho de disposición corresponde al destinatario, por lo que el porteador únicamente se podrá someter legítimamente a las instrucciones que reciba de aquél, aun cuando en este momento, en el que el contrato está próximo a concluirse, el contenido de las instrucciones que el destinatario pueda impartir, se limitará a modificar la persona del acreedor del transporte. En tal hipótesis, debe tenerse en cuenta que, conforme a lo dispuesto en el art. 12.4 CMR, la persona a quien el destinatario – haciendo uso de su derecho de disposición – designe para recibir la entrega, no podrá a su vez designar un nuevo destinatario.

Finalmente, debe observarse que el ejercicio del derecho de disposición se halla condicionado al cumplimiento de una serie de requisitos enunciados en el art. 12.5 CMR y que, básicamente, pueden sintetizarse en la obligación de presentar al transportista el primer ejemplar de la carta de porte con las nuevas instrucciones así como el pago de los gastos que lleve aparejada la ejecución de las nuevas instrucciones practicadas en ejercicio del derecho de disposición. En tal sentido, debe tenerse en cuenta que, conforme establece el art. 12.7 CMR, el transportista que dé cumplimiento a las instrucciones recibidas en ejercicio del derecho de disposición, sin exigir la presentación del primer ejemplar de la carta de porte, deberá responder ante quien tenga derecho por los perjuicios derivados de su actuación. Responsabilidad en la que también incurrirá el transportista si no atendiera las instrucciones recibidas en ejercicio del derecho de disposición, siempre que tales instrucciones respeten los requisitos a los que el art. 12.5 subordina su ejercicio.

2.3. Fase de consumación del transporte: la llegada de las mercancías a destino

Llegadas las mercancías al lugar fijado para la entrega, el transportista deberá entregarlas al destinatario que, al recibirlas junto con el segundo ejem-

---

ss; PUTZEYS, *Le contrat de transport routier de marchandises*, Bruselas, 1981, págs. 179 y ss.; CLARKE, *International carriage of goods...*, cit., págs. 129 y ss.

plar de la carta de porte, se convierte en acreedor del transporte desplazando a la figura del remitente, por lo que a partir de ese momento, corresponderá a él el ejercicio de los derechos derivados del contrato de transporte.

Es posible, además, que las partes hubieran acordado el pago de los portes en destino, en cuyo caso, la realización de dicho pago se convierte en presupuesto para poder exigir la entrega de los géneros (art.13.2 CMR); de modo que el transportista podrá negarse a entregar la mercancía en tanto no cobre los portes.

La entrega de los géneros al destinatario marca el final del período de la responsabilidad al que está sometido el porteador por la adecuada custodia de los géneros que le fueron confiados para su transporte[22]. De ahí, el interés que presenta para el transportista la determinación del momento preciso en el que la entrega produce sus efectos. Conviene, sin embargo, observar que es posible que a la llegada de los géneros al lugar de destino, acaezcan determinados sucesos que impidan al transportista dar por cumplida la prestación de transporte y, en consecuencia, quedar liberado de responsabilidad por la custodia de los géneros. A dicha circunstancia se refiere expresamente el art. 15 CMR, imponiendo al transportista, en ese caso, el deber de solicitar instrucciones al remitente. Si el destinatario rehusara la mercancía, el remitente podrá ejercer su derecho de disposición, sin necesidad de utilizar el primer ejemplar de la carta de porte. Ahora bien, aun habiendo rehusado la entrega, el destinatario puede, posteriormente, reaclamar la mercancía, siempre que el remitente no haya dado ya nuevas instrucciones al transportista. Ello no obstante, si el impedimento a la entrega surgiera una vez que el destinatario, haciendo uso de su derecho de disposición, hubiera ordenado entregar la mercancía a otra persona, el destinatario, sustituirá al remitente y la persona a quien debía entregarse la mercancía, sustituirá al destinatario, a los efectos de la aplicación de lo que el art. 15 CMR prevé en relación con los impedimentos a la entrega.

Finalmente, conviene subrayar que es en el momento de la entrega en el que el destinatario, en su caso, deberá oponer sus reservas al transportista o a sus auxiliares referidas a la pérdida o averías experimentadas por los géneros o al retraso producido en el transporte[23]. Ahora bien, la anotación de

---

[22] Vid., sobre este extremo ampliamente, CLARKE, *International carriage of goods...*, cit., págs. 160 y ss.

[23] Vid. HILL-MESSENT, *CMR: Contracts for the International Carriage...*, cit., págs. 158 y ss.

tales reservas sólo se erige en requisito ineludible para poder reclamar contra el transportista, en los casos de retraso en el transporte (art. 30.3 CMR). En tal supuesto, el consignatario deberá dirigir sus reservas por escrito al porteador en el plazo de veintiún días contados a partir de la puesta de la mercancía a disposición del destinatario.

En los casos de pérdida y avería, la anotación de reservas no será necesaria si, a la llegada de los géneros al lugar de destino, la mercancía hubiera sido objeto de comprobación contradictoria, esto es, se hubiera examinado por un perito nombrado por las partes, habiéndose manifestado en dicho acto la correspondiente protesta. En este último caso, además, sólo se admitirá prueba contraria al resultado de la verificación, en los supuestos de que las perdidas y averías no fueran *claras* (art. 30.2 CMR), debiendo en este caso, además, el destinatario haber dirigido reservas por escrito al transportista en el plazo de siete días contados a partir de la fecha en la que se realizó la comprobación contradictoria.

Si, por el contrario, la mercancía no hubiera sido objeto de tal verificación, el acreedor del transporte deberá dirigir sus reservas al transportista en el mismo acto de entrega, si las pérdida o averías fueran manifiestas, y si no lo fueran, en el plazo de siete días contados desde la fecha de entrega –debiendo descontarse de dicho plazo domingos y festivos–. En este último caso, las reservas deberán realizarse por escrito, indicando la naturaleza general de la pérdida o de la avería experimentada por los géneros. La ausencia de reservas hará presumir *iuris tantum* que la mercancía fue entregada en el estado descrito en la carta de porte (art. 30.1 CMR)[24].

3. La responsabilidad del transportista

3.1. Consideraciones previas

El examen de la responsabilidad del transportista exige previamente conocer los supuestos de incumplimiento cuyo acaecimiento puedan generar, apreciadas determinadas circunstancias, la responsabilidad de aquél. Naturalmente, tales supuestos se hallan íntimamente conectados con las

[24] Sobre la forma y eficacia de las reservas, vid. CLARKE, *International carriage of goods...*, cit., págs. 321 y ss.; PUTZEYS, *Le contrat de transport routier...*, cit., págs.. 184 y ss.

obligaciones esenciales que el porteador asume en virtud del contrato celebrado con el remitente. Tales obligaciones consisten, fundamentalmente, en la entrega de las mercancías al destinatario en el estado en el que las recibió – en los términos en que conste en la carta de porte – y en el plazo acordado por las partes. Será, pues, el incumplimiento de dichas obligaciones, cuando sea imputable al transportista, el que generará su responsabilidad.

Siguiendo el esquema clásico que tradicionalmente emplea la doctrina en orden a analizar los diversos supuestos de incumplimiento contractual, éstos pueden estructurarse en dos grandes grupos. De una parte, aquellos que se derivan del incumplimiento de la obligación de custodia que pesa sobre el porteador comúnmente exteriorizados a través de la pérdida o avería de los géneros; y, de otra parte, aquellos otros incumplimientos derivados de la obligación de transportar, manifestados en la falta de ejecución total o parcial del transporte o en el retraso en la entrega de los géneros. A tales supuestos de incumplimiento contractual se refiere expresamente el art. 17 CMR[25].

3.2. El fundamento de la responsabilidad

Una primera lectura del art. 17.1 CMR puede inducirnos a pensar que, conforme a lo que en el referido precepto se establece, el transportista se halla sometido en el régimen del CMR a un riguroso sistema de responsabilidad objetiva. Sin embargo, la lectura del segundo apartado del referido art. 17, permite concluir que el sistema al que se somete al porteador es, en realidad, un sistema de responsabilidad por culpa o negligencia. En consecuencia, por tanto, debe advertirse que no toda pérdida, daño o retraso genera la responsabilidad del transportista, sino que, por el contrario, para que éste resulte responsable, tales incumplimientos habrán de serle imputables de acuerdo con el criterio subjetivo de la culpa, aun cuando dicha culpa, como veremos, se presume. Quiere ello decir que, acreditado por el acreedor del transporte el acaecimiento de cualquier supuesto de incumplimiento contractual – pérdida, avería o retraso –, el porteador que quiera excluir su responsabilidad, deberá demostrar la concurrencia de cualquiera

[25] Sobre los diferentes supuestos de incumplimiento contractual, vid. HILL-MESSENT, *CMR: Contracts for the International Carriage...*, cit., págs. 107 y ss.; CLARKE, *International carriage of goods...*, cit., págs. 292 a 326.

de las causas exoneratorias a las que se refieren los apartados segundo y cuarto del art. 17 CMR.

3.3. Las causas de exoneración

Las causas exoneratorias de la responsabilidad del porteador contempladas en el art. 17 CMR pueden clasificarse en dos categorías. Las primeras, recogidas en el apartado segundo del referido precepto, son las denominadas causas «ordinarias». Por su parte, las que se contienen en el apartado cuarto, son las conocidas como causas «privilegiadas». La diferencia entre ambas reside tanto en su eficacia, por cuanto las segundas no permiten excluir la responsabilidad derivada del retraso, como en lo que respecta a la carga de la prueba, dado que conforme a lo dispuesto en el art. 18 CMR, se establece un régimen de prueba distinto – más favorable, como veremos, para el transportista – cuando se alegue una causa exoneratoria «privilegiada».

3.3.1. Las causas ordinarias. Especial referencia al robo y al atraco como causas exoneratorias

De entre las denominadas causas ordinarias de exoneración de responsabilidad, el art. 17.2 CMR contempla la culpa de la persona que tiene derecho sobre la mercancía o la instrucción errónea de éste, siempre que no derive de una acción culposa del transportista, el vicio propio de la mercancía – al que nos referiremos a continuación para distinguirlo de la naturaleza propia de la mercancía – y, finalmente, a modo de cláusula general, cualquier circunstancia que el transportista no haya podido evitar y cuyas consecuencias no haya podido prever[26]; sucesos éstos que pueden encuadrarse dentro de la categoría genérica del caso fortuito y la fuerza mayor[27].

El transportista que pretenda excluir su responsabilidad en virtud de las referidas causas «ordinarias» previstas en el art. 17.2 CMR, deberá demostrar la causa específica que ocasionó el incumplimiento y la no imputabili-

---

[26] Cfr. art. 17.2 *in fine*.

[27] Vid. HILL-MESSENT, *CMR: Contracts for the International Carriage...*, cit., pág. 68. Vid., además, HAAK, «The CMR-interpretation», en AA.VV, *International Carriage Of Goods By Road (CMR)*, cit., pág. 230.

dad de aquella circunstancia de acuerdo con el parámetro de diligencia que resulta exigible al transportista – el propio de un diligente y ordenado profesional del transporte terrestre –[28]. En consecuencia, el transportista deberá responder de los daños experimentados por los géneros como consecuencia de las denominadas *causas ignotas*, esto es, de aquellas causas que sean desconocidas o que, aunque conocidas, no resulte posible establecer de modo concreto las circunstancias en las que se produjeron.

De entre las causas exoneratorias «ordinarias», el robo de mercancías y el atraco, pese a no ser mencionadas de manera expresa en el art. 17.2, ocupan un lugar destacado, habida cuenta de la frecuencia con la que se producen tales supuestos[29].

En cualquier caso, para que el porteador pueda excluir su responsabilidad en tales circunstancias, deberá demostrar que el robo o el atraco constituyen un suceso inevitable; si bien el incremento paulatino del rigor con el que la doctrina interpreta el concepto de inevitabilidad dificulta las posibilidades de que pueda prosperar la causa exoneratoria aducida, particularmente, en lo que respecta a la configuración del robo como causa susceptible de liberar al porteador de responsabilidad. Naturalmente, en la valoración de tales circunstancias, la conducta diligente del porteador y, consiguientemente, las medidas de prevención adoptadas revisten una importancia fundamental. Ello no obstante, el diverso tratamiento ofrecido al robo y al atraco por la doctrina jurisprudencial aconsejan examinar ambas causas exoneratorias de forma separada.

En la actualidad, la jurisprudencia raramente admite el robo como causa liberatoria de la responsabilidad del porteador, a menos que este consiga demostrar la concurrencia de causas muy excepcionales[30]; habida cuenta de que en la mayor parte de las hipótesis el robo es provocado por un deficiente cumplimiento del deber de custodia que incumbe al porteador. En este sentido, por ejemplo, el robo acaecido mientras el vehículo se encontraba

---

[28] Sobre las causas exoneratorias ordinarias, vid. CLARKE, *International carriage of goods...*, cit., págs. 292 a 326; PUTZEYS, *Le contrat de transport routier...*, cit., págs. 242 a 252.

[29] .-Vid., al respecto ampliamente y por todos, MARTÍNEZ SANZ, «Transporte de mercancías por carretera (II). Transporte Internacional», en AA.VV *Manual de Derecho del Transporte* (coord. por Martínez Sanz/Puetz), Madrid-Barcelona, 2010, págs. 198 y ss.

[30] Vid., en este sentido, MARTÍNEZ SANZ, «Transporte de mercancías por carretera...», cit., págs. 198 a 200.

aparcado en una zona sin vigilancia[31], no es considerado tradicionalmente como causa exoneratoria de responsabilidad[32].

Diferente es, como ya se ha avanzado, el tratamiento recibido por al atraco a mano armada por parte de la jurisprudencia; por cuanto su inevitabilidad, en la mayor parte de los supuestos determina que resulte susceptible de liberar de responsabilidad al porteador. Ello no obstante, el temor a que los atracadores puedan actuar, en determinados supuestos, con la connivencia de los porteadores, determina que los Tribunales agudicen el rigor en cuanto a la debida demostración de la actuación diligente del porteador[33].

3.3.2. Las causas privilegiadas

Con las causas exoneratorias «privilegiadas» que se contienen en el art. 17, ha querido el Convenio CMR tomar en consideración determinados riesgos específicos del transporte que pueden contribuir con facilidad a la causación de la pérdida o deterioro de los géneros, ofreciendo a la concu-

[31] Ni siquiera en las hipótesis en las que la duración de la parada sea muy breve, la jurisprudencia ha considerado el robo como causa liberatoria de responsabilidad. Vid. al respecto la SAP de Barcelona núm. 224/2011, de 6 de mayo de 2011 (JUR 2011/294397) y la SAP de Vizcaya núm. 898/2012, de 5 de diciembre (JUR 2014/156489).

[32] Cfr. la STS (Sala 1ª, Sección 1ª) núm. 399/2015, de 10 de julio (RJ 2015/4892) en la que el Tribunal calificó como dolosa la conducta del porteador que estacionó el vehículo «en un aparcamiento de una gasolinera sin vigilancia, accesible a cualquier persona y conocido por el estacionamiento de camiones que realizan transporte internacional. Dicho estacionamiento se realizó sin ninguna medida de vigilancia especial durante la noche en donde se produjo el robo». Con su Sentencia el TS confirma la línea marcada por instancias judiciales inferiores que exigen, a fin de alcanzar la exoneración de responsabilidad del porteador por robo, que éste adopte la máxima diligencia en la protección del vehículo y de la carga trasportada.

[33] Desde esta perspectiva, el atraco suele resultar concebido como hecho liberatorio cuando se produce con ocasión de una parada necesaria del vehículo – realizada para repostar o tras la detención en un semáforo –. Cfr., al respecto, la SAP de Valencia núm. 589/2002, de 23 de diciembre (JUR 2003/44001), en la que se valoró el atraco como causa liberatoria, al sostener el Tribunal que «no puede exigirse un comportamiento heroico al atracado».

Sin embargo, cuando la detención del vehículo tiene lugar en una zona de descanso sin vigilancia e incluso cuando viaja un único conductor en el camión, el atraco no resulta susceptible, en opinión de la jurisprudencia, de liberar al porteador; particularmente, cuando se atraviesen zonas en las que el riesgo de atraco es elevado – norte de Italia o área de Varsovia, Bulgaria y Rusia –. Vid. al respecto MARTÍNEZ SANZ, «Transporte de mercancías por carretera...», cit., pág. 202.

rrencia de los mismos un tratamiento especial en el terreno probatorio. El privilegio al que la propia denominación de las mencionadas causas exoneratorias alude – causas «privilegiadas» – se refiere a que se presume la relación de causalidad entre la concurrencia de cualesquiera de tales causas y el acaecimiento del daño. De este modo, al porteador le bastará, para excluir su responsabilidad, con demostrar que se produjeron cualquiera de los riesgos específicos enumerados en el art. 17.4, presumiéndose entonces que el daño se produjo como consecuencia de cualquiera de tales circunstancias[34]. Ello no obstante, tratándose de una presunción *iuris tantum*, el acreedor del transporte podrá demostrar, conforme dispone el art. 18.2 CMR, que el daño experimentado por los géneros no fue causado – ni total ni parcialmente – por la concurrencia de ninguno de los riesgos que se contienen en el art. 17.4. Los referidos riesgos o causas exoneratorias «privilegiadas» son las siguientes: *a)* empleo de vehículos abiertos y no provistos de toldo cuando tal empleo ha sido expresamente pactado en la carta de porte. Siempre que no se haya producido una falta anormal o pérdida de paquetes, dado que en tal caso no entrara en juego el tratamiento especial en el terreno probatorio propio de las denominadas causas «privilegiadas»[35]; *b)* ausencia o deficiencia de embalaje de la mercancía expuestas por su naturaleza, a deterioros o averías, cuando estuvieran mal embaladas o sin embalar; *c)* manipulación, carga o descarga de las mercancías y operaciones complementarias realizadas por el remitente o el destinatario o personas que obren por cuenta de uno u otro; *d)* naturaleza de ciertas mercancías expuestas por causas inherentes a esa misma naturaleza, a pérdida total o parcial o averías debidas a rupturas, moho, deterioro interno o espontáneo, desecación derrames, pérdida normal o acción de las plagas o roedores; *e)* insuficiencia o imperfección de las marcas o número de paquetes[36] y, finalmente, *f)* transporte de animales vivos[37].

Por lo que respecta a la causa exoneratoria prevista en la letra *d)* del art. 17.4 CMR – *naturaleza propia de la mercancía* –, conviene distinguir dicha causa exoneratoria del *vicio propio*, contemplado también como causa exoneratoria – «ordinaria» – en el apartado segundo del art. 17 CMR, habida

---

34 Sobre la presunción de no responsabilidad del porteador en tales hipótesis, vid. Clarke, *International carriage of goods...*, cit., págs. 403 y ss.

35 Cfr. art. 18.3 CMR.

36 Vid., al respecto, Hill-Messent, *CMR: Contracts for the International Carriage...*, cit., pág. 101.

37 Vid., ampliamente sobre las referidas causas exoneratorias, Clarke, *International carriage of goods...*, cit., págs. 415 y ss.

cuenta de las diferencias que en el terreno probatorio existen ente ambas[38]. Por *vicio propio* se ha de entender el daño que experimenta la mercancía como consecuencia de un defecto inherente a la misma, si bien tal defecto no deriva de su propia naturaleza[39]. Con el *vicio propio* se alude, pues, a un defecto que presenta la concreta mercancía que es objeto del transporte, sin que por tanto, sea extensible a todas las mercancías de una misma clase[40]. Sin embargo, la causa exoneratoria a la que se alude en la letra *e)* del art. 17.4 CMR, *la naturaleza de ciertas mercancías* expuestas a pérdida o avería, constituyen, en realidad, no ya defectos propios de los géneros sino auténticos riesgos, ajenos al control del transportista, a los que los mismos se hallan expuestos por su propia naturaleza y que, a menudo, se manifiestan en pérdidas de peso o de volumen durante la ejecución del transporte. Tales riesgos afectan, en consecuencia, por igual a toda la mercancía de esa misma clase, por lo que puede afirmarse que los mismos constituyen, en realidad, una cualidad de un determinado tipo de género[41].

Conviene observar respecto de este riesgo específico – naturaleza propia de la mercancía –, que el art. 18.4 CMR contempla una excepción en relación con el transporte efectuado en régimen de «temperatura dirigida o controlada», esto es, empleando un vehículo especialmente acondicionado para controlar las condiciones ambientales de la mercancía[42]. En tales hipótesis, para que entre en juego la presunción de causalidad entre el riesgo invocado y el daño experimentado por los géneros, el referido precepto añade dos requisitos especiales: que el porteador haya elegido, preparado y utilizado las instalaciones del vehículo de acuerdo con el parámetro de diligencia que le resulta exigible; y, en segundo lugar, que haya atendido a las instrucciones especiales que se le hubieran impartido[43].

---

[38] Acerca de la distinción entre los referidos sucesos liberatorios, vid. CHAO, «Carriage at controlled tempetatures (art.18.4)», en AA.VV., *International Carriage Of Goods By Road (CMR),* cit., págs. 131.

[39] Vid. HILL-MESSENT, *CMR: Contracts for the International Carriage...*, cit., págs. 74 y ss.

[40] Piénsese, por ejemplo, en la enfermedad de un animal o en una carga de pescado que se ve afectada por un determinado parásito.

[41] Vid., en este sentido, PUTZEYS, *Le contrat de transport routier...*, cit., págs. 252 y 253.

[42] En relación con los transportes efectuados en régimen de temperatura controlada, vid. ampliamente CHAO, «Carriage at controlled tempetatures (art.18.4)», cit., págs. 113 y ss.

[43] En relación con los transportes efectuados en régimen de temperatura dirigida, cfr. la STS (Sala 1ª, Sección 1ª) núm. 455/2016, de 4 de julio (RJ 2016/3167), en la que el porteador

Debe insistirse en la diferencia que el art. 18.4 instaura en relación con el tipo de transporte a que se refiere –el efectuado en régimen de temperatura dirigida– frente a lo dispuesto en el art. 17.3 CMR. Conforme a lo que en este ultimo precepto se establece, el transportista no podrá alegar, para excluir su responsabilidad, defectos en los vehículos ni culpa de las personas a quienes hubiera alquilado el vehículo. Este principio general, sin embargo, resulta excepcionado por el art. 18.4, que sí consiente al transportista excluir su responsabilidad, si consigue demostrar que actuó diligentemente en relación con el mantenimiento y utilización de las instalaciones del vehículo. La interpretación conjunta de ambos preceptos permite concluir que, si bien respecto de las instalaciones del vehículo destinadas a controlar la temperatura, pesa sobre el transportista una obligación de medios, en relación con el resto del vehículo, el porteador asume una obligación de resultado, por lo que su responsabilidad por las pérdidas o menoscabos que experimenten los géneros es, en consecuencia, absoluta, sin que pueda aducir los defectos del vehículo como causa exoneratoria de responsabilidad.

También en el supuesto de transporte de animales vivos, el art. 18.5 CMR establece dos requisitos para que el transportista pueda invocar la presunción de causalidad. Concretamente, el transportista deberá demostrar que ha actuado diligentemente al adoptar las medidas que le resultan exigibles y que, además, ha atendido las instrucciones recibidas al respecto.

3.4. La limitación de la responsabilidad del transportista

Una de las particularidades más llamativas que presenta el examen de la responsabilidad del porteador es sin duda la referida a la limitación de su responsabilidad. El principio de limitación de responsabilidad que goza de una honda tradición en el Derecho de los transportes, se halla consagrada en el ámbito del transporte terrestre, aéreo, marítimo y multimodal, si bien sus precedentes más antiguos parecen remontarse – al margen de algunas actuaciones nacionales como, por ejemplo, la *Harter Act* americana de 1893 – al Convenio de Bruselas de 1924 *sobre unificación de ciertas reglas en materia de conocimiento de embarque.*

fue declarado culpable por cuanto a juicio de la Sala «existió un claro incumplimiento no sólo del deber de observancia de las instrucciones acordadas para efectuar el transporte, sino también del elemental deber de examinar la mercancía antes del mismo para comprobar las condiciones en las que debía ser transportada (*store* at -20°)».

El Convenio CMR no se ha apartado en este aspecto de la apuntada tradición, reconociendo al transportista en su art. 23 el beneficio de la limitación de la responsabilidad. Desde esta perspectiva, la indemnización a satisfacer por el transportista como consecuencia de la pérdida o avería experimentada por los géneros o del retraso en su entrega, se halla cuantitativamente limitada. Ahora bien, el referido precepto establece un doble sistema de limitación – consolidado, por los demás, en el ámbito del transporte internacional –, conforme al cual se distingue a la hora de fijar los referidos topes indemnizatorios entre los supuestos de pérdida y avería (art. 23.3 CMR), de una parte; y, los de retraso en la entrega (art. 23.5 CMR), de otra[44].

En relación con los supuestos de pérdida y avería de la mercancía, el límite de responsabilidad previsto es de 8,33 derechos especiales de giro (DEG, en adelante) por kilogramo del peso bruto que falte. Pero, el referido precepto, contempla, además, en sus apartados primero y segundo, otros criterios, que ha de ser también tomados en consideración a efectos de la liquidación del daño resarcible. En tal sentido, el art. 23.1 señala que la indemnización a satisfacer por el transportista será la correspondiente al valor que tuvieran los géneros en el lugar el que el porteador los tomó a su cargo. Dicho valor deberá calcularse, conforme dispone el apartado segundo del referido precepto, de acuerdo con su cotización en bolsa, con el precio corriente en el mercado y, a falta de ambos, con el valor corriente de las mercancías de su misma naturaleza y calidad[45]. Así, en los casos de pérdida, el porteador deberá indemnizar el valor de las mercancías afectadas y, en los de avería, deberá compensar la disminución de valor experimentado por los géneros, si bien la indemnización a satisfacer en ambos casos no podrá superar el límite previsto en el apartado tercero de art. 23.

Para los supuestos de retraso en la entrega de los géneros, el límite indemnizatorio establecido por el art. 23.5 CMR es el precio del transporte. Conviene tener en cuenta a este respecto que, conforme dispone el art. 19 CMR, se ha de entender que existe retraso una vez haya transcurrido el plazo fijado contractualmente para la entrega de los géneros o, si no se hubiera fijado a este respecto ningún plazo, desde que haya transcurrido el plazo en el que un porteador diligente hubiera podido efectuar el traslado

[44] Vid., ampliamente al respecto, HILL-MESSENT, *CMR: Contracts for the International Carriage...*, cit., págs. 129 y ss.

[45] Sobre la determinación del valor de los géneros, vid. PUTZEYS, *Le contrat de transport routier...*, cit., págs. 285 y ss.

de los géneros[46]. En relación con esta cuestión debe destacarse, además, que el acreedor del transporte podrá, en virtud de lo establecido en el art. 20 CMR, convertir el retraso en pérdida de de los efectos, una vez transcurridos veinte días contados desde que la entrega debió efectuarse y, si no se hubiera fijado plazo para la misma, desde que el porteador se hizo cargo de los géneros. En tal supuesto, naturalmente, el límite máximo de la deuda resarcitoria a satisfacer por el transportista será el previsto para los casos de pérdida. Ahora bien, es posible que el acreedor del transporte solicite que si la mercancía apareciera en el plazo de un año, sea avisado a fin de que decida – en el plazo de treinta días – si prefiere recibir la mercancía, inicialmente dada por perdida, además de la correspondiente indemnización por retraso[47]. Transcurrido el plazo de los treinta días indicados o, si el acreedor del transporte no hubiera requerido por escrito ser avisado, el transportista podrá disponer libremente de los géneros.

Finalmente, y en relación con la reclamación de daños derivados del retraso, conviene subrayar que el remitente o, en su caso, el destinatario deberán acreditar, además del hecho mismo del retraso producido, los daños y perjuicios derivados de dicho supuesto de incumplimiento contractual[48]. Surge así una marcada diferencia desde la perspectiva de la indemnización a satisfacer por el transportista, entre los supuestos de pérdida y avería, de una parte; y, los de retraso en la entrega, de otra. Y es que, mientras que en los primeros de los supuestos enunciados, el transportista sólo indemniza los daños directos provocados – el valor de la mercancía o la disminución de valor experimentada por los géneros –; en los casos de retraso en el transporte, la indemnización que debe satisfacerse persigue precisamente resarcir los perjuicios que la demora en la entrega haya provocado al acreedor del transporte.

Ello no obstante, los límites indemnizatorios previstos en el art. 23 CMR podrán ser sustituidos por otros acordados por las partes a través de la declaración de valor de las mercancías y de la declaración de interés especial en la entrega.

---

[46] De este modo el Convenio CMR no supedita la sanción del retraso a la previsión por las partes en el contrato de un plazo para la entrega de la mercancía.

[47] En este caso, naturalmente, el acreedor del transporte deberá devolver la indemnización por pérdida que hubiera recibido.

[48] Sobre los daños indirectos derivados del retraso, vid., ampliamente, MARTÍN CASTRO, «La nueva disciplina del retraso en la Ley de Navegación Marítima», en AA.VV., GARCÍA PITA/QUINTANS EIRAS/DÍAZ DE LA ROSA (dirs.), El Derecho Marítimo de los Nuevos Tiempos, Pamplona, 2018, págs. 713 y ss.

Mediante la declaración de valor de la mercancía, que habrá de insertarse en la carta de porte, las partes podrán sustituir el límite de responsabilidad previsto en el art. 23.3 CMR, por el valor declarado de los géneros. A través de la cláusula de declaración del valor se pone a disposición del remitente un adecuado instrumento de tutela a través del cual se le ofrece la posibilidad de salvar los inconvenientes que se derivan de la falta de actualización de las sumas establecidas como límites de la responsabilidad del transportista. Ello no obstante, debe observarse que la declaración de valor no exime al consignatario de su obligación de probar las pérdidas o deterioros sufridos por la mercancía durante el transporte. Y es que, si bien el valor declarado de la mercancía sustituye al límite fijado por el Convenio CMR para los supuestos de pérdidas y avería, no opera como una cantidad que en cualquier caso deba ser abonada por el transportista, sino como límite máximo del resarcimiento que éste debe pagar. Naturalmente, el valor de la mercancía declarado por las partes debe atender a su valor real. Finalmente, debe observarse que la inserción en la carta de porte de la declaración del valor de los géneros llevará aparejada la percepción por parte del transportista de una cantidad adicional (sobreprima), a efectos de cubrir el mayor riesgo asumido por aquél que se halla representado por la diferencia entre el límite legal y el valor declarado[49].

Con la cláusula de declaración de especial interés en la entrega, el acreedor del transporte consigue evitar el pernicioso efecto que para él supone el que, en los supuestos de pérdida y averías, sólo le sean resarcidos los daños directos experimentados por los géneros[50]. Y es que los efectos que se atribuyen a la mencionada cláusula consisten, principalmente, en hacer decaer la aplicación del límite cuantitativo de responsabilidad impuesto por el Convenio, de tal forma que el interés especial declarado por el remitente sustituirá al límite legalmente impuesto como tope máximo de la indemnización que deba ser satisfecha por el porteador. Así, a través de la inserción de la referida cláusula, el acreedor del transporte podrá obtener la indemnización del denominado daño suplementario – esto es, aquél que supera al daño que conforme al límite legalmente impuesto podrá ser indemnizado – ocasionado por la pérdida, la avería o el retraso en el transporte hasta alcanzar el importe del interés declarado. Naturalmente, la inserción en la carta de

[49] Cfr. art. 24 CMR.

[50] Vid. HILL-MESSENT, *CMR: Contracts for the International Carriage...*, cit., pág. 141.

porte de la mencionada cláusula, irá acompañada también del pago de una sobreprima como suplemento del precio del transporte.

Conviene subrayar que las disposiciones analizadas que confieren al transportista el beneficio de la limitación de responsabilidad, resultarán aplicables también, *ex* art. 28.2 CMR, en aquellas hipótesis en las que el acreedor del transporte dirija su acción de reclamación, vía extracontractual, contra cualquiera de las personas de las que, conforme dispone el art. 3.º, el transportista debe responder. Con la extensión a los auxiliares del régimen propio del transportista y, particularmente, de los beneficios que a éste corresponda – cuyo origen se encuentra en el ámbito del Derecho marítimo (cláusula Himalaya) –, se trata de impedir que, mediante el ejercicio de acciones directas contra aquellos auxiliares (el porteador efectivo, por ejemplo), se pretenda eludir la aplicación del beneficio de la limitación de responsabilidad que corresponde al porteador.

Finalmente, se ha de tener en cuenta que conforme a lo establecido en el art. 29 CMR, ninguna de las disposiciones analizadas referidas a la exclusión de responsabilidad, su limitación o las que invierten la carga de la prueba, resultarán de aplicación en aquellas hipótesis en las que el incumplimiento haya sido cometido por el transportista dolosamente o *por culpa que le sea imputable y que sea equiparada al dolo por la legislación del lugar*[51]. La desafortunada redacción del art. 29 CMR ha originado numerosas dudas interpretativas en torno a las dificultades que entraña la determinación de ese grado de negligencia equiparable al dolo al que el precepto se

---

[51] Cfr. la STS (Sala 1ª, Sección 1ª) núm. 399/2015, de 10 de julio (RJ 2015/4892) en la que, tras la calificación de la conducta del porteador como dolosa, éste fue privado del beneficio de la limitación de responsabilidad. La Sala consideró en su Sentencia que «las circunstancias que concurrieron en el robo de la mercancía, (estacionamiento en lugar peligroso, accesible y no vigilado, débil protección de la mercancía en un remolque cubierto por una lona y ausencia de vigilancia por el conductor) permiten que la calificación de la conducta del transportista tenga acogida en el sentido amplio del dolo, respecto del incumplimiento de los deberes elementales de la obligación de custodia que le incumbía; extremo que justifica la no aplicación de los límites cuantitativos derivados del artículo 23, en relación con el artículo 29 del CMR». En la misma línea se han pronunciado instancias judiciales inferiores. Vid., al respecto, SAP de Cádiz núm. 457/2013, de 5 de septiembre (JUR 2013/1756); SAP de Barcelona núm. 329/2012, de 15 de octubre (JUR 2012/2342); SAP de Barcelona núm. 224/2011, de 6 de mayo (JUR 2011/294397) y SAP de Barcelona núm. de 6 de julio (JUR 2007/687).

Sobre la pérdida del beneficio de la limitación de responsabilidad como consecuencia de la actuación dolosa del transportista, vid., además, la STS núm. 455/2016, de 4 de julio (RJ 2016/167) y la STS núm. 78/1999 de 9 de febrero (JUR 1999/1054).

refiere[52] y que propiciará también la responsabilidad ilimitada del transportista[53]. La remisión del Convenio a la *lex fori* para una cuestión tan relevante resulta sin duda criticable, en cuanto supone la renuncia del propio Instrumento internacional a alcanzar la pretendida uniformidad en el ámbito del transporte terrestre que inspiró su elaboración. Otra de las cuestiones que el precepto suscita se refiere a si la referencia al dolo y a la culpa equiparable deben entenderse como acumulativas, de manera que la concurrencia de cualquiera de las dos conductas provocarán la pérdida de los beneficios de limitación y exoneración o si, por el contrario, la referida culpa equiparable al dolo sólo llevará aparejada tales efectos en aquellos Ordenamientos en los que se desconozca el concepto de dolo. La doctrina mayoritaria se decanta por esta segunda opción, argumentando que la finalidad perseguida con el art. 29 CMR es hacer decaer los privilegios del porteador en materia de responsabilidad en los casos en los que el daño hubiera sido causado intencionalmente por el transportista[54]. En el seno de la jurisprudencia, sin embargo, la interpretación del referido art. 29 ha dado lugar a conclusiones muy diversas, entre las que predominan la que podría denominarse *tesis acumulativa*, conforme a la cual, tanto el dolo como la culpa equiparable, provocan el referido efecto de la responsabilidad ilimitada del transportista[55].

Finalmente, otra de las cuestiones que el art. 29 CMR plantea consiste en precisar si la actuación dolosa y gravemente culposa de los auxiliares resulta imputable al porteador, de manera que la conducta reprochable de aquellos provocará también la pérdida de los beneficios de limitación y

---

[52] Vid., HAAK, *The Liability of the Carrier under the CMR,* Stichting Vervoeradres, Den Haag, 1986, pág. 243; GLÖCKNER, «Limits to liability and liability insurance of carriers under articles 3 and 23 to 29 of the CMR», en AA.VV, *International Carriage of Goods by Road (CMR),* cit., págs. 107 y ss. Entre nosotros vid. por todos, SÁNCHEZ GAMBORINO, *La llamada culpa grave en el transporte de mercancías por carretera,* Barcelona, 2016.

[53] Adviértase, además, que el Convenio CMR, en su versión oficial, no emplea en el art. 29 el término de *culpa grave* sino el de culpa equiparable al dolo. En su versión oficial el texto del art. 29.1 CMR es el siguiente: «Le transporteur n'a pas le droit de se prévaloir des dispositions du présent chapitre qui excluent ou limitent sa responsabilité ou qui renversent le fardeau de la preuve, si le dommage provient de son dol ou d'une faute qui lui est imputable et qui, d'après la loi de la juridiction saisie, est considérée comme équivalente au dol».

[54] Vid. MARTÍN CASTRO, «Transporte internacional rodado y ferroviario (CMR y CIM)», en AA.VV, *Transportes mercantiles,* Vol. 8, coord. por Jiménez Sánchez y Díaz Moreno, Madrid, 2014, págs. 319 y ss. En igual sentido vid. SÁNCHEZ GAMBORINO, *La llamada culpa grave...,* cit., pág. 323.

[55] Vid., ampliamente sobre esta cuestión, SÁNCHEZ GAMBORINO, *La llamada culpa grave...,* cit., págs. 315 y ss.

exoneración así como de las ventajas en el terreno probatorio. Aunque, de nuevo, la defectuosa redacción del precepto –al menos en lo que respecta a la traducción española que, curiosamente, no coincide exactamente con las versiones oficiales inglesa y francesa–, no contribuye a su adecuada comprensión, la mayoría de la doctrina sostiene que los aludidos beneficios decaen, igualmente, en caso de dolo o culpa grave de los auxiliares del porteador[56].

3.5. La prescripción de las acciones derivadas del contrato de transporte

La institución de la prescripción constituye, como se sabe, un instrumento fundamental para la seguridad jurídica que, cobra, además, en el seno del contrato de transporte una importancia fundamental, habida cuenta del dinamismo y celeridad inherente a las operaciones de transporte, lo que aconseja la pronta liquidación de las relaciones derivadas del contrato de transporte.

La regulación de esta materia se contiene en el art. 32 CMR que establece el plazo de un año para la prescripción de las acciones que se deriven del contrato de transporte, salvo para los supuestos de dolo o falta equivalente, en los que el plazo para el ejercicio de las acciones se amplía hasta tres años[57]. La determinación del *dies a quo,* sin embargo, variará en función del tipo de incumplimiento producido. Así, en los supuestos de pérdida parcial, avería o retraso, el plazo de prescripción comenzará a computarse a partir del día en el que se entregó la mercancía. En los casos en los que se ejerciten acciones por la pérdida total de los géneros, el plazo comenzará a computarse treinta días después de la expiración del término acordado por las partes para la ejecución del traslado y, si no hubiera acuerdo en este sentido, a partir de los sesenta días contados desde que el transportista se hizo cargo de los géneros. En supuestos distintos a los señalados, por ejemplo, en los casos de reclamación del precio del transporte, el plazo de prescripción comenzará a computarse a partir de los tres meses contados desde que se concluyó el contrato de transporte.

[56] Vid., al respecto por todos, SÁNCHEZ GAMBORINO, *La llamada culpa grave...*, cit., pág. 327 y ss.

[57] Vid. HILL-MESSENT, *CMR: Contracts for the International Carriage...*, cit., págs. 174 y ss.

Conviene, ello no obstante, insistir en la idea de que el art. 32 CMR establece un único plazo de prescripción –uno o tres años dependiendo de si el transportista actuó o no dolosamente–, si bien el momento a partir del cual comenzará a computarse dicho plazo varía en función del supuesto fáctico del que traiga causa la acción que se pretende ejercitar. Aunque la técnica legislativa empleada presenta ciertas ventajas también ha planteado numerosos conflictos; lo que explica que se haya propuesto su uniformización.

A tenor de lo dispuesto en el apartado segundo del art. 32 CMR, la reclamación por escrito dirigida al transportista *interrumpe* la prescripción. Sin embargo, parece que más que de una *interrupción* se trata de una *suspensión*, dado que el primer inciso del referido precepto establece que dicho plazo se *reanuda* –lo que acontece, como se sabe, en los casos de suspensión y no de interrupción– una vez que el transportista *responda* por escrito a dicha reclamación y devuelva los documentos que acompañen a la misma. Aunque de acuerdo con la versión traducida a nuestro idioma del Convenio CMR, se indica que el cómputo del plazo se reanuda una vez que el transportista *responda* a la reclamación, una amplia corriente doctrinal y jurisprudencial, ha defendido con buen criterio, que no basta con que el transportista responda, sino que éste debe *rechazar* total o parcialmente la reclamación. Será a partir de la fecha en la que se rechace la reclamación cuando el cómputo del plazo se reanude. Ahora bien, el efecto de la suspensión sólo podrá alcanzarse una vez. Así se infiere de lo dispuesto en el último inciso del art. 32.2 CMR, en el que se aclara que las reclamaciones posteriores no suspenden la prescripción, a fin de evitar que la acción permanezca viva de forma indefinida a través de la reproducción sistemática de reclamaciones extrajudiciales.

Indicación bibliográfica

Arias Varona, «El comportamiento subjetivo del porteador como causa para la pérdida de los beneficios de la limitación de responsabilidad», *RDT,* núm. 6, 2010, págs. 283 y ss.

Boombeck-Hamer-Verhaegen, «La responsabilité du trasporteur routier dans le transport par car-ferries. L'article 2 de la Convention relative au contrat de transport international de marchandises par route (CMR)», *ETL,* 1990, págs. 110 y ss.

Clarke, *International carriage of goods by road: CMR*, 2ª ed., Londres, 1991.

CLAVERO, «El transporte internacional de mercancías por carretera. La interpretación del Convenio CMR por el Tribunal Supremo», en *Derecho uniforme del transporte internacional. Cuestiones de actualidad*, (coord. Madrid Parra), Madrid, 1998, págs.251 y ss.

– «La responsabilidad del transportista internacional por carretera», en *Homenaje en Memoria de Joaquín Lanzas y Luis Selva,* I, Madrid, 1998, págs. 77 y ss.

CHAO, «Carriage at controlled temperatures», en AA.VV., *International Carriage of Goods by Road (CMR),* edited by J. THEUNIS, Londres, 1987, págs. 113 y ss.

DE WIT, *Multimodal Transport. Carrier liability and documentation*, Londres, 1995.

DONALD, «CMR. An Outline and its History – Goods to and from the Continent», ETL 1976, págs. 171 y ss.

EMPARANZA SOBEJANO, «La prescripción de las acciones en el Convenio relativo al contrato de transporte internacional de mercancías por carretera (CMR)», RGD 579, 1992, págs. 1173 y ss.

– «Cuestiones de legitimación activa y pasiva en el Convenio de Transporte Internacional e Mercancías por Carretera», en *Problemas en la aplicación del CMR. Especial referencia a la responsabilidad,* Madrid, 2002, págs. 29 y ss.

– *El concepto de porteador en el transporte de mercancías*, Granada, 2003,

– «El transporte sucesivo en el Convenio CMR, arts. 34 a 40: un modelo agotado», en *Actualidad jurídica del transporte por carretera (In Memoriam F.M. Sánchez Gamborino)*, Madrid, 2005, págs. 465 y ss.

– «Las reservas o protestas en destino en el transporte terrestre y marítimo: contenido y alcance», *RDT,* núm. 1 2008, págs.. 77 y ss.

– «Art. 49. Presunciones de exoneración», en *Comentarios a la Ley de Transporte Terrestre,* en *Comentarios a la Ley de Transporte Terrestre* (dirs. Duque Domínguez – Martínez Sanz; coords. Emparanza-Petit Lavall), Navarra, 2010, págs. 603 y ss.

– «Obligación de pago del porte y consecuencias de su incumplimiento», *RDT,* núm. 6, 2010, págs. 215 y ss.

ESCUÍN IBÁÑEZ, «Exclusión de la limitación indemnizatoria por comportamiento doloso del porteador», *RDT,* núm. 4, 2010, págs.223 y ss.

– «La carta de porte electrónica en el transporte terrestre de mercancías tras la aprobación del protocolo adicional al CMR de 28 de mayo de 2008 (BOE de 14 de junio de 2011)», *RDT,* núm. 11, págs. 55 y ss.

GÓRRIZ LÓPEZ, La responsabilidad en el contrato de transporte de mercancías (carretera, ferrocarril, marítimo, aéreo y multimodal), Zaragoza, 2001.

– «Transporte por ferrocarril (II). Derecho internacional», *en Manual de Derecho del Transporte,* (dir. Martínez Sanz; coord. Puetz), Madrid-Barcelona, 2010, págs. 291 y ss.

Gispert Pastor, «Algunas consideraciones en torno a la ejecución del transporte por un tercero», en AA.VV., *Estudios de Derecho Mercantil en Homenaje al profesor Manuel Broseta Pont*, T. II, Valencia, 1995, págs. 1.615 y ss.

Glöckner, «Limits to liability and liability insurance of carriers under articles 3 and 23 to 29 of the CMR», en AA.VV, *International Carriage of Goods by Road (CMR),* edited by J. THEUNIS, Londres, 1987, págs. 97 y ss.

Haak, *The liability of the Carrier under the CMR,* Stichting Vervoeradres, Den Haag, 1986.

– «The CMR-interpretation», en AA.VV, *International Carriage Of Goods By Road (CMR),* edited by J. THEUNIS, Londres, 1987, págs. 224 y ss.

Hill, «Carriage of Goods by Road to the Continent», ETL 1976, págs. 174 y ss.

Hill-Messent, *CMR: Contracts for the International Carriage of Goods by Road,* Londres, 1984.

Iannuzzi, *Contributo allo studio degli impedimenti alla riconsegna nei trasporti marittimi e aerei,* Milán, 1968.

– *Trasporto*, en *Commentario del Codice Civile a cura di A. SCIAJOLA e G. BRANCA*, 2ª ed. aggiornata, Bolonia, 1970.

Löewe, «Commentary on the Convention of 19 May 1956 on the contract for the international carriage of goods by Road (CMR)», *ETL*, 1976, págs. 311 y ss.

Libouton, «Les transports successifs et les transports combinés en droit américain», ETL 1972, págs. 914 y ss.

– «International Road Transport. Convention on the Contract for the international Carriage of Goods by Road (CMR)», ETL 1973, págs. 20 y ss.

– «Liability of the CMR carrier in Belgian case law», en AA.VV., *International Carriage of Goods by Road (CMR),* edited by J. THEUNIS, Londres, 1987, págs. 79 y ss.

Llorente Gómez, «Contratos internacionales de transporte por carretera, ferrocarril, marítimo y multimodal», en *Curso de contratación internacional,* (dir. Calvo Caravaca-Carrascosa González) 2ª ed., Madrid, 2006, págs. 722 y ss.

Maccarone, «The right of disposal under the CMR Convention (Arts. 12, 13)», en AA.VV, *International Carriage Of Goods By Road (CMR),* edited by J. THEUNIS, Londres, 1987, págs. 62 y ss

Martín Castro, «Transporte internacional rodado y ferroviario (CMR y CIM)», en AA.VV, *Transportes mercan*tiles, Vol. 8, (coord. por Jiménez Sánchez y Díaz Moreno), Madrid, 2014, págs. 319 y ss.

Martínez Sanz, *La responsabilidad del porteador en el transporte internacional de mercancías por carretera –CMR-,* Granada, 2002.

– «Transporte de mercancías por carretera (I) Transporte interno», *en Manual de Derecho del Transporte,* (dir. Martínez Sanz; coord. Puetz), Madrid-Barcelona, 2010, págs. 157 y ss.

– «Transporte de mercancías por carretera (II). Transporte internacional», en AA.VV., *Manual de Derecho del Transporte,* (dir. Martínez Sanz; coord. Puetz), Madrid-Barcelona, 2010, págs. 187 y ss.

MESSENT-GLASS, *CMR: Contracts for the International Carriage of Goods by Road*, Londres, 2017.

PENDÓN, «La carta de porte y la representación de las mercancías transportadas», en *El transporte terrestre nacional e internacional,* Cuadernos de Derecho Judicial, Madrid, 1997, págs. 213 y ss.

– «El "derecho de disposición"», *RDT,* núm. 6, 2010, págs. 173 y ss.

PESCE, *Il contrato di trasporto internazionale di merci su strada*, Padua, 1984.

PETIT LAVALL, «Causas de exoneración», en AA.VV., *Comentarios a la Ley de Transporte Terrestre,* (dirs. Duque Domínguez – Martínez Sanz; coords. Emparanza-Petit Lavall), Navarra, 2010, págs. 579 y ss.

PULIDO BEGINES, *El concepto de porteador efectivo en el Derecho uniforme del transporte,* Madrid, 2012.

PUTZEYS, *Le contrat de transport routier de marchandises*, Bruselas, 1981.

– «Le droit superposé ou le paradoxes de l'article 2 CMR», ETL 1990, págs. 107 y ss.

– *Droit des transports et Droit maritime*, Bruselas, 3ª ed., 1993.

RAMBERG, «Deviation from the legal regime of the CMR (art. 2)», en *International Carriage of Goods by Road*, edited by THEUNIS, Londres, 1987, págs. 19 y ss.

RECALDE, «Conocimiento de embarque y acción por pérdidas y avería: cuestiones de legitimación activa», RDM 1989, págs. 721 y ss.

– «La entrega de las mercancías contra reembolso en el transporte internacional por carretera», *DN,* núm. 195, 2006, págs. 5 y ss.

– «El "derecho a disponer de la mercancía"» en *El contrato de transporte internacional de mercancías por ferrocarril,* Navarra, 2008, págs.139 y ss.

– «La posición jurídica del destinatario en el contrato de transporte de mercancías», *RDT,* núm. 6, 2010, págs. 215 y ss.

SÁNCHEZ ORTIZ, «Reflexiones sobre el *ferroutage*», RGD 1986, págs. 117 y ss.

SÁNCHEZ GAMBORINO, *El contrato de transporte internacional, CMR,* Madrid, 1996.

– « El contrato de transporte internacional de mercancías por ferrocarril: la Convención CIM», en *Cuadernos de Derecho judicial,* Madrid, 1997, págs. 147 y ss.

– «El contrato de transporte de mercancías por carretera: la Convención CMR», en *El transporte terrestre nacional e internacional,* en *Cuadernos de Derecho judicial,* Madrid, 1997, págs. 167 y ss.

– «El nuevo modelo IRU-2007 de carta de porte CMR», en *Estudios sobre derecho, y Economía del transporte: reforma y liberación, Madrid, 2009,* págs. 356 y ss.

– La llamada culpa grave *en el transporte de mercancías por carretera,* Barcelona, 2016.

Theunis, «The liability of a carrier by road in roll on- roll off traffic», en AA.VV, *International Carriage of Goods by Road (CMR),* edited by J. THEUNIS, Londres, 1987, págs. 245 y ss.

– «La convención C.M.R. y el transitario ("Commissionnaire Expediteur"). Problemas en relación a los transportes sucesivos», *RGD*, 1988, pág. 251 y ss.

A BRIEF CRITICAL OUTLINE OF THE EU AND INTERNATIONAL DISCIPLINE ON THE TRANSPORT OF PERISHABLE FOODSTUFFS AND THE ROLE OF THE GS1 LOGISTIC LABEL IN THE TRACEABILITY ALONG THE COLD CHAIN

MASSIMILIANO MUSI*

Summary: 1. The evolution of the discipline regulating the transport of foodstuffs. 2. Main legal issues concerning the maintaining of the cold chain. 3. The improvement of traceability systems. 4. Concluding remarks.

Abstract

Nowadays the food industry is constantly evolving and the management of transport of perishable goods transport is receiving more and more attention, both in practice and in the scientific literature.

Due to their chemical and/or physiological characteristics, food products are more susceptible to severe and irreparable damage during transport, especially if the storage temperature is not kept controlled. Without question, the challenge of ensuring the quality of transport of perishable goods and, in particular, the efficiency of the so called "cold chain" require vigilant management of both people and processes involved in the entire food chain, throughout the transport phase from the packing at the shipper's warehouse to the delivery.

At European level, a first discipline concerning the transport of perishable goods was included in the Regulation of the European Parliament and the Council No. 178/2002, which established the general principles and requirements of food law, introduced the European Food Safety Author-

* Ph.D. in European Transport Law. National Scientific Qualification to serve as Associate Professor of Navigation Law. Temporary Research Fellow in Maritime and Transport Law. Adjunct Professor in Air Law. *Alma Mater Studiorum* – University of Bologna.

ity (EFSA) and fixed procedures in the field of food safety. Subsequently, in 2004, through the introduction of the so called "Hygiene Package", the entire discipline was deeply reformed in order to guarantee the respect of the new set of sanitary and phytosanitary rules concerning all the activities involved in the food chain included the transport of foodstuffs.

The legal framework is integrated, at international level, by the "Agreement on the International Carriage of Perishable Foodstuffs and on the Special Equipment to be used for such Carriage", also called ATP Treaty, which was introduced in 1970 by the UNECE (United Nations Economic Commission for Europe).

The aforementioned legislations will be analyzed with the purpose of reaching a critical and comprehensive overview of the current legal regime concerning the transport of foodstuffs, focusing on the potential legal implications which derive from the technological innovations in the field of traceability along the foodstuffs supply chain.

1. The evolution of the discipline regulating the transport of foodstuffs

During the past 10 years, outbreaks of foodborne illnesses in fresh food categories have raised relevant questions among consumers about the State's ability to protect the food supply.

Most of the time complaints regard the treatment of perishable goods during the transport, thus demonstrating that for the sanitary safety of foodstuffs the transport phase represents the most delicate and sensitive point of the entire food supply.

This circumstance could be due in part to the fact that the final consumer is not able to know whether the food he is consuming has been transported by appropriate vehicles.

Furthermore, the control activities carried out by specialized authorities tend to focus more on business establishments and commercial activities, therefore in the initial and final stage of the supply chain.

In general, food's control is a mandatory activity through which national or local authorities protect consumers and ensure that, during production, handling, storage, processing and distribution, all foodstuffs meet quality and safety requirements, and are accurately labelled as prescribed by law[1].

[1] A. Robertson, C. Tirado, T. Lobstein, M. Jermini, C. Knai, J.H. Jensen, A. Ferro, W.P.T. James (edited by), *Food and health in Europe: a new basis for action*, Copenhagen, 2004, p. 91.

As regards to the specific issue of foodstuffs transport, in Italy a first legislation concerning the transport of groceries was included in the Royal Decree No. 3298 of 20 December 1928[2], which introduced for the first time a set of requirements for vehicles designed for the transport of perishable goods.

Subsequently, after almost forty years, the Law No. 283 of 30 April 1962 defined the "*Disciplina igienica della produzione e della vendita delle sostanze alimentari e delle bevande*" ("*Hygienic discipline of the production and sale of alimentary substances and drinks*") which comprised also some provisions concerning the issues related to the deposit and transport of foodstuffs.

In particular, the latter law introduced a new system of control procedures which should have been respected by the operators involved in the food supply, in order to guarantee a continuous and effective monitoring of the entire transport.

From the first normative interventions in the matter of hygiene and food safety the legislator's attention to the transport phase and, in general, to the food distribution chain was clear.

At European level, a first discipline concerning the transport of foodstuffs was included in the Regulation of the European Parliament and of the Council No. 178 of 28 January 2002 (also called *General Food Law Regulation*), which laid down the general principles and requirements of food law, established the European Food Safety Authority (EFSA) and introduced a rapid alert system together with procedures for crisis management and emergencies[3].

The principles fixed by the *General Food Law Regulation* relate to all stages of production, processing and distributions of food. In other words, the principles shall have general application from the first producer until the sale to the final consumer, thus including the transport phase as well.

---

[2] Art. 39 of the Royal Decree provided that "*Il trasporto delle carni e dei visceri dai macelli deve farsi in carri chiusi con coperchio fisso, ben connessi e puliti, rivestiti interamente in lamiera di zinco o di altro adatto metallo e costruiti secondo il modello prescritto dall'autorità municipale*" ("*The transport of the meats and the entrails from the slaughter houses shall be made through closed wagons with fixed cover, well connected and clean, entirely dressed again in plate of zinc or of other suitable metal and built according to the model prescribed by the town authority*").

[3] Regulation of the European Parliament and of the Council No. 178 of 28 January 2002 laying down the general principles and requirements of food law, establishing the European Food Safety Authority and laying down procedures in matters of food safety.

Therefore, already with the adoption of the first European food legislation, the European legislator has devoted efforts towards implementation of transport's safety standards in the field of food distribution[4].

It is worth noting that, since its first introduction, rules and principles concerning the transport of foodstuffs have been based overall on the HACCP (*Hazard analysis and critical control points*) system. The concept of risk analysis was introduced in the European legislation through the Directive 1993/43/CEE and has been subsequently implemented in Italy by the Legislative Decree No. 155 of 26 May 1997.

The HACCP is an internationally recognized system for reducing the risk of safety hazards in food. In particular, the system requires that potential hazards, including biological, chemical or physical ones, are identified and controlled at specific points in the process. Thus, the purpose of HACCP is to help preventing known hazards and to reduce the risks that they will occur at any point in a process through the execution of different so called "core actions"[5]. To date, the system is implemented through a plan that firstly details the initial analysis and the on-going monitoring and review and in a second phase generates a "*HACCP Control Chart*" listing the potential hazards, preventive measure, critical limits monitoring systems and corrective actions associated with each Critical Control Point[6].

Following its first introduction in 1993, the HACCP system has been implemented by governmental agencies and food industries and currently represents an essential standard of the entire food safety legislation.

On 29 April 2004 the European Community adopted three regulations, which together laid down a new, comprehensive regulatory scheme in the field of food hygiene, the so-called "Hygiene package"[7].

---

[4] See H. Bremmers, K. Purnhagen (edited by), *Transforming the European Community's Regulation on Food Safety*, Stockholm, 2008, p. 50.

[5] The HACCP system provides 7 core actions: Conduct a Hazard Analysis, Determine the Critical Control Points (CCPs), Establish Target Levels and Critical Limits, Establish System(s) to monitoring CCPS, Establish an Appropriate Corrective Action Plan for each CCP, Establish Procedures to verify that the HACCP system is working effectively, Establish Documentation concerning all procedures and keep records of their application.

[6] See World Health Organization. Food Safety Team, *HACCP: introducing the hazard analysis critical control point system*, Geneva, 1997, p. 5. See also M. Bertolini, A. Rizzi, M. Bevilacqua, *An alternative approach to HACCP system implementation,* in *Journal of Food Engineering*, 2007, pp. 1322 – 1328.

[7] The package consists of the following laws: Regulation (EC) No. 852/2004 on the hygiene of foodstuffs; Regulation (EC) No. 853/2004 laying down specific hygiene rules

The principal purpose of this normative package "*is to ensure a high level of consumer protection with regard to food safety*"[8]. To a large extent, the package has replaced the sectoral Community legislation on food hygiene and results to be comprehensive and coherent, covering all types of food as well as the whole food chain, leaving primary responsibility to the food business operator[9].

The Hygiene Package came into force in Italy through the adoption of the Legislative Decree No. 193 of 2007. Focusing on the main amendments, the Decree repealed the regime concerning the health authorization for factories, production laboratories, preparation, packaging and wholesale storage of food substances, by introducing a new system of notification for the commencement of activities involved in the field of food production and distribution.

The former regime was established by the Article 2 of the Law No. 283 of 30 April 1962 and prescribed the possession of a health authorization for those who intended to operate in the field of food distribution, including the activity of transport of perishable goods.

In particular, with reference to transport activities, the former discipline required the authorization to operators involved in the transport of tanks for the carriage of substances in bulk. An authorization was also required to the owners of vehicles used in the transportation of the frozen foods.

Nowadays, article 6, paragraph 2 of the Reg. (EC) No 852/2004, states that: "[...] *every food business operator shall notify the appropriate competent authority, in the manner that the latter requires, of each establishment under its control that carries out any of the stages of production, processing and distribution of food, with a view to the registration of each such establishment*". Moreover, in order to guarantee a continuous updating by the competent authority on establishments, food business operators are required to notify any significant change in activities and any closure of an existing establishment[10]. In the Italian legal system[11], this new proce-

for food of animal origin; Regulation (EC) No. 854/2004 laying down specific rules for the organization of official controls on products of animal origin intended for human consumption; Council Directive 2002/99/EC, which deals with animal health issues; Directive 2004/41/EC, which repeals the old legislation, a total of 17 Directives.

[8] See recital 7 of Reg. (EC) No. 852/2004.

[9] See Article 1(1)(a) and Chapter II of Reg. (EC) No. 852/2004.

[10] See Article 6, par. 2, Reg. (EC) 852/2004.

[11] The implementation of the new notification system occurred through the adoption of the Decree Law No. 193 of the 6 November 2007. In particular, the Decree implemented

dure is performed by the so called "*SCIA (Segnalazione Certificata di Inizio Attività)*", which includes the notification for the purposes of registration.

Focusing on the transport activities, according to the former general provision of article 2 of the Law No. 283 of 30 April 1962, as confirmed by the Article 44 of the Italian Royal Decree No. 327/1980, the transport of unpackaged foodstuffs as well as the transport of refrigerated foodstuffs were subject to the preventive sanitary authorization.

To date, as a consequence of the European discipline's implementation the food business operator who intends to initiate an activity that includes the transport of those products shall notify the competent Authority of the establishment under its control. Once performed the notification, the operator can start immediately the activity, but the competent Authority can carry out inspections and require additional documentation within 60 days.

In this context, as it has been underlined by the European legislator[12], the registration of establishments and the cooperation of food business operators are necessary to allow the competent authorities to perform official controls efficiently.

In general, the notification to the competent authority, according to the new regime, attests that the transport is carried out in compliance with the hygiene requirements of Chapter IV of Annex II of the Reg. (EC) No 852/2004.

According to the above-mentioned requirements, the vehicle, the conveyances and the containers used for transporting foodstuffs are to be kept clean and maintained in good conditions in order to avoid the food contamination[13].

the Directive 2004/41/EC of the European Parliament and of the Council of 21 April 2004 repealing certain directives concerning food hygiene and health conditions for the production and placing on the market of certain products of animal origin intended for human consumption and amending Council Directives 89/662/EEC and 92/118/EEC and Council Decision 95/408/EC and provided for the elimination of the previous health authorization regime.

[12] See recital 19 of Reg. (EC) 852/2004.

[13] See J. Schlundt, *New directions in foodborne disease prevention,* in *International Journal of Food Microbiology*, 2002, p. 15; K.G. Grunert, *Food Quality and Safety: consumer perception and demand*, in *European Review of Agricultural Economics*, 2005, p. 369; D. Ambrosino, A. Sciomachen, *A Food distribution network problem: a case study,* in *IMA Journal of Management Mathematics,* 2007, pp. 33 – 35; P. Borghi, *Sovrapposizioni fra ordinamenti e "fantasia" del legislatore in tema di segni di qualità dei prodotti alimentari: entropia e storytelling*, in *Rivista di diritto alimentare*, 2015, p. 4.

For the same reason, the Regulation expressly provides that "*business operators are required to ensure that receptacles in vehicle and/or containers are not used for transporting anything other than foodstuffs where this may result in contamination*"[14].

Finally, with regard to bulk foodstuffs in liquid, granulate or powder form, the Regulation establishes that the containers or tankers reserved for the transport of these substances "*shall be marked in a clearly visible and indelible fashion, in one or more Community languages to show that they are used for the transport of foodstuffs*"[15].

From the analysis of the requirements is clear that the EU legislator considers essential the implementation, in each Member State, of specific measures to avoid the risk of cross-contamination during the transport of food. As it has been noted by several Authors[16], contamination of food during transport activities can occur due to dangerous microorganisms being transferred from one product to another.

In this context, taking into account the risks for human safety that are linked to food cross-contamination, a particular attention is required to food business operators that are involved in the transport of allergen-containing products, especially when it concerns food in bulk[17].

2. Main legal issues concerning the maintaining of the cold chain

One of the most dangerous risks for the foodstuffs in transit relates to the transport that requires temperature's controls, in order to limit the pathogenic microorganism growth or toxin formation[18].

---

[14] Paragraph 2 of Chapter IV of Annex II of Reg. (CE) 852/2004.

[15] Paragraph 4 of Chapter IV of Annex II of Reg. (CE) 852/2004.

[16] See L. Keener, J. Roberts, *The squeaky wheel: is transportation the watershed for food safety and food defense?*, in *Food Safety Magazine*, 2013, p. 6. See also K. Hardee, *Shippers bear primary responsibility for safe transportation of food*, in *Food safety Magazine*, 2016, p. 4. See also G. Panozzo, G. Cortella, *Standards for transport of perishable goods are still adequate? Connections between standards and technologies in perishable foodstuffs transport*, in *Trends in Food Science & Technology*, 2008, pp. 432 – 440.

[17] See H.D. Kusumaningrum, G. Riboldi, W.C. Hazeleger, R.R. Beumer, *Survival of foodborne pathogens on stainless steel surfaces and cross-contamination to foods*, in *International Journal of Food Microbiology*, 2003, pp. 227 – 236.

[18] See K. Hardee, *op. cit.*, p. 3. See also J.A. Hernandez, *Foodservice Distribution: Maintaining the Cold Chain*, in *Food Safety Magazine*, 2009, p. 3.

Considering the existence of numerous food safety systems, with reference to perishable foodstuffs, the cold chain is a key system in ensuring the integrity of food and reducing foodborne illnesses.

A cold chain can be defined as a temperature-controlled supply chain composed by a uninterrupted series of refrigerated production, storage and distribution activities, along with associated equipment and logistics, which maintains a desired low-temperature range[19].

In particular, cold chain management refers to keeping the proper temperature of products through all the handoffs in the cold chain until they reach the consumer.

Therefore, the cold chain represents the compulsory path that certain types of food products shall perform to reach final consumers maintaining the initial quality standards. The entire process is constituted by several phases which involve different subjects including shippers, loaders, carriers and receivers, depending on the transport mode.

The temperature required in a cold chain depends on the nature of the product under transit. Indeed, several key factors play into the choice of transport mode for the shipments of foodstuffs, but, surely, the distance as well as the size and the weight of the goods are some of the main factors on which base food business operators plan shipments. Moreover, some domestic or transnational supply chains may require one transportation mode, but generally ground shipments are only one leg in a combination of transport modes[20].

At any rate, independently from the means of transport chosen by the operator, maintaining temperature integrity requires a high level of control of all the processes involved in the food supply chain. As a result, food safety-related legislation is continually under review with the purpose of implementing the technical innovations and changes in the field of temperature-controlled transportation[21].

---

[19] See G. Martin, G. Ronan, *Managing the cold chain for quality and safety*, in *Flair-Flow Europe technical manual F-FE 378A/00*, Dublin, 2000, p. 6. See also R. Montanari, *Cold Chain Tracking: a managerial perspective*, in *Trends in Food Science & Technology*, 2008, p. 425.

[20] See J.P. Rodrigue, T. Notteboom, *The cold chain and its logistic*, in J.P. Rodrigue (edited by), *The geography of transport systems*, New York, 2017, pp. 44.

[21] J. Blackburn, G. Scudder, *Supply chain strategies for perishable products: the case of fresh produce*, in *Production and Operations Management*, 2009, pp. 129 – 137.

At European level, through the introduction of the "Hygiene Package", the legislative framework concerning the transport of temperature-sensitive foodstuffs has been deeply reformed.

Along with the Regulation (EC) No. 852/2004 on the Hygiene of Foodstuffs which provides, as a general principle, that containers and conveyances are to be capable of maintaining foodstuffs at appropriate temperatures during transport, the Regulation (EC) 853/2004 sets specific requirements for the maintaining of the cold chain during the transport of food products of animal origin. In particular, Annex III of the Regulation 853/2004 provides a differentiate discipline of storage temperature during transport of, *inter alia*, meat products[22], fishery products[23], raw milk[24], eggs and egg products[25].

Indeed, a significant challenge for an efficient cold chain is the effective respect of different requirements of perishable food product categories in order to maximize shelf-life by taking into account the duration of the transport phase.

---

[22] According to Chapter III of section V included in the Annex III of the Regulation (EC) 853/2004, minced meat shall be chilled and transported at temperature conditions of 2°C, while meat preparations at 4°C.

[23] With reference to the transport of fishery products, chapter VIII of Section VIII included in the Annex III of the Regulation (EC) 853/2004, provides that "*Food business operators transporting fishery products must ensure compliance with the following requirements: 1. During transport, fishery products must be maintained at the required temperature. In particular: (a) fresh fishery products, thawed unprocessed fishery products, and cooked and chilled products from crustaceans and mollusks, must be maintained at a temperature approaching that of melting ice; (b) frozen fishery products, with the exception of frozen fish in brine intended for the manufacture of canned food, must be maintained during transport at an even temperature of not more than -18°C in all parts of the product, possibly with short upward fluctuations of not more than 3°C. 2. Food business operators need not comply with point (b) when frozen fishery products are transported from a cold store to an approved establishment to be thawed on arrival for the purposes of preparation and/or processing, if the journey is short and the competent authority so permits. 3. If fishery products are kept under ice, melt water must not remain in contact with the products. 4. Fishery products to be placed on the market live must be transported in such a way as not adversely to affect food safety or their viability*".

[24] According to chapter I of Section IX included in the Annex III of the Regulation (EC) 853/2004 "*During transport the cold chain must be maintained and, on arrival at the establishment of destination, the temperature of the milk must not be more than 10°C*".

[25] According to chapter I of Section X included in the Annex III of the Regulation (EC) 853/2004, "*[..]Eggs must be stored and transported at a temperature, preferably constant, that is best suited to assure optimal conservation of their hygiene properties. Eggs must be delivered to the consumer within a maximum time limit of 21 days of laying*".

For this reason, depending on their speed, on their refrigerating systems and on their costs, different transport modes will serve different cold chain markets.

At any rate, the discipline provided by the European regulations, seems to be applicable to all transport modes. In fact, a specific focus on maritime shipping is only established with reference to the transport of fishery products.

In particular, section VIII of Annex III of Regulation 853/2004 includes a detailed set of structural and equipment requirements concerning the ships involved in transport of fishery products, distinguishing different categories of vessels on the base of their refrigeration systems[26].

Over the last few decades, temperature controlled maritime transport has become a highly competitive market, especially after the introduction of reefer containers which offer a higher fluidity to movements and standardization of loads[27]. The EU legislative framework concerning the transport of perishable foodstuffs is integrated by the rules established in the international agreement "*on the international carriage of perishable foodstuffs and on the special equipment to be used for such carriage*", also called ATP[28].

[26] The discipline distinguishes four categories of requirements: the first category applies to all type of vessels and includes provisions aimed mainly at avoiding the food contamination by requiring the use of corrosion-resistant material in the equipment's structure. The second category refers to vessels designated and equipped to preserve fresh fishery products for more than twenty-four hours and contains provisions which focus mainly on the respect of the storage temperature during transport. According to the requirement referred to this type of vessels: "*In vessels equipped for chilling fishery products in cooled clean sea water, tanks must incorporate devices for achieving a uniform temperature through the tanks. Such devices must achieve a chilling rate that ensures that the mix of fish and clean seawater reaches not more than 3°C 6 hours after loading and not more than 0°C after 16 hours and allow the monitoring and, where necessary, recording of temperature*". With regard to reefer vessels, the third category of requirements prescribes the presence on board of "*[..] freezing equipment with sufficient capacity to lower the temperature rapidly so as to achieve a core temperature of not more than 18°C*". Finally, a last category of requirements refers to factory vessels and includes specific provisions concerning the maintaining of hygienic and temperature conditions suitable for the preparation and processing of fishery products.

[27] Reefer vessels differ from conventional container ships in their size, design, power generation and electrical distribution equipment. Inside reefer ships food and other perishable items sit on pallets in a refrigerated hold and are delivered to a cold storage facility on arrival at port. Historically, the design of reefer or refrigerator vessels is dated back to 1800 when the engineer Charles Tellier fitted a refrigerating plant on the design of a 690 Tons cargo ship which was subsequently called *Le Frigorifique*.

[28] The ATP was prepared by the Inland Transport Committee of the United Nations Economic Committee for Europe. It was presented in Geneva in 1970 and entered into force

This agreement[29] lays down a set of rules that are to be applied to the international transport of certain perishable foodstuffs (fruit and vegetables are outside the scope of the agreement) and provides common standards for temperature-controlled transport vehicles such as road vehicles, railway wagons and, for sea journeys under 150 Km, reefer containers. Along with the standards for temperature-controlled vehicles, the agreement establishes a system for certification of the equipment.

For that purpose, the transport means are divided into classes according to the presence and type of tools of cooling to the level of thermal insulation (normal or reinforced) and to the temperature that can be maintained inside the unit.

So far as the equipment meets the standards, the agreement provides for the issuing of a certificate which shall be carried on board the vehicle and requires all contracting parties to recognize certificates issued by the competent authorities of other contracting parties. It is worth noting that as the ATP is an agreement between States which applies to transport operations performed on the territory of at least two of the Contracting Parties, there is no overall enforcing authority.

In practice, equipment's controls are carried out by Contracting Parties and non-compliance may result in legal action by national authorities in accordance with their domestic legislation.

Indeed, ATP itself does not prescribe any penalties and the provisions concerning the sanctioning system for the cases of non-compliance with the requirements are determined at national level by each signatory country[30].

---

in 1976. The original signatory countries were Austria, Germany, Italy, Luxemburg, The Netherlands, Portugal and Switzerland and nowadays it is signed by 50 countries.

[29] In general, with reference to the issues related to the ATP agreement, see G. Panozzo, G. Cortella, *op. cit*, pp. 432 – 440. See also M.L. Woolfe, *Temperature monitoring and measurement,* in *Chilled Foods: a comprehensive guide*, New York, 1992, p. 77 – 109; G. Panozzo, G. Minotto, A. Barizza, *Transport and Distribution of foods: today's situation and future trends* in *International Journal of Refrigeration*, 1999, pp. 625 -639; P.S. Taoukis, M.C Giannakorourou, *Temperature and food stability: analysis and control,* in R. Steele (edited by), *Understanding and Measuring the shelf life of food*, Cambridge, 2004, pp. 42 – 68; J. Rodriguez-Bermejo, P. Barreiro, J.I. Robla, L. Ruiz-Garcia, *Thermal study of a transport container,* in *Journal of Food Engineering*, 2007, pp. 517 – 527.

[30] In Italy, the Legislative Decree No. 285/1992 provides the sanctioning system for the cases of ATP certification's loss, for the presence of expired or invalid certification and for the hypothesis of non-compliance with the equipment requirements. In particular, article 180, concerning the documents the driver shall possess, provides the payment of a

In the aforementioned regulations, the presence of transversal disciplines concerning the requirements of different transport modes clearly demonstrates that nowadays the transport of perishable foodstuffs, especially in case of long distance transportation, involves combination of different modes of transport.

At any rate, the maintaining of the cold chain along the entire transport phase requires the operators to fulfill with the equipment and temperature requirements concerning each transport mode. In this context, some questions arise with specific regard to the discipline and the related liability regime to be applied to the subjects involved in a supply chain that includes a segment operated in a multimodal transport.

Indeed, in the quest for possible normative solutions, the most discussed issue is the one of the applicable carrier's liability regime in case of foodstuff's carriage operated through the combination of different modes of transport.

In this context, the absence of homogeneous international rules – due to the failure to ratify the 1980 Geneva Convention on Multimodal transport – leads to the increasing need of harmonization in terms of liability framework[31].

As a consequence, the proliferation of different interpretative approaches led to the formulation of at least three main theories concerning the system of liability to be applied: the uniform liability system, the network liability system and the modified liability system[32].

---

sum ranging from 41 to 169 euro. In these cases, the competent authority invites the driver to present, within a deadline, the original copy of the ATP document. In the event that the driver does not appear on the check, a further pecuniary penalty is applied, ranging from 422 to 1.697 euro. Moreover, article 216, paragraph 6 concerning the crime of illegal circulation, provides a pecuniary sanction ranging from 1.988 to 7.953 euro for the driver who does not renew the ATP certificate. Finally, with reference to the case of non-compliance with equipment requirements, article 72 provides a pecuniary sanction ranging from 78 to 311 euro.

[31] See R. De Witt, *Multimodal Transport: Carrier Liability and Documentation*, London, 1995, p. 332 ff.; A. Furrer, M. Schürch, *Cross-border Multimodal Transport: Problems and Limits of Finding an Appropriate Legal Regime*, in K. Boele-Woelki, T. Einhorn, D. Girsberger, S. Symeonides, (edited by), *Convergence and Divergence in Private International Law*, The Hague, 2010, p. 394. See also D. Damar, *Breaking the Liability Limits in Multimodal Transport*, in *Tulane Maritime Law Journal*, 2012, p. 659 ff.

[32] With reference to the three types of liability system, see UNCTAD, *Multimodal Transport: The Feasibility of an International Legal Instrument*, Report prepared by the UNCTAD Secretariat, UNCTAD/SDTE/TLB/2003/1, Geneva, 13 January 2003, p. 17. This latter solution was accepted in the 1980 Geneva Convention and in the UNCTAD/

The so called "uniform liability system" is based on the application of uniform rules irrespective of the form of transport during which a damage, a loss or a delay occurs. On the other side, the "network liability system" is based on the application of different rules depending on the single leg of transport.

Finally, the "modified network liability system" can be considered as a compromise between a uniform and a network liability system and is based on the idea that multimodal transport should be regulated by uniform rules, but, if it is given evidence that the damage took place in a particular transport's leg, specific rules apply at least in relation to some aspects that govern that stage.

Notwithstanding the existence of different solutions, a stream to highlight the unity of multimodal transport, rather than single modalities of execution, is being strengthened in Doctrine.

At any rate, whenever the food supply chain is operated through the combination of different transport modes, a higher level of interaction and collaboration between carriers and terminal operators shall be required in order to ensure on-time delivery by reducing the duration of handling operations and consequently the total time of transport.

Indeed, a collaborative planning enables multimodal transport providers in the multimodal transport chain to optimize their operational plans and consequently to reduce the risk of temperature abuse and related cargo's damages.

In the light of the above considerations it appears that some of the problematic issues along the food supply chain are those connected to the lack of communication between operators.

In this context, with specific reference to cold chain, the implementation of new technologies aimed at increasing the interconnectivity and trace-

CCI Rules. See also: M. Casanova, M. Brignardello, *Trasporto multimodale*, in *Dig. disc. priv. sez. comm.*, Torino, 2003, p. 919; M. Faghfouri, *International regulation of liability for multimodal transport*, in *WMU Journal of Maritime Affairs*, 2006, pp. 95-114; M. Riguzzi, *Il trasporto multimodale*, in M. Riguzzi, A. Antonini (edited by), *Trasporti e turismo*, Torino, 2008, p. 423; E. Orrù, *The Regime of Multimodal Carrier's Liability for the Transport of Goods, Passengers and their Baggage, with Particular Regard to the Italian Legal System, within International and Comparative Perspectives*, in M. Musi (edited by), *New Comparative Perspectives in Maritime, Transport and International Trade Law*, Bologna, 2014, pp. 411 ff.; M. Musi, *Il trasporto con vettori successivi tra jus positum e jus in fieri*, in *Il Diritto Marittimo*, 2016, p. 419.

ability can be particularly useful in the transport of foodstuffs that involves the combination of different transport modes.

Moreover, currently the trend is going beyond the use of onboard temperature recorders that offer results at the end of shipment.

Indeed, leading companies in the field of foodstuffs distribution have already implemented automatic time/temperature recording devices which operate on the base of information provided by Global Positioning Systems (GPS)[33], thus permitting a real-time monitoring of the transport conditions.

The improvement of traceability technologies in the field of temperature-sensitive products distribution can lead to significant advantages considering the possibility of identifying the exact moment in which the damage occurred and consequently the subject potentially liable for the failure to comply with the temperature's requirements along the supply chain[34].

In this context, sophisticated temperature monitoring technologies based on the concept of Internet of Things (IoT) allow multi-temperature monitoring from the refrigerated unit and can provide graphical trip reports to assure that the required temperature is maintained during the carriage[35].

Thus, with reference to the transport phase, the possibility of monitoring the shipment throughout the entire distribution process would guarantee an increasing of the accuracy in the identification of the carrier who has been entrusted with the transport in that particular leg where the damage occurred.

3. The improvement of traceability systems

Having briefly illustrated the new trends in the field of the cold chain monitoring, it seems appropriate to focus on the issues related to traceabil-

[33] See D.J. Tanner, N.D. Amos, *Heat and Mass Transfer – Temperature Variability during Shipment of Fresh Produce,* in *Acta Horticulturae*, 2003, pp. 193 – 204.

[34] See C. Amador, J. Emond, M.C.N. Nunes, *Application of RFID technologies in the temperature mapping of the pineapple supply chain,* in *Sensing and Instrumentation for Food Quality and Safety*, 2009, pp. 26 – 33; S. Mercier, S. Villeneuve, M. Mondor, I. Uysal, *Time-Temperature Management along the Food Cold Chain: a Review of Recent Developments,* in *Comprehensive Reviews in Food Science and Food Safety*, 2017, pp. 647 – 667.

[35] For a detailed analysis of the application and challenges of the Internet of Things in the field of food supply chain, see M. Maksimovic, V. Vujovic, E. Omanovic-Miklicanin, *Application of Internet of Things (IoT) in food packaging and transportation*, in *International Journal of sustainable agricultural management and informatics*, 2015, pp. 333 – 350.

ity systems in order to identify the advantages that could derive from the application of recent innovation to the transport and logistic planning in the sector of foodstuffs distribution.

During the last couple of decades, traceability has gained considerable importance with regard to food distribution, particularly following a number of food safety incidents during which traceability systems resulted weak or absent. As a consequence of several scandals[36], consumers and food business operators started to demand transparency for what concerns the way in which food is handled throughout the supply chain[37].

Narrowing the definition to the food industry, article 3, point 15 of Regulation (EC) No. 178/2002 of the European Parliament and of Council defines the traceability as "*the ability to trace and follow a food, feed, food-producing animal or substance intended to be incorporated into a food or feed, through all stages of production and distribution*".

In other words, traceability represents for a food product the possibility to go back to the farm where it was grown as well as the one to track the post-harvest history and to identify the specific location in the supply chain by means of records[38]. Within the European legislative framework, the Regulation (EC) No. 178/2002 represents the main regulatory reference for the issues related to the traceability principle and for the identification of the connected obligations for food operators.

Indeed, through the introduction of the aforementioned Regulation, a clear and simple set of rules aimed at implementing general traceabil-

[36] See, *inter alia*, the egg contamination scandal originated in Netherlands in August 2017 as a consequence of the Fipronil's presence inside the food product which involved 15 European countries, and the case of the Escherichia coli bacteria strain inside fresh vegetables that caused, in June 2011, the death of 53 person in Germany. In 1979 the European Commission created the RASFF (Rapid Alert System for Food and Feed), portal which is featured by an interactive searchable online database, giving public access to summary information about the most recently transmitted RASFF notifications as well as the ability to search for information on any notification issued in the past. The portal is accessible to the web site: https://ec.europa.eu/food/safety/rasff_en (last access: 2nd October 2018).

[37] L.U. Opara, *Traceability in agriculture and food supply chain: a review of basic concepts, technological implications and future prospects*, in *Food, Agricultural & Environment*, 2003, pp. 101 – 106.

[38] See T. Moe, *Perspectives on traceability in food manufacture* in *Trends in Food Science & Technology*, 1998, p. 211; L.U. Opara, F. Mazaud, *Food traceability from field to plate. Outlook on agriculture*, 2002, p. 239. See also M.M. Aung, Y.S. Chang, *Traceability in a food supply chain: safety and quality perspectives* in *Food Control*, 2014, p. 172.

ity requirements for all food operators has been introduced in the EU legal system[39].

According to article 3, para. 2 and 5, the definition of food business refers to any of the activities related to any stage of production, processing and distribution of food. This means that where transportation is integrated within a food/feed business, the business as a whole must comply with the traceability requirements established by the Regulation.

In particular, focusing on the operators' obligations, article 18 requires food business operators to be able to identify from whom and to whom a product has been supplied and to have systems and procedures in place that allow for this information to be made available to the competent Authorities upon request.

The requirement relies on the so called "one step back" – "one step forward" approach which enables actors in the food chain to identify the immediate supplier of a product as well as the immediate subsequent recipient[40].

The implementation of this provision in the transport activities determines the obligation for food transport carriers to maintain records of products supplied to the consumers and evidence of the products received from suppliers.

In this context a basic requirement for a food quality and safety system that includes traceability is that the products must be adequately labelled to facilitate rapid identification of the product and subsequent retrieval of the information previously recorded[41]. Indeed, the efficiency of a traceability system depends on the ability to track and identify each individual product and logistic unit, in a way that enables continuous monitoring from primary production until final disposal by the consumer[42].

Moreover, one of the most relevant measures in the trade and logistics relations is the use of a common language between the different actors in the supply chain[43].

---

[39] See M. Will, D. Guenther, *Food quality and safety standards as required by EU law and the private industry*, Eschborn, 2007, p. 68.

[40] L. Ruiz Garcia, G. Steinberger, M. Rothmund, *A model and prototype implementation for tracking and tracing agricultural batch products along the food chain*, in *Food Control*, 2010, pp. 112 – 121.

[41] L.U. Opara, F. Mazaud, *op. cit.*, p. 240.

[42] M.M. Aung, Y.S. Chang, *op. cit.*, p. 179.

[43] See S.V. Kher, L.J. Frewer, J.D. Jonge, M. Wentholt, O. H. Davies, N.B.L. Luijckx, *Expert's perspectives on the implementation of traceability in Europe*, in *British Food Journal*, 2010, pp. 739 – 750.

Given the background, considerable advantages can be obtained by the implementation of labelling instruments aimed at ensuring the link, the synchronization and the consistency between the physical flow of goods and the information flow[44].

Nowadays, observing the dynamics of food industry, it is possible to distinguish two types of traceability scheme: a type of traceability which follows only the physical movement of the product, also called "*logistic traceability*", and a qualitative traceability that associates additional information concerning product quality and consumer safety, such as the harvest techniques, storage and distribution conditions, etc.[45].

With reference to logistic traceability, a successful result can only be achieved through the establishment of global standards that enable interoperability between traceability system across the whole supply chain[46].

The introduction of global standards in the traceability implementation process along the supply chain derives from the fact that legislation generally does not specify the traceability system to be used: as a consequence, the subjects involved in the supply chains tend to adopt different approaches in the way of implementing traceability. In this context, practical solutions are offered by the International Organization called GS1, that brings together 35.000 consumer goods companies with the purpose of developing and maintaining global standards for business communication aimed at ensuring that traceability systems are interoperable and scalable[47].

Considering the fact that supply chains have different business requirements and different expectations in terms of enabling technologies, the GS1 standards, by proposing the achievement of full chain traceability independently of any technology, are considered to be particularly suitable for the majority of business operators involved in the supply chain.

---

[44] See M. Jansen-Vullers, C.A. Van Drop, A.J.M. Beulens, *Managing traceability information in manufacture*, in *International Journal of Information Management*, 2013, pp. 395- 413.

[45] See D. Molinas, I. Manikas, B. Manos, *Traceability data management for food chains,* in *British Food Journal*, 2006, pp. 622 – 633.

[46] See R. Madlenák, L. Madlenáková, Z. Kolarovszká, *System of management and traceability of logistic items through new technologies*, in *Procedia-Social and Behavioral Sciences*, 2016, pp. 128 – 135.

[47] See GS1 Global Traceability Standard, *Business process and system requirements for full chain traceability*, 2009. Available on the web site: https://www.gs1.org/traceability (last access: 2nd October 2018).

With specific reference to the food supply chain, because of its ability to provide globally unique identification of trade items, assets, logistic units, parties and location, the standards proposed by GS1 meet the core legislative and business needs connected to the "one step back"- "one step forward" approach.

In fact, the implementation of global standards which are aimed at facilitating the sharing information between trading partners in the supply chain enables targeted and effective recall of dangerous products from market, thus representing a good solution to avoid the negative effects of food outbreaks.

From the perspective of the logistic management, GS1 member organizations together with the representatives of manufacturers, retailers and transporters developed the GS1 Logistic Label, which represents a great solution to track consignment and pallets through the entire supply chain.

The only compulsory requirement in the use of GS1 Logistic Label is that each logistic unit[48] must be identified with a unique serial number, the Serial Shipping Container Code (SSCC)[49].

As a consequence, scanning the SSCC barcode on each logistic unit allows the coordination between the physical units and the electronic messages that refer to them. The main innovative aspect in the use of this kind of logistic label concerns the possibility to avoid the successive relabeling of logistic units as they move through the supply chain by giving the advantage and benefit to use only one logistic label.

Moreover, thanks to the automatic data capture and checking of the shipment, the GS1 Logistic Label determines a significant saving of time which can be particularly relevant in the distribution of perishable foodstuffs.

In this context, it has been observed [(50)] that the use of SSCC to identify individual units can lead to the implementation of a wide range of applications in the field of logistic operations.

---

[48] A logistic unit is an item of any composition established for transport and/or storage which needs to be managed throughout the supply chain.

[49] The GS1 Logistic Label has three sections. The top section of the label contains free format information that the company can use for any purpose; the middle section contains the human readable interpretation of the GS1 data shown in the bar codes and the lowest section contains the bar codes symbols. The SSCC id the only compulsory data on the logistic label and is created by the company that constructs the unit.

[50] See GS1 brochure on the Standard International Logistic Label-STILL. Available at the web site: https://www.gs1si.org/Portals/0/GS1_Dokumentacija/GS1_Publikacije/Brosure_GS1_ANG/GS1_STILL.pdf (last access: 2nd October 2018).

By accelerating the delivery times, the logistic label can produce considerable advantages in those supply chains where the duration of the shipping is considered essential for the maintaining of product's quality.

Finally, with reference to its structure, the logistic label is composed by three sections respectively related to the supplier, the customer and the carrier. A section is a logical grouping of information that is generally known at a specific time. Generally, the first section is dedicated to supplier as the information related to the latter is the first to be known[51]. With specific reference to the transport information, the carrier's section of the label contains information that is generally known at the step of order picking or at the step just before the delivery.

In the light of above, the advantages that could derive in terms of food safety and customer protection from the implementation of traceability standards in the food supply chain are clear[52].

4. Concluding remarks

Over the last few decades the efforts of the European legislator have been directed to the development of stricter sanitary and phytosanitary rules concerning all the activities involved in the food chain.

In this context, moving from the idea that the transport activity takes part of the food production and distribution chain and is in many cases responsible for safety and quality of foodstuffs, the necessity of implementing the existing traceability systems appears nowadays generally recognized[53].

Moreover, taking into account the recent technological developments in the field of traceability systems with reference, in particular, to the implementation of real-time monitoring devices, it seems appropriate to consider the potential implications concerning the possibility to identify, in the supply chain, the exact moment and the place where damages occurred[54].

---

[51] See GS1 Transport & Logistics and Customs, in *Reference Book*, 2014/2015. Available at the web site: https://www.gs1hk.org/sites/default/files/media_plus/event-and-news/publications/industry-collaterals/gs1-t-l-reference-book-2014.pdf (last access: 2nd October 2018).

[52] H.A. Ringsberg, *Implementation of global traceability standards: incentives and opportunities*, in *British Food Journal*, 2015, pp. 1826 – 1842.

[53] D. Pisanello, M. Stuccato, *Compliance with EU Food Regulations: What if traceability and food recall are not enough?*, in *Food Safety Magazine*, 2017, p. 15.

[54] F. Dabbene, P. Gay, N. Sacco, *Optimisation of fresh-food supply chains in uncertain environments, Part I: Background and methodology*, in *Biosystems Engineering*, 2008, pp. 348 – 359.

That would definitely represent an advantage for the identification, between all the subjects involved in the supply chain, of the operator whose conduct determined damages to the products.

This circumstance could be particularly relevant in the food distribution chain, where stricter requirements are established for the operators in order to guarantee the maintaining of the product's quality.

On the other side, the implementation of innovative systems aimed at providing continuous monitoring of foodstuffs distribution and the increasing of traceability data's exchange meets the customer's desire for transparent information on the quality of the entire food chain.

Indeed, the application of traceability standards guarantees the targeted and timely market withdrawal of suspect products and enables competent safety authorities to obtain, in a short time, information on affected product and/or suspected cause[55].

Considering that both quality and safety are related to confidence, the implementation in the food supply chain of traceability systems supported by modern tracking methods represents a successful step to the achievement of a higher level of transparency within the operators involved in the food distribution and an increased safety for consumers. However, considering the rapid and continuous development of traceability technologies in the field of supply chain, it seems suggestable a revision of the discipline in force in order to take into account the introduction of advanced technologies in the field of food distribution, with a particular focus on transport and logistic management. Indeed, for what concerns the maintaining of the cold chain in the food supply chain, the existing legislative framework results to be focused more on the equipment's technical requirements for the means of transport, than on the impact of the developments of new technologies in the field of temperature monitoring and recording, even if the latter will be a key issue also in relation to the choice of the system of liability to be applied in case of damages occurred to the foodstuffs.

[55] D. Pisanello, M. Stuccato, *op. cit.*, p. 2.

Bibliography

Books, Articles and Reports

C. AMADOR, J. EMOND, M.C.N. NUNES, *Application of RFID technologies in the temperature mapping of the pineapple supply chain,* in *Sensing and Instrumentation for Food Quality and Safety*, 2009, pp. 26 – 33.

D. AMBROSINO, A. SCIOMACHEN, *A Food distribution network problem: a case study,* in *IMA Journal of Management Mathematics,* 2007, pp. 33 – 35.

M.M. AUNG, Y.S. CHANG, *Traceability in a food supply chain: safety and quality perspectives*, in *Food Control*, 2014, p. 172.

M. BERTOLINI, A. RIZZI, M. BEVILACQUA, *An alternative approach to HACCP system implementation,* in *Journal of Food Engineering*, 2007, pp. 1322 – 1328.

J. BLACKBURN, G. SCUDDER, *Supply chain strategies for perishable products: the case of fresh produce,* in *Production and Operations Management*, 2009, pp. 129 – 137.

P. BORGHI, *Sovrapposizioni fra ordinamenti e "fantasia" del legislatore in tema di segni di qualità dei prodotti alimentari: entropia e storytelling*, in *Rivista di diritto alimentare*, 2015, p. 4.

H. BREMMERS, K. PURNHAGEN (edited by), *Transforming the European Community's Regulation on Food Safety*, Stockholm, 2008, p. 50.

M. CASANOVA, M. BRIGNARDELLO, *Trasporto multimodale*, in *Dig. disc. priv. sez. comm.*, Torino, 2003, p. 919.

F. DABBENE, P. GAY, N. SACCO, *Optimisation of fresh-food supply chains in uncertain environments, Part I: Background and methodology,* in *Biosystems Engineering*, 2008, pp. 348 – 359.

D. DAMAR, *Breaking the Liability Limits in Multimodal Transport*, in *Tulane Maritime Law Journal*, 2012, p. 659.

R. DE WITT, *Multimodal Transport: Carrier Liability and Documentation*, London, 1995, p. 332.

M. FAGHFOURI, *International regulation of liability for multimodal transport*, in *WMU Journal of Maritime Affairs*, 2006, pp. 95-114.

A. FURRER, M. SCHÜRCH, *Cross-border Multimodal Transport: Problems and Limits of Finding an Appropriate Legal Regime*, in K. Boele-Woelki, T. Einhorn, D. Girsberger, S. Symeonides, (edited by), *Convergence and Divergence in Private International Law*, The Hague, 2010, p. 394.

K.G. GRUNERT, *Food Quality and Safety: consumer perception and demand,* in *European Review of Agricultural Economics*, 2005, p. 369.

K. HARDEE, *Shippers bear primary responsibility for safe transportation of food,* in *Food Safety Magazine*, 2016, p. 4.

J.A. HERNANDEZ, *Foodservice Distribution: Maintaining the Cold Chain*, in *Food Safety Magazine*, 2009, p. 3.

M. Jansen-Vullers, C.A. Van Drop, A.J. M. Beulens, *Managing traceability information in manufacture*, in *International Journal of Information Management*, 2013, pp. 395 – 413.

L. Keener, J. Roberts, *The squeaky Wheel: is transportation the watershed for food safety and food defense?*, in *Food Safety Magazine*, 2013, p. 6.

S.V. Kher, L.J. Frewer, J.D. Jonge, M. Wentholt, O.H. Davies, N.B.L. Luijckx, *Expert's perspectives on the implementation of traceability in Europe*, in *British Food Journal*, 2010, pp. 739 – 750.

H.D. Kusumaningrum, G.Riboldi, W.C. Hazeleger, R.R. Beumer, *Survival of foodborne pathogens on stainless steel surfaces and cross-contamination to foods,* in *International Journal of Food Microbiology*, 2003, pp. 227 – 236.

R. Madlenák, L. Madlenáková, Z. Kolarovszká, *System of management and traceability of logistic items through new technologies*, in *Procedia-Social and Behavioral Sciences*, 2016, pp. 128 – 135.

M. Maksimovic, V. Vujovic, E. Omanovic-Miklicanin, *Application of Internet of Things (IoT) in food packaging and transportation*, in *International Journal of sustainable agricultural management and informatics*, 2015, pp. 333 – 350.

G. Martin, G. Ronan, *Managing the cold chain for quality and safety,* in *Flair--Flow Europe technical manual F-FE 378A/00,* Dublin, 2000, p. 6.

S. Mercier, S. Villeneuve, M. Mondor, I. Uysal, *Time-Temperature Management along the Food Cold Chain: A review of Recent Developments,* in *Comprehensive Reviews in Food Science and Food Safety*, 2017, pp. 647 – 667.

T. Moe, *Perspectives on traceability in food manufacture*, in *Trends in Food Science & Technology*, 1998, p. 211.

D. Molinas, I. Manikas, B. Manos, *Traceability data management for food chains* in *British Food Journal*, 2006, p. 622 – 633.

R. Montanari, *Cold Chain Tracking: a managerial perspective,* in *Trends in Food Science & technology*, 2008, p. 425.

M. Musi, *Il trasporto con vettori successivi tra jus positum e jus in fieri*, in *Il Diritto Marittimo*, 2016, p. 419.

L.U. Opara, *Traceability in agriculture and food supply chain: a review of basic concepts, technological implications and future prospects*, in *Food, Agricultural & Environment*, 2003, pp. 101 – 106.

L.U. Opara, F. Mazaud, *Food traceability from field to plate*, in *Outlook on agriculture*, 2002, p. 239.

E. Orrù, *The Regime of Multimodal Carrier's Liability for the Transport of Goods, Passengers and their Baggage, with Particular Regard to the Italian Legal System, within International and Comparative Perspectives*, in M. Musi (edited by), *New Comparative Perspectives in Maritime, Transport and International Trade Law*, Bologna, 2014, p. 411.

G. PANOZZO, G. CORTELLA, *Standards for transport of perishable goods are still adequate?: Connections between standards and technologies in perishable foodstuffs transport*, in *Trends in Food Science &* Technology, 2008, pp. 432 – 440.

G. PANOZZO, G. MINOTTO, A. BARIZZA, *Transport and Distribution of foods: today's situation and future trends,* in *International Journal of Refrigeration*, 1999, p. 625 – 639.

D. PISANELLO, M. STUCCATO, *Compliance with EU Food Regulations: What if Traceability and Food Recall Are Not Enough*?, in *Food Safety Magazine*, 2017, p. 15.

M. RIGUZZI, *Il trasporto multimodale*, in M. Riguzzi, A. Antonini (edited by), *Trasporti e turismo*, Torino, 2008, p. 423.

H.A. RINGSBERG, *Implementation of global traceability standards: incentives and opportunities,* in *British Food Journal*, 2015, pp. 1826 – 1842.

A. ROBERTSON, C. TIRADO, T. LOBSTEIN, M. JERMINI, C. KNAI, J.H. JENSEN, A. FERRO, W.P.T. JAMES (edited by), *Food and health in Europe: a new basis for action*, Copenhagen, 2004, p. 91.

J.P. RODRIGUE, T. NOTTEBOOM, *The cold chain and its logistic* in, J.P. Rodrigue (edited by) *The geography of transport systems*, New York, 2017, pp. 44.

J. RODRIGUEZ-BERMEJO, P. BARREIRO, J.I. ROBLA, L. RUIZ-GARCIA, *Thermal study of a transport container,* in *Journal of Food Engineering*, 2007, pp. 517 – 527.

L. RUIZ GARCIA, G. STEINBERGER, M. ROTHMUND, *A model and prototype implementation for tracking and tracing agricultural batch products along the food chain,* in *Food Control*, 2010, pp. 112 – 121.

J. SCHLUNDT, *New directions in foodborne disease prevention,* in *International Journal of Food Microbiology*, 2002, p. 15.

D.J. TANNER, N. D. AMOS, *Heat and Mass Transfer – Temperature Variability during Shipment of Fresh Produce,* in *Acta Horticulturae*, 2003, pp. 193 – 204.

P.S. TAOUKIS, M.C. GIANNAKOROUROU, *Temperature and food stability: analysis and control,* in R. Steele (edited by), *Understanding and Measuring the shelf life of food*, 2004, Cambridge, p. 42 – 68.

M. WILL, D. GUENTHER, *Food quality and safety standards as required by EU law and the private industry*, 2007, Eschborn, p. 68.

M.L. WOOLFE, *Temperature monitoring and measurement,* in M. Stringer, C. Dennis (edited by), *Chilled Foods: A Comprehensive Guide*, 1992, New York, p. 7.

WORLD HEALTH ORGANIZATION. FOOD SAFETY TEAM, *HACCP: introducing the hazard analysis critical control point system*, Geneva, 1997, p. 5.

EU PASSENGER AND TRAVEL LAW: REGIONAL HARMONIZATION AND IMPLICATIONS FOR THE INTERNATIONAL REGIME*

OLENA BOKAREVA**

Summary: 1. International regimes on carriage of passengers. 1.1. Background. 1.2. Carriage by sea – Athens Convention 1974 and the Protocol 2002. 1.3. Carriage by air – Montreal Convention 1999. 1.4. Other conventions. 2. EU Passenger and travel law. 2.1. Background. 2.2. EU Regulations on passengers' rights. 2.2.1. Carriage by sea and inland waterway. 2.2.2. Carriage by air. 2.3. EU Package Travel Directive. 2.3.1. Directive on EU on Package Travel, Package Holidays and Package Tours 90/314/EEC. 2.3.2. Directive (EU) 2015/2302. 3. Concluding remarks.

Abstract

The emerging passenger and travel law in the European Union (EU) is expanding and taking its shape. In contrast to international regime that mainly focuses on liability of the carrier and compensation for damage, the EU regime in addition to liability focuses on passengers' rights, compensation for delays and cancellations, and enjoy certain elements of consumer law. The paper will describe an international liability framework for passenger transport, focusing mainly on sea and air transport since both sea and air regimes are governed by international conventions to which both EU and non-EU Member States are parties.

---

* This article was formerly published in "Port, Maritime and Transport Law between Legacies of the Past and Modernization", editor Massimiliano Musi, Bonomo Editore, 2018.

** Ph.D. in Civil Law. Associate Senior Lecturer in Private Law, Faculty of Law, Lund University.

A thrust of this article is the examination of the new Package Travel Directive that repeals Council Directive 90/314/EEC of 13 June 1990 on package travel, package holidays and package tours and its compatibility with the existing EU legislation and international regimes. The new Directive is applicable from 1 July 2018 and extends protection of the 1990 EU Package Travel Directive to those who book other forms of combined travel, *e.g.* a self-chosen combination on a web- of a flight plus hotel or car rental.

The analysis takes account of EU attitudes in relation to international instruments to which the Member States are parties, and agreements to which both the EU and its Member States are contracting parties. The structure of this article is as follows. The first part provides a background to the international regimes on carriage of passengers and other travel services. Secondly, the EU law related to passengers based on international conventions and internal legislation is examined. The concluding part provides a summary and include several recommendations on how the potential conflict of norms can be resolved.

1. International regimes on carriage of passengers

1.1. Background

Transport is an inevitable part of our daily life whether we use it for reaching a place within a city, country or abroad. During the last few decades, the patterns of traveling have changed dramatically. People travel for business, leisure, education, medical services, *etc.* Air transport has virtually connected all continents and even the most distant part can be reached within a short period. The emergence of low-cost airlines and cheap flights has opened the possibility for a great number of people to travel. Coupled with internet and various virtual travel intermediaries it is possible to customize holidays and modes of travel individually, and to create travel packages by using a web page. The opportunities offered for traveling are enormous, and the services of travel intermediaries range from local excursions to scientific expeditions and even space tourism. Having an annual vacation is almost a standard today; it is usually selected with care and some preliminary research mainly online by comparing pricing policy for transport and reading the reviews and ranking for accommodation. Various advertisements, last minute trips and beautiful pictures incline us to choose a destination for a perfect holiday. According to the data, about 1.3 billion people traveled abroad in 2017[1], more than 4.1 billion passengers traveled by air in 2017[2] and 24.2 million passengers chose cruises in 2016[3]. Carriage of passengers, just like carriage of goods is becoming multimodal. It is common practice that passengers fly to one place by air in order to join or to leave the cruise ship, *etc.*

In a holiday mood, very few people would actually consider the legal background of traveling and the myriad legal regimes that might apply to a single trip should something go wrong. Unfortunately, things do not always go as planned and all kinds of incidents can happen during transportation itself, at the hotel, on a cruise ship or at the excursion. Even though from the perspective of the traveler this might appear as one single journey or package, which was bought from one travel agent, from the legal point of view this might not necessarily be the case. This might take a traveler by surprise that law does not protect some stages of his trip and no compensation is available. Added to this verity, many trips nowadays are cross-border, meaning that in case of a dispute the applicable law will be foreign law or even conflict of laws, which can include international conventions or even regional instruments such as EU Regulations or Directives. In order to protect passengers and travelers as a weaker party to a contract, different regimes were created internationally and regionally; however, they have different rationale and regulate a specific mode of transport or special types of travel services.

This part investigates the legal regime related to international carriage with the focus on passengers traveling by sea and air since these two modes are international in scope and are covered by international conventions. However, it should be borne in mind that both sea and air regimes have their rationale and features peculiar to each transport mode. Carriage by air is essentially transportation from one place to another for a short period of time where the passengers are required to fasten their seatbelts and cannot move in the aircraft during takeoff and landing unless they do not follow the safety instructions. Sea passengers, on the contrary, move freely on board a ship, and are thus more exposed to risks and injuries not related to transportation, but rather similar to those on land. Another type

[1] UNWTO World Tourism Barometer, PR No.: 18003, 15 January 2018.

[2] See at https://www.atag.org/facts-figures.html, (last access: 10th December 2018).

[3] Cruise Industry Overview – 2017, https://www.f-cca.com/downloads/2017-Cruise-Industry-Overview-Cruise-Line-Statistics.pdf (last access: 10th December 2018).

of sea traveling is cruising that could also be booked as a broader package, also including transportation to and from the port of embarkation/disembarkation. Moreover, while on a cruise the passengers in addition to free movements on board, are also engaged in different high-risk activities both at sea[4] and also in various ports of calls.[5]

The Athens and Montreal Conventions cover the international carriage of passengers by sea and air respectively. Another convention that deals with travel contracts is the International Convention on Travel Contracts, while the convention fully devoted to cruises does not exist. The preparation of the new convention on protection of tourists that will also include package travel is under way, and the drafting of it is being coordinated with the EU because of the EU's new Package Travel Directive.

1.2. Carriage by sea – Athens Convention 1974 and the Protocol 2002

The passengers transported between ports in two different countries can bring their claims for accidents at sea under the Athens Convention regime. If the cruise is a part of a travel package in the EU, a claim can be brought under the EU Package Travel Directive, which is implemented in the national laws of EU Member States. Such a claim can be brought under the national law implementing Directive. The Athens Convention on Carriage of Passengers and their Luggage by Sea, 1974 and the Protocol 2002 are now consolidated into the Athens Convention 2002.[6] Both the Convention and the Protocol deal with civil liability of carriers, limitation of liability and compensation to passengers for losses incurred during the voyage, such as losses resulting from loss of life or personal injury or loss of, or damage to, their property/luggage. The Convention is a fault-based liability regime,

[4] Usual accidents on a ship include falling from the stairs, falling overboard, intoxication, food poisoning, medical maltreatment, harassment by other passengers or crew members and so on.

[5] *E.g.* horse riding, robbery or shooting in unsafe areas of the town, diving accidents, traffic accidents, *etc.*

[6] Some elements of the Convention, *i.e.* relating to jurisdiction and recognition and enforcement of judgments, belong to the exclusive competence of the EU; thus, the EU needed to become a Party to the Convention. The Convention is in force from 23 April 2014.

in contrast to the Protocol, which provides for both strict and fault-based liability, two tiers of limitation amounts and compulsory insurance. Both instruments bear certain similarities but also distinctive features in terms of the liability regime, insurance and compensation available to the passengers. According to Article 2, the Athens Convention 2002 applies to any international carriage if "a) the ship is flying the flag of or is registered in a State Party to this Convention, or b) the contract of carriage has been made in a State Party to this Convention, or c) the place of departure or destination, according to the contract of carriage, is in a State Party to this Convention".

In this manner, the outcome of any claim related to passengers depends on the applicable law and the forum state. The Convention makes an important distinction between a shipping and non-shipping incident that would entail different types of liability and compensation. Under Article 3(5) shipping incidents include shipwrecks, capsizing, collisions, or stranding of the ship, explosion or fire in the ship, or defect in the ship. The examples of non-shipping incidents can be food poisoning, falling from stairs, accidents in the swimming pool, falling overboard, and medical maltreatment. It must be noted that accidents on shore excursions in case of cruising can be borderline cases between maritime and land law and the carrier usually excludes any liability for such accidents which is explicitly stated in the terms and condition of the shipping company.

The Convention also sets the limitation of carrier's liability for death or personal injury caused by a shipping incident in the amount of 250,000 SDR.[7] In addition, Article 7 states that liability of the carrier for the death of or personal injury to a passenger under Article 3 shall in no case exceed 400,000 SDR per passenger on each occasion. Article 14 sets the limits for bringing an action for damages for the death of or personal injury to a passenger, or for the loss of or damage to luggage. Such actions shall not be brought against a carrier or performing carrier otherwise than in accordance with this Convention. The claimant bears the burden of proving that the incident, which caused the loss, occurred in the course of the carriage, and the extent of the loss, shall lie with the claimant.[8]

---

[7] Article 3.

[8] Article 3(6).

1.3. Carriage by air – Montreal Convention 1999

Passengers travelling by air can claim compensation under the Convention for the Unification of Certain Rules Relating to International Carriage by Air (Warsaw Convention)[9] adopted in 1929 and amended several times by Protocols,[10] and later by the Montreal Convention, 1999. The Montreal Convention applies to all international carriage of persons, baggage or cargo performed by aircraft for reward. It establishes the liability regime for bodily injury and death to a passenger, damage to cargo and delay in relation to passengers and cargo. The main provisions regarding liability for death and injury of passengers and damage to baggage are provided in Article 17. The Convention provides strict liability for claims not exceeding 113,100 SDRs[11] for each passenger and presumptive liability for claims beyond that amount. One of the major differences between the Montreal and Athens Conventions is the terminology used with respect to injuries suffered. For example, the notion of "personal injury" envisaged in the Athens Convention 2002 is somewhat broader than the "bodily injury" under the Montreal Convention 1999, which excludes any compensation for non-material damage.[12] It can be presumed that the notion of "personal injury" under the Athens Convention 2002 can be interpreted in various ways by the national courts in the states that ratify the convention, and thus undermine a desired uniformity. Article 29 establishes exclusivity of the cause of action which entails that where the carrier is clearly liable under the Convention, claims based on other causes of action are pre-empted, for example such as any non-material damage regarding the carriage of passengers and their baggage.[13]

Courts in the UK, US and Canada had an opportunity to examine Article 29 in a number of cases. In these countries, the courts were in concordance concerning the scope of the Convention and dismissed the claims where

[9] It must be noted that the Warsaw Convention was ratified or adhered to by almost all counties and still applies in a number of them.

[10] The Hague Protocol, 1955; Montreal Protocol No. 4, 1975.

[11] Amended from 100,000 SDRs in 2009.

[12] Also known as pecuniary losses or damage for injured feelings, suffering and mental distress.

[13] J. J. Wegter, *The ECJ Decision of 10 January 2006 on the Validity of the Regulation 261/2004: Ignoring the Exclusivity of the Montreal Convention*, in *Air and Space Law*, Vol. 31 (2), 2006, p.144 and J. T. Whalen, *The New Warsaw Convention: the Montreal Convention*, in *Air and Space Law*, Vol. 25 (1), 2000, p. 20.

the Convention did not provide a remedy including any non-material damage regarding the carriage of passengers and their baggage. In the *Sidhu*, decision delivered by the House of Lords[14], Lord Hope established the position, which was supported by other Law Lords and then followed in other cases decided by the English courts and in other common law jurisdictions. He stated, "where the Convention has not provided a remedy, no remedy is available".[15]

Article 21 of the Montreal Convention provides limitation of liability for damages in cases of death or injury of passengers amounting to 113,100 SDRs[16] for each passenger; the carrier shall not be able to exclude or limit its liability. For lost, damaged or delayed baggage, the carrier's liability is limited to 1,131 SDRs.[17] In the case of damage caused by delay in the carriage of persons, the liability of the carrier for each passenger is limited to 4,694 SDRs.[18]

1.4. Other conventions

A convention specifically dealing with travel contracts is the International Convention on Travel Contracts adopted by UNIDROIT on April 23, 1970 which has six State Parties. As it did not attract many State Parties internationally, it became necessary to prepare a new convention that would reflect the modern trends of the tourism market. A Draft Convention on the Protection of Tourist and Tourism Services Providers was thus prepared by UNWTO.[19] The Draft Convention contains three annexes, assistance obligation of the States Parties in case of *force majeure*; package travel issues, and accommodation issues. It is a point of observation that the Annex on package travel has been discussed in the course of bilateral consultation

---

[14] Now replaced by the Supreme Court of the United Kingdom.

[15] *Sidhu* v. *British Airways plc* (HL) [1997] 2 Lloyd's Rep 76. (*Sidhu*), see also *Morris* v. *KLM Royal Dutch Airlines* [2002] UKHL 7, *Eastern Airlines Inc.* v. *Floyd* (1991) 499 U.S. 530, *El Al Israel Airlines Ltd.* v. *Tseng* (1999) 525 U.S. 155, *Stott* v. *Thomas Cook Tour Operators Ltd* (SC) [2014] UKSC 15, para. 67, per Lady Hale, *Cowden* v. *British Airways* [2009] 2 Lloyd's Rep 653.

[16] Amended from 100,000 SDRs in 2009.

[17] Amended from 1,000 SDRs in 2009.

[18] Amended from 4,150 SDRs in 2009, see Article 19.

[19] World Tourism Organization, Executive Council, 100th session, Rovinj, Croatia, 27-29 May 2015, CE/100/3d.

with the European Commission for consistency with the recently adopted Package Travel Directive.[20]

It has been recognised in the Preamble that there is lack of consistency of existing rules at the global level related to tourists and tourism service providers. Therefore, it is crucial to establish a uniform regime to increase legal certainty and a fair balance for those involved. The Draft Convention provides a list of definitions, including "tourist", "tourism service" and "tourism service provider". The main condition of the Draft Convention is that when joining the Convention, a State Party shall accept minimum one Annex of the Convention. The Convention will be open to the Regional Economic Integration Association, which implies that the EU might join it together with the Member States. Annex II to the Convention contains its own definitions, which are more specific to the package travel. It is notable that the definition of a "package" is identical to the definition provided in the old Package Travel Directive, which was recognized as being problematic and too narrow in the current setting. Therefore, it has been broadened under the new Directive to include more travel services that can be considered as packages and different kinds of linked travel arrangements. Since the Convention is still in progress, apparently, its definitions will be aligned with the new Directive to avoid potential conflicts between the two instruments.

Another convention relevant in the area of tourism is the Convention on the Liability of Hotel-keepers concerning the Property of their Guests, 1962 which establishes liability and limitation of liability for hotel-keepers who are liable for the property of their guests. Having outlined the international framework pertinent to passengers and travelers it is now time to draw the attention to the EU legal framework on passengers and travelers in order to appreciate various instruments that might be applicable in the EU context.

2. EU passenger and travel law

2.1. Background

As gleaned from the case law of the Court of Justice of the European Union (CJEU), the EU has a favourable disposition towards passengers since

[20] World Tourism Organization, General Assembly, 21st session, 12-17 September 2015, A/21/8(I)(d), Report of the Secretary General, p. 2.

the passenger is a weaker party to a contract. This is reflected in the planned future adoption of a single EU framework Regulation covering passenger rights for all modes of transports (EU Codex). One of the major goals of the EU Transport Policy is to create a Single European transport Area that result in the integration of national systems into a fully connected and seamless transport network.[21] This also corresponds to the Horizon 2020's aims among which mobility of people is stated.

It is notable that the interaction between international and EU law has been a topic of academic discussion for a long time. In the context of this article, such interaction is critically examined from the standpoint that both regimes should complement each other, and that the EU should contribute to international uniformity and not create a regime which is blatantly overlapping with international law and Member States' obligations. The issue of the Union's competence in external relations will be of particular importance for the understanding of the Union's actions in relation to implementation and application of international conventions. The area of transport has been placed within the shared competence under the Treaty on the Functioning of the European Union (TFEU)[22], and therefore Article 100(2) provides that Title VI does not automatically apply to air and sea transport. However, if the Union decides that this particular area requires harmonization, which cannot be achieved by Member States, it may adopt a legally binding act, which will take precedence over conflicting national norms.

The analysis takes account of EU attitudes in relation to international instruments to which the Member States are parties, and "mixed agreements", [23] where both the EU and its Member States are contracting parties. In this context, an examination of Regulation No 216/2004 through the case law decided by the CJEU provides the only real illustration so far, of how an international transport convention is interpreted within the EU legal framework. These cases reveal a number of unresolved issues with regard to the co-existence and co-operation of legal frameworks at different levels. In this manner it can be said that the CJEU's interpretation of the rules relating to air carriage can be applied by analogy to other modes of transport as well, *e.g.* sea transport, especially after the Athens Convention 2002 on sea passengers was ratified by the EU. According to Article 218 of the TFEU it is also pos-

[21] D1.2: Policy, Legal and Standardisation Requirements Analysis Report.

[22] Article 2 TFEU.

[23] Both the Athens Convention of 2002 and the Montreal Convention allow participation of a Regional Economic Organization.

sible for the Member States to enter into international agreements independently, if the area in question does not fall within exclusive competence of the Union or is not substantially covered by EU law. However, in this situation the Member States might face two types of obligations. The Member States must comply with EU law, which prevails over conflicting national law; however, such compliance might result in failure to comply with its treaty obligations.[24] The basic rule in relation to international agreements was formed for the first time in *Haegeman,* in which the Court ruled that international agreements "from the coming into force form an integral part of Community law".[25]

The second paragraph of this article provides that those agreements "are binding upon the institutions of the Union and on its Member States". In cases when the Union jointly with its Member States enters into international agreements, those agreements are called mixed agreements. Even though they are very common in the Union their status in the EU law is not very clear.[26] As is evident from the case law, when Member States are parties to an international convention, but the Union is not, and the subject matter does not fall within exclusive competence the Member States are, nevertheless, not entirely free to participate in the international agreement. The restrictions might be due to the Union's adoption of internal legislation covering this field or because it falls within one of the Union's common policies. If the EU becomes a party to an agreement in the area that falls within its competence, or if the EU adopts internal legislation on the matter, the Member States are prevented from acting internationally without prior consultations with the EU institutions.[27]

An overview of the relationship between EU law and international law reveals certain difficulties pertaining to application and interpretation

---

[24] P. Eeckhout, *EU External Relations Law,* Second Edition, New York, OUP, 2011, p. 395.

[25] P. J. Kuijper, *The Law of EU External Relations,* Oxford, OUP, 2013, pp. 929-930; Case 181/73 R. & V. *Haegeman* v. *Belgian State,* [1974] ECLI:EU:C:1974:41, para. 5, see also Case 104/81 *Hauptzollamt Mainz* v. *C.A. Kupferberg & Cie KG a.A.,* [1982] ECLI:EU:C:1982:362, para. 13.

[26] *E.g.* UNCLOS, Athens and Montreal Conventions, WTO Agreements.

[27] In Article 351 of the TFEU there is an attempt to regulate potential conflicts between EU law and agreements concluded by Member States prior to 1 January 1958, or prior to their accession. See also Opinion of the Court of 19 March 1993 – *Opinion 2/91,* Case C 45/07 *Commission of the European Communities* v. *Hellenic Republic* [2009] ECLI:EU:C:2009:81, (*Commission* v. *Greece*), and P. Eeckhout, (2011), *EU External Relations Law,* Second Edition, New York, OUP, pp. 216-217.

of international conventions, especially this can be said about mixed agreements.[28] After the agreement is concluded and enters into force, the interpretation of its provisions may form the subject of a question for a preliminary ruling by the Court of Justice to ensure their uniform application throughout the Community.[29] At the same time, despite being integrated with EU law, those agreements constitute an act of international law and the same obligations are imposed on the EU as a Contracting Party to the convention regarding the interpretation.

2.2. EU Regulations on passengers' rights

It is a well-known fact that the EU is at the forefront to protect consumers in the Union. This is reflected in joining the international conventions related to carrier's liability and compensation for all kind of damage. Additionally, the adoption of EU legislation aimed at protection of passengers and travelers as consumers on all modes of transport. In the Project titled "Optimodal European Travel Ecosystem" (EU Travel) it was recognized that "[T]he concept of 'passenger rights' has developed significantly over recent years, now covering a range of liability issues including for death, personal injury and property damage, for delay, cancellation and denied boarding, liability towards disabled passengers and passengers with reduced mobility (PRMs) and passenger information requirements."

Regardless of being a pure transportation or a holiday package, the EU demonstrates a strong interest to create comprehensive system of passenger and travel law. A number of scholars examine these recent developments and analyze various features of the emerging EU regime and the constantly increasing case law. Some even call it as "consumerization" of transport law.[30] As gleaned from the following observation, "EU passenger law is consumer law for transport users – or a 'consumerised' branch of transport law".[31]

---

[28] P. Eeckhout, *EU External Relations Law,* Second Edition, New York, OUP, 2011, p. 262.

[29] Article 267 TFEU, See Also *Kupferberg*, Para.14; See Also Case C 188/07 *Commune De Mesquer* V. *Total France SA, Total International Ltd*, [2008] ECLI:EU:C:2008:359, Para. 84.

[30] J. Kasten, *Travel and Tourism*, in S. F. Benyon (edited by), *Services and the EU Citizen*, London, Hart Publishing, 2013, p. 37.

[31] *Ibid.* p. 38; see also J. Kasten, *Passengers, consumers, and travelers: The Rise of passenger rights in EC transport law and its repercussions for Community consumer law*

The adoption of the passenger regulations is a relatively recent development. The reasons for adoption of these instruments were clearly explained in the Preambles to all of them. It was stated, *inter alia*, that in order to ensure a high level of protection and assistance to passengers which can be better achieved at the Union level, the Union might adopt such measures according to the treaties. These regulations deal with carriage of passengers by air, sea and inland waterway, rail and bus and coach transport. Some of them were adopted by means of incorporation of international conventions, which binds the EU and its Member States, and now bind even those EU Member States that are not parties to those conventions. However, as practice shows, despite visible uniformity that seems to exist at the EU level, the application of these instruments employed by the national courts is not always uniform. In similar scenarios, courts in different Member States reach different and sometimes even conflicting conclusions with regard to the same regulation or convention.

It was already mentioned that traveling multimodally is becoming common practice for many travelers. However, it complicates the picture even more. Knowing in advance, which regime will apply is not always possible since all transport modes are regulated by their respective conventions and regulations/directives at the EU level. A number of carriers and traders of travel services offer combined trips, however, a travel service is not always protected by a legal regime as not falling under the scope of application of a particular convention or regulation. Just like in the multimodal carriage of goods, the transportation of passengers involves not only a contractual carrier/trader but a number of performing carriers or intermediaries with whom the passenger or traveler does not have a direct contract. In line with this practice, an emergence of "a multimodal integrated ticketing"[32] is on its way and there is a clear intent to regulate passenger rights in cross-border multimodal trips, which can ensure a better protection for passengers. Nevertheless, an overview and salient features of current instruments is briefly presented below.

---

and policy, in *Journal of Consumer Policy*, Vol. 30, (2), 2007, pp.117-137.

[32] European Parliament resolution of 7 July 2015 on delivering multimodal integrated ticketing in Europe (2014/2244(INI)), para.15, see also "Rights of passengers in multimodal transport", an Inception Impact Assessment published by the European Commission, 22/12/2012.

2.2.1. Carriage by sea and inland waterway

It is noteworthy that the EU ratified the Athens Convention 2002 in December 2011. Some elements of the Convention, *i.e.* relating to the jurisdiction, recognition and enforcement of judgments, belong to the exclusive competence of the EU, which is why the EU also needed to become a Party to the Convention. The internal legislation includes several instruments of EU secondary law.[33] Regulation (EC) No 1177/2010 Concerning the Rights of Passengers when Travelling by Sea and Inland Waterway bears similarities with other passenger regulations in that it also deals with delays and compensation. Regulation (EC) No 392/2009 On the Liability of Carriers of Passengers by Sea in the Event of Accidents was adopted to implement the Athens Convention 2002. Notably, there are no rulings of the CJEU with regard to the international treaties and EU law governing sea and inland waterway transport as yet. However, it might be presumed that eventually the CJEU will have an opportunity to consider those instruments and interpret the Athens Convention. It will be of special interest to follow those developments in the future bearing in mind the EU's favourable disposition towards passengers and compare with the settled case law related to other transport conventions.

Regulation (EU) No 1177/2010 of the European Parliament and of the Council of 24 November 2010 concerns the rights of passengers when travelling by sea and inland waterway and deals with cancellations and delays. It states in the Preamble that a high level of protection for passengers should be provided underlining the fact that the passenger is the weaker party to the contract and should be granted a minimum level of protection. It is also mentioned there that the Regulation covers passenger services not only

---

33 Regulation (EC) No 392/2009 of the European Parliament and of the Council of 23 April 2009 on the liability of carriers of passengers by sea in the event of accidents; Council Decision of 12 December 2011 concerning the accession of the European Union to the Protocol of 2002 to the Athens Convention relating to the Carriage of Passengers and their Luggage by Sea, 1974, as regards Articles 10 and 11 thereof (2012/23/EU); Council Decision of 12 December 2011 concerning the accession of the European Union to the Protocol of 2002 to the Athens Convention relating to the Carriage of Passengers and their Luggage by Sea, 1974, with the exception of Articles 10 and 11 thereof (2012/22/EU); and Regulation (EU) No 1177/2010 of the European Parliament and of the Council of 24 November 2010 concerning the rights of passengers when travelling by sea and inland waterway and amending Regulation (EC) No 2006/2004.

between the ports located in the Member States but also outside the Union. Regulation stresses the importance to reduce the inconvenience experienced by passengers due to the cancellation or long delay. This Regulation does not affect the rights of passengers established by Directive 90/314/EEC of 13 June 1990 On Package Travel, Package Holidays and Package Tours. The scope of application is laid down in Article 2 and covers passenger services where the port of embarkation is located outside of the Member States if it is operated by a Union carrier.[34] This Regulation also gives a definition of a cruise, which means "a transport service by sea or inland waterway, operated exclusively for the purpose of pleasure or recreation, supplemented by accommodation and other facilities, exceeding two overnight stays on board".

Regulation (EC) No 392/2009 of the European Parliament and of the Council of 23 April 2009 On the Liability of Carriers of Passengers by Sea in the Event of Accidents establishes the liability regime based on the Athens Convention 2002 and the IMO[35] Guidelines. However, it becomes evident that the Regulation is not identical to the Athens Convention and its scope is expanded. It provides *inter alia* compensation for mobility equipment of the disabled passengers. In addition, it contains a provision that envisages immediate compensation in the event of death. It is stated in the Preamble that even though the Athens Convention applies only to international carriage of passengers, this Regulation will apply to both international and national transport within the Union since the distinction between these two has been eliminated within the internal market. The Regulation also takes account of the IMO Reservation and Guidelines for the Implementation of the Athens Convention (the IMO Guidelines) adopted on 19 October 2006 by IMO, which address some issues under the Convention and compensation for terrorism-related damage. Moreover, the Regulation incorporates and makes binding parts of the IMO Guidelines. There is also a possibility to amend a Regulation to incorporate any future amendments that will be made to the international conventions and other instruments.

According to Article 2, the Regulation applies to any international carriage, to certain carriages within a single Member States, and that the Member States may apply it to all sea-going domestic carriages. Article 3

---

[34] 'Union carrier' means a carrier established within the territory of a Member State or offering transport by passenger services operated to or from the territory of a Member State.

[35] International Maritime Organization.

explicitly lays down the rules for liability and insurance and refers to relevant provisions of the Athens Convention and the IMO Guidelines. Article 5 states that the carrier can enjoy its rights under the International Convention on Limitation of Liability for Maritime Claims, 1976, as amended by the Protocol of 1996. The Regulation also introduces the provision on advance payment that is not provided in the Athens Convention 2002. Article 6(1) states that an advance payment should cover immediate economic needs proportionate to the damage suffered within 15 days of the identification of the person entitled to damages. In case of the death, such payment shall not be less than EUR 21, 000. Notably, such an advanced payment is not a recognition of liability by the carrier and may be offset against any subsequent sums paid based on this Regulation.

2.2.2. Carriage by air[36]

The EU legislation on air carriage includes several regulations, among them Regulation (EC) No 2027/97, Regulation (EC) No 261/2004, [37] and Regulation (EC) No 1107/2006.[38]

Regulation (EC) No 2027/97 implements the Montreal Convention and deals with air carrier liability in cases of accidents. It is specifically mentioned in Article 3 that "the liability of a Community air carrier in respect of passengers and their baggage shall be governed by all provisions of the Montreal Convention relevant to such liability".

Regulation (EC) No 261/2004 establishes common rules on compensation and assistance to passengers in the event boarding is denied and of cancellation or long delays of flights, is perhaps the most significant piece of EU legislation in the context of the Montreal Convention. In the Pream-

[36] O. Bokareva, *Air Passengers' Rights in the EU: International Uniformity v. Regional Harmonization* in *Air and Space Law*, 41, No. 1, 2016, pp. 3-24.

[37] Council Regulation (EC) No 2027/97 of 9 October 1997 on air carrier liability in the event of accidents, as amended; Regulation (EC) No. 261/2004 of the European Parliament and of the Council of 11 February 2004 establishing common rules on compensation and assistance to passengers in the event of denied boarding and of cancellation or long delay of flights, and repealing Regulation (EEC) No 295/91.

[38] Regulation (EC) No 1107/2006 of the European Parliament and of the Council of 5 July 2006 concerning the rights of disabled persons and persons with reduced mobility when travelling by air.

ble, there is a high level of protection for passengers and this objective is likely to be reiterated by the CJEU in its rulings as a ground for justification of the Court's expansive approach in its interpretation of this Convention.[39] The analysis of this Regulation provides the only real illustration so far, of how an international transport convention is applied and interpreted in the EU legal framework.

The main text of the Regulation (EC) No 261/2004 stipulates that the passengers of cancelled flights be entitled to receive assistance, re-routing and even compensation. Article 7 establishes a fixed amount of compensation with regard to the distance of the route.[40] The provisions on delay are silent with respect to compensation; however, the passengers, depending on the length of their delay and the distance of the route are to be offered assistance, re-routing, or reimbursement. It should be noted that the Montreal Convention does not cover denial of boarding and cancellation preceding the carriage as such. However, the Court's interpretation of "cancellation" sometimes overlaps with damages due to delay and it is apparent that the Montreal Convention governs carrier's liability for delay.

Regulation (EC) No 261/2004 became a contentious issue in the *IATA* and *ELFAA* case[41] when these two major air transport associations challenged the Regulation because of its incompatibility with the Montreal Convention. This landmark judgment laid the foundation for subsequent rulings concerning the interpretation of the Regulation and its compatibility with the Montreal Convention. In this case, the Court of Justice made a distinction between two types of damage due to delay, namely, standardized and immediate assistance required for each passenger, and individual damage assessed on a case-by-case basis.[42] In the view of the Court, assistance and taking care of passengers as envisaged by Article 6 of Regulation (EC) No 261/2004 in the event of a long delay to a flight indeed constitute such standardized and immediate compensatory measures, which are not regulated by the Convention, and thus, operate earlier than the system envisaged by the

---

[39] T. J. Whalen, *The New Warsaw Convention: the Montreal Convention*, in *Air and Space Law*, Vol. 25 (1), 2000, pp. 14-15; see also Resolution on IATA Core Principles on Consumer Protection, adopted on the 69th IATA Annual General Meeting.

[40] EUR 250, 400 or 600 depending on the distance.

[41] Case C-344/04 *The Queen on the application of: International Air Transport Association and European Low Fares Airline Association* v. *Department for Transport*, [2006] ECLI:EU:C:2006:10 (*IATA and ELFAA*).

[42] *Ibid.*, para. 44.

Montreal Convention.[43] In another landmark case – *Sturgeon*[44], the Court considered whether the passengers whose flights are delayed for a longer time might be treated as passengers, whose flights are cancelled, thus entitling them to compensation.[45] The Court responded positively and justified its ruling based on Recital 15 of the Preamble, which mentions delay, and by looking at the general objective of the Regulation.[46]

An increased number of the preliminary rulings[47] related to the application of Regulation (EC) No 261/2004 and harsh international critics, has instigated the EU legislator to revise the original Regulation in order to clarify its scope and the provisions that overlap with the Montreal Convention. Because of such revision, the proposal to amend a Regulation (EC) No 261/2004 was published on 13 March 2012.[48] It was suggested that a provision would be inserted to supplement Article 6 dealing with delays. In the amended Regulation, the right to compensation for certain delayed flights is explicitly endorsed. It is clear that the adoption of the new Regulation will inevitably be in conflict with the Montreal Convention. In addition to provisions on delay, a concept of ”connecting flight” attracts attention regarding the scope of a new Regulation. It will be interesting to follow how the revised Regulation affects international transport law and whether such model can be followed in other passenger regulations to align its provisions with the air passenger regulation.

The analysis of the cases decided by the CJEU, which cannot be examined at full length in this article leads to the conclusion that the Court of Justice made an attempt to interpret substantive provisions of the Montreal Convention such as material and non-material damage, which is the prerogative of the national courts of the State Parties. The exclusivity of the cause of action laid down in Article 29 of the Convention was hardly ever mentioned by the Court, despite the fact the EU is also a party to the Montreal Convention along with its Member States and has the same obligations

---

[43] *Ibid.*, para. 73.

[44] Joined Cases C-402/07 and C-432/07 *Christopher Sturgeon and Others* v. *Condor Flugdienst GmbH* and *Stefan Böck and Cornelia Lepuschitz* v. *Air France SA*, [2009] ECLI:EU:C:2009:716 (*Sturgeon*).

[45] *Ibid.*, paras. 33, 34.

[46] *Ibid.*, paras. 43-48.

[47] Joined Cases C-581/10 and Case C-629/10 *Nelson, TUI Travel and Others* [2012] ECLI:EU:C:2012:657 (*Nelson*)

[48] COM(2013) 130 final.

under international law to perform treaties in good faith and not invoke the provisions of its internal law. It is submitted that the justifications made by the CJEU while invoking its internal law might raise negative perceptions of the European Union as a whole and its judicial institutions among other State Parties to the Convention.

2.3. EU Package Travel Directive

2.3.1. Directive on EU on Package Travel, Package Holidays and Package Tours 90/314/EEC

Having outlined the legal framework of passenger carriage by separate modes of transport in the EU it is necessary to consider a legal regime that might be considered as concurrent in relation to these regulations when the transportation is one of the travel services included in the package. The Directive on EU on Package Travel, Package Holidays and Package Tours 90/314/EEC was the first attempt to regulate the tourist contracts at the EU level. The aim of this Directive was to harmonize the national laws concerning package travel, package holidays and package tours, since there were many disparities and national practices in this field. If the organizer and/or retailer is liable for failure to perform or improper performance of the services involved in the package, he is entitled to enjoy the right to limit his liability in accordance with a relevant convention. Article 2 provides a definition of "package" as "the pre-arranged combination of not fewer than two of the following when sold or offered for sale at an inclusive price and when the service covers a period of more than twenty-four hours or includes overnight accommodation: transport, accommodation, other tourist services not ancillary to transport or accommodation for a significant proportion of the package".

Other definitions include the main parties to a contract, namely, the "consumer" on the one side and "organizer" and "retailer" on the other. "Consumer" means "[t]he person who takes or agrees to take the package ('the principal contractor'), or any person on whose behalf the principal contractor agrees to purchase the package ('the other beneficiaries') or any person to whom the principal contractor or any of the other beneficiaries transfers the package ('the transferee')".

The consumer's counterpart is the "organizer" or "retailer". "Organizer" is the person who organizes packages and sells or offers them for sale, whether directly or through a retailer and retailer is the person who sells or offers for sale the package put together by the organizer. Article 4 determines the necessary information pertinent to the contract and refers to the Annex that lists the minimum elements that should be contained in the contract. In addition, it says how the consumer can transfer his contract to another person and what liability this might entail. Furthermore, Article 5 sets the liability of the organizer and/or retailer to the consumer for the performance of the contact's obligations.

A number of cased decided by national courts demonstrated a margin of interpretation of the Directive. This also connected to the differences of implementation of this Directive into national law of the Member States. The outcome of such inconsistencies has a direct bearing on the consumer whose rights could be protected differently in various Member States. The Report on the Implementation of the Directive underlined and identifies some of the common problems due to the transposing of the Directive and this in turn instigated the discussion on possible improvements. Additionally, it was noticed that the Directive does not regulate some areas resulting in "grey areas".[49] It is not possible to examine all the relevant cases related to the Directive decided by both the Court of Justice and national courts. It can be mentioned that the cases concern different aspects of the Directive, including the terminology employed, the composition of a package,[50] the issues of liability and limitation of liability, and whether or not non-material compensation is provided.[51]

---

[49] EU Commission, *Report on the Implementation of Directive 90/314/EEC on Package Travel and Holiday Tours in the Domestic Legislation of EC Member States*, SEC(1999) 1800 final 19 November 1999, see also H. Schulte-Nölke, (edited by), *EC Consumer Law Compendium –Comparative Analysis*, 2008.

[50] Case C-400/00, *Club Tour, Viagens e Turismo SA v Alberto Carlos Lobo Gonçalves Garrido and Club Med Viagens Lda*, [2002], ECLI:EU:C:2002:272.

[51] *Milner v Carnival Plc* [2010] 3 All ER 701, Case C-168/00, *Simone Leitner v. TUI Deutschland GmbH & Co. KG*, [2002], ECLI:EU:C:2002:163; see also A. Saggerson, *Package Holiday Law: Cases and Materials*, UK, XPL Publishing, 2008; D. Grant, S. Mason, *Holiday Law: the Law Relating to Travel and Tourism*, Fifth Edition, London, Sweet & Maxwell, 2012.

2.3.2. Directive (EU) 2015/2302 of the European Parliament and of the Council of 25 November 2015 on package travel and linked travel arrangements, amending Regulation (EC) No 2006/2004 and Directive 2011/83/EU of the European Parliament and of the Council and repealing Council Directive 90/314/EEC

The new Directive is applicable from 1 July 2018; it extends protection of the 1990 EU Package Travel Directive to those who book other forms of combined travel, *e.g.* a self-chosen combination on a web- of a flight plus hotel or car rental.[52] This new legislation might create strict borders between the different transport modes, have a significant impact on international and EU passenger, and travel law. In line with the problems identified with the application of the existing Directive, an agreement was reached among all stakeholders to revise the definition of package and the scope of application of the Directive to make it more up-to-date.[53] Thereafter, the Commission prepared a Proposal in 2013, which was supported by the European Parliament in 2014.

Directive (EU) 2015/2302 was adopted to replace the previous Package Travel Directive. The Member States have two years to implement it in the national legislation and it is applicable from 1 July 2018. The Directive prompted a number of comments and criticism from various stakeholders and authors.[54] This Directive reiterates the importance of the tourism in the economy of the Union and mentioned that the package travel constitutes a vital part of the travel market. It is also recognized that the tourist market has changed dramatically since Directive 90/314/EEC was adopted. With the emergence of the internet, many travel services became "grey zones" and are not covered by the previous Directive. Therefore, there was a strong

---

[52] See also O. Bokareva, *Directive (EU)2015/2302 on package travel and linked travel arrangements –application to cruises*, in *Journal of International Maritime Law*, Vol. 24(5), 2018, pp. 337-338.

[53] *Summary of responses to the consultation launched to gather stakeholders' opinions on the existing problems and preferred solutions in order to identify preferred policy options as part of the Commission's review of the Package Travel Directive*, March 2010.

[54] The European Travel Agents' and Tour Operators' Associations, *The Revision of the package travel Directive: ECTAA's Position Paper*, Ref. BC13-086/4400, http://www.ectaa.org/files/cms/bc13-086-4400--revised.pdf, (last access: 10th December 2018).

necessity to adopt a new Directive that would fill in the gaps and provide a better legal regime and high protection of the consumers of this market. As provided in the Directive, "[I]n order to avoid confusion with the definition of the term 'consumer' used in other Union legislation, persons protected under this Directive should be referred to as 'travelers'.

The Directive also distinguishes packages from linked travel arrangements. It will apply to three types of packages: pre-arranged packages, customized packages and linked travel arrangements. According to Article 1, the Directive aims to contribute to the achievement of high and uniform level of consumer protection pertinent to package travel and linked travel arrangements. It applies to packages offered for sale or sold by trader to travelers and to linked travel arrangement facilitated by traders for travelers. However, there are certain limitation indicated further in Article 1(2). In particular, it does not apply when the packages and linked travel arrangements last for less than 24 hours unless overnight accommodation if included; when it is offered occasionally and on a not-for-profit basis to a limited group of travelers and those that are purchased based on a general agreement for the arrangement of business travel.

Article 3 contains a longer and more detailed list of definitions in contrast to the previous Directive. These definitions include "travel service", "packages" to name a few. Since the travel service includes carriage, accommodation, rental cars and any other service and the package should include at least two different types of travel services, there is a potential of overlapping with existing international conventions and even EU Regulations on passengers' rights. Under the new Directive, to maintain the necessary level of harmonization, Member States should abstain from introducing into their national law provisions diverging from those set in the Directive.

The Directive also contains rules on the burden of proof that lies with the trader. Perhaps the most important provision is contained in Article 14 that deals with compensation for damages. The general rule is that the traveler is entitled to compensation for the organizer for any damage sustained by the traveler for any lack of conformity. Notable, the phrase "any damage" can be interpreted in different ways by the national courts, and might even include compensation for non-material damage, which can in turn conflict with *e.g.* the Montreal Convention, which does not provide compensation for non-material damage. However, the organizer might be relieved from paying compensation if the lack of conformity is attributable to the travel agent or a third party unconnected with the provision of the travel service or due to unavoidable and extraordinary circumstances. The legislator recognized that there might be a conflict between this Directive and existing international conventions or EU Regulations and drafted a provision that the Directive will not affect the rights of traveler provided under these instruments. Since the traveler has a choice to present a claim under any of the suitable instrument, it is stated that any overcompensation should be avoided. This is a positive step and hopefully it can help to prevent potential conflicts between international and EU law.

3. Concluding remarks

As demonstrated in this article, the current regime on passengers and travellers is complicated and multi-layered both vertically and horizontally. Ranging from international conventions to EU law and national law of individual States, it presents great difficulties to immediately determine an applicable regime leaving the passenger and traveller in a complex and confusing situation, baffled by legal instruments, which do not provide clear answers.

The ambitions of the EU in the area of passenger and travel law are far-reaching as evidenced from the study on Implementation of the Package Travel Directive.[55] Here, in the conclusion it is stressed that "[R]eform of the Package Travel Directive should be seen as part of an overarching travel and tourism law of the EU. It might even be advisable to consolidate the various different pieces of EU Legislation into one legislative instrument which could be called the 'EU Travel Code'."

However, despite these great expectations, it is advisable for the European legislature and the Court to reconsider their approaches to creating and interpreting the EU law when there is an international convention involved, whether it is a mixed agreement or any other international agreement in which the EU Member States participate. As gleaned from the case law, even in the fields of shared competence, such as transport, the EU can impose its own rules on Member States by referring broadly to the European legal order and the high level of consumer protection. The attitude of the CJEU

---

[55] Directorate-General for Internal Policies, *Implementation of the Package Travel Directive*, IP/A/IMCO/ST/2011-17, 2012, http://www.europarl.europa.eu/RegData/etudes/etudes/join/2012/475084/IPOL-IMCO_ET(2012)475084_EN.pdf (last access: 10th December 2018).

and its methodology in interpreting the rules relating to air carriage can be applied by analogy to other modes of transport as well. The probability of a possible EU legislation harmonizing different modes of transport in relation to passenger is high. This corresponds with the ambition reflected in the adoption Commission's 2011 White Paper to adopt a single EU framework Regulation covering passenger rights for all modes of transports (EU Codex).[56] The proposal found support among some legal scholars in order to harmonize disparity between different modes of transport.[57]

Finally, it can be observed that the EU passenger and travel law will be shaping international law in one way or another. Concluding this article, it remains to be hoped that current and any future EU legislative efforts to regulate this area will maintain a necessary level of consistency with international conventions and practice, and that the Court of Justice will consider existing jurisprudence and the purposes of the conventions aimed at international uniformity while rendering its judgments.

Bibliography

Books, Articles and Reports

K. Arnold, *EU Air Passenger Rights: Assessment of the Proposal of the European Commission for the Amendment of Regulation (EC) 261/2004 and of Regulation (EC) 2017/97*, in *Air and Space Law,* Vol. 38 (6), 2013, pp. 403-438.

O. Bokareva, *Air Passengers' Rights in the EU: International Uniformity v. Regional Harmonization* in *Air and Space Law*, 41, No. 1, 2016, pp. 3-24.

O. Bokareva, *Directive (EU)2015/2302 on package travel and linked travel arrangements –application to cruises*, in *Journal of International Maritime Law*, Vol. 24(5), 2018, pp. 337-338.

M. Cremona, *External Relations and External Competence of the European Union: The Emergence of an Integrated Policy*, in P. Craig, and G. de Búrca, *The Evolution of the EU Law*, Second Edition, New York, OUP, 2011, pp. 217-269.

[56] "White Paper on Roadmap to a Single European Transport Area – Towards a Competitive and Resource Efficient Transport System", COM (2011) 144 final, Annex I, para. 21.

[57] K. Arnold, *EU Air Passenger Rights: Assessment of the Proposal of the European Commission for the Amendment of Regulation (EC) 261/2004 and of Regulation (EC) 2017/97*, in *Air and Space Law*, Vol. 38 (6), 2013, p. 412; J. Prassl, *Reforming Air Passenger Rights in the European Union*, in *Air and Space Law,* Vol. 39(1), 2014, p. 79.

P. Eeckhout, *EU External Relations Law,* Second Edition, New York, OUP, 2011.

D. Grant, S. Mason, *Holiday Law: the Law Relating to Travel and Tourism*, Fifth Edition, London, Sweet & Maxwell, 2012

J. Kasten, *Travel and Tourism*, in S. F. Benyon (edited by), *Services and the EU Citizen*, London, Hart Publishing, 2013, pp. 25-45.

J. Kasten, *Passengers, consumers, and travelers: The Rise of passenger rights in EC transport law and its repercussions for Community consumer law and policy*, in *Journal of Consumer Policy*, Vol. 30(2), 2007, pp. 117-136.

J. Prassl, *Reforming Air Passenger Rights in the European Union* in *Air and Space Law,* Vol. 39 (1), 2014, pp. 59-82.

P. J. Kuijper, *The Law of EU External Relations,* Oxford, OUP, 2013.

A. Saggerson, *Package Holiday Law: Cases and Materials*, UK, XPL Publishing, 2008.

J. J. Wegter, *The ECJ Decision of 10 January 2006 on the Validity of the Regulation 261/2004: Ignoring the Exclusivity of the Montreal Convention,* in *Air and Space Law*, Vol. 31(2), 2006, pp. 133-148.

T. J. Whalen, *The New Warsaw Convention: the Montreal Convention*, in *Air and Space Law*, Vol. 25(1), 2000, pp. 12-26.

Other sources

Summary of response to the consultation launched to gather stakeholders' opinions on the existing problems and preferred solutions in order to identify preferred policy options as part of the Commission's review of the Package Travel Directive, March 2010.

The European Travel Agents' and Tour Operators' Associations, *The Revision of the package travel Directive: ECTAA's Position Paper.*

M. Nogaj, *Codification of Passenger Rights Cost of Non-Europe Report*, European Parliamentary Research Service, 2015.

D1.2: Policy, Legal and Standartisation Requirements Analysis Report.

Report on the Implementation of Directive 90/314/EEC on Package Travel and Holiday Tours in the Domestic Legislation of EC Member States, SEC(1999) 1800 final 19 November 1999.

H. Schulte-Nölke, (edited by), *EC Consumer Law Compendium –Comparative Analysis*, 2008.

ÍNDICE

THE CONTRACT OF LOGISTICS UNDER THE CONVENTION ON THE CONTRACT FOR THE INTERNATIONAL CARRIAGE OF GOODS BY ROAD (CMR)

CAMILA HOYUELA

SOBRE A CONTRIBUIÇÃO DEVIDA AO FUNDO INTERNACIONAL PARA COMPENSAÇÃO PELOS PREJUÍZOS DEVIDOS À POLUIÇÃO POR HIDROCARBONETOS (FIPOL 1992)

CARLOS DE OLIVEIRA COELHO

CONTRATO DE VOLUME E TRANSPORTE MARÍTIMO DE MERCADORIAS

CATARINA BAPTISTA GOMES

UMA TRADUÇÃO DAS REGRAS DE IORQUE-ANTUÉRPIA 2016

Francisco Rodrigues Rocha

O SINGULAR CASO DO TRANSITÁRIO-TRANSPORTADOR

Hugo Ramos Alves

THE INTERMODAL CORRIDORS: A COMBINED VISION FOR THE FUTURE OF THE EUROPEAN LOGISTICS

Leonida Giunta

COBERTURA DA RESPONSABILIDADE CIVIL DO TRANSPORTADOR MARÍTIMO E *P&I CLUBS* – ENTRE O CONTRATO DE SOCIEDADE E O DE SEGURO

Luís Poças

SOBRE O SISTEMA PRÓPRIO DE RESPONSABILIDADE DO TRANSPORTADOR DE MERCADORIAS

M. Januário da Costa Gomes

IL CONTRATTO DI LOGISTICA NELLA GIURISPRUDENZA E NELLA PRASSI CONTRATTUALE

Marco Lopez de Gonzalo

EL RÉGIMEN DE RESPONSABILIDAD DEL PORTEADOR EN EL TRANSPORTE INTERNACIONAL RODADO (CMR)

Mª Paz Martín Castro

A BRIEF CRITICAL OUTLINE OF THE EU AND INTERNATIONAL DISCIPLINE ON THE TRANSPORT OF PERISHABLE FOODSTUFFS AND THE ROLE OF THE GS1 LOGISTIC LABEL IN THE TRACEABILITY ALONG THE COLD CHAIN

MASSIMILIANO MUSI

EU PASSENGER AND TRAVEL LAW: REGIONAL HARMONIZATION AND IMPLICATIONS FOR THE INTERNATIONAL REGIME

OLENA BOKAREVA